Geschichte Japans

Kiyoshi Inoue

Geschichte Japans

Aus dem Japanischen
und mit einem Vorwort
von Manfred Hubricht

Campus Verlag
Frankfurt/New York

Die dreibändige japanische Originalausgabe erschien zuerst 1963, 1965 und 1966 unter
dem Titel *Nihon no rekishi* bei Iwanami Shoten, Tokyo
Copyright © 1963, 1965, 1966 by Kiyoshi Inoue

Die Deutsche Bibliothek – CIP-Einheitsaufnahme

Inoue, Kiyoshi:
Geschichte Japans / Kiyoshi Inoue. Aus dem Japan. und mit
einem Vorw. von Manfred Hubricht. – 2., durchges. Aufl. –
Frankfurt/Main ; New York : Campus Verlag, 1995
Einheitssacht.: Nihon-no-rekishi <dt.>
Sonderausgabe 2001 Parkland Verlag, Köln
ISBN 3-88059-994-7

3. Auflage 2001

Das Werk einschließlich aller seiner Teile ist urheberrechtlich geschützt. Jede
Verwertung ist ohne Zustimmung des Verlags unzulässig. Das gilt insbesondere für
Vervielfältigungen, Übersetzungen, Mikroverfilmungen und die Einspeicherung und
Verarbeitung in elektronischen Systemen.
Copyright © 1993 für alle deutschsprachigen
Rechte und das Vorwort bei Campus Verlag GmbH, Frankfurt/Main
Satz: Fotosatz Norbert Czermak, Geisenhausen
Umschlaggestaltung: Atelier Warminski, Büdingen,
unter Verwendung eines Triptychons von Andō Hiroshige,
Die Bucht von Kanazawa bei Vollmond (1857), Museum für Ostasiatische Kunst, Köln
(Foto: Rheinisches Bildarchiv, Köln)
Druck und Bindung: WS Bookwell
Printed in Finland

Inhalt

Vorwort des Übersetzers 9
Vorwort zur zweiten Auflage 12
Einleitung: Der Gang der japanischen Geschichte und die Einteilung
der Epochen 13

1   Die primitive Kultur Japans: Die Besonderheiten japanischer
    Entwicklung 20

2   Der Staat der Großkönige und die Bumin:
    Das Sklavensystem und der Prozeß der Staatsbildung 30

3   Die Taika-Reform: Vom Clan-System zum »Rechtsstaat« 43

4   Das Tennō-System des Altertums: Die Nachahmung der
    Tang-Dynastie und der Kaiser als sichtbar gegenwärtige Gottheit   55

5   Die Landgüter und die Bauern: Der Zerfall des Ritsuryō-
    Systems und das Aufkommen des Schwertadels 70

6   Politik und Kultur des Adels: Von der Herrschaft des Kaisers
    zur Herrschaft des Adels 82

7   Die »Reichsgründung« durch den Schwertadel: Die Rokuhara-
    Regierung und das Kamakura-Bakufu 98

8   Die Besonderheiten der frühen Feudalgesellschaft: Die
    Entwicklung des Hörigen-Systems und das Entstehen einer
    Volkskultur 110

9   Der Untergang des Kamakura-Bakufu: Die Ausbreitung
    unabhängiger Samurai und Bauern, Einfall der Mongolen . . . 124

Geschichte Japans

10 Die Zerschlagung veralteter Institutionen: Die Entwicklung
eigenständiger Dörfer und die Widersprüche des Muromachi-
Bakufu 134

11 Die Niederen besiegen die Höheren, Unruhen und Kämpfe
im Land: Die lokalen Aufstände, die Provinz-Aufstände und
die Sengoku-Daimyō 147

12 Das Entstehen freier Städte: Die Entwicklung von Industrie,
Handel und Überseehandel 158

13 Kultur und Produktivität des Volkes: Die Popularisierung
der Kultur und die Begegnung mit der abendländischen
Zivilisation 169

14 Die Wiederherstellung von Ordnung und Autorität:
Die Einigung des Landes durch Oda Nobunaga und
Toyotomi Hideyoshi 181

15 Samurai — Bauer — Handwerker — Kaufmann — Paria:
Das System der perfekt organisierten Feudalherrschaft 196

16 Die Abschließung des Landes und der Feudalismus:
Die Unterdrückung der freien wirtschaftlichen und
kulturellen Entwicklung der Gesellschaft 208

17 Der wachsende Einfluß der Bauern und Bürger: Die letzte
Stufe der Feudalgesellschaft 221

18 Die Entwicklung einer bürgerlichen Kultur:
Die schöpferischen Elemente der Volkskultur 236

19 Die Verschärfung der Widersprüche des feudalistischen
Systems: Politik und Gesellschaft der Kyōhō- und Tenmei-Ära 251

20 Möglichkeiten einer Reform: Die Widersprüche zwischen
Revolution und Reform, die Vorbedingungen für die
Moderne 266

21 Die Öffnung des Landes: Die Krise des feudalistischen
Systems und des Volkes 285

22 Der Sturz des Bakufu: Die Flucht aus der Krise 302

6

23	Die Meiji-Restauration (I): Revolution und Konterrevolution	318
24	Die Meiji-Restauration (II): Die Modernisierung von oben	334
25	Der Kampf um die Bürgerrechte: Die Vereinigung von Revolution des Volkes und Solidarität mit Ostasien	352
26	Das Scheitern der Bürgerrechtsbewegung: Empörung, Einheitsfront, Rückzug	371
27	Die Vollendung des Tennō-Systems: Die Verbindung von Altertum und Moderne und deren Widersprüche	390
28	Der erste Reichstag und die politischen Parteien: Von der Herrschaft des Volkes zur Herrschaft des Staates	406
29	Die Revision der ungleichen Verträge und der Chinesisch-Japanische Krieg: Japan entwickelt sich von einem unterdrückten Land zu einem Land, das andere unterdrückt	422
30	Die Entwicklung des Kapitalismus: Die Bürokratie, die Unternehmer, die Grundbesitzer, das Volk	440
31	Der Weg zum Imperialismus: Der Russisch-Japanische Krieg und die Annexion Koreas	459
32	Die innen- und außenpolitische Lage nach dem Russisch-Japanischen Krieg: Die Politik des imperialistischen Japan	479
33	Die allgemeine Krise des Weltkapitalismus: Der Erste Weltkrieg, die Russische Revolution und Japan	497
34	Die Demokratie, die Reis-Unruhen und das Hara-Kabinett: Annäherung an den Bonapartismus	512
35	Die Krise des japanischen Imperialismus: Die Entwicklung der vier großen Widersprüche	528
36	Der Einfall in China: Der Zusammenbruch des Großjapanischen Reiches (I)	551
37	Der Pazifische Krieg: Der Zusammenbruch des Großjapanischen Reiches (II)	568

38 Japan und die Welt nach dem Zweiten Weltkrieg: Zwei Wege
   des japanischen Wiederaufbaus 581

Schlußbemerkung (1983) 602
Nachwort zur deutschen Ausgabe (1992) 618

Anhang
   Glossar 623
   Zeittafeln 625
   Karten 636
Ausführliches Inhaltsverzeichnis 645

Vorwort des Übersetzers

Die *Geschichte Japans* von Inoue Kiyoshi ist ein Produkt der japanischen »Nachkriegsdemokratie«. Liberale und linke Intellektuelle verwenden diesen Begriff in einem spezifischen Sinne, nur für die Zeit von der Niederlage im Zweiten Weltkrieg bis zur Erneuerung des Japanisch-Amerikanischen Sicherheitsvertrags im Jahre 1960. Die politische Elite Japans hatte nach der Niederlage nur eine sehr passive Rolle im Prozeß der Demokratisierung gespielt. Die Verantwortung für den Krieg wurde als Kollektivschuld beiseite geschoben, durchaus in Übereinstimmung mit der amerikanischen Besatzungspolitik. Die Bodenreform, die Entlassung von belasteten Militärs und Beamten, die Auflösung der Rüstungskonzerne und der zahlreichen vaterländischen Vereine, die Befreiung politischer Gefangener, der Aufbau eines neuen Erziehungssystems waren das Resultat von Maßnahmen, die im Sinne der Potsdamer Beschlüsse ausgeführt werden mußten. Auch die neue Verfassung war kein japanisches Eigenprodukt, ihr Zustandekommen galt bis in die 80er Jahre in konservativen Kreisen als »Verfassungsoktroy«. Der Begriff der »Nachkriegdemokratie« stand also für die Forderung nach einer Reform des politischen Systems, für eine konsequente Demokratisierung, für die Auflösung der für Japan typischen Vernetzung von Politik, Administration und Wirtschaft, die heute fast zum Ruin des politischen Systems geführt hat. Der Begriff stand weiter für das Einklagen von Prinzipien der Friedensverfassung, als die USA mit Beginn des Kalten Krieges Japan als Vorposten im asiatischen Raum auszubauen begannen. Nicht zuletzt stand er für den Protest gegen eine administrativ verordnete Umorientierung des Geschichtsunterrichts, die »Abweichungen« begegnen sollte. Damit waren seit 1953 alle wissenschaftlichen Darstellungen von Fakten gemeint, die der Ausbildung von Vaterlandsliebe im Wege standen und eine positive Einstellung zum Aufbau der Selbstverteidigungsstreitkräfte nicht förderten, natürlich auch Versuche einer offenen Vergangenheitsbewältigung.

Es ist eine Tatsache, daß die japanischen Sozialwissenschaften schon vor dem Zweiten Weltkrieg von der marxistischen Geschichtphilosophie, von Max Webers Religionssoziologie und aus Versuchen, beide Theorien zu verbinden, gelernt haben, gesellschaftliche Phänomene systematisch unter universalen Gesichtspunkten zu analysieren. Unmittelbar nach dem Zweiten Weltkrieg wurden diese Forschungen anhand von Material, das bis dahin nicht zugänglich war, fortgesetzt, teils »theoriegläubig« — das betrifft vor allem die marxistische Orientierung —, teils reflexiv und sehr differenziert, auch unter Einbeziehung der Kulturanthropologie und Ethnologie, mit dem Ziel, Phänomene zu erklären, die die europäischen Theorien nicht erfassen: kulturelle Phänomene etwa und besondere Strukturmerkmale des politischen Systems. Im Mittelpunkt der sozialwissenschaftlichen Forschung stand die Modernisierung Japans, das heißt, die Meiji-Restauration und damit auch das dieser vorausgehende feudalistische System. Für die Sozialwissenschaftler, die im obigen Sinne reflexiv in der Tradition der marxistischen Geschichtsphilosophie standen (zu denen auch Inoue gehört), war die Meiji-Restauration keine bürgerliche Revolution, sondern erst die »Nachkriegsdemokratie« die Chance, diese nachzuholen. Insofern verfolgten ihre sehr detaillierten Forschungen auch eine politische Tendenz genau wie ihre konservativen Kritiker, die bereits die Meiji-Restauration als bürgerliche Revolution werteten und den Ostasiatischen Krieg als deren Folge rechtfertigten, wie auch ihre neokonservativen Kritiker, die, inspiriert von der amerikanischen Geschichtswissenschaft der 60er Jahre, die Modernisierung Japans nur als Industrialisierungsprozeß interpretierten. Ende der 60er Jahre verblaßte diese politische Frontstellung, an ihre Stelle trat exaktes Quellenstudium, entweder universale Aspekte beibehaltend oder von diesen isoliert. Im Grunde aber haben sich bis heute die oben erwähnten drei Forschungsrichtungen erhalten.

Die administrativ verordnete Umorientierung des Geschichtsunterrichts in den 50er Jahren hatte Forschung und schulische Lehre gespalten, mit der Folge, daß die Nachfrage nach historischen Erkenntnissen, die letztere nicht in ausreichendem Maße bieten konnte, von der Forschung außerhalb des rein akademischen Rahmens befriedigt werden mußte. Diese Aufgabe hat unter vielen anderen Darstellungen auch Inoues Gesamtdarstellung der japanischen Geschichte gelöst. Seine *Geschichte Japans* erschien 1963, 1965 und 1966 in drei Taschenbuchbänden. Zum gegenwärtigen Zeitpunkt liegt vom 1. Band die 55., vom 2. Band die 46. und vom 3. Band die 45. Auflage vor. Es ist nicht übertrieben zu sagen, daß sein Werk eine der am meisten verkauften Darstellungen der japanischen Geschichte ist. Was ist der Grund dafür? Viele meinen, daß seine Darstellung wegen der Fülle des Materials von den Oberschülern zur Vorbereitung der Eintrittsprüfung in die Universtität benutzt werde. Diese Erklärung läßt sich natürlich nicht exakt überprüfen. Ich sehe den Grund in anderen Qualitäten; zunächst darin, daß Inoue seine Geschichte von »unten« schreibt, schichtenspezifisch, das heißt, daß er ein anderes Bild zeigt vom japanischen Volk, das mit dem Beginn des Mittelalters kulturell und politisch aktiv (in Form von Aufständen, Protestaktionen) am Gang der Geschichte teilnimmt, das Bild einer sehr dynamischen gesellschaftlichen Basis; ferner darin, daß er vom Standpunkt eines aufklärerischen Humanismus traditionelle Wertungen sozusagen umwertet, so etwa in der Kritik an der Unproduktivität des Heian-Adels oder an der Weltanschauung der Samurai-Klasse. Weiter ist zu erwähnen seine sehr genaue Analyse des Übergangs vom feudalistischen zum absolutistischen System des Meiji-Staates, der Entwicklung der Bürgerrechtsbewegung und des Parteiensystems, deren Scheitern, der wirtschaftlichen und politischen Entwicklung bis zum Ende des Zweiten Weltkriegs, eine Analyse, die eben nicht nur sozioökonomische Aspekte in den Vordergrund stellt, sondern die ganze gesellschaftliche Evolution berücksichtigt. Zuletzt möchte ich darauf hinweisen, daß der Autor die Forschungsergebnisse anderer Sozialwissenschaften sehr positiv aufnimmt und an einer universalen Perspektive festhält — und damit auch die ideologisch fundierte Darstellung der japanischen Geschichte als Sonderweg unmöglich macht, also keine Entsorgung der Vergangenheit betreibt.

Inoue hat seiner *Geschichte Japans*, die bis in die 60er Jahre reicht, eine Schlußbetrachtung angefügt, die skizzenhaft die wirtschaftliche, politische und kulturelle Entwicklung der japanischen Gesellschaft bis in die 80er Jahre umreißt und deren Grundtendenzen andeutet.

Die vorliegende Übersetzung ist insofern autorisiert, als ich Gelegenheit hatte, mit dem Autor über problematische Stellen des Textes zu diskutieren. Er erlaubte mir Streichungen und schrieb einige Stellen neu. Ich bin dem Campus Verlag zu großem Dank verpflichtet für die sorgfältige Betreuung der Korrekturen, die Anfertigung des Glossars und die Ergänzung der Karten.

Kyōto, im Januar 1993   *Manfred Hubricht*

Vorwort zur zweiten Auflage

Ziel der Überarbeitung war es, das Werk für den Leser besser verständlich zu machen. Japanische Fachtermini wurden möglichst vermieden, die Namen von politischen Parteien und Bewegungen wurden ins Deutsche übersetzt und die Datumsangaben in unseren Kalender umgerechnet.

Die Wiedergabe japanischer Begriffe erfolgt nach dem modifizierten Hepburn-System, die der chinesischen Begriffe nach dem Pinyin-System. Personennamen erscheinen in der Folge »Familienname Vorname«.

Trier, im März 1995   *Eva-Maria Meyer*

Einleitung

*Der Gang der japanischen Geschichte und die Einteilung
der Epochen*

Die Japaner leben, soweit ihre Geschichte zurückreicht, als eine einheitliche
Rasse auf ein und demselben Gebiet, der japanischen Inselkette. Sie haben
sich zwar auch mit anderen Rassen vermischt, doch gerieten sie nie unter die
Herrschaft fremder Völker. Ihre Gesellschaft und Zivilisation entwickelten
sich vom Stadium der primitiven Kultur bis zum heutigen Niveau der
modernen Zivilisation ohne wesentliche Brüche. Dies ist ein Charakteristikum der japanischen Geschichte.

Bis zum 3. Jahrhundert v.Chr. bestand nur wenig Kontakt zum Festland,
erst danach kam Japan in Berührung mit den Zivilisationen Koreas und Chinas. Der Übergang von der primitiven Kultur zur Zivilisation vollzog sich im
5. Jahrhundert n.Chr., im Vergleich zu den Kulturen Mesopotamiens, Ägyp-
tens, Indiens und Chinas mit zwei- bis viertausend, zu den Kulturen des grie-
chischen und römischen Altertums mit tausend Jahren Verspätung. Nachdem aber einmal diese Entwicklungsstufe erreicht war, machte die japanische
Gesellschaft — es gab überstürzte Phasen und stagnierende — schnelle Fortschritte. Der Beweis dafür: Japan ist heute eine der führenden Industrienatio-
nen der Welt. Meine Darstellung der japanischen Geschichte soll deutlich
machen, daß die nie ermüdende Energie des Volkes und der Wille, eine
bessere Gesellschaft zu verwirklichen, dieser Entwicklung Impulse gaben, die
einen schnelleren Gang nahm und ihren besonderen Charakter dadurch
erhielt, daß das Land zuerst von den hochentwickelten Zivilisationen
Koreas, Chinas, Indiens und später Europas intensiv lernen mußte.

Die Japaner haben bis heute keine Maßstäbe setzenden, bedeutenden,
schöpferischen Leistungen vollbracht, sondern immer nur die hochent-

wickelte Zivilisation anderer Völker importiert. Diese Tatsache wird oft negativ bewertet. Japan befand sich aber, solange es die modernen Kommunikationsmittel noch nicht gab, immer am Rande der zivilisierten Welt, und es ist selbstverständlich, daß dieses Land keine andere Wahl hatte, als die hochentwickelte Zivilisation anderer Völker zu importieren, weil seine Gesellschaft das Stadium der primitiven Kultur erst spät überwand. Gerade diese Aufnahmefähigkeit bezeugt die Vitalität des japanischen Volkes.

Der Import der hochentwickelten Zivilisation geschah in erster Linie zum Nutzen der Herrschenden, als Mittel zum Zweck. Das gilt für die Zeit vom Entstehen einer Klassengesellschaft bis zur Meiji-Restauration (1868). Es war für Japaner nie leicht, direkt und regelmäßig mit dem Ausland zu verkehren, und die Ausländer, die nach Japan kamen, fanden nur schwer Zugang zu breiteren Kreisen der Bevölkerung, weil die geographischen Bedingungen des Insellandes es der starken zentralistischen Regierung leicht machten, den Verkehr mit dem Ausland zu kontrollieren. Nur zwischen dem 12. und 17. Jahrhundert, solange das Feudalsystem sich noch nicht im ganzen Land durchgesetzt hatte, hatte ein Teil der Bevölkerung entweder als Seeräuber oder als friedliche Siedler und Händler Kontakt mit Korea, China und den Ländern Südostasiens, im 16. Jahrhundert bis zu einem gewissen Grade auch mit Europäern, die nach Japan gekommen waren. In dieser Zeit erhielt die Entwicklung der japanischen Zivilisation starke Impulse, sie wurde aber unterdrückt, als die Tokugawa-Regierung die Häfen des Landes schließen ließ (1641). Danach wurde die Zivilisation des Auslandes nicht mehr direkt aufgenommen, sondern lediglich von den Intellektuellen über das Medium des Schrifttums – für lange Zeit die einzige Möglichkeit eines Kontakts.

Erst zur Zeit der Bürgerrechtsbewegung wurden in Japan die Ideen und Theorien der demokratischen Revolution des Abendlands bekannt. Zu diesem Zeitpunkt war aber jene Schicht, die im Abendland die Demokratisierung durchgesetzt hatte, die Bourgeoisie, bereits die konservative herrschende Klasse. Sie unterstützte nicht die Demokratisierung Japans, vielmehr kam es ihr nur darauf an, sich die moderne Technik und das wirtschaftliche Know-How anzueignen; also bestanden in der japanischen Gesellschaft Altes und Neues weiter nebeneinander fort, die Kultur wurde vielschichtig. Veränderungen der Gesellschaft wurden nicht mit einem Schlag, revolutionär von unten, sondern auf Raten, durch Reformen von oben eingeleitet.

Es ist unvermeidlich, daß Fortschrittliches und Althergebrachtes eine Zeitlang nebeneinander bestehen, wenn eine unterentwickelte Gesellschaft sich eine hochentwickelte Zivilisation aneignet. Im 3. Jahrhundert v.Chr. übernahm die Gesellschaft des Neolithikums, die richtigen Ackerbau noch nicht kannte, die Naßfeldreiswirtschaft und erlernte den Gebrauch der Eisenwerkzeuge. In dieser Zeit begann das Nebeneinander von Altem und Neuem, die Vielschichtigkeit der japanischen Kultur. In einer hochentwickelten Gesellschaft sind Steinzeit und Bronze-Eisenzeit streng getrennt, auch der Übergang der Herstellung von Bronze- und Eisengeräten ist deutlich. In Japan aber importierte eine Gesellschaft, deren wichtigste Werkzeuge aus Stein waren, plötzlich Bronze- und Eisengeräte, doch noch jahrhundertelang blieben Steinwerkzeuge die wichtigsten Produktionsmittel. Seit dem 4. Jahrhundert n. Chr. hatten König und Adel das Monopol über die Eisenwerkzeuge und kontrollierten die Handwerker, die diese herstellten. Stein- und Holzwerkzeuge blieben weiter wichtigstes Arbeitsgerät, tatsächlich ist es unmöglich, dieses Stadium eindeutig als Stein- oder Eisenzeit zu bestimmen.

Zunächst übernahm die Elite der japanischen Gesellschaft die Fortschritte der hochentwickelten Zivilisation. Das gilt nicht nur für die materielle, sondern auch für die geistige Kultur: chinesische Schrift, Buddhismus, Konfuzianismus, chinesisches Rechtssystem. Dies gilt nicht nur im Altertum und Mittelalter, sondern auch für die Zeit nach der Meiji-Restauration. Die Meiji-Regierung übernahm zwar vom Abendland moderne Regierungstechniken und Produktionsmethoden, verhinderte aber, daß sich in der Bevölkerung die Grundlagen der modernen Zivilisation wie Freiheit und Bürgerrechte durchsetzen konnten. Diese Art, fremde Einflüsse auszuwerten, änderte sich auch später nicht, was dazu führte, daß die Vielschichtigkeit der japanischen Kultur erhalten blieb oder noch größer wurde. Doch auch die Elite selbst kann sich nicht grundlegend erneuern, wenn der gesellschaftliche Fortschritt verhindert wird. Sie muß, um das Volk beherrschen zu können, rückständiges Denken und alten Glauben, überholte Beziehungen wie z.B. die in den Mythen festgelegte fiktive Blutsverwandtschaft der Clans, beibehalten. Bei der Grundsteinlegung eines Kernforschungsinstituts wird immer noch die rituelle Reinigung des Shintoismus, die ja dem primitiven Animismus angehört, vollzogen. Und es ist erst zehn Jahre her, daß mit der seit dem Altertum bestehenden Tradition gebrochen wurde, nach der der Tennō sich selbst für eine »sichtbar gegenwärtige Gottheit« hielt und dies auch dem Volk glauben machte, indem er tragikomisch proklamierte, er sei kein Gott.

Was ich von der Vielschichtigkeit der Kultur sagte, gilt auch für die sozioökonomische Struktur. Bestimmend für die ökonomische Modernisierung waren Reformen, die ein Teil der Elite oder die mittlere Klasse als Reaktion auf den Widerstand der Bevölkerung durchführten. (Diese These wird in den einzelnen Kapiteln ausführlich behandelt.) Sie steht mit der oben erwähnten Vielschichtigkeit der Kultur in engem Zusammenhang. Auch nach dem Übergang von der Gesellschaft des primitiven Kollektivs zu einer Klassengesellschaft löste sich das Kollektiv nicht auf, es diente vielmehr weiter als Instrument der Herrschaft. Als das Tennō-System des Altertums zerbrach, drang nicht etwa, wie nach der Zerstörung des Römischen Reiches und Etablierung eines Feudalsystems in Europa durch die Germanen, ein fremdes Volk ein und liquidierte das japanische Sklavensystem, sondern es bildeten sich allmählich Klassen in Reaktion auf den Kampf des versklavten Volkes um Selbständigkeit. Aus diesem Grunde bestanden kaum trennbar für mehrere Jahrhunderte Sklaven- und Hörigensystem nebeneinander.

Auch der Modernisierungsprozeß war keine revolutionäre Veränderung, weshalb die Diskussionen über den Charakter der Meiji-Restauration noch heute andauern und die Frage, in welchem Jahr der Industriekapitalismus als Wirtschaftssystem sich in Japan durchgesetzt hat, noch nicht eindeutig beantwortet ist. Denn während auf der einen Seite die Entwicklung des Kapitalismus beschleunigt wurde, waren auf der anderen Seite feudalistisches Wirtschaftssystem und Manufakturen noch weit verbreitet.

Es ist darum äußerst schwierig, die japanische Geschichte wissenschaftlich zu periodisieren. In den modernen Geschichtsbüchern sind die einzelnen Epochen üblicherweise nach dem jeweiligen Sitz der Regierung oder nach den herrschenden Familien benannt. Diese Methode beruht auf einem Geschichtsbewußtsein, das die Gemeinsamkeiten der japanischen Geschichte mit der Weltgeschichte übersieht, ihre Besonderheit überbetont und stolz ist auf die »Unvergleichlichkeit des Staates«. Nach dieser Methode heißt die Zeit, in der die Regierung der Kaiser noch keine feste Hauptstadt hatte — diese wechselte jeweils von Herrscher zu Herrscher in der Yamato-Ebene —, die Yamato-Zeit. Darauf folgen Nara-, Heian-, Kamakura-, Muromachi-, Azuchi-Momoyama- und Edo-Zeit. Hierauf müßte nach der Edo- die Tōkyō-Zeit folgen, seither aber behilft man sich mit den Äranamen der Tennō; auf die Meiji-Zeit folgen die Taishō- und die Shōwa-Zeit. Die Edo-Zeit heißt auch Tokugawa-Zeit, weil in dieser Zeit die Tokugawa-Familie regierte, ebenso heißt die Muromachi-Zeit auch Ashikaga-Zeit. Die Kamakura-Zeit teilt man jedoch nach diesem Prinzip nicht ein in Minamoto- und Hōjō-Zeit.[1]

---

1 Namen der regierenden Familie der Kamakura-Zeit. [Anm. d. Übers.]

Einleitung

Ferner heißt das Ende der Muromachi-Zeit auch Sengoku-Zeit, und die Azuchi-Momoyama-Zeit wird nach den Namen der regierenden Clans Oda und Toyotomi auch Shokuhō-Zeit genannt.[1] Ein einheitliches, begründetes Prinzip liegt dieser Einteilung nicht zugrunde, die einzelnen Epochen werden jeweils nach dem Herrscher oder seiner Residenz benannt. Die Verlegung der Hauptstadt des Kaisers von Nara nach Kyōto bewirkte im Hinblick auf die gesellschaftliche Situation, auf das politische System und die Kultur keine Veränderung, ein Zeiteinschnitt ist hier nicht unbedingt erforderlich. Eine solche Veränderung ereignete sich erst ein Jahrhundert nach dem Umzug nach Kyōto zu Beginn des 10. Jahrhunderts, in der sogenannten mittleren Periode der Heian-Zeit.

Obige Einteilung hat jedoch auch Vorzüge. Die Bakufu (Regierungen) der Kamakura-, Muromachi- und Edo-Zeit repräsentieren jeweils eine bestimmte Entwicklungsstufe der feudalistischen Herrschaft; diese Einteilung ist gerechtfertigt. Auch die Heian-Zeit, als Epoche vor der Zeit, in der die Samurai-Klasse die Herrschaft ergriff, kann als Differenzierung gelten. Da diese Einteilungen allgemein bei der Darstellung der japanischen Geschichte üblich sind, habe ich sie in meine Zeittafel aufgenommen.

Bei der Gliederung der japanischen Geschichte bedient man sich, will man die Methode der abendländischen Geschichtswissenschaft anwenden, von der Gegenwart aus zurückgehend der Dreiteilung Neuzeit, Mittelalter und Altertum. Dabei bleibt die Frage, wann die Neuzeit begonnen habe, von wann bis wann das Mittelalter anzusetzen sei, der Willkür, will sagen dem Gutdünken der Gelehrten überlassen. Aufgrund dieser Dreiteilung teilt man das Altertum wiederum in »frühes Altertum«, »mittleres Altertum« und »spätes Altertum«, und zwischen Mittelalter und Moderne setzt man die Neuzeit, die Moderne nennt man auch »Spätneuzeit«. Natürlich entbehrt diese Einteilung jeder wissenschaftlichen Grundlage, sie dient ausschließlich der Bequemlichkeit. Die Dreiteilung Altertum, Mittelalter und Neuzeit entspricht außerdem nicht dem Charakter der Epochen, den diese in der abendländischen Geschichte haben. Die Einteilung erhält allerdings wissenschaftlichen Charakter, wenn man sie entsprechend den Veränderungen des Gesellschaftssystems vornimmt und je nach dem Abstand, den sie von der Gegenwart haben, Altertum und Mittelalter festlegt. Verfährt man so, heißt die Zeit des primitiven Kollektivs vorgeschichtliche Zeit (eine Zeit, von der es

---

1 Sinojapanische Lesung der Zeichen »O« und »Toyo«, zusammengezogen zu Shokuhō. [Anm. d. Übers.]

keine schriftlichen Zeugnisse gibt), die Zeit des Sklavensystems Altertum, die Zeit des Feudalsystems Mittelalter, die Zeit des Kapitalismus Neuzeit. In Japan wird aber die Spätzeit des Feudalismus vom Ende des 16. Jahrhunderts, als sich eine zentralistische Feudalmacht durchsetzte, bis zum Ende der Tokugawa-Regierung üblicherweise als Neuzeit bezeichnet, eine Zeit, die eigentlich der Spätzeit des Mittelalters entspricht. Ich verwende in meiner Darstellung die Einteilungen Altertum, Mittelalter, Neuzeit, Moderne entsprechend obigen sozioökonomischen Kriterien. »Gegenwart« gilt für mich, was die Weltgeschichte betrifft, als die Zeit nach der Russischen Revolution, was die japanische Geschichte betrifft, als die Zeit nach 1945. Der Begriff »Gegenwart« wird unterschiedlich definiert. Ich halte es, streng wissenschaftlich genommen, für einen Fehler, die Zeit vor und nach dem Zweiten Weltkrieg als eine Epoche zu betrachten, weil man dabei die unterschiedliche politische Struktur der japanischen Gesellschaft und die weltgeschichtliche Situation nicht berücksichtigt.

Nur eine Einteilung, die sich nach den Veränderungen des sozioökonomischen Systems orientiert, nimmt den wissenschaftlichen Anspruch ernst, daß eine Zeit als besondere Epoche mit eigener Struktur und eigenem Charakter von anderen Epochen unterschieden werden muß. Diese Einteilung soll den Charakter einer Epoche präzise festlegen, ebenso die historische Entwicklung von einer zur anderen, auch die Gemeinsamkeiten, die zwischen der japanischen Geschichte und der Geschichte anderer Völker bestehen. Sie ist, angesichts der eingangs erwähnten Besonderheiten des historischen Entwicklungsprozesses, ziemlich schwierig; viele Thesen stehen gegeneinander und lassen sich kaum auf einen Nenner bringen. Ich möchte hier jedoch darauf aufmerksam machen, daß es bei dieser Einteilung erstens unerläßlich ist zu fragen, wann in einer Gesellschaft Neues, Fortschreitendes sich durchsetzt, mit einer Kraft, die nicht mehr zu unterdrücken ist, was wichtiger ist, als zu untersuchen, inwieweit das Alte, Zurückgebliebene noch präsent ist. Zweitens darf nicht nur das Wirtschaftssystem als Orientierung gelten, sondern auch die Politik, die Maßnahmen des sog. Überbaus gegen die Basis. Die Veränderungen des ökonomischen Systems lassen sich nicht aufs Jahr genau datieren, man muß ihnen Jahre, einen Raum von Jahrzehnten zumessen. Aufgrund dieser Methode mache ich folgende Einteilung:

Anfang des 4. Jahrhunderts, mit dem Entstehen eines Staates und einer Klassengesellschaft, endet in der japanischen Geschichte die Zeit des primitiven Kollektivs und es beginnt die Zeit des Sklavensystems. Es gibt widerstreitende Meinungen darüber, ob es sich hier wirklich um ein Sklavensystem gehandelt hat. Ich kann hier jetzt nicht darauf eingehen, sondern will im zweiten Kapitel meiner Darstellung meine Definition begründen. Ende des 12. Jahrhunderts, als die Samurai-Klasse einen eigenen Staat gründete, endet die Zeit des Sklavensystems, es beginnt der Aufbau des Feudalstaates. Bei 1868, zwischen dem Untergang der Tokugawa-Regierung und dem Entstehen des modernen Tennō-Systems, liegt die Trennungslinie zwischen dem feudalistischen und dem kapitalistischen Gesellschaftssystem.

1
Die primitive Kultur Japans
Die Besonderheiten japanischer Entwicklung

Die japanische Geschichte als Teil der Menschheitsgeschichte

Der nachgewiesene älteste fossile Menschenschädel wurde 1959 im ostafrikanischen Tanganjika gefunden. Er gehört der Spezies Zinjanthropus boisei an, die schätzungsweise vor 1,75 Millionen Jahren lebte. In Zhoukoudian in der Nähe von Peking und im Ostteil von Java wurden die ältesten Skelette fossiler Menschen Asiens gefunden, die Skelette des Peking-Menschen (Sinanthropus pekinensis) und des Affenmenschen Pithecanthropus erectus, die im frühen Diluvium lebten, also vor 400000 - 500000 Jahren.

Die Inselkette Japans, die sich im Ozean östlich des asiatischen Festlands von Nordost nach Südwest wie ein schmaler Bogen hinzieht, war im Diluvium noch mit dem Festland verbunden, das Japanische Meer war noch Binnenmeer. Es ist sicher, daß Tierarten dieser Zeit und aus den Gebieten des Sinanthropus und Pithecanthropus auch in Japan vorkamen. Demnach ist es möglich, daß Artgenossen des Sinanthropus und Pithecanthropus in Japan einwanderten. Einen Beweis gibt es dafür noch nicht. In Erdschichten der dritten Eiszeit, die 200000 Jahre später zu datieren ist, wurden jedoch auch in Japan Steinwerkzeuge gefunden, die beweisen, daß in dieser Zeit hier schon Menschen lebten.

Der Zinjanthropus, der Peking-Mensch und die auf diese folgenden Spezies hatten einen ganz anderen Körperbau als wir. Unser direkter Vorfahr, der Homo sapiens, bevölkerte erst im ausgehenden Diluvium unsere Erde, also vor 30000 - 50000 Jahren. In ganz Japan, von Hokkaidō bis nach Kyūshū, wurden Steinwerkzeuge aus dieser Zeit gefunden. Hokkaidō und die Hauptinsel Honshū waren durch die Tsugaru-Meerenge bereits getrennt, Shikoku und Kyūshū aber noch mit Honshū verbunden, außerdem bestand in der Koreanischen Meerenge oder im Südchinesischen

Meer eine Landbrücke zum Festland, über die die Ureinwohner Japans einwanderten.

Daß es in Japan eine Kultur des Paläolithikums gegeben hat, wurde erst 1949 durch Funde von Steinwerkzeugen in Iwajuku in der Provinz Gunma nachgewiesen. Diese Kultur ist den Kulturen Europas und des asiatischen Festlands aus derselben geologischen Periode erstaunlich ähnlich, was die Annahme bestätigt, daß die Kultur der Menschheit einen gemeinsamen Ausgangspunkt hatte. Die Einheitlichkeit der primitiven Kulturen auf der ganzen Welt bestand aber nur, solange die Menschheit den Naturzustand zwar gerade verlassen, aber ihre Produktionskraft noch nicht entscheidend entwickelt hatte. Heute verfügen die einzelnen Völker über eine Technik, die ihnen erlaubt, das Weltall zu erobern, ihre Kulturen verlieren die trennenden Besonderheiten, und die Zeit ist nicht mehr fern, in der sich diese Kulturen wieder zu einer Menschheitskultur vereinen. Auch die japanische Geschichte ist nur ein Teil der Weltgeschichte.

Die Menschen des Paläolithikums waren noch nicht seßhaft, sondern wechselten auf der Suche nach Nahrung ständig ihre Siedlungsplätze. Es gibt keinen Beweis dafür, daß sie schon Pfeil und Bogen besaßen. Auch Tongefäße kannten sie wohl noch nicht. Mit dem Übergang vom Diluvium zum Alluvium war in den meisten Gebieten der Erde das Paläolithikum abgeschlossen, es begann die Kultur des Neolithikums, der Steinwerkzeuge mit bearbeiteter Oberfläche, auch die Herstellung von Gefäßen aus gebranntem Ton. Natürliches Material einer chemischen Veränderung auszusetzen und etwas zu produzieren, das in dieser Form in der Natur nicht vorkommt, bedeutete einen großen Fortschritt der Fähigkeit des Menschen, die Natur nach seinem Willen zu gestalten. In den Tongefäßen konnte man Wasser und Nahrung aufbewahren, Wasser und Speisen kochen, man konnte die Gefäße für rituale Zwecke nutzen oder ihnen eine rein dekorative Form geben. Diese Erfindung bereicherte das Leben der primitiven Menschen entscheidend.

Das Entstehen der japanischen Inselkette und die Jōmon-Kultur

Auch auf den japanischen Inseln wurden Anfang des Alluviums Steinwerkzeuge produziert, gleichzeitig bildete sich der typisch japanische Charakter der neolithischen Kultur heraus. Japan war nicht mehr mit dem Festland verbunden, sondern auf allen Seiten vom Meer umgeben. Regelmäßiger Verkehr vom und zum Festland war angesichts des niedrigen technischen Niveaus der Kulturen beiderseits des Meeres zwar nicht unmöglich, aber doch äußerst schwierig. Die Bewohner Japans waren deshalb für 10000 Jahre vom Festland abgeschnitten und mußten ihren eigenen Weg gehen. Vor 8000 Jahren etwa wurden Shikoku und Kyūshū von der Hauptinsel getrennt und die pazifische Küstenlinie zog sich zurück; vor 5000 - 6000 Jahren erhielten die japanischen Inseln ihre heutige geographische Gestalt, sie besaßen bereits die jetzige klimatische Beschaffenheit, Fauna und Flora.

Die Kultur des Neolithikums in Japan wird nach dem Muster von Schnurabdrücken auf den Tongefäßen die »Kultur der Jōmon-Keramik genannt. Ich nenne sie kurz Jōmon-Kultur und als Epoche Jōmon-Zeit. Die Jōmon-Kultur dauerte mehrere tausend Jahre bis zum 3. bzw. 2. Jahrhundert v.Chr. Zeugnisse dieser Kultur sind überall in Japan zu finden, von Hokkaidō bis nach Okinawa. Während dieser extrem langen Epoche wurde das Stadium der Jäger- und Sammlerwirtschaft nicht überwunden. Es wurden auch keine Metallwerkzeuge hergestellt; dennoch entwickelten sich durch unermüdliche kollektive Arbeit Produktionskraft und Kultur Schritt für Schritt weiter.

Die Jōmon-Zeit wird je nach Form der Gefäße, Variation der Muster und den Ausgrabungsbedingungen fünffach unterteilt in Anfangsperiode, Frühperiode, mittlere Periode, Spätperiode und Endperiode.

Die Menschen der Anfangsperiode besaßen bereits Pfeil und Bogen, ihre Jagdtechnik war weiter entwickelt als im Paläolithikum. Gegen Ende der Frühperiode fuhren die Fischer bereits in Einbaumbooten aufs Meer hinaus. Die Menschen der Jōmon-Zeit lebten in primitiven Hütten mit einer Wohnfläche von 6 - 7 qm, deren Boden quadratisch oder rund war und 60 - 90 cm unter der Erde lag. Pfähle trugen das bis zur Erde reichende Dach aus Ästen und Blättern. In der Anfangsperiode waren die Ansiedlungen klein, sie wurden nur kurze Zeit benutzt, mit dem Beginn der Frühperiode aber entstanden auf Anhöhen nahe der Meeresküste kleine Dörfer, die — wie sich aus der Benutzung der Feuerstellen schließen läßt — für längere Zeit besiedelt waren.

In der mittleren Periode entstanden auch Ansiedlungen im Binnenland, ziemlich weit von der Küste entfernt, wie z.B. Funde am Fuße des Berges Yatsu-ga-take (Präfektur Nagano) beweisen. In dieser Zeit fand auch über weite Gebiete ein Warenaustausch statt. Das bekannteste Beispiel ist die Verbreitung von Pfeilspitzen aus schwarzer Lava, die am Wada-Paß in der Präfektur

Nagano hergestellt wurden. Diese Pfeilspitzen wurden im Kantō-Gebiet, in Shinano und Echigo, im Osten in der Präfektur Fukushima, im Westen in den Präfekturen Aichi und Fukui ausgegraben, sogar auf der Insel Sado.

Im Übergang von der Spät- zur Endperiode wurden die Ansiedlungen in ebene Gebiete verlegt. Die Dörfer wurden größer, die aus Häuserresten und Muschelhaufen ausgegrabenen Arbeitsgeräte aus Ton, Stein oder Knochen vielfältiger und zahlreicher, gleichzeitig machte sich ein deutlicher Unterschied zwischen der Kultur Ost- und Westjapans bemerkbar. Schon während der Jōmon-Zeit gab es, was Form und Muster der Tongefäße betrifft, einen Unterschied, bis zur Spätperiode jedoch keinen qualitativen; in beiden Gebieten entwickelte sich die Kultur auf gleichem Niveau. In der Endperiode setzte sich in Ostjapan diese Entwicklung fort, Geräte aus Knochen wie z.B. Angelhaken sind präzis gearbeitet, die Ornamente auf den Tongefäßen — typisch dafür die Gefäße, die in Kamegaoka in der Präfektur Aomori gefunden wurden — äußerst kompliziert. In Westjapan dagegen sind die Ausgrabungsstücke der Jōmon-Kultur arm an Variationen, sie sind einfacher als in der Zeit vorher, es wurden jedoch schon neue Arbeitsgeräte wie z.B. große Steinäxte hergestellt. Hier entstanden neue Produktionsmethoden, besonders auf dem Gebiet der Agrarwirtschaft.

Das primitive Kollektiv und das matriarchalische Familiensystem

In der Jōmon-Zeit wurden weder Ackerbau noch Viehzucht betrieben. Die These, die aufgrund der Funde von Steinschalen (zum Zerstoßen von Getreide) und der oben erwähnten großen Steinäxte aus der mittleren Periode den Anbau von Hirse und Kartoffeln nachweisen will, also primitiven Ackerbau, ist noch nicht abgesichert. Sollte es einen solchen Ackerbau gegeben haben, so war er doch noch nicht die Existenzgrundlage, denn noch immer waren die Kollektive auf Jagd- und Sammlerwirtschaft angewiesen. In dieser Entwicklungsphase arbeiteten alle, die arbeiten konnten, um das Kollektiv zu erhalten; eine Differenzierung zwischen Reichen, die nicht arbeiten, und Armen, die ausgebeutet werden, hatte noch nicht stattgefunden. Die Hütten waren in allen Perioden der Jōmon-Zeit gleich einfach, auch die Gräber und die Grabbeigaben. Die wichtigsten Arbeiten wie Jagd, Fischfang, Bauen der Hütten ließen sich nur im Kollektiv bewerkstelligen. Zweifellos waren auch

Arbeitsgeräte wie Pfeil und Bogen, Boote und Netze gemeinsamer Besitz. Die primitive Gesellschaft wurde vermutlich durch Blutsverwandtschaftsbeziehungen mütterlicherseits beherrscht, sie war ein matriarchalisches Familien-Kollektiv. Anhand von Ausgrabungen läßt sich das nicht dokumentieren, aber das Niveau der Produktionskraft, die Größe der Kollektive und eine Rückprojektion des späteren matriarchalischen Systems bieten hinreichende Anhaltspunkte. Unter der Jōmon-Keramik der mittleren und späten Periode finden sich häufig Tonfiguren, die Menschen darstellen, meistens weibliche Figuren. Diese Tonfiguren standen in Beziehung zum Animismus, der auf dem Glauben beruhte, in allen Erscheinungen der Natur wohnten Kräfte, die das Schicksal der Menschen beeinflußten, Frauenfiguren deshalb, weil der Gebärenden als Quelle des Lebens eine geheimnisvolle Kraft zuerkannt wurde. Es ist aber auch möglich, daß die Tonfiguren einfach nur Gegenstand der Ahnenverehrung waren.

Die japanische Rasse und die Ursprungsform der japanischen Sprache

Die Jōmon-Zeit kann aus folgenden zwei Gründen als Beginn der japanischen Geschichte angesehen werden. In dieser Zeit entwickelte sich erstens der Grundtypus der japanischen Rasse. Im Anschluß an die Jōmon-Zeit wurde aus Korea eine neue, hochentwickelte Kultur importiert, die Kultur der Yayoi-Keramik, von der ich im folgenden Abschnitt berichten werde. Mit dieser Kultur kamen auch Menschen einer anderen Rasse nach Japan, die aber weder die Menschen der Jōmon-Zeit ausrotteten, noch deren rassische Merkmale durch Mischung verdrängten. Im Gegenteil, die neue Rasse wurde, nach allgemeiner Ansicht der Anthropologen, von den Menschen der Jōmon-Zeit eingegliedert und assimiliert. Wenn dies zutrifft, sind die Menschen der Jōmon-Zeit die direkten Vorfahren des japanischen Volkes, doch haben bisher auf einige Fragen weder Archäologen noch Anthropologen eine befriedigende Antwort geben können: Gibt es zwischen den Menschen des Paläolothikums und der Jōmon-Zeit eine rassische Kontinuität? Sind erstere ausgestorben und ist eine Rasse, die im Bestiz der Jōmon-Kultur war, nach Japan eingewandert? Haben sich die Menschen des Paläolitikums mit den Einwanderern vermischt, und ist daraus eine neue Rasse entstanden? In letzter Zeit wird immer mehr archäologisches Material gefunden, das in diesem Sinne für eine Kontinuität von Paläo- und Neolithikum spricht. Kontinuität von Kultur bedeutet nicht unbedingt rassische Kontinuität, kann erstere aber nachgewiesen werden, dann ist die Möglichkeit, daß die Rasse, die beide Kulturen geschaffen hat, ein und dieselbe ist, nicht von der Hand zu weisen. In jedem Fall lebten die Menschen der Jōmon-Zeit, seit es keine Landbrücke zum Festland mehr gab, für mehrere Jahrtausende isoliert auf den japanischen Inseln. Während dieses Zeitraumes mußten sie sich an die Bedingungen der Natur anpassen, dabei haben sie eigene rassische und kulturelle Merkmale ausgebildet. Wir wissen nicht, woher ihre Vorfahren kamen, ob vom Festland oder aus Südostasien. Sie lebten jedoch fast zehntausend Jahre unter anderen natürlichen und kulturellen Bedingungen, es entstand eine von den Vorfahren unterschiedliche Rasse, der Prototypus des modernen Japaners.

In der Jōmon-Zeit hat sich zweitens die Grundform der japanischen Sprache gebildet. Die Sprachwissenschaft vermutet, daß sich um die Zeitenwende die Sprache der Hauptinsel Honshū und Okinawas von einer gemeinsamen Ursprache trennten und ihre eigene Entwicklung nahmen. Diese japanische Ursprache, die die Grundelemente beider Sprachen enthielt, entwickelte sich in der Jōmon-Zeit. Es gibt zahlreiche Theorien darüber, zu welcher Sprachgruppe das Urjapanisch zu rechnen ist, doch ist keine von ihnen als verbindlich anzusehen. Von allen Sprachen des benachbarten Festlandes läßt sich nur zum Koreanischen eine Verwandtschaft feststellen. Wenn beide Sprachen verwandt sind, dann haben sie sich vor drei- bis fünftausend Jahren von einer gemeinsamen Ursprache getrennt, also vor der mittleren Periode der Jōmon-Zeit.

Der Lebensraum der heutigen Japaner, die japanische Inselkette, erhielt also in der Jōmon-Zeit seine jetzige Gestalt, und es entwickelten sich eine Rasse, die verschieden war von den Rassen des nahen Festlandes, und eine eigene Sprache. Während dieses Prozesses verließen die Menschen der Jōmon-Zeit das Stadium eines Naturvolkes und beschritten den Weg zur Zivilisation. Die Geschichte der Japaner hatte begonnen.

Die Yayoi-Kultur, die Einführung von Techniken des Ackerbaus und der Herstellung von Metallwerkzeugen

Die vom Festland isolierte Gesellschaft der japanischen Inseln machte natürlich nur langsame Fortschritte. Die höher entwickelten Kulturen der Welt hatten bereits mit Ackerbau, Viehzucht und der Herstellung von Metallwerkzeugen begonnen, die Schrift war schon erfunden, ein eindeutiges Zeichen dafür, daß das Stadium »Zivilisation« schon erreicht war.

Man nimmt an, daß in der Anfangsperiode des Alluviums zum ersten Mal überhaupt in Südostasien Ackerbau betrieben wurde (Anbau von Weizen und Gerste), danach auch am Unter- und Mittellauf des Nils. Hier wurden die ersten Bronzegeräte hergestellt und die Schriftzeichen erfunden. Zwischen 3000 und 2000 v.Chr. begannen die Einwohner Indiens am Indus und Chinas am Gelben Fluß Ackerbau und Viehzucht zu betreiben. Zur Zeit des chinesischen Königreichs Yin, das im 15. Jahrhundert v.Chr. entstand, hatte die Verarbeitung der Bronzegeräte schon ein hohes technisches Niveau erreicht und die chinesische Schrift war bereits erfunden. Gegen Ende des Königreiches Zhou, das diesem zwischen dem 6. und 5. Jahrhundert folgte, begann die Herstellung von Eisengeräten. Um diese Zeit machte am Ägäischen Meer die klassische Zivilisation schnelle Fortschritte, in China wirkte Konfuzius, in Indien Gautama Buddha.

Die Kultur und Produktionskraft Chinas entwickelte sich zwischen dem 4. und 3. Jahrhundert v.Chr. ziemlich schnell und hatte großen Einfluß auf die benachbarten Länder. Ende des 3. Jahrhunderts v.Chr., als das mächtige Han-Reich entstand, kam die chinesische Zivilisation nach Korea und dann nach Japan. Die koreanische Meerenge, für Jahrtausende unüberwindlicher Graben für die vom Festland getrennte japanische Gesellschaft, wurde nun zur Durchgangsstraße der neuen Zivilisation.

Die neue Kultur zeichnete sich durch eine handwerklich hochwertige Keramik aus, die eine andere Tradition hatte als die Jōmon-Keramik. Mit ihr kam die Agrartechnik der Naßfeldreiswirtschaft, die Technik der Herstellung von Metallwerkzeugen. Diese Kultur wird nach dem ersten Fundort dieser Keramik, dem Yayoi-Viertel in Tōkyō, die Kultur der Yayoi-Keramik oder kurz Yayoi-Kultur genannt. Sie kam zuerst von Südkorea nach Nordkyūshū, verbreitete sich innerhalb eines Jahrhunderts über Südhonshū nach Yamato, von dort weiter bis zur Ise-Bucht und in der zweiten Hälfte des 1. Jahrhunderts hatte sie das Kantō-Gebiet erreicht. Im 3. Jahrhundert wurde sie von einer höheren Kultur, der Kultur der Hügelgräber-Zeit abgelöst. Die Yayoi-Kultur ist keine Variante der Jōmon-Kultur, sie ist eindeutig eine importierte, von Einwanderern mitgebrachte Kultur.

Die Technik des Ackerbaus der Yayoi-Zeit war in der Anfangsperiode zunächst noch primitiv: die Bauern lockerten mit einer Holz- oder Steinaxt den sumpfigen Boden, säten Reiskörner und überließen das Weitere der

Natur. Zur Zeit der Ernte schnitten sie die Ähren mit einer Steinsichel und zerstampften den Reis in einem hölzernen Mörser. In der mittleren Periode, also etwa mit Beginn der christlichen Zeitrechnung, war in einem Teil Nordkyūshūs und in der Yamato-Ebene der Ackerbau bereits vorherrschende Produktionsweise, auch künstliche Bewässerungsanlagen wurden angelegt. Die Anlagen aus der mittleren oder späten Periode, die bei Toro in der Präfektur Shizuoka freigelegt wurden, bestehen aus Feldern, eingeteilt in 1200-1800 qm große Flächen, die von einem Rain abgegrenzt werden und von einem Bewässerungssystem durchzogen sind. Die Funde belegen, daß schon Pflanzen zur Düngung verwendet wurden. Mit der Technik der künstlichen Bewässerung konnten große Gebiete erschlossen, die Ernte vervielfacht und stabilisiert werden. Der Lebensstandard stieg, die Bevölkerung wuchs, es bildeten sich große Dörfer, dichtbesiedelte Orte, die z.B. wie in der Fundstelle Karako in der Präfektur Nara aus 130 Hütten oder in Kugahara in Tōkyō sogar aus 200 Hütten bestanden. Diese waren noch immer wie die Jōmon-Hütten gebaut, sie besaßen aber schon auf Pfählen stehende Speicher für die Lagerung der Reisernte.

Hacke und Sichel aus Stein, Hacke, Mörser und Stössel aus Holz waren die wichtigsten Werkzeuge für Feldbestellung und Ernte. Zur Herstellung der Holzwerkzeuge dienten Anfang der Yayoi-Kultur bereits Messer, Sichel und Hobel aus Eisen. In der mittleren Periode kamen Eisenwerkzeuge häufiger vor, Agrarwerkzeuge aus Eisen waren noch sehr selten. Zunächst waren es importierte Werkzeuge, erst in der späten Periode der Yayoi-Kultur wurden sie auch in Japan hergestellt.

Die Vielschichtigkeit der Kultur und ihre uneinheitliche Entwicklung

In der Yayoi-Kultur wurden neben Eisen- auch Bronzegeräte verwendet. Für eine hochentwickelte Zivilisation gilt allgemein, daß Metallgeräte im historischen Ablauf zuerst aus Kupfer, dann aus Bronze und Eisen hergestellt werden und die Steinwerkzeuge als das wichtigste Produktionsmittel ersetzen. In Japan aber wurden Bronze- und Eisengeräte gleichzeitig verwendet, Steinwerkzeuge waren nach wie vor vorherrschend. Schon in dieser Zeit entwickelte sich ein Charakteristikum der japanischen Kultur, nämlich ihre Vielschichtigkeit: Altes und Neues lösten einander nicht ab, sondern bestanden nebeneinander weiter, eine Situation, die entstehen muß, wenn eine rückständige Gesellschaft die Errungenschaften einer weiter fortgeschrittenen Zivilisation übernimmt.

Alle Bronzegeräte der Anfangsperiode, vornehmlich Schwerter und Lanzen, waren importiert. Sie wurden jedoch nicht als Waffen benutzt, sondern als Ritualgeräte. Erst in der mittleren Periode ging man dazu über, aus importierten Geräten neue zu schmieden. Aus der Verbreitung der unterschiedlichen Arten dieser reproduzierten Geräte läßt sich eine deutliche Trennung zwischen dem Kulturraum des Kinki-Gebietes mit dem Zentrum in Yamato und dem Kulturraum Nordkyūshū ablesen, dessen Grenze in den heutigen Präfekturen Hiroshima oder Okayama lag. Typisch für ersteren sind die Bronzeglocken genannten Ritualgeräte, abgeflachten Tempelglocken ähnlich, hergestellt aus importierten Schwertern und Lanzen, verbreitet bis ins Kantō-Gebiet. Typisch für den Kulturraum Nordkyūshū sind große Schwerter und Lanzen, umgeschmiedet aus importierten kleineren Geräten dieser Art. Die Schmiedetechnik ist bei den Bronzeglocken weiter entwickelt, auf ihnen sind mit einfachen Mitteln Arbeitsszenen dargestellt, die ein Bild geben von den Techniken der Jagd, des Ackerbaus oder des Spinnens. Im Kinki-Gebiet war nicht nur die Technik der Herstellung von Bronzegeräten, sondern auch die des Ackerbaus weiter fortgeschritten als in Nordkyūshū.

Der Beginn der Klassendifferenzierung

Der Fortschritt der Jōmon-Kultur kann nach Einheiten von 1000 Jahren berechnet werden, für die Yayoi-Kultur jedoch ist die Einheit von 100 Jahren noch zu lang, so schnell entwickelte sich die japanische Gesellschaft in dieser Periode. Vorher wurde die Ernte, z.B. Nußfrüchte, in Tongefäßen aufbewahrt, jetzt lagerten die Bauern den Reis in geräumigen Speichern, die größer waren als ihre Wohnhäuser. Steinwerkzeuge kamen alsbald aus dem Gebrauch, an ihre Stelle traten Eisenwerkzeuge oder mit diesen hergestellte Holzwerkzeuge. Nach wie vor waren Tongefäße wichtiger Hausrat, die nun für verschiedene Verwendungszwecke produziert wurden, nicht mehr mit der Hand, sondern von handwerklich spezialisierten Töpfern auf der Töpferscheibe: Krüge, Schüsseln, flache Schalen, Schalen mit hohem Fuß, Teller, Reisdämpfer und große Proviantkrüge. Die Herstellung der Eisen- und Holzwerkzeuge übernahmen Fachhandwerker. Die Arbeitsteilung innerhalb der

Clan-Kollektive machte schnelle Fortschritte, gleichzeitig erhöhte sich die Produktionskraft, was zur Folge hatte, daß der Unterschied zwischen Reich und Arm und der Rangunterschied zwischen Hoch und Niedrig sich auszuprägen begann. Das primitive Clan-Kollektiv wurde von einem Häuptling angeführt, der den Clan beherrschte und ausbeutete. Die Entwicklung zum Staat, zur politischen Gesellschaft, bestehend aus herrschender und beherrschter, Schicht werde ich im folgenden Abschnitt darstellen. Japan wird in der offiziellen Geschichte des Königreichs Han, im Hanshu, entstanden Ende des 1. Jahrhunderts, zum ersten Mal erwähnt. Dort heißt es: »Im Meere jenseits von Rakurō (Nordkorea) leben die Wa-Leute, getrennt in mehr als hundert Ländern. Sie entrichten jedes Jahr Tribut.« Die hier angegebenen »mehr als hundert Länder« bedeuten wohl die von den Clanführern Nordkyūshūs beherrschten Gebiete, die sich bemühten, in Rakurō, einem Außenposten des Han-Königreichs, ihre Referenz zu erweisen und von dort eine neue Kultur zu importieren. Das Land Na schickte im Jahre 57 eine Gesandtschaft sogar zur Hauptstadt Rakuyō im Nordwesten Chinas. Die japanische Gesellschaft begann wie ein Säugling an der Brust der Mutter die hochentwickelte Zivilisation Koreas und Chinas aufzunehmen, um das Stadium der primitiven Kultur zu verlassen und den Weg zur Zivilisation zu gehen.

2
Der Staat der Großkönige und die Bumin
Das Sklavensystem und der Prozeß der Staatsbildung

Das Anwachsen der Einzelarbeit und die Veränderung des Familiensystems

Wenn in einer Gesellschaft der Ackerbau vorherrschende Produktionsform wird, gewinnt der Boden als Mittel der Agrarproduktion und als Lebensraum in einem ganz anderen Sinn Besitzcharakter als in der Periode der Jäger- und Sammlerwirtschaft. Das Ackerland war zunächst kollektiver Besitz des Clans, weil die für die Naßfeldreiswirtschaft notwendigen Be- und Entwässerungsarbeiten nur gemeinsam im Verband eines oder mehrerer in verwandtschaftlichen Beziehungen stehender Clans zu verwirklichen waren. Das Ackerland wurde nicht von Einzelnen bestellt, der gemeinsam geerntete Reis im Speicher des Clans für alle aufbewahrt.

Zur Steigerung des Ertrags war es aber vorteilhaft, die Anbauflächen in kleine Felder zu teilen und von Einzelnen bestellen zu lassen, von Familiengruppen, die sich in dieser Entwicklung immer stärker aus dem Clanverband lösten. Es handelte sich allerdings nicht um Kleinfamilien, aus Eltern und Kindern bestehend, sondern um Großfamilien, zu denen neben dem Oberhaupt, dessen Frau und Kinder auch dessen Brüder (im Anfangsstadium Schwestern), Onkel, Tanten und deren Kinder gehörten. Die getrennte Feldbestellung verstärkte den Zusammenschluß der Großfamilien und ihre Tendenz zur Selbständigkeit innerhalb des Clans. Bestimmten Familien wurden besondere Aufgaben wie die Produktion von Keramik, Holz- und Eisenwerkzeugen zugeteilt.

Das schnelle Anwachsen der Produktivität machte die Organisation der Arbeit erforderlich. Es wurde notwendig, einen Produktionsplan aufzustellen, Feldarbeit und handwerkliche Tätigkeit gerecht zu verteilen, die Produkte zu verwalten. Die öffentlichen Aufgaben wuchsen und wurden von Jahr zu

Jahr vielfältiger, was zur Folge hatte, daß spezielle Verwaltungsaufgaben von Einzelnen als ständige berufliche Tätigkeit übernommen werden mußten — im Clan begann die Trennung von körperlicher und Kopfarbeit. Auch die Beziehungen der Clans untereinander änderten sich. Lange Zeit hatte es nur selten kriegerische Auseinandersetzungen zwischen den Clans gegeben, nun aber weitete sich der Streit um ertragreiches Ackerland zu Kriegen zwischen den Clangruppen aus. Das Ansehen der Führer dieser kriegerischen Auseinandersetzungen stieg, auch das der Priester, denn Agrarrituale und Gebete für den Erfolg des Krieges gewannen für den Clan oder die Clangruppe immer größere Bedeutung. Es war zunächst Brauch, daß die Verwalter, Kriegsführer und Priester für begrenzte Zeit gewählt wurden, diese beanspruchten später aber diese Aufgaben Zeit ihres Lebens. Das Clanoberhaupt sicherte sich seine Stellung als Häuptling, als Herrscher. Die Ritualaufgaben übernahmen meistens Frauen, die ihrer magischen Kraft wegen eine zentrale Rolle im Clan spielten, oder ihre Töchter direkter Abstammung, während für die Aufgaben der Kriegführung und Verwaltung meistens Männer gewählt wurden. Etwa in der Mitte der Yayoi-Periode hatte sich die Stellung des Clanoberhauptes bereits gefestigt, wie aus den Funden bei Suku in der Provinz Fukuoka hervorgeht, ein Gebiet, das vermutlich identisch ist mit dem im Hanshu erwähnten Land Na, wo sich auf einem Gemeinschaftsfriedhof auch Gräber befinden, die mit einem großen Stein abgedeckt und denen aus China importierte, für die damalige Zeit kostbare Spiegel, Schwerter und Glasperlen beigegeben sind. Die so Begrabenen hatten also einen besonderen Rang gegenüber den anderen Mitgliedern des Clans, die nur in großen Krügen begraben waren. Sie standen aber nicht außerhalb des Kollektivs, weil sich ihre Gräber noch auf dem Gemeinschaftsfriedhof befanden.

Mit dem Fortschreiten der Arbeitsteilung und der Selbständigkeit der Großfamilien verschärfte sich die Ungleichheit des Standes und damit auch, als Folge der Kriege um Ackerland, die Ungleichheit zwischen den Clans. Die großen Clans unterwarfen die schwächeren und beuteten sie aus. In den meisten Fällen konnte der unterworfene Clan auf seinem Gebiet und in seinem Verband bleiben, er mußte nur Abgaben entrichten. Es geschah aber auch häufig, daß der siegreiche Clan Männer und Frauen zu Sklaven machte, die dann gemeinsamer Besitz dieses Clans wurden oder Privatbesitz des Führers, der den Krieg gewonnen hatte. Im weniger entwickelten Stadium des Ackerbaus, als alle, die nur arbeiten konnten, für die Erhaltung der Gemeinschaft arbeiteten, blieb dem Sieger keine andere Wahl, als den Besiegten zu töten oder zu vertreiben, denn es gab weder überschüssige Arbeitskraft noch

Überschußprodukte; von den Besiegten Abgaben zu verlangen oder sie zu Sklaven zu machen, war unmöglich. Jetzt aber waren Überschußprodukte und überschüssige Arbeitskraft vorhanden, die auch ausgebeutet werden konnten.

Diese Entwicklung förderte die Ausbeutung von Schichten in den Clans. Der Führer besaß Sklaven, seine wirtschaftliche Macht sicherte ihm seine Herrschaftsstellung, die Verwalter, Kriegsführer und Priester unter ihm formierten sich zur herrschenden Elite, die Mitglieder und die Sklaven des Clans bildeten die beherrschte Unterschicht. Der Clan löste sich jedoch nicht in Familiengruppen auf, sondern behielt seine kollektive Form, die in der Bezeichnung für Führer und Clan begrifflich zum Ausdruck kommt. Das Clanoberhaupt hieß *uji no kami* (der Oberste des Clans) und das Volk *ujibito* (die Mitglieder des Clans).

Das Reich Yamato und die Entstehung des japanischen Staates

Die Erweiterung der Macht und Autorität der Clanführer und die Entwicklung der Beziehung von Herrschaft und Unterwerfung zwischen den Clans und Clangruppen beschleunigten den Prozeß der gesellschaftlichen Ausdifferenzierung und die Konfrontation zwischen einer Minderheit, die herrscht, und einer Mehrheit, die beherrscht wird. Aus dem Machtmechanismus zur Beherrschung der Clans und der unterworfenen Gruppen entwickelte sich ein Staatssystem. In Nordkyūshū waren schon Mitte des 1. Jahrhunderts — das oben erwähnte Hanshu spricht von mehr als hundert Ländern — zahlreiche Clangruppen-Staaten entstanden. Der »König« des starken Landes Na schickte eine Gesandtschaft an den Hof der Späteren Han-Dynastie, in die weit entfernte Hauptstadt Rakuyō und erhielt vom Kaiser der Späteren Han ein goldenes Siegel mit der Auszeichnung »König von Na in Wa von Hans Gnaden«. Dieses Siegel wurde in der Edo-Zeit in Shikanoshima in der Präfektur Fukuoka gefunden. Der »König« von Na konnte dadurch, daß er sich dem Kaiser des mächtigen chinesischen Reiches unterwarf, seine Macht sichern und erweitern, desgleichen die anderen »Könige«, was im 2. Jahrhundert zu heftigen kriegerischen Auseinandersetzungen führte. »Das Land Wa ist in großem Aufruhr«, berichten die chinesischen Geschichtswerke. Nach Beendigung dieser Kämpfe, in der Mitte des 3. Jahrhunderts, entstand das berühmte, im chinesischen Geschichtswerk Weizhi erwähnte »Reich Yamato«.[1]

Im Abschnitt über die Japaner wird berichtet, daß Yamato achtundzwanzig Länder unterworfen habe. Zuerst habe ein König geherrscht, dann hätten aber die Clanoberhäupter nach viele Jahre dauernden Machtkämpfen die Königin Himeko[2] gewählt. Diese Königin sei unverheiratet gewesen, habe ihren Palast nie verlassen, sei wegen ihrer übernatürlichen Kräfte vom Volk verehrt worden. Die Regierungsgeschäfte jedoch habe ihr jüngerer Bruder geführt. Nach dem Tod der Königin sei ein König aufgesetllt worden, was Anlaß zu neuen Kämpfen gegeben habe. Es sei erst dann wieder Frieden eingekehrt, als die Clanoberhäupter als Nachfolgerin für Himeko deren jüngere Schwester Iyo bestimmt hätten. Aus diesem Bericht geht hervor, daß eine Allianz von Clanoberhäuptern das Land Yamato regierte. Das Amt des Königs war noch nicht erblich, die Nachfolge mußte im Rat der Clanoberhäupter entschieden werden. Bei der Schlichtung von Machtkämpfen und für die Einigung des Landes hatte die religiöse Autorität mehr Gewicht als politische und militärische Macht. Himeko und Iyo waren sicher Nachkommen einer Priesterin des stärksten Clans. Ihr Rang stützte sich auf die Autorität der Priesterin und die Autorität, die ihre Ahnmutter im matriarchalischen System hatte.

Die Autorität der Ahnmutter und der Priesterin allein konnte jedoch nicht mehr wie im matriarchalischen System die Gesellschaft stabilisieren, weil diese nicht mehr eine Gesellschaft Gleicher war, sondern eine Klassengesellschaft, in der König und Adel das einfache Volk und die Sklaven ausbeuteten, beherrschten und zur Erhaltung der staatlichen Macht ein Heer, das den König schützt, einen Polizeiapparat, der den Widerstand des Volkes unterdrückt, ein Abgabesystem, das Hof und Verwaltung unterhält, und Kontrollämter für den Handel einrichten mußten. Himekos jüngerer Bruder hatte bereits als Regent die Kontrolle über den staatlichen Machtapparat.

Im Jahre 239 schickte Königin Himeko eine Gesandtschaft nach Rakuyō, nunmehr Hauptstadt der Wei-Dynastie, die ihre Macht über ganz Korea ausgedehnt hatte, mit Sklaven und gemusterter Hanfleinwand als Tributgaben. Auch sie erhielt vom chinesischen Kaiser ein goldenes Siegel mit der Auszeichnung »mit Wei befreundete Königin von Wa«, zudem Seiden-

---

1 Auch Yamatai gelesen. Die Frage, ob dieser Staat in Nordkyūshū oder in Mitteljapan in der Yamato-Ebene entstanden ist, ist noch nicht entschieden. [Anm. d. Übers.]
2 Auch Himiko gelesen. [Anm. d. Übers.]

gewebe, Gold, Schwerter und Spiegel. Wei unterstützte politisch Yamato, als dieses mit dem Land Kuna (genaue Lage unbekannt) Krieg führte. Die Taktik, sich durch das große chinesische Reich die Königswürde bestätigen zu lassen und dadurch den rivalisierenden Clanoberhäuptern gegenüber die eigene Autorität und Macht zu erhöhen, war auch zur Zeit der späteren Könige von Wa entscheidend für den Prozeß der Staatsbildung.

Die Frage, wo der Staat Yamato entstanden war, in Nordkyūshū oder in Mitteljapan in der Yamato-Ebene, ist auch heute noch nicht definitiv beantwortet. Selbst wenn die These, die diesen Staat in Nordkyūshū lokalisiert, Bestätigung findet, bleibt es eine Tatsache, daß sich Mitte des 3. Jahrhunderts in der Yamato-Ebene ein Staat alliierter Clangruppen gebildet hatte, dessen Macht im 4. Jahrhundert bis in den Südwesten des Kantō-Gebietes und bis nach Nordkyūshū reichte. Auch dieser Yamato-Staat war noch nicht stark genug, um alle Gebiete in ein straff organisiertes Herrschaftssystem einzubeziehen. Das Schrifttum des 8. Jahrhunderts, das *Kojiki* und das *Nihongi*, enthält Sagen, die berichten, Prinz Yamato Takeru habe den Stamm der Kumaso in Kyūshū und den Stamm der Ezo im Kantō-Gebiet unterworfen, mit der Tendenz, den Entwicklungsprozeß der Macht Yamatos als Tat eines Helden darzustellen. Im 4. Jahrhundert wurden bereits Hügel der Yamato-Ebene zu Gräbern ausgebaut, ein Zeichen dafür, daß hier die Clanoberhäupter erhebliche Macht gewonnen hatten.

Als der Yamato-Staat die Clans der Landgebiete unterwarf, nahm er zwar Sklaven mit nach Yamato, zerstörte meistens jedoch nicht die unterworfenen Gruppen, sondern versuchte, die Struktur der Clans zu erhalten, einigte sie und machte sie sich untertan in einem System, in dem die Clanoberhäupter dem Sieger durch fiktive Blutsverwandtschaft untergeordnet waren. Die Zentrale erhob Abgaben und beorderte das Volk der Clans je nach Erfordernis zu Fronarbeit oder Heeresdienst.

Die fünf Könige von Wa und der Staat der Großkönige von Yamato

Nach dem Bericht des *Nihongi* besaß der Yamato-Staat ab Mitte des 4. Jahrhunderts in Südkorea, im Land Kara an der Mündung des Nakdong-gang, die Kolonie Mimana, unterhielt freundschaftliche Beziehungen zu Paekche (japanisch Kudara), führte Kriege mit Silla (japanisch Shiragi) und Koguryo (japanisch Kōkuri). Auch die koreanischen Geschichtswerke berichten von

»Soldaten aus Wa«, die in diese Gebiete eingefallen seien. Es ist nicht sicher, ob diese Soldaten zu Yamato gehörten, es kann ebenso gut sein, daß es sich um Soldaten der Nordkyūshū-Macht handelte oder um Südkoreaner, die nach Kyūshū eingewandert waren. Neuerdings wird sogar die These vertreten, daß Könige von Wa Einwanderer aus Kara gewesen seien.

Das Songshu[1] gibt an, daß im 5. Jahrhundert fünf Generationen der Könige des Landes Wa vom Song-Kaiser des Südhofes eine Auszeichnung erhalten hätten, die sie als Militärbeamte der Song für viele Gebiete Koreas auswies. 421 schickte San, König von Wa, Tribut an den Song-Hof, der ihm daraufhin einen (jetzt nicht mehr feststellbaren) Rang verlieh. Im Jahre 438 bat der Wa-König Chin den Song-Kaiser, ihm den Titel »Militärbeamter und Großer General für die Befriedung der Ostgebiete, der Länder Wa, Paekche, Silla, Mimana, Shinkan, Bakan – König von Wa«[2] zu bestätigen. Der Song-Kaiser bewilligte nur den Titel »General für die Befriedung der Ostgebiete, König von Wa«, verweigerte den Oberbefehl über Paekche und die folgenden Länder, ebenso den Titel »Großer General«. Die Könige Sai und Kō bewarben sich ebenfalls um den Titel, den Chin erbeten hatte, und bekamen ihn ebenfalls nicht. Erst im Jahre 479 wurde König Bu gestattet, den Titel »Militärbeamter und Großer General für die Befriedung der Ostgebiete, für die Länder Wa, Silla, Mimana, Kara, Shinkan und Bakan – König von Wa« zu führen. Silla wurde dem Kontrollbereich des Wa-Königs zugewiesen, weil China mit Silla in Streit lag. Paekche wurde jedoch keinem der Wa-Könige zugestanden. Die Könige von Paekche hatten früher Tribut an die Song-Kaiser entrichtet und darum einen viel höheren Rang als die Wa-Könige erhalten.

Die oben erwähnten Könige von Wa werden allgemein mit den fünf Kaisern Nintoku (oder Richū), Hanzei, Ingyō, Ankō und Yūryaku gleichgesetzt. Die These, die das Land Wa in Kyūshū ansiedelt, ist noch nicht widerlegt. Ich folge der überzeugenderen These und meine, daß das Land Wa mit dem Gebiet der expandierenden starken Clans der Yamato-Ebene identisch ist. Die Könige von Wa hatten natürlich nicht den militärischen Oberbefehl über die Länder Südkoreas. Ihr Titel entsprach nicht der Realität, sondern war nur Ausdruck ihres Wunschdenkens.

---

1 Offizielle Geschichte der Song-Dynastie, 417 von Shenyue kompiliert.
2 Die Bedeutung des langen Titels: der König von Wa hat als Militärbeamter der Song den Oberbefehl über die sechs Länder, ihm obliegt, als Großer General die Ostgebiete zu befrieden.

Im 5. Jahrhundert wanderten aus Paekche, das mit Wa freundschaftliche Beziehungen unterhielt, mächtige Familien mit Gefolge nach Yamato und Kawachi ein, mit ihnen auch ein Clan, der sich Yamato no Aya nannte und seine Abstammung auf den Han-Stamm zurückführte. Auch aus Silla kamen Einwanderer, die in Japan bisher unbekannte Produktionstechniken, neues Wissen mitbrachten und der Produktivität des Landes Wa großen Auftrieb verliehen: die Herstellung und Anwendung von Eisenwerkzeugen breitete sich schnell aus, Bewässerungs- und Bauarbeiten großen Ausmaßes wurden begonnen, Agrartechnik und Herstellung von Arbeitsgeräten machten Fortschritte, Viehzucht, Seidenraupenzucht, neue Produktionstechniken für Keramik und Seidengewebe setzten sich durch. Auch die mit der Technik verbundenen Kenntnisse der Mathematik wurden auf diesem Wege importiert. Unter den Einwanderern befanden sich Spezialisten, denen Redaktion und Übersetzung des amtlichen Schriftverkehrs zwischen Wa, Korea und China anvertraut werden konnte. Von ihnen lernten die Japaner den Gebrauch der chinesischen Schriftsprache. Im 5. Jahrhundert verließ, geführt von den Einwanderern aus Korea, die Gesellschaft Japans, verspätet, weil an der äußersten östlichen Grenze des chinesischen Kulturraums gelegen, das Stadium der primitiven Kultur.

Der Staat, der diese Gesellschaft organisierte, war im Verlauf der Eroberungskriege, die die alliierten Clanoberhäupter Yamatos führten, und unter dem Einfluß der koreanischen und chinesischen Zivilisation entstanden. Er beherrschte jetzt, wenn auch noch nicht zentralistisch verwaltet, die wichtigsten Gebiete Japans vom Kantō-Gebiet bis nach Nordkyūshū. Wie aus dem Beispiel der fünf Könige von Wa zu ersehen ist, hatte sich, im Gegensatz zur Zeit der Königinnen von Yamato, die männliche Erbfolge durchgesetzt, der oberste Herrscher dieses Staates hatte nicht nur wie Himeko die größte religiöse Autorität, er hatte alle Macht an sich gerissen, die politische und die militärische. Er stand als König über den Herrschern oder Königen (kimi) der einzelnen Gebiete. Er nannte sich Großkönig (ōkimi), ein Rang, der schon im 5. Jahrhundert verwendet wurde.

Wie groß die Macht des Großkönigs und der Könige war, dokumentieren die riesigen Hügelgräber (der vordere, kurze Teil war viereckig, der hintere Teil rund, der Gesamtgrundriß schlüssellochförmig), die gerade im 5. Jahrhundert imposante Dimensionen aufweisen. In der Zeit davor wurden natürliche Erhebungen als Gräber benutzt, der Sarg wurde von oben in die Grabkammer gelassen. Nun aber wurden in der Ebene künstliche Hügel aufgeschüttet, die den Königen als Grab dienten. Das Hügelgrab in der Nähe der

Stadt Sakai, in dem Ōjin-Tennō oder Nintoku-Tennō begraben sein sollen, hat eine Länge von 475 m, eine Höhe von 27 m, der Durchmesser des runden Teils beträgt 300 m. Das Hügelgrab ist durch drei Wassergräben geschützt und weit vom Meer aus zu sehen. Hügelgräber dieser Form gibt es nicht nur in Mitteljapan, sondern überall zwischen Nordkyūshū und Nordjapan. Rund um die Hügelgräber waren Tonfiguren aufgestellt, die Krieger, Bauern und Bäuerinnen verschiedener Gestalt, Tiere, Häuser, Schiffe, Geräte des alltäglichen Lebens darstellen. Darunter befinden sich schon einfache Kunstwerke. Als Grabbeigaben wurden eiserne Ackergeräte und Werkzeuge, Bronzespiegel, Krummjuwelen[1] und eiserne Schwerter gefunden, von derselben Art wie die drei Reichsinsignien«, die später als Zeichen der Kaiser-Würde fungierten. Diese Beigaben waren Importe aus China, die mit «lebenden Mündern«, also mit versklavten Japanern bezahlt wurden. Der Großkönig verteilte die Spiegel an die Könige der einzelnen Gebiete und bestätigte damit das Verhältnis von Herrschaft und Unterordnung.

Die Struktur der königlichen Herrschaft und das Uji-kabane-System

Die Großkönige waren, wie später die Tennō, durch strikt festgelegte Erbfolge legitimierte Despoten, die aber nicht dadurch zu Stellung und Macht gelangten, daß sie durch militärisches und ökonomisches Übergewicht die anderen Clanoberhäupter Yamotos einigen konnten. Sie wurden Großkönige, weil sie, wie die Königinnen von Yamato vorher, aus einem bestimmten Clan, dem Hauptclan der den Yamato-Staat bildenden Clans stammten und ihre Vorrangstellung dadurch behaupteten, daß sie stellvertretend für alle Clangruppen die Rituale vollzogen. Das Ritualrecht dieser Familie war ein für allemal festgelegt; kein anderes Clanoberhaupt konnte Großkönig werden, eine Konsequenz der Tatsache, daß die Staatsbildung und die Erweiterung des Staates durch den Zusammenschluß der Clans vonstatten ging. Die Clanoberhäupter hatten jedoch ein gewichtiges Mitspracherecht, wenn aus der Familie des Großkönigs ein Nachfolger zu wählen war, und sie versuch-

---

1 Aus Achat, Nephrit, Gold, Bergkristall, Bernstein, Glas hergestellter Schmuck, der aus auf Schnüren aufgereihten, hundezahnförmigen Einzelteilen *magatama* bestand und um den Hals oder um die Stirn getragen wurde. [Anm. d. Übers.]

ten, einen Großkönig zu wählen, der ihre eigene Politik unterstützte. Das *Nihongi* berichtet ausführlich von grausamen Kämpfen, die ihre Ursache in solchen Interessenkonflikten hatten. Das berüchtigste Beispiel dafür ist der in der Mitte des 5. Jahrhunderts nach dem Tode von Ingyō-Tennō (des Wa-Königs Sai?) ausgetragene Nachfolgestreit.

»Prinz Anaho verhinderte, daß Kronprinz Karu die Nachfolge antreten konnte, und wurde selbst Herrscher als Ankō-Tennō (Wa-König Kō?). Ankō-Tennō tötete gleich darauf seinen Onkel, den Prinzen Ōkusaka, und ehelichte dessen Frau, Prinzessin Nakatarashi. Der Sohn von Ōkusaka, Mayuwa no Ō, war damals gerade sieben Jahre alt. Drei Jahre später tötete er Ankō-Tennō, als dieser auf dem Schoß der Prinzessin Nakatarashi schlief. Den jungen Prinzen unterstützte Katsuragi no Tsubura, der eine ebenso lange Tradition hatte und ebenso mächtig war wie der Tennō-Clan. Prinz Ohasse, jüngerer Bruder von Ankō-Tennō, tötete daraufhin Mayuwa no Ō, Tsubura und die Mitglieder der Herrscherfamilie, die diese unterstützt hatten, tötete auch Prinz Ichibe no Oshiwa, der mit dem Mord an Ankō-Tennō nichts zu tun hatte, bei der Jagd, ferner Prinz Mima unter dem Vorwand, dieser stehe in freundschaftlichen Beziehungen zu Miwa no Kimi (dem Oberhaupt des Miwa-Clans), der ebenso stark war wie der Katsuragi-Clan. Als alle männlichen Mitglieder der Herrscherfamilie getötet waren, machte er sich selbst zum Herrscher als Yūryaku-Tennō (Wa-König Wu?).«

In der Regierung des Großkönigs, also des Hofes hatten zunächst die Führer der großen, dem Clan des Großkönigs ebenbürtigen Clans wie Katsuragi, Heguri und Miwa die entscheidende Macht, die mächtigen Clanführer, die zahlreiche Sklaven und Bumin[1] besaßen, waren für bestimmte Regierungsaufgaben verantwortlich. Ihre Stellung am Hof, ihr Amt waren erblich. Der Ōtomo- und der Mononobe-Clan waren für den Militärdienst verantwortlich, der Nakatomi- und der Inbe-Clan für den Ritualdienst, der Soga-Clan für die Finanzverwaltung. Diese Aufgaben blieben an den Clan gebunden. Je größer und vielfältiger die Staatsgeschäfte wurden, desto wichtiger auch diese Aufgaben. Die Clans, die für Militärdienst, Ritualdienst, Finanzverwaltung verantwortlich waren, hatten in der Mitte des 5. Jahrhunderts mehr Macht als die alten Clans Katsuragi, Heguri, Miwa, die keine erblichen Ämter besaßen. Auch die Führer kleinerer, nicht so mächtiger Clans behielten mit

---

1 Bezeichnung für handwerkliche, militärische und kultische Gruppen, die mächtigen Clans oder dem Großkönig unterstanden.

ihrem Volk und ihren Sklaven als erbliches Privileg die Produktion und Kontrolle von jeder Art von Gütern, die der Hof benötigte.

Die Führer der großen und kleinen Clans des zentralen Gebietes und der Landgebiete, die sich zum Staat des Großkönigs zusammengeschlossen hatten, erhielten Adelstitel wie Omi, Muraji, Kimi, Wake, Obito, Atai, die sie als dem Großkönig untergeordneten Adel einstufte. Gegen Ende des 5. Jahrhunderts wurden die Ränge Ōomi und Ōmuraji eingerichtet und an die Spitze dieser Rangordnung gestellt. Die Clanoberhäupter der Landgebiete hatten Namen, die sie als Herrscher ihrer Gebiete auswiesen, wie Kuni no Miyatsuko, Agata-nushi, Inagi. Auch sie wurden in die Rangordnung eingestuft, ihre Namen hatten denselben Charakter wie die Adelstitel. Die Clanoberhäupter der Zentrale und der Landgebiete hatten neben dem Adelstitel noch ihre Clan- (*uji-*) Namen. Ich nenne sie deshalb in meiner Darstellung *ujikabane*-Adel oder *shisei*[1]-Adel, und die Gruppe, die sie in diesem System anführten, die *ujikabane*- oder *shisei*-Gemeinschaft.

Die staatlichen Reisfelder und das Bumin-System

Die *mita* oder *miyake* genannten, dem Großkönig direkt zugeordneten Agrargebiete und das Bumin-System waren die ökonomische Grundlage seines Staates.

Durch die Einwanderer aus Korea hatte sich die Produktionskraft der Gesellschaft sprunghaft erhöht. Die beim Bau der Hügelgräber angewandte Technik hat weit fortgeschrittenes Niveau. Der Hof nutzte die Technik der Einwanderer und die Arbeitskraft der Clans, um durch groß angelegte Erschließungs- und Bewässerungsarbeiten in Settsu, Kawachi und Izumi Reisfelder einzurichten. Diese Reisfelder waren nicht Privatbesitz des Großkönigs oder der Herrscherfamilie, sie waren Agrargebiete, die an die Stellung des Großkönigs gebunden blieben. Sie waren nach unseren Begriffen weniger Vermögen der Herrscherfamilie, sondern eher Staatsvermögen, denn es war eine Besonderheit des damaligen Staates, daß es keine begriffliche Trennung gab zwischen Staat und Großkönig, daß der Staat nur als Königsmacht aufgefaßt wurde.

---

1 Sinojapanische Lesung der Zeichen für *uji* und *kabane*. [Anm. d. Übers.]

Für die Bestellung der Felder wurden die Bewohner des betreffenden Gebietes, des dort ansässigen Clans, als Landarbeiter herangezogen. Sie erhielten vom Hof Geräte und Saatgut. In manchen Fällen wurden Bauern aus entfernten Gebieten rekrutiert und als Landarbeiter angesiedelt. Es kam aber auch vor, daß das Volk der Clans mit eigenem Werkzeug die Felder bestellen mußte.

Der Hof errichtete das Bumin-System nicht nur für die Bestellung der Felder, sondern auch zur Sicherung der Produktion handwerklicher Waren und der Dienstleistungen, die er und der Adel benötigten. Der Hof stellte die Einwanderer aus Korea und japanische Handwerker zu speziellen Berufsgruppen zusammen, wies ihnen Land zu, damit sie sich selbst ernähren konnten, ordnete an, daß die Handwerker für Gernerationen ihren Beruf beibehalten müssen, und beschlagnahmte alle ihre Produkte als Abgaben. Diese Gruppen hießen je nach ihrem handwerklichen Beruf *hajibe,* wenn sie Keramik herstellten, *kanuchibe,* wenn sie Eisenwerkzeuge, *yugebe,* wenn sie Pfeile anfertigten, *nishikoribe,* wenn sie Brokat webten. Einige Bumin-Gruppen waren wie z.B. die Töpfer je nach Vorkommen des Materials, das sie für ihre handwerkliche Produktion brauchten, über das ganze Land verteilt. Der Hof fügte in das Bumin-System auch die Gruppen ein, die Dienstleistungen zu erbringen hatten, wie die Köche *(kashiwadebe),* Grabwächter *(yamabe)* und Schweinezüchter *(ikaibe).*

Die Führer der nach ihrem Handwerk oder Aufgaben benannten Bumin-Gruppen hießen *tomo no miyatsuko.* Bei den aus Einwanderern zusammengestellten Bumin hatte meistens der Älteste der Gruppe dieses Amt inne, die anderen Bumingruppen wurden von einem Angehörigen des niederen Adels geführt, dessen Stellung dann erblich blieb. Zwischen dem Führer und den Bumin, auch zwischen den Mitgliedern derselben Gruppe wurde, auch wenn keine Blutsverwandtschaft bestand, ein Verwandtschaftsverhältnis hergestellt, das auf einem fiktiven gemeinsamen Ahnen zurückgeführt wurde. Der Führer galt als Clanoberhaupt und die Zugehörigen der Berufsgruppe galten als Clanmitglieder.

Der Adel besaß *tadokoro* genannte Agrargebiete, die Gruppen bestellten, die er unterworfen hatte. Diese Bumin wurden nach dem Namen des Clanführers benannt. So hießen die Bumin des Ōtomo-Clans *ōtomobe* oder die Bumin des Soga-Clans *sogabe.* Der Großkönig und seine Familie machten besonders in den Ostgebieten Clans zu eigenen Bumin, die sie nach ihrem Namen benannten, die Bumingruppen, die *nashiro* oder *koshiro* hießen. Die *nashiro* sollten den Namen des Großkönigs oder seiner Familie der Nachwelt überliefern, die *koshiro* den Namen des kinderlosen Großkönigs. Die eigentliche Absicht bei der Errichtung dieser Bumin war aber wohl, daß der Großkönig und seine Familie neben den Reisfeldern über Privatland und eigene Bumin verfügen wollten.

Der Klassencharakter des Bumin-Systems

Der Klassencharakter des Bumin-Systems ist nicht eindeutig festzulegen. Ich bin der Meinung, daß es sich hierbei im Grunde um eine Art Sklavensystem handelte.

1. Die Landarbeiter wurden aus dem Verband ihrer Clans herausgelöst und direkt auf den Feldern angesiedelt. Sie erhielten Nahrung und Arbeitsgeräte von der Verwaltung, waren also eindeutig Sklaven.

2. Die nach ihrem Beruf benannten Gruppen produzierten mit vom Hofe zur Verfügung gestelltem Material und Werkzeug, ihre Produkte wurden sämtlich vom Hof eingezogen. Ihre Arbeitskraft und sie selbst waren Eigentum ihres Herrn, des Hofes. Sie waren also auch Sklaven. Weil sie aber vom Hof zugewiesenes Land bestellten und in einem Familienverband lebten, waren sie nicht Sklaven im klassischen, d.h. antiken Sinn. Das Land war ihnen zugeteilt wie Futter dem Vieh, damit sie sich ernähren und ihre handwerklichen Fähigkeiten (erzwungenermaßen) ihren Enkeln weitergeben konnten. Ihre handwerkliche Arbeitsleistung war nicht Pacht für das zugeteilte Land, auch diese Bumin waren im Grunde Sklaven.

Die dritte Gruppe der Bumin, die *nashiro* und *koshiro,* wurden auf ihrem Gebiet als Kollektiv (als Clan) zu Bumin gemacht, ihre überschüssige Arbeitskraft wurde ausgebeutet. Sie bestellten mit ihren Familien eigenes Land mit eigenen Geräten. Diese Bumin stellen die Mehrheit, auch der größte Teil der Landarbeiter ist dazuzurechnen. Ihr Abhängigkeitsstatus dem Herrn, d.h. dem Hof, dem Großkönig oder dem Adel gegenüber, war der von Leibeigenen. Sie unterschieden sich jedoch in folgenden zwei Punkten grundlegend von diesen: 1. Sie hatten sich noch nicht aus dem Kollektiv gelöst, ihr ganzes Leben wurde von diesem bestimmt. (Die Leibeigenen dagegen lebten in selbständigen Familien.) 2. Die gesamte kollektive Gemeinschaft war Besitz ihres Herrn, nicht aber der Einzelne. Überschüssige Arbeitskraft wurde nicht als Entgelt für das zugeteilte Land betrachtet. Vielmehr waren Stellung und Funktion der Bumin ebenfalls Besitz ihres Herrn. Ihm gehörte zudem das Land, das sie einst besessen hatten, sie waren nur an dieses Land gebundene, zu dessen Bestellung bestimmte Bauern. Sie waren als Kollektiv versklavt.

Es ist unmöglich, diese drei Gruppen als Leibeigene einzuordnen. Das Bumin-System war eine Art Sklavensystem. Im 5. und 6. Jahrhundert war ein Drittel der arbeitenden Bevölkerung Bumin, ein Zehntel als Familiensklaven gehaltene männliche Sklaven *(nu)* und weibliche Sklaven *(hi)*, die verbleibenden 60 Prozent gehörten zum Volk der Adels- oder Clangemeinschaften. Diese werden oft als »freies Volk« bezeichnet, waren aber keineswegs frei, denn sie wurden vom Clanoberhaupt, der dem Adel angehörte, ausgebeutet und beherrscht, oder durch den lokalen Herrscher im Namen des Hofes. Sie hatten keine politischen Rechte. Sie konnten jederzeit, wenn der Hof das für notwendig hielt, als *koshiro, nashiro* oder Landarbeiter eingestuft werden, waren also sozusagen die Reservetruppe der Bumin.

Unter dem Einfluß des Bumin-Systems bedeutete die Arbeitsteilung von Ackerbau und Handwerk nur, daß der Hof die Produktion auf einzelne Bumingruppen verteilte und alle Überschußprodukte als Abgaben einzog, damit aber die freie Arbeitsteilung, den freien Handel unterband. Aus diesem Grunde konnten weder die Bumingruppen noch die Clans ihre Abhängigkeit vom Hofe aufheben, ihr Kollektiv konnte sich nicht vollständig in einzelne Familien auflösen.

Die arbeitende Bevölkerung, die weder zu den Bumin noch zu den Sklaven gerechnet werden konnte, machte zwar 60 Prozent aus, die soziale Situation des ganzen Volkes wurde jedoch durch die Bumin, die als Kollektiv versklavt waren, und durch die *nu* und *hi* bestimmt, die individuelle Sklaven waren. Das Gesellschaftssystem der Großkönige war ein kollektives Sklavensystem, das weitgehend die Struktur eines fiktiven Clan-Systems hatte.

3

Die Taika-Reform

Vom Clan-System zum »Rechtsstaat«

*Das Scheitern des Korea-Feldzuges und
der Iwai-Aufstand*

Der Staat der Großkönige, die selbst noch nach ihrem Tode mit ihren riesigen Hügelgräbern dem Volk Angst einflößten, geriet in der zweiten Hälfte des 5. Jahrhunderts, kaum daß er sich stabilisiert hatte, in schwere innen- und außenpolitische Krisen.

Seit der zweiten Hälfte des 5. Jahrhunderts verschärfte sich der Machtkampf der koreanischen Reiche. Koguryo griff 476 Paekche an und eroberte dessen Hauptstadt. Silla verbündete sich mit Paekche, um sich gegen das nach Süden drängende Koguryo wehren zu können. Sowohl Paekche als auch Silla begannen Teile von Mimana zu annektieren. Am Hof von Yamato, der Mimana als Teil seines Machtbereiches ansah, bildeten sich zwei Parteien, eine die gegen, eine die entschieden für eine militärische Aktion gegen Paekche und Silla war.

Im Jahre 512 versuchte Paekche, die vier Provinzen Mimanas ganz unter seine Herrschaft zu bringen. Der Yamato-Hof machte daraufhin auf Rat des Ōtomo no Ōmuraji Kanamura Zugeständnisse an Paekche, was Silla zum Anlaß nahm, in Mimana einzufallen. 527 entsandte Yamato schließlich, auf Drängen des Mononobe no Ōmuraji Arakabi, Härte zu demonstrieren, ein sechzigtausend Mann starkes Heer gegen Silla.

Der Krieg mit Korea diente ausschließlich den Interessen der Großkönige und des Adels der zentralen Gebiete. Die Bevölkerung und die Clanoberhäupter der Landgebiete hatten alle Kriegslasten zu tragen, Soldaten und Proviant zu stellen. Ihr Gehorsam war jedoch nicht unbedingt. Wie das *Nihongi* berichtet, zog, als Yūryaku-Tennō starb, eine Heeresabteilung durch Kibi (den Westteil der heutigen Präfektur Okayama), darunter 500 Ezo-Soldaten[1], die die Regierungskrise in der Residenz nutzten und desertierten. Sie flohen, von einer Abteilung des Heeres verfolgt, nach Osten und wurden nach heftigem Widerstand in der Nähe des Hafens Urakake (im heutigen Yosa-Distrikt der Tango-Halbinsel?) getötet. Ihr Widerstand war nur deshalb möglich, weil sie vom Volk und von den Clanführern der Landgebiete, die die Bürde des Krieges mit Korea nicht länger tragen wollten, Unterstützung erhielten.

Etwa ein halbes Jahrhundert nach dem Aufstand der Ezo-Soldaten, im Jahre 527, als die Entsendung eines Heeres nach Korea beschlossen war, leistete der Gouverneur der Provinz Tsukushi, Iwai, gemeinsam mit den großen Clans Nordkyūshūs bewaffneten Widerstand gegen die Maßnahmen der Regierung und behinderte den Durchzug des Heeres nach Korea. Mononobe no Arakabi mußte selbst ausrücken, um den Aufstand niederzuschlagen. Erst 529, nach mehr als einem Jahr, konnte das Heer unter Führung von Ōmi no Omi Kenu nach Korea übersetzen. Diese Unternehmung endete jedoch mit einem Mißerfolg. Silla drang immer weiter in die Gebiete Mimanas ein. Silla hatte sich zwar mit Paekche gegen Koguryo verbündet, diese Allianz schlug aber, nachdem das Heer beider Länder von Koguryo geschlagen wurde, in Feindschaft um. Sillas Druck auf Paekche wurde von Jahr zu Jahr stärker. Im Verlaufe dieser Auseinandersetzung geriet ganz Mimana unter seine Herrschaft (562).

Das Aufkommen der Familie Soga und die Veränderung des Herrschaftssystems

Die Tatsache, daß es dem Hof gelungen war, den Aufstand des Iwai niederzuschlagen, stärkte seine Macht über die Clans der Landgebiete. Zur weiteren Sicherung dieser Macht wurden in Kyūshū, Südhonshū, im Kinki-Gebiet und im Nordosten zahlreiche Reisfelder eingerichtet. Die Herrscherfamilie und der zentrale Adel vermehrten ihre Felder und stellten neue Bumingruppen zusammen. Mit der Erweiterung der vom Hof direkt kontrollierten

---

1 Es ist zweifelhaft, daß die Ezo zur Rasse der Ainu gehörten. Ich folge der These, die besagt, daß es sich um Japaner handelte, die für das Volk Mitteljapans als fremde Rasse galten, weil in den Ostgebieten die gesellschaftliche Entwicklung langsamer voranging.

Anbaugebiete wuchs auch die Macht der Soga-Familie, die für deren Verwaltung zuständig war. Die Soga-Familie, die vermutlich selbst von Einwanderern abstammte, hatte großen Einfluß auf die Beamten und Techniker, die entweder Einwanderer waren oder deren Nachkommen und die Soga dabei unterstützen konnten, anstelle des Clansystems eine neue Herrschaftsform, das Beamtensystem, aufzubauen. Diese Politik mußte zur Konfrontation zwischen den Soga und den konservativen Clans Ōtomo und Mononobe führen.

Ab Ende des 5. Jahrhunderts entwickelten sich im zentralen Kinki-Gebiet innerhalb der Clan-Verbände Großfamilien, d.h. Kollektive patriarchalischer Familien. Das alte Herrschaftssystem, die Organisation der Clans, funktionierte nicht mehr, der Übergang zu einer neuen Organisation, in der Hof und Adel die einzelnen Großfamilien direkt beherrschen konnten, wurde unabwendbare Notwendigkeit.

Der Widerstand des Volkes, das nicht mehr durch die Beziehungen des Kollektivs zu beherrschen war, machte diesen Wechsel immer dringlicher. 555 wurde in der Provinz Kibi in Shirai ein Reisfeld eingerichtet. Die zu dessen Bestellung herangezogenen Landarbeiter vernachlässigten jedoch die Felder, weshalb die Regierung den Einwanderer Itsu als Gutsverwalter einsetzen mußte und die Landarbeiter registrieren ließ. Diese Maßnahme entsprach der neuen gesellschaftlichen Entwicklung und verfolgte das Ziel, die Bumingruppen nicht mehr durch ihre Führer zu beherrschen, sondern jeden Einzelnen durch einen Verwaltungsapparat. Mit der Veränderung der Verwaltung wurde gleichzeitig auch die Neuorganisation der Gesellschaft (der Clanbeziehungen) angestrebt und damit das bisherige System in Frage gestellt. Die Soga unterstützte diese Entwicklung, während die Mononobe als konservative Partei sich gegen die neue Politik stellte.

Die Konfrontation beider Familien verschärfte sich, als in der Mitte des 6. Jahrhunderts der Buddhismus vom Hof als neue Religion anerkannt wurde. Kontrahenten im Streit um Annahme und Ablehnung waren Soga no Iname und Mononobe no Okoshi. Die Annahme des Buddhismus bedeutete, an eine Religion zu glauben, die universaler war als der Ahnenkult, hatte jedoch nicht die Aufgabe der angestammten Ahngötter zur Folge. Okoshi verteidigte trotzdem den alten Glauben und die mit diesem verbundene Ideologie gegen den Buddhismus und behauptete, die damals grassierende Epidemie, die Hungernot und die soziale Unruhe seien zurückzuführen auf die Annahme der ausländischen Religion. Demgegenüber propagierten die Soga, daß gerade dieser Schritt Unruhe und Not beheben werde. Hinter

Geschichte Japans

diesem Streit stand jedoch mehr der Machtkampf zwischen den Vertretern des alten und des neuen Herrschaftssystems.

Die Soga gingen schließlich als Sieger aus der Auseinandersetzung hervor. 585 wurde ein Verwandter von Soga no Iname Kaiser (Yōmei-Tennō), der den Buddhismus leidenschaftlich förderte. Nach Yōmeis Tod kam es zu einem Nachfolgestreit zwischen Sogano Umako und Mononobe no Moriya, der durch offenen Kampf entschieden wurde: Umako tötete zusammen mit Yōmeis Sohn, Prinz Umayado (dem späteren Shōtoku Taishi), Moriya und dessen Familie und setzte seinen Enkel als Kaiser ein (Sushun-Tennō). Umako beherrschte nun Regierung und Palast. Als Sushun sich gegen Umakos willkürliche Politik stellte, ließ dieser ihn von seinem Gefolge töten. Diesmal bestimmte Umako eine Prinzessin der Herrscherfamilie zur Kaiserin (Suiko-Tennō) und Shōtoku Taishi (574-622) zum Regenten (593).

Die Regierung von Shōtoku Taishi und Soga no Umako

Während der 30 Jahre dauernden Herrschaft von Soga no Umako und Shōtoku Taishi richtete die Regierung in den Ostgebieten weitere Reisfelder ein, ebenso Reisfelder zur privaten Bereicherung, deren Verwaltung bereits straff organisiert war. Die Provinzgouverneure *kuni no miyatsuko* des Kinki-Gebietes erhielten gleichzeitig die Funktion von Regierungsbeamten. In der Organisation des Hofes hatte die Finanzverwaltung eine zentrale Bedeutung, das alte System, in dem der Führer die Bumingruppe direkt beherrschte, wurde überführt in die Verwaltungseinheit zwischen Amt (oberster Beamter) und Arbeitsgruppe des Amtes.

Umako und Shōtoku Taishi schufen so die materielle Grundlage ihrer Macht, indem sie einen Beamtenapparat aufbauten und die Entwicklung eines zentralistischen Staats, an dessen Spitze der Tennō stehen sollte, durch Maßnahmen wie Förderung des Buddhismus, Einrichtung eines 12 Ränge umfassenden Beamtensystems, Inkraftsetzen einer 17-Artikel-Verfassung und Kompilation einer aus *Tennō-ki* und *Kokki*[1] bestehenden Geschichte vorbereiteten.

---

1 Ich werde im folgenden Kapitel nachweisen, daß die Großkönige sich von dieser Zeit ab Tennō nannten. Die *Tennō-ki* enthielten Aufzeichungen zur Genealogie der Herrscher und über ihre Regierung, die *Kokki* Überlieferungen der einzelnen Clans.

Die Förderung des Buddhismus diente zunächst zur geistigen Einigung durch einen neuen, die Formation der Clans übersteigenden Glauben, verfolgte aber zugleich auch das politische Ziel, dem Adel der Landgebiete und dem Volk gegenüber die Autorität der Regierung zu demonstrieren. Die von Umako und Shōtoku Taishi geleitete Regierung gab z.B. erhebliche Staatsgelder aus für den Bau der Tempel Shitennōji, Hōkōji und Hōryūji, große Tempel von imposanter Architektur, himmelweit unterschieden von der damals üblichen japanischen Baukultur. Sie ließen aus Korea Mönche und Fachleute für buddhistische Malerei, Skulptur und Architektur kommen, die wiederum besonders Japaner, die von Einwanderern abstammten, ausbildeten. Diese schufen buddhistische Kunstwerke, wie z.B. die drei Buddhastatuen des Hōryūji, die Kuratsukuri no Tori herstellte, ein Abkomme von Einwanderern aus China. Zum ersten Mal wurde in Japan bildende Kunst von hohem Niveau geschaffen und eine ihres Namens würdige Wissenschaft gelehrt. Shōtoku Taishi selbst studierte bei einem Mönch aus Koguryo die buddhistischen Schriften und hielt später darüber für Suiko-Tennō Vorlesungen.

Die Regierung förderte nicht nur den Buddhismus, sondern auch den Glauben an die Ahngötter des Adels[1]. Der Buddhismus hatte keinen Einfluß auf den Glauben des Volkes. Die Tempel, die die Regierung erbaute, waren Staatstempel und wurden nur vom Kaiser oder den Adligen des Hofes besucht. Das Volk durfte sie weder betreten, noch dort die Lehre Buddhas hören oder vor den Statuen beten. Im Gegensatz zu den Tempeln war der Palast des Herrschers ein einfacher, mit Schilf oder Schindeln gedeckter Bau. Das Volk hauste in primitiven Hütten und bestaunte von fern die großen Tempelbauten, die seine Phantasie weit überstiegen. Das zum Tempelbau beorderte Volk zitterte vor der Macht der Herrschenden, die solche Tempel bauen lassen konnten, und vor dem neuen Gott, der dort verehrt wurde.

Die Beamtenränge wurden nicht mehr — wie bisher die Adelstitel — den Clans verliehen, sondern an Einzelne mit der Absicht, anstelle des Systems der fiktiven Blutsverwandtschaft eine Beamtenordnung innerhalb des Adels zu etablieren. Der Beamtenrang ersetzte jedoch nicht den Adelstitel, sondern ergänzte ihn nur. Der erste Artikel der 17-Artikel-Verfassung, der mit der Forderung »Die Harmonie ist das Höchste«, beginnt, verurteilt den

---

1 Die Ahngötter erhielten den Schutz Buddhas und lösten sich aus ihrer Pluralität. Insofern war der Buddhismus ein wichtiges Moment für die individuelle Weiterentwicklung der Ahngötter.

Machtkampf zwischen der Herrscherfamilie und den Clans und bestätigt die Autorität der Regierung Shōtoku Taishi und Soga no Umako. Worauf der dritte Artikel (»Ein Erlaß muß unbedingt befolgt werden«) und der 12. Artikel (»Im Land gibt es nicht zwei Herrscher, für das Volk nicht zwei Herren, das ganze Volk hat den König zum Herrn«) abzielen, bedarf keines Kommentars.

Die *Tennō-ki* und *Kokki* stellten wohl den Versuch dar, eine Geschichte Japans zu schreiben, eine Genealogie der Herrscherfamilie und der Clans, also einfache Chroniken. Sie versuchten darüberhinaus, die Mythen, in denen als zentrale Figur die Ahngöttin der Herrscherfamilie Amaterasu Ōmikami und die dieser dienenden Ahngötter der Clans agierten, in einem System zusammenzufassen, und zwar so, daß dieses System die Autorität von Shōtoku Taishi und Umako, der Clans überhaupt, vor allem der Soga sicherte. Das Machtverhältnis zwischen der Herrscherfamilie und den Clans sollte so historisch und durch religiöse Verankerung legalisiert werden.[1]

In dieser Zeit bemühte sich der Hof auch zum ersten Mal um gleichberechtigte Beziehungen zu China. Im Jahre 600 schickte Yamato ein großes Heer nach Korea, das die Aufgabe hatte, von Silla den Tribut für Mimana einzutreiben, ein Unternehmen, das nach anfänglichem Erfolg scheiterte. Um den militärischen Fehlschlag zu kompensieren, war der Ausbau der Beziehungen zu China notwendig, von denen Yamato sich eine Stärkung seines Ansehens gegenüber Silla versprach. 607 reiste Ono no Imoko als Gesandter an den Sui-Hof. Das *Suishu* zitiert einen Teil des öffentlichen Schreibens, der lautet: »Der Himmelssohn des Landes, in dem die Sonne aufgeht, sendet ergebenst dieses Schreiben an den Himmelssohn des Landes, in dem die Sonne untergeht.« Im folgenden Jahr erwiderte der Hof den Besuch, Imoko begleitete eine Gesandtschaft nach Japan und wieder zurück. Dieses Mal begann das öffentliche Schreiben mit dem Satz »Der Tennō des Ostens[2] meldet ergebenst dem Kaiser des Westens.« Mit den beiden Delegationen reisten auch Mönche und Gelehrte nach China, die meisten stammten von Einwanderern ab, unter ihnen auch Takamuko no Ayahito Kuromasa und Minafuchi no Ayahito Shōan. Beide hatten später beim Entwurf der Taika-Reform entscheidenden Einfluß.

---

1 Die endgültige Fassung des Mythensystems, wie sie uns mit dem *Kojiki* vorliegt, stammt aus der Zeit des Tenmu-Tennō, Ende 7. Jahrhundert. Erst in dieser Zeit wurde die Sonnengöttin Amaterasu zur Ahngöttin der Tennō aufgewertet.

2 Das Wort *tennō* bedeutet im Taoismus »Der den Himmel Beherrschende«, Polarstern, als Zentrum der Himmelsbewegung. Shōtoku Taishi hatte wohl die Absicht, den japanischen Großkönig mit dieser Bezeichnung dem Kaiser Chinas gleichzustellen.

Der Austausch von Gesandtschaften konnte jedoch keine gleichberechtigten Beziehungen herstellen. China behandelte Japan nach wie vor als tributpflichtiges, untergeordnetes Land. Dieser Austausch verfehlte auch den Zweck, Japans Ansehen in Silla zu erhöhen. Ein Vergleich zu den Bemühungen der fünf Großkönige von Yamato um Kontakte zur Song-Dynastie, die demselben Zweck dienten, zeigt aber, daß die japanische Regierung gegenüber China viel Selbstbewußtsein gewonnen hatte.

Die Verschärfung der sozialen Unruhe und der Coup d'Etat von 645

Die Politik von Shōtoku Taishi und Soga no Umako sollte zwar eine neue Staatsform vorbereiten, belastete aber gleichzeitig das Volk mit Ausgaben für den Bau großer Tempel und mit unsinnigen Kriegen, wodurch die Wirtschaft des Landes geschwächt und die soziale Unruhe, die in der Auseinandersetzung um Annahme oder Ablehnung des Buddhismus zum Ausdruck kam, noch verschärft wurde, die Leiden und der Widerstand des Volkes zunahmen. Als Shōtoku Taishi am Wege einen Verhungernden entdeckte, empfand er bloß Mitleid in buddhistischem Sinn. In seinen letzten Lebensjahren war nicht mehr Politik, sondern das Studium der buddhistischen Schriften Gegenstand seines Interesses. »Die Welt ist leer, allein Buddha ist die Wahrheit« — dieses Bekenntnis Shōtoku Taishis wurde von seiner Frau überliefert. Shōtoku Taishi starb im Jahre 622, vier Jahre später auch Soga no Umako.

Zwischen Frühjahr und Herbst des Jahres 626 verursachten starke Regenfälle Mißernten und Hungersnot.[1] Die Alten aßen Wurzeln, verhungerten am Wege, Kinder starben an der Brust ihrer Mutter, Diebstahl und Raub waren an der Tagesordnung. Die Gesellschaft hatte die Kraft verloren, sich wirtschaftlich zu regenerieren. In den Ostgebieten, in der Nähe des Flusses Fujigawa verbreitete sich im Volke der Glaube an den *tokoyo no kami*[2], an ein

---

1 *Nihongi*, Bd. 22, Suiko-Tennō: »Im ersten Monat des 34. Jahres blühten die Pfirsichbäume. Der dritte Monat war kalt, es gab Frost. Im fünften Monat starb der Minister (Soga no Umako)... Im sechsten Monat regnete es viel. Da vom dritten bis zum siebten Monat viel Regen gefallen war, herrschte überall Hungersnot, die Alten aßen Wurzeln, viele starben am Wege, die Säuglinge starben an der Brust ihrer Mutter. Es gab Diebstahl allerorten... Im vierten Monat des 36. Jahres fiel Hagel, groß wie Pfirsiche, dann wieder Hagel, groß wie saure Pfirsiche. Vom Frühjahr bis zum Sommer herrschte Dürre.«
2 Dieser Gott steht in Verbindung zur Jenseitsvorstellung des Taoismus.

Insekt, das dem Reichtum und langes Leben schenken sollte, der ihm opferte. Die Bevölkerung brachte Hab und Gut dar, feierte Feste mit *sake* (Reiswein), Gesang und Tanz.[1] Die Widersprüche der Gesellschaft kamen in den verschiedensten Formen an den Tag: Das Volk verfällt dem Aberglauben, wenn es aus der Not keinen Ausweg mehr sieht. Der Widerstand gegen das System wurde immer größer, immer mehr Menschen verließen ihre Berufsgruppen.

Die Ursache für die wirtschaftliche Krise (für den Rückgang der Produktion) und die soziale Unruhe lag im Herrschaftssystem selbst begründet, das Kaiser und Adel seit dem 5. Jahrhundert mit der Einrichtung der Reisfelder und Bumingruppen errichtet hatten. Vordringliches Ziel von Kaiser, Herrscherfamilie und Adel blieb es, ihren Landbesitz zu vergrößern und die Bumingruppen zu vermehren. Der durch Ausbeutung erworbene Reichtum wurde ausgegeben für die Feldzüge nach Korea und für den Bau von Tempelanlagen. Es mußte zur Krise kommen, weil die Überschüsse nicht in die Erweiterung der Produktion investiert, weil nur ihre Abschöpfung intensiviert wurde. Die soziale Unruhe, der Widerstand des Volkes mußten auch den Machtkampf innerhalb der herrschenden Klasse verschärfen. Soga no Emishi und Soga no Iruka, Umakos Nachfolger, setzten die Machtpolitik der Soga fort, vergrößerten weiter ihren Landbesitz, verfügten willkürlich über die Bumin des Tennō und des Adels und maßten sich die Befugnisse des Herrschers an, was dazu führte, daß die anderen mächtigen Familien sich mit Prinz Naka no Ōe (614-671) und Nakatomi no Kamatari (später Fujiwarano Kamatari, 614-669) gegen die Soga verbündeten.

Diese Auseinandersetzung wurde aber nicht im Palast ausgetragen wie die anderen Machtkämpfe, hinter ihr stand die Krise des ganzen Gesellschaftssystems. Mit der Macht der Soga mußte auch das Bumin-System beseitigt

---

1 *Nihongi*, Bd. 24, Kōgyoku-Tennō, 3. Jahr: »Im siebten Monat überredete in Azuma in der Nähe des Flusses Fujigawa ein Mann namens Ōube no Ō die Bauern, sie sollten den *tokoyo no kami* verehren, dann kämen sie zu Reichtum und zu langem Leben. Die Priester täuschten das Volk mit Verkündigungen wie »Wer den *tokoyo no kami* verehrt, wird reich werden, die Alten werden wieder jung werden!« Sie erreichten, daß das Volk diesem Gott Hab und Gut, Reiswein und Gemüsevorräte, sein Vieh opferte und rief: »Der neue Reichtum kommt!« Das Volk setzte das Insekt in einen Schrein, tanzte, sang, betete um Glück, verschwendete seine Habe, bis es schließlich nichts mehr hatte und der Schaden groß war. Kadono no Hata no Miyatsuko Kawakatsu empörte sich darüber, daß das Volk so betrogen wurde, und tötete Ōube no Ō. Da bekamen die Priester Angst und ließen davon ab, das Insekt zu verehren. . . Das Insekt lebte gewöhnlich in Tachibana- oder Hosoki-Bäumen, war vier Zoll lang, dick wie ein Daumen. Es war grün, hatte schwarze Punkte, ähnelte einer Seidenraupe.«

Die Taika-Reform

werden, weil das Volk nicht mehr zu beherrschen war, weil die Kämpfe zwischen den Clans, die Bumin besaßen, weitergegangen wären und die herrschende Klasse schließlich ihre Macht eingebüßt hätte. Welches System sollte aber das alte ersetzen? Takamuka no Kuromaro und Minabuchi no Shōan, die in China erlebt hatten, wie die Tang-Dynastie die Sui-Dynastie stürzte und das große Reich durch ein einheitliches Rechts- und Beamtensystem einte, die erfahren hatten, wie Silla nach dem Beispiel der Tang die Einigung Koreas vorbereitete, beherrschten das Konzept: ein neuer Staat nach dem Muster des »mit einem Gesetz ausgestatteten großen Tang-Reiches«. Der Aufbau eines Beamtensystems, die Vorbereitung für das neue Herrschaftssystem, mit dem das Volk in Familien aufgeteilt und regional erfaßt werden sollte, hatte in Japan zum Teil schon begonnen.

Im Juni des Jahres 645 wurde der Coup d'Etat ausgeführt. Naka no Ōe tötete mit seinem Gefolge Soga no Iruka im Regierungspalast des Hofes. Soga no Emishi wurde in seinem Landhaus angegriffen. Mit ihm verbrannten auch die *Tennō-ki* und *Kokki*. Naka no Ōe setzte den von den Soga aufgestellten Kōgyoku-Tennō ab[1] und brachte an dessen Stelle Kōtoku-Tennō an die Macht. Dieser wurde Kronprinz und übernahm mit Nakatomi no Kamatari, der das Amt des *uchitsuomi*[2] erhielt, die Regierung. Dem Brauch der despotischen Herrscher Chinas folgend, wurde zum ersten Mal in der japanischen Geschichte ein Äraname festgelegt, das Jahr, in dem der Coup d'Etat stattgefunden hatte, wurde das erste Jahr der Taika-Ära. Der Äraname diente nicht nur dazu, den Beginn einer neuen Regierung anzuzeigen, sondern auch dazu, die Autorität des Herrschers zu erhöhen, denn der Gebrauch des Äranamens brachte zum Ausdruck, daß sich das Volk unterwarf; daß der Tennō den Äranamen festlegte, bedeutete, daß er der einzige und höchste Herrscher des Landes war.

---

1 Hier wurde zum ersten Mal in der Geschichte Japans ein Tennō abgesetzt.
2 Minister, der im Rang unter dem Minister zur Linken *sadaijin* und dem Minister zur Rechten *udaijin* stand. Alle drei Ränge gehörten zur neuen Organisation des Regierungsapparats. [Anm. des Übers.]

Die Taika-Reform und die Unruhen der Jinshin-Ära

Die wichtigsten Maßnahmen der Taika-Reform, die allerdings nur schrittweise durchgesetzt werden konnte, waren 1. die Aufhebung von Besitz an Ländereien und Bumingruppen, die der Herrscherfamilie und dem Adel der zentralen Gebiete und der Landgebiete gehörten. Alles Land sollte öffentlich, das Volk sollte dem Staat untertänig werden, Land und Volk Eigentum des Tennō. (Die Bumingruppen des Hofes wurden allerdings nicht aufgelöst.) 2. Zur Verwaltung von Volk und Land wurde ein zentrales Regierungsorgan eingerichtet, das Land aufgeteilt in die Regierungsbezirke Hauptstadt und Umgebung, Provinzen, Distrikte und Dörfer. 3. Ein einheitliches Steuersystem[1] und das Gesetz über die Besteuerung von zugeteiltem Land *(Handen Shūju)*[2] wurden festgelegt, letzteres um dem Volk zu ermöglichen, die Steuerlast zu tragen. Register und Rechnungsbücher ermöglichen eine genaue Kontrolle des Steuersystems. Genaueres über diese drei Maßnahmen, das Grundprogramm der Reform, werde ich im folgenden Kapitel ausführen.

Die Taika-Reform beseitigte nicht die politischen und wirtschaftlichen Privilegien der Herrscherfamilie und des Adels als Elite, sondern formierte die herrschende Schicht nur neu. Die einst mächtige Stellung der Führer und der Clanoberhäupter, die ihre Bumingruppen und Clans nach eigener Willkür ausbeuten konnten, mußten jedoch abgebaut werden, weshalb diese Klasse später den Kern der Anti-Reformpartei bildete. Auch die Clanführer, die im Prinzip einverstanden waren mit der Reform, aber nicht mit der Art ihrer Durchführung, leisteten in der Folge Widerstand, wie z.B. Soga no Ishikawamaro, der zuerst wesentlich am Erfolg der Reform beteiligt war, aber dann 649 unter der Anschuldigung des Verrats mit seiner Familie getötet wurde. Überall und zu allen Zeiten ist es so, daß sich bei großen sozialen und politischen Veränderungen im Kreis der Kämpfer der Anfangszeit in wenigen Jahren eine reaktionäre Gruppe bildet.

Silla war zu dieser Zeit das stärkste Land Koreas und hatte sich durch Tribute an China dessen Unterstützung gesichert. Es drang weiter in das Territorium Paekches vor. Der Hof, die Regierung des Tennō, war nicht in der Lage, Paekche militärisch zu unterstützen. 660 fiel dann ein alliiertes Heer der

---

1, 2 werden im ersten Abschnitt des Kapitels »Das Tennō-System des Altertums« ausführlich behandelt.

Die Taika-Reform

Tang und Silla in Paekche ein. Yamato verlor außerhalb und innerhalb des Landes seine Glaubwürdigkeit.

Um die Glaubwürdigkeit zurückzugewinnen und die innen- und außenpolitische Krise zu überwinden, beschloß der Hof, ein Heer aufzustellen und Silla anzugreifen. 661 führte Sainei-Tennō selbst das Heer bis nach Tsukushi, erkrankte dort aber und starb. Prinz Naka no Ōe, der jetzt faktisch Kaiser war, ließ das Heer nach Korea übersetzen. 663 wurde das japanische Heer in der Seeschlacht bei Hakusukinoe von Silla und den Tang vernichtend geschlagen und zog sich mit vielen Flüchtlingen aus Paekche nach Japan zurück.

Silla eroberte, unterstützt von einem Tang-Heer, 668 Koguryo, einigte zum ersten Mal in der Geschichte die Halbinsel Korea unter einem König, nahm Beziehungen zu Japan auf und vertrieb, um sich von der Bevormundung durch die Tang zu befreien, dessen Beamte und Heer 676 aus dem Land.

Die Regierung von Naka no Ōe verzichtete darauf, noch einmal in Korea einzufallen, und konzentrierte sich darauf, das eigene Herrschaftssystem den Zielen der Reform entsprechend auszubauen. 667 wurde die Hauptstadt nach Ōmi verlegt, wo Naka no Ōe als Tenji-Tennō rechtmäßiger Herrscher wurde. Der Ōmi-Hof nahm die aus Paekche geflohenen Beamten und Adligen auf und nutzte deren Wissen und Kultur für den Ausbau des neuen Staatssystems. Während am Ōmi-Hof eine neue Kultur aufblühte, wuchs im Lande die Unzufriedenheit des Volkes, das die Lasten für den Krieg und den Bau der neuen Residenz hatte tragen müssen. Mitglieder der Herrscherfamilie und des Adels, die gegen die Regierung des Ōmi-Hofes waren, nutzten die Unruhe im Volk und die Schwäche der Regierung, um ihre Macht zurückzugewinnen.

Gegen Ende des Jahres 671 starb Tenji-Tennō, Prinz Ōtomo folgte ihm als Kōbun-Tennō. Tenjis Bruder, Prinz Ōama, der selbst Machtansprüche stellte, bereitete einen Aufstand vor, der sich zu einem Krieg entwickelte, an dem sich die Provinzen Yamato, Iga, Ise, Mino, Ohari und Ōmi beteiligten. Prinz Ōama erhielt außerdem Hilfe von Einwanderern aus Silla, die den Einfluß der Paekche-Einwanderer am Ōmi-Hof unterbinden wollten. Das Heer des Ōmi-Hofes wurde geschlagen, Kōbun-Tennō nahm sich das Leben. Weil sich dieser Aufruhr im Jahre Jinshin ereignete, nennt man ihn Jinshin-Aufruhr. Der Sieger Ōama wurde als Tenmu-Tennō Herrscher.

Tenmu-Tennō setzte während seiner 14-jährigen Regierungszeit keine Minister ein, stabilisierte das neue System und schuf die Grundlagen für die göttliche Autorität des Tennō. Er bemühte sich um freundschaftliche Bezie-

Geschichte Japans

hungen zu Silla, während er den Kontakt zum Tang-Reich abbrach. (Erst 701, während der Regierungszeit von Monmu-Tennō wurden wieder Gesandtschaften an den Tang-Hof geschickt.) Tenmu-Tennō verabschiedete den Kiyomigahara-Kodex, dessen Inhalt nicht überliefert ist, das aber die Grundlage für den Taihō-Kodex bildete. *Ritsu* entsprach in etwa unserem heutigen Strafrecht, während *Ryō* rechtliche Bestimmungen für die Organisation des Staates und der Exekutive, bürgerliches Recht und Prozeßrecht enthielt. Der Taihō-Kodex wurde 718 (im zweiten Jahre Yōrō) neu gefaßt als Yōrō-Kodex, aber nicht wesentlich verändert. Mit dem Inkrafttreten dieses Gesetzeswerks entstand der »mit einem Gesetz ausgestattete« Tennō-Staat des Altertums, nachgebildet dem Beispiel Sillas und dem Vorbild des großen Tang-Reiches.

4

Das Tennō-System des Altertums

Die Nachahmung der Tang-Dynastie und der Kaiser als sichtbar gegenwärtige Gottheit

Die Festigung des Tennō-Systems im Altertum

Mit der Taika-Reform und dem schrittweisen Ausbau des Rechtssystems entstand zum ersten Mal in der Geschichte Japans ein Staat, dessen Ordnung nicht mehr wie bisher auf den fiktiven Verwandtschaftsbeziehungen der Clans[1] beruhte, sondern durch einen alle Regionen einheitlich erfassenden Verwaltungsapparat hergestellt wurde. Der Tennō dieses Staates galt als Nachkomme der Götter, die auch das Land geschaffen hatten, repräsentierte als sichtbar gegenwärtige Gottheit höchste Autorität, ein Despot, ausgestattet mit absoluter Macht und dem Eigentumsrecht an Volk und Land. Die Artikel des Kodex beschränkten seine Macht nicht, denn er stand über dem Gesetz. Man schrieb Staat und las Kaiser, weil Kaiser und Staat identisch waren.

Beamte, die der Tennō einsetzte, regierten mittels Gesetz und den Vorschriften der Verwaltung das Volk, die Clanmitglieder und die Bumin, die einst der Adel kontrolliert hatte. Der Ritsuryō-Staat war so gesehen ein Machtmechanismus, mit dem der Tennō das Volk direkt beherrschen konnte.

Die Zentralregierung war aufgeteilt in zwei Ämter, in das Götterkultamt, verantwortlich für die Zeremonien zu Ehren der Ahngötter des Tennō und die Kontrolle der Shintō-Schreine, und in das Große Regierungsamt, dem alle Regierungsgeschäfte oblagen, wahrgenommen vom Großkanzler, dem Minister zur Linken und dem Minister zur Rechten. Dem Großen Regierungsamt waren acht für die Exekutive zuständige Unterämter angegliedert.

---

[1] Hergestellt durch willkürliche Systematisierung der Mythen.

Daneben gab es noch das Amt für Rechtwesen für die Kontrolle der Ämter und anderer Organe.

Das Land, ausgenommen die Gebiete in der Nähe der Residenz, war aufgeteilt in mehr als 60 Provinzen, zu deren Verwaltung der Hof alle vier Jahre einen Gouverneur und drei weitere Beamte bestellte, die über richterliche Gewalt sowie das Kommando über Militär und Polizei verfügten. Die fünf Gebiete in der Nähe der Residenz (Yamato, Yamashiro, Kawachi, Izumi, Settsu) unterstanden einer besonderen Verwaltung.

Die Provinzen waren unterteilt in Distrikte, deren Verwaltungsbeamte in den meisten Fällen aus dem Kreise der ehemaligen Provinzgouverneure ausgewählt wurden. Die Bauern der Distrikte waren zu je 50 Haushalten in Dörfern zusammengefaßt, das Oberhaupt der mächtigsten Familie, der Dorfvogt, hatte als verlängerter Arm der Staatsmacht für die Eintreibung der Steuern, für den Polizeidienst und die Registrierung der Haushalte zu sorgen. Diese Dörfer waren weder natürlich entstandene Dorfgemeinschaften noch organisch gewachsene Verbände, sondern nur künstlich eingerichtete Verwaltungseinheiten.

Den Kern der Staatsmacht bildeten die militärischen Abteilungen, in der Hauptstadt die Palastwache, die Leibgarden, im Lande die in den einzelnen Provinzen stationierten Einheiten und die Grenzwächter des Dazaifu[1] in Kyūshū. Alle Männer im Alter von 21 bis 60 Jahren unterlagen der Dienstpflicht, jeweils ein Drittel (später ein Viertel) aller Männer wurde im Wechsel ausgehoben oder als Palastwache angestellt, die Soldaten der Ostgebiete bevorzugt als Grenzwächter des Dazaifu. Die Soldaten der Leibgarde rekrutierten sich aus den Distriktbeamten, damit bildete die Leibgarde ein Gegengewicht zur Palastwache, der nur Soldaten des gemeinen Volkes angehörten. Die Militäreinheiten der Hauptstadt unterstanden direkt der Regierung, die in den Provinzen stationierten Truppen dem Gouverneur, die Offiziere dieser Einheiten stammten wiederum aus der Schicht der Distriktbeamten.

Die wichtigste Aufgabe des Militärs war es, jeden Widerstand gegen das Tennō-System zu unterdrücken. Auch die Grenzwächter, ursprünglich zur Verteidigung gegen Angriffe von außen eingesetzt, entwickelten sich entsprechend dem Aufgabenwechsel des Dazaifu, das zuerst nur den Verkehr

---

1 Das Dazaifu wurde 664 in Nordkyūshū (der heutigen Präfektur Fukuoka) eingerichtet, war zunächst zuständig für die Kontrolle des Handels und den diplomatischen Verkehr mit dem Festland, später ebenso für die Aufsicht der Verwaltungen der einzelnen Provinzen Kyūshūs.

zum Festland kontrollierte, nun aber als zentrales Organ der Tennō-Regierung für ganz Kyūshū galt, zu einem Unterdrückungsapparat für dieses Gebiet. Der Grund dafür, daß nicht Soldaten aus Kyūshū oder Mitteljapan, sondern aus den entfernten Ostgebieten als Grenzwächter dienen mußten, ist darin zu suchen, daß diese sich mit den Bewohnern Kyūshūs sprachlich nicht verständigen konnten und außerdem seit Generationen der Herrscherfamilie treu ergeben waren.

Die Ämter der Zentralregierung und der Provinzverwaltungen waren ausschließlich mit Angehörigen des zentralen Adels, der schon vor der Taika-Reform Macht hatte, besetzt, desgleichen die Verwaltung der Distrikte mit den Clanoberhäuptern der Landgebiete. Die Beamten erhielten Rang und Legitimation vom Tennō, der als göttliche Autorität über absolute Macht verfügte. Sie bekamen je nach ihrer Stellung einen Rang, je nach Rang und Amt Verdienst-Felder[1] und Waren — Seidengewebe und Eisengeräte — zugeteilt. Ihr Rang war praktisch erblich[2], ebenso das Eigentumsrecht an Land und Verdienst-Feldern. Durch diese Verteilung behielten — der zentrale Adel und die Clans der Landgebiete mit geringfügigen Abstrichen in zwar veränderter Form — als herrschende Klasse Stellung und Vermögen.

Das Ritsuryō-System war zwar eine perfekte Kopie des Tang-Systems, unterschied sich von diesem jedoch dadurch, daß Angehörige des einfachen Volkes nicht durch Prüfungen Beamte werden konnten. Die herrschende Klasse hatte wie schon vor der Taika-Reform das Privileg, Ämter zu bekleiden. Die Taika-Reform bewirkte lediglich eine Veränderung der Staatsform, wobei der König und die herrschende Klasse des alten Staates ihre Macht mit neuen Mitteln sichern konnten, sie schuf kein neues Königreich wie in China, wo die Tang die Macht der Sui vernichteten und unter einer neuen Dynastie das ganze Reich einigten.

---

1 Die Beamten erhielten die Hälfte der Steuern, die eine bestimmte Anzahl von Haushalten zu entrichten hatte, dazu Materialabgaben und Arbeitskräfte.
2 Nach dem Ernennungssystem wurde den Söhnen von Beamten ab fünftem Rang nach Rang und Verdienst des Vaters automatisch ein Amt zugeteilt, sobald sie das 21. Jahr erreichten. Der Beamtenrang war praktisch erblich. Für die Ausbildung der Beamten der Hauptstadt gab es eine Universität, für die Ausbildung der Distriktbeamten Provinzschulen. Erstere besuchten nur die Söhne von Beamten ab fünftem Rang, letztere die Söhne der Distriktbeamten. Wer die Universität oder die Provinzschulen absolviert hatte, konnte höchstens Beamter der unteren Ränge werden, der Weg nach oben war durch das Ernennungssystem versperrt.

Geschichte Japans

Hauptstadt und Herrschaftsgebiet Japans

Der Aufbau eines Beamtenapparats war ohne ein Zentrum, ohne eine Hauptstadt nicht möglich. Vorher hatte die Hauptstadt mit dem Palast eines neuen Tennō gewechselt, das zentralistische System brauchte aber jetzt einen festen zentralen Sitz. Der Plan, nach dem Muster der Tang-Residenz Changan eine Hauptstadt zu bauen, bestand schon vor der Taika-Reform, wurde aber erst 694 in Asuka mit dem Bau der Stadt Fujiwarakyō verwirklicht. Nach kaum 14 Jahren ließ der Tennō unter großem Aufwand an Menschen und Material Nara bauen. 710 zog Genmei-Tennō mit Hof und Verwaltung dorthin. Nara blieb für 74 Jahre bis in die Regierungszeit von Kanmu-Tennō Sitz von sieben Herrschern.

Nara hatte nur ein Viertel der Fläche von Changan, der Tang-Residenz. Sie war exakt eingeteilt wie ein Go-Brett, von Ost nach West in 32 *chō* (1 *chō* = ca. 120 qm), von Nord nach Süd in 36 *chō*, in beiden Richtungen aller vier *chō* von Straßen durchzogen. Im Zentrum des nördlichen Teils befand sich der Palastbezirk, acht *chō* groß, mit dem Palast und den Regierungsgebäuden. Nara lag in der Mitte von vier Hügelzügen, beherbergte Ämter und Villen des Adels nach chinesischer Art gebaut, mit roten Säulen, weißen Mauern und ziegelgedeckten Dächern. Auch die großen Tempel des Asuka-Gebietes übersiedelten in der Folge nach Nara.

Das Gebiet, das das Tennō-System zur Zeit der Taika-Reform beherrschte, reichte im Westen bis nach Kyūshū, den Inseln Oki und Tsushima, im Nordosten bis in die Gebiete der heutigen Präfekturen Fukushima und Niigata, während der Nara-Zeit dann weiter bis nach Sendai und Akita. Im Südwesten kamen Anfang des 8. Jahrhunderts die Inseln Tanegashima, Yakushima und Amamiōjima in den Machtbereich des Kaisers. Auf der Insel Okinawa lebte ein Zweig der japanischen Rasse, der noch keine Beziehungen zum Tennō-Staat unterhielt.

Als das Ritsuryō-System sich durchgesetzt hatte, erhielt der Tennō-Staat den Namen »Nihon«. Im Schrifttum taucht dieser Name zum ersten Mal in den 720 entstandenen Annalen *Nihongi* auf. Ursprünglich hieß das Land »Yamato«, nach dem Gebiet, in dem die Großkönige ihre Residenz hatten. Nachdem die Großkönige aber Kaiser geworden waren und die Yamato-Macht fast das ganze Land beherrschte, war eine klare Unterscheidung notwendig. Außerdem sollte der Name jenes Territoriums, dessen Könige einst dem chinesischen Hof Tribut entrichteten, jetzt, da der Tennō sich dem chi-

58

nesischen Kaiser gleichstellte, den Namen, den die Chinesen bisher verwendet hatten, nämlich »Yamato«, ersetzen und das neue Selbstbewußtsein des Hofes zum Ausdruck bringen. Zur Zeit der Suiko-Tennō wurde Japan im offiziellen Schriftverkehr mit der Sui-Dynastie als Reich im Osten von China, als »Land, wo die Sonne aufgeht« bezeichnet, und der Herrscher nannte sich Ost-Tennō oder »Himmelssohn des Landes, wo die Sonne aufgeht«. Die chinesischen Zeichen für »Land, wo die Sonne aufgeht« wurden »Nihon« oder wohl auch »Nippon« gelesen und blieben fortan der Landesname Japans.

Eine Stadt ohne Bürger

Der Beamte Ama no Inukai Okamaro dichtete, als das Ritsuryō-System und die Hauptstadt Nara entstanden waren, als der Herrschaftsbereich des neuen Tennō-Staates von Süd- bis nach Nordjapan reichte, begeistert: »Ich, dein Untertan, wie bin ich glücklich, diese große Zeit des Reiches zu erleben!« Wie lebte aber das Volk in dieser Zeit?

Die Hauptstadt Nara war zwar in jeder Hinsicht eine getreue Miniaturnachbildung von Ch'ang An, unterschied sich jedoch in einem wesentlichen Punkt von diesem: Nara hatte, wie auch die spätere Hauptstadt Kyōto, keine Stadtmauern. Auch die japanischen Städte des Mittelalters und der Neuzeit hatten keine. Einzige Ausnahme war Sakai, in dem sich, verglichen mit den anderen Städten des Mittelalters, die Selbstverwaltung der Bürger am stärksten entwickelt hatte. Sakai hatte zwar keine Stadtmauern, war aber durch Wassergräben geschützt, die dieselbe Funktion erfüllten. Stadtmauern sind da zum Schutz gegen äußere Feinde, sie bilden eine klare Grenze zwischen der Stadt und den Bauern der Umgebung, sie schirmen den Lebensraum der Bürger ab und begünstigen seine Entwicklung. Sowohl die Städte Chinas wie auch die Städte des europäischen Altertums und Mittelalters hatten Stadtmauern, warum nicht Nara und die späteren japanischen Städte?

Die Ursachen sind für jede Zeit in je unterschiedlichen Bedingungen zu suchen, für Nara jedoch waren Stadtmauern zum Schutz gegen äußere Feinde nicht notwendig. Angriffe von außen waren nicht zu befürchten, weil in Japan keine fremde Rasse lebte. Die großen Clans waren in den Mechanismus des Tennō-Systems eingegliedert; wenn es auch zu einem Aufruhr kam, so waren die Anführer immer in den Reihen der Herrschenden zu suchen,

Mauern hätten keine Bedeutung gehabt. Nara war zudem (wie später Kyōto auch) eine politische Stadt, Sitz des Adels und der Beamten, eine Stadt ohne Bürger. Stadtmauern hätten die Versorgung der in der Hauptstadt lebenden Adligen und Beamten durch die Bauern nur behindert.

Die Hauptstadt Nara hatte in ihrer Blütezeit schätzungsweise 200000 Einwohner, ihre Bewohner waren die Herrscherfamilie, der Adel, die Beamten, Mönche und Sklaven, die diesen allen dienten, Handwerker, Bauern, aus den Landgebieten beorderte Bauern oder Handwerker, die zu verschiedenen Arbeiten für drei Jahre in die Hauptstadt geschickt wurden, und Wachsoldaten und andere Frondienstleistende; es gab aber keinen einzigen freien Bürger in dieser Stadt. Im Westen und Osten der Stadt war je ein Markt eingerichtet, auf dem alle möglichen Waren angeboten wurden, Kleidung, Agrargeräte aus Eisen und aus Holz, Keramik, Papier, Tusche, Pinsel, Gürtel, Schuhwerk, sogar Sklaven. Der Markt wurde von Beamten unterhalten, die Waren stammten nicht von selbständigen Händlern, waren nicht von Bauern und Handwerkern frei aufgekauft, sondern vom Staat eingezogene Abgaben oder Restbestände von Produkten, die dem Hof oder den Tempeln unterstellte Handwerker hergestellt hatten. Die Käufer dieser Waren waren wiederum nur Adel, Beamte oder Mönche.

Die besonderen Produkte eines Gebietes wurden wie die Agrargeräte als Produktabgaben (*chō*) eingezogen, so auch sämtlich das in einzelnen Landgebieten geförderte Gold, Silber und Kupfer. Handwerkliche Produkte und Eisenwerkzeuge konnten nicht gegen andere notwendige Waren eingetauscht werden. Die soziale Arbeitsteilung machte kaum Fortschritte, weil freier Warenaustausch und Handel unterbunden waren. Die Regierung ließ, dem Beispiel Chinas folgend, Kupfer- und Silbermünzen prägen. Was nützt aber in einer Gesellschaft, in der das Volk keine tauschbaren Waren besitzt, der Umlauf von Münzen.

Stand, Familie und Feldverteilungssystem

Das Aufblühen der Hauptstadt bewirkte den wirtschaftlichen Ruin der Landgebiete. Das Volk war in zwei Gruppen eingeteilt, in freies Volk und niedriges Volk. Die Taika-Reform fixierte diesen Unterschied gesetzlich, die Kodices verschärften ihn. Zum niedrigen Volk gehörten die staatlichen und privaten Sklaven, die privaten Dienstleute und diejenigen, die dem Hof oder den

Ämtern unterstanden und diese mit handwerklichen Produkten versorgten. Erstere waren eindeutige Sklaven, die Dienstleute standen im selben Unterwerfungsverhältnis, konnten aber im Gegensatz zu den Sklaven eine Familie unterhalten. Die Handwerker stammten aus den ehemaligen Bumin des Kaiserhofes. Etwa zehn Prozent der auf fünf bis sechs Millionen geschätzten Gesamtbevölkerung der Nara-Zeit waren Sklaven.

Das freie Volk stellte die »öffentlichen« Bürger des Staates, ehemalige Clanmitglieder und Hof oder Adel unterstellte Bumin. Das Ritsuryō-System löste die kollektiven Clangruppen auf, stellte die Haushalte, die den Clan bildeten, direkt unter die Herrschaft des Staates. Jeder Haushalt hatte einen Vorstand, der für die Familie dem Staat gegenüber verantwortlich war. Die Haushalte bestanden aus einer Familiengruppe direkter Blutsverwandtschaft (Mann, Frau und Kinder) und einer Familiengruppe indirekter Blutsverwandtschaft (Brüder und Schwestern des Mannes, Vater, Mutter, Onkel, Tanten und deren Kindern). In der Geschichtswissenschaft heißen diese Gruppen Großfamilien, die einzelnen Familiengruppen innerhalb der Großfamilie Kleinfamilien. Auch die starken Großfamilien besaßen Sklaven.

Die Verwaltungsbehörden erfaßten alle sechs Jahre die Bevölkerung in Registern, teilten jedem männlichen Angehörigen einer Familie über sechs Jahre ein zwei *tan* (1 *tan* = 825 qm) großes Feld zu, jedem weiblichen zwei Drittel dieser Fläche. Auch die Sklaven und Dienstleute erhielten ein Drittel dieser Fläche. Der Staat garantierte damit, daß die öffentlichen Bürger Sklaven besitzen konnten, indem er dem Haushaltsvorstand diese Felder zuteilte zum Unterhalt der Sklaven. Die Sklaven selbst konnten über den Ertrag ihrer Felder nicht verfügen. Das Pro-Kopf-Feld fiel, starb der Zuteilungsberechtigte, an den Staat zurück, nur das Grundstück, auf dem eine Familie wohnte, und die Felder neben dem Haus wurden als Besitz anerkannt.

Das Volk mußte die zugeteilten Felder bestellen; es war streng verboten, die Felder zu vernachlässigen oder das Dorf zu verlassen. Die Bestellung dieser Felder war mehr Pflicht als Recht der Bürger, die durch den Staat an ein Stück Land gebunden und durch Reissteuer, andere Produktabgaben und Zwangsarbeit ausgebeutet wurden. Die Reissteuer betrug für ein *tan* 7,92 l (später reduziert auf 5,4 l), also etwa drei Prozent der Ernte. Die Steuern (Seidengewebe und handwerkliche Produkte) und Dienste (ursprünglich zehn Tage pro Jahr Arbeitsdienst, später für das Volk außerhalb des Kinki-Gebietes in Abgabe von Gewebe umgerechnet) wurden nach Anzahl der männlichen Angehörigen einer Familie und nach deren Alter festgelegt.

Fast neunzig Prozent der Bevölkerung leben unter dem Existenzminimum

Die Reissteuer, die Abgaben und Dienste, in Reis umgerechnet, machten zusammen etwa 20 Prozent der Ernte einer Familie aus. Im Vergleich zu den Abgaben, die die Bauern der Tokugawa-Zeit zu entrichten hatten, nämlich 40 bis 60 Prozent der Ernte, scheint dieses Verhältnis noch günstig, aber angesichts der gering entwickelten Agrartechnik — die Pro-Kopf-Felder konnten gerade eine Familie ernähren — war die Abgabe von 20 Prozent des Ertrags schon eine schwere Last, die noch verdoppelt wurde durch den Frondienst, den die Bürger zu leisten hatten.

Frondienst bedeutete in erster Linie Militärdienst. Alle drei oder vier Jahre mußten die wehrpflichtigen Männer (innerhalb eines Zeitraumes von 40 Jahren) 60 Tage in den Militäreinheiten dienen, wobei sie gezwungen waren, für Verpflegung und Waffen selbst zu sorgen (im Dienstjahr waren sie von allen anderen Fronarbeiten entbunden), oder sie wurden für drei Jahre als Grenzwächter nach Kyūshū geschickt oder für ein Jahr zur Palastwache in die Residenz eingezogen. Der Militärdienst war für das Volk die schwerste Last, wie folgende Redensart beweist: »Muß einer Soldat werden, geht seine Familie zugrunde.«

Frondienst bedeutete in zweiter Linie, daß die Provinz- oder Distriktverwaltungen die Männer für 60 Tage im Jahr, die Alten für 30 Tage, die Jungen für 15 Tage zu den verschiedensten Arbeiten heranziehen konnten. Eine Garantie dafür, daß diese Regelung auch eingehalten wurde, gab es natürlich nicht. Außerdem mußten aus je 50 Familien zwei Männer in die Hauptstadt, um für den Hof zu arbeiten. Der Reis, der als Abgabe gefordert wurde, mußte in die Speicher des Distrikts, vom Kinki und den benachbarten Gebieten in die Hauptstadt transportiert werden, ebenso die anderen Abgaben. Für die Lasten des Transports, für Verpflegung, für Pferde und Kühe, die die Lasten zogen, hatten die Bürger selbst zu sorgen. Es kam nicht selten vor, daß die, denen der Hinweg gelang, auf dem Rückweg nichts mehr zu essen hatten, manche starben vor Erschöpfung oder an Krankheiten.

Der Frondienst war nicht immer unentgeltlich. Für die sogenannten Leihdienste, für die das Volk zum Bau von Tempeln oder zur Bestellung von Feldern, die den Ämtern gehörten, herangezogen wurde, gab es Entgelt in Form von Nahrung oder Münzen. Auch diese Arbeit war aber Zwangsarbeit, der sich das Volk nicht entziehen konnte.

Es ist nicht schwer sich vorzustellen, wie die Abgaben und der Frondienst das Volk belasteten. Die Familien waren je nach Einkommen eingeteilt in zehn Klassen von sehr reich bis sehr arm und Familien mit einem Lebensstandard, der unter dem Existenzminimum liegt. Die Aufzeichnungen der Provinz Echizen geben im Jahre 730 mehr als neunzig Prozent der Bevölkerung als unter dem Existenzminimum lebend an, die Aufzeichnungen der Provinz Awa im Jahre 750 fast achtzig Prozent und fünfzehn Prozent als sehr arme Familien. Das berühmte Gedicht *Hinkyū Mondō* (Fragen eines Armen an einen noch Ärmeren) von Yamanoue no Okura (etwa 660 – 733) beschreibt wohl nicht nur eine Ausnahme:

> In der Hütte, das Dach reicht bis zur Erde,
> streuen wir bloß Stroh auf den Boden.
> Vater und Mutter legen sich ans eine Ende,
> Frau und Kind dorthin, wo deren Füße sind,
> drängen aneinander, jammern, klagen.
> Aus dem Herd steigt kein Rauch,
> im Reistopf hängen Spinnweben.
> Als hätten wir das Kochen vergessen.
> Sie krächzen wie Amseln. Und dann,
> wie um etwas Kurzes noch kürzer zu schneiden,
> kommt der Dorfvogt mit der Peitsche,
> seine Stimme dringt fordernd an unser Lager.
> Muß das wirklich so sein, das Leben in dieser Welt?

Es geschah nicht selten, daß dem in großer Armut lebenden Volk bis zum Frühjahr das Saatgut ausging. Die Regierung lieh in solchen Fällen Reis aus, der im Herbst mit etwa fünfzig Prozent Aufschlag zurückerstattet werden mußte. Im privaten Verleih erhöhte sich dieser Zins bis auf hundert Prozent. Der öffentliche Verleih, so hieß es, sollte dem Volk die Existenz garantieren, seine Produktionskraft erhalten, er brachte jedoch dem Staat mehr Nutzen als dem Volk, vor allem den Provinzgouverneuren, die sich privat bereicherten. Daraus entwickelte sich eine Art zweites Steuersystem zur Aufbesserung der Staatsfinanzen, das auch jene Bauern mit Zwang einbezog, die genügend eigene Vorräte hatten.

Der Klassencharakter der Bürger und die historische Bedeutung des Ritsuryō-Systems

Daß die Bürger, an die Pro-Kopf-Felder gebunden, vom Staat mehr und mehr ausgebeutet, alles andere als frei waren, bedarf keiner weiteren Erklärung. Die Meinungen darüber, ob die Bürger als Hörige oder als Sklaven einzustufen sind, gehen weit auseinander. Ich folge der Auffassung, die von der Mehrheit vertreten wird und die besagt, daß die Bürger als eine Art Staatssklaven zu betrachten sind, das Ritsuryō-System als eine Art staatliches Sklavensystem.

Der Hauptteil der Lasten, den die Bürger zu tragen hatten, bestand aus Frondienst verschiedenster Art, d.h. der Staat bediente sich ihrer Arbeitskraft, die Männer einer Familie wurden unabhängig von der Anzahl der Pro-Kopf-Felder je nach Alter zu Diensten herangezogen. Die Bürger leisteten nicht wie die Hörigen als Zins für die Benutzung der vom Feudalherrn zugewiesenen Felder Fronarbeit oder andere jährliche Abgaben, sie waren durch das Land, das sie zu bestellen hatten, nicht indirekt, sondern direkt dem Staat unterworfen. Die Bumin aus der Zeit vor der Taika-Reform waren als Gruppe versklavt, mögen sie auch von den Beziehungen innerhalb der Gruppe her gesehen als Hörige einzustufen sein, das Verhältnis von Bürger und Staat während des Ritsuryō-Systems war nichts anderes als das vom Staat in größerem Maßstab organisierte Verhältnis der Bumin zu ihrem Herrn. Ich werde später darlegen, wie Ende des 8. Jahrhunderts mit der Landgüter-Wirtschaft (d.h. mit dem privaten Grundbesitz), die das Ritsuryō-System ersetzte, eine eindeutige Sklavenwirtschaft sich ausbildete. Wäre das Ritsuryō-System ein Hörigen-System gewesen, dann hätte sich nach dessen Verfall eine umgekehrte historische Entwicklung ergeben, die vom Hörigen- zum Sklavensystem, ein Vorgang, der angesichts der wirtschaftlichen und politischen Verhältnisse nicht möglich war.

Die Taika-Reform und das Ritsuryō-System bedeuteten jedoch im Verhältnis zum vorausgehenden Herrschaftssystem einen gesellschaftlichen Fortschritt.

1. Die gesellschaftlichen Verbände des durch fiktive Verwandtschaftsbeziehungen zusammengehaltenen Clan-Systems begannen auseinanderzubrechen, die Großfamilien sich aus dem Clan-Verband zu lösen. Die Taika-Reform und das Ritsuryō-System gaben dieser Entwicklung definitiven Charakter, d.h. das Volk wurde praktisch zum Sklaven des Staates. Die Fesseln des Kollektivs bedeuteten einst aber auch Schutz, jetzt hatte das Volk diesen

Schutz nicht mehr, es wurde direkt vom Staat unterdrückt. Daß der Zusammenhalt des Clan-Systems immer schwächer wurde, war die historische Bedingung dafür, daß sich das Volk als Klasse formieren konnte.

2. In diesem Übergang entwickelte sich aus dem kollektiven Bodenbesitz privater. Das Pro-Kopf-Feld blieb, solange der Empfänger lebte, privilegierter Besitz, der Grund, auf dem die Familie wohnte, und die angrenzenden Felder wurden als ewiger Besitz — also praktisch als Eigentum — anerkannt, dem Volk war freies Nutzungsrecht an Wald und unerschlossenem Land zugesichert. Aus dem privaten Besitz konnte sich in der Folge privates Eigentum an Grund und Boden entwickeln. Daß die Lasten des Volkes per Gesetz festgelegt waren, bedeutete, wenn die Herrschenden diese Bestimmungen auch nicht immer achteten, im Vergleich zum Bumin-System, das keinerlei gesetzliche Beschränkungen kannte, einen wesentlichen Fortschritt. Da die Höhe der Lasten festgelegt war, konnten die reichen, in Gebieten mit günstigen Bodenbedingungen angesiedelten Bürger ihre Produktivität steigern, nach Erfüllung aller Abgaben an den Staat Überschüsse anhäufen, mit gesetzlichen oder ungesetzlichen Mitteln ihren Reichtum mehren, ihr Privatland (ihren Landbesitz) erweitern. Als Resultat dieser Entwicklung schritt die Klassenteilung unter den Bürgern weiter fort, das staatliche Sklavensystem verfiel, es entwickelte sich die Sklavenwirtschaft privater Großgrundbesitzer, die wirtschaftliche Voraussetzung für das spätere Hörigen-System.

3. Die Taika-Reform und das Ritsuryō-System schufen, auch wenn sie auf wichtige Elemente des Clan-Systems nicht verzichten konnten, eine fortschrittlichere Staatsform und etablierten eine zentralistisch organisierte einheitliche Macht, eine Bedingung für das Aufblühen der Kultur des japanischen Altertums.

Die Blüte der Kultur des Altertums

Der Ausbau des Ritsuryō-Systems selbst ist als umfassender Ausdruck für das Aufblühen der Kultur des Altertums zu werten, er beweist, daß der zentrale Adel Japans von China bereits gelernt hatte, wie ein von der herkömmlichen gesellschaftlichen und politischen Struktur der fiktiven Blutsverwandtschaft grundlegend verschiedenes Herrschaftssystem aufgebaut und unterhalten werden muß. Ebenso kann vorausgesetzt werden, daß auch die herrschende Schicht der Landgebiete über Kenntnisse der Mathematik und der Schrift verfügte, die notwendig waren für das Anlegen von Registern und Rechnungsbüchern, für die Feldverteilung und die Kontrolle der Abgaben.

Einen großen Beitrag zur Entwicklung der japanischen Kultur leistete der Adel mit den schon im 5. Jahrhundert beginnenden Versuchen, die japanische Sprache in Laut und Bedeutung mit chinesischen Zeichen aufzuzeichnen. Bei der Niederschrift der Gedichtsammlung *Man'yōshū* wurden zum ersten Mal einheitlich chinesische Zeichen für die phonetische Aufzeichnung japanischer Silben verwendet, diese Aufzeichnungsart bildete später die Grundlage für die Entwicklung der japanischen Silbenzeichen.

Das *Man'yōshū* ist eine Sammlung von ca. 4500 Gedichten hauptsächlich aus dem 8. Jahrhundert, enthält aber auch Gedichte aus der Zeit vor der Taika-Reform. Herausgeber und Entstehungsdatum sind nicht mit Sicherheit anzugeben, es besteht aber kein Zweifel, daß Ōtomo no Yakamochi (718-785) an der Kompilation wesentlich beteiligt war. Den größten Teil der Gedichte verfaßten die Kaiser, die Herrscherfamilie, der Adel, die Beamten. Die Sammlung enthält aber auch Gedichte von Bauern, Soldaten und Dirnen, von Männern und Frauen aus allen Schichten des Volkes. Vorherrschende Themen sind Liebe und Natur, manche Texte behandeln aber auch ganz andere Lebensbereiche, so den Frondienst oder die Feldarbeit, einige bringen sogar individuelle Lebensauffassung zum Ausdruck oder beschäftigen sich mit dem Zustand der Gesellschaft. Die Gedichte, die Bauern und Soldaten geschrieben haben, sind natürlich von Beamten oder vom Herausgeber redigiert. Kakinomoto no Hitomaro (gestorben um 709), Yamabe no Akahito, Nukata no Ōkimi sind die repräsentativsten Dichter des *Man'yōshū* und wurden von den Dichtern späterer Zeit besonders hoch bewertet. Eine Sammlung wie das *Man'yōshū*, die Gedichte aus allen Schichten des Volkes enthält, die Empfindungen und Gedanken unverstellt und lebendig zum Ausdruck bringt, ist eine Ausnahme in der Geschichte der japanischen Literatur, die nur möglich war, weil sich — trotz der immer stärker werdenden Konfrontation zwischen den Herrschenden und dem Volk — zum ersten Mal ein einheitlicher Staat gebildet hatte, der das ganze Land per Gesetz und Verwaltungsapparat beherrschte.

Anfang des 8. Jahrhunderts verfügte die Regierung, die Geschichte des japanischen Reiches, deren Redaktion bereits zur Zeit des Tenmu-Hofes in Angriff genommen worden war, abzuschließen. 712 erschien das *Kojiki*, das älteste Geschichtswerk Japans und gleichzeitig auch das erste literarische Dokument. 720 folgte das nach dem Muster der chinesischen Geschichtswerke verfaßte *Nihongi*. Beide Werke dienten vornehmlich dem Zweck, das

Tennō-System historisch und innerhalb der traditionellen Religion zu rechtfertigen ohne Trennung zwischen Mythen, Sagen und historischer Realität,
weshalb die Mythen und Sagen nicht in ihrer ursprünglichen Form erhalten
sind, sondern zu politischen Zwecken redigiert, ausgewählt, verändert, systematisch geordnet oder teilweise auch frei erfunden wurden.

Nach diesen beiden Werken wurden auf Erlaß die *Fudoki*, die Topographien aller Provinzen verfaßt, nach festgelegten Redaktionsregeln. Diese
Topographien dienten eher der Stärkung des Selbstbewußtseins der *tennō*-
Regierung, enthalten wenige lebendige Berichte über das Leben der ländli-
chen Bevölkerung, geben aber zum Teil ein anderes Bild der Gesellschaft, als
in *Kojiki* oder *Nihongi* zu finden ist. Ganz oder teilweise sind nur die Topographien der Provinzen Hitachi, Harima, Izumo, Bungo und Hizen erhalten.

Der internationale und nationale Charakter der Nara-Kultur

Der Adel des Altertums gewann auf diesem Wege auch gegenüber dem Festland Selbstbewußtsein, importierte aber weiterhin die chinesische Kultur.
Zwischen 702 und 777 sandte Japan sechs Gesandtschaften in die Hauptstadt
der Tang, die in der Regel aus vier Schiffen bestanden und — die Gesandten,
die diese begleitenden Gelehrten und die Matrosen eingeschlossen — 400 bis
500 Personen umfaßten. Die Überfahrten waren nicht ungefährlich, es kam
oft vor, daß Schiffe strandeten oder untergingen, daß Gelehrte nicht mehr
nach Japan zurückkehren konnten und für immer in China blieben, wie der
berühmte Abe no Nakamaro (701-770).

Trotz dieser Behinderungen lernte der Adel der Nara-Zeit von der Tang-
Kultur Wissenschaft, Technik, Literatur, Musik, übernahm den Buddhismus
und die damit verbundene Architektur, Skulptur und Malerei, außerdem
den Stil der Kleidung, Keramik und die Lebensart. Die Kultur der Tang war
international, sie stand in Verbindung mit den Kulturen Indiens und der
Sarazenen und damit auch mit der Kultur Westeuropas. Nach Japan kamen
aus China auch Mönche, z.B. Ganjin (688-763), der im Tōshōdaiji-Tempel
Exerzitien abhielt, ebenso Inder und Perser.

Das Verständnis des Konfuzianismus und des chinesischen Schrifttums
als Wissenschaft und Literatur war beim Adel der Nara-Zeit noch nicht
besonders ausgebildet. Es beschränkte sich darauf, wie das *Kaifūsō* (751), eine
Sammlung von hohen Gelehrten verfaßter chinesischer Gedichte, zeigt, daß

die Verfasser gut Chinesisch schreiben und chinesische Gedichte geschickt zu imitieren verstanden.

Der Buddhismus genoß seit der Regierung Shōtoku Taishis die Förderung des Hofes. Mit staatlichen Mitteln wurden große Tempel gebaut, den Tempeln große Ländereien und mehrere hundert Sklaven zugeteilt. Während der Regierungszeit von Shōmu-Tennō erreichte die offizielle Förderung des Buddhismus ihren Höhepunkt. Shōmu-Tennō befahl 741, daß in jeder Provinz ein Konkōmyō shitennō gokokuji[1] und ein Hokkemetsuzaiji[2] gebaut werden sollte, ließ in Nara den Tōdaiji errichten und als dessen Hauptstatue die große vergoldete Kupferstatue des Rushana-Buddha, die 743 begonnen und 752 fertiggestellt wurde. Shōmu-Tennō investierte in dieses Projekt staatliche Mittel und verstärkte, um die Staatskassen wieder zu füllen, den zwangsweisen Reisverleih ans Volk. Der Tōdaiji und die große Buddhastatue haben nicht nur künstlerischen Wert, sondern auch historische Bedeutung, weil sie zeigen, daß die Japaner des Altertums bereits die Technik des Gießens beherrschten und imstande waren, ein so großes Bauwerk auszuführen. Diese Zeit war die Blütezeit der buddhistischen Kultur in Japan, die nach der Einteilung der Kulturgeshichte »Tenpyō-Zeit« genannt wird.

Der vom Hof geförderte Buddhismus hatte in erster Linie die Aufgabe, den Staat zu schützen und das Tennō-System zu stabilisieren. Er war weit entfernt von dem ursprünglichen Geist des Buddhismus, der verheißt, daß der, der die Exerzitien beachte und den richtigen Weg gehe, Erleuchtung finden und seine Seele retten könne. Dieser Buddhismus hatte auch keine Verbindung zum Glauben des Volkes, weiterhin durften die Mönche dem Volk die Lehre nicht nahebringen, der Bevölkerung blieben die Tempel verschlossen.

Die kunstvolle Architektur der großen Tempel in Asuka und Nara, die vielen Buddhastatuen, die dort aufgestellt sind, die Wand- und Deckenmalereien oder die kunsthandwerklichen Gegenstände, die dort gebraucht wurden, das alles war hochentwickelte Kunst, geschaffen von unbekannten Künstlern, die, geschult an der chinesischen Technik, erstaunliche Fähigkeiten entwickelt hatten. Aber es war eine fremdländische Kunst, deren Stil jeweils mit den Stilepochen in China wechselte. Daß die Welt dieser

---

[1] In jeder Provinz zu errichtende Tempel für Mönche, benannt nach dem Sutra »Konkōmyō«, einem der drei den Staatsbuddhismus repräsentierenden Sutren, nach der die »Shitennō«, die vier Könige des Himmels, das Land beschützen.

[2] Tempel für Nonnen, in denen besonders das Hokkekyō (Lotos-Sutra) rezitiert wurde, das auch die Erlösung von Frauen lehrt.

buddhistischen Kunst und die Welt des *Man'yōshū* ein und derselben Zeit angehören, ist kaum vorstellbar. Die buddhistische Kunst in Japan war eher eine Richtung der chinesischen buddhistischen Kunst als ein Teil der japanischen Kultur.

In Nara wurden sechs buddhistische Sekten gegründet, die später die sechs Schulen der südlichen Residenz hießen. Diese waren aber keine Glaubenssekten, sondern Schulen der buddhistischen Philosophie. Die Mönche importierten die in China entstandenen Lehren und studierten diese in der Bibliothek des Tempels mit demselben Eifer wie die chinesischen Mönche. Die Zahl der aus China importierten buddhistischen Schriften soll so groß gewesen sein wie die der damals in China vorhandenen.

Alles, was nach chinesischer Art war, war für den Adel des Altertums erstrebenswert. Man könnte es auch anders sagen: das Wesentliche der Kultur des japanischen Adels war, daß sie chinesisch war. Das große Tang-Reich war für den Adel ausschließliches Vorbild, an dem er sich berauschte, von dem er alles wahllos übernahm, um so zu zeigen, daß auch Japan über eine Zivilisation verfügte, die der Chinas nicht nachstand. Auch die Übernahme der buddhistischen Kunst und Philosophie sind ein Ausdruck dieses Ehrgeizes.

Daß die Werke der buddhistischen Kunst in Japan so hohes Niveau hatten, daß die buddhistische Religion dagegen auf dem Niveau des magischen Staatsbuddhismus stehen blieb, ist Ausdruck des sogenannten unvermeidlichen traditionellen, typisch japanischen Verhaltens, denn Stile der bildenden Kunst, religiöse Schriften lassen sich einführen, der wahre Inhalt des Glaubens nicht. Dieses »typisch Japanische« ist auch ablesbar an der Tatsache, daß das japanische Ritsuryō-System im Unterschied zum chinesischen den Herrscher als Tennō vergöttlichte und kein echtes Prüfungssystem für die Beamtenlaufbahn kannte. Dieses »typisch Japanische« als »japanischen Geist«, als das »Wesen des Landes« zu begreifen, bedeutet stolz zu sein nicht auf den Fortschritt, sondern auf die Stagnation der japanischen Gesellschaft. Die Adligen des Nara-Hofes hätten darauf stolz sein können, daß sie mit großem Eifer von der fortgeschrittenen Zivilisation der Tang lernten, lebensgefährliche Überfahrten immer wieder wagten, auf diesen positiven, in die Zukunft gerichteten Geist.

5
Die Landgüter und die Bauern
Der Zerfall des Ritsuryō-Systems und das Aufkommen des Schwertadels

Der Kampf des Volkes und die Auflösung des Feldverteilungs- und Aushebungssystems

Ein Gesellschaftssystem, das neunzig Prozent des Volkes in bitterste Armut stürzt, kann sich nicht lange halten, wie sehr es der Adel, der es regiert, in seiner Dichtung auch rühmen mag. Die Zahl der Bürger und Sklaven, die ihre Pro-Kopf-Felder verließen und in andere Gebiete flohen, nahm immer mehr zu, weil sie sich durch das Feldverteilungssystem nicht länger ausbeuten lassen wollten. Auch viele Fronarbeiter und Soldaten flohen aus der Hauptstadt. Wer floh, mußte sich in einer anderen Provinz oder einem anderen Distrikt großen Familien und reichen Bauern verdingen.

Die Distriktbeamten und die Dorfvögte waren ihrem Stand nach Bürger, beherrschten meistens einen großen Familienverband, hatten auch Sklaven, und erhielten dementsprechend viele Pro-Kopf-Felder. Sie besaßen noch die Autorität des Clanoberhauptes, ihnen war die Macht übertragen, das Feldverteilungssystem durchzusetzen, sie konnten also besonders ertragreiche Felder für sich beanspruchen, neues Ackerland erschließen und ihren Reichtum mehren. Da sie immer mehr Arbeitskräfte benötigten, nahmen sie die geflohenen Bauern bereitwillig bei sich auf. 709, kaum acht Jahre nach dem Inkrafttreten des Taihō-Kodex, mußte die Regierung verbieten, daß »Bauern« (Großfamilien, reiche Bauern) des Kinki-Gebietes und der Provinz Ōmi herumtreibendes Volk oder geflohene Fronarbeiter für sich arbeiten ließen, woraus hervorgeht, daß schon zu dieser Zeit die Zahl der Geflohenen beträchtlich gewesen sein muß.

Dieses Verbot wurde jedoch kaum beachtet. Die Provinzgouverneure hatten zwar die Pflicht, die flüchtigen Bauern zu verfolgen und in ihr Dorf zurückzubringen, angesichts der zunehmenden Fälle ließ sich diese

Bestimmung aber nicht mehr durchführen, weshalb die Regierung 715 verfügte, daß die aus der Hauptstadt in Gebiete außerhalb Kinkis Geflohenen neu zu registrieren und mit Abgaben und Fronarbeit zu belasten seien. Die Familien, die Geflohene aufnahmen, versuchten, diese möglichst nicht anzugeben. Die Geflohenen wurden praktisch Sklaven dieser Familie und auch die armen Bauern, die nicht geflohen waren, die sich aber bei den reichen Bauern gegen hohen Zins Reis ausleihen mußten, gerieten in die Abhängigkeit von Schuldsklaven.

Auch der Adel, die hohen Beamten, die großen Tempel und Schreine versuchten, in den Besitz großer unerschlossener Gebiete zu kommen. Da Ackergeräte aus Eisen fast ausschließlich in den Händen der Regierung, des Adels, der großen Tempel und Schreine, der Clans der Landgebiete waren, konnten sie mit Hilfe der Sklaven, die sie schon besaßen, der geflohenen und der armen Bauern große Flächen urbar machen.

Das Gesetz bestimmte zwar, daß auch die neu erschlossenen Felder mit Steuern zu belegen seien. Die meisten dieser Felder wurden jedoch nicht angemeldet, und sie wären schnell wieder verödet, wenn die Regierung die Kontrolle verschärft hätte. Die Regierung war 723 gezwungen, neu erschlossenes Land für eine oder drei Generationen als Privatbesitz anzuerkennen, ebenso 743 je nach Rang eine bestimmte Fläche erschlossenen Landes als »ewigen Privatbesitz«. Bereits in dieser Zeit, die allgemein als die Blütezeit des Ritsuryō-Systems gilt, brach eines der Grundprinzipien dieses Systems, das Besitzrecht des Staates am ganzen Land, zusammen. Der Adel, die Tempel und Schreine, die Clans der Landgebiete, die reichen Bauern mehrten ihren Besitz, die Mächtigen verhinderten, daß die einfachen Bauern in unerschlossenes Gebiet eindringen konnten. Die großen Anbaugebiete, die sie sich sicherten, hießen Landgüter *(shōen)*.

Als Folge dieser Entwicklung wurden die Reichen reicher, die Armen immer ärmer. Parallel zu dieser rasch fortschreitenden gesellschaftlichen Differenzierung begannen sich die Kleinfamilien aus den Großfamilienverbänden zu lösen. Sie unterwarfen sich im Verlaufe dieser Entwicklung wirtschaftlich gescheiterte Familien und wurden so noch mächtiger.

Je zahlreicher die Armen werden, desto größer wird die Unruhe der Gesellschaft. In dieser Zeit sozialer Spannungen setzten sich die Mönche über das Verbot hinweg, lehrten dem Volk den Buddhismus und gewannen schnell sein Vertrauen. Einer dieser Mönche war Gyōki aus der Provinz Izumi (668-749), der nicht nur die Vergeltungslehre predigte, sondern auch mit seinen Anhängern Straßen und Wasserwege reparierte, Brücken baute und Kranke heilte. 717 wurde der »kleine Mönch Gyōki«, weil er »unerlaubt Schuld und Vergeltung lehre und das Volk irreleite«, von der Regierung verfolgt, konnte aber dennoch seine missionarische Arbeit fortsetzen. Im Herst des Jahres 730 sollen auf dem Wakayama-Hügel in der Nähe von Nara täglich Tausende Gyōkis Predigt gehört haben. Im folgenden Jahre erhielt er die offizielle Erlaubnis, dem Volke die Lehre Buddhas zu verkünden. Seit dieser Zeit wirkte Gyōki auch im Interesse der Regierung, die Leiden des Volkes, die Unruhe der Gesellschaft aber nahmen unvermindert zu.

731 beschloß die Regierung, keine Grenzwächter, im Jahre 739, auch keine Soldaten mehr auszuheben. Die Provinz Nagato, Kyūshū und Nordjapan waren von dieser Regelung ausgenommen. Später sollte das Aushebungssystem wieder eingeführt werden, aber der Militärapparat der Tennō-Regierung hatte angesichts des allgemeinen Widerstandes, besonders der Massenflucht von Soldaten keine Macht mehr. Daß Soldaten aus dem armen Volk, die jede Gelegenheit zur Flucht wahrnehmen, nicht zum Kriegführen taugen, hatte sich 774 bei der Unterwerfung der Ezo eindeutig gezeigt. 780 verfügte die Regierung dann, nur noch jene als Soldaten auszuheben, die »stark genug für Pfeil, Bogen und Pferd« waren. Das Pflichtaushebungssystem war damit abgeschafft. 792 wurden die militärischen Einheiten aller Provinzen aufgelöst (ausgenommen blieben die Gebiete Nordjapans, Kyūshū, die Insel Sado), 826 auch die Einheiten im Verwaltungsbereich des Dazaifu. Anstelle dieser Einheiten wurden Einheiten aus starken, waffenkundigen Männern zusammengestellt, bestehend aus Söhnen von Distriktbeamten, Personen von Rang und reichen Bauern. Nicht mehr die Bürger, sondern die mächtigen Familien, die reichen Bauern bildeten die Grundlage der militärischen Macht des Ritsuryō-Staates.

Die Krisen der Nara-Regierung und die Verlegung der Hauptstadt nach Kyōto

Das Ritsuryō-System erfuhr, kaum daß es durch Gesetze legalisiert worden war, einschneidende Veränderungen, sowohl durch den Zerfall seiner militärischen Ordnung, als auch durch die Ausweitung des Landgüter-Systems, das den staatlichen Besitz allen Landes allmählich liquidierte. Die fortschreitende gesellschaftliche Differenzierung, der Widerstand des Volkes, beides Ursachen dieser Veränderungen, waren gleichzeitig Anlaß zu zahllosen Kämpfen, Intrigen und Verrat zwischen den Mächtigen des Hofes. Die Tenpyō-Zeit (729-749), später als friedensvolle, goldene Periode der Kultur des Altertums gepriesen, begann mit dem Sturz des Ministers zur Linken Nagaya no Ō, der einer Intrige der Fujiwara-Familie zum Opfer fiel.

Der Begründer der Fujiwara-Familie war Nakatomi no Kamatari, dem für seine großen Verdienste um die Taika-Reform der Name Fujiwara verliehen wurde. Kamataris Sohn Fuhito war maßgebend verantwortlich für die Redaktion des Taihō-Kodex und repräsentierte als Minister zur Rechten den neuen Beamtenadel. Fuhitos Tochter Kōmyōshi wurde eine Gemahlin *(fujin)*[1] von Shōmu-Tennō. Ihr Bruder Muchimaro konnte nach dem Tode Fuhitos gegen den Widerstand des alten Adels Kōmyōshi als Hauptgemahlin *(kōgō)* des Kaisers einsetzen. Nagaya no Ō, der das ungeschriebene Gesetz verteidigte, das besagte, nur eine Angehörige der Herrscherfamilie könne Hauptgemahlin werden, wurde von Muchimaro unter der Anschuldigung des Verrats aus dem Wege geräumt.

Zwölf Jahre später, im Jahre 740, organisierte Fujiwara no Hirotsugu, ein hoher Beamter des Dazaifu, einen Aufstand gegen die Regierung des Tachibana no Moroe, den er verantwortlich machte für die Naturkatastrophen, unter denen das Volk zu leiden habe. Die Regierung konnte den Aufstand innerhalb von zwei Monaten zwar niederschlagen, ihre Schwäche zeigte sich aber immer mehr, der Hof wechselte mehrere Male seinen Sitz. Die Hoffnung, der Bau des großen Buddha werde die Unruhe der Gesellschaft beheben und die Regierung stabilisieren, erfüllte sich nicht.

756 konnte Fujiwara no Nakamaro, der hoch in der Gunst der Herrscherin Kōken-Tennō stand, die Regierung von Tachibana no Moroe stürzen und im folgenden Jahr einen Kronprinzen einsetzen, der mit den Fujiwara blutsverwandt war. Naramaro, Moroes Sohn, plante daraufhin einen großangelegten Aufstand — unter Ausnutzung der Unzufriedenheit des unter den Lasten des Buddha-Baues leidenden Volkes und deren Auswirkung auf die Gesellschaft —, der nicht nur die Partei Nakamaros beseitigen, sondern auch einen neuen Kaiser an die Macht bringen sollte. Naramaro wurde aber, noch bevor

---

1 Für die Frauen des Kaisers gab es vier unterschiedliche Rangbezeichnungen: Hauptgemahlin *kōkō*, Nebengemahlin *chūgū*, Gemahlin *nyōgo* und Palastdame *kōi*. Nach ungeschriebenem Gesetz konnte die Tochter eines Untertanen weder Haupt- noch Nebengemahlin eines Kaisers werden. Daß Kōmyōko Hauptgemahlin werden konnte, war damals viel schockierender, als wenn heute eine Tochter aus nichtadeligem, aber reichem Hause die Frau des Kronprinzen wird.

der Aufstand ausbrechen konnte, gefangen und hingerichtet. Der Hof erkannte die Notwendigkeit, sich der Loyalität des Volkes zu vergewissern, versammelte alle Distriktbeamten und Dorfältesten der Provinzen des Kinai-Gebietes, machte ihnen den Plan Naramaros bekannt und ließ sie unbedingte Ergebenheit schwören. Daß der Hof sich sogar an Distriktbeamte und an die Dorfältesten wandte, war ein Ereignis ohne Beispiel. Die Fronarbeit wurde auf dreißig Tage pro Jahr reduziert, die Steuern in diesem Jahre ganz erlassen, auch die öffentlichen und privaten Zinsen. Der Widerstand des Volkes bewirkte Machtkämpfe unter den Herrschenden und dadurch eine erhebliche Verringerung der Lasten.

Kōken-Tennō entzog Nakamaro bald ihre Gunst und protegierte einen Mönch namens Dōkyō, der aus der Provinz Kawachi stammte, dessen Herkunft aber sonst unbekannt war. Der glücklose Nakamaro versuchte 764, durch einen Aufstand wieder an die Macht zu kommen, scheiterte aber. Kōken-Tennō setzte Junnin-Tennō (einen Verwandten Nakamaros), kaum daß sie ihm die Herrschaft übergeben hatte, wieder ab, verbannte ihn auf die Insel Awaji und wurde zum zweiten Mal Herrscherin als Shōtoku-Tennō. Der Mönch Dōkyō gelangte unter ihrer Herrschaft zu großem Einfluß, wurde Regierender Minister und »Pontifex«, maßte sich sogar an, Tennō zu werden, indem er vorgab, vom Usa-Schrein ein Orakel erhalten zu haben, das ihn als Nachfolger von Shōtoku-Tennō bestimme. Die Übergabe der Kaiserwürde an einen Untertan hätte die Ordnung der auf der Stellung des Tennō beruhenden Hierarchie zerstört, weshalb sich der Adel zusammenschloß und Wake no Kiyomaro als offiziellen Gesandten nach Usa schickte, um das Orakel überprüfen zu lassen. Kiyomaro konnte nachweisen, daß das Orakel bestimmt habe, nur ein Angehöriger der Herrscherfamilie könne Tennō werden. Dōkyōs Machtpläne waren somit gescheitert (770).

Als Shōtoku-Tennō starb, übernahm Fujiwara no Momokawa die Führung der Regierung und setzte einen Herrscher ein, der seine Familie favorisierte (Kōnin-Tennō). Er verbannte Dōkyō in die Provinz Shimotsuke, hob das während der Regierung Dōkyōs ergangene Verbot, Land zu erschließen, wieder auf, erfüllte so die Forderungen des Adels und der Familien der Landgebiete und schaffte das allgemeine Aushebungssystem endgültig ab. Die Machtkämpfe unter dem Adel hörten aber nicht auf, ebensowenig die blutigen Auseinandersetzungen um die Erbfolge der Kaiserwürde. Im Verlaufe dieser Kämpfe konnten die Fujiwara ihre Machtposition weiter ausbauen.

Im Jahre 784 (während der Amtszeit von Kanmu-Tennō) verlegten die Fujiwara die Residenz von Nara nach Nagaoka in die Provinz Yamashiro, um das Einflußgebiet des alten Adels (wie z.B. der Otomo) und der großen Tempel zu verlassen, plante dann auf dem Gebiet des heutigen Kyōto eine neue Residenz, die größer sein sollte als Nara, benannte sie Heiankyō und zog, noch bevor die Bauarbeiten abgeschlossen waren, im Jahre 794 dorthin. Für vierhundert Jahre war Kyōto das politische und kulturelle Zentrum des Landes, eine Epoche, die Heian-Zeit genannt wird. Mit der Verlegung der Hauptstadt änderte sich jedoch nicht das wirtschaftliche und politische System. Die hundertachtzig Jahre vom Anfang der Nara-Zeit (erste Hälfte des 8. Jahrhunderts) bis Mitte des 10. Jahrhunderts sind als eine Übergangszeit zu betrachten, in der das Feldverteilungssystem zerbrach und die politische Struktur des Ritsuryō-Systems Veränderungen erfuhr.

Der Zerfall des Feldverteilungssystems und die Entwicklung der Landgüter

Die Landgüter des zentralen Adels und der Tempel, der private Landbesitz der großen Clans entwickelten sich seit dem 9. Jahrhundert sprunghaft, nicht nur durch verstärkte Landerschließung, sondern auch durch Annektierung der Pro-Kopf-Felder. Der Kaiser besaß kein Land, weil Land und Volk sein Eigentum waren. Der Tennō war in diesem Sinne sozusagen das einigende Symbol der besitzenden Klasse, er konnte, da er »alles« beherrschte, nicht Eigentümer eines Teils sein. Seine Hauptgemahlin jedoch und die Mitglieder der Herrscherfamilie besaßen Land, und auch der Tennō selbst erhielt dieses Recht wieder, sobald er zurückgetreten war.[1]

Die Ländereien der Herrscherfamilie, die ab Anfang des 9. Jahrhunderts per Erlaß des Tennō eingerichtet wurden, hießen *chokushiden*. Sie wurden von Bürgern bestellt und unterlagen keiner Besteuerung. Gegen Ende des 9. Jahrhunderts erhielten auch der Adel und die Tempel das Privileg der Steuerfreiheit. Es war ein leichtes, diese Regelung durchzusetzen, weil die Vertreter des Adels die Regierung bildeten.

Für den Ausbau und die Bewirtschaftung der Landgüter waren die Herrschenden zunächst auf die Hilfe der Distriktbeamten und der Clans angewie-

---

1 Daß der Tennō, ohne durch Krankheit oder hohes Alter an der Ausführung seines Amtes behindert zu sein, zurücktrat und als Ex-Kaiser, als Vormund des Tennō die politischen Entscheidungen traf, dieses System begann schon mit der Herrscherin Jitō, die als abgedankte Kaiserin Monmu-Tennōs Regierung bestimmte.

sen, denn sie besaßen nicht genügend Sklaven. Die Distriktbeamten und die Clans mußten Bauern abstellen oder auch geflohene Bauern für die Bestellung einsetzen, die aber nicht mehr mit anderen Fronarbeiten belegt wurden, seit die Distriktbeamten, die Clanoberhäupter als Gutsvorsteher für die Landgüter verantwortlich waren.

Ein Teil der Landgüter unterstand als *tsukuda* der direkten Verwaltung der Gutsherren und wurde von deren Sklaven oder von geflohenen Bauern bestellt. Der andere Teil wurde an die Bauern der Umgebung verpachtet.

Als das öffentliche Land-System zerbrach und private Landgüter sich entwickelten, wurden auch die Felder, die den hohen Beamten für Unterhalt und Auskommen zugeteilt waren, privater Bestiz, ebenso die Bauern, die diese zu bestellen hatten. Die hohen Beamten wählten für sich besonders ertragreiche Felder aus und befreiten sie von der Besteuerung, indem sie sie als Ödland deklarierten. Die Bürger erhielten oft nur schlechtes Land als Pro-Kopf-Feld, das sie entweder vernachlässigten oder überhaupt nicht bestellten. Aus Protest verzögerten die Bürger die Warenabgaben oder lieferten nur Waren von schlechter Qualität ab. Die Distriktbeamten ahndeten diese Verstöße nicht, denn auch sie ließen, um ihren privaten Landbesitz zu mehren, die Bürger für sich arbeiten.

Der Mangel an Land für die öffentliche Feldverteilung ließ sich durch Anhebung der Warenabgaben nicht mehr kompensieren. Ab Mitte des 9. Jahrhunderts begann die Regierung direkt verwaltete Felder einzurichten, zog zwangsweise die Bürger zur Bestellung heran gegen geringes Entgelt, Nahrungsmittel und Befreiung von den Warenabgaben. (Die Bürger hatten daneben ihre eigenen Felder zu bestellen und dafür Steuer zu entrichten.) Im Jahre 864 wurde im ganzen Land die Fronarbeit auf 20 Tage pro Jahr herabgesetzt, die Feldsteuer dagegen erhöht. Mit dieser Entwicklung verlagerte sich der Schwerpunkt von den Warenabgaben und der Fronarbeit auf die Reissteuer, Gegenstand der Ausbeutung war — unabhängig von der Größe des Landbesitzes — nicht mehr die Arbeitskraft selbst, sondern der Ertrag der Feldbestellung. Das Feldverteilungssystem ließ sich kaum noch anwenden, im 9. Jahrhundert sowie Anfang des 10. Jahrhunderts (902) machte die Regierung den letzten erfolglosen Versuch, es noch einmal im ganzen Land durchzusetzen.

Öffentliches Land, die Landgüter und die lokalen Grundbesitzer

Der Staat registrierte nicht mehr wie bisher die Bürger, er beutete sie nicht mehr einzeln aus, sondern legte Grundbücher an, in die der Name dessen eingetragen wurde, der verantwortlich für die Entrichtung der Steuer war. Von diesem forderte der Staat außer der Reissteuer andere Naturalabgaben und Frondienst. Damit wurde das Besitzrecht der Bürger an dem Land, das unter ihrem Namen eingetragen war, definitiv. Dieses Recht hieß *myō*, sein Inhaber Grundbesitzer *myōshu*, seine Felder hießen Namensfelder *myōden*. Die Entwicklung setzte nicht mit einem Schlag ein, sondern vollzog sich je nach Provinz und Gebiet sehr unterschiedlich zwischen dem 10. und 11. Jahrhundert. Erst ab Mitte des 10. Jahrhunderts bildeten die Namensfelder, wie aus dem Geschichtsmaterial hervorgeht, die Grundlage des Besteuerungssystems.

Die Grundbesitzer des öffentlichen Landes waren nicht mehr wie zuvor die Bürger staatliche Sklaven, ihre Abhängigkeit vom Staat war dem Verhältnis eines hörigen Bauern zu seinem Feudalherrn ähnlich. Unter den Grundbesitzern gab es solche, die nicht nur neu erschlossene Felder besaßen, sondern auch Land, das einst wirtschaftlich schwachen Bürgern gehörte, mehrere, mitunter mehr als zehn *chō*, Sklavenherren, die diese von versklavten Bauern bestellen ließen. Unter den Grundbesitzern gab es aber auch Bauern, die mit ihrer Familie allein ihr Land betellten, dazwischen Grundbesitzer unterschiedlichster Art, die allesamt wiederum nicht als Hörige des Grundbesitzers Staat einzuordnen sind.

Mit der Aufgabe des Feldverteilungssystems änderte sich auch die Struktur der Landgüter entscheidend. Die Felder, die die Gutsherren von ihren Sklaven bestellen ließen, machten anfangs etwa 20 Prozent der gesamten Anbaufläche aus, seit dem 10. Jahrhundert wurden auch diese Felder fast alle Pachtland. Das Nutzungsrecht der Pächter war verbindlich, auch hier entstanden Grundbesitzer und Namensfelder. Die Landgüter, die sich dieser neuen Produktionsweise nicht anschlossen, gingen zugrunde. Als repräsentatives Beispiel dafür ist der Tempel Tōdaiji zu nennen, der Anfang des 9. Jahrhunderts in vielen Provinzen Landgüter mit einer Fläche von insgesamt 460 *chō* besaß, im 10. Jahrhundert aber höchstens nur noch 212 *chō*. Unter den Grundbesitzern der Landgüter und der öffentlichen Ländereien gab es mächtige Grundbesitzer, die viele Felder und Sklaven besaßen, und selbständige Grundbesitzer, die weniger als ein *chō* ihr eigen nannten.

Das Entstehen einer breiten Grundbesitzer-Schicht war sowohl Ursache als auch Resultat der sprunghaften Entwicklung der Produktionskraft zwischen dem 10. und 11. Jahrhundert. Folgende Techniken fanden immer häufiger Anwendung: Ankeimen des Saatgutes im Wasser, Aussaat der Reispflänzchen, Schneiden des Halms statt Pflücken der Ähren, Trocknen der geschnittenen Halme auf Holzgestellen u.a. Eiserne Geräte wie Spaten, Rechen und Sichel wurden im 11. Jahrhundert endlich auch von einfachen Bauern, von großen und kleinen Grundbesitzern verwendet, immer mehr auch Kühe und Pferde bei der Feldbestellung. Die Artenvielfalt der Ackerfrüchte nahm zu, ebenso der Gartenanbau von Auberginen und Melonen. In dieser Zeit entwickelten sich bei der Aussaat der jungen Pflanzen *yui* genannte Arbeitsgruppen und ein *dengaku* genannter Gesang, der die Arbeit anspornte und ihr Rhythmus gab.

Die Anfänge des Hörigen-Systems

Die fortschrittlichen Produktionstechniken zwangen die Bauern, genau und planvoll zu arbeiten, sie mußten wichtige Arbeiten wie z.B. die Aussaat der jungen Pflanzen organisieren und koordinieren. Bei der Arbeit, die im Frondienst zu leisten war, gab es das nicht. Als die Bauern selbständig wurden, versuchten sie, sich Eisengeräte zu verschaffen, ihre Anbautechniken zu verbessern und somit ihre Produktionskraft zu erhöhen. Die intensivere Arbeit verstärkte auf der anderen Seite aber auch die Bindung des Bauern an sein Land, selbst die Sklaven gewannen ihrem Herrn gegenüber ein gewisses Maß an Selbständigkeit und begannen im Familienverband zu leben, eine Entwicklung, die vom Sklaven- zum Hörigen-System führen mußte.

Die Landgüter des zentralen Adels hatten das Privileg der Steuerfreiheit. Die neue Grundbesitzer-Schicht, die Clans der Landgebiete, übertrugen ab Ende des 9. Jahrhunderts in zunehmendem Maße ihr Land nominell dem zentralen Adel, um so von dem Privileg der Steuerfreiheit zu profitieren, wurden Verwalter ihres Landes, Beamte mit dem Titel *geshi, kumon* oder *jitō*. Die Familie, der das Land nominell übertragen wurde, hieß *ryōke*. Reichte die Macht dieser Familie nicht aus, um das Privileg zu garantieren, so wurde das Land einer noch mächtigeren Familie übertragen. Diese beschützten den Besitzer des Landgutes und verlangten dafür jährliche Reisabgaben, auch durften sie die Bauern des Landgutes zu Fronarbeiten heranziehen. So entwickelten sich vielschichtige Rechte an einem Land, das des Grundbesitzers, des Gutsvorstehers und des Gutsherrn.

Wie läßt sich die Wirtschaft der Landgüter, die sich ab Mitte des 10. Jahrhunderts entwickelt hatte, definieren? Das Verhältnis der Grundbesitzer zu den Gutsherren und den Gutsvorstehern ist schon in das Hörigen-System einzuordnen, die mächtigen Grundbesitzer besaßen aber auch Sklaven, viele von ihnen wurden Gutsvorsteher. In diesem Falle ist das Verhältnis des Sklaven, der der direkt Produzierende war, zu seinem Grundbesitzer, der der direkte Ausbeuter war, dem Sklavensystem zuzuordnen. Andererseits gab es auch Grundbesitzer, die ihr Land selbst bewirtschafteten, und es gab auch Pächter, die keine Sklaven waren. In diesem Stadium waren das Sklaven- und das Hörigen-System je nach den Besitzverhältnissen der einzelnen Landgüter auf verschiedenste Weise vermischt, das Hörigen-System begann sich durchzusetzen.

Das Entstehen der Klasse der Samurai

Die Landgüter hatten zwar das Privileg der Steuerfreiheit, ihre Bauern aber unterstanden nach wie vor der Herrschaft des Hofes, sie konnten nach dem Gesetz jederzeit vom Provinzgouverneur zu Fronarbeiten herangezogen werden. Es kam nicht selten vor, daß Gutsbesitzer versuchten, sich öffentliches Land anzueignen. In diesem Falle hatten die Gouverneure das Recht, Fläche und Zahl der Bauern der Landgüter zu überprüfen, sie nutzten es aber auch oft dazu, privates Land zu annektieren und die Bauern der Landgüter zu den verschiedensten Arbeiten abzurufen. Dagegen leisteten die Gutsverwalter und die Bauern der Landgüter Widerstand. Ab Mitte des 10. Jahrhunderts wurde die Konfrontation zwischen den Gouverneuren und den Gutsherren immer heftiger. Es kam vor, daß Distriktbeamte — die Repräsentanten der Gutsherren — mit ihren Bauern das Amt oder den Sitz der Gouverneure angriffen. Das bekannteste Beispiel ist der Widerstand der Distriktbeamten und Bauern von Owari, die ab 987 drei Jahre lang gegen die Unterdrückung und Ausbeutung durch den Gouverneur Fujiwara no Motonaga kämpften, ihn schließlich bei Hofe verklagten und ihr Recht bekamen.

In diesem Kampf zwischen den Gouverneuren, den Gutsherren und den Bauern erzwangen sich ab dem 11. Jahrhundert die Gutsherren mit Hilfe der Gutsherrn der Hauptstadt, die die Gouverneure ernannten, das Privileg der

Nichteinmischung. Von diesem Zeitpunkt an reichte die Macht der Gouverneure nicht mehr bis in die Landgüter, sie konnten die Bauern nicht länger für Fronarbeiten einsetzen. Die Landgüter gewannen so gegenüber der Herrschaft der Zentralregierung zur Hälfte politische Selbständigkeit, die allerdings in paradoxer Weise von den hohen Beamten der Regierung selbst garantiert wurde. Aus diesem Widerspruch entwickelte sich die Unabhängigkeit der Schicht der Gutsverwalter, der Grundbesitzer, die die Produktion der Landgüter tatsächlich organisierten und verwalteten. Dieser Widerspruch ließ sich aber nur dadurch auflösen, daß der Adel seine Macht an die tatsächlichen Herrscher über die Bauern abtrat.

Die mächtigen Gutsverwalter und Grundbesitzer bewaffneten sich, um dem Amt des Provinzgouverneurs, Widerstand leisten zu können, und auch, um den Kampf um Macht und Land unter sich auszutragen. Sie wurden Samurai, verstärkten den Zusammenhalt ihrer Familie, bewaffneten auch ihre Bauern (die selbständigen Grundbesitzer und die Sklaven) und organisierten sie zu *rōdō* genannten Gruppen.

Nicht nur auf den Landgütern, sondern auch in den öffentlichen Ländereien entstanden Samurai-Gruppen. Während sich die Landgüter zu unbesteuerten, von der Regierung unabhängigen Gebieten entwickelten, verwandelten sich die öffentlichen Ländereien selbst zu einer Art von Landgütern, deren Gutsherr die Zentralregierung, deren Steuerbehörde aber das Provinzialamt war, das die Bauern der Ländereien ausbeutete. Der Gouverneur war nicht mehr der Regierungsbeamte der Provinz, er war eigentlich nur noch der Gutsverwalter der öffentlichen Ländereien. Der Gouverneur lebte in der Hauptstadt, die Aufgaben des Provinzialamtes nahmen Beamte wahr, die zu den mächtigen Clans der Provinz gehörten, oder Adlige von niederer Herkunft, denen keine politische Karriere offenstand. Sie leisteten im Grunde in wirtschaftlicher und gesellschaftlicher Hinsicht dasselbe wie die Gutsverwalter der Landgüter, auch sie entwickelten sich zu Gutsherren und zu Samurai wie diese. Ihre Ländereien waren aber größer als die der Gutsverwalter, sie hatten als Provinzialbeamte mehr Autorität, weshalb sich in ihren Reihen mächtigere Samurai-Gruppen bildeten, wie etwa die Taira oder die Minamoto.

So stammen etwa die Taira von Prinz Takamochi ab, einem Nachkommen von Kanmu-Tennō, Tamura erhielt 889 für seine Familie den Namen Taira und war zweiter Beamter im Provinzialamt von Kazusa. Seine Nachkommen (die sog. Kanmu-Heiji) bildeten im Kantō-Gebiet eine starke Samurai-Macht. Der Name Minamoto wurde vielen Nachkommen verschiedener

Kaiser verliehen. Minamoto no Mitsunaga, ein Nachkomme von Seiwa-Tennō, war in der zweiten Hälfte des 10. Jahrhunderts Gouverneur von Settsu. Die Minamoto, zuerst eine starke Samurai-Macht im Kinki-Gebiet, drangen Anfang des 11. Jahrhunderts nach Osten vor und unterwarfen die Taira, während die Taira, die in Ise ihren Stammsitz hatten, die Ise-Heiji, im Kinki und in den Westgebieten Japans ihre Macht ausbauten.

6
Politik und Kultur des Adels
Von der Herrschaft des Kaisers zur Herrschaft des Adels

Die Aufstände von Taira no Masakado und Fujiwara no Sumitomo

Mit dem Zerfall des Feldverteilungssystems und der Entwicklung der Land-
güter veränderte sich auch die politische Struktur des Tennō-Systems. Als die
Hauptstadt von Nara nach Kyōto verlegt wurde, hatte der Hof bereits keine
militärische Macht mehr, Mitte des 9. Jahrhunderts war er kaum noch in der
Lage, für Frieden zwischen den Clans der Landgebiete zu sorgen, und in der
Mitte des 10. Jahrhunderts gelang es ihm nur mit Mühe, in Westjapan den
Aufstand von Fujiwara no Sumitomo und in Ostjapan den Aufstand von
Taira no Masakado zu unterdrücken.

Sumitomo war dritter Beamter im Provinzialamt von Iyo, organisierte als
Führer der Grundbesitzer 936 mit mehr als tausend Schiffen einen Aufstand.
Er griff das Provinzialamt an, raubte öffentliches und privates Eigentum,
drang sogar bis zum Dazaifu vor, konnte aber 941 von Häschern des Hofes
gefangen und getötet werden.

Masakado gehörte zur Familie der Kanmu-Heiji, stand fortwährend in
kriegerischen Auseinandersetzungen mit seinem und mit den benachbarten
Clans. Er begann, als die Zentralregierung eingreifen wollte, im Dezember
939 einen Aufstand, besetzte zeitweise das Provinzialamt von Hitachi, schlug
sein Hauptquartier in Shimoza auf, nannte sich neuer Herrscher, brachte die
benachbarten Gebiete in seine Gewalt, wurde aber nach drei Monaten vom
Heer seines Erzfeindes Taira no Sadamori und von Fujiwara no Hidesato
besiegt.

Sowohl Sumitomo als auch Masakado wurden unterstützt von der konservativen Gesellschaft der weniger entwickelten Landgebiete. Ihre Schwäche
lag darin, daß sie es nicht verstanden, die neue Schicht der Grundbesitzer für
sich zu gewinnen. Daß aber in West- und Ostjapan fast zur gleichen Zeit die-

se Aufstände ausbrechen konnten, deren Unterdrückung eine lange Zeit in Anspruch nahm und im Falle des Masakado-Aufstands sogar nur mit Hilfe von Clanoberhäuptern möglich war, die über dieselbe Macht verfügten wie Masakado, diese Tatsache zeigt deutlich den Verfall des Tennō-Systems.

Die Alleinherrschaft der Fujiwara und das Ende ihrer Politik

Auch in der Hauptstadt hörten die Machtkämpfe unter den Adligen nicht auf, doch verfügten diese nicht wie ihre Vorfahren aus der Nara-Zeit über die militärische Macht, einen Aufstand zu organisieren, sie hatten auch keine Verbindung mehr zu den Clans der Landgebiete. Sie trugen ihre Machtkämpfe in Form von Intrigen am Hofe aus, mit besonderem Geschick die Nordlinie der Fujiwara, eine der vier Familien des Clans. Fujiwara no Yoshifusa machte sich zum Regenten, als der mit Fujiwara verwandte Seiwa-Tennō im Jahre 858 im Alter von neun Jahren Kaiser wurde. Dies war das erste Mal, daß kein Mitglied der Kaiserfamilie dieses Amt einnahm. Fujiwara no Mototsune, Adoptivsohn von Yoshifusa, war Regent unter Yōzei-Tennō und richtete, als der Kaiser erwachsen war, für sich das Amt eines Regenten für einen volljährigen Kaiser ein, das ihn mit ebensoviel Macht ausstattete wie das Amt des Regenten für einen minderjährigen Kaiser.

Die Alleinherrschaft der Nordlinie des Fujiwara-Clans war damit aber noch keineswegs gesichert. Nach dem Tode von Mototsune setzte Uda-Tennō keinen Regenten ein, sondern bediente sich des Ministers Sugawara no Michizane (845-903), um die Macht der Fujiwara zu schwächen. Auch Daigo-Tennō ließ das Amt des Regenten unbesetzt; er versuchte, wie auch seine Nachfolger Suzaku-Tennō und Murakami-Tennō, das Ritsuryō-System zu restaurieren. Die Hofhistoriker rühmten diese Versuche, indem sie die Äranamen der Regierung von Daigo-Tennō und Murakami-Tennō verwendeten, als »Politik der Perioden Engi und Tenryaku«: Daß aber die Aufstände von Sumitomo und Masakado gerade in dieser Zeit ausbrachen, beweist, daß eine Restauration des Tennō-Systems unmöglich war. Im Jahre 894 stellte der Hof auf Betreiben von Sugawara no Michizane die Gesandtschaften an den Tang-Hof, die vorher ohnehin nur noch selten waren, ganz ein unter dem Vorwand, die Überfahrt fordere zu viele Opfer, das Tang-Reich sei in Wirren geraten. Dieser Entschluß zeigt, daß der Adel, ob auf seiten der Fujiwara oder gegen sie, den weltoffenen Sinn und den Mut zum

Abenteuer, die seine Vorfahren aus dem 8. Jahrhundert noch besaßen, verloren hatte.

Die Nordlinie des Fujiwara-Clans hatte, auch wenn das Amt des Regenten zeitweise unbesetzt blieb, nach wie vor die höchsten Beamtenstellen inne. Fujiwara no Tokihira, Minister zur Linken unter Daigo-Tennō, konnte durch eine Intrige den Minister zur Rechten, Sugawara no Michizane, zu Fall bringen und ihn nach Dazaifu verbannen lassen. Die Fujiwara beseitigten alle Rivalen, bis schließlich Fujiwara no Saneyori, Regent zur Zeit des Reizei-Tennō, den Minister zur Linken, Minamoto no Takaaki, stürzte (969) und damit die Alleinherrschaft der Nordlinie des Fujiwara-Clans sicherte. Etwa ein Jahrhundert lang gelang es den Führern der Fujiwara-Familie, ihre Töchter als Hauptgemahlin des Tennō einzusetzen und, solange ihr Enkel noch minderjährig war, als Regent, danach als Regent für den volljährigen Kaiser die Regierung des Landes zu bestimmen. Das Amt, das für die Hausverwaltung der Fujiwara zuständig war, das *mandokoro,* war die eigentliche Regierungszentrale, dem Hof oblag nur noch die Ausführung von Zeremonien und Ritualen. Die Familie des Regenten verfügte, da sie alle hohen Beamtenstellen in der Hand hatte, über entsprechend viele Einkünfte; zusätzlich erwarb sie Reichtum aus den Landgütern, die ihr die Gutsherren der Landgebiete nominell überschrieben. Die Zeit von Michinaga (966-1027) und dessen Sohn Yorimichi (992-1074) gilt als der Höhepunkt der Macht der Fujiwara.

Die »Politik« der Regenten beschränkte sich auf die Kontrolle darüber, daß die Jahreszeitenfeste ohne Abweichung vom Brauch ausgeführt wurden, auf Intrigen und Ränke im Palast. Ziel der Machtkämpfe am Hof war vor allem, noch mehr Landgüter nominell in die Hand zu bekommen, noch mehr Erträge aus den öffentlichen Ländereien zu pressen, um noch aufwendiger leben zu können. Ein Interesse an Staatsangelegenheiten und an Aufgaben des Gemeinwohls besaßen weder der Tennō noch die Familie des Regenten und die anderen Adligen. Als 1019, während der Regentschaft Michinagas, die Toi, ein Zweig des Joshin-Stammes aus dem Küstengebiet Sibiriens, in Nordkyūshū einfielen, blieb es den Samurai dieses Gebietes überlassen, ihr Land zu verteidigen. Michinaga selbst maß dem Einfall keine große Bedeutung bei und fühlte sich auch nicht dafür verantwortlich, seitens der Regierung etwas zu unternehmen.

Die Zentralregierung hatte jede politische Orientierung verloren, desgleichen der Adel der Landgebiete. Daß die Provinzgouverneure in der Hauptstadt blieben und ihre Geschäfte von einem Stellvertreter führen ließen, habe ich schon im vorigen Kapitel berichtet. Während der Herrschaft der Regenten wurde zudem ein System eingeführt, das den Mitgliedern der Herrscherfamilie und des hohen Adels Lehnprovinzen für eine begrenzte Zeit zuteilte, zu deren Verwaltung ergebene Vertraute als Gouverneure eingesetzt wurden. Es kam sogar vor, daß fiktive Personen mit sonderbaren Namen wie »Küstenwellen von Waka« oder »Yamato von Shikishima« als Gouverneure eingesetzt wurden. Das führte dazu, daß die Gouverneure offiziell nicht mehr *kokushi* genannt wurden, sondern einfach *zuryō*, d.h. Steuereintreiber einer Provinz.

Die Familie des Regenten und der übrige Adel waren nur Parasiten der Gesellschaft, mit dem erpreßten Reichtum ließen sie luxuriöse Villen bauen und schöne Tempel mit Landhäusern, ihr Lebensinhalt waren Feste, Spiele und Vergnügungen. Da sie weder neue Produktionsverhältnisse schufen, noch einen neuen Regierungsapparat und eine eigene militärische Macht aufbauten, hatten ihre Macht und ihr Reichtum kein sicheres Fundament. Sie blieben an der Macht, weil die Gutsherren der Landgebiete, die Grundbesitzer, die die Produktionsverhältnisse des Hörigen-Systems durchsetzten und die wirklichen Herren des Volkes waren, sich als Klasse noch nicht formiert hatten.

Die Macht der Minamoto und Taira und die kriegerischen Mönche

Doch die Geschichte schreitet unaufhaltsam fort. In der ersten Hälfte des 11. Jahrhunderts, als die Macht der Fujiwara ihren Höhepunkt erreichte, kam es, wie die Geschichtsquellen berichten, immer häufiger vor, daß in den Provinzen Owari, Ōmi, Tanba, Tajima und Kawachi die Bauern sich zusammenschlossen und, ohne wie vorher auf die Führung der Distriktbeamten angewiesen zu sein, gegen den Gouverneur kämpften, ihre Klagen direkt bei der Zentralregierung vorbrachten und sich gegen die jährlichen Abgaben an die Gutsherren wehrten, was bedeutet, daß sie sich ihrer eigenen Kraft bewußt geworden waren. Besonders die Führer der Minamoto und Taira nutzten diesen Widerstand dazu, solche Bauern zu Samurai-Gruppen zu organisieren und selbst als Führer der Samurai ihre Macht auszubauen.

In den Ostprovinzen verloren die Taira nach dem Aufstand von Taira no Masakado immer mehr Einfluß, die Minamoto sicherten sich hier ihren Machtbereich. Von 1051 bis 1062 dauerte der Aufstand des Abe-Clans in

Nordjapan, den Minamoto no Yoriyoshi in neun Jahren unterdrücken konnte, ebenso gelang es seinem Sohn Yoshiie zwischen 1083 und 1087 in Nordjapan den Kiyohara-Clan zu besiegen, mit einem Heer, das sich aus den Samurai ihrer Landgüter und der von ihnen abhängigen Grundbesitzer-Schicht zusammensetzte. Durch diese beiden Kriege erwarben sich die Minamoto in den Ostgebieten großes Ansehen, Grundbesitzer aus vielen Provinzen überschrieben Yoshiie Ländereien und erhielten dafür seinen Schutz. Ein Zweig des Minamoto-Clans, der sich in den Provinzen Iga und Ise angesiedelt hatte, konnte dagegen die Samurai des Kinki-Gebietes und Westjapans unter seiner Führung einigen.

In dieser Zeit begann das militärische Potential von Gruppen und Einzelnen ausschlaggebend zu werden für die Entwicklung der Gesellschaft, eine Tendenz, die sich zuerst in den unteren Schichten ausbreitete und dann allmählich die oberen Schichten erreichte. Auch die großen Tempel, wie z.B. der Kōfukuji in Nara und der Enryakuji auf dem Berg Hieizan nördlich von Kyōto verfügten in der zweiten Hälfte des 10. Jahrhunderts über eigene Krieger, die Mönchssoldaten, um den Widerstand der Bauern ihrer Landgüter unterdrücken oder sich gegen die Übergriffe des Provinzialamts wehren zu können. Und auch der Adel in der Hauptstadt konnte allein kraft der Autorität des Amts und des Rangs der Familie seine Stellung nicht mehr behaupten. Unter den Adligen waren es besonders die Gouverneure, die, in ständigem Konflikt mit den Gutsherren und den Grundbesitzern, der Familie des Regenten die Gefolgschaft verweigerten, denn diese provozierte den Widerstand der Gutsherren, da sie rücksichtslos Abgaben forderte und nur auf den eigenen Vorteil bedacht war.

Die Insei-Regierung und die Unruhen der Hōgen- und Heiji-Ära

Es kam zum Unglück der Familie des Regenten immer wieder vor, daß ihre Töchter, die Hauptgemahlin des Kaisers wurden, keine Söhne gebären konnten. 1068 wurde ein Prinz, der keine verwandtschaftlichen Beziehungen zu den Fujiwara hatte, Kaiser (Go-Sanjō-Tennō). Sofort bildete sich um den Tennō eine Anti-Fujiwara-Partei besonders aus dem Kreis der Gouverneure, die eine Neuordnung der Landgüter anstrebte, die die Grundlage der wirtschaftlichen Macht der Fujiwara waren. Da der Tennō aber Maßnahmen ohne die Zustimmung des Regenten oder der Minister, also ohne die Regentenfamilie, nicht treffen konnte, scheiterte dieser Plan. Der folgende Shiraka-wa-Tennō (1053-1129) entschloß sich nach 13jähriger Amtszeit, als Ex-Kaiser zurückzutreten (1086), errichtete in seinem Palast ein eigenes Regierungsamt, das er mit ihm ergebenen Adligen, besonders mit Gouverneuren besetzte und damit das sogenannte Insei-System (die Regierung des abgedankten Kaisers) einrichtete, das 44 Jahre Bestand hatte.

Die Regierung des Shirakawa-In konnte zwar den Einfluß der Fujiwara zurückdrängen, ihre Politik unterschied sich aber nicht im geringsten von der Politik der Fujiwara. Sie konzentrierte sich darauf, Landgüter unter dem Vorwand unsachgemäßer Buchführung zu sanieren, d.h. zu konfiszieren, neue Lehnprovinzen einzurichten, deren Abgaben nur dem Ex-Kaiser und seinen Getreuen zuflossen, prunkvolle Nebenpaläste zu bauen: Luxus war ihr höchstes Ziel. Shirakawa-In war zudem ein fanatischer Anhänger des Buddhismus. Er ließ nicht nur viele Tempel und einen großen Buddha bauen, sondern unternahm auch selbst viele Pilgerfahrten auf den Berg Kōyasan (zum Tempel Kongōbuji) und zum Schrein Kumano, verbot überdies, Lebewesen zu töten, und bedrohte die, die das Verbot nicht achteten, mit der Todesstrafe. Fischer und Jäger verloren ihre Existenz, das Volk konnte keine Fische mehr essen, überall herrschte Unzufriedenheit.

Nach dem Tode von Shirakawa-In setzten die Ex-Kaiser Toba-In, Sutoku-In und Go-Shirakawa-In die Insei-Politik fort; während dieser Zeit aber wurden die Machtkämpfe zwischen der Kaiser- und der Regentenfamilie, dem Adel, den großen Tempeln von Nara und Kyōto immer heftiger. Die Fujiwara hatten seit dem Höhepunkt ihrer Macht die Samurai der Minamoto auf ihrer Seite, Shirakawa-In bediente sich der Samurai der Taira, die er auf der Nordseite seines Palasts stationierte. Auch die großen Tempel verstärkten in der Zeit der Insei-Regierung die Zahl ihrer Mönchssoldaten, denn sie hatten sich gegen die Übergriffe der Gouverneure auf ihre Landgüter zu wehren und mußten ihren Forderungen beim Ex-Kaiser Nachdruck verleihen. Als ausschließlich die militärische Macht das politische Geschehen bestimmte, dienten die Samurai der Minamoto und Taira zunächst ergeben den Fujiwara und dem Ex-Kaiser, strebten dann aber bald nach einer Stellung, die ihrer tatsächlichen Stärke entsprach.

Im Jahre 1156 führte die Konfrontation zwischen der Partei des Toba-In und seines zweiten Sohnes Go-Shirakawa-Tennō und der Partei des Sutoku-In (ältester Sohn von Toba) auch zu einer Konfrontation zwischen dem Regenten Fujiwara no Tadamichi und seinem jüngeren Bruder, dem Minister zur Linken Yorinaga. Als Toba-In starb, ließen Sutoku-In und Yorinaga den

Geschichte Japans

Tennō und den Regenten von Minamoto no Yoshitomo, dem Sohn von Tameyoshi, und Taira no Kiyomori (1118 - 1181), dem Enkel von Tadamasa, angreifen. Der Kampf dauerte kaum einen Tag und endete mit dem Sieg der Tennō-Partei. Sutoku-In wurde nach San'uki verbannt, Yorinaga wurde getötet, Tameyoshi wurde von seinem Sohn, Tadamasa von seinem Enkel erschlagen.

In diesem Machtkampf, in dem sowohl in der Herrscherfamilie als auch in der Familie des Regenten und der Samurai-Führer Vater und Sohn oder Brüder einander töteten, siegte zwar die Tennō-Partei, dieser Sieg aber war der erste Schritt zum Siege der Samurai über den Adel. Taira no Kiyomori verstand es, die Gunst des Go-Shirakawa-In zu nutzen und die Macht der Taira auszubauen. Minamoto no Yoshitomo führte zwar 1159, als Kiyomori eine Pilgerfahrt nach Kumano unternahm, einen Coup d'Etat aus, es gelang ihm, Nijō-Tennō und Go-Shirakawa-In festzusetzen, doch wendete sich die Lage, als Kiyomori in die Hauptstadt zurückkehrte. Yoshitomos Soldaten wurden vernichtend geschlagen. Yoshitomo versuchte in die Ostgebiete zu fliehen, wurde aber in Owari getötet. Sein Sohn Yoritomo, damals dreizehn Jahre, wäre ebenfalls getötet worden, hätte sich nicht Kiyomoris Stiefmutter für ihn verwandt. Er wurde nach Izu verbannt, während Yoritomos Stiefbruder Yoshitsune, der zusammen mit seiner Mutter Tokiwa in Kyōto in Gefangenschaft geriet, da er noch nicht einmal ein Jahr alt war, verschont und in die Obhut des Kurama-Tempels gegeben wurde.

Die Macht der Minamoto war fürs erste gebrochen, die Taira festigten ihre dominierende Position immer mehr. 1167, kaum acht Jahre nach dem Aufstand, war Kiyomori bereits Großkanzler, die Mitglieder seiner Familie waren hohe Beamte, die Taira übernahmen anstelle der Fujiwara die Regierung. Damit war der Untergang des Tennō-Systems besiegelt.

Die Besonderheit der Heian-Kultur (I): Von der Herrschaft des Kaisers zur Herrschaft des Adels

Im Laufe der 400 Jahre währenden Heian-Zeit, in der das Tennō-System zerfiel, der Import der chinesischen Kultur allmählich eingestellt wurde und die Klasse der Samurai, der Gutsherren, entstand, änderte sich das Gesicht der Kultur entscheidend. Die Besonderheiten dieser Kultur waren 1. der Wechsel von der Herrschaft des Kaisers zur Herrschaft des Adels, 2. der Übergang von der importierten Tang-Kultur zur sogenannten »japanisierten« Kultur, 3. das Entstehen einer eigenständigen Kultur der Samurai, der Gutsherren in den Landgebieten.

Der Wechsel von der Herrschaft des Kaisers zur Herrschaft des Adels läßt sich anhand des Verständnisses der Lehre Buddhas am leichtesten verdeutlichen. Anfang der Heian-Zeit, also Anfang des 9. Jahrhunderts, gründeten zwei Mönche, die in China studiert hatten, und zwar Saichō (767-822) und Kūkai (774-835) die Tendai- bzw. die Shingon-Sekte. Beide Sekten standen unter der Protektion des Hofes, ebenso wie im Nara-Buddhismus war ihr höchstes Ziel der Schutz des Staates, auch wenn sie keinen direkten Einfluß auf die Politik hatten. Das läßt sich an der Tatsache ablesen, daß der von Saichō auf dem Berg Hieizan erbaute Enryakuji und der von Kūkai auf dem Berg Kōyasan erbaute Kongōbuji, im Gegensatz zu den Tempeln der Nara-Zeit, die alle in der Nähe des Palasts und der Provinzialämter entstanden, fernab von Siedlungen auf schwerzugänglichen Bergen stehen.

Die Shingon-Sekte vertrat von Anfang an eine Geheimlehre, für die eine besondere Magie und Gebete charakteristisch waren. Die Tendai-Sekte war zunächst eine Glaubensgemeinschaft, die das Lotus-Sutra als wichtigstes Sutra verehrte. Auch sie nahm schließlich aber den Charakter einer Geheimlehre an, deren magische Rituale und Gebete zwar auch dem Schutze des Staates galten, hauptsächlich aber der Heilung von Krankheiten und der Abwehr von Unheil und zum Gegenstand des individuellen Glaubens des Adels wurden, sich also wesentlich vom Staatsschutzbuddhismus unterschieden. Beide Sekten unterhielten in allen Provinzen Tempel, wodurch die buddhistische Kultur auch die Landgebiete erreichte.

Mitte des 10. Jahrhunderts, als das Feldverteilungssystem zusammenbrach und die Clans sowie die Bevölkerung der Landgebiete öffentlich Widerstand gegen die Provinzgouverneure zu leisten begannen, entwickelte sich der Paradies-Glaube, der die Abkehr von der irdischen Welt lehrte und versprach, daß derjenige von Amida Nyorai gerettet und im Paradies wiedergeboren werde, der inständig zu Buddha bete. Diese Lehre wurde von *shami*[1] oder *hiji-ri*[2] genannten Mönchen verbreitet, die der Kontrolle des Staates nicht unterstanden und, als der Staat die Beschränkungen für die missionarische Tätigkeit der Mönche lockerte, viele Anhänger gewannen, wie z.B. Kūya (903-972), der in den Straßen von Kyōto predigte. In der von Eshin (942-1017),

---

1 Ein Mönch, der noch nicht alle Weihen erhalten hat, Novize.
2 Weiser, Heiliger.

einem Mönch des Enryakuji, verfaßten Schrift *Ōjō yōshū* (985) ist das Dogma dieser Lehre systematisch dargelegt. Zum ersten Mal setzte sich in der japanischen Gesellschaft ein Buddhismus durch, der die Schranken gesellschaftlicher Gruppen überwand und die Erlösung des Einzelnen durch den Glauben verkündete.

Diese Ideen fanden schnell Aufnahme bei dem von der Macht verdrängten mittleren und niederen Adel, in der Übergangszeit von der Regenten- zur Insei-Regierung auch beim hohen Adel, bei diesem jedoch nur als Mittel, die hiesige Welt so zu gestalten, als wäre sie schon das Paradies. Fujiwara no Michinaga ließ in seinem Hōjōji, Yorimichi in seinem Byōdōin eine prunkvolle Amida-Halle errichten, deren Nebengebäude auch als Landvilla dienten, vergoldete Statuen von Amida Nyorai aufstellen, Wände und Türen mit Paradiesszenen ausschmücken, Weihrauch verbrennen, von hübschen Mönchen mit schönen Stimmen unter Begleitung von Gebetsglöckchen und Gong heilige Texte rezitieren. Das war eher eine prächtige, vergnügliche Show als eine Glaubensmesse. Über diese kunstvolle Fassade legte sich aber bereits ein Schatten, die Ahnung des Untergangs des gesamten Adels. Unter den Adligen, die sich dessen immer mehr bewußt wurden, gewann die buddhistische Geschichtsauffassung, Einfluß, die besagt, daß nach einer bestimmten Anzahl von Jahren nach dem Tode Buddhas seine Lehre zerfallen werde, daß die Welt in Wirren gerate, das Herz der Menschen verderbe und schließlich die Welt untergehe.

Die Besonderheit der Heian-Kultur (II): Von der chinesischen zur japanischen Kultur

Die Reine-Land-Lehre war kein direkter Import des chinesischen Buddhismus, sondern in der japanischen Gesellschaft entstanden. Den Übergang von der importierten zur eigenständigen Kultur verdeutlicht auch die Lehre, die behauptet, die Götter Japans seien Erscheinungen, in denen Buddha als der Absolute und Wesentliche sich zeitweilig verkörpert habe. Bereits in der Nara-Zeit existierte der Glaube, die japanischen Götter gewännen durch Buddhas Gnade ihre Macht und Autorität, der sich Anfang der Heian-Zeit zu der Vorstellung erweiterte, die japanischen Götter würden durch die Lehre Buddhas erleuchtet und erreichten die Stufe des Bosatsu, des Bodhisattva (die letzte Stufe vor dem Erlangen der Buddhaschaft). So nannte man

z.B. den shintoistischen Gott Hachiman[1] auch *Hachiman Daibosatsu*, den
»Großen Bodhisattva Hachiman«. In der Mitte der Heian-Zeit galten dann
die japanischen Götter als Inkarnationen Buddhas, in ihrem Ursprung eins
mit Buddha. Der importierte Buddhismus verband sich so mit dem Glauben
an die angestammten japanischen Götter und verlor in diesem Prozeß der
Profanisierung an religiöser Substanz.

Der Übergang von der importierten Tang-Kultur zu einer eigenständigen
Kultur vollzog sich am deutlichsten in der Literatur. Bis zur Mitte des 9. Jahrhunderts beherrschten auf Chinesisch verfaßte Gedichte und Texte wie
schon in der ausgehenden Nara-Zeit die literarische Produktion, und auch
danach waren die Kenntnisse der chinesischen Literatur Maßstab für alle Bildung. Der größte Beitrag jedoch, den der Heian-Adel nicht nur für die Entwicklung der Literatur, sondern im Rahmen der gesamten japanischen
Geschichte leistete, war die intensive Weiterentwicklung der *man'yōgana* und
die Erfindung der *hiragana*, Silbenzeichen, entstanden aus Verkürzungen
mit Pinsel geschriebener chinesischer Zeichen, und der *katakana*, Silbenzeichen, gewonnen aus Teilen chinesischer Zeichen. Es ist sicher, daß die Katakana schon in der Mitte des 9. Jahrhunderts entstanden sind, vermutlich zur
selben Zeit auch die Hiragana, jedoch entsprechend der Vielzahl der chinesischen Zeichen in vielen Varianten.

Die Koreaner, die einst den Japanern die chinesische Zivilisation vermittelten, erfanden ihre Lautzeichen erst im 15. Jahrhundert. Der Kithai-Stamm
in der Mandschurei, der wie die Japaner zum Kulturraum des Tang-Reiches
gehörte und nach dem Untergang der Tang ein großes Königreich begründete, schuf seine Schrift erst Anfang des 10. Jahrhunderts. Der Stamm der Uigu-
ren im Nordwesten Chinas besaß schon früh eine eigene Schrift (spätestens
im 8. Jahrhundert), da seine Kultur aber nicht zum chinesischen Kulturraum
gehörte, kann man sagen, daß die Japaner in diesem Raum nach den Chinesen als erste ihre eigene Schrift entwickelten. Das war möglich, weil Japan
unter den damaligen historischen Bedingungen ein Land war, in das, wegen
seiner geographischen Lage, andere Völker nicht leicht eindringen konnten,
die Möglichkeiten für Kontinuität und Akkumulation von Kultur also gegeben waren.

---

1 Nach der These des Ethnologen Yanagita Kunio der Gott der Schmiedekunst. Im Schrifttum ist als ältester Schrein der in Usa erwähnt, wo offensichtlich die Clan-Gottheit des
Usa-Clans verehrt wurde. Ende der Nara-Zeit Schutzgott des Hofes.

Der Gebrauch der Silbenzeichen war für die gebildeten Adligen des Heian-Hofes nicht unerläßlich. Sie verfaßten das offizielle Schrifttum und auch ihre Tagebücher in reinem Chinesisch, jedenfalls in Anlehnung an den chinesischen Stil mit chinesischen Zeichen. Für die Japaner aber waren die Silbenzeichen, mit denen sie ihre Sprache so niederschreiben konnten, wie sie sie sprachen, von unschätzbarem Wert, besonders wenn es darum ging, Gedichte niederzuschreiben, die so ohne Mißverständnisse gelesen werden konnten. Zudem war der Austausch von Gedichten damals für den Adel unabdingbarer Bestandteil der Kultivierung von Liebesbeziehungen, weshalb der Gebrauch der Silbenzeichen schnell zunahm, die japanischen Gedichte wieder literarische Mode wurden und die japanische Schriftsprache freiere Ausdrucksmöglichkeiten entwickelte. Bereits in der zweiten Hälfte des 9. Jahrhunderts und zu Beginn des 10. Jahrhunderts war in der Gesellschaft des Adels das japanische Gedicht beliebter als das chinesische Gedicht. So entstand 905 auf Befehl von Daigo-Tennō die von Ki no Tsurayuki (gestorben 946) besorgte Gedicht-Sammlung *Kokin Wakashū*, kurz *Kokinshū* genannt.

Auch in der Prosaliteratur setzte sich die japanische Schriftsprache durch. Etwa zur selben Zeit wie das *Kokinshū* entstanden von unbekannten Verfassern zwei Werke, die das literarische Genre des *monogatari*, der Erzählung begründeten, das *Ise Monogatari*, eine Sammlung kurzer Erzählungen, die sich um Gedichte des Dichters Ariwara no Narihira (825-880) gruppieren und deren Anlaß bzw. die Ereignisse beschreiben, die diese auslösten, und das *Taketori Monogatari* (Die Erzählung vom Bambussammler), das als Material phantastische Geschichten des Volkes verwendet. Ki no Tsurayuki schrieb 935, als er Gouverneur der Provinz Tosa war, auf einer Reise von dort in die Residenz unter Vorgabe einer weiblichen Verfasserschaft mit Silbenzeichen das *Tosa Nikki* (Tosa-Tagebuch), ein Werk, das die Schönheit der japanischen Sprache und ihre Ausdruckskraft dokumentiert.

Den Höhepunkt der höfischen Literatur bildeten allerdings die in der Mitte des 11. Jahrhunderts, während der Regierungszeit von Fujiwara no Michinaga und Yorimichi entstandenen Werke der sogenannten Frauenliteratur, deren Höhepunkt wiederum das *Genji Monogatari* (Die Geschichte vom Prinzen Genji) der Hofdame Murasaki Shikibu (etwa 978 - 1016) darstellt. Das *Genji Monogatari* ist eine sehr umfangreiche Erzählung von 54 Rollen, es beschreibt die Liebesbeziehungen von Männern und Frauen aus allen Schichten des Adels unter verschiedenen Aspekten des Lebens und der seelischen Verfassung der Akteure mit sensiblem, besonders elegantem Stil und beweist mitunter eine scharfe Beobachtungsgabe. Die essayistischen Skizzen *Makura Zōshi* (Kopfkissenbuch) von Sei Shōnagon, Zeitgenossin von Shikibu, haben zwar nicht das literarische und geistige Niveau des *Genji Monogatari*, enthalten aber brilliante Beobachtungen des Lebens im Palast und der Natur. Das Kopfkissenbuch begründete die Tradition der essayistischen Literatur.

Auch nach dem *Kokinshū* entstanden offizielle Gedicht-Sammlungen, aber die bereits in dieser Sammlung festgelegte Tendenz, intellektuelle Technik und gekünstelter Ausdruck, nimmt verstärkt zu, die Gedichte entstehen immer weniger aus poetischer Inspiration. Die Gedichte und Tagebücher der Hofdame Izumi Shikibu[1], Bekenntnisse ihres unsteten Liebesverlangens, sind eine faszinierende Ausnahme.

In dieser Zeit begegnen wir auch den ersten literarischen Versuchen, Charakter und Innenleben des Individuums darzustellen, so in den Tagebüchern der Murasaki Shikibu, die lebendige Charakterdarstellungen der Hofdamen des Palastes enthalten, oder im *Kagerō no Nikki* (Sommerfäden-Tagebuch)[2] einer Frau von Fujiwara no Kaneie, das die Leiden der Frau in der polygamen Adelsgesellschaft ungeschminkt zum Ausdruck bringt.

»Japanisierte« Kultur und »nationale« Kultur

Schauplatz der höfischen Literatur war die Residenz und ihre Umgebung, ihre Akteure waren ausschließlich Adlige. Im *Genji Monogatari* findet sich zwar eine Szene, in der Prinz Genji zurückgezogen in Suma[3] lebt, aber weder die Natur ist deutlich beschrieben, noch tritt die Bevölkerung dieser Gegend auch nur am Rande auf. Die höfische Literatur, räumlich und sozial in eine enge Welt eingeschlossen, ist, auch wenn z.B. das *Genji Monogatari* 54 Bände umfaßt, arm an Wechsel, mitunter auch langweilig. Die Verfasser der Gedichte nach dem *Kokinshū* waren ausschließlich Mitglieder der Herrscherfamilie oder Adlige, Gedichte waren nur noch etwas, das sich in eine Form bringen und nach bestimmten Kriterien einordnen ließ. In dieser Literatur ist der Tennō weder sichtbar gegenwärtige Gottheit noch der absolute Herr-

---

1 Lebensdaten unbekannt, lebte fast zur selben Zeit wie Murasaki Shikibu und Sei Shōnagon.
2 Sommerfäden gelten hier als Gleichnis für ein flüchtiges Leben.
3 Strand in der Nähe des Hafens Kōbe.

scher, sondern nur noch der Erste unter den Adligen. Auch hier kommt zum Ausdruck, daß das von der göttlichen Autorität des Tennō getragene Ritsuryō-System abgelöst wurde von der Regenten-Regierung, der Herrschaft der Fujiwara, daß aber die neue »Politik« einen vollkommenen Mangel an Politik bedeutete, daß die Vergnügungen des Residenzlebens für den Adel das höchste Ziel, der einzige Lebenszweck waren.

Der Grund dafür, daß die Frauen der Heian-Zeit Meisterwerke der Literatur schufen, ist darin zu suchen, daß die Frauen in dieser Gesellschaft vornehmlich eine Erziehung erhielten, die sie für das elegante, höfische Leben vorbereitete, und mehr als die Männer über Voraussetzungen verfügten, dem literarischen Bedürfnis der Zeit zu entsprechen. Murasaki Shikibu besaß zwar großes politisches Talent, als Frau aber strebte sie nicht nach einem höheren Amt. Da sie überdies nicht von hoher Herkunft war, stand ihr der Weg, Gemahlin des Tennō zu werden, nicht offen. Die Frauen der Heian-Zeit waren Opfer des polygamen Systems, sie erfuhren die Widersprüche der höfischen Gesellschaft in vollem Ausmaße. Ihr Blick für die Gesellschaft und für die Menschen schärfte sich, ihr Talent und ihre Leidenschaft suchten ihren Ausdruck in der Literatur. Für die Männer war der Gebrauch der Silbenzeichen bis zu einem gewissen Grade verpönt, die Frauen mußten sich diesem Urteil nicht beugen. Daß sie mit den Silbenzeichen ihre Gedanken und Gefühle frei und präzis festhalten konnten, war eine wichtige Voraussetzung für die führende Rolle, die sie in der Heian-Literatur spielten.

Mit dem Wechsel vom Tennō-System zur Regenten- und Insei-Herrschaft brach Anfang des 10. Jahrhunderts die Tradition der auf das *Nihongi* folgenden sogenannten offiziellen Geschichtswerke des Hofes mit dem *Sandai Jitsuroku* (Geschichte dreier Generationen, behandelt die Zeit von August 858 bis August 887) ab, die Aufzeichnung der Geschichte konzentrierte sich auf einzelne Personen. In der Mitte des 11. Jahrhunderts entstand das *Eiga Monogatari* (Erzählung von Ruhm und Glanz), eine historische Chronik in Silbenschrift, vermischt mit chinesischen Zeichen und vermutlich von einer Hofdame geschrieben, die zeitlich das *Sandai Jitsuroku* fortsetzt und die zweihundert Jahre (15 Generationen) von Uda-Tennō bis Horikawa-Tennō behandelt. Der Hauptteil ist eine Eloge auf den Ruhm und Glanz der Regierungszeit von Fujiwara no Michinaga und Yorimichi. Darauf erschien in der Insei-Zeit der *Ōkagami* (Großer Spiegel), ein Werk, das sich hauptsächlich auf Michinaga beschränkt, mit der Zeit von Montoku-Tennō, dem Aufstieg der Fujiwara-Familie beginnt und mit der Zeit endet, in der Michinaga den Höhepunkt seiner Macht erreicht hatte. Als Geschichtswerk und literarisches Zeugnis hat der *Ōkagami* höheres Niveau als das *Eiga Monogatari*, weil die Darstellung als Dialog unter vier Personen abläuft und durch diese Methode Personen und Ereignisse aus verschiedenen Blickwinkeln erfaßt werden, also objektiver. Das zeigt sich darin, daß Michinaga nicht nur gelobt, sondern auch mit mehr oder weniger Kritik bedacht wird. Aber auch dieses Werk richtet seinen Blick nur auf den Palast in Heian und auf die Welt der Adligen. Die Aufstände in den Landgebieten, die an die Macht drängende Gruppe der Samurai werden mit keinem Wort erwähnt. Die Kultur des Heian-Adels war, insofern sie nicht importiert war, tatsächlich eine »japanisierte« Kultur. Diese Kultur war aber eine Kultur der Adelswelt, fernab vom Leben der Bevölkerung. Sie war, abgesehen von der Schrift, die sie gebrauchte, keine nationale Kultur.

Die Besonderheit der Heian-Kultur (III): Die Entwicklung einer Volkskultur

Als die Gutsherren, die Grundbesitzer und Samurai sich ihrer Kraft bewußt wurden und sich zusammenschlossen, wurden ihr Leben und ihre Taten auch Gegenstand der höfischen Literatur. Unmittelbar nach dem Aufstand des Taira no Masakado erschien das in japanisiertem Chinesisch geschriebene *Shōmonki* (Bericht über Masakado), das den Ablauf des Aufstands schildert. Der Verfasser war vermutlich ein Mönch aus den Ostgebieten. Mehr als ein Jahrhundert später aber verfaßte ein Beamter, der zur Gouverneurs-Schicht der Hauptstadt gehörte, in Anlehnung an das *Shōmonki* einen Bericht über den Aufstand des Abe-Clans, das *Mutsuwaki* (Bericht aus Mutsu)[1], das auf Mitteilungen des Provinzialamts und auf »mündlichen Berichten des Volks« beruhte. Im *Konjaku Monogatari* (Sammlung von Erzählungen aus alter Zeit), das viel später, Anfang der Insei-Zeit entstanden ist, finden wir bereits Überlieferungen, die lebendig das dynamische, von der Endzeit-Idee nicht überschattete Leben der Gutsherren, der selbständigen Bauern und der versklavten Bauern darstellen. Die Familie des Regenten und der Ex-Kaiser, die sich in dieser Zeit der militärischen Macht der Samurai bedienen mußten, und auch der Adel der Residenz konnten diesen Überlieferungen (Legenden) ihr Interesse nicht versagen.

---

1 Mutsu ist die nördlichste Provinz der Hauptinsel.

Auch in der bildenden Kunst wird wie im Buddhismus und in der Literatur die dritte Besonderheit der Heian-Kultur deutlich. Die Kunst der Anfangsperiode der Heian-Zeit war wie selten zuvor ausschließlich buddhistische Kunst, aber in den Statuen der Sekten, in der Malerei und Schnitzerei sind schon, als Resultat der Japanisierung des Buddhismus, der T'ang-Kunst fremde, schöpferische Elemente zu entdecken. In der Mitte der Heian-Zeit entstanden dann, angeregt vom Reine-Land-Glauben des Adels, Darstellungen des Paradieses und Amida-Statuen. Die Tempel, in denen diese Statuen aufgestellt wurden, übernahmen Stilelemente aus der Architektur der Villen des Adels, auffallend an ihnen war nicht mehr die Pracht und Erhabenheit, sondern die Schönheit weicher Konturen. Jōchō (gestorben 1057), der die Amida-Statue des Byōdōin schuf, war ein repräsentativer Holzschnitzer dieser Zeit.

Seit der zweiten Hälfte des 10. Jahrhunderts entwickelte sich in der Architektur der Villen die vom Tang-Stil vollkommen unterschiedene *shinden zukuri*-Bauweise, die das Haupthaus durch bedachte Gänge mit den im Osten und im Westen befindlichen Nebenhäusern verbindet und für den inneren Garten einen Teich vorsieht. Im Inneren des Gebäudes gibt es keine Trennungen, je nach Bedarf lassen sich durch Schiebewände und Wandschirme räumliche Einteilungen schaffen. Aus dem Wunsch, die Schiebewände und Wandschirme zu dekorativen Elementen auszugestalten, entstand eine farbige, mit einfachen Pinselstrichen ausgeführte Malerei, die Szenen aus der Natur, wie die Adligen sie täglich sahen, abbildet. Im Gegensatz zum *kara e,* der chinesischen Malerei, wird diese Malerei *yamato e* genannt. Die in diesem Stil gemalten, die Handlung einer auf Rollen geschriebenen Erzählung illustrierenden Bilder heißen *emakimono.*

Ein Meisterwerk dieser Gattung, das etwa Mitte des 12. Jahrhunderts entstandene *Shigizan Engi Emaki* (Bilderrolle von den Wundern am Berg Shigi) ist uns erhalten. Es erzählt, wie Myōren, ein Asket aus der Provinz Shinano, dank seiner übernatürlichen Kräfte einen habgierigen Reichen bekehrt, wie er die Krankheit des Tennō heilt und den hohen Rang und das Landgut, die ihm als Belohnung angeboten werden, ausschlägt und mit seiner älteren Schwester, einer Nonne, als bitterarmer Mann seine Übungen fortsetzt. Es stellt in wirklichkeitsnahen Bildern das Leben und den Lebensraum mächtiger Grundbesitzer, einfacher Bauern, Adliger und anderer Schichten des Volkes vor. Auch diese volkstümlichen Motive und die kraftvolle Maltechnik reflektieren den Beginn des Übergangs von der Kultur des Adels zur Kultur der aufkommenden Klasse der Gutsherren.

Dieser Übergang macht sich auch in der Musik und in der darstellenden Kunst bemerkbar. Der Heian-Adel bevorzugte chinesische Musik, gespielt auf chinesischen Saiteninstrumenten nach chinesischen Weisen, die allerdings dem Geschmack des Adels entsprechend abgeändert wurden.[1] Im 11. Jahrhundert kamen *saibara* genannte Lieder des Volkes in Mode und die *imayō* (Neue Lieder), die von Freudenmädchen vor Gästen gesungen wurden. In der Hauptstadt erfreute sich die Musik der Feldzeremonie anläßlich der Aussaat der Reispflanzen, großer Beliebtheit, und sogar Angehörige des hohen Adels bummelten mit Schirmen, die man dabei benutzte, durch die Straßen der Stadt.

Die Berührung mit der Kultur des Volkes war nur möglich, weil sich bereits ein freier Handel zu entwickeln begann. Das Abgabensystem des Ritsuryō-Staates war zusammengebrochen, der größte Teil der handwerklichen Produkte wurde nicht mehr von der Regierung eingezogen – ein Teil natürlich vom Provinzialamt oder den Gutsherren der Landgüter –, eine wichtige Voraussetzung für den Beginn einer freien sozialen Arbeitsteilung. Zwischen dem 11. und 12. Jahrhundert verfügten die reichen Grundbesitzer in zunehmendem Maße über handwerkliche und landwirtschaftliche Überschußprodukte. Die Händler, die sich auf deren An- und Verkauf spezialisierten, stellten eine Verbindung zwischen der Hauptstadt und den Landgebieten her, ein Austausch neuer Art zwischen Stadt und Dorf, von anderem Charakter als die Beziehung zwischen den Herrschenden der Hauptstadt und den Beherrschten der Landgebiete. Hier fand ein Austausch von Kultur nach beiden Seiten statt, der allerdings im 12. Jahrhundert noch einen bescheidenen Umfang hatte.

Es war vornehmlich Aufgabe der Zweigtempel der Tendai- und Shingon-Sekte, den materiellen Reichtum der Landgebiete an ihren Haupttempel abzuliefern, sie hatten aber auch eine wichtige Funktion bei der Vermittlung von Kultur. Einen weit größeren Beitrag leisteten in dieser Hinsicht jedoch die Mönche, die den Reine-Land-Glauben verbreiteten. Auch in den Landgebieten entstanden große prunkvolle Tempel, die denen der Hauptstadt nicht nachstanden, wie z.B. der von den Fujiwara in der Provinz Mutsu erbaute Chūzonji.

---

[1] Die heute noch aufgeführte *gagaku*-Musik des Hofes.

7

Die »Reichsgründung« durch den Schwertadel

Die Rokuhara-Regierung und das Kamakura-Bakufu

Reaktionäre und fortschrittliche Tendenzen der Taira-Regierung

Drei Monate, nachdem Taira no Kiyomori als Großkanzler die Regierung übernommen hatte, setzte er den Sohn von Go-Shirakawa-In und der jüngeren Schwester seiner Frau als Kaiser ein (Takakura-Tennō) und gab diesem seine Tochter zur Nebenfrau. Auch für ihn war es wie für die Fujiwara wichtig, Großvater eines Kaisers zu werden. Die wirtschaftliche Grundlage seiner Macht waren mehr als fünfhundert Landgüter hauptsächlich im Kinki und in Westjapan und mehr als dreißig Lehnprovinzen, die ihm als hohem Beamten des Hofes zustanden. Kiyomoris Stadtvilla lag im Rokuhara-Viertel der Hauptstadt, weshalb seine Regierung Rokuhara-Regierung heißt, die sich aber, was ihre Organisation und ihre wirtschaftlichen Ziele betrifft, im Grunde kaum von der Politik der Fujiwara und des Ex-Kaisers unterschied.

Die Tatsache aber, daß ein Führer der Samurai, die der Adel ein halbes Jahrhundert zuvor noch als gemeine Bauern, kaum als Menschen behandelt hatte, nun das Geschehen am Hofe bestimmte, zeigt, daß eine neue Zeit angebrochen war. Die Regierung der Taira war eine Regierung der Übergangszeit vom Tennō-Staat des Altertums zum Feudalstaat des Mittelalters, denn Kiyomori machte die Samurai zum Grundpfeiler seiner Macht, indem er Clanoberhäupter der Landgebiete zu Gouverneuren der Lehnprovinzen ernannte und auch in einem Teil der Landgüter des Adels den Taira ergebene Samurai als Verwalter (*jitō*) einsetzte. Die Taira hatten zwar schon vorher von Kyūshū aus Handel mit der chinesischen Song-Dynastie getrieben, Kiyomori aber baute diese Beziehungen weiter aus. So ließ er in Ondo no Seto (Landspitze südlich der heutigen Stadt Kure in der Provinz Hiroshima) einen Hafen anlegen und in Fukuhara den Hafen Wadanotomari (in der Nähe des heutigen Hafens von Kōbe) instandsetzen, um die Schiffe der Song durch das Japanische Binnenmeer bis nach Mitteljapan leiten zu können. Insofern war seine Politik neu und von anderer Qualität als die Maßnahmen der Adelsregierung, die sich nur auf interne Machtkämpfe konzentriert hatte.

Nur in diesem Sinne war die Regierung der Taira neu und fortschrittlich. Im übrigen brüstete sich der ganze Clan seiner Überlegenheit (»Wer kein Taira ist, der ist kein Mensch!«) und hielt es ansonsten wie die Fujiwara auf dem Höhepunkt ihrer Macht: Reichtum sammeln und sich durch Luxus darstellen. Kiyomori übernahm den bereits nicht mehr funktionstüchtigen, korrupten Regierungsapparat, gegen den er sich letztlich nicht durchsetzen konnte. Da er versäumte, ein neues Herrschaftssystem aufzubauen, kam sein Untergang so schnell wie sein Aufstieg. Der seiner Macht beraubte Go-Shirakawa-In, die Kaiserfamilie und der Adel verbündeten sich mit den großen Tempeln wie Kōfukuji und Enryakuji gegen die Taira. Im Jahre 1177 traf sich Fujiwara no Narichika, ein Getreuer des Ex-Kaisers, mit dem Mönch Shinkan in dessen Landhaus in Shishigatani (im heutigen Stadtgebiet Kyōtos), um den Sturz der Taira zu planen, wurde aber ergriffen. 1179 widersetzte sich Go-Shirakawa-In den Maßnahmen Kiyomoris und wurde daraufhin in seinem Palast festgesetzt. Die Anti-Taira-Partei wurde immer größer, so daß Kiyomori eine Spitzeltruppe von 300 jungen Männern zusammenstellte, die in den Straßen der Hauptstadt die Feinde der Taira ausfindig und dingfest machen sollten.

Der Krieg zwischen den Minamoto und den Taira

Im Mai des Jahres 1180 beschlossen Minamoto no Yorimasa und Prinz Mochihito Ō, ein Sohn von Go-Shirakawa-In, den Sturz der Taira. Yorimasa übermittelte allen Minamoto im Lande den Befehl des Prinzen, er selbst stellte zusammen mit dem Kōfukuji und dem Enryakuji ein Heer auf. Kiyomori konnte dieses Heer leicht schlagen, zog sich aber zur Sicherheit mit seinem Enkel, dem dreijährigen Antoku-Tennō, nach Fukuhara zurück. Minamoto no Yoritomo (1147-1199), direkt verwandt mit dem Führer der Minamoto, der nach dem Taira-Aufstand nach Izu verbannt worden war, nutzte diese Gelegenheit und bereitete zusammen mit seinem Schwiegervater Hōjō Tokimasa im September dieses Jahres in Izu einen Gegenschlag vor.

Yoritomo unterlag zwar am Berg Ishibashiyama in Sagami gegen ein von Ōba Kagechika geführtes Heer, viele Samurai-Gruppen des Kantō-Gebietes aber schlugen sich auf seine Seite, so daß er im November in der Schlacht am Fuji-Fluß das große Heer des Taira no Koremori in die Flucht schlagen konnte. Bereits zu dieser Zeit nannte man Yoritomo den Herrn von Kamakura, wo er ein eigenes Regierungsamt einrichtete, sich die Samurai des Gebiets als Vasallen unterwarf und unter die Verwaltung des im Dezember gegründeten Amts *samurai dokoro* stellte.

Diese Vasallen waren Samurai, die Yoritomo (danach dem Kamakura-*bakufu*) Gefolgschaft leisteten, die aber ihrerseits ihren Clan und Samurai-Gruppen anführten. Die mächtigsten von ihnen, wie der Chiba-Clan in Shimōsa und der Miura-Clan in Sagami — beide gehörten schon früh zu den Anhängern Yoritomos —, stammten aus traditionsreichen Clans, verfügten über große Ländereien und Samurai-Gruppen, die weniger mächtigen waren Grundbesitzer, die nur mehrere *chō* Land besaßen. Sie »dienten« dem Herrn von Kamakura und waren verpflichtet, ihn militärisch zu unterstützen. Yoritomo garantierte ihnen dafür das Besitzrecht an ihren Ländereien oder gewährte ihnen je nach Verdienst das Nutzungsrecht als Verwalter seiner eigenen Güter.

Als Kiyomori die Nachricht erhielt, daß die Schlacht am Fluß Fujigawa verloren war, kehrte er nach Kyōto zurück und ließ, um seine Stärke zu demonstrieren, die Tempel Kōfukuji und Tōdaiji niederbrennen. Zu dieser Zeit waren Minamoto no Yoshinaka aus Shinano, ein Vetter Yoritomos, von den Provinzen an der Japanischen See aus, und Minamoto no Yukiie aus Owari, ein Onkel Yoritomos, mit ihrem Heer unterwegs nach Kyōto. Auch die Samurai anderer Provinzen, die keine direkte Beziehung zu den Minamoto hatten, organisierten Aufstände, der Krieg breitete sich über das ganze Land aus. Bei diesem Krieg ging es nicht nur um den Machtkampf zwischen den Minamoto und den Taira. Die Samurai im ganzen Land bemächtigten sich Teile öffentlicher Ländereien und der Landgüter, der Krieg nahm den Charakter einer Revolution an, in der die neuen Gutsherren gegen den durch die Taira repräsentierten Staat des Altertums kämpften. Im März 1181 starb Kiyomori an einer Krankheit, für den Taira-Clan ein schicksalhafter Schlag.

1183 zog Minamoto no Yoshinaka als erster in Kyōto ein, die Taira flohen mit Antoku-Tennō nach Westjapan. In Kyōto wurde ein neuer Kaiser (Go-Tomba-Tennō) eingesetzt, es gab also deren zwei. Yoshinaka war enttäuscht, daß der Hof ihm seine Verdienste nicht lohnte, und widersetzte sich den Anordnungen der Regierung. Er ließ, obwohl infolge des Krieges und einer Mißernte in Kyōto Hungersnot herrschte, seine Krieger rauben und plündern. Um sich seiner zu entledigen, versuchte Go-Shirakawa-In Yoshinaka und Yoritomo gegeneinander auszuspielen und Yoritomo zu überreden, den Feldzug gegen die Taira zu führen. Yoritomo blieb jedoch in Kamakura, um das Fundament seiner Herrschaft zu stabilisieren. Er entsandte als Heerführer seine jüngeren Brüder Yorinori und Yoshitsune. 1184 ließ Yoritomo Akten über Landgüter und Jahresabgaben anlegen, gründete ein Amt für Finanzpolitik und allgemeine Angelegenheiten und ein Amt, das die Aufgabe hatte, Rechtsstreitigkeiten der Vasallen zu entscheiden.

Im Februar 1184 schlug Yoshitsune in Awazu in der Provinz Omi das Heer von Yoshinaka vernichtend. Ohne Zeit zu verlieren, folgte er dem Befehl des Go-Shirakawa-In und konnte nach den Schlachten in Ichinotani und Yashima im April 1185 in der Seeschlacht bei Dannoura die Taira entscheidend schlagen. Auch der achtjährige Antoku-Tennō fand in den Wellen den Tod, von den drei Reichsinsignien, die die Würde des Kaisers symbolisieren, gingen die Krummjuwelen und eine Kopie des Schwerts verloren.[1]

Die Errichtung des Bakufu durch Minamoto no Yoritomo und sein Verhältnis zum Kaiserhof

Nach der Niederlage von Minamoto no Yoshinaka und der Taira nutzte Go-Shirakawa-In einen Streit zwischen Yoritomo und Yoshitsune, der entstanden war, weil Yoshitsune ohne Erlaubnis des Bruders einen Beamtenrang des Hofes angenommen hatte, um sich Yoritomos zu entledigen. Sechs Monate nach dem Untergang der Taira erteilte Go-Shirakawa-In Yoshitsune den Befehl, Yoritomo zu stürzen. Go-Shirakawa-In war wohl ein geschickter Intrigant, Yoritomo charakterisierte ihn später als den »größten Gauner Japans«, sein Befehl konnte aber nicht ausgeführt werden, weil nur wenige Samurai sich auf die Seite Yoshitsunes stellten. Dieser mußte, gefolgt nur von seinem Diener Benkei und wenigen Getreuen auf Schleichwegen nach Nordjapan zum Fujiwara-Clan fliehen. Yoritomo sandte Hōjō Tokimasa nach Kyōto, um den Ex-Kaiser zu zwingen, diesmal einen Befehl zur Ergreifung Yoshitsunes auszustellen. Aber nicht nur das: Yoritomo ließ sich vom Ex-Kaiser dazu noch das Recht bestätigen, in allen Provinzen *tsuibushi* (Häscher, die späteren Kommissare [*shugo*]) und *jito* (Verwalter) einzusetzen, unter

---

1 Das Schwert wurde nicht wiedergefunden, die in einem Kästchen aufbewahrten Krummjuwelen aber geborgen; es ist jedoch zweifelhaft, ob sie echt sind.

dem Vorwand, Yoshitsune und andere Verräter zu ergreifen. Go-Shirakawa-Ins Taktik, zur Sicherung der eigenen Macht rivalisierende Samurai-Führer aufeinander zu hetzen, bewirkte gerade das Gegenteil: Sie führte zur schnelleren Machtentfaltung Yoritomos und leitete den Untergang des Hofadels ein.

Yoritomo entsandte in jede Provinz Kommissare, die Befugnis und Pflicht hatten, Aufstände niederzuschlagen und Verbrechen zu ahnden oder in der Hauptstadt mit ihren Vasallen Wachdienst zu leisten. Nur mächtige Samurai-Führer, denen Yoritomo vertrauen konnte, wurden mit diesem Amt beauftragt. Die Verwalter waren ursprünglich Gutsverwalter, zur Zeit Yoritomos hatten sie den Auftrag, von den öffentlichen Ländereien und Landgütern ohne Unterschied fünf *shō* (1 *shō* = 1,8 l) Reis pro *tan* (1 *tan* = 1/10 *chō* = 9,917 a) als Heeresproviant einzutreiben. Als der Krieg zu Ende war, oblag ihnen der Polizeidienst, die Erhebung der Steuern, die Verwaltung von Ländereien, Aufgaben, für die ihnen als Entgelt entsprechend viel Land zustand.

Die Kommissare und Verwalter konnten zwar die gesetzlich verbürgten Rechte der Gouverneure, der Gutsherren der Landgüter nicht aufheben, daß aber von Yoritomo ernannte Vasallen so wichtige Rechte wie Polizei- und Militärrecht, Erhebung der Steuern und Verwaltung bzw. Kontrolle von Ländereien ausübten, bedeutete, daß er praktisch das ganze Land beherrschte.

Yoritomo bestellte schließlich einen sympathisierenden Hofadeligen, nämlich Kūjō Kanezane zum Regenten und reformierte mit dessen Hilfe den Hof. Er soll damals zu Kanezane gesagt haben: »Erst jetzt wird das Reich gegründet!« Tatsächlich entstand während seiner Herrschaft der Staat der Samurai-Klasse. Dieser Staat hatte allerdings noch kein sicheres Fundament, denn schon im folgenden Jahr mußte Yoritomo sich darauf beschränken, nur in den Ländereien Verwalter einzusetzen, die den Taira gehört hatten, oder auf den Landgütern, die an einem Aufstand teilgenommen hatten. Der Tennō-Staat hatte seine Macht noch nicht ganz verloren, die Macht mußte noch geteilt werden zwischen den Hofadeligen und den Schwertadeligen, aber immerhin schufen sich die Samurai, anders als Kiyomori, der den Machtapparat des Tennō-Systems nur usurpiert hatte, eine selbständige Regierung, das Kamakura-Bakufu.[1]

---

1 Das Wort *bakufu* stammt aus dem Chinesischen und bedeutete das Zelt des Heerführers, in Japan zunächst das Quartier des Führers der kaiserlichen Garde oder ihres Kommandeur selbst. Später, als Yoritomo Führer der Rechten Garde wurde (später Shōgun), nannte er sein Regierungsamt so, übertragen auch die Regierung, die er als Samurai-Führer geschaffen hatte. Die Herrschaft Yoritomos und des Kamakura-Bakufu begann praktisch mit der Einrichtung der Kommisare und Verwalter.

Das Bakufu dehnte seine Herrschaft Schritt für Schritt über das ganze Land aus. Ende des Jahres 1185 entsandte Yoritomo unter dem Vorwand, die Reste der Taira zu verfolgen, nach allen Provinzen Kyūshūs seine Häscher (die späteren Kommissare zur Befriedung des Westens), 1189 zwang er Fujiwara no Yasuhira Yoshitsune, der bei ihm Zuflucht gefunden hatte, zu töten, und tötete schließlich Yasuhira selbst. Damit war der über zehn Jahre dauernde Krieg zu Ende. Nachdem Go-Shirakawa-In gestorben war (1192), wurde Yoritomo endlich Shōgun.

Die wirtschaftliche Basis des Bakufu war jedoch noch nicht stark genug. Es verfügte über die Landgüter, die den Taira abgenommen wurden, über *kantō goryō* und *kantō gobunkoku* genannte Lehnprovinzen, die Yoritomo erworben hatte, und über *kantō gokunyūchi* genannte Landgüter, deren Verwalter das Bakufu einsetzen durfte. In diesem Punkt gab es keinen wesentlichen Unterschied zwischen dem Bakufu und der Herrschaft der Taira oder des Adels. Yoritomo konnte Führer der Samurai werden, weil er aus einer Familie stammte, deren Vorfahren Verwandte der Kaiserfamilie waren. Auch darin, daß er nicht direkt seine Ländereien verwaltete, unterschied er sich nicht von Kiyomori.

Yoritomo konnte Stellung und Autorität des Tennō bzw. Ex-Kaisers, den er zwar einen Gauner genannt hatte, nicht ignorieren. Um Minamoto no Yoshinaka, die Taira, Yoshitsune verfolgen zu können, brauchte er den Befehl des Ex-Kaisers, für die Entsendung der Kommissare und Verwalter die Erlaubnis des Hofes. Die Autorität des Tennō-Systems gab seinen Handlungen Gewicht und rechtfertigte sie. Er mußte die materielle Grundlage der Macht der Kaiserfamilie, des Adels und der großen Tempel unangetastet lassen.

Die Hōjō übernehmen die Herrschaft

Yoritomos Stärke war es, daß er die Gutsherren, die Grundbesitzer, die die Produktion kontrollierten, das Volk beherrschten und militärische Macht besaßen, unter seiner Führung als Vasallen zu einigen verstand. Mit politischem Geschick gelang es ihm während der zehn Kriegsjahre, diese Organisation zu festigen. Er beseitigte seine Brüder — eigentlich waren es nur Halbbrüder —, die sich im Kampf gegen die Taira große Verdienste erworben hatten: nach außen unter einem Vorwand, in Wirklichkeit aber in der Absicht, potentielle Konkurrenten aus dem Wege zu räumen und seinen Vasallen die Bedeutung der Treue zu lehren und zu demonstrieren, daß auch Verwandte, die gegen den Willen des Herrn von Kamakura handeln, nicht mit Verzeihung rechnen können.

Die Vasallen leisteten Yoritomo Gefolgschaft, als dieser aber starb (1199), wollten sie ihren Verdiensten entsprechende Vorteile haben, sie kämpften untereinander um Macht und Land. Hōjō Tokimasa und sein Sohn Yoshitoki bedienten sich des Einflusses von Masako, der Mutter des zweiten Shōgun Yoriie (der Frau von Yoritomo und Tochter von Tokimasa), um dessen Einfluß auf die Regierungsgeschäfte zu schwächen. Tokimasa entschied selbst mit einem Zwölferrat die Streitgkeiten der Vasallen. Yoriie versuchte, den mächtigen Familien Land wegzunehmen und es seinen Getreuen zu schenken, um seine Macht zurückzugewinnen.

Aus diesem Streit entwickelte sich ein brutaler Machtkampf innerhalb der Shōgun-Familie und ein blutiger Krieg zwischen den Hōjō und anderen Samurai-Führern. In diesem Krieg wurden die Familien, die einst Yoritomo treu gedient hatten, die Familien von Kajiwara Kagetoki, Hiki Yoshikazu, Hatakeyama Shigetada, Wada Yoshimori vernichtet, und auch der Shōgun Yoriie und sein Sohn Ichiman getötet. 1203 übernahm Yoriies jüngerer Bruder Sanetomo als dritter Shōgun die Regierung. Sanetomo verbesserte seine Beziehungen zum Kaiserhof, um sich der Einmischung seitens der Hōjō zu erwehren, hatte auch eine Vorliebe für die höfische Kultur, wodurch er sich den Unwillen von Masako zuzog, die ihn protegiert hatte. Hōjō Yoshitoki vernichtete die Wada, übernahm das Bakufu, indem er sowohl Leiter des Mandokoro, das spätere Amt des Regenten, und Leiter des Amts für Angelegenheiten der Samurai wurde, hetzte Kugyō, einen Sohn von Yoriie, auf, im Hachiman-Schrein von Tsurugaoka seinen Vater zu rächen und Sanetomo zu töten, und tötete schließlich auch Kugyō wegen des Mordes am Shōgun (1219). Damit waren alle direkten Nachkommen Yoritomos aus dem Wege geräumt, Masako, ehrfürchtig Ama-Shōgun genannt, und ihre Familie, die Hōjō, wurden die Herren des Bakufu.

Die Unruhen der Jōkyū-Ära

Der Machtkampf im Bakufu, der nach Yoritomos Tod ausbrach und 20 Jahre dauerte, war auch Ursache für kleinere und größere Aufstände der Samurai in den Landgebieten, die jedoch schnell wieder unterdrückt werden konnten. In Kyōto setzte Go-Toba-In die Insei-Regierung fort. Die Kämpfe im Bakufu und die Aufstände der Samurai schienen ihm die günstigste Gelegenheit zu sein, das Bakufu zu stürzen. Er verhandelte mit den Kriegern der großen Tempel in Nara und Kyōto, wandte sich auch an die Samurai der öffentlichen Ländereien und Landgüter, die keine Vasallen waren, um die Aushebung eines Heeres vorzubereiten. Zu dieser Zeit starb Sanetomo, das Bakufu bat den Ex-Kaiser, einen seiner Söhne als Shōgun einsetzen zu dürfen. Go-Toba-In lehnte ab, forderte zudem, daß das Bakufu in den Landgütern seiner Lieblingsfrau Kamegiku keine Verwalter einsetze. Der Regent Yoshitoki wies diese Forderung entschieden zurück und bestimmte einen zweijährigen Knaben, der mit Yoritomo weitläufig verwandt war, zum Shōgun.

Go-Toba-In, erzürnt über die Zurückweisung, beschloß, die Aushebung des Heeres zu beschleunigen, und übermittelte 1221 den Samurai des ganzen Landes den Befehl, Hōjō Yoshitoki zu stürzen. Go-Toba-In war der Überzeugung, daß er diesen Befehl nur zu erlassen brauchte, und alle Samurai kämen begeistert herbeigeeilt, auch die mächtigen Samurai aus Kamakura. Aber die Hoffnung auf die Autorität des alten Tennō-Systems trog.

Die Machtkämpfe im Bakufu führten keineswegs zur Schwächung der Samurai-Regierung, sie waren im Gegenteil ein Läuterungsprozeß, in dem die Samurai ihre Macht definitiv begründeten. Die Hōjō stammten nicht wie Taira no Kiyomori oder Minamoto no Yoritomo aus einer Familie von hoher Abkunft, sie waren in der Provinz Izu lediglich kleine Gutsherren. Ihr politischer Scharfsinn riet ihnen, den verbannten Yoritomo zu unterstützen, sie hatten ihre Macht durch eigene Kraft erworben. Ihre Auseinandersetzungen mit den starken Familien des Kantō-Gebiets waren ein Kampf der Feudalherren neueren Typs gegen die älteren Typs. Ihr Selbstvertrauen und ihr Mut wurde auch dann nicht gebrochen, als Go-Toba-In den Befehl zu ihrem Sturz erließ. Masako und Yoshitoki waren fest entschlossen, ihren Feind in der Hauptstadt, seinem Herrschaftsgebiet, anzugreifen. Ihre Vasallen hielten fest zu ihnen, während der Ex-Kaiser nur wenige Krieger der großen Tempel, nur wenige Samurai der Landgebiete um sich sammeln konnte. In wenigen Tagen hatte das von Yasutoshi, dem Sohn Yoshitokis, geführte

Geschichte Japans

Heer ganz Kyōto in der Hand. Bei diesen Unruhen kam es kaum zu einem richtigen Kampf.

Das Bakufu verhängte nach dem Aufstand harte Strafen. Es verbannte Go-Toba-In auf die Insel Oki, Juntoku-In und Tsuchimikado-In, obwohl diese gegen Go-Toba-Ins Plan waren, nach Sado bzw. nach Tosa (später nach Awa), setzte den vierjährigen Chūkyō-Tennō ab, nur weil er ein Sohn von Juntoku-In war, und hielt ihn zeitlebens im Kujō-Palast gefangen. Weiter errichtete es das Amt des Rokuhara Tandai, der den Palast beaufsichtigte und gleichzeitig Generalgouverneur von Westjapan war. Yasutoki übernahm als erster dieses Amt, das danach für Generationen nur von Angehörigen der Hōjō besetzt wurde. Es bedurfte ab sofort der Zustimmung des Bakufu, einen Kaiser einzusetzen oder einen Äranamen festzulegen. Ferner beschlagnahmte das Bakufu die Ländereien des Ex-Kaisers und der zu seiner Partei gehörenden Adligen, Samurai und Mönche, insgesamt mehr als dreitausend Landgüter, und stellte sie unter die Verwaltung seiner Vasallen. Diese erhielten pro elf *chō* Land, das sie verwalteten, ein *chō* als von Steuern und Abgaben befreites Land, das die Verwalter jedoch eigenmächtig zum Schaden der Landgüter erweiterten.

Die Alleinherrschaft des Kamakura-Bakufu — der Jōei-Kodex

Das Bakufu konnte so nach den Jōkyū-Unruhen seine Herrschaft auf die Landgüter der Kaiserfamilie und des Adels ausdehnen, die es bisher noch verschont hatte. Es kontrollierte den Hof und setzte die Alleinherrschaft der Samurai-Klasse durch. 1224 starb Yoshitoki, sein Sohn Yasutoki wurde Regent, der während seiner 18jährigen Regierungszeit einen neuen Regierungsapparat schuf, so das *rensho*, ein direkt dem Regenten untergeordnetes Amt, und einen Elferrat, der sich aus Mitgliedern der Hōjō und der Familien der Miyoshi und Ōe zusammensetzte und in Übereinstimmung mit dem Regenten und dem Amt alle wichtigen Regierungsangelegenheiten entschied. Das Kamakura-Bakufu entwickelte sich zu einer Oligarchie von Feudalherren, die der Regent anführte und der Hōjō-Clan repräsentierte. Als Shōgun wurde fortab ein Adliger aus Kyōto eingesetzt, das Amt hatte im Gegensatz zu vorher nur noch dekorativen Charakter.

Der neue Staat der Samurai-Klasse erhielt 1232 ein 51 Artikel umfassendes Gesetz, den Jōei-Kodex, der die »Regeln der Samurai, das Gesetz des Volkes« zu einem Rechtssystem ausbaute. Der erste Artikel legt fest, daß die Shintō-Schreine restauriert und ihre Rituale strikt ausgeführt werden müssen: »Die Götter erhalten ihre Autorität durch die Verehrung der Menschen, die Menschen erfahren Gutes durch die Gnade der Götter.« Diese neue Weltanschauung, die zwischen den Göttern und den Menschen sozusagen ein Verhältnis des gegenseitigen Nutzens herstellt, bringt die »Regeln der Samurai« zum Ausdruck, die das Hauptgewicht auf den durch die Clan-Gottheit geeinten Clanverband legen. Der zweite Artikel fordert die Restauration der Tempel und die Verehrung Buddhas, verbietet, das Vermögen der Tempel zu schmälern, setzt aber keine Prioritäten: »Tempel und Schreine sind zwar verschieden, ihnen gebührt jedoch die gleiche Verehrung.« Der dritte Artikel und die folgenden enthalten Bestimmungen zum Verwaltungs-, Bürgerlichen, Straf- und Prozeßrecht und betreffen vor allem Stellung, Pflichten, Befugnisse der Vasallen bzw. Kommissare und Verwalter und die Vererbung und Abtretung von Ländereien.

Wir finden im Jōei-Kodex Abschnitte, die scharf verurteilen, daß die Kommissare und Verwalter immer wieder die Rechte der Gouverneure und Gutsherren verletzt, diesen Widerstand geleistet und Jahresabgaben nicht weitergeleitet hätten, woraus zu schließen ist, daß die Kommissare und Verwalter nach den Jōkyū-Unruhen versuchten, sich Teile der Territorien der öffentlichen Ländereien und Landgüter anzueignen, ferner, daß das Bakufu bestrebt war, die Interessen der öffentlichen Ländereien zu schützen. Das Bakufu hatte zwar die Macht, nach dem Aufstand die Ex-Kaiser und den Tennō zu bestrafen, warum mußte es aber Übergriffe auf das Land der Hofadeligen verhindern? Dafür gab es drei Gründe: 1. Die wirtschaftliche Macht des Bakufu beruhte wie die der Hofadeligen auf dem Landgüter-System, Übergriffe seiner Vasallen auf das Land der Gutsherren hätten auch dem Bakufu geschadet. 2. Um die Feudalherren, die ihre eigenen Ländereien bewirtschafteten und verstreut im Lande wohnten, zu einigen, bedurfte es, wie aus dem ersten Artikel, aus der Förderung des Shintō-Glaubens hervorgeht, einer geistigen Autorität, die die Macht der Regierung stärken konnte. Das Bakufu mußte sich also noch der Autorität der Kaiserfamilie bedienen, deren Nachkommen seit der historischen Zeit als absolute Herrscher das Land regiert hatten und ihre Herkunft von der Göttin Amaterasu ableiteten, der höchsten Göttin im Shintō-Pantheon, an die auch die Samurai glaubten. 3. Um die Stellung der Hōjō zu sichern, mußte die Rangordnung von oben und unten streng gewahrt bleiben. Der Widerstand der Kommissare und Verwalter gegen die Gutsherren, die einen höheren Rang hatten, hätte auch leicht zur

Aufsässigkeit gegen den Regenten führen können. Aus diesen Gründen übernahmen die Hōjō nicht selbst das Amt des Shōgun, sondern beauftragten, wenn das auch nur eine reine Formalität war, Mitglieder der Kaiserfamilie oder der Fujiwara mit diesem Amt.

Eine weitere Besonderheit des Jōei-Kodex ist, daß es den Frauen das Recht zuspricht, wie die Männer Ländereien zu erben oder abzutreten, und ebenso erstmals der Mutter das Elternrecht an den Kindern nach dem Tod des Mannes festschreibt. Dieser Fortschritt gilt allerdings nur im Vergleich zum Ritsuryō. Die Rechte der Frauen (der Grundbesitzer und der Samurai) in der Zeit vor dem Entstehen des Samurai-Staates waren größer, der Jōei-Kodex begann, diese Rechte bereits einzuschränken. (Später setzte sich diese Tendenz fort. In der Samurai-Gesellschaft des 15. Jahrhunderts hatten die Frauen praktisch keine Rechte mehr.)

Der Jōei-Kodex diente als Gesetz zur Herrschaft über die Vasallen. Da es sich aus dem Leben und Denken der Samurai entwickelt hatte, galt es als Grundlage des Samurai-Rechts. Der Hof verfügte nicht mehr über eine Gerichtsbarkeit, weshalb der Adel (die Feudalherren der Landgüter) sein Recht nun beim Bakufu suchen mußte. So erhielt der Jōei-Kodex immer mehr den Charakter eines Landesgesetzes, ein sicheres Zeichen dafür, daß sich die Macht des Kamakura-Bakufu stabilisiert hatte.

Das Entstehen des feudalistischen Staates

Das Kamakura-Bakufu verwirklichte den ersten Staat der kleinen und großen Feudalherren, der sich aus dem seit dem 10. Jahrhundert auflösenden Tennō-System des Altertums entwickelt hatte. Im Gegensatz zum Tennō-System, in dem ein absoluter Herrscher mittels eines zentralistischen Beamtenapparats das ganze Volk beherrscht hatte, waren es nun die Feudalherren, die die Bauern ihrer Ländereien beherrschten. Das Bakufu mischte sich nicht in ihre Angelegenheiten, es verfügte nur über das *samurai dokoro,* mit dem es seine Vasallen beherrschte, über das *monchūsho,* mit dem es ihre Streitigkeiten schlichtete, und über das *mandokoro,* das zuständig war für Finanz- und allgemeine Regierungsangelegenheiten. Das Bafuku hatte nicht wie vorher das Große Regierungsamt mit seinen Ministerien einen kompletten Verwaltungsapparat. Da die Herrschaft über das Volk in den Händen der Feudalherren lag, bestand auch keine Notwendigkeit, entsprechende Regierungsorgane

Die »Reichsgründung« durch den Schwertadel

einzurichten. Das Bakufu wurde geführt von den mächtigsten der selbständigen Feudalherren (von den Minamoto, dann von den Hōjō), es war ein künstlicher Machtapparat, dessen Aufgabe es war, die Feudalherren gegen den Widerstand des Volkes zu schützen, Streitigkeiten unter den Feudalherren zu verhindern oder friedlich beizulegen.

Das Verhältnis der Feudalherren untereinander war entweder das Verhältnis von Herr und Vasall oder von hochgestellten Feudalherren und niederen Feudalherren, deren Interessen entweder übereinstimmten oder sich widersprachen. Die Verwalter und die ursprünglichen Feudalherren, die in ihren Dörfern direkt die Produktion kontrollierten, waren meistens Sklavenherren, die viele Sklaven besaßen, für die Produktion sorgten aber die *hyakushō myōshu* genannten Bauern – das Machtorgan der Samurai, das Bakufu, band diese Bauern an ihr Land, zwang sie zu Jahresabgaben und Frondienst, beutete sie als Hörige aus. Das Hörigen-System, das sich seit dem 10. Jahrhundert auszubilden begann, entwickelte sich im 13. Jahrhundert sehr schnell weiter. Die Landbesitzer, die Feudalherren, die in diesem Übergang eine neue Produktionsform (das Hörigen-System) organisierten und die soziale Produktion kontrollierten, vernichteten die Herrschaft der Adelsklasse, die nur Parasit der Produktion war, und gründeten als starke militärische Macht einen eigenen Staat.[1] Mit anderen Worten: Die Begründung des Bakufu war der politische Ausdruck dafür, daß in der japanischen Geschichte das Altertum aufhörte, das Mittelalter begann, aus der Gesellschaft des Altertums, eines Sklavensystems, die Gesellschaft des Mittelalters, des Hörigen-Systems (Feudalsystems) entstanden war.

---

1 Nicht alle Feudalherren waren jedoch Vasallen des Bakufu. Die Kaiserfamilie und die Hofadeligen besaßen auch nach den Jōkyū-Unruhen Landgüter. Die Feudalherren dieser Gebiete waren nicht immer Untertanen des Hofes, auch nicht des Bakufu. Die großen Tempel und Schreine waren wie der Hof unabhängig vom Bakufu, erstere hatten weiterhin militärische Macht, nämlich ihre Mönchskrieger.

8

Die Besonderheiten der frühen Feudalgesellschaft

Die Entwicklung des Hörigen-Systems und das Entstehen einer Volkskultur

Die Struktur der Dörfer und die Klassenunterschiede

Unter der politischen Herrschaft des Kamakura-Bakufu wurden die Bauern der Landgüter, die den Samurai oder den Hofadeligen gehörten, die Bauern der praktisch in Landgüter umgewandelten öffentlichen Ländereien gleichzeitig von mehreren Feudalherren ausgebeutet. Die Landgüter hatten keine einheitliche Größe. Manche umfaßten ein oder mehrere Dörfer, es kam aber auch vor, daß am selben Fluß gelegene benachbarte Dörfer verschiedenen Feudalherren gehörten, im schlimmsten Fall unterstanden die Bauern einer Siedlung verschiedenen Herren, was leicht zu Interessenkonflikten führen konnte.

Die natürlich entstandenen Dörfer waren jedoch keine Ansiedlung beliebig vieler Menschen, sie bildeten wie die Dörfer des primitiven Kollektivs vor der Gebietseinteilung des Ritsuryō-Systems eine Dorfgemeinschaft. Mit der weiteren Entwicklung der Naßfeldreiswirtschaft wurde es immer notwendiger, daß beim Ausbau der Bewässerungsanlagen mehrere Dörfer zusammenarbeiteten, während der Aussaat und Ernte war kollektive Arbeit erforderlich, Produktion und Zusammenleben waren ohne Solidarität nicht möglich. In der Kamakura-Zeit war es beim Volk noch nicht Brauch, daß die Braut in das Haus des Mannes zog. Mann und Frau lebten auch nach der Hochzeit getrennt, meistens bis der Mann Familienoberhaupt wurde. Der Mann besuchte wie in der primitiven matrilinearen Gesellschaft das Haus der Frau, weshalb der Bereich der Brautwahl verhältnismäßig klein blieb und die blutsverwandtschaftlichen Beziehungen zwischen den Bewohnern des Dorfes immer enger wurden, auch zu den Dörfern der Nachbarschaft.

Die Dörfer besaßen außer den Feldern viel unerschlossenes Berg- und Waldgebiet. Waren sie nicht an einem Fluß gelegen, dann nutzten sie Teiche und Sümpfe zur Bewässerung. Bau- und Brennmaterial holten die Bauern aus dem Wald, dort sammelten sie auch Pilze, Kastanien, Kartoffeln, und dort befand sich auch das Jagdgebiet des Feudalherren.

Die Anwesen der Verwalter und deren Vertreter befanden sich auf einer Anhöhe, von der das Dorf gut zu übersehen war, oder in der Mitte des Dorfes. Viele Verwalter waren ursprünglich Feudalherren ihrer Ländereien, viele waren gleichzeitig Verwalter des Bakufu und Verwalter eines Landgutes. Nicht selten wurden aber auch Vasallen aus den Ostgebieten als Verwalter nach Westjapan entsandt. Die meisten Feudalherren waren Verwalter und Vasall in einer Person. Sie besaßen ein Anwesen, ein oder mehrere *chō* groß, wo sich das mit Schindeln gedeckte Herrenhaus, die Behausungen der Sklaven, Ställe für Pferde und Kühe, Geräteschuppen und auch Werkstätten für Weberei, des Schmiedes und anderer Handwerker befanden, und wo sogar Felder angelegt waren. Die Anwesen waren von einem Erdwall umgeben, von einem Zaun oder von einem Wassergraben. So sind z.B. Ortsnamen wie »Doi«, »Kaito« und »Hori no uchi«[1] von den Anwesen der in Dörfern ansässigen Feudalherren abgeleitet. Die Bestellung der innerhalb des Anwesens gelegenen Felder oblag den Sklaven, der Feudalherr besaß allerdings auch außerhalb Land, das er entweder selbst bewirtschaftete oder von den Sklaven bestellen ließ. Den größten Teil verpachtete er an die Bauern seines Dorfes. Die Verwalter, die keine Feudalherren waren, hatten als Entgelt für ihr Amt im Vergleich dazu weniger Felder.

Die Dörfer bestanden meistens aus weit mehr als zehn Häusern. Die oberste Schicht der Bauern bildeten die Grundbesitzer, die ein bis zwei *chō* Land oder mehr sowie Sklaven besaßen, die Schicht der sogenannten *hyakushō myōshu*. Ihnen untergeordnet waren die *mōto* und *wakizaike* genannten armen Bauern. Diese bestellten das vom Feudalherrn bewirtschaftete Land oder in Pacht die Felder der Verwalter und großen Grundbesitzer und besaßen selbst ein wenig Land, das sie sich erschlossen hatten. Sie waren entweder Sklaven, die sich selbständig gemacht hatten, oder Grundbesitzer, die durch schlechte Wirtschaft ihr Land verloren hatten, oder Flüchtlinge aus anderen Gebieten, Neusiedler. Die unterste Schicht der Bauern waren entweder reine Sklaven, die in den Ställen ihres Herrn hausten, oder Quasi-Sklaven, die in der Nähe ihres Herrn ein eigenes Haus bewohnten und eine Familie gegründet hatten. Die Sklaven wurden von ihren Herren wie Vieh behandelt, mußten jede Arbeit verrichten und wurden oft auch verkauft.

---

1 »Wo es einen Erdwall gibt«, »Innerhalb des Zauns«, »Innerhalb des Grabens«.

Geschichte Japans

Leben und Kampf der Bauern und das Anwachsen der Produktionskraft

Den Grundbesitzern gehörte der größte Teil der Ackerfläche des Dorfes, sie hatten zudem das Privileg, an den öffentlichen Angelegenheiten des Dorfes wie z.B. an den Ritualen und an der Verwaltung teilzunehmen und über die Benutzung der Bewässerung zu entscheiden. Aus dieser Schicht stammte auch der Dorfälteste. Die Grundbesitzer entsprachen den Großfamilien des Ritsuryō-Systems, standen unter der Führung des Oberhaupts, das nicht nur die Hauptfamilie, sondern auch die Nebenfamilien beherrschte. Die Nebenfamilie war jedoch selbständiger als früher. Die mächtigen Grundbesitzer formierten sich nicht selten mit verwandten Familien zu kleinen Samurai-Gruppen, einige von ihnen betrieben aber auch Handel und Handwerk. Ihre Häuser waren mit Stroh gedeckt, enthielten zwei bis drei mit Matten ausgelegte Räume, oft mit einer Wohnfläche von insgesamt 100 qm. Die armen Bauern hatten nicht das Recht, die öffentlichen Angelegenheiten des Dorfes mitzuentscheiden, sie lebten in kleinen, hüttenartigen Häusern, deren Boden nur mit Stroh bedeckt war.

Im Dorf stand der Schrein des Schutzgottes, meistens auch ein kleiner Tempel, wo die Bauern ihre Versammlungen abhielten und wo auch künstlerische Veranstaltungen stattfanden. Die Shintō-Priester und die Mönche hatten eine höhere Stellung als die Bauern, sie waren den Verwaltern direkt untergeordnet. Zu den Festen des Dorfes kamen fahrende Künstler wie die blinden *biwa bōshi*, die zur Begleitung der Laute Kriegsereignisse oder tragische Liebesgeschichten vortrugen, oder die Puppenspieler, aber auch fahrende Händler und Handwerker.

Die Verwalter beuteten als ansässige Feudalherren die Grundbesitzer aus, doch gab es unter ihnen auch Grundbesitzer, die mächtiger waren als die Verwalter. Die meisten allerdings hatten zwar einige Sklaven, bestellten aber ihr Land zusammen mit ihrer Familie selbst: Sie hießen *bonge*[1] und wurden, wenn sie ein Gesetz übertraten, strenger und härter bestraft als die Samurai.

Die Bauern mußten die Felder der Feudalherren bestellen, ihnen wurde als Jahresabgabe ein Drittel ihrer Reisernte abgefordert, außerdem waren ihnen *manzō kuji* auferlegt, wortwörtlich die »verschiedensten Naturalabgaben und Abgaben handwerklicher Produkte und Frondienstleistungen«. Sie hatten, wenn es die Verwalter verlangten, auch noch andere landwirtschaftliche

---

1 Einfaches, niedriges Volk im Gegensatz zu denen, die ein öffentliches Amt bekleideten.

Die Besonderheiten der frühen Feudalgesellschaft

Arbeiten zu leisten, für den Transport der Jahresabgaben zu sorgen und Bewässerungsarbeiten auszuführen. Die Naturalabgaben, die der Verwalter forderte, waren nicht groß, aber die Pachtbauern hatten als Zins 50 bis 60 Prozent des Ernteertrages zu entrichten und Arbeiten auszuführen, die der Grundherr ihnen auferlegte.

Die weitere Entwicklung des Hörigen-Systems hatte eine Steigerung der Produktionskraft zur Folge. Die Grundbesitzer benutzten bereits Pferde und Kühe bei der Bestellung der Felder, auch die Verwendung von natürlichem Dünger setzte sich durch. Während des 12. und 13. Jahrhunderts betrug z.B. die Reisernte auf dem fetten Boden des Kinki-Gebietes pro *tan* 216 bis 234 Liter, im Vergleich zu den Erträgen des 8. und 9. Jahrhunderts eine Steigerung von 30 bis 60 Prozent. Auch die Bewässerungstechnik hatte Fortschritte gemacht. Nach der Reisernte wurden die Felder trockengelegt, auf ihnen wurde in Kinki und den entwickelteren Gebieten entlang der Inlandsee Getreide angebaut.

Nach wie vor waren die wichtigsten Feldfrüchte Kürbisse, Auberginen, Zehrwurzeln, Zwiebeln, Ingwer, in der Kamakura-Zeit begann man auch mit dem Anbau von Möhren, Schwarzwurzeln und Lattich, mit der Zucht von Firniß- und Maulbeerbäumen, deren Blätter für die Zucht der Seidenraupen benötigt wurden. Bereits Anfang des 9. Jahrhunderts soll der Mönch Saichō aus China Teepflanzen mitgebracht haben, der eigentliche Teeanbau aber begann erst in der zweiten Hälfte des 12. Jahrhunderts, besonders in den Provinzen Yamashiro und Yamato mit einer neuen, von dem Mönch Eisai (1141-1215) aus dem Song-Reich eingeführten Teesorte.

Mit dem Anwachsen der Produktionskraft stiegen auch die für jedes Namensfeld berechneten Jahres- und Naturalabgaben. Im 11. Jahrhundert betrug die Jahresabgabe in Kinki pro *tan* etwa 54 Liter Reis, im 13. Jahrhundert bereits zwischen 90 und 108 Liter. Die Verwalter oder die ansässigen Feudalherren hielten nicht selten die Abgaben, die sie an die Gutsherren weiterzuleiten hatten, zurück, nutzten jede Gelegenheit und jedes Mittel, die Bauern auszubeuten, indem sie ihnen Kühe und Pferde wegnahmen und sie über die Gebühr für sich arbeiten ließen. Es half den Bauern nichts, wenn sie sich bei den Gutsherren beschwerten. »Gegen ein weinendes Kind und gegen den Verwalter ist man machtlos«, sagten sie, und wer es nicht aushielt, dem blieb nur das Mittel der Flucht. In diesem Falle aber zerstörte der Verwalter das Haus des Geflohenen und machte dessen Frau und Kinder zu Sklaven. Der Jōei-Kodex nennt diese Vergeltung »Fluchtverhinderung« und untersagt sie streng. Daß aber ein Gesetz, welches bloß 51 Artikel umfaßt, ein solches

113

Verbot aufnehmen mußte, beweist, daß zu dieser Zeit viele Bauern flohen und viele Verwalter das Mittel der »Fluchtverhinderung« anwandten.

Es kam nicht selten vor, daß ein Dorf geschlossen floh, wie z.B. die Bauern eines Landgutes in Ategawa im Distrikt Arita der Provinz Kii, das dem Tempel Kongōbuji gehörte. Der Verwalter des Landgutes ließ daraufhin alle Bauern, denen es nicht gelungen war, rechtzeitig zu entkommen, einfangen und verlangte von ihnen, die Felder der geflohenen Bauern zu bestellen, indem er ihnen drohte: »Wer keinen Weizen sät, dessen Frau und Kinder werde ich einsperren.Ich werde ihnen die Ohren abschneiden, die Nase Stück für Stück, ich werde sie kahl scheren lassen, sie ins Kloster stecken, sie fesseln, binden und grausam foltern!« Diese Drohung übermittelten die Bauern in ihrer mit ungeschickten Silbenzeichen geschriebenen Klage an den Kongōbuji. Mit solchen Methoden sicherten sich die Verwalter, die ansässigen Feudalherren, ihren Anteil an den Erträgen, die durch die steigende Produktionskraft erzielt wurden, sie verfügten über eine eigene Samurai-Gruppe und konnten so ihre Machtposition immer mehr ausbauen.

Märkte, Handelsviertel und Gilden

Viele der Verwalter und der Feudalherren brachten die Waren, die sie den Bauern abgenommen hatten, in den Handel, auch die Grundbesitzer, die zu Wohlstand gekommen waren: Reis, Salz, Reiswein, Seidengewebe, Seidenwatte, Brennöl, Ackergeräte, Werkzeuge, Schmiedewaren, Papier, Hausgerät und Fisch und andere für die einzelnen Gebiete typische Produkte, die zunächst auf provisorischen, dann auf regelmäßig dreimal im Monat stattfindenden Märkten vor den Toren der Tempel und Schreine und an Verkehrswegen feilgeboten wurden. Käufer und Verkäufer dieser Produkte waren die Feudalherren und die Grundbesitzer. Später wurden die Märkte von professionellen Händlern unterhalten. Die Verwalter verkauften dort die Jahresabgaben, die sie eingezogen hatten, und sandten den Erlös weiter an die Gutsherren. An den Verkehrswegen richteten sich *toimaru* genannte Händler ein, die Lagerung, Verkauf und Transport der Jahresabgaben übernahmen. Die Münzen, die in Umlauf kamen, waren nicht in Japan geprägte, sondern aus China importierte Münzen.

Die Hauptstadt Kyōto, wo der Adel mit seinem Gefolge wohnte, hatte den Charakter einer Regierungszentrale verloren. Hier entstanden Handelsviertel, in denen die Händler die von den Landgütern eingebrachten Waren verkauften, in denen sich auch immer mehr Fachhandwerker niederließen. Auch in Kamakura, dem Sitz des Bakufu, blühten Handel und Handwerk auf. In der Mitte des 13. Jahrhunderts gab es in Kamakura bereits sieben privilegierte Handelsviertel. Ende dieses Jahrhunderts soll Kamakura 200000 Einwohner gehabt haben, die gleiche Einwohnerzahl wird für Kyōto angesetzt. Auch Nara, einst Hauptstadt und noch Sitz der großen Tempel, entwickelte sich zu einer Handelsstadt. In Ōtsu und Sakamoto am Biwa-See, an den Flüssen, Häfen, Straßen, die Heian mit Westjapan verbanden, in Toba, Yamasaki, Kizu, Sakai, Amagasaki, Nishinomiya und Hyōgo, in den Häfen, die für den Verkehr von Heian nach Nordjapan wichtig waren, in Obama, Tsuruga, in den Häfen der Halbinsel Kii Kiinominato und Niinomiya und entlang der Schiffswege der Inlandsee, überall entstanden Märkte und Niederlassungen der Händler. Mit der Entwicklung des Handels etablierten sich überall auch *kashiage* und *dogura* genannte Geldverleiher.

Die Händler und Handwerker, die sich zuerst in den Städten des Kinki-Gebietes ansiedelten, stammten von dem niedrigen Volk des Altertums ab, von den Sklaven des Hofes, der großen Tempel und Schreine und des Adels. Auch die Händler und Handwerker, die den Transport der Waren in die Häfen und zu den Verkehrszentren besorgten, waren von den Feudalherren versklavte Menschen, und der Ort, an dem sie wohnten, hieß »abgesonderter Ort«. Der Grund dafür, daß vor den Toren der Tempel und Schreine Handels- und Gewerbezentren entstanden, ist nicht nur darin zu suchen, daß viele Pilger dorthin kamen, daß die Tempel und Schreine die Überschüsse ihrer Jahresabgaben auf den Markt brachten oder daß ihr Bedarf besonders groß war, sondern auch darin, daß die Handwerker und Händler, die zu den Tempeln und Schreinen gehörten, nicht wie die Bauern an das Land gebunden waren, also für die Entwicklung des Handels sorgen konnten. Diese Handwerker und Händler gruppierten sich zu *za* genannten Gilden. Sie leisteten den Tempeln und Schreinen oder dem Adel, denen sie gehörten, Abgaben oder Frondienste und erwarben dafür das Recht, innerhalb der Machtbereiche ihrer Herren die Grenzen ohne Zoll zu passieren, oder das Privileg, sich in bestimmten Gebieten mit Material zu versorgen oder dort Handel zu treiben. Die Gilden der Händler und Handwerker, die dem Kōfukuji, dem Tōdaiji, dem Schrein Iwashimizu Hachimangu, dem Schrein Gionsha gehörten, waren auf vielen Gebieten spezialisiert, ihr Aktionsraum war groß.

Der Handel mit China und die japanischen Piraten

Nicht nur der Handel innerhalb Japans, sondern auch der Handel mit China, das damals die Song-Dynastie beherrschte, machte schnelle Fortschritte. Im 13. Jahrhundert segelten jährlich 40 bis 50 japanische Schiffe nach Mittelchina bis in die Gegend von Chekiang. Sie führten Gold, Goldsand, Schwefel, Zypressenholz und anderes Holzmaterial, Schwerter, Lack-Intarsien und Fächer aus, und brachten Baumwolle, Hanf, Seide, Teeschalen, Arzneien und große Mengen Kupfermünzen aus China mit, auch, wie schon erwähnt, neue Teesorten und neue Keramiktechniken. Katō Tōshirō (wahrscheinlich 1168-1249) aus der Provinz Owari begleitete den Mönch Dōgen (1200-1253) nach China, lernte dort diese Techniken und errichtete in Seto eine Töpferei. Viele seiner Nachkommen galten als Meister, so daß man später statt Keramik den Begriff *setomono* verwendete, Waren aus Seto.

Der Verkehr mit China war nicht immer nur friedlicher Natur. Anfang des 13. Jahrhunderts kamen abenteuerlustige Samurai und Bauern aus Kyūshū oder von der Küste der Inlandsee mit ihren Schiffen bis nach China oder Korea, wo sie friedlichen Handel trieben, aber, wenn sich die Gelegenheit bot, auch Schiffe kaperten oder Siedlungen der Küstengebiete plünderten. Sie hießen dort *wakō*, Eindringlinge aus Japan, und waren sehr gefürchtet. Wie die Wikinger oder wie die englischen Seeleute Ende des Mittelalters waren sie Piraten und Händler zugleich, ein Beispiel für den Wagemut von Japanern, die aus der engen, von Restriktionen beherrschten Welt des Feudalsystems ausbrechen wollten.

Der Gegensatz zwischen der Kultur des untergehenden Hofadels und des aufkommenden Schwertadels

Während der Samurai-Herrschaft wurden die Machtkämpfe zwischen den untergehenden und aufsteigenden sozialen Gruppen, aber auch innerhalb der neuen Gruppen immer heftiger und beschleunigten den wirtschaftlichen Fortschritt. Verkehr und Warenaustausch zwischen Stadt und Land gaben einer neuen, aus dem Leben der einzelnen Schichten, des Hofadels, der Samurai, des Volkes, hauptsächlich der Bauern herausgeborenen Kultur entscheidende Impulse. Besonders zwischen dem an Bedeutung verlierenden

Hofadel und dem aufsteigenden Schwertadel bildeten sich in allen Bereichen der Weltanschauung und der Kultur deutliche Gegensätze aus.

Jien (1155-1225), der jüngere Bruder von Kujō Kanasane, Abt der Tendai-Sekte, untersuchte in seinem Werk *Gukanshō* (Auswahl aus den Gedanken eines törichten Menschen) das »Prinzip«, das die Geschichte beherrscht. Er erklärte den Untergang des Hofadels mit der Endzeit-Idee, entdeckte also als »Prinzip« die Macht des Schicksals. Im Gegensatz dazu stellte der Samurai-Führer Minamoto no Yoritomo mit Selbstbewußtsein fest, daß seine Klasse »das Reich gründe«, also selbst den Lauf der Geschichte bestimme. Kamo no Chōmei (1153-1216), Sohn eines Priesters des Kamo-Schreins in Heian, interpretierte in seinem Essay *Hōjōki* (Aufzeichnungen in einer etwas mehr als 3 qm großen Hütte), entstanden 1212, Werden und Vergehen der Welt von der buddhistischen Vergänglichkeitsidee her, die das Leben des Menschen mit dem auf Wasser schwimmenden Schaum vergleicht. Chōmei zog sich als Einsiedler in die Berge zurück, während zur selben Zeit der Regent Hōjō Yasutoshi das dem Jōei-Kodex zugrundeliegende »Prinzip« als »Brauch der Samurai idealisierte, als in der Realität wirkende Ethik, und soviel Zutrauen hatte zur Kraft der Menschen, daß er glaubte, die shintoistischen Götter und Buddha gewännen ihre Autorität durch menschliche Gottesdienste. Die Mitte des 13. Jahrhunderts entstandene erste Hälfte des Geschichtswerks *Azuma Kagami* (Der Azuma-Spiegel), das 52 Bände umfaßt und das Selbstbewußtsein des Kamakura-Bakufu reflektiert, will die auf dem »Prinzip« der Samurai beruhende Geschichte der »Reichsgründung« als »Spiegel« den Nachkommen vorhalten und steht in krassem Gegensatz zu dem Anfang des 13. Jahrhunderts von einem Hofadeligen verfaßten Geschichtswerk, dem *Mizu Kagami* (Der Wasser-Spiegel), das formal den *Ōkagami* (Der große Spiegel) imitiert und mit retrospektiven Seufzern konstatiert, daß wie einst auch heute sich nur Unerfreuliches ereigne.

Die Gedicht-Sammlung *Shin-kokinshū* (1205), zusammengestellt von Go-Toba-In, Fujiwara no Toshinari (1114-1204) und dessen Sohn Sadaie (1162-1241), versuchte eine Renaissance der Dichtung im Geiste des *Kokinshū*, das Resultat dieser Bemühung war aber nur ein ausgefeilter Sentimentalismus. Minamoto no Sanetomo, der zwar stark unter dem Einfluß der höfischen Kultur stand, nahm in seine Sammlung *Kinki Wakashū* dagegen Gedichte auf, die den Optimismus der tapferen Samurai der Ostgebiete überzeugend zum Ausdruck bringen.

Das retrospektive Denken der Hofadeligen brachte Werke hervor wie etwa das *Shaku Nihongi* (zweite Hälfte des 13. Jahrhunderts), verfaßt von Urabe

Kanekata, ein Kommentar zum *Nihongi*, oder das *Man'yōshū Chūshaku* (Kommentar zum Man'yōshū) des Mönches Sengaku (geboren 1203) und andere Kommentare zu den klassischen Schriften, die alle hohen wissenschaftlichen Wert haben und der späteren Forschung wertvolles Material lieferten, deren Geist aber nicht unbedingt schöpferischer Natur war. Die Samurai verfügten zwar noch nicht über eine Bildung, die es ihnen erlaubt hätte, wissenschaftliche Werke zu verfassen, der Regent Hōjō Tokinori, Nachfolger von Yasutoki, hatte immerhin den Ehrgeiz, anhand des politischen Schrifttums Chinas ein eigenes politisches Programm auszuarbeiten. Sein Enkel Sanetoki (1224-1276) stellte im Tempel Shōmyōji in Kanazawa (Provinz Muzashi) chinesisches Material zur *Kanazawa Bunko* (Kanazawa-Bibliothek) zusammen.

Das Volk, das schon Ende des Altertums vereinzelt in der Literatur Erwähnung findet, spielt im 12. und 13. Jahrhundert bereits eine aktive Rolle in der kulturellen Produktion. Das *Heike Monogatari*, repräsentativstes Werk der sogenannten *Gunki Monogatari* (Berichte über die kriegerischen Auseinandersetzungen dieser Zeit), beschreibt den Aufstieg und Untergang des Heiji-Clans und läßt dabei alle Klassen auftreten, den Hofadel, die Samurai und das Volk. Seine Urform verfaßte Yukinaga (Anfang 13. Jahrhundert), der ehemalige Gouverneur von Shinano, der sie von Shōbutsu, einem aus den Ostgebieten stammenden blinden Biwa-Spieler, vortragen ließ. Das überlieferte *Heike Monogatari* ist das Resultat vieler Abänderungen, die das Original während des Vortrags vor den Samurai und dem Volk (hauptsächlich der Grundbesitzer-Schicht) erfuhr. Das *Heike Monogatari* war nicht Lektüre für Einzelne, es wurde vor einer Gruppe von Menschen, die sich eigens dazu versammelt hatten, vorgetragen, ein Grund dafür, daß es trotz der Zitate aus chinesischen und buddhistischen Schriften eine rhythmisch gegliederte neue Form der japanischen Sprache schaffen konnte. Die Grundidee der Erzählung lautet: »Auch der Starke muß untergehen« und entspricht so der buddhistischen Vergänglichkeitsidee, die das Denken des Adels beherrschte. Dennoch beschreibt das Werk Gruppen und Einzelne, die an den kriegerischen Auseinandersetzungen teilnahmen, objektiv und begnügt sich nicht mit Weltschmerz. Es entstand mitten im Volk, wurde dort vorgetragen und weiterentwickelt.

Der neue Buddhismus und der neue Shintō-Glaube des Volkes

Auch im Bereich der Religion zeichneten sich Veränderungen ab, der sogenannte Adelsbuddhismus verlor seinen Einfluß, ein neuer Buddhismus und
ein neuer Shintōismus fanden bei den Samurai und in der einfachen Bevölkerung zahlreiche Anhänger. Vom Reine-Land-Glauben des Heian-Adels,
der anfangs wesentlich von dem Wunsch getragen war, schon auf Erden das
Paradies zu errichten, blieb im 12. und 13. Jahrhundert nur noch die Endzeit-
Idee übrig. Der Mönch Hōnen (1133-1212), Nachkomme eines mächtigen
Clans aus der Provinz Mimasaka, begann seine Studien im Enryakuji, ver-
zweifelte aber an dem Widerspruch, daß die Exerzitien und das Dogma des
Buddhismus unfruchtbar seien und nicht in der Lage, die Leiden des Volkes
zu lindern. Zu diesem Zwecke gründete er die Jōdō-Sekte und lehrte dort den
senju-Buddhismus, der besagt, daß derjenige, der zu Buddha bete, auch ohne
religiöse Übungen ins Paradies gelange. Sein Schüler Shinran (1173-1262)
vertiefte und entwickelte diese Idee weiter. Seine Lehre fand Anhänger bei
den Samurai, die in den unaufhörlichen kriegerischen Auseinandersetzungen immer wieder mit dem Problem des Todes konfrontiert wurden, beim
ausgebeuteten und unterdrückten Volk, aber auch am Hofe bei den Hofdamen, denn diese Lehre vertrat auch die These des *nyonin jōbutsu*[1]. Der Hof
und die traditionellen Schulen des Buddhismus unterdrückten die neue
Anschauung, Hōnen wurde nach Sanuki, Shinran nach Echigo verbannt.
Nach der Begnadigung konnte Hōnen nach Kyōto zurückkehren, Shinran
ging in die Provinz Hitachi, wo er 20 Jahre unter Bauern lebte und die Leiden
des Volkes kennenlernte, das zu Armut und Unwissenheit verurteilt war und,
um überleben zu können, Jagd und Fischfang betreiben mußte, also die nach
der Lehre des Buddhismus größte Sünde beging, indem es Lebewesen tötete.
Angesichts dieser Erfahrungen kam Shinran zu der Überzeugung, daß die
Menschen nicht aus eigener Kraft durch Übungen und Wissen, sondern
allein durch die Gnade Buddhas gerettet werden können. Zur Verbreitung
seiner Lehre begründete er die Jōdō-Shinshū-Sekte, für die die Verbote für
Mönche, kein Fleisch zu essen und nicht zu heiraten, keinen Sinn mehr hatten. Das *Tan'ishō* (Auswahl zur Wiederherstellung der echten Lehre), in dem

---

1 These, daß auch Frauen die Buddhaschaft erlangen können. Der Staatsbuddhismus der
 Nara-Zeit kümmerte sich nicht um das Heil des Einzelnen, die Sekten Tendai und Shin-
 gon behaupteten, daß Frauen, weil sie zutiefst in Sünden verstrickt seien, nicht Buddha
 werden könnten. Die Jōdō-Sekte der Heian-Zeit verkündete auch das *nyonin jōbutsu* unter
 Auflage besonderer Bedingungen. Keine Sekte aber erlaubte, daß Mönche heiraten.

ein Schüler die Worte Shinrans überliefert, enthält den berühmten Satz: »Kommt der gute Mensch ins Paradies, dann der schlechte erst recht.« Es gibt verschiedene Erklärungen dafür, was Shinran unter einem schlechten Menschen verstanden habe, sicher wird er dabei an die Menschen gedacht haben, die gezwungen waren, Lebewesen zu töten, oder an das Volk, das vom Adel und seinen Beherrschern als »schlecht« bezeichnet wurde, weil es gegen sie Widerstand leistete. Eine weitere Schule des Reine-Land-Glaubens wurde von Ippen (1239-1289), einem Zeitgenossen Shinrans, gegründet. Ippen zog durch das ganze Land und predigte auf den Straßen das *nenbutsu*[1], wirkte auch unter Bauern als Missionar.

Der Mönch Nichiren (1222-1282), der sich selbst »Sohn eines Niederen aus der Provinz« nannte — in Wirklichkeit stammte er aus einem mächtigen Clan —, verließ die Tendai-Sekte und behauptete, daß die Lehre des Lotus-Sutra der einzig wahre Glaube sei und daß es keinen anderen Weg des Heils gebe, als die sieben Silben des Namens des Lotus-Sutra zu beten, nämlich *na-mu-myō-hō-ren-ge-kyō*. Nichiren sorgte sich nicht nur um das Heil im Jenseits, sondern auch um die Rettung im Diesseits. Er forderte deshalb eine Politik, die der Lehre des Lotus-Sutra entspreche und kritisierte scharf das Kamakura-Bakufu. Er wurde daraufhin zuerst nach Izu, später auf die Insel Sado verbannt, widerrief aber seine Lehre nicht. Diese fand besonders unter den Handwerkern und Kaufleuten, aber auch bei den Verwaltern des Kantō-Gebietes Anhänger.

Etwa zur selben Zeit gründeten zwei Mönche, die in China studiert hatten, Zen-Sekten: der Mönch Eisai die Rinzai- und der Mönch Dōgen die Sōtō-Sekte. Beide Sekten hielten sich nicht an den Text der kanonischen Schriften, sondern suchten durch Konzentrationstraining die Befreiung des Geistes und die Erleuchtung. Eisai sympathisierte mit der Macht (dem Bakufu), wurde vom Bakufu gefördert, seine Lehre fand unter den Samurai besonders viele Anhänger. Dōgen distanzierte sich dagegen von der Obrigkeit, lehnte jede weltliche Macht ab, auch die des Tennō, zog sich nach Echizen in den Tempel Eiheiji zurück, um seinen Studien nachzugehen und Schüler auszubilden. Sein Werk *Shōbō Genzō* (Die alles erfassende, alles umfassende Lehre) enthält originelle, tiefsinnige philosophische Betrachtungen und wird wegen seiner Bedeutung für die Entwicklung der japanischen Philosophie hoch geschätzt. Die Sōtō-Sekte übernahm jedoch Elemente der Geheimleh-

---

1 Das Amidha-Sutra, das lehrt, daß das Gebet an Amidha-Buddha genüge, um ins Paradies zu gelangen.

ren und des traditionellen Shintō-Glaubens, entfernte sich immer mehr von den Ideen ihres Gründers, fand aber in dieser Form im Volk große Verbreitung.

Die Aktivität aller Sekten des neuen Buddhismus inspirierte auch hervorragende Mönche wie Kōben (1173-1232) vom Tōdaiji und Jōkei (1155-1213) vom Kōfukuji, die meisten der traditionellen Schulen beharrten jedoch auf ihren Dogmen.

Die Samurai und die Bauern verehrten nicht nur Buddha, sondern auch die shintoistischen Gottheiten, denn sie brauchten, um den Zusammenhalt der Familie zu stärken, als geistige Stütze die Verehrung des Ahnengottes der Familie oder des Schutzgottes des Dorfes. Wie schon erwähnt, macht der Jōei-Kodex im ersten Gesetz zur Pflicht, die shintōistischen Gottheiten zu verehren. Die Samurai beteten zu ihrem Ahnengott, bevor sie in den Krieg zogen, nach einer siegreichen Schlacht oder bei anderen wichtigen Ereignissen, z.B. bei der Geburt eines Kindes oder anläßlich der Mannbarkeitszeremonie. Wenn sie einen Eid schworen, dann diente dieser Gott als Zeuge. Auch in den Dörfern war der Schrein Mittelpunkt des Gemeinschaftslebens und verstärkte das Gefühl der Zusammengehörigkeit. Die Ausführung der Rituale oblag den mächtigsten Grundbesitzern, der Organisation der Schreingilde, an der später auch alle anderen Dorfbewohner teilnehmen durften.

Der Glaube an die Shintō-Götter war nicht durch Dogmen eingeengt, den Bauern seit Generationen vertraut, erfuhr aber in der Kamakura-Zeit unter dem Einfluß der *honji suijaku*-Theorie einschneidende Veränderungen. In Verbindung mit der Tendai-Sekte entwickelte sich der Sannō-ichijitsu-Shintō[1], in Verbindung mit der Shingon-Sekte der Ryōbu-Shintō[2], schließlich der Ise-Shintō durch die Priester des äußeren Ise-Schreins, mit dem diese ihre Autorität gegenüber dem inneren Schrein behaupten wollten. Der Ise-Shintō behauptet, daß die angestammten Götter das Wesentliche seien, Buddha dagegen nur deren Inkarnation. Alle drei Sekten nahmen Elemente der buddhistischen Geheimlehren in den traditionellen Glauben auf.

---

1 Auch Hie-Shintō. Der Schrein Hie am östlichen Fuß des Berges Hiezan verehrt als Hauptgott Ōmononushi (den »Großen Herrscher«, der auch am Berg Miwayama verehrt wird). Dieser Gott war der Schutzgott des Enryakuji. Die Tendai-Sekte interpretierte den Shintō mit ihren eigenen Dogmen.
2 Dieser erklärt den Shintō mit den Prinzipien des Ryōbu, d.h. mit der Lehre des Dainichi-Boddhisattva über die Weisheit und das Erbarmen.

Schöpferische Impulse in Kunst und Handwerk

Nach wie vor standen buddhistische Skulptur und Architektur im Mittelpunkt der bildenden Kunst. Der von den Taira zerstörte Tōdaiji wurde mit Yoritomos Unterstützung wieder aufgebaut, ein neuer Buddha aufgestellt, den ein aus China eingewanderter Meister geschaffen hatte. Der neue Tōdaiji und der neue Buddha bildeten den Ausgangspunkt eines neuen Stils in Architektur und Skulptur. Unkei (gestorben 1223), der die im Südtor des Tōdaiji aufgestellte Kongō-Statue geschnitzt hatte, sein Sohn Tankei (1173-1253) und sein Schüler Kaikei waren zwar wie Sklaven Eigentum des Tempels, in ihren Werken findet aber die Energie der neu aufkommenden Klasse ihren Ausdruck und die Zeit, in der die Samurai zur Macht gelangten und die Sklaven um ihre Freiheit kämpften. In ihren monumentalen Werken vereinen sich die Einflüsse der Schnitzerei der Nara-Zeit und des neuen Stils der Sung zu einem neuen schöpferischen Ausdruck.

Aus der Schule des Unkei stammen viele realistische Meisterwerke der Schnitzkunst, Statuen von Mönchen, die jedoch die in der Malerei vorherrschende Tendenz der Porträtmalerei nachahmen, nicht die Individualität freier Menschen betonen, sondern nur ihr Objekt naturgetreu nachgestalten.

Die Kunst der Bildrollen machte in dieser Zeit ebenfalls große Fortschritte. Das im Tempel Kōzanji aufbewahrte *Chōjū Jinbutsu Giga*, entstanden in mehreren Abschnitten zwischen Ende der Heian- und Anfang der Kamakura-Zeit, ist wegen seiner volkstümlichen Motive und seiner meisterhaften Maltechnik repräsentativ für diese Zeit. In zunehmendem Maße werden das Leben der Samurai und des Volkes zum Gegenstand der Bildrollen.

Nach China wurden kunsthandwerkliche Produkte wie mit Intarsien versehene Lackgefäße exportiert, im Austausch mit neuen Keramiktechniken, die wiederum einen neuen Stil anregten. Besonders die Schwertschmiedekunst hatte ein hohes Niveau erreicht infolge des steigenden Bedarfs der Samurai. In Kyōto arbeitete Anfang der Kamakura-Zeit in Awataguchi der berühmte Schmied Kunitomo, Mitte der Kamakura-Zeit der Schmied Yoshimitsu, in der Provinz Bizen in Osafune der Schmied Mitsutada und sein Sohn Nagamitsu, in Kamakura der Schmied Masamune. Daß damals auch viele Schwerter nach China ausgeführt werden konnten, beweist, daß die Produktion von Eisen und dessen Verarbeitungstechnik allgemein verbreitet waren, was sich auch aus dem allgemeinen Gebrauch von eisernen Ackergeräten wie Schaufel, Hacke und Sichel schließen läßt.

Die japanische Kultur entwickelte endlich einen eigenständigen Charakter und breitete sich regional wie auch in allen Schichten der Gesellschaft aus. Es entstand eine einheitliche nationale Kultur, die wenig gemein hatte mit der sogenannten »japanisierten« Kultur des Heian-Adels.

9

Der Untergang des Kamakura-Bakufu

Die Ausbreitung unabhängiger Samurai und Bauern, Einfall der Mongolen

Das Kamakura-Bakufu findet keine sichere Grundlage

Die Verabschiedung des Jōei-Kodex stabilisierte zwar das Herrschaftssystem des Kamakura-Bakufu, hatte jedoch nur begrenzte Wirkung. Die Hofadeligen in Kyōto bedeuteten für das Bakufu keine direkte Gefahr, aber es war fast unmöglich, die mächtigen Vasallen, die das Bakufu stützten, mit diesem System zu einigen. Es bestand permanent die Gefahr, daß diese sich mit den Hofadeligen verbündeten. In erster Linie aber waren die Samurai, die keine Vasallen waren und um Selbständigkeit kämpften, und der Widerstand des Volkes, besonders der Grundbesitzer-Schicht die Ursache dafür, daß das Bakufu keine sichere Basis fand.

Unmittelbar nach den Jōkyū-Unruhen beriefen die Familien, die seit Yoritomo dem Bakufu treue Gefolgschaft geleistet hatten, die Miura und Chiba mit Unterstützung der Nagoe, die eigentlich zu den Hōjō gehörten, aus Kyōto den Hofadeligen Yoritsune als Shōgun und bildeten mit diesem eine starke Gegenpartei. Es gelang zwar dem Regenten Tokiyori, die Miura zu einem Aufstand zu provozieren und sie dann 1247 zu vernichten, aber auch danach traf der Shōgun Vorbereitungen zum Sturze des Bakufu, und auch der Rokuhara Statthalter plante einen Aufstand. Das Bakufu versuchte der Unsicherheit des Systems dadurch zu begegnen, daß es die Position des herrschenden Hauptzweiges des Hōjō, der »Tokusō« genannten Familie, die den Regenten stellte, verstärkte und auch den Rat und die Kommissar-Ämter in den Provinzen immer mehr nur mit Angehörigen der »Tokusō« besetzte, was wiederum Protest seitens der Vasallen auslösen mußte.

Während der Herrschaft der berühmten Regenten Yasutoki und Tokiyori, also in einer Zeit, in der das Bakufu den Höhepunkt seiner Macht erreichte, folgte, angefangen mit der »Großen Hungersnot der Ära Kangi« (1231), eine

Hungersnot der anderen, Zehntausende starben. Zudem verursachten Erdbeben und Taifune große Schäden. Je mehr das Volk Not litt, desto mehr blühte der Sklavenhandel. Trotz der Verbote des Bakufu nahmen Diebstahl und Raub zu. Um ein Bild dieser Zeit zu geben, genügt es, nur einige historische Daten anzugeben: 1240 Verbot des Menschenhandels, 1244 Erlaß von Gesetzen, die Sklaven als rechtmäßige Adoptivsöhne anerkennen, Gesetze zur Behebung der Hungersnot, gegen Menschenhandel, 1250 Verbot für Angehörige des untersten Standes, ein Schwert zu tragen, 1253 Kritik an den unrechtmäßigen Handlungen der Verwalter, Vereinheitlichung der Preise, 1258 Diebstahl und Raubüberfälle in allen Provinzen, Epidemien und Hungersnot fordern zahlreiche Opfer, 1263 in vielen Provinzen Verwüstungen durch Taifune u.a.

An diesen Ereignissen läßt sich ablesen, wie sehr das Volk unter der doppelten und dreifachen Ausbeutung durch den Hofadel, durch das Bakufu, durch die ansässigen Feudalherren, die mächtigen Grundbesitzer, litt und wie sehr es sich dagegen wehrte. Auf der anderen Seite profitierten die Händler von der Not und häuften immer mehr Reichtum an. 1252 mußte das Bakufu das Brauen von Reiswein verbieten, allein in Kamakura wurden 37000 Krüge zerschlagen. 1262 wurden die Preise und die Zinsen für die Barkredite vereinheitlicht. 1270 wurde die Beleihung und Überschreibung von Ländereien verboten. Die Restriktionen zur Unterdrückung des Handels und des Leihgeschäfts wurden von Jahr zu Jahr immer notwendiger, um zu verhindern, daß die Vasallen, auf die sich ja die Macht des Bakufu stützte, immer mehr in die Hände von Wucherern gerieten.

Das Kamakura-Bakufu stand auch auf dem Höhepunkt seiner Macht auf tönernen Füßen. Der Samurai-Staat stand im Widerspruch zur japanischen Gesellschaft, die sich in heftiger Bewegung befand. Unruhe und Bewegung waren Ausdruck dafür, daß die Gesellschaft im Begriff war, die Reste des Sklavensystems zu eliminieren. Daß der Menschenhandel in den historischen Quellen aus dieser Zeit immer wieder erwähnt wird, war keineswegs ein Anzeichen dafür, daß das Sklavensystem restauriert und verstärkt wurde, sondern spiegelt vielmehr die Tatsache wieder, daß es zu dieser Zeit bereits wenige Sklaven gab.

Der Einfall der Mongolen wird zurückgeschlagen

Gegen Ende des 12. Jahrhunderts gelang es Temuchin, das Volk der Mongolen zu einigen und sein Reich von der inneren und äußeren Mongolei bis in die Mandschurei auszudehnen. 1206 nahm er den Namen Dschingis Khan an und verdrängte das Königreich der Song nach Südchina. Danach drangen die Mongolen über Rußland und Kleinasien bis nach Europa vor, 1259 schließlich unterwarfen sie auch Korea. Im folgenden Jahr wurde Kublai Khan Herrscher der Mongolen und errichtete seine Hauptstadt in Peking. 1271 gab er seinem Reich den Namen »Yuan«. Später bezog er sein Hauptquartier in Korea, um von dort aus einen Einfall in Japan vorzubereiten. Die japanischen Piraten, die zu dieser Zeit immer häufiger in Korea raubten und plünderten, boten ihm willkommenen Anlaß dazu.

Im Jahre 1268 erreichte ein Bote Kublai Khans Dazaifu in Kyūshū und überbrachte die Forderung, daß Japan diplomatische (tributpflichtige) Beziehungen zum mongolischen Reich aufnehmen sollte. Das Bakufu übermittelte dem Hof zwar die Forderung, wies sie aber selbst zurück. Kublai Khan sandte danach noch mehrere Boten mit der gleichen Forderung, der fünfte Gesandte überbrachte 1270 die Warnung, die Mongolen würden ein Heer nach Japan senden, wenn dieses sich weigere, Tribut zu entrichten. Der Regent Hōjō Tokimune, damals erst 18 Jahre, erteilte ihm eine scharfe Absage, unterdrückte am Hofe Bestrebungen, dieser Forderung nachzugeben, und befahl den Kommissaren und Verwaltern Westjapans, Vorkehrungen für die Verteidigung zu treffen. Die Mongolen zwangen Korea, eine Flotte zu bauen und ein Heer auszuheben. Im November 1274 besetzten sie mit 900 Schiffen und 33000 Soldaten die Inseln Tsushima und Oki, landeten in der Provinz Hizen im Distrikt Matsuura und drangen am 7. November tief in die Hakata-Bucht vor. Die Samurai von Matsuura und die Vasallen Kyūshūs führten unter dem Befehl des Kommissars Shōni Tsunesuke einen Gegenangriff ohne wesentlichen Erfolg, denn die im Einzelkampf geübten berittenen Samurai konnten gegen die Gruppentaktik des Fußheeres der Mongolen und ihre Gewehre, die den Japanern als Wunderwaffen erscheinen mußten, nichts ausrichten. Sie mußten sich in aller Eile bis in das Gebiet von Dazaifu zurückziehen. Das Heer der Mongolen hatte jedoch zwei Schwächen: Die Soldaten aus Korea, die von den Mongolen ausgehoben worden waren, hatten keinen Kampfgeist, und die Schiffe, die sie hatten bauen müssen, waren nicht besonders seetüchtig. Das Mongolen-Heer drängte am Tage das japanische Heer immer wieder in die Defensive, in der Nacht aber zog es sich auf seine Schiffe zurück. Mehrere Taifune kamen Japan zu Hilfe und versenkten mehr als 200 Schiffe. Der Rest des Mongolen-Heeres machte sich auf den Rückzug. Die Gefahr eines Einfalls der Mongolen war zunächst erst einmal gebannt.

Das Bakufu traf sofort Maßnahmen gegen einen erneuten Einfall der Mongolen. Es sandte alle Vasallen, die Ländereien in Westjapan hatten, in ihre Gebiete zurück und verpflichtete auch die Samurai der öffentlichen Ländereien und der Landgüter, die keine Vasallen waren. Während dieser Vorbereitungen vernichteten die Mongolen das Song-Reich in Südchina und vereinten ganz China unter ihrer Herrschaft. Im Jahre 1279 forderten die Mongolen Japan erneut auf, Tribut zu entrichten. Tokimune ließ den Boten der Mongolen in Kamakura hinrichten und faßte den Entschluß, eine Armee nach Korea zu entsenden. Noch bevor er ein Heer aufstellen konnte, versuchten die Mongolen 1281 mit zwei Heeren, dem Donglu-Heer, das 40000 Mann, und dem Jiangnan-Heer, das 100000 Mann stark war, einen neuen Einfall. Die japanische Streitmacht versuchte die Landung des Donglu-Heeres zu verhindern, zur gleichen Zeit ging das Jiangnan-Heer ungehindert an Land. Beide Heere vereinigten sich und eröffneten am 1. Juli den Angriff auf Hakata. In der folgenden Nacht wütete wieder ein Taifun. Von den 4000 Schiffen blieben kaum mehr als 200 verschont. Die Mongolen verloren 4/5 ihrer Soldaten und mußten sich schnell zurückziehen.

Die Bedingungen des Sieges und die Auswirkungen des Krieges

Beim zweiten Einfall hatte das Heer der Mongolen sogar landwirtschaftliche Geräte mitgebracht, es hatte sich auf eine lange Besetzung eingerichtet. Aber auch das zweite Heer hatte die Schwächen des ersten: die von Koreanern und von Chinesen gebauten Schiffe waren nicht stabil. Außerdem war das Mongolen-Heer, das auf dem Lande keinen Feind zu fürchten hatte, auf See auf die Führung der den Mongolen nicht freundlich gesinnten chinesischen Offiziere angewiesen. Die Samurai Westjapans kämpften entschlossen, um ihre Ländereien zu verteidigen. Zudem konnte Tokimune alle Samurai einigen und ihnen Schiffe und Proviant zur Verfügung stellen. Dem japanischen Heer gelang es schließlich, die Invasion des Mongolen-Heeres zu verhindern. Die Gunst des Wetters verhalf ihm zum endgültigen Sieg. Wären die Mongolen während der Heian-Zeit eingefallen, zur Zeit der Regierung der

Ex-Kaiser oder der der Fujiwara, so hätte deren militärische Macht nicht genügt, den Mongolen solange standzuhalten, bis der Taifun ihre Schiffe versenkte. Und wäre Japan mit dem chinesischen Festland verbunden gewesen, dann hätten die Mongolen nicht die schlechten Schiffe von Korea benutzen müssen, es hätte Japan mit Sicherheit unterworfen. Die geographischen Bedingungen des Insellandes, das damals durch eine Flotte, die kaum Seeerfahrung hatte, nicht einzunehmen war, und die historische Bedingung, daß die japanische Gesellschaft die Herrschaft des untätigen und politisch unfähigen Tenno und des Adels überwunden hatte, daß die Samurai eine neue, vitalere Gesellschaft aufzubauen begannen, bewahrten Japan vor der Niederlage.

Der Kampf der Samurai war jedoch nicht durch Vaterlandsliebe, so wie wir sie heute verstehen, motiviert. Die Samurai kämpften in erster Linie, um ihre Ländereien zu verteidigen. Die Vasallen, die in Westjapan keine Ländereien besaßen, waren nicht unbedingt begeistert dem Befehl des Bakufu gefolgt. Nach dem Sieg forderten die Samurai Westjapans entsprechende Belohnung. Da in diesem Kampf aber nicht Land des Feindes, das hätte verteilt werden können, erobert worden war, konnte das Bakufu diese Forderung nicht erfüllen. Es nutzte aber den Einfall der Mongolen aus, um die Macht der Hōjō weiter auszubauen, indem es nach dem Einfall der Mongolen, unter dem Vorwand, die Verteidigung zu stärken, die Kommissar-Ämter der Provinzen von Kyūshū und Chūgoku (Mittelwestjapan) mit Angehörigen der Familie Tokusō besetzte. Das Bakufu zerstörte selbst die Grundlage seiner Beziehung zu den Vasallen, die auf dem Prinzip »Belohnung für Dienst« beruhte.

Die Unzufriedenheit und der Widerstand der Samurai, die direkt unter den Lasten des Krieges zu leiden hatten, gleichviel ob sie Vasallen waren oder nicht, wurde immer größer. Sie drangen in fremde Ländereien ein, um sich schadlos zu halten, und beuteten noch mehr als zuvor ihre Bauern aus. Nur die Samurai, die sich gegen die Macht der Gutsherren und des Bakufu behaupten konnten, entwickelten sich zu selbständigen Feudalherren, und nur die, denen es gelang, ihr Land und die produzierenden Bauern unter einem eigenen Herrschaftssystem zu einen, konnten wieder stark werden, und das nicht, weil die Mongolen eingefallen waren, sondern weil in der Mitte des 13. Jahrhunderts die japanische Gesellschaft sich im Übergang zu einer neuen Ordnung befand.

128

Der Ausbau des Hörigen-Systems, die Auflösung des Paterfamilias-Systems

In dieser Zeit machte die Differenzierung innerhalb der Schicht der Grundbesitzer schnellere Fortschritte, ein Teil der oberen Schicht der Grundbesitzer wurde Samurai, der andere Teil gelangte durch Handel und Wuchergeschäfte zu Reichtum und großem Landbesitz, eine Schicht, die im 14. Jahrhundert *jizamurai* genannt wurde. Aus den einfachen Grundbesitzern wurden Kleinbauern, die mit ihrer Familie etwa 1 *chō* Ackerland bestellten. Die Sklaven, die den Verwaltern unterworfen waren, begannen sich als Bauern mit eigenem Gerät und drei bis fünf *tan* Land selbständig zu machen.

Die Grundbesitzer, die Samurai geworden waren, organisierten die selbständig wirtschaftenden Kleinbauern zu von den Landgütern unabhängigen Dorfeinheiten, den sogenannten *sō*, die im 14. Jahrhundert bereits eine feste Organisation besaßen. Durch diesen Zusammenschluß konnten sie den Feudalherren und den Verwaltern wirksameren Widerstand leisten und erreichen, daß die Fronarbeiten reduziert und die Jahresabgaben auf ein Fixum festgelegt wurden. Aus den Sklaven und den Hörigen, deren Arbeitskraft als Pachtzins unbegrenzt ausgebeutet werden konnte, wurden Bauern, die eine genau festgelegte, in Waren zu leistende Pacht zu entrichten hatten, und damit entstanden selbständige, von den Landgütern und öffentlichen Ländereien unabhängige Dörfer.

Nicht wenigen Feudalherren gelang es, sich dieser in der untersten Schicht der Gesellschaft schnell fortschreitenden Veränderung anzupassen und die Dörfer wieder unter ihre Kontrolle zu bringen. Die Feudalherren, die das nicht konnten, ereilte das Schicksal des Untergangs. Um aber die Führungsschicht der neuen Dörfer kontrollieren zu können, mußten die Feudalherren in irgendeiner Form im Dorf direkt präsent sein. Die Klasse der Vasallen, ihre unter der Herrschaft des Paterfamilias geeinten Familienverbände konnten jedoch aus nachstehenden Gründen auf die neue Situation nicht ohne weiteres reagieren.

Der Paterfamilias hatte nach der geltenden Erbschaftsordnung das Recht, Land und Vermögen auf alle Kinder zu verteilen. Der rechtmäßige Erbe, d.h. der spätere Paterfamilias erhielt den größten Teil des Landes, er beherrschte den Familienverband und war als Vertreter der Familie dem Bakufu gegenüber für die Erfüllung aller Verpflichtungen verantwortlich. Das »Land«, das auch den anderen Kindern zufiel, war nicht Land in realem Sinne, sondern bedeutete das Nutzungsrecht, das an das Amt des Verwalters gebunden war.

Dieses Nutzungsrecht aber verfiel, wenn die Verwalter und sich nicht in den neuen Dörfern niederließen. Die Kinder aber, die wirkliches Land besaßen, wurden notwendigerweise unabhängiger vom Paterfamilias. Dieser verlor immer mehr die Macht über die Familie. Um diese Entwicklung aufzuhalten, mußte er versuchen, die gemeinschaftliche Erbschaft durch die Alleinerbschaft zu ersetzen, eine Tendenz, die zwischen dem 13. und 14. Jahrhundert immer stärker wurde. Den Kindern, die ihres Erbrechts beraubt wurden, blieb nur die Wahl, entweder Vasall des Paterfamilias zu werden oder Widerstand zu leisten und sich selbständig zu machen. Der Streit um die Erbschaftsregelung mußte zu kriegerischen Auseinandersetzungen führen, der friedlich geeinte Familienverband des Paterfamilias-Systems zerbrach, statt Einigkeit herrschte blutiger Krieg.

Die unabhängigen Feudalherren und die »Aufrührer«

Das Bakufu konnte den Familienstreit nicht beilegen, die Auseinandersetzung mußte durch Gewalt entschieden werden. Die Alleinherrschaft des Hauptzweiges der Hōjō und der Streit innerhalb der Familie sind ein deutliches Zeichen für den Verfallsprozeß des Paterfamilias-Systems. Aber auch die Tatsache, daß das Bakufu den Streit um Ländereien nicht schnell und befriedigend entscheiden konnte, führte dazu, daß das Ansehen und die Macht der Vasallen des Bakufu untergraben wurden.

Die ansässigen Feudalherren und die Verwalter hielten die von den Bauern ihres Gebietes eingezogenen Jahresabgaben zurück, was zu Auseinandersetzungen zwischen ihnen und den Gutsbesitzern führen mußte, die diejenigen für sich entscheiden konnten, die direkt die Ländereien beherrschten. In der Mitte des 13. Jahrhunderts setzten die Verwalter ihr *jitō uke* genanntes Privileg durch, das ihnen zusicherte, über die festgelegten Jahresabgaben hinaus vom Volk, ohne daß die Gutsbesitzer intervenieren konnten, beliebig viele Abgaben einziehen zu dürfen. Desgleichen setzte sich das *shitaji chūbun* genannte System durch, nach dem die Ländereien mit festen Grenzen umgeben wurden und die Jahresabgaben der einen Hälfte dem Besitzer des Landgutes zufielen, die andere Hälfte wurde als uneingeschränktes Herrschaftsgebiet des Verwalters anerkannt. Die Verwalter lieferten, unter welchen Vorwänden auch immer, die Jahresabgaben jedoch nicht ab, sondern bemächtigten sich allmählich des ganzen Landgutes, sie entwickelten sich zu Feudalherren, die sowohl von den Gutsbesitzern als auch vom Bakufu unabhängig waren.

Nicht alle Verwalter und Vasallen konnten dieser Entwicklung folgen. Ab Mitte des 13. Jahrhunderts verzeichnen die Geschichtswerke die zunehmende Verarmung der Vasallen, immer häufigere Fälle von Verpfändung und Überschreibung von Ländereien, und führen diese Erscheinungen darauf zurück, daß mit der Erweiterung des Geld- und Warenumlaufs die Vasallen ihren Reichtum durch Luxus verschwendeten. Die wahre Ursache für die Verarmung der Vasallen ist aber nicht in ihrem Streben nach Luxus zu suchen, sondern darin, daß sie nur an den Erträgen ihrer Ländereien interessiert waren, statt zu versuchen, diese und die neuen Dörfer direkt zu beherrschen, sich also der Veränderung der Gesellschaft anzupassen.

Die Machteinbuße des Bakufu, das die wirtschaftlichen Verluste, die durch den Einfall der Mongolen entstanden waren, nicht durch entsprechende Belohnung ausgleichen konnte, beschleunigte die Entwicklung der Verwalter zu selbständigen Feudalherren und auch den Untergang der Vasallen, die dieser Entwicklung nicht folgen konnten. Sowohl die Samurai als auch die Vasallen verstärkten die Ausbeutung der Bauern, was die Teilung dieser Schicht in reiche Bauern und Kleinbauern zur Folge hatte, ebenso den Zusammenschluß der Dörfer und deren Widerstand gegen ihre Ausbeuter. Im 14. Jahrhundert formierten sich die reichen Bauern und die Kleinbauern, unabhängig von der Zugehörigkeit zu verschiedenen Landgütern, zu *tō* genannten Gruppen, um ihre Forderungen gegen den Feudalherren durchzusetzen, von den Feudalherren »Aufrührer« *(akutō)* genannt.

Nicht nur die mächtigen Samurai führten solche Bauern an, sondern auch Vasallen, die zu deren Bekämpfung entsandt worden waren, machten sich zu ihren Führern. Und die Kommissare, deren Pflicht es war, die Bauern zu verfolgen, nahmen diese entweder in Schutz und machten sie zu ihren Vasallen oder beschlagnahmten ihr Land, wenn es ihnen gelungen war, sie zu unterwerfen. So entwickelten sich auch die Kommissare, die ja eigentlich Beamte des Bakufu waren, zu mächtigen Feudalherren, denen Verwalter und Bauern unterstanden.

Der Niedergang des Kamakura-Bakufu

Das Herrschaftssystem des Kamakura-Bakufu, das darin bestand, sich den durch das Paterfamilias-System zusammengehaltenen Familienverband der Samurai untertan zu machen und durch diese mittelbar das Volk zu beherrschen, begann an allen Stellen auseinanderzubrechen. Es verfügte 1297, um die Verarmung seiner Vasallen aufzuhalten, daß alle Ländereien, die diese an Nicht-Vasallen veräußert hatten, ohne Entschädigung zurückzugeben seien, verbot das Beleihen und die Überschreibung ihrer Ländereien, wies alle Klagen ab, die wegen Bargeldforderungen gegen die Vasallen angestrengt wurden. Diese »weise Politik« schien zunächst Wirkung zu zeigen, brachte aber dann die Vasallen in noch größere Schwierigkeiten, denn kein Gläubiger ließ sich ein zweites Mal mit ihnen ein. Nach kaum einem Jahr mußte das Bakufu diesen Erlaß aufheben, womit es demonstrierte, daß es seine Führungsfähigkeiten weitgehend verloren hatte.

Auch die Machtkämpfe unter den Mächtigen des Bakufu nahmen entschiedenere Form an. 1284 leistete der Rokuhara-Statthalter dem Regenten Widerstand und wurde getötet. 1285 versuchten die Adachi, die sich einst als Verbündete des Regenten Tokiyori Verdienste bei der Unterwerfung der Miura erworben hatten, einen Aufstand und wurden vernichtet. Auch zwischen den treuen Anhängern des Regenten brachen Kämpfe aus. 1293 wurden Taira no Yoritsuna und sein Sohn, die sich beide wiederum beim Kampf gegen die Adachi verdient gemacht hatten, vom Regenten getötet.

Während dieser unaufhörlichen Machtkämpfe sicherte sich der Hauptzweig der Hōjō zwar seine Alleinherrschaft, aber die Regierungsorgane bestanden nur noch dem Namen nach, sie hatten keine Funktion mehr. So war die Regenten-Familie selbst Zielpunkt aller Unzufriedenheit und des Widerstandes der Hofadeligen, der Tempel und Schreine, der Gouverneure und der Bauern. Go-Daigo-Tennō (1288-1339) konnte als Führer dieses Widerstands die Anti-Hōjō-Partei um sich sammeln.

In der Kaiserfamilie war es schon vorher zu heftigem Streit um Ländereien gekommen, der zu einer Parteienbildung führte. 1259, als Go-Fukakusa-Tennō, der älteste Sohn von Go-Saga-In, abgesetzt wurde und der zweite Sohn als Kameyama-Tennō die Nachfolge antrat, begann die Konfrontation zwischen der Partei des Go-Fukatusa-Tennō, die im Jimyōin, und der Partei des Kameyama-Tennō, die im Daikakuji residierte. Das Bakufu griff in den Nachfolgestreit ein und verfügte, daß beide Parteien wechselweise den Nachfolger stellen sollten, wodurch aber die Daikakuji-Partei, durch das Eingreifen des Bakufu benachteiligt, nun entschieden Partei gegen das Bakufu nahm. Go-Daigo-Tennō, der 1318 die Nachfolge antrat, faßte sofort den Entschluß, das Bakufu zu stürzen. Er machte Kitabatake Chikafusa (1293-1354) zu seinem Berater und warb insgeheim um Verbündete. Der damalige Regent Hōjō Takatoki war ein finsterer, einfältiger Herrscher, der sich wenig um Politik kümmerte, sondern dem es mehr um Vergnügungen ging und der besonders an Hundekämpfen Gefallen fand, was ihm den Spitznamen »Hunde-Regent« eintrug. Für Go-Daigo-Tennō war ein günstiger Moment gekommen, das Bakufu anzugreifen.

Der Plan des Tennō wurde 1324 dem Bakufu bekannt. Ein Getreuer des Tennō, Hino Suketomo, wurde gefangengenommen. Go-Daigo-Tennō gab vor, nichts gewußt zu haben, bereitete jedoch sofort einen neuen Plan vor und versicherte sich der Unterstützung der Samurai, die zu Landgütern des Adels gehörten, und des Enryakuji und Kōfukuji. Aber auch diesmal (1331) wurde der Plan verraten. Go-Daigo-Tennō floh nach Nara und suchte dann Zuflucht auf dem Berg Kasagiyama. Kusunoki Masashige (1294-1336), ein Führer der Samurai, die ihre Ländereien am Fuße des Berg Kongōsan hatten, nahm Partei für den Tennō und begann, ein Heer auszuheben. Go-Daigo-Tennō wurde jedoch vom Bakufu gefangen und auf die Insel Oki verbannt. Das Bakufu bestellte als Nachfolger Kōgon-Tennō aus der Jimyōin-Partei.

Nachdem aber der offene Kampf gegen das Bakufu einmal begonnen hatte, erhoben sich auch die Samurai des Kinki-Gebietes und Mittelwestjapans. Das Volk, geführt von den Samurai, kämpfte entweder gegen die Verwalter oder mit diesen gegen noch stärkere Feudalherren. Es blieb nicht nur beim Kampf des Tennō und der ihm verbündeten Samurai gegen das Bakufu, die Unruhen bekamen den Charakter eines Volksaufstandes.

Als die Unruhen das ganze Land erfaßt hatten, befreite Nawa Nagatoshi, ein mächtiger Samurai aus der Provinz Hōki, im Februar 1333 Go-Daigo-Tennō aus der Verbannung und brachte ihn zurück zur Hauptinsel. Die Macht der Anti-Hōjō-Partei im Lande wurde immer größer. Ashikaga Takauji (1305-1358), Führer der Ashikaga-Familie in der Provinz Shimotsuke, der gerade mit einem Heer unterwegs nach Kyōto war, um im Auftrag des Bakufu die Aufrührer des Kinki-Gebietes zu unterwerfen, nutzte diese Entwicklung zu eigenem Vorteil und stürzte den Rokuhara-Statthalter. Zur selben Zeit eroberte Nitta Yoshisada (1302-1338) aus der Provinz Kōzuke mit einem Samurai-Heer der Ostgebiete Kamakura und vernichtete am 2. Juli den ganzen Hōjō-Clan. Auch in Kyūshū, das zum Machtbereich des Bakufu gehörte, stürzten Shimazu, Ōtomo, Shōni und andere Kommissare den Statthalter des Bakufu.

10
Die Zerschlagung veralteter Institutionen
Die Entwicklung eigenständiger Dörfer und die Widersprüche
des Muromachi-Bakufu

Die restaurative Politik des Go-Daigo-Tennō
und ihr Scheitern

Kaum, daß Kamakura gefallen war, kehrte Go-Daigo-Tennō nach Kyōto
zurück und übernahm die Regierungsgeschäfte. Bereits im November bildete
er die Verwaltungsorgane, die seine Politik durchsetzen sollten: das *kirokusho*
für die Landespolitik, das *zasso ketsudansho* für die Entscheidung die Ländereien betreffender Streitfälle und das *mushadokoro*, das die Aufgabe hatte, die
Residenz zu schützen. In den Landgebieten behielt er das System der Gouverneure und Kommissare bei, besetzte diese Ämter aber mit Adligen und
ihm ergebenen Samurai. Im Jahre 1334 legte er einen neuen Äranamen fest,
in den Schulbüchern heißt deshalb seine Regierungszeit die Kenmu-Restauration.

Diese Restauration war aber nur ein Zwischenspiel in der Geschichte des
Tennō-Systems und von kurzer Dauer. Die Politik des Kaisers stand in
scharfem Widerspruch zu dem sich unaufhaltsam weiterentwickelnden Feudalsystem. Außerdem verteilte der Tennō für die ihm geleisteten Dienste
Belohnungen sehr ungerecht, beschlagnahmte Ländereien der Samurai, um
wieder die Landgüter-Wirtschaft der Tennō-Familie und des Adels einzuführen. Diese Maßnahmen waren geeignet, sich die Samurai, die ihm zur Macht
verholfen hatten, zu Feinden zu machen. Kaum ein Jahr nach der Machter-
greifung ließ Go-Daigo-Tennō einen neuen Palast bauen, verschärfte die
Steuern und ließ zwangsweise Papiergeld in Umlauf bringen. Die Lasten der
Bevölkerung und seine Unzufriedenheit waren größer als zuvor. Die Politik
der Kenmu-Restauration geriet in unlösbare Schwierigkeiten, kaum daß sie
ein Jahr gedauert hatte. Ein Zettel, der zu dieser Zeit in Kyōto in Nijōkawara
angebracht war, vermeldet: »Neuerdings nehmen nächtliche Überfälle,

Raub, Fälschung von öffentlichen Schriftstücken, Freiheitsberaubung, Behinderungen durch zu schnelles Reiten und andere Friedensstörungen überhand . . .«

Ashikaga Takauji, ein mächtiger Feudalherr aus der Provinz Shimotsuke, der in zwei Provinzen das Amt des Kommissars, in 13 Provinzen die Position des Verwalters innehatte, beobachtete aufmerksam die Ereignisse in der Hauptstadt. Schon als er vom Kamakura-Bakufu den Auftrag erhalten hatte, die Aufstände in Kyōto zu unterdrücken und noch bevor er dort eingezogen war, hatte er den Entschluß gefaßt, anstelle der Hōjō die Herrschaft anzutreten und sich möglichst viele Samurai in den Provinzen zu Verbündeten zu machen. Sobald Takauji das Amt des Rokuhara Statthalters in seiner Hand hatte, errichtete er das *bugyōsho*, das in seinen Aufgaben dem Amt für die Angelegenheiten der Samurai des Kamakura-Bakufu entsprach, warb unter den Samurai, die zu dieser Zeit immer zahlreicher nach Kyōto kamen, um Verbündete und konspirierte gegen das neue, vom Hof errichtete, von Nitta Yoshisada geleitete *mushadokoro*. Er hatte bald Gelegenheit, ein eigenes Heer zusammenzustellen. Im August des Jahres 1335 fiel ein Verband der Hōjō in Kamakura ein und vertrieb Tadayoshi, den jüngeren Bruder von Takauji, dem der Schutz der Stadt anvertraut war. Im September wurde Takauji zum Feldherr ernannt, er eroberte Kamakura zurück, schlug dort sein Hauptquartier auf und nahm nun offen Stellung gegen den Hof in Kyōto. Tadayoshi kehrte nach Kamakura zurück, und beide Brüder zogen nach Kyōto, um Nitta Yoshisada, der die Truppen des Hofs führte, zu schlagen. Im Februar 1336 hatten sie ganz Kyōto besetzt, mußten aber der Übermacht von Kitabatake Akiie, Nitta Yoshisada und Kusunoki Masashige weichen. Sie eilten nach Kyūshū, um sich der Hilfe der Shōni, Ōtomo und Shimazu zu versichern, und kehrten mit einem starken Heer nach Kyōto zurück. Im ganzen Land brach erneut der Krieg aus.

Diesmal standen jedoch nur wenige Samurai auf der Seite des Tennō. Yoshisada und seine Familie waren diesem zwar treu ergeben, aber nicht stark genug, und Kusunoki Masashige gelang es nicht mehr wie vordem, die Samurai zu mobilisieren und zu Guerilla-Aktionen einzusetzen, denn auch diese waren von der Politik des Kaisers enttäuscht. Im Juni schlug Takauji in der Provinz Hyōgo am Fluß Minatogawa das Heer von Yoshisada und Masashige und zog dann in Kyōto ein. Go-Daigo-Tennō unterwarf sich in der Hoffnung auf eine neue Chance. Die reaktionäre Politik der Kenmu-Restauration war nach nicht einmal drei Jahren gescheitert, aus Gründen, die selbst das *Jinnō shōtōki* (Bericht über die wahre Gott-Kaiser-Linie) von Kitabatake

Chikafusa, dem Theoretiker der Tennō-Partei, verfaßt zur Rechtfertigung der göttlichen Autorität des Kaisers und der Nachfolge der Daikakuji-Linie, anerkennt: »Wenn der erhabene Herrscher Einen zufriedenstellt und Tausende in Unglück stürzt, dann wird es der Himmel nicht dulden und die Götter werden es nicht billigen, also mußte es mit einer solchen Regierung einen solchen Ausgang nehmen.«

Die Gründung des Bakufu durch Ashikaga Takauji und der Krieg zwischen dem Nord- und dem Südhof

Takauji setzte unverzüglich einen Angehörigen der Partei des Jimyōin als Kaiser ein (Kōmyō-Tennō), kompilierte im Dezember in Anlehnung an den Jōei-Kodex shikimoku ein 17 Artikel umfassendes Gesetz, den Kenmu-Kodex und errichtete in Kyōto sein Bakufu, mit dessen Leitung er Kō no Moronao (gestorben 1351) als obersten Beamten beauftragte, einen ihm seit dem Genkō-Aufstand ergebenen Gefolgsmann.

Kaum einen Monat später aber gelang es Go-Daigo-Tennō, aus der Hauptstadt nach Yoshino (in die Provinz Yamato) zu fliehen, wo er mit dem Anspruch, der rechtmäßige Kaiser zu sein, eine eigene Hofhaltung begann. Der Süd-Hof, gestützt von den Samurai der Anti-Ashikaga-Partei, dominierte auch für kurze Zeit, bis 1338 Nitta Yoshisada, Kitabatake Akiie und andere Samurai-Führer in einer Schlacht fielen. Im selben Jahr endlich erhielt Takauji vom Tennō des Nord-Hofes den Titel Shōgun verliehen. Der Süd-Hof wurde wirtschaftlich von den Gilden der Kaufleute unterstützt, die dem Adel, den Tempeln und Schreinen abgabepflichtig waren. Mit den immer häufigeren Niederlagen des Süd-Hofes aber stellten sie ihre Unterstützung ein. Go-Daigo-Tennō starb im September des Jahres 1339 in den Bergen von Yoshino.

Go-Daigo-Tennō, der ungeachtet aller Niederlagen immer weiter für die Restauration des Tennō-Systems kämpfte, und der, mag er nun auf eine Insel verbannt gewesen sein oder in seinem Palast festgesetzt, immer wieder Mittel und Wege fand zu fliehen, war in der Geschichte der Kaiserfamilie eine unverwüstliche Ausnahme, aber er hatte keinen Blick für den Gang der Geschichte, sein Denken war auf das Altertum fixiert, seine Politik stützte sich auf den Adel. Diese Verkennung der historischen Tatsachen mußte seine Politik scheitern lassen.

Auch nach dem Tode von Go-Daigo-Tennō hörte der Krieg zwischen dem Nord- und Süd-Hof nicht auf. Jetzt aber ging es nicht mehr um den Kampf weniger Adliger, die den rechtmäßigen Hof zu repräsentieren glaubten, gegen das Bakufu der Samurai, das sich mit der Autorität des Nord-Hofes schmückte. Entfesselt war vielmehr ein Kampf innerhalb der Samurai-Klasse, eine Auseinandersetzung zwischen einer progressiven und einer gemäßigten Partei, die sich (wie sogar Takauji und Tadayoshi, wenn es opportun war) vorübergehend auch mit dem Süd-Hof verbanden. Aus diesem Grunde konnte für einige Zeit der Süd-Hof fortbestehen.

Die Auffassung vom Kaisertum unter den fortschrittlicheren Samurai

Takauji gehörte zur gemäßigten Partei. Um möglichst schnell seine Herrschaft über das ganze Land auszuweiten, errichtete er kein neues System, mit dem er die Samurai direkt erfassen konnte, sondern ernannte ausschließlich Angehörige seiner Familie und ihm ergebene Samurai als Kommissare vieler Provinzen, übertrug ihnen das Recht, die Samurai ihres Gebietes mit Landzuteilung zu belohnen, und überließ es ihnen, für Frieden und Ordnung zu sorgen. Er schuf in Kamakura das Kamakura-Fu, in Nordjapan und in Kyūshū je ein Statthalteramt, Ämter, die wiederum nur mit Angehörigen seiner Familie besetzt wurden, zu dem Zweck, die Kommissare und Samurai dieser Gebiete zu kontrollieren. Diese Politik unterschied sich kaum von der des Kamakura-Bakufu, die Macht des Bakufu beruhte ausschließlich auf dem Zusammenhalt der Ashikaga-Familie.

Ein Herrscher kann ohne Ordnung nicht regieren. Auch Takauji war von dem Prinzip überzeugt, das das *Taiheiki* (Bericht über den Großen Frieden), ein Geschichtswerk, das den Konkurrenzkampf zwischen dem Nord- und dem Süd-Hof, für letzteren Partei nehmend, darstellt, wie folgt beschreibt: »Wenn der Shōgun und sein Bruder (Takauji und Tadayoshi) unseren einzigen verehrungswürdigen Herrn nicht achten, dann kann es nicht ausbleiben, daß auch der oberste Beamte und die anderen Vasallen den Shōgun nicht achten.« Takauji befürchtete, daß die Samurai dem Bakufu nicht folgen würden, wenn die Tradition, die den Tennō an die Spitze der staatlichen Ordnung stellt, zerbräche und damit auch das Prinzip der feudalen Ordnung. Aus diesem Grunde respektierte Takauji, der nicht so stolz war wie Minamoto no Yoritomo, aber auch keine besondere Achtung für die Kaiserfamilie hatte, den Nord-Hof und mußte wohl oder übel die Landgüter der Hofadeligen weitgehend vor den Übergriffen der Samurai schützen.

Kō no Moronao dagegen stützte seine Macht auf die im Kinki-Gebiet ansässigen Samurai, die nicht nach dem Amt eines Kommissars trachteten und die Nutzungsrechte an den Landgütern ablehnten, sondern freie Grundherren werden wollten. Das *Taiheiki* berichtet, daß er soweit gegangen sei zu sagen:»In der Hauptstadt gibt es einen König, der sich viele Ländereien angeeignet hat, und er hat hier seinen Palast, auch sein Vorgänger. Wie lästig, immer vom Pferde herunter zu müssen! Wenn es ohne einen König unbedingt nicht geht, dann soll man einen aus Holz machen oder meinetwegen einen aus Gold gießen, den lebenden Vorgänger und den lebenden König aber davonjagen!« Und Moroyasu, Moronaos jüngerer Bruder, soll, als seine Samurai sich beklagten, die Ländereien reichten zur Verteilung nicht aus, gesagt haben:»Warum klagt Ihr, daß es zu wenig sind! Es gibt hier genug Ländereien, die den Tempeln, den Schreinen oder den Gutsbesitzern gehören. Kümmert Euch nicht um die Grenzen, nehmt Euch, was Ihr braucht!« Ferner berichtet das *Taiheiki*, daß Toki Yoritō, ein mächtiger Samurai, als er in Kyōto dem Wagen des Kōgon-Tennō begegnete und ihm befohlen wurde, vom Pferde zu steigen, geschrieen habe:»Was? *in* (Ex-Kaiser) oder *inu* (Hund)? Wenn es ein Hund ist, so schießt ihn herunter!« Und er soll tatsächlich Pfeile auf den Wagen des Ex-Kaisers abgeschossen haben. Das *Taiheiki* berichtet auch, daß Niki Yoshinaga aus Ise in die Ländereien des Schreins eingedrungen sei und, als Tennō und Shōgun ihn zurechtwiesen, im Fluß Isuzugawa Fische gefangen oder auf dem Berg Kamiji gejagt und weiter die Autorität des Schreins mißachtet habe — und andere Beispiele der Verachtung der Samurai dem Kaiser und den Hofadeligen gegenüber.

Moronaos entschiedene Ablehnung der Hofadeligen-Macht konnte sich für Takaujis Politik nur nachteilig auswirken. Takaujis Bruder Tadayoshi versuchte, Moronao aus dem Weg zu räumen, zunächst mit wenig Erfolg. Nachdem er sich aber mit dem Süd-Hof verbündet hatte, gelang es ihm, Moronao und dessen Familie zu vernichten (1351). Takauji hatte Moronao unterstützt, weil er hoffte, sich durch ihn seines Rivalen entledigen zu können. Nach Moronaos Tod brach der Streit zwischen den Brüdern offen aus. Tadayoshi verbündete sich diesmal mit dem Nord-Hof, während Takauji Unterstützung beim Süd-Hof fand. Er setzte den Sukō-Tennō des Nord-Hofes ab und tötete im März des folgenden Jahres (1352) Tadayoshi in Kamakura.

Der Süd-Hof nutzte die Verschärfung des Machtkampfes im Ashikaga-Clan, setzte den Prinzen Munenaga (gestorben 1385) als Shōgun ein und griff mit den Samurai der Nitta und Kusunoki und anderen, den Ashikaga feindlich gesinnten Clans, Takauji an. Dieser schlug sich auf die Seite des Nord-Hofes, der seit der Absetzung von Sukō-Tennō keinen Kaiser hatte, setzte Go-Kōgen-Tennō als Kaiser ein und siegte endlich nach wechselndem Erfolg im April 1355 über den Süd-Hof. Der Süd-Hof verkümmerte danach zu einer Hofadeligen-Siedlung in den Bergen von Yoshino.

Die auf ihren Ländereien lebenden Samurai, die Shugo-Daimyō und das Bakufu

Während dieses Krieges nahmen die Übergriffe auf die Landgüter zu. Die von den Feudalherren der Landgebiete, von den Baronen und Samurai organisierten Banden bildeten sich hauptsächlich im Kinki-Gebiet, aber auch in allen anderen Teilen des Landes. Diese Banden bestanden oft aus mehreren hundert Kriegern, die Dörfer plünderten, die Jahresabgaben der Landgüter stahlen, Berg- oder Seeräuberei betrieben und, je nachdem, ob es für sie von Vorteil war, sich mit dem Nord- oder dem Süd-Hof verbanden.

Um seinen Sieg zu sichern, war Takauji gezwungen, sich mit der Schicht der kleineren Feudalherren, den Baronen und Samurai, zu verbünden, obwohl er selbst gemäßigt gesinnt war; er mußte ihre Übergriffe auf die Landgüter bis zu einem gewissen Grade tolerieren. 1352, nachdem er seinen Bruder aus dem Wege geräumt hatte, sicherte er den Kommissaren der Provinzen Ōmi, Mino, Owari, Ise, Shima, Iga, Kawachi und Izumi das *hanzei* genannte Privileg, die Hälfte der Jahresabgaben der Landgüter pro forma als Militärproviant einzuziehen. Das war für die Herren der Landgüter ein schwerer Affront, aber angesichts der Forderungen der kleineren Feudalherren und Samurai ein unumgänglicher Kompromiß. Die Kommissare behielten einen Teil der Jahresabgaben, die sie als Proviant eingezogen hatten, für sich, den größeren Teil verteilten sie an die ansässigen Feudalherren und Samurai. Dieses Privileg wurde schließlich bleibende Institution und galt später auch für die Landgüter aller Provinzen.

Die Kommissare hatten das Recht, die Ländereien, für die dieses Privileg gelten sollte, festzulegen und die daraus erzielten Abgaben zu verteilen, was zur Folge hatte, daß ihre Macht gegenüber den Samurai ihrer Provinz wuchs, desgleichen ihr Streben nach Unabhängigkeit vom Bakufu. Außerdem zogen sie die Jahresabgaben der Landgüter ein und setzten eine *shugo tansen* genannte Sondersteuer durch, die pro *tan* in Bargeld zu entrichten war. Die Kommissare des Kamakura-Bakufu waren Beamte für die Landgebiete, ab Ende des 14. Jahrhunderts aber waren die Kommissare, die *shugo daimyō* genannt werden, fest in ihren Provinzen ansässig, hatten sich die kleineren Feudalherren, die Samurai, unterworfen und bildeten in diesem Sinne den verlängerten Arm des Bakufu. Sie unterdrückten die Aufstände der Bauern, nutzten diese aber auch dazu, sich Land anzueignen, und begannen sich so zu großen Feudalherren zu entwickeln.

Das Muromachi-Bakufu konnte mit dem Shugo-Daimyō-System die Macht des Hofadels, der Tempel und Schreine einschränken und versuchte damit, die Samurai und Bauern der Landgebiete zu beherrschen. Allerdings bestand die Gefahr, daß die Shugo-Daimyō sich zu einer selbständigen Grundherrenschicht entwickeln und sich der Kontrolle des Bakufu entziehen würden. Um dieser Entwicklung vorzubeugen, erließ das Bakufu 1357 ein Gesetz, das den Samurai und den Kommissaren die Annexion von Landgütern verbot und auf diese Weise den Besitz der Hofadeligen, der Tempel und Schreine schützen sollte. Dieses Gesetz stieß natürlich auf den Widerstand der Kommissare und Samurai. Je stärker die Shugo-Daimyō wurden, desto schwächer mußte das Bakufu als zentrale Macht werden. Je mehr es aber die Befugnisse der Shugo-Daimyō einzuschränken versuchte, desto größer wurde die Gefahr, daß diese sich mit dem Hofadel verbündeten und noch wirksamer Widerstand leisten konnten. Das Bakufu stand vor einer unlösbaren Aufgabe.

Die neuen Regierungsorgane des Bakufu und der Untergang des Süd-Hofes

Trotz der unsicheren Grundlage des Systems verstand es Takauji, entweder mit den Hofadeligen zu paktieren oder mit Hilfe der Shugo-Daimyō seine Feinde gegeneinander auszuspielen und die Macht seiner Familie weiter zu stärken. Er starb 1358 und sein Sohn Yoshiakira wurde zweiter Shōgun. Auch ihm gelang es, mit der Politik seines Vaters die Macht der Familie zu sichern. Mit Yoshimitsu (1358-1408), der 1368 Shōgun wurde, ereichte der Ashikaga-Clan den Höhepunkt seiner Macht. Yoshimitsu unterwarf durch seinen obersten Beamten Hosokawa Yoriyuki den Kikuike-Clan in Kyūshū und die Samurai in Kii und Kawachi, die den Süd-Hof unterstützt hatten. Auch er verfolgte gegenüber den Shugo-Daimyō die Politik seiner Vorgänger.

Während dieser Zeit erhielten die Regierungsorgane des Bakufu ihre endgültige Form. Der oberste Beamte, der bisher nur für die Hauspolitik der Ashikaga verantwortlich war, wurde Generalgouverneur, ein Amt, das nur Angehörigen der Hosokawa, Shiba und Hatakeyama übertragen wurde. Dem Generalgouverneur unterstand das *mandokoro* für Finanzpolitik, das *samurai-dokoro* für die Organisation der Verteidigung, das *monchūsho* als Amt für allgemeine Verwaltung und die Ämter *hyōteishū* und *hikitsukeshū*, zuständig für die Entscheidung von Prozeßsachen. Der oberste Beamte des *samuraidokoro* war nach dem Generalgouverneur der zweitmächtigste Mann der Regierung. In dieses Amt wurden ausschließlich Angehörige der Akamatsu, Yamana, Isshiki und Kyōgoku berufen. Diese sieben Familien waren mächtige Shugo-Daimyō. Die obersten Beamten ließen gewöhnlich ihre eigenen Samurai als Stellvertreter in die Hauptstadt kommen.

Dieses System hatte die Aufgabe, die Macht der Shōgun-Familie durch das Kräftegleichgewicht unter den Shugo-Daimyō zu stabilisieren, funktionierte aber nicht in diesem Sinne, denn die sieben Familien befehdeten sich. Die Familie des Ashikaga-Shōgun konnte zwar weiter ihre Stellung behaupten, aber nicht verhindern, daß das Bakufu-System schwer erschüttert wurde. Der erste Generalgouverneur Hosokawa Yoriyuki wurde von Shugo-Daimyō, die der Shiba-Clan anführte, angegriffen und mußte sich durch Flucht in seine Provinz in Sicherheit bringen (1379). Ein Jahr zuvor hatte sich Yoshimitsu im Muromachi-Viertel von Kyōto eine im höfischen Stil gebaute und *hana no gosho*[1] genannte Villa nebst Amtsgebäude bauen lassen, weshalb man die Regierung der Ashikaga auch Muromachi-Bakufu nennt.

Der Süd-Hof verlor gänzlich seine Bedeutung. Wie die späteren Historiker nachgewiesen haben, folgte dort als Tennō nach Go-Daigo-Tennō und Go-Murakami-Tennō 1368 Chōkei-Tennō, das Datum seiner Nachfolge ist aber nicht bekannt, auch nicht, wer seine Mutter war, wer seine Frauen waren und wo sich sein Grab befindet. Yoshimitsu zwang den folgenden Go-Kameyama-Tennō zum Rücktritt (1392), fortan war Go-Komatsu-Tennō vom Nord-Hof, dessen Nachkommen bis heute im Amte sind, der alleinige Kaiser. Der Nord-Hof wertete dieses Ereignis als »Kapitulation des Süd-Hofes«, hatte aber selbst nicht die geringste Macht, sondern war auf den Schutz des Bakufu angewiesen.

---

1 Prächtiger Palast.

Geschichte Japans

Shōgun Yoshimitsu hofft auf den Ehrentitel eines abgedankten Kaisers, wird aber nur König von Japan

1391, ein Jahr vor Auflösung des Süd-Hofes, gelang es Yoshimitsu, den Führer des großen Clans Yamana, Ujikiyo, den man den Herr über ein Sechstel des Landes nannte, weil er in San'in und anderen Gebieten das Kommissaren-Amt in 11 von den insgesamt 66 Provinzen Japans innehatte, zu einem Aufstand zu provozieren. Ujikiyo wurde getötet (Meitoku-Aufstand). Danach löste Yoshimitsu den Süd-Hof auf, befriedete 1399 den Aufstand des in der Provinz Suō ansässigen Ōuchi Yoshihiro, der Kommissar für sechs Provinzen war (Ōei-Aufstand). Die anderen mächtigen Kommissare verhielten sich für einige Zeit loyal.

Yoshimitsu war jetzt praktisch Herrscher von Japan. Schon vorher (1394) hatte er das Shōgun-Amt an den neunjährigen Yoshimochi übergeben und sich selbst zum Großkanzler gemacht. Um selbst den Rang eines Ex-Kaisers zu erlangen, überredete er Go-Sukō-In, den Halbbruder von Yoshimochi als Adoptivsohn anzunehmen, und drängte Go-Komatsu-Tennō, ihn zum Nachfolger zu bestimmen. Yoshimitsu starb jedoch im Juni 1408, bevor er seinen Plan realisieren konnte.

Der Shōgun Yoshimochi, eifersüchtig auf seinen Halbbruder, wußte zu verhindern, daß Gosukō-In diesen zum Nachfolger des Kaisers bestimmt, und ebenso, daß dem Yoshimitsu postum der Rang eines abgedankten Kaisers verliehen wurde. Um ein weniges, und es hätte einen Ex-Kaiser Yoshimitsu gegeben und einen Tennō aus dem Ashikaga-Clan. Yoshimitsu hatte aber immerhin erreicht, daß der Kaiser des Ming-Hofes ihm, als er 1401 offizielle Handelsbeziehungen mit China eröffnete, den Titel König von Japan zuerkannte. Yoshimitsu unterzeichnete das Antwortschreiben mit Untertan.

Die Ausbeutung des Volkes durch das Bakufu

Yoshimitsus Ehrgeiz, Ex-Kaiser zu werden, sein Wunsch, sich vom Ming-Kaiser als König bestätigen zu lassen, ist dadurch zu erklären, daß er, wie auch durch den Titel eines Ritsuryō-Ministers, zur Erhöhung eigener, die Unterstützung fremder Autorität brauchte. Allein dadurch wurde seine Herrschaft nicht sicherer, im Gegenteil, je mehr er sich darum bemühte, desto mehr wuchs der Widerstand gegen ihn.

Yoshimitsu, der selbst nach höfischer Autorität strebte, mußte sich zum Beschützer des Hofes machen, der nur noch ein historisches Relikt war und zum Untergang verurteilt. So schenkte er z.b. Tempeln und Schreinen Landgüter und feierte in seiner prunkvollen Villa im Norden von Kyōto mit dem Kaiser und den Hofadeligen große Feste. Das bedeutete, daß er sich gegen den Lauf der Geschichte stellte, den Zerfall des Landgüter-Systems ignorierte, den Feudalherren der Landgebiete, den Baronen und den Bauern größere Lasten auferlegte, also auch größeren Widerstand provozierte. So zwang Yoshimitsu z.B., um eine Pilgerfahrt nach Nara zum Schrein Kasuga zu finanzieren, die Bauern von drei Distrikten der Provinz Yamato zur Abgabe einer Sondersteuer. Die Bauern wehrten sich dagegen mit Waffengewalt. Seit dieser Zeit mehrten sich die solidarische Aktionen genannten, bewaffneten Aufstände der von den Baronen in Kinki und den angrenzenden Gebieten geführten Dorfgemeinschaften, desgleichen Fälle von Massenflucht.

Yoshimitsu wurde »Untertan« des Kaisers und plante den Ausbau der Handelsbeziehungen zu China, aber diese Maßnahme bereicherte die mit dem Handel beauftragten Großkaufleute in Kyōto, Sakai und Hakata, sanierte die Finanzen des Bakufu, trug jedoch auch dazu bei, daß die Feudalherren, die Samurai, und die Bauern immer mehr in die Hände der Kaufleute und Wucherer gerieten. Die Folge davon war, daß die Unruhe der Gesellschaft immer mehr wuchs. Bereits unmittelbar nach dem Tode von Yoshimitsu erschütterten weite Gebiete erfassende bewaffnete Aufstände, die der Forderung nach generellem Schuldenerlaß Nachdruck verleihen sollten, das Bakufu-System und die Herrschaft der Shugo-Daimyō.

Seit der Herrschaft Yoshimitsus deckte das Bakufu seine laufenden Kosten durch Einnahmen aus den direkt von ihm verwalteten Ländereien, durch Besteuerung der in Kyōto und Umgebung ansässigen Sakehändler und *dogura*[1] genannten Wucherer und durch Zollgebühren, die an den Grenzen der Hauptstadt und an Zollschranken auf wichtigen Verkehrswegen eingenommen wurden. Dem Bakufu sollen etwa 600 dieser Ländereien gehört haben. Es ist jedoch nicht sicher, ob diese Zahl korrekt ist und wie hoch seine Einnahmen waren. Die Besteuerung der Sakehändler und Wucherer wurde zum ersten Mal im Jahre 1371 provisorisch festgesetzt, 1393 dann zur ständigen Einrichtung, damit die Sakehändler und Wucherer durch den von Yoshimit-

---

1 *dogura* hießen ursprünglich die zur Aufbewahrung von Pfandgütern verwendeten Speicher, dann galt diese Bezeichnung für Pfandleiher und Wucherer, die einen *dogura* besaßen. Die *dogura* betrieben neben dem Sakehandel noch andere Geschäfte.

su protegierten Außenhandel nicht über die Maßen profitieren konnten. Die Sakehändler und Wucherer wälzten die Steuerlast wiederum auf das Volk ab. Da die Finanzen des Bafuku immer mehr in Unordnung gerieten, belegte es die Ländereien der Tempel, Schreine, Gutsherren und Samurai ohne Unterschied mit einer Flächensteuer, die Bauernfamilien mit einer Haussteuer und forderte von den Kommissaren Spenden. Auch diese Lasten wurden wiederum der einfachen Bevölkerung auferlegt. Diese wurde zudem von den Kommissaren, den Feudalherren und den Herren der noch existierenden Landgüter ausgebeutet.

Die Entwicklung der Dorfgemeinschaften und die regionalen Aufstände

Die Dorfgemeinschaften, entstanden aus dem Protest gegen die doppelte und dreifache Ausbeutung, nahmen, geführt von den Baronen und Grundbesitzern, seit Ende des 14. Jahrhunderts zunächst im Kinki-Gebiet, wo der Handel schnell aufgeblüht war, an Zahl und Umfang zu. Im 15. Jahrhundert umfaßten sie schon mehrere Dörfer oder bildeten, über die Grenzen eines Distrikts hinaus Zusammenschlüsse. Die Dorfgemeinschaften verfügten über exekutive Organe, die aus dem Vorstand, aus den Ältesten, Beauftragten und Repräsentanten bestanden, auch über einen *yoriai* genannten Rat, an dem alle Bauern — die Sklaven ausgenommen — teilnahmen, und der die öffentlichen Angelegenheiten des Dorfes entschied. Der Rat legte außerdem gesetzliche Regelungen fest und entschied über die Bestrafung diesen Zuwiderhandelnder. Die gemeinsame Verwaltung von gemeinschaftlichem Land oder die Kontrolle der Wassernutzung, die Vorbereitung und die Ausführung von Ritualen waren die wichtigsten Aufgaben der Dorfgemeinschaften. Des weiteren zogen die größeren Dorfgemeinschaften für die Feudalherren als Selbstverwaltungsorgan der Bauern eine genau bestimmte Menge von Jahresabgaben ein und verhinderten somit, daß der Feudalherr einen Beamten in den Dörfern einsetzen konnte. Die Fronarbeit wurde hier ganz abgeschafft und gegen Waren oder Bargeldabgaben verrechnet.

Die Dorfgemeinschaften organisierten im Notfall auch bewaffnete Aufstände gegen die Feudalherren. Auch in den Gebieten, in denen sich das Kleinbauerntum noch nicht wie im Kinki durchgesetzt hatte und noch keine sich selbst verwaltenden Dorfgemeinschaften entstanden waren, entwickelte sich die obere Schicht der Grundbesitzer zu Samurai, die unabhängig von

Die Zerschlagung veralteter Institutionen

ihrer Zugehörigkeit zu verschiedenen Feudalherren sich zu regionalen Gruppen oder Aufständen zusammenschlossen, gegen die die Beamten der Landgüter machtlos waren. Auch die Kommissare mußten nicht selten den Forderungen dieser Gruppen nachgeben. In der Provinz Wakasa z.B. mußten zwischen 1351 und 1361 wegen des Widerstandes der Barone hintereinander fünfzehn Kommissare ausgewechselt werden. Erst 1366 konnte der Kommissar Isshiki Norikuni den Aufstand der Barone niederschlagen.

In Gebieten, in denen die gesellschaftliche Differenzierung unter den Bauern schnell fortgeschritten war und der Handel sich entwickelt hatte, z.B. in den Provinzen Yamashiro, Yamato und Ōmi, protestierten die Pferde- oder Wagenverleiher genannten Transportunternehmer und ihre Arbeiter gegen die Errichtung von Zollschranken und führten gegen die mit dem Bakufu liierten Sakehändler und Wucherer heftigen Krieg. 1418, zehn Jahre nach dem Tod von Yoshimitsu, forderten die in der Nähe von Kyōto ansässigen Pferdeverleiher, »Weise Politik − d.h. die Befreiung von allen Schuldverpflichtungen − und drangen in die Hauptstadt ein. Diese Forderung wurde auch später immer wieder bei Volksaufständen vorgebracht.

1428 brach, als der alte Reis verbraucht war und der neue noch nicht geerntet werden konnte, eine Hungersnot aus. Die Pferdeverleiher der Provinz Ōmi forderten diese »weise Politik«, ebenso die Bürger der Hauptstadt, die Bauern und die Pferdeverleiher der Umgebung. Sie griffen Tempel, Schreine, die Niederlassungen der Sakehändler und Wucherer an, zerstörten Gebäude und Speicher, zerrissen die Schuldscheine und plünderten die Warenbestände. Der Aufstand erfaßte schließlich das ganze Kinki-Gebiet. Die Bauern in Kanbegō (Provinz Yamato) proklamierten selbst eine »weise Politik«, indem sie ihre Forderung in Stein meißelten: »Weise Politik für das ganze Land!« Der oberste Priester des Daijōin in Nara, selbst Besitzer von Landgütern, berichtet in seinem Tagebuch: »Das muß unweigerlich zum Untergang unseres Landes führen. Seit es in Japan einen Regenten gibt, ist das der erste Volksaufstand.«

Im Januar 1429 verbündeten sich die Bauern der Provinz Harima mit den Baronen und kämpften unter der Losung »Wir brauchen in dieser Provinz keine Samurai!« gegen ein großes Heer des Kommissars. Im selben Jahr brachen auch in den Provinzen Tanba, Ise und Yamato Aufstände aus, sie setzten sich bis 1434 in regelmäßigen Abständen auch im Kinki und den angrenzenden Gebieten fort. In den darauf folgenden sieben Jahren herrschte Ruhe, aber anläßlich des Aufruhrs der Ära Kakitsu brachen sie erneut aus.

Die regionalen Aufstände richteten sich nicht länger gegen die Feudalherren und die Beamten einzelner Gebiete, sondern waren Aufstände des ganzen Volkes, der Bauern und der Bewohner der Städte gegen das Bakufu, gegen die Shugo-Daimyō, die Herren der Landgüter und gegen die mit diesen verbündeten Kaufleute und Wucherer. In der japanischen Geschichte richtete sich zum ersten Mal der Protest des Volkes direkt gegen die oberste Schicht der herrschenden Elite.

Die Kämpfe des Volkes unter der Herrschaft des Ritsuryō-Systems wurden nicht von Gruppen ausgetragen, sondern von einzelnen, die entweder Pro-Kopf-Felder aufgaben und flohen oder falsche Angaben für die Register machten. Sie gaben vor, die Familie habe zu wenige Angehörige, die Frondienst leisten könnten, oder lieferten Waren minderer Qualität ab und zersetzten so das Feldverteilungs-System, das eine Art staatliches Sklavensystem war. Damit beschleunigten sie die Entwicklung zum Landgüter-System, zum Privatsklaven- und Hörigen-System. Die Bauern und Sklaven der Landgüter und Namensfelder bildeten bewaffnete Gruppen, die sich gegen die Ausbeutung durch die Provinzgouverneure wehrten und so den Untergang des Adelssystems des Altertums vorbereiteten. Die großen Grundbesitzer, die Feudalherren der Landgebiete, die diese Bauern als Hörige in das neue Produktionssystem eingliederten, verfügten über eigene Krieger und errichteten ein neues Herrschaftssystem, das Kamakura-Bakufu. Die hörigen Bauern der Kamakura-Zeit organisierten sich unabhängig von ihrer Zugehörigkeit zu verschiedenen Feudalherren zu Dorfgemeinschaften, leisteten oft durch Massenflucht Widerstand oder empörten sich mit offener Gewalt. Die Erweiterung der landwirtschaftlichen Produktion, die Arbeitsteilung von Landwirtschaft und Handwerk, die Entwicklung von Handel und Verkehr waren die Voraussetzung für die regionalen Zusammenschlüsse der hörigen Bauern. Im 15. Jahrhundert schließlich wurden durch die großen Aufstände des Volkes die Relikte des Landgüter- und Sklavensystems beseitigt.

11

Die Niederen besiegen die Höheren,
Unruhen und Kämpfe im ganzen Land

Die lokalen Aufstände, die Provinz-Aufstände und die
Sengoku-Daimyō

Die Unruhen der Ōnin- und Bunmei-Ära

Die Unruhe in den unteren Schichten der Gesellschaft verschärfte auch die
bereits bestehenden Konflikte innerhalb der japanischen Oberschicht, zwischen den Shugo-Daimyō und den Angehörigen der Ashikaga. 1416 organisierte Yoshitsugu, der jüngere Bruder des Shōgun Yoshimochi, unterstützt
von Uesugi Ujinori, der dem Generalgouverneur Ashikaga Mochiuji unterstand, einen Aufstand, an dem sich auch andere Daimyō und mächtige
Samurai dieses Gebietes beteiligten. Nachdem das Bakufu den Aufstand
unterdrückt hatte, strebte Mochiuji nach dem Amt des Shōgun. 1423 befahl
Yoshimochi den Daimyō des Kantō-Gebietes, Mochiuji zu vernichten. Für
kurze Zeit konnte zwischen den Parteien Einigkeit erzielt werden, schließlich
aber gelang es Yoshinori, zweiter Shōgun nach Yoshimochi, im Jahre 1439
Mochiuji zu schlagen.

Yoshinori regierte ohne seine Regierungsorgane, denn die Politik der Anti-
Bakufu-Partei, die auch die überall im Land ausbrechenden Aufstände für
sich nutzte, machte eine solche Machtkonzentration notwendig. Diese Maßnahme aber isolierte wiederum das Bakufu von den Shugo-Daimyō. Außerdem stärkte der Tod des Generalgouverneurs aus der Ashikaga-Familie die
Position der Shugo-Daimyō dieses Gebiets. In Westjapan organisierten die
Shugo-Daimyō Ōtomo, Kikuike und Shōni einen Aufstand, wahrscheinlich
ebenfalls unter Ausnutzung der lokalen Aufstände. Das Bakufu beauftragte
den Ōuchi-Clan, den Aufstand zu unterdrücken, wodurch die Macht dieses
Clans wuchs und dieser sich immer mehr der Kontrolle des Bakufu entziehen konnte. Auch der Shimazu-Clan in Südkyūshū, der schon lange um Selbständigkeit gekämpft hatte, befreite sich aus der Bevormundung des Bakufu.
Der Shōgun Yoshinori versuchte 1441, den Kommissar der Provinz Harima,

Akamatsu Mitsusuke, seines Amtes zu entheben, fiel aber selbst einem Anschlag des Mitsusuke zum Opfer (Kakitsu-Aufstand). Mitsusuke wurde dann von einem Heer des vom folgenden Shōgun Yoshimasa (1436-1490) ernannten Yamana Mochitoyo geschlagen.

In dieser Zeit breitete sich in Ōmi ein Aufstand aus, den die Pferdeverleiher, die Schwächen des Bakufu nutzend, organisierten und der auch auf die Hauptstadt und deren Umgebung übergriff. Die Gruppen der Aufständischen, die sich in jedem Distrikt und jedem Dorf gebildet hatten, besetzten berühmte Tempel und Schreine, verliehen ihren Forderungen durch Brand und Plünderungen Nachdruck; ihrer Forderung, »Es ist üblich, daß der neue Shōgun eine »weise Politik« übt!«, wurde stattgegeben. Das Volk war bereits politisch so mündig geworden, daß es die Krisen des Bakufu für seine Zwecke zu nutzen verstand. Seit dieser Zeit ereigneten sich zum zweiten Mal vermehrt lokale Aufstände. Die Dörfer des Kinki-Gebietes befolgten kaum noch die Anordnungen der Kommissare und Feudalherren. 1454 und 1457 schlugen die Aufständischen der Provinz Yamashiro ein Heer des Bakufu und dessen Hilfstruppen, die die Wucherer zusammengestellt hatten, viele Soldaten liefen zu den Aufständischen über.

Auch in den Provinzen, die die sieben Familien, die obersten Beamten des Bakufu beherrschten, nutzten die nicht selbständigen Samurai die Aufstände zur Auflehnung. Sie mischten sich in die Erbschaftsstreitigkeiten ihrer Herren ein, mit dem Resultat, daß sich diese verschärften. In diesen Machtkämpfen vernichteten sich zwei Familien, der Shiba- und der Hatakeyama-Clan, während der Hosokawa-Clan seine Macht behaupten konnte. Von den Familien konnte nur der Yamana-Clan seinen Einfluß ausbauen und begann, mit dem Hosokawa-Clan zu rivalisieren. Beide mischten sich in die Streitigkeiten der Shiba und Hatakeyama ein, ebenso in die Nachfolgekämpfe zwischen Yoshimi, dem Bruder des Shōgun Yoshimasa, und dessen Sohn Yoshihisa. Hosokawa Katsumoto stand auf seiten von Yoshimi, Yamana Mochitoyo (1404-1473) setzte sich für Yoshihisa ein. Aus diesem Streit entwickelte sich 1467 ein Krieg, in den nicht nur alle mächtigen Beamten des Bakufu, sondern auch der Ōuchi-Clan und alle anderen mächtigen Shugo-Daimyō hineingezogen wurden, die Unruhen der Ōnin- und Bunmei-Ära.

Dieser Krieg wurde hauptsächlich in der Hauptstadt ausgetragen. Beide Heere rekrutierten sich aus Bauern, die ihre Dörfer verlassen hatten, und aus Bürgern der untersten Schichten der Residenz, die als bewaffnete Fußsoldaten dienten. Diese erhielten keinen Sold, durften stattdessen plündern und brandschatzen, was zur Folge hatte, daß mehr als die Hälfte der Hauptstadt zerstört wurde. Die Bürger klagten: »Ihr wißt, daß die Hauptstadt ein Acker geworden ist. Sieht man die Lerchen abends aufsteigen, fallen dennoch Tränen«. Der Krieg dauerte elf Jahre. Die Führer beider Heere kämpften nur in den ersten Jahren. Danach standen sich beide Heere gegenüber, ohne anzugreifen oder sich zurückzuziehen. Die Samurai und Fußsoldaten dachten nicht an Kampf, sondern nur ans Plündern. Wertvolle Beute gab es bald nicht mehr. Die Samurai wurden des sinnlosen Krieges überdrüssig und kehrten in ihre Heimat zurück, wo sich viele auf die Seite der Aufständischen schlugen. 1477 endeten die Kämpfe.

Die Unruhen während der Ōnin- und Bunmei-Ära teilten die Shōgun-Familie und jene Familien, die die höchsten Ämter des Bakufu innehatten, in zwei Lager und brachten beide fast um ihre Macht. Vier Jahre vor dem Ende der Unruhen übergab Shōgun Yoshimasa sein Amt an Yoshihisa. Als die Unruhen beendet waren, zog er sich in seine Villa am Ostberg zurück, veranstaltete dort mit den Hofadeligen und den Samurai Tag und Nacht Trinkgelage und fand etwa an solchen Vergnügungen Gefallen, bei denen die Amtskleidung, die für den nächsten Tag gebraucht wurde, gegen Sake verpfändet wurde. Die Autorität des Shōgun erreichte den Nullpunkt, die Familien Hosokawa und Yamana und die anderen der sieben Familien konnten ihre frühere Macht nicht wiederherstellen.

Seit dieser Zeit verstärkten sich die Kämpfe um Ländereien zwischen den Daimyō und den Samurai im ganzen Land; der Krieg dauerte mehr als hundert Jahre. Die Vasallen lehnten sich gegen ihre Herren auf, und es geschah nicht selten, daß sie, kaum daß sie an die Macht gelangt waren, von ihren eigenen Gefolgsleuten verdrängt wurden. Die Daimyō versagten dem Shōgun jede Achtung, und auch die Autorität des Tennō verblaßte. Die Machthaber dieser Zeit nannten die Umwälzung, die die hergebrachte Ordnung zerstörte und den herrschenden Schichten die Macht streitig machte, die Niederen besiegen die Höheren. Dieser Ausdruck ist schon in der Kamakura-Zeit, in der Mitte des 13. Jahrhunderts zu finden, gewann aber erst nach den Aufständen der Ōnin- und Bunmei-Ära für die ganze Gesellschaft seine wahre Bedeutung.

Der Aufstand in der Provinz Yamashiro und der Aufstand der Jōdō-Shin-Sekte (Ikkō-Sekte) in der Provinz Kaga

Diese Umwälzung war im Grunde ein Kampf der Bauern und der Barone, die sich von der Herrschaft ihrer Feudalherren befreien wollten. 1480 brach ein großer Aufstand aus, um gegen sieben neue Zollstationen zu protestieren, die Hino Tomiko (1440-1496), die Frau des Shōgun Yoshimasa, an den Zugängen zur Hauptstadt hatte errichten lassen. Das Volk zerstörte die Schranken und setzte selbst eine »weise Politik« durch. Diese auf die Kraft des Volkes gestützten Maßnahmen bedurften nicht mehr der Autorität des Bakufu. In Verbindung damit brach auch in Nord-Yamato ein Aufstand aus, in dem die dreizehnstöckige Pagode des Kōfukuji und andere berühmte Baudenkmäler Opfer der Flammen wurden. 1485 forderte der Aufstand in den Provinzen Omi, Yamashiro und Yamato zusammen mit den Samurai der starken Familien des Bakufu wie Hosokawa und Yamana die Herabsetzung der Jahresabgaben, in Yamato forderten die Dorfgemeinschaften und die Bauern von den Tempeln Kōfukuji, Tōdaiji, Hōryūji und anderen Feudalherren eine Verminderung der Abgaben und einen Erlaß der noch nicht eingezogenen Steuern, indem sie Nara von allen Seiten umzingelten. Der Ausgang dieses Aufstandes ist nicht bekannt, aber sogar in den direkt verwalteten Landgebieten, in denen das Feudalrecht der großen Tempel und Schreine noch stark war, vereinigten sich Dörfer, um sich gegen deren Herrschaft zu wehren.

Gegen Ende dieses Jahres brach in Süd-Yamashiro der berühmte Aufstand der Barone aus. Der Krieg innerhalb des Hatakeyama-Clans wirkte sich auch in diesem Gebiet aus, die Samurai beider Parteien drangen hier ein, so daß die Barone Bauern um sich sammelten, um ihrer Forderung nach dem Rückzug beider Heere Nachdruck zu verleihen. Sie forderten außerdem, daß Ländereien der Tempel, Schreine und Gutsherren zurückgegeben[1] und die Zollschranken beseitigt werden. Das Volk setzte danach einen aus 36 (oder 38) Baronen bestehenden Rat als oberste Entscheidungsbehörde und ein *tsukigyōji* genanntes, monatlich wechselndes Exekutivorgan zur Selbstverwaltung ein. Aber bald kam es zu Uneinigkeit unter den Baronen, zur Konfrontation zwischen diesen und den Bauern. Viele der Barone wurden Vasallen

---

1 Diese Forderung zielte nur scheinbar auf eine Restauration des Landgüter-Systems ab, ihr Hauptziel war in Wahrheit die Beseitigung der Herrschaft der Samurai. Das Feudalrecht der Tempel, Schreine und Gutsherren war ohnehin durch den Widerstand des Volkes geschwächt worden, mit deren Herrschaft entschied sich das Volk für das kleinere Übel im Vergleich zu jener der Samurai.

des neuen Kommissars Ise Sadamune oder anderer Daimyō. Die Selbstverwaltung des Aufstands von Yamashiro löste sich nach acht Jahren auf, aber es bestanden weiter Dörfer, die von Baronen beherrscht wurden.

Der Aufstand im Kinki-Gebiet brach unmittelbar nach dem Aufstand von Yamashiro Ende des 15. Jahrhunderts zusammen. In Nordostjapan und Mittelwestjapan dagegen, wo die Klassenteilung in den Dörfern später eingesetzt hatte als im Kinki-Gebiet, formierten sich unter der Führung der Barone neue Aufstände. Als klassisches Beispiel dafür ist zu nennen der im Norden, besonders in der Provinz Kaga ausgebrochene große Aufstand der Anhänger der Ikkō-Sekte.

Die von Shinran begründete Jōdō-Shin-Sekte spaltete sich später in die Sekten Takada Senjuji, Bukkōji und Honganji, der die Gebeine des Sektenbegründers aufbewahrt. Der Aufstand der Ikkō-Sekte war ein Aufstand der Anhänger des Honganji, der ab Mitte des 14. Jahrhunderts von der Provinz Ōmi aus missionarisch aktiv war und im Norden viele Anhänger gewann. In der Mitte des 15. Jahrhunderts gründete dort der Abt Rennyo, Nachkomme Shinrans in achter Generation, viele Gemeinden. Rennyo setzte die Lehre Shinrans, nach der Abt und Gläubige ohne Unterschied vor Buddha Brüder seien, in die Tat um, lebte mit den Bauern und verfaßte für sie in Silbenzeichen geschriebene Briefe, um ihnen diese Lehre nahezubringen. Seine Anhänger organisierten sich, um ihren Glauben zu festigen, zu *kō* genannten Gemeinschaften, die in ihrem Aufbau den Dorfgemeinschaften des Kinki-Gebietes ähnlich waren, insofern auch sie sich unabhängig von der Zugehörigkeit zu verschiedenen Feudalherren regional formierten. Die Bauern, die nun eine eigene Organisation hatten, befehdeten andere Sekten und mißachteten die Befehle des Feudalherren. Die Gemeinschaften fungierten aber auch als Widerstandsgruppen. Ihre Führer waren die Barone, die Samurai. Unter diesen gab es Großgrundbesitzer, die mehr als einen Distrikt ihr eigen nannten.

Während des Aufstandes der Ōnin- und Bunmei-Ära unterstützten die Anhänger der Sekte in Kaga den Kommissar Togashi Masachika und vernichteten dessen Feinde (1474). Masachika beherrschte danach uneingeschränkt das ganze Gebiet. Dieser Aufstand endete aber praktisch mit einem Sieg der Anhänger der Ikkō-Sekte über die Samurai, zumindest verzögerten sie die Jahresabgaben an die Feudalherren. Rennyo ermahnte seine Anhänger ohne Erfolg, nicht gegen andere Sekten zu kämpfen und den Befehlen der Kommissare und Verwalter zu gehorchen. Die Konfrontation zwischen Masachika und den Anhängern der Sekte verschärfte sich von Jahr zu Jahr;

1488 brach zwischen den beiden Parteien schließlich der offene Kampf aus. Die Anhänger der Sekte wählten Yasutaka, einen Verwandten Masachikas, zu ihrem Führer und schlugen mit einem 13000 Mann starken Heer Masachika. Yasutaka regierte danach als Kommissar nur dem Namen nach, die wirkliche Macht in der Provinz hatten die Barone unter den Anhängern der Ikkō-Sekte. Für ein Jahrhundert blieb die Provinz Kaga in den Händen der Bauern. Die Klasse der Barone wurde immer stärker, die Gemeinschaften entwickelten sich zu einem Herrschaftsinstrument der Barone über die Bauern, wie ja auch schon vorher der Aufstand von Yamashiro den Baronen die Herrschaft über die einfachen Bauern gesichert hatte.

Die Verarmung der Kaiserfamilie durch die Abschaffung der Landgüter

Durch die Aufstände konnten die Barone ihre Macht ausbauen. Die Provinz-Aufstände, die die regionalen Aufstände ausnutzten, und die Aufstände der Ikkō-Sekte, die das gleiche unter dem Mantel der Religion taten, lösten sich zwar durch innere Spaltung immer wieder auf, hatten aber eine wichtige historische Funktion. Die große Gebiete erfassenden Aufstände bildeten den Höhepunkt des Kampfes gegen die Feudalherrschaft. Außer diesen gab es aber auch andere Äußerungen des Widerstandes (Verweigern der Jahresabgaben, Flucht), die nicht den Namen Aufstand verdienen, in denen sich aber gleichwohl der Protest der Barone und des Volkes gegen die Ausbeutung seitens der Hofadeligen, der Tempel und Schreine, der Herren der Landgüter oder der Samurai artikulierte.

In diesem historischen Prozeß entwickelten sich die Sklaven zu selbständig wirtschaftenden Kleinbauern, die Klasseneinteilung der Bauern in Grundbesitzer und Kleinbauern machte immer schnellere Fortschritte. In der Mitte des 16. Jahrhunderts war in den entwickelten Gebieten dieser Prozeß abgeschlossen. Das Ergebnis waren »Dörfer«, zu denen sich hauptsächlich die selbständig wirtschaftenden Kleinbauern zusammengeschlossen hatten. Auch in den rückständigeren Gebieten begannen die Barone die Dörfer zu beherrschen. Diejenigen, die es verstanden, sich dieser historischen Entwicklung anzupassen und die herrschende Schicht der Dörfer für sich zu gewinnen, entwickelten sich zu neuen Feudalherren, den Sengoku-Daimyō. Die Shugo-Daimyō, die das nicht konnten, und das ihnen übergeordnete Muromachi-Bakufu, verloren durch innere Machtkämpfe allmählich ihre

152

Macht, desgleichen die Kaiserfamilie und die Hofadeligen, die auf den Schutz des Bakufu angewiesen waren und nur über geringe Einnahmen aus ihren Landgütern verfügten.

Ab Ende des 15. bis Mitte des 16. Jahrhunderts fand der vom Hof festgesetzte Äraname keine Anwendung mehr, er wurde je nach Gebiet durch beliebig festgesetzte Äranamen ersetzt. Aus dieser Tatsache ist ersichtlich, daß der Hof des Tennō für die Feudalherren und für das Volk der Landgebiete jede Bedeutung verloren hatte.

1502 wollte Go-Shirakawa-Tennō, der schon zwei Jahre zuvor Kaiser geworden war, die Nachfolge-Zeremonie abhalten lassen. Da er nicht die Mittel dazu hatte, befahl er dem Generalgouverneur Hosokawa Masamoto, Geld zu spenden, aber Masamoto verweigerte die Spende mit der Begründung: »Es ist unnütz, im Palast die Nachfolgezeremonie auszuführen. Auch wenn man diese ausführt, wissen die Ungebildeten doch nicht, daß der Tennō ihr Herrscher ist; denn ich bin der Herrscher dieses Landes. Also sind solche Zeremonien fortab nicht mehr angebracht.« Der Hof wußte dagegen nichts einzuwenden und verzichtete auf eine Nachfolgezeremonie. Dieses Ereignis verdeutlicht exemplarisch die wirtschaftliche Verarmung und den Autoritätsverlust des Hofes.

Auch der folgende Go-Nara-Tennō konnte kaum seine Nachfolgezeremonie finanzieren. Zu dieser Zeit herrschte am Hof der Brauch, jeden Winter am Tag des ersten Schneefalls das Fest der »Schneeschau« zu begehen. 1532 fand die Schneeschau ohne Reiswein statt. War der Tennō schon so arm, um wieviel ärmer erst der Adel. Die Hofadeligen, die das Amt des Staatrats bekleideten, wurden Bettler, und die Familie des Regenten besaß keine warme Kleidung, um sich gegen die Kälte des Winters zu schützen.

Die lokale Herrschaft der Sengoku-Daimyō

Aus den auf Tod und Leben geführten Kämpfen um Ländereien — »Töten und Rauben ist der Brauch der Samurai« — ging aus den Reihen der Feudalherren und Samurai der Landgebiete ein neuer Typus von Daimyō, die sogenannten Sengoku-Daimyō hervor. Sie machten sich von der zentralen Bakufu-Macht unabhängig, so z.B. in den Ostgebieten Ise Nagauji, der zunächst als Gast im Hause von Imakawa Yoshitada, des Kommissars der Provinz Suruga, gelebt hatte und keine eigenen Ländereien besaß. Als Yoshitada bei der Befriedung des Provinz-Aufstandes in Ōmi gefallen war (1476), brachen in der Imakawa Machtkämpfe aus, die Nagauji beilegen konnte. Als Belohnung erhielt er den Distrikt Fuji als Lehen. Unter Ausnutzung des Machtkampfes innerhalb der Familie des Generalgouverneurs erweiterte er seine Ländereien im Kantō-Gebiet, eroberte 1495 die Burg von Odawara und von dort aus das Südkantō-Gebiet. Seine Nachkommen sicherten sich dort für lange Zeit Reichtum und Macht.

In Kōshu, Shinano und Echigo tötete Nagao Tamekage, ein Vasall von Uesugi, den Kommissar von Echigo, 1507 seinen Herrn. Sein Sohn Kagetora wurde von der Uesugi-Familie als Erbe eingesetzt, nannte sich Uesugi Kenshin (1530-1578), und der Generalgouverneur dehnte seine Herrschaft über Echigo und Nordkantō aus. In der Provinz Kai gelangte durch Nobutora und dessen Sohn Shingen (1521-1573) die Takeda-Familie an die Macht, der schließlich die ganze Provinz, später auch Süd-Shinano und Teile von Suruga und Ōmi gehörten.

Zwischen Ende des 15. bis Mitte des 16. Jahrhunderts beherrschten im Tōkai-Gebiet die Kommissare aus der Familie Imakawa die Provinzen Suruga und Ōmi, später abgelöst durch Matsudaira Hirotada und dessen Sohn Ieyasu (Tokugawa Ieyasu, 1543-1616), Nachkommen von Matsudaira Gō, einem kleinen Feudalherren der Provinz Mikawa. In Owari gewann Nobunaga aus der Familie der Oda, die von einem kleinen Feudalherren in Echizen, Oda no Shō, abstammten und der Shiba-Familie als Vertreter des Kommissars gedient hatten, immer mehr an Einfluß. In Shinano übernahm Saitō Dōsan (1494-1556) aus dem Hause eines Kaufmanns aus Yamashiro anstelle der Kommissars-Familie Toki die Macht.

Im Kinki-Gebiet waren die Machtkämpfe zwischen den Kommissars-Familien und die Auswirkungen der Unruhen genauso stark wie in den anderen Provinzen, aber die Macht der kleineren Feudalherren hielt sich hier die Waage. Überdies behaupteten in den Dörfern die Barone und die Bauern, auch nachdem die Aufstände befriedet waren, weitgehend ihre Selbständigkeit. Der Handel entwickelte sich schneller und die reichen Bürger verwalteten ihre Städte selbst. Kein Feudalherr war stark genug, die Städte und Dörfer zu unterdrücken. Aus diesem Grunde gelangten die Daimyō hier nicht wie in Tōkai oder Kantō zur Herrschaft über weite Gebiete, höchstens die Asai-Familie gewann eine Sonderstellung.

Im Norden blieb der Einfluß der Ikkō-Sekte ungebrochen. Mit Ausnahme der Asakura-Familie gab es keine starken Daimyō. Der Aufstand der Ikkō-Sekte der Provinz Kaga, die ab Mitte des 15. Jahrhunderts in die Hände der

Bauern geriet, spaltete sich zu Beginn des 16. Jahrunderts in die Schicht der Barone und der einfachen Bauern. Die 1531 vom Honganji entsandten Samurai organisierten die Bauern zu einem »großen Aufstand«, dem es gelang, den »kleinen Aufstand«, repräsentiert von den Baronen und den einflußreichen Mönchen der Tempel, zu besiegen. Dieser Sieg kam allerdings weniger den Bauern, sondern eher dem Honganji zugute, der praktisch die Macht eines Daimyō besaß.

Im östlichen Teil von Mittelwestjapan übernahm die Uragami-Familie die Macht und verdrängte die Akamatsu-Familie, die einst Kommissare von Harima, Bizen und Mimasaka waren, wurde aber dann von der Ukita-Familie, ihren Vasallen, vernichtet. Im westlichen Teil herrschte bis Mitte des 16. Jahrhunderts die Ōuchi-Familie als Kommissar über die Provinzen Suō, Nagato und Buzen, aber der Vasall Sue Harukata empörte sich 1551 gegen seinen Herrn Ōuchi Yoshitaka und zwang diesen und dessen Sohn und viele aus Kyōto geflüchtete Adlige zum Selbstmord. Aber auch die Sue-Familie wurde von einem anderen Vasall der Ōuchi-Familie, von Mori Motonari (1497-1571), Nachkomme eines kleineren Feudalherren aus Aki, vernichtet (1555). Es gelang Motonari zudem, einen großen Teil der Gebiete San'in und San'yō in seine Gewalt zu bringen.

Auch in Shikoku verlor die Familie Hosokawa, die in Awa und San'uki ihren Sitz hatte, die Macht an ihre Vasallen, die Miyoshi-Familie, die diese dann wiederum an die Matsunaga-Familie abtreten mußte. Chōsokabe Motochika (1539-1599), ein kleiner Feudalherr aus Tosa vom Range eines Samurai, unterwarf alle anderen Feudalherren der Provinz, vertrieb 1581 die Kommissar-Familie Ichijō und dehnte seine Herrschaft über den größten Teil von Shikoku aus.

In Kyūshū entwickelten sich in Bungo die Ōtomo-Familie und in Satsuma die Shimazu-Familie aus Shugo-Daimyō herkömmlichen Typs zu neuen, unabhängigen Sengoku-Daimyō. Auch die Ryūzōji-Familie, einst Vasall der Kommissars-Familie Shōni, verdrängte diese aus ihrer Machtstellung.

In Mutsu und Dewa, damals noch rückständige Territorien, herrschten die kleineren Feudalherren wie Sklavenherren über ihre Ländereien. Die Familien Date, Nanbu, Mogami und Ashina unterwarfen die benachbarten Gebiete, Mitte des 16. Jahrhunderts hatte sich die Date-Familie eine führende Stellung erkämpft.

Charakteristika der neuen Herrschaft

Die Sengoku-Daimyō brachten sich — »Töten und Rauben ist der Brauch der Samurai« — in den Besitz fremder Ländereien. Sie verbanden sich mit A, um B zu vernichten, danach mit C, um A aus dem Weg zu räumen, entweder ihren Herrn und dessen ganze Familie oder andere durch Überraschungsangriff oder Meuchelmord. Sie mußten stets auf der Hut sein, daß die anderen nicht die gleichen Mittel gegen sie selbst richteten. »Geht ein Mann aus dem Haus, hat er drei Feinde«, hieß es zwar, aber die Feinde waren auch im eigenen Haus. Chōsokabe Motochika legte in seinen »Hundert Artikeln« fest, daß, war der Mann aus dem Haus, kein blinder Masseur, kein Kaufmann, kein fahrender Künstler, nicht einmal Verwandte ins Haus durften, oder daß, war die Frau außerhalb des Hauses erkrankt, nur ein Vertreter der Familie einen Krankenbesuch machen durfte. Takeda Shingen bemerkte in seinen »Hausregeln«, daß auch dann, wenn Mann und Frau zusammen schliefen, das Schwert in greifbarer Nähe liegen müsse.

Das Herrschaftssystem der Sengoku-Daimyō war nicht einheitlich, sondern unterschied sich je nach Periode und dem Fortschritt der gesellschaftlichen Klasseneinteilung. In der frühen Periode — (in den weniger entwickelten Gebieten bis zur späten Periode) — unterschied sich ihre Herrschaft kaum von der der herkömmlichen Shugo-Daimyō. Sie beherrschten nur einen Teil ihrer Provinz direkt, über den anderen verfügten die kleineren Feudalherren, die sich dem Daimyō untergeordnet hatten und zu Kriegsdiensten verpflichtet waren. Später aber versuchten sie, ihre Provinz ganz zu beherrschen, konfiszierten, sobald sich ihnen Gelegenheit bot, die Ländereien der kleinen Feudalherren und machten diese zu ihren Vasallen. Wenn sie ihnen später zur Belohnung die früheren Ländereien auch oft zurückgaben, so schränkten sie ihre Herrschaftsrechte entscheidend ein. Es war ihr Ziel, als echte Feudalherren zu herrschen. Zu diesem Zweck hetzten sie auch, so wie es die Hōjō-Familie getan hatte, die Bauern gegen die kleineren Feudalherren auf (z.B. der Honganji, der in Echizen den »großen Aufstand« gegen den »kleinen« ausgespielt hatte).

Auf diese Weise setzten die Sengoku-Daimyō ihre Herrschaft durch und verpflichteten ihre Vasallen als *bugyō, kumigashira, yorioya* und *yoriko* genannte Führer ihrer militärischen Einheiten, die gleichzeitig die Aufgabe hatten, das Volk zu unterdrücken. Bis zur Mitte des 16. Jahrhunderts wohnten die Samurai, die Vasallen der Daimyō von hohem als auch niederem Rang zu Friedenszeiten auf ihren Ländereien. Die von höherem Rang waren gleichzeitig Verwaltungsbeamte über Distrikte und Dörfer. Die Samurai des untersten Rangs rekrutierten sich aus Bauern, und auch für die mittleren Ränge waren Kriegsdienst und Landwirtschaft noch nicht getrennt.

Der nicht enden wollende Krieg machte schließlich ein stehendes Heer erforderlich und auch die Methoden der Kriegführung änderten sich. Nicht nur die Reiterabteilungen der Samurai entschieden die Schlachten, sondern auch Einheiten, die mit Lanzen, Pfeil und Bogen ausgerüstet waren, später mit Gewehren. Diese Gewehrabteilungen wurden von Jahr zu Jahr wichtiger, eine Tatsache, die die Notwendigkeit eines stehenden Heeres noch verstärkte. In dieser Zeit verließen die Samurai und die einfacheren Soldaten ihre Dörfer und formierten sich zu Einheiten, die ausschließlich dem Schutz der Herrschenden und der Kriegführung dienten. Sie wurden ab Mitte des 16. Jahrhunderts vor den Toren der Burgen angesiedelt, die Teilung von Kriegshandwerk und Landwirtschaft wurde definitiv.

12
Das Entstehen freier Städte
Die Entwicklung von Industrie, Handel und Überseehandel

*Die selbstwirtschaftenden Bauern und die Entwicklung von
Landwirtschaft und Fischerei*

Während der zwei Jahrhunderte vom Untergang des Kamakura-Bakufu bis
zu der Zeit, in der die neuen Sengoku-Daimyō zur Herrschaft gelangten, wurden die Überreste des Sklavensystems vollständig eliminiert. In den untersten Schichten der Gesellschaft entwickelten sich regionale Zusammenschlüsse frei wirtschaftender Kleinbauern, in den oberen Schichten Groß-
grundbesitz, Voraussetzungen für die Erweiterung von Produktion und
Warenumlauf. Charakteristisch für die Muromachi- und Sengoku-Zeit
waren deshalb die Erhöhung der landwirtschaftlichen Produktionskraft, die
Teilung von Handwerk und Landwirtschaft, die Entwicklung des Bergbaues,
das Entstehen spezieller Handels- und Gewerbezentren und die Erweiterung
des Außenhandels.

Die Bauern hatten erreicht, daß sie nur noch wenige Fronarbeiten zu lei-
sten hatten, die Jahresabgaben und andere Lasten konnten außer in Reis in
Form anderer Waren oder in Geld entrichtet werden. Die Bauern waren zwar
nach wie vor als Hörige den Feudalherren unterworfen, sie konnten aber ihre
Arbeit weitgehend selbständig planen, eine Tatsache, die ihrer Erfindungs-
kraft Impulse gab, Produktionskraft und Agrartechnik weiterzuentwickeln.
So wurden neue Reissorten gezüchtet, der Frühreis, der Mittelreis und der
Spätreis, unter diesen wiederum verschiedene Sorten, die je den besonderen
Bedingungen des Klimas, der Bodenbeschaffenheit und den Möglichkeiten
der Bewässerung entsprachen. Die Verwendung von Rind und Pferd für die
Feldbestellung setzte sich in dieser Zeit auch bei den Kleinbauern durch. Die
Bewässerungstechnik wurde revolutioniert durch Nutzung der Wasserkraft
zum Betreiben von Pumpwerken. Ein koreanischer Gesandter, der 1405 das

Bakufu besuchte, äußerte nur Bewunderung, als er in der Provinz Settsu in der Nähe von Amagasaki die technisch perfekten japanischen Wasserräder und die Drei-Frucht-Bestellung besichtigte.

Solange das Land vielen Feudalherren gehörte, machte die Technik der Flußregulierung und das Erschließen neuer Wasserwege nur langsame Fortschritte, unter der Herrschaft der Sengoku-Daimyō aber, die größere Gebiete kultivieren wollten, wurden große Erd- und Kanalisationsarbeiten ausgeführt. Ein berühmtes Beispiel dafür ist der von Takeda Shingen zur Erschließung des Kōfu-Beckens erbaute Damm an den Flüssen Fuefukigawa und Kamanashigawa. Die Sengoku-Daimyō ließen sich auch feste, schwer einnehmbare Schlösser bauen, für die eigens eine Technik der Bewässerung und Abwasserregulierung gefunden werden mußte.

In den Küstengebieten der Setonaikai wurde Sesam angebaut, den die Händler der Ōyamazaki-Gilde aufkauften, mit dem Schiff nach Yamazaki transportierten und dort daraus Brennöl gewannen. Der Anbau von Tee, Firnisbaum, Maulbeerbaum und Baumwolle wurde in dieser Zeit intensiver betrieben. Gegen Ende des 14. Jahrhunderts wurden zum ersten Mal Baumwollstoffe aus Korea importiert, gegen Ende des 15. Jahrhunderts begannen die Japaner selbst Baumwolle anzubauen und Stoffe zu weben. Im 16. Jahrhundert war Anbau und Produktion bereits im Lande weit verbreitet. Die Mikawa-Baumwolle war wegen ihrer Qualität schon früh berühmt. Ebenso nahm der Anbau von Indigo-Pflanzen zu.

Auch die Fischereiwirtschaft entwickelte sich seit dem 15. Jahrhundert schnell. Spezialnetze machten den Fang von Sardinen, Meerbrassen und Gelbfischen ertragreicher, ebenso die Entwicklung von Schleppnetzen. Das Bakufu veröffentlichte ein neues Fischereirecht. Die Fische wurden in Salz eingelegt und in viele Teile des Landes verschickt.

Bergbau, Hüttentechnik und die Entwicklung des Handwerks

Wie bisher wurde Eisen aus Eisensand gewonnen. Die Produktion von Kupfer stieg seit dem 14. Jahrhundert sprunghaft an. Im 15. Jahrhundert wurden bereits große Mengen davon nach China exportiert. Kupfer wurde vor allem in den Bergwerken von Akenobu in Tajima, von Yoshioka in Bitchū, in Mimasaka und Bingo gefördert, und zwar nicht nur im Tagebau, sondern auch untertage als Erz, das dann raffiniert wurde. Silber wurde Anfang des

16. Jahrhunderts in Ōmori (Provinz Iwami) entdeckt, die Erschließung von Silberbergwerken machte Fortschritte, nachdem Kaufleute aus Hakata zwei Arbeiter nach Korea und China geschickt hatten, um sie dort in der Technik des Kupellierungsprozesses ausbilden zu lassen (1533). Gold wurde nicht nur aus Goldsand gewonnen, sondern auch aus Erz raffiniert. Die Sengoku-Daimyō bemühten sich um die Erschließung von Goldbergwerken, um ihre Kriegskassen zu füllen, früheste Beispiele dafür sind das Bergwerk Kurogawa in Kai, das Takeda Shingen erschließen ließ, und das Bergwerk Fuji in Suruga, das zunächst der Familie Imakawa, dann der Familie Takeda gehörte. Die verstärkte Gewinnung von Gold, Silber und Kupfer war die Bedingung dafür, daß nun große Mengen von Münzen geprägt und in Umlauf gebracht werden konnten.

Die Erweiterung der Produktpalette und die Entwicklung von Bergbau und Hüttentechnik förderten die Entwicklung verschiedener handwerklicher Techniken und an Regionen gebundener Spezialerzeugnisse, also auch die regionale Arbeitsteilung. In Nishijin in Kyōto spezialisierten sich Webereien, die aus China importiertes Seidengarn verarbeiteten, ebenso in Yamaguchi (Provinz Suō) und Sakai (Provinz Izumi), in den Provinzen Tango, Mino, Owari und Kaga. Aus der Rinde des Papiermaulbeerbaums und des Ganpi-Baums wurden, besonders in Bitchū, Mino und Yamato, verschiedene Papiersorten hergestellt, die bei Tempeln und Schreinen, den Samurai und Kaufleuten große Nachfrage fanden. Die Seto-Keramik aus Owari wurde im ganzen Land gehandelt. Der Reiswein vom Kongōsan (Kawachi) oder aus Hakata in Tsukushi oder aus Nara war in den Kreisen der Samurai und der herrschenden Schicht bekannt und beliebt.

In der handwerklichen Produktion nahmen die Schmiede und Gießer, die landwirtschaftliche Geräte, Werkzeuge, Kessel, Schüsseln und Schwerter herstellten, eine besonders wichtige Stellung ein. Bis zum 15. Jahrhundert ließen die ansässigen Feudalherren in eigenen Werkstätten von versklavten Schmieden und Gießern Produkte zum eigenen Gebrauch herstellen und verkauften die Überschüsse auf dem Markt. Zu dieser Zeit gab es aber schon fahrende Handwerker, und in den Städten Kyōto, Sakai und Kamakura hatten sich selbständige Handwerker niedergelassen. Zur Zeit der Sengoku-Daimyō machten sich, angeregt von der steigenden Nachfrage nach landwirtschaftlichem Gerät und anderen Waren, viele Handwerker von ihren Feudalherren selbständig, ein Teil von ihnen mußte sich allerdings — insbesondere als Waffenhersteller der Daimyō — erneut in Abhängigkeit begeben. In Kawachi, Yamato, Harima, Noto, Shimotsuke und Tsukushi entstanden konzentriert Zentren für Eisenprodukte, berühmt waren Tsukushi (Eisenkessel) und Harima (Schüsseln).

Die steigende Nachfrage förderte die regionale Spezialisierung und die Erweiterung der handwerklichen Produktion, so daß die Fachhandwerker zur Sicherung ihres Lebensunterhalts nicht mehr nebenbei Landwirtschaft betreiben mußten. Diese Handwerker arbeiteten in eigener Werkstatt mit eigenem Gerät. Sie produzierten je nach Auftrag mit fremdem Material gegen Verrechnung der Herstellungskosten oder auch mit eigenem Material Waren für den Markt. Solange Zimmerleute, Putzmaurer, Gärtner und Tischler ausschließlich für die Hofadeligen, Tempel, Schreine und die Samurai arbeiteten, mußten sie sich diesen unterwerfen. Als aber Städte entstanden und die Nachfrage nach Häusern und Geschäften dort immer größer wurde, ließen sie sich dort nieder. Die soziale Arbeitsteilung machte schnell weitere Fortschritte.

Die neuen Handelsstädte

Der Anstieg der Produktionskraft und der Prozeß der sozialen Arbeitsteilung förderten natürlich auch den Handel. Die einst in unregelmäßigen Abständen stattfindenden Märkte der Landgebiete wurden ständige Einrichtung, nahmen an Zahl zu, wurden regelmäßig alle acht, sechs oder vier Tage abgehalten. Die Orte Yokkaichi und Yōkaichi[1] haben ihren Namen von diesen Märkten des Mittelalters. Als die Märkte ständige Einrichtung wurden, siedelten sich Kaufleute an, entstanden Handelsstädte, wie z.B. am Ufer des Biwa-Sees oder am Lauf des Flusses Yodogawa. Die für den Seehandel eingerichteten Häfen wie Sakai, Hyōgo, Onomichi und Hakata gewannen immer mehr an Bedeutung. Neue Häfen entstanden in Hokuriku, neben Tsuruga und Obama auch Mikuniminato in Echizen und Kashiwazaki in Echigo, ein Hafen, der für den Verkehr nach Nordjapan wichtig wurde und bereits in der zweiten Hälfte des 15. Jahrhunderts ein Handelsviertel besaß, das mehr als dreitausend Häuser umfaßte. Auch in der Ise-Bucht wurden Häfen angelegt, wie z.B. in Kuwana und Anotsu.

Die Märkte vor den Toren der Tempel und Schreine entwickelten sich ebenfalls zu Handelsvierteln wie in Nara; neue Städte entstanden vor dem

---

1 Alle vier bzw. acht Tage abgehaltener Markt.

Tempel Tennōji (Ōsaka) und vor dem Ise-Schrein, Städte, die in der Mitte des 15. Jahrhunderts schon mehrere tausend Häuser zählten.

In der Muromachi-Zeit entstanden auch vor den Burgen der Daimyō Städte. In Yamaguchi, der Burgstadt der Ōuchi-Familie, hatten sich Großhändler niedergelassen, die Handel mit China betrieben, ebenso Hofadelige, die sich während der Aufstände der Ōnin- und Bunmei-Ära hier in Sicherheit gebracht hatten. In der Stadt entwickelte sich ein reges kulturelles Leben, so daß man sie bald als das Kyōto Westjapans bezeichnete.

Edo, wo Mitte des 15. Jahrhunderts Ōta Dōkan seine Residenz errichtet hatte, war Umschlagplatz für alle Waren, die das Kantō-Gebiet produzierte. Vor der Burg fand fast jeden Tag ein Markt statt. Kyōto dagegen verlor seine Bedeutung. Durch den Ōnin- und Bunmei-Aufstand wurde die Hauptstadt ganz zerstört, die Macht der Landbesitzer verfiel, auch die des Bakufu. Erst zu Beginn des 16. Jahrhunderts, als im Kinki-Gebiet Handel und Gewerbe aufblühten, wurde Kyōto wieder Handelszentrum. Der Machtverlust des Hofadels und des Bakufu war die Bedingung dafür, daß Händler und Handwerker sich frei entfalten konnten.

In den großen Märkten und Städten etablierten sich Spezialmärkte, wie der Reismarkt im Muromachi-Viertel von Kyōto oder der Fischmarkt am Fluß Yodogawa. Gleichzeitig bildete sich der Unterschied zwischen Groß- und Kleinhandel immer stärker aus. Die Großhändler hatten einst die Aufgabe, für die Herren der Landgüter die Jahresabgaben zu sammeln und zu lagern. Sie entwickelten sich zu Großhändlern und Transportunternehmern, die auch weiterhin die Jahresabgaben in Kommission nahmen, dazu Kredit- und Wuchergeschäfte betrieben. Durch die Entwicklung der Handelsbeziehungen zwischen entfernteren Gebieten nahm das Wechselgeschäft einen großen Aufschwung, auch der Hausierhandel entwickelte sich in großem Umfang. Die Händler zogen, zum Schutz gegen Überfälle von einer bewaffneten Abteilung begleitet, in weit entlegene Gebiete. Besonders die Händlergruppen aus der Provinz Ōmi entwickelten hier eine auffallende Aktivität.

Der lizensierte Außenhandel und die japanischen Piraten

Bis Anfang des 16. Jahrhunderts blieb der Binnenhandel Monopol der von den Feudalherren beherrschten Gilden. Der Außenhandel dagegen war bis Anfang der Muromachi-Zeit vollkommen frei. Die herrschende Klasse — nur der Taira-Clan bildete eine Ausnahme — versuchte nicht, sich die Gewinne zu sichern. Erst als der Außenhandel großen Profit einbrachte, begann das Bakufu während der Regierungszeit von Ashikaga Yoshimitsu diesen Bereich zu kontrollieren. Allerdings gab es auch schon vor Yoshimitsu Ansätze dazu; so entsandte bereits Takauji *tenryū sen* genannte Schiffe nach China, um den Bau des Tempels Tenryūji durch die Einnahmen finanzieren zu können, doch versuchte das Bakufu noch nicht, den Außenhandel zu monopolisieren. Als China[1] und Korea von Yoshimitsu Maßnahmen gegen die Übergriffe der Piraten forderten, versprach dieser dem Ming-Kaiser, deren Aktionen zu unterdrücken, und eröffnete offiziell den Handel mit China, der zunächst in Form von Tributlieferungen des »Königs von Japan« an den Ming-Kaiser vonstatten ging.

Yoshimitsu vereinbarte 1404 auf Vorschlag der Großhändler von Hakata mit China, daß *kangōfu* genannte Kontermarken ausgegeben würden, und erteilte mit diesen einer beschränkten Zahl von Schiffen die Handelserlaubnis. Die Schiffe, die damals nach China ausliefen, faßten etwa tausend Tonnen Ladung. Dieser Handel wurde, da er als Tribut eines untergeordneten Landes angesehen wurde, nicht mit Zöllen belegt. China übernahm dazu die Lasten für den Aufenthalt der Gesandten des »Königs von Japan« und deren Begleiter, ebenso die Transportkosten zu Lande und revanchierte sich durch kostbare Geschenke, so daß eine Überfahrt den fünf bis sechsfachen Profit einbrachte.

Die Waren, die Japan ausführte, waren im wesentlichen dieselben wie zur Zeit des Handels mit den Song, der Export von Schwertern und Schwefel aber nahm zu. Das Bakufu, die Clans Ōuchi und Hosokawa, die Tempel Tenryūji und Shōkokuji und andere mächtige Kommissare hatten zwar das Recht, Schiffen das Handelsprivileg zu verleihen, aber der Einkauf von Export- und der Verkauf von Importgütern war Sache der Großhändler in Kyōto, Sakai und Hakata, die den größten Teil des Profits für sich verbuchten.

Die Piraten, sowohl freie Händler als auch Piraten, fuhren auch ohne Erlaubnis mit ihren *bahan sen*[2] genannten Schiffen und trotz der Maßnahmen des Ming-Hofes nach China, denn auch dort gab es nicht wenige, die freien Handel treiben wollten. Als die Macht des Bakufu zerfiel und auch die

---

1 1368 hatte die Ming-Dynastie die Yuan-Dynastie gestürzt. In Korea hatte der Yi-Clan 1392 die Macht des Koryo-Hofes ausgeschaltet und das einheitliche Reich Choson (Chōsen) geründet. Seit dieser Zeit wurden die Einfälle der japanischen Priaten in China und Korea immer häufiger.
2 *bahan = hachiman;* mit der Flagge des *hachiman daibosatsu* gekennzeichnete Schiffe.

Clans Ōuchi und Hosokawa ihre Macht verloren, brach der privilegierte Außenhandel zusammen. 1549 wurde das letzte Schiff nach China entsandt. Da der Ming-Hof den freien Handel immer stärker unterdrückte, taten sich viele chinesische Händler als Piraten mit den japanischen Piraten zusammen und machten zwischen 1540 und 1556 die Küsten von Mittel- und Südchina unsicher. Der Ming-Hof traf harte Gegenmaßnahmen und verbot gleichzeitig jeden Handel mit Japan. Die japanischen Piraten fielen zwar weiterhin in China ein, aber verlegten dann, angeregt von den Begegnungen mit portugiesischen und spanischen Handelsschiffen, ihren Aktionsraum nach Südostasien.

Die Beziehungen zwischen Japan und dem Königreich Ryūkyū

Während der Muromachi- bzw. der Sengoku-Zeit herrschten rege Handelsbeziehungen zwischen Japan und den Ryūkyū-Inseln. Ryūkyū exportierte keine eigenen Produkte, sondern profitierte vom Zwischenhandel, den es mit Korea, China, Südostasien und Japan betrieb.

Die Bewohner der Ryūkyū-Inseln sind nach Rasse und Sprache ein Zweig der Japaner. Auf der Hauptinsel Okinawa wurden Gefäße gefunden, die im Stil den Funden der Jōmon-Kultur Japans entsprechen. Zwischen den Bewohnern Ryūkyūs und Südkyūshūs gab es seit alters sporadische Handelsbeziehungen, feste Kontakte zwischen Ryūkyū und Japan aber entwickelten sich erst seit dem 13. Jahrhundert. Zu dieser Zeit waren die Ryūkyū in Stammesstaaten aufgeteilt, die von *aji* genannten Führern beherrscht wurden. Ende des 12. Jahrhunderts einigte Shunten, der Führer von Urazoe (in der Nähe von Shuri) den Mittelteil der Insel unter seiner Herrschaft. Aus dem 16. Jahrhundert stammt eine Legende, nach der Minamoto no Tameyori nach Ryūkyū gekommen sein und mit einem Mädchen dieser Gegend Shunten gezeugt haben soll. Es besteht jedoch starker Zweifel, ob Tameyoshi jemals auf den Ryūkyū-Inseln war. Sicher ist jedoch, daß sich zur Regierungszeit Shuntens ein reger Verkehr zwischen den Ryūkyū und Kyūshū zu entwickeln begann.

Mitte des 13. Jahrhunderts ging das von Shunten gegründete Königreich zugrunde und wurde abgelöst durch ein neues unter der Führung von Eiso. Zur selben Zeit waren auch im Süden und Norden der Ryūkyū-Inseln Staaten entstanden. Später nannte man den nördlichen Staat Hokuzan oder Sanhoku, den mittleren Chūzan und den südlichen Nanzan oder Sannan. Diese drei Staaten führten untereinander heftige Machtkämpfe, der von Eiso gegründete Staat Chūzan behauptete jedoch seine Vorrangstellung.

1349 stürzte Satto, der Führer von Urazoe, Eiso und machte sich zum König von Chūzan, 1372 leistete er zum ersten Mal dem Ming-Hof Tribut. Die Überlieferung berichtet, daß Satto von japanischen Händlern Eisen gekauft habe, daraus Eisengeräte habe herstellen lassen und deshalb populär geworden sei. Diese Überlieferung ist historisch nicht abgesichert, viele Quellen aber erwähnen den Gebrauch von Eisengeräten für die Landbestellung seit dem 13. und 14. Jahrhundert. Es kann als sicher gelten, daß in dieser Zeit Eisengeräte und die Technik ihrer Herstellung aus Japan importiert wurden.

Anfang des 15. Jahrhunderts unterwarf Shōhashi, König von Chūzan, die Staaten Nanzan und Hokuzan und errichtete ein Königreich, das auch die anderen Inseln von Ryūkyū in seinen Herrschaftsbereich einbezog. Unter der Herrschaft von Shōhashi entwickelte sich die Kultur der Ryūkyū-Inseln sprunghaft, der Zwischenhandel besonders mit den Ländern Südostasiens brachte dem Königreich einen großen wirtschaftlichen Aufschwung. Auch der Verkehr und der Handel mit Japan entwickelten sich seit Mitte des 15. Jahrhunderts intensiver. Die Inschrift auf der Glocke der Haupthalle des Schlosses in Shuri nennt die Beziehung zwischen Japan und Ryūkyū so eng wie die zwischen »Lippe und Zahn«. Ryūkyū importierte aus Japan nicht nur Rohmaterialien, sondern auch die Silbenschrift, Schriftzeichen *(kanji)* und die gemischte Schreibweise von Silbenzeichen und Schriftzeichen, ebenso den Baustil der buddhistischen Tempel. Die kulturellen Beziehungen zwischen Japan und Ryūkyū wurden immer enger, aber der Handel erlebte einen starken Rückgang, als die japanischen Schiffe selber bis nach Südostasien fuhren und dort mit den chinesischen Schiffen Handel trieben.

Freie Städte entstehen

Als das Bakufu keine Macht mehr hatte, den Außenhandel durch Privilegien zu kontrollieren, befreiten sich auch die Gilden des Binnenhandels von der Herrschaft des Bakufu, der Shugo-Daimyō und der diesen unterstehenden kleineren Feudalherren. Die »älteren« Feudalherren, die bisher die Gilden beschützt hatten, besaßen keine Macht und kein Ansehen mehr, in den

Dörfern und Handelsvierteln machten sich Kleinhändler selbständig, die Gesellen der Gilden des Handwerks forderten freie Ausübung ihres Gewerbes. In Handel und Gewerbe ereignete sich ebenfalls eine Umwälzung des »Zunterst-Zuoberst«, um das Monopol der Gilden zu beseitigen. Die neuen Sengoku-Daimyō, die das Herrschaftsrecht der kleineren Feudalherren annullierten, um ihre Gebiete direkt zu beherrschen, nahmen diesen auch das Marktrecht und förderten den freien Handel und das freie Handwerk. Diese Maßnahmen, sie hießen *rakuichi* und *rakuza*, wurden zum ersten Mal 1549 vom Sasaki-Clan für die Provinz Ōmi durchgesetzt, später von anderen Sengoku-Daimyō. Ihre Herrschaftsbereiche entwickelten sich zu organisierten, durch den Handel verbundenen Wirtschaftsräumen.

Mit dem wirtschaftlichen Aufschwung von Handel und Gewerbe erhielten die Handels- und Handwerkerviertel den Charakter freier Städte, die sich wie z.B. Sakai, Hirano, Hakata, Kuwana, Ōminato und Uji-Yamada durch von den Großhändlern gewählte Organe selbst verwalteten. Kyōto besaß zwar kein selbstverwaltendes Organ für die ganze Stadt, aber die Marktviertel vor den Tempeln und Schreinen, wie Gion, Kiyomizu, Kitano und das Muromachi-Viertel hatten eigene Verwaltungsorgane. Das Gion-Fest, veranstaltet von den Bewohnern des Viertels, der Gemeinde des Schreins, demonstrierte ihre Solidarität und zugleich ihre wirtschaftliche Stärke.

Aufstieg und Untergang der Stadt Sakai

Sakai kann als Musterbeispiel für die Entwicklung der japanischen Städte gelten. Es hatte sich schon früh zu einem wichtigen Handelshafen entwickelt, der den Verkehr von den Küsten der Inlandsee nach dem Kinki-Gebiet beherrschte. Ursprünglich gehörte der Hafen zu einem Landgut des Tempels Shōkokuji, erhielt dann das Privileg der Selbstverwaltung, führte schließlich nicht einmal mehr Jahresabgaben ab. Die Stadt wurde von einem *nayakashi* genannten Rat regiert, der sich aus 36 Großhändlern zusammensetzte. Sakai beherrschte nicht nur den Binnenhandel, sondern auch den Handel mit China, Korea, Ryūkyū, später durch die Portugiesen und Spanier mit den Ländern Südostasiens. Mitte des 16. Jahrhunderts war Sakai die reichste Stadt Japans, hier war auch das Handwerk der Schmiede und Eisengießer führend. Die Schwerter mit dem Gütezeichen *saikai tanji* (geschmiedet in

Sakai) waren weithin berühmt, desgleichen andere Produkte wie Stoffe, Reiswein und Lackwaren.

Nach dem Ōnin-Krieg war Sakai oft Gegenstand von Gebietsstreitigkeiten zwischen den Daimyō, weshalb Anfang des 16. Jahrhunderts die Bürger ihre Stadt nach der Landseite mit einem Graben schützten, herrenlose Samurai einstellten, um Angriffe gegen die Stadt abzuwehren und für Frieden und Ordnung innerhalb der Stadt zu sorgen. Ein portugiesischer Missionar schrieb damals: »Auch wenn draußen im Land Krieg herrscht, die, die sonst in Fehde liegen, verkehren hier wie Freunde, denn hier können sie nicht kämpfen.« Sakai hatte damals mehr als 50000 Einwohner, war also wesentlich kleiner als Venedig, Mailand oder Paris, wo im 15. Jahrhundert 100000 Menschen lebten, war aber immerhin Städten wie London, Genua und Barcelona von der Größe her ebenbürtig. Die ausländischen Missionare verglichen Sakai wegen seines Reichtums häufig mit Venedig.

Die freie Weiterentwicklung der Stadt wurde von den neuen Feudalherren, den starken Daimyō ebenso unterdrückt wie auch die der Dorfgemeinschaften, die schon vorher aufgelöst worden waren. Die *rakuichi* und *rakuza* genannten Maßnahmen, die Förderung neuer Handelsstädte dienten den Sengoku-Daimyō nur als Mittel zur eigenen Bereicherung: Sie ließen, je mehr sich ihre Macht stabilisierte, Händler und Handwerker vor den Toren ihrer Burgen ansiedeln. Diese Burgstädte genannten Städte waren von den Daimyō und deren Vasallen beherrschte militärische, politische Zentren, in denen Händler und Handwerker die für das Leben notwendigen Güter ablieferten und wo außerdem die dem Volk abgepreßten Jahresabgaben verkauft wurden. In diesen Städten entwickelte sich weder freier Handel und freies Gewerbe noch die Selbstverwaltung ihrer Bürger. Sakai behielt ziemlich lange kraft seiner wirtschaftlichen Macht seine Freiheit, wurde aber 1569 schließlich von Oda Nobunaga unterworfen.

Das Verhältnis zwischen der herrschenden Klasse von Sakai und den einfachen Bürgern war nicht so solidarisch wie das Verhältnis der Ältesten zu den einfachen Bauern der Dorfgemeinschaften. Die Gründe dafür, daß Sakai sich nicht gegen die Daimyō behaupten konnte, sind darin zu suchen, daß der Rat die Masse der Bürger nicht zu organisieren verstand und ebenso darin, daß der Handel, der den Reichtum der Stadt begründete, zwar den Import für die Daimyo und wenige Reiche militärisch wichtiger Produkte und Luxusgüter organisierte und kunsthandwerkliche Produkte exportierte (hauptsächlich Silber und Kupfer), aber von den Bauern der Umgebung abgeschnitten war, weil es diese nicht einbezog und nichts lieferte, was die

Entwicklung der Agrarwirtschaft hätte fördern können. In der Umgebung von Sakai waren außerdem keine Städte entstanden, mit denen es sich gegen die Daimyō hätte verbünden können.[1]

Die Entwicklung der japanischen Städte wurde zwar behindert, aber ihre wirtschaftliche Energie und der Anstieg der Produktionskraft, die diese Städte hatten entstehen lassen, ließen sich nicht mehr aufhalten. Die Feudalherren waren gezwungen, das wirtschaftliche Wachstum unter ihre Kontrolle zu bringen und es zum Ausbau ihrer Herrschaft zu nutzen, um endlich, wie Oda Nobunaga und Toyotomi Hideyoshi, das ganze Land unter ihre Kontrolle zu bringen.

---

1 Sakai konnte sich lediglich für kurze Zeit mit der Stadt Hirano gegen Oda Nobunaga verbünden.

13
Kultur und Produktivität des Volkes

Die Popularisierung der Kultur und die Begegnung
mit der abendländischen Zivilisation

Die unproduktive Kultur des Hofadels

Die Kaufleute und Handwerker waren einst dem Hof, den Tempeln und
Schreinen unterworfen. Nachdem aber ihre Städte wirtschaftliche Bedeutung gewonnen hatten und in einer alle Schichten der Gesellschaft umfassenden Umwälzung die Kaiserfamilie und der Adel, die sich offiziell als
Nachkommen der Götter bezeichneten, aus ihrer beherrschenden Position
verdrängt worden waren, entstanden neue Schichten, die Kultur produzierten oder rezipierten. Dementsprechend veränderten sich Form und Inhalt
der Kultur. Die Kultur des Adels verlor jede schöpferische Kraft, an ihre
Stelle trat die Kultur des Volkes (der Dörfer und der Städte), die sich regional
und in allen Schichten ausbreitete und somit einen nationalen Charakter
erhielt.

Als ein Produkt des kulturellen Schaffens des Hofadels ist das *Jinnō
Shōtōki* (Bericht über die wahre Gott-Kaiser-Linie) anzuführen, ein
geschichtsphilosophisches, politisch ausgerichtetes Werk, verfaßt während
der Auseinandersetzungen zwischen dem Süd- und dem Nord-Hof von Kitabatake Chikafusa. Dieses Werk behauptet eingangs, »Großjapan ist Götterland«, ein Staat, den für ewig die Nachkommen der Göttin Amaterasu zu
regieren berufen seien, und daß nur die Inhaber der »Drei göttlichen Insignien« – hier als leidenschaftliche Rechtfertigung des Süd-Hofes zu verstehen
– als rechtmäßige Tennō gälten, gleichzeitig verneint es aber das in der
Adelsklasse tief verwurzelte Endzeit-Denken. Chikafusa stand unter dem
Einfluß der Ideologie des Konfuzianismus, die vorgibt, daß die Tugend des
Herrschers und die Qualität seiner Politik sein Schicksal bestimmten, rechtfertigt aber auch die Politik der Samurai, soweit sie imstande sei, das Herz des
Volkes zu gewinnen, und behandelt kritisch die Tugenden und die Politik

der historischen Tennō. Dieses Werk reflektiert deutlich die Resignation des untergehenden Hofadels.

Yoshida Kenkō (1283-1350), Nachkomme eines Shintō-Priesters aus Kyōto und dem Hofadel geistig nahestehend, beobachtet in seinem essayistischen Werk *Tsurezuregusa* (Notizen aus Mußestunden) die Realität der Gesellschaft, in dem er als Wesen des Menschen auch das Streben nach dem Materiellen bejaht und Zeitumstände und Zeitläufe analysiert, ohne jedoch seine Sehnsucht nach der Kultur des untergehenden Adels verbergen zu können. Kenkō scheint auch mit dem Leben der Samurai vertraut gewesen zu sein.

Das historische Werk *Taiheiki* ist zwar kein Werk des Hofadels, beschreibt aber unter Parteinahme für den Süd-Hof die Kämpfe zwischen diesem und dem Nord-Hof aus kurzer zeitlicher Distanz. Der Verfasser, vermutlich der Priester Ojima, stellt Handeln und Denken der auf Tod und Leben kämpfenden Klassen ziemlich objektiv dar. Durch die *taiheiki yomi* genannten Mönche fand es in der Samurai-Klasse schnell Verbreitung.

Mit Ausnahme der erwähnten Werke ist das kulturelle Schaffen des Hofadels und der ihr nahestehenden Schichten gleich null. Die Hofadeligen verfaßten zwar weiter Gedichte, imitierten aber nur die erstarrten Formen der geheimen Überlieferungen. Daß sie aus ihrer retrospektiven Neigung Kopien von den bis dahin vielleicht nur in ihrer Klasse überlieferten klassischen Werken, wie z.B. des *Nihongi* und des *Genji Monogatari* anfertigten und mit Kommentaren versahen, hatte positiven, konservierenden Wert. Ihr retrospektives Denken beschränkte sich jedoch vor allem darauf, die althergebrachten höfischen Bräuche ausführlich zu analysieren.

Der Horizont des Denkens der Hofadeligen während ihrer Untergangszeit läßt sich bruchstückhaft aus einer Stelle des *Mi no Katami* (Vademecum) rekonstruieren, einer der Erziehung von Frauen gewidmeten Schrift, verfaßt von Ichijō Kanera, der nach den Aufständen der Ōnin- und Bunmei-Ära Regent war. Dort heißt es: »Auch wenn Du mit einem Manne zusammenbist, erkenne beim Klang der Glocke, die das Gestern verabschiedet und das Heute ankündigt, die Vergänglichkeit alles Irdischen!« Oder: »Frauen stammen vom Herrscher der Unterwelt und werden als Frauen geboren, um die Männer vom Weg des Heils abzubringen.« Aus solchem Geist entsteht keine schöpferische Kultur.

Kultur und Produktivität des Volkes

Der volkstümliche Charakter der Muromachi-Kultur

Die Kultur der Muromachi-Zeit hat den Namen *Kitayama Bunka* (Kultur der Nordberge), weil der dritte Shōgun Yoshimitsu dort seine Residenz Kinkaku bewohnte, und wird auch *Higashiyama Bunka* (Kultur der Ostberge) genannt, weil dort der achte Shōgun Yoshimasa seinen Tempel Ginkakuji erbauen ließ. Die herkömmliche Definition dieser Kultur stellt eine Synthese zwischen Samurai und Hofadel-Kultur her. Ich kann dieser Definition nicht folgen. Die Hofadel-Kultur hatte, wie schon beschrieben, keine schöpferischen Impulse mehr und auch nicht mehr die Kraft, ihre Tradition zu bewahren. Natürlich steht jede neue Kultur zu der ihr voraufgehenden in enger Verbindung. So bezieht z.B. das Nō-theater der Muromachi-Kultur seine Stoffe aus der klassischen Literatur und den Stil seines Gesangs vom *imayō* und *rōei*[1].

Solche Beziehungen, in denen die Tradition weiterlebt und in der neuen Kultur eine Synthese findet, sind nicht nur auf die Muromachi-Zeit beschränkt. Bei der Architektur des Kinkakuji handelt es sich zweifellos um eine Verbindung von Hofadel- und Schwertadel-Stil, indem die erste und zweite Baustufe nach der Art des *shindenzukuri*, die spätere nach dem Stil der Zen-Tempel ausgeführt ist, den die Samurai bevorzugten. Diese Tatsache dokumentiert aber nur den persönlichen Geschmack von Yoshimitsu, keineswegs eine allgemeine Tendenz. Die Besonderheit der Kultur der Muromachi- oder Sengoku-Zeit ist nicht die Synthese von Hofadel- und Schwertadel-Kultur, sondern das Aufkommen der Kultur des Volkes, getragen von der Schicht der Barone in den Dörfern und der Selbstverwaltung der Städte und der von diesen beherrschten Schichten, das Vordringen dieser Kultur in alle Bereiche und ihre nachfolgende Sublimierung durch den Schwertadel.

Den Höhepunkt der Muromachi-Kultur bildet das oben erwähnte Nō-Theater, das theatralische Elemente des seit dem 11. Jahrhundert in den Dörfern entstandenen *dengaku*[2] und die publikumswirksamen Elemente des *monomane*[3] und des *kyokugei*[4] zu einer neuen Ausdrucksform verband.

---

1 *imayō*, wörtlich moderne, zeitgemäße Lieder, bestehend aus vier Stollen zu je sieben und fünf Silben, seit Mitte der Heian-Zeit in Mode. Zuerst von Freudenmädchen mit Trommelbegleitung vorgetragen. In ihnen spiegelt sich, im Gegensatz zur höfischen Dichtung, das Empfinden des Volkes; *rōei*, ebenfalls Mitte Heian-Zeit entstanden, als Lieder vorgetragene chinesische Gedichte.
2 Seit der Heian-Zeit in Brauch gekommener Tanz anläßlich der Feldzeremonie (Setzen der Reispflanzen).
3 Illusionistische Darstellung von Gefühlen und Handlungen stark pantomimischen Charakters.
4 Akrobatische Kunststücke mit Überraschungseffekt.

Im 13. und 14. Jahrhundert bildeten sich Schauspieler-Gruppen, die zunächst unter der Protektion shintōistischer Schreine standen. Die Gruppen Kanze, Konparu, Hōshō und Kongō (alle vier standen unter dem Schutz des Schreins Kasuga in Yamato), besonders aber Kanami (1333-1384) und dessen Sohn Zeami (1363-1443), beide aus der Kanze-Gilde, vollendeten das Nō als Theaterkunst. Sie wurden von Yoshimitsu protegiert, das Nō-Theater verlor seinen Charakter als Volkstheater, wurde zum Ritual des Bakufu, die ursprünglichen vitalen Elemente wie *monomane* und die realistische Darstellung wurden zur Zeit des Zeami umgesetzt in symbolische Inszenierung und Aktion. Das Ziel des Nō-Theaters war es fortab, das Publikum in die Welt des *yūgen*[1] zu entführen. Im *Kadensho* (Buch der Überlieferung des Wesens), Zeamis erster Theatertheorie Japans, wird gefordert, daß der dem Volke verbundene Charakter des Nō erhalten bleiben solle, und daß, wo auch immer seine Stükke aufgeführt würden, sie sich der Eigenart dieser Gebiete anpassen müßten.

Auch die Posse *kyōgen*, die zwischen den Nō-Stücken aufgeführt wird, hatte ihren Ursprung im Nō. Seine Themen waren die Unzufriedenheit des Volkes gegenüber den Samurai, den Feudalherrn, die Einfältigkeit dieser Klasse, die Widersprüche der Gesellschaft und der Humor des Volkes. Das Kyōgen war das erste japanische Sprechtheater, das die Alltagssprache benutzte. Die hier auftretenden Frauen sind besonnen, haben ein klares Bewußtsein ihrer Rechte, sind positiv, aktiv und von tiefer Empfindung — für das damalige Volk wohl das weibliche Idealbild.

Ein Element der jetzt dem Leben des Volkes fernstehenden Teezeremonie ist im *chayoriai* genannten Qualitätstest der Teebauern des Kinki-Gebiets zu suchen, aus dem sich ein Fest entwickelte und eine besondere Technik der Zubereitung. In den Adelskreisen dagegen entwickelte sich daraus eine Art Wettspiel, bei dem es galt, den Herkunftsort bestimmter Teesorten zu erraten. Beide Elemente bzw. die in diesen Veranstaltungen verwendeten Techniken vereinte der aus Nara stammende, im Dienste von Yoshimasa stehende Murata Jukō (1422-1502) zur Kunst des sogenannten *wabi cha*[2], die dann schließlich gegen Ende der Sengoku-Zeit von Sen no Rikyū (1511-1591), einem Kaufmannssohn aus Sakai, als *chadō*[3] ihre Vollendung fand.

---

1 Ästhetisches Kriterium, das außerhalb der durch Worte ausdrückbaren Welt liegende Wesentliche des Seins, die Vergänglichkeit offenbarende Tiefe der Empfindung und Geste, oft pessimistische Sicht des Lebens als vor dem Hintergrund der Nacht, des Nichts verglimmendes Licht.
2 Im Gegensatz zu der in elegantem Interieur vorgenommenen Teezeremonie, die Zeremonie in einfacher, schlichter Umgebung.
3 Weg des Tees.

Kultur und Produktivität des Volkes

In dieser Zeit entstand auch das Kettengedicht aus dem beim Adel belieb-
ten Spiel, bei dem 1. und 2. Stophe eines Gedichtes von zwei verschiedenen
Personen gedichtet werden, und erfreute sich in den Kreisen der Samurai und
des Volkes großer Beliebtheit. Die Kettengedichte entstanden in Versammlungen von zehn oder mehr Personen, die durch geschickt assoziierte Über-
gänge Kettengedichte bis zu 100 Strophen anfertigten. Diese Art kollektiven
Schaffens erforderte ebenso wie das Nō oder Kyōgen harmonisches Zusam-
menspiel der Mitwirkenden (Haupt- und Nebenspieler, Sänger, Orchester)
und wurde praktiziert in besonders dazu einberufenen Versammlungen,
auch anläßlich der Feste der Shintō-Schreine.

Die Kettendichtung kam zunächst auch in der Adelsgesellschaft in Mode,
verbreitete sich aber ebenso in den Landgebieten, wo der aus dem Volke
stammende Sōgi (1421-1502) diese Kunst populär machte. Seine Meisterwerke sind uns in der Sammlung *Shinsen Tsukubashū*[1] erhalten. In den oberen
Schichten der Gesellschaft erfuhr die Kettendichtung wie das japanische
Gedicht eine Degenerierung durch komplizierte, inhaltsleere Regeln. Der
einst unbefangene, ursprüngliche Charakter ging verloren, bis in der Sengoku-Zeit Yamasaki Sōkan (1465-1553) die Kettendichtung reformierte und die
Entwicklung der Haiku-Dichtung vorbereitete.

Als Volkskunst sind noch anzuführen die im *Kanginshū*[2] enthaltenen
Volkslieder und die damals weit verbreiteten Kurzgeschichten, die Stoffe wie
den »Däumling« enthalten, Erfolgserzählungen, in denen mit Mut und
Fähigkeiten begabte Leute von niederem Stand Adlige oder Daimyō werden,
Humoresken, in denen Tiere und Pflanzen sich in Menschen verwandeln,
und auch Liebesgeschichten. Diese Erzählungen enthalten wenig Men-
schenliebe, lassen sich auch schwerlich als literarische Kunst bezeichnen,
bringen aber doch zumindest die Wünsche und den Humor des Volkes dieser Zeit zum Ausdruck.

---

1 1495 entstanden in Anlehnung an die »Tsukuba-Sammlung« von Nijō Yoshimoto, »Neu
  ausgewählte Tsukuba-Sammlung«.
2 1518 entstanden, Sammlung kurzer Volkslieder, »Sammlung von ruhig vorgetragenen
  Liedern«, Verfasser unbekannt.

Die neue Kultur der Landgebiete

Die Tatsache, daß das Denken des Volkes die neue Kultur prägte, war die Bedingung für ihre schnelle Verbreitung auf dem Land. In vielen Fällen entstand hier ebenfalls eine neue Kultur. Seit der Herrschaft von Takauji war der Ashikaga-Clan Anhänger der Rinzai-Sekte. Takauji ließ den Tempel Tenryūji, Yoshimitsu den Tempel Shōkokuji bauen und ernannte die fünf großen Tempel von Kyōto und Kamakura nach chinesischem Vorbild zu *gozan*[1] und stellte sie unter seine Protektion. Die Mönche dieser Zen-Tempel dienten dem *bakufu* als Berater für Politik und auswärtige Beziehungen. Viele von ihnen studierten in China auch den Neo-Konfuzianismus *Shushigaku*, verfaßten chinesische Gedichte und andere literarische Texte, die allgemein unter der Bezeichnung *gozan bungaku* (Literatur der fünf Berge) zusammengefaßt werden. Ihr literarischer Rang ist zweifelhaft, denn sie haben keine Beziehung zum Leben des Volkes.

Diese Mönche lernten in China auch die Technik der Tuschmalerei, aber erst Sesshū (1420-1506) gelang es, sich von den Vorbildern zu lösen und einen eigenen Stil zu schaffen. Sesshū entwickelte seine Kunst aber nicht in den Treibhäusern der Zen-Tempel, weigerte sich auch hartnäckig, in die Dienste des Shōgun Yoshimasa zu treten, sondern lebte in Yamaguchi (Provinz Suō) oder in Oita (Provinz Bungo) und vervollkommnete seinen Stil ebenso wie der ihm nachfolgende große Maler Sesson (Mitte 16. Jahrhundert) in direkter Anschauung der Natur und des Lebens. Die mit dem Leben des Adels eng verbundene Malerei des sogenannten *yamato e* verfiel, nachdem Tosa Mitsunobu ihr in seinen Werken noch einmal Geltung und Glanz verschafft hatte. Mit dem Maler Kano Masanobu (1454-1490) entwickelte sich eine neue Tradition der dekorativen Malerei, die die Farbtechnik des *yamato e* und die scharfen Konturen sowie die großzügige Komposition der Tuschmalerei zu einer Einheit verband. Die Tempel Kōfukuji und Enryakuji, gewissermaßen der Adel unter dem buddhistischen Klerus, verloren ihre wirtschaftliche Macht, damit auch ihren religiösen, missionarischen Eifer und die Voraussetzungen, die bisher gepflegte buddhistische Malerei und Skulptur weiter zu fördern.

Kyōto war nicht mehr das einzige kulturelle Zentrum Japans. Nach den Aufständen der Perioden Ōnin und Bunmei machten ihm die Handelstadt

---

1 In Kyōto die Tempel der Rinzai-Sekte Tenryūji, Shōkokuji, Kenninji, Tōfukuji und Manjuji, in Kamakura die Tempel Kenchōji, Enkakuji, Jufukuji, Jōchiji und Jōmyōji.

Sakai und Yamaguchi, das sich vor dem Schloß des Ōuchi-Clans zu einem Handelszentrum entwickelt hatte, den Rang streitig. In Sakai erschien als erste Druckausgabe eines konfuzianischen Werkes – mit der Zeitangabe »Süd-Hof 1364« – besorgt von Dōyūkoji das *Rongo Shikkai* (Kommentar zu den »Gesprächen« des Konfuzius), verfaßt von He An aus Wei, ferner 1530 als Druck das *Rongo Shikkai* und das *Isho Taizen* (Großer Abriß medizinischen Schrifttums). In Yamaguchi eröffnete der Uesugi Norizane, eine Ashikaga-Schule, die sich zum Zentrum konfuzianischer Studien entwickelte. Auch der Hōjō-Clan in Odawara und der Shimazu-Clan in Satsuma förderten die Wissenschaften, letzterer lud die gelehrten Zen-Mönche ein, um seinen Vasallen die Lehre des Neo-Konfuzianismus vorzustellen. Diese regelte als Ideologie das absolute Unterwerfungsverhältnis des Untertanen zu seinem Herrn, war also eine Lehre, die den Bedürfnissen der Feudalherren genau entsprach, weshalb auch kleinere Clans (wie die Kira in Tosa) in Yamaguchi geschulte Gelehrte beriefen. Den Bedürfnissen der herrschenden Schicht der Landgebiete und ihrem Streben nach neuen Erkenntnissen diente das zu dieser Zeit kompilierte Wörterbuch *Zetsuyōshū*.

Bereits im 14. Jahrhundert ließen die kleineren Feudalherren, und die obere Schicht der Grundbesitzer ihre Kinder Schriftzeichen lernen, um ihnen die Lektüre des sozialethischen Schrifttums zu ermöglichen. Als Lehrbücher dienten z.B. das in Briefform abgefaßte *Teikin Ōrai*, das die für das alltägliche Leben notwendigen Umgangsformen vorschrieb, Material über die Produkte der einzelnen Gebiete und über Volksfeste enthielt, und das *Dōjikyō* als Kompendium der konfuzianischen Ethik.

Die Grundlagen des bis zur Moderne vorherrschenden japanischen Lebensstils entstehen

Ich habe schon berichtet, daß im 14. und 15. Jahrhundert Baumwolle eingeführt und schließlich auch angepflanzt wurde. Neben der Baumwolle waren bereits alle Materialien vorhanden, die bis zum Aufkommen von Kunstseide und chemischen Fasern im 20. Jahrhundert für die Herstellung von Kleidung benötigt wurden: Seide und Hanf. In dieser Zeit wurden auch schon Nahrungsmittel hergestellt, wie Tōfu, Miso und Soya-Sauce, auf die auch heute die japanische Küche nicht verzichtet. Bereits in der Nara-Zeit soll ein Mönch die Herstellung von Tōfu aus China mitgebracht haben, die sich aber

Geschichte Japans

erst im 15. Jahrhundert allgemein durchsetzte, als der Anbau von Sojabohnen in großem Ausmaß betrieben wurde. Auch die Nachfrage nach Öl und
Zucker stieg, ebenso der Konsum von Reiswein, der schon früh eine begehrte
Handelsware war. Tabak wurde erst im 16. Jahrhundert aus Europa importiert.

In der Architektur setzte sich der *shoinzukuri*-Stil durch, eine Verschmelzung des *shindenzukuri* des Hofadels und der Bauweise der Zen-Tempel nebst
einer dieser entsprechenden Gartenbaukunst. Die in diesem Stil gebauten
Häuser konnten sich zunächst nur die hochgestellten Samurai leisten. Ihre
Architektur enthielt aber schon Elemente, die die Grundlage des japanischen
Hausbaus bildeten: den Vorraum, den Alkoven, die Tatami-Matten, die
holzgetäfelten Decken und die Trennung der einzelnen Räume durch Schie-
betüren. Diese Architektur regte auch die Entwicklung der Rollbilder für den
Alkoven an und die Kunst des Blumensteckens. Bis zum 16. Jahrhundert hatte sich also in der Architektur, in der Küche und in der Kleidung eine Kultur
entwickelt, deren wesentliche Elemente bis auf den heutigen Tag erhalten
geblieben sind. Es dauerte allerdings 200 Jahre, bis sich diese Architektur im
ganzen Land durchsetzte.

Im 15. und 16. Jahrhundert wurde, entsprechend der Zunahme in Mono-
gamie lebender, selbständig wirtschaftender Kleinbauern, das System vorherrschend, in dem Mann und Frau nach der Hochzeit in einem Haus lebten, zuerst im Kinki-Gebiet, später auch in den weniger entwickelten Gebieten.

Mit der Adelsklasse hatten auch die Shingon- und Tendai-Sekten ihre
Macht verloren. Zwar war der Einfluß der Zen-Sekten groß, erreichte aber
nicht das Volk wie etwa die Ikkō- und Nichiren-Sekten. In der japanischen
Religionsgeschichte gelang es nur der Ikkō-Sekte, das Volk zu mobilisieren,
was die Aufstände, die im 16. Jahrhundert in Kyōto und Umgebung ausbrachen, nachdrücklich beweisen. Der Führer der Hokke-Sekte war Nisshin
(1407-1488), ein dem Gründer der Ikkō-Sekte an Bedeutung ebenbürtiger
Mönch.

Kultur und Produktivität des Volkes

Die Einführung von Gewehren, das Vordringen der Japaner nach Südostasien

In einer politisch, ökonomisch und kulturell sehr vitalen Entwicklungsphase kam die japanische Gesellschaft in Berührung mit der europäischen Zivilisation, das Gesichtsfeld der Japaner erweiterte sich, ihr geistiges und materielles Leben wurde reicher und produktiver.

Im Jahre 1543 landeten Portugiesen (*nanbanjin*)[1] auf der Insel Tanegashima vor Kyūshū, brachten Gewehre und Pulver als Tauschwaren mit und lehrten den Japanern auch die Technik ihrer Herstellung. Zu diesem Zeitpunkt begann der Warenaustausch zwischen Japanern und Europäern, der sich früher oder später auch dann eingestellt hätte, wenn die Portugiesen nicht gelandet wären, denn die Japaner wären ihnen spätestens in Südchina oder Südostasien begegnet. Die japanischen Piraten waren bereits an der Küste von China nach Süden vorgedrungen, und die Portugiesen, die 1510 das indische Goa und 1516 Macao kolonisiert hatten, drangen weiter nach Nordosten vor.

Der Gebrauch der Gewehre bereitete sich schnell im ganzen Land aus. Die Japaner begannen diese Waffen selbst in großen Mengen zu produzieren, vor allem in Sakai, das bereits Zentrum für eisenverarbeitendes Handwerk war. Ein zweites Zentrum wurde Kunitomo in Ōmi, dessen Schmiede im Auftrag des Ashikaga-Shōgun importierte Gewehrtypen nachbauten. Das Gewehr wurde für die Kriegsführung eine entscheidende Waffe, deren Wirksamkeit sich schon 1563 erwies, als der Mori-Clan in Izumo das Hakuroku-Schloß des Amako-Clans angriff, wobei von 45 Getöteten oder Verletzten 35 von Gewehrkugeln getroffen waren. Wie sehr die Anwendung der Gewehre die Kriegskunst und das Militärsystem veränderten, werde ich im folgenden Kapitel berichten.

Die Schiffe der Portugiesen und Spanier kamen von Jahr zu Jahr häufiger nach Japan und die Daimyō Kyūshūs wetteiferten miteinander, diese Schiffe durch den Ausbau von Häfen in ihre Gebiete zu lenken, um vom Handel mit ihnen zu profitieren. Im Jahr 1578 kamen diese Schiffe sogar bis nach Sagami und begannen dort Handel mit dem Hōjō-Clan zu treiben.

---

1 Die Bezeichnung *nanbanjin* (die aus dem Süden gekommenen Ausländer) wurde für die Portugiesen und die später gekommenen Spanier verwendet, während die Bezeichnung *kōmō* (Rothaarige) für Engländer und Holländer galt, die gleichzeitig mit den Spaniern nach Japan gekommen waren.

177

Geschichte Japans

Zur selben Zeit drangen Japaner mit ihren Schiffen bis in alle Länder Südostasiens vor, viele ließen sich dort nieder. Als 1570 die Spanier Manila besetzten, wohnten bereits 40 Chinesen und 28 Japaner dort. 1582 kämpften die Spanier mit Hunderten von Japanern, die an der Mündung des Flusses Kagayangawa nördlich von Manila eine Festung erbaut hatten und über eine Flotte von zwölf Schiffen verfügten, deren Besatzung aus Japanern und Chinesen bestand. Auch in Taiwan, Macao, Cochinchina (Vietnam), Siam (Thailand) hatten sich Japaner als Händler niedergelassen.

Die Aufnahme der christlichen Religion und ihr Einfluß auf die Feudalherren

Unmittelbar nach der ersten Landung der Portugiesen kam 1549, geführt von einem Japaner namens Yajirō[1] aus Macao, der Jesuitenmissionar Francisco Xavier nach Japan, danach andere Patres und Mönche, die zunächst versuchten, die Daimyō zu bekehren und später auch das Volk der von diesen beherrschten Gebiete. Die Daimyō nahmen die Missionare bereitwillig auf, um sich den Profit, den der Handel mit den Portugiesen brachte, zu sichern, und erlaubten ihnen in ihren Gebieten freie Missionstätigkeit. Damals wurde die Bezeichnung *kirishitan* sowohl für die katholische Kirche als auch für deren Gläubige verwendet.

Nicht wenige der Daimyō ließen sich zum Christentum bekehren, so z.B. Ōtomo Sōrin aus Bungo, Ōmura Sumitada und Arima Harunobu aus Hizen und Takayama Ukon aus Settsu. Sumitada übertrug 1580 den Jesuiten den zu seinem Herrschaftsgebiet gehörenden Hafen Nagasaki und das Gebiet Mogi als Lehen. Ōmura, Ōtomo und Arima sandten 1582 eine Gesandtschaft nach Rom, um dem Papst ihre Referenz zu erweisen. Die Zahl der Japaner, die sich zum Christentum hatten bekehren lassen, soll damals schon 150000 betragen haben, die Zahl der Kirchen zwischen Mino und Satsuma lag, den Berichten der Jesuiten zufolge, bei mehr als 200. Es ist schwer zu sagen, bis zu

---

1 Yajirō war ein Samurai aus Satsuma, der sich, nachdem er einen Mord begangen hatte, 1546 auf ein portugiesisches Schiff flüchtete, das im Hafen von Yamakawa lag. Er ließ sich auf diesem zum Christentum bekehren und lief dann mit dem Schiff nach Macao aus. Dort traf er 1547 Xavier, wurde nach Goa geschickt, um Portugiesisch zu lernen und sich von den Jesuiten unterweisen zu lassen.

178

Kultur und Produktivität des Volkes

welchem Grade die Samurai und die Kaufleute der Hafenstädte, die einen beträchtlichen Teil der Gläubigen ausmachten — Takayama Ukon sei ausgenommen — wirklich Christen geworden waren. Sumitada schenkte den Jesuiten den Hafen Nagasaki, erstens weil der Ryūzōji-Clan diesen für sich beanspruchte und zweitens, weil er sich durch die Schenkung des Gebiets an die Kirche privilegierte Handelsbeziehungen sichern wollte.

Die Missionare der Jesuiten agierten nicht nur in religiösem Auftrag. Xavier schrieb in einem Brief an die Zentrale seines Ordens, daß es ihm nicht nur darauf ankomme, »die Seelen der Japaner dem Teufel des Irrglaubens zu entreißen und für den Papst in Rom zu gewinnen«, sondern sie auch »zu ergebenen Untertanen der Könige von Spanien und Portugal« zu machen. Außerdem gab er genau an, welche Waren in Japan den meisten Profit bringen und welche Mengen importiert werden sollten, woraus hervorgeht, daß er das Ziel hatte, für Portugal Kolonien zu erwerben und daß er sich auch als Vertreter des Merkantilismus verstand.

Nagasaki erhielt, nachdem es Gebiet der Kirche geworden war, weitere Geschenke des Ōmura-Clans; es diente der Bereicherung der Kirche und war Ausgangspunkt ihrer missionarischen Tätigkeit. Dabei blieb es aber nicht. Es bestand durchaus der Plan, Nagasaki zur Kolonie der Portugiesen zu machen. Hätte sich die Kirche mit einem Teil der Feudalherren politisch verbunden, hätte sie offen kolonialistische Politik betrieben, dann wäre eine Konfrontation mit den anderen Feudalherren unvermeidlich gewesen. (Ich werde später berichten, warum es zur Zeit von Toyotomi Hideyoshi zu dieser Konfrontation kommen mußte.)

Die Gesellschaft Jesu verstand sich auch als politische Vorhut des Königs von Portugal und forderte damit Konflikte mit den japanischen Feudalherren heraus; aber auch die christliche Lehre selbst mußte die lokalen Herrscher provozieren. Für die Christen ist Gott der Schöpfer aller Dinge, außer ihm gibt es keinen anderen Gott. »Dieser Gott muß mehr als alles andere verehrt werden!«, fordert der damals zusammengestellte Katechismus *Dochirina Kirishitan*[1]. Der Herrscher, die Eltern und alle anderen Menschen seien von Gott geschaffen: wichtiger als Treue und Unterwerfung unter die Macht und Autorität der Herrscher und der Eltern sei der Glaube an Gott. Vor Gott seien alle Menschen gleich, Herrscher, Eltern, Mann und Frau, Reiche und Arme, alle Menschen müßten deshalb einander lieben. »Liebe deinen Nächsten«

---

1 Doctrina Christan, gedruckt von der Gesellschaft Jesu. Erhalten sind Ausgaben von 1592 und 1600, die Japanisch mit lateinischen Buchstaben transkribieren.

war das wichtigste Prinzip der praktischen Moral. Diese Forderung war nur religiöse Ermahnung, von ihr wurde die Standesordnung des Feudalsystems keineswegs verurteilt, sondern im Gegenteil geheiligt als Wille des Schöpfergottes. Auch Treue und Kinderliebe galten als Tugenden, solange sie nicht in Widerspruch zum Gesetz Gottes traten.

Eine solche Lehre stand in Ländern, wo Herrscher, Eltern und deren Kinder desselben Glaubens waren, nicht im Widerspruch zur feudalen Ordnung. In Japan aber, wo die herrschende Schicht einen anderen Glauben als das Volk hatte, wäre im Fall einer Christianisierung die Ideologie der herrschenden Klasse zusammengebrochen; es hätte sich eine schwere innenpolitische Krise entwickelt. Bei den Daimyō stand die Annahme des christlichen Glaubens zunächt in kausalem Zusammenhang mit erwarteten Handelsprofiten oder diente (wie im Falle Oda Nobunagas, der seine Feinde, die Ikkō-Sekte, unter Druck setzte) als politisches Mittel. Das Christentum blieb so lange ohne gesellschaftliche Bedeutung, bis es Einfluß auf einen großen Teil der Bevölkerung gewonnen hatte. Nachdem die Feudalherren ihre materiellen und politischen Vorteile auch ohne Förderung der Kirche sichern konnten (etwa 40 Jahre nach der Annahme der christlichen Lehre), entstand zwischen dem gläubigen Volk und den Feudalherren ein tiefer Riß, wie es ihn in der Geschichte der japanischen Religion noch nicht gegeben hatte.

14
Die Wiederherstellung von Ordnung und Autorität

Die Einigung des Landes durch Oda Nobunaga und Toyotomi Hideyoshi

Oda Nobunaga schafft die Grundlagen für die Einigung des Landes

Nach dem Ōnin-Krieg zerbrach die politische Einheit des Landes, die japanische Gesellschaft zerfiel in größere und kleinere Feudalherrschaften. Erst ab Mitte des 16. Jahrhunderts, durch den wirtschaftlichen Aufschwung und den kulturellen Fortschritt vorbereitet, wurden, wie in den beiden vorangegangenen Kapiteln dargestellt, die Bedingungen für eine politische Einigung geschaffen.

Oda Nobunaga war wohl nicht der einzige der mächtigen Daimyō, der von einer Herrschaft über das ganze Land träumte, aber ihm gelang es, die rivalisierenden Daimyō zu unterwerfen. Nobunaga folgte 1551 mit 19 Jahren seinem Vater im Amt und erweiterte rasch seine Macht, weil er es verstand, die Schicht der Barone seiner Provinz für sich zu gewinnen. 1560 besiegte er bei Okehazama durch einen Überraschungsangriff Imakawa Yoshimoto, den größten Daimyō des Tōkaidō. Dieser Sieg gab ihm das Vertrauen, seine Herrschaft über das ganze Land auszudehnen. Er benutzte seit dieser Zeit ein Siegel mit der Inschrift »Das Reich mit Waffen erobern«.

In der Folge unterwarf Nobunaga die Daimyō der benachbarten Gebiete, drang 1568 in Kyōto ein, setzte Ashikaga Yoshiaki anstelle von Yoshihide als Shōgun ein, ergriff aber selbst die Macht und unterwarf schließlich das Kinki-Gebiet. Er organisierte die kleineren Feudalherren und die Barone als feste Gefolgschaft, erweiterte seine Ländereien und verstärkte sein stehendes Heer, im selben Jahr forderte er von Sakai eine Abgabe in Höhe von 20000 *kan*. Sakai verweigerte zunächst die Zahlung, erfüllte aber diese Forderung im folgenden Jahr, als Nobunaga drohte, die Stadt niederzubrennen.

Nobunaga wollte die freien Städte nicht anerkennen, wußte aber nur zu gut, daß er den Handel und die Kaufleute für sich gewinnen mußte. Mit der

Erweiterung der direkt von ihm beherrschten Ländereien hob er die Zollschranken im ganzen Lande auf, beraubte die Gilden ihres Privilegs, förderte
freie Märkte, ließ das für die Entwicklung des Handels wichtige Straßennetz
ausbauen und versicherte sich so der Loyalität der »neuen Kaufleute«.

Die drei großen Feinde von Nobunaga

Die militärische und die wirtschaftliche Macht, die sich Nobunaga durch die
Unterwerfung des Kinki-Gebietes und der reichen Stadt Sakai gesichert hatte, übertraf die aller anderen Daimyō, doch standen drei mächtige Feinde der
Durchsetzung seiner Ziele im Wege. Dies waren zunächst die großen Tempel
Kōfukuji, Enryakuji und des Kōyasan, die im Kinki-Gebiet seit alters große
Landgüter besaßen, auch über eine eigene militärische Macht verfügten und
überdies durch ihre seit dem Altertum bestehende Autorität als heilige Stät-
ten geschützt waren. Ohne ihren Einfluß zu beseitigen, wäre es weder Nobunaga noch einem anderen Daimyō gelungen, das Land zu einigen. Dann galt
es, die Macht der Nobunaga ebenbürtigen Daimyō, der Asai in Ōmi, Asakura
in Echizen, Takeda in Kai, Uesugi in Echigo und Mōri in Mittelwestjapan zu
brechen. Ein weiterer Gegner waren die Aufstände der Ikkō-Sekte in den
Gebieten Hokuriku, Tōkaidō und Kinki, die viele Dörfer beherrschten und
sich den Daimyō nicht unterwarfen. Diese drei Feinde verbündeten sich
zudem mit dem Shōgun Yoshiaki, den Nobunaga praktisch zu einem Stroh-
mann degradiert hatte.

1571 ließ Nobunaga zunächst den Enryakuji niederbrennen, konfiszierte
dessen Ländereien und zerstörte dann Sakamoto und andere Städte am
Biwa-See, die auf der Seite des Tempels gekämpft hatten. Damit war der
Stützpunkt einer seit dem Altertum auf die zentrale Regierung Einfluß
nehmenden klerikalen Macht mit einem Schlag zerstört. Nobunaga führte
mit großem Geschick seine Schläge gegen den Shōgun, umzingelte 1573
dessen Residenz, unterwarf Yoshiaki und ließ in Kyōto im Viertel
Kamigyō 6000 bis 7000 Häuser der Anhänger Yoshiakis niederbrennen. Im
August dieses Jahres versuchte Yoshiaki in Uji ein Heer auszuheben, das aber
Nobunaga mühelos schlagen konnte. Nobunaga schaffte das Amt des
Shōgun ab, damit war das Bakufu der Ashikaga aufgelöst. Der Sieger zog mit
seinem Heer weiter nach Ōmi und Echizen und besiegte die Asakura und
Asai.

Die Wiederherstellung von Ordnung und Autorität

Nobunaga versuchte einerseits, die Aufstände der Ikkō-Sekte zu unterdrücken, traf aber gleichzeitig Vorbereitungen für den Kampf mit dem Takeda-Clan. Dessen Heer, das Takeda Katsuyori, Sohn von Takeda Shingen, führte, konnte er mit Unterstützung von Tokugawa Ieyasu, des Daimyō von Mikawa, in der Schlacht bei Nagashino 1575 vernichtend schlagen. Um den Angriff der Reitertruppen der Takeda abzuwehren, ließ Nobunaga einen Plankenzaun aufstellen, hinter dem er 3500 Gewehrschützen postiert hatte, die fast alle vor dem Zaun sich stauenden Reiter töteten.

Die Schlacht von Nagashino bewies, daß auch das beste Reiterheer nichts gegen mit Gewehren bewaffnete Fußsoldaten ausrichten konnte. Diese Tatsache zwang die Daimyō, ihre Kriegstechnik und den Aufbau ihrer Heere zu ändern. Diese Reform setzte ökonomische und besondere soziale Bedingungen voraus: daß Daimyō wie Nobunaga genügend Mittel besaßen, sich Gewehre und Pulver zu verschaffen, daß die Produktionskraft in ihrer Provinz sich stark entwickelt hatte und die gesellschaftliche Differenzierung soweit fortgeschritten war, um genügend Bauern von den Dörfern als Fußsoldaten abziehen zu können. Diese Bedingungen waren bei Katsuyori nicht gegeben, weshalb dann der Rest der Takeda 1582 vom Heer Nobunagas, dessen Vorhut Tokugawa Ieyasu anführte, endgültig geschlagen werden konnte.

Die Macht des Enryakuji und der Daimyō konnte Nobunaga, weil er über ein besser ausgerüstetes und zahlenmäßig stärkeres Heer verfügte, nach genauer Vorbereitung innerhalb kurzer Zeit in einer Entscheidungsschlacht brechen, dagegen nicht ohne weiteres die der Aufstände der Ikkō-Sekte, zu denen sich die Bevölkerung weiter Gebiete zusammengeschlossen hatte. Seit 1571 versuchte er den Aufstand in Nagashima (Ise) zu befrieden, was ihm erst gelang, nachdem er 1574 Zehntausende von Bauern, Männer und Frauen ohne Ansehen des Alters, köpfen oder verbrennen ließ, oder indem er Verhandlungsbereitschaft vortäuschte und dann überraschend zuschlug.

In Echizen setzte Nobunaga nach dem Sieg über die Asakura (1573) einen Kommissar ein, aber die Bauern meinten: »Besser als ein Samurai als Verwalter, der uns unnachsichtig beherrscht, ist ein Mönch der Ikkō-Sekte. Da können wir sagen, was wir wollen. Der ist für uns Bauern der weit bessere Gouverneur.« Sie wählten nicht zum Nutzen des Honganji, sondern zur Wahrung ihrer eigenen Interessen einen Beamten des Tempels zu ihrem Führer und vertrieben 1574 den von Nobunaga eingesetzten Kommissar. Der Honganji bestätigte diesen Beamten. Da aber auch der Honganji wie Nobunaga die Herrschaft über Echizen anstrebte, kam es zu einer Konfrontation zwischen den Bauern und den Mönchen, die sich schließlich zum offenen Kampf aus-

183

weitete, in den 1575 Nobunaga eingriff und den er für sich entscheiden konnte. Auch hier sollen auf seinen Befehl etwa vierzigtausend Männer und Frauen hingerichtet worden sein.

Der Bau der Burg von Azuchi, die Ermordung Nobunagas

Nobunaga hatte die drei Feinde, die seine Herrschaft über das ganze Land verhindern konnten, geschwächt, aber noch hatte der Honganji in Ōsaka große Macht über seine Anhänger im Kinki, noch gab es den Aufstand in Kaga, noch war die Macht der seit dem Altertum bedeutenden religiösen Zentren, des Kōyasan und der großen Tempel in Nara ungebrochen, noch reichte Nobunagas eigene Macht nicht nach Nordjapan, Kantō, Mittelwestjapan, Shikoku und Kyūshū. Den wichtigsten Teil des Landes hatte er unter seine Herrschaft gebracht; was noch zu tun blieb, war, diese auszudehnen und abzusichern.

Nobunaga errichtete zu diesem Zweck zunächst eine sichere Basis. Ein Jahr nach der Schlacht bei Nagashino und der Befriedung des Aufstandes in Echizen baute er in Azuchi, dem Verkehrsknotenpunkt zwischen Tōkaidō, Tōsandō und Hokurikudō, eine starke, schwer einnehmbare Burg, von deren Hauptthron aus er den Biwa-See übersehen konnte. Nobunaga wählte Azuchi als Hauptquartier, sicherte von dort aus seine Herrschaft über Kinki, entsandte 1577 Toyotomi Hideyoshi (1536-1598) nach Mittelwestjapan, um dieses Gebiet zu unterwerfen, griff 1580 selbst den Honganji in Ōsaka an, unterwarf dessen Anhänger und ließ von Shibata Katsuie den Aufstand in Kaga befrieden. Im selben Jahr inspizierte er Yamato, ließ die Ländereien der Tempel Tōdaiji und Kōfukuji und anderer Tempel exakt vermessen, beseitigte deren Landgüter-Herrschaft und entsandte ein Heer zur Unterwerfung des Kōyasan. 1582 dann unterwarf er, wie oben beschrieben, mit Hilfe von Tokugawa Ieyasu die Takeda. Nobunaga konnte jedoch sein Werk, die Einigung des Landes, nicht vollenden. Am 1. Juli 1582 verließ er Azuchi, um Hideyoshi bei der Unterwerfung Mittelwestjapans zu unterstützen. Er übernachtete nach dem ersten Reiseabschnitt in Kyōto im Tempel Honnōji, wo er in der Nacht von seinem Vasallen Akechi Mitsuhide (1528-1582) überfallen und zum Selbstmord gezwungen wurde.

Die Motive für Mitsuhides Verrat werden unterschiedlich beurteilt. Mitsuhide war ein sehr ehrgeiziger Samurai-Führer der Sengoku-Zeit, der die Gelegenheit nutzen wollte, sich an Nobunagas Stelle zu setzen. Das war wohl das eigentliche Motiv. Unter den Samurai-Führern der Kriegszeit gab es weder Treue zwischen Herr und Vasall noch Rücksicht auf verwandtschaftliche Verhältnisse. Daß ein Vasall seinen Herrn tötet, war zu dieser Zeit kein außergewöhnliches Ereignis.

Als Hideyoshi, der die Burg Takamatsu in Bitchū belagerte, die Nachricht von Nobunagas Tod überbracht wurde, schloß er mit den Mōri Frieden, eilte nach Kyōto und vernichtete am 12. Juli in der Nähe von Yamazaki in Yamashiro die Truppen Mitsuhides. Mitsuhide wollte nach Sakamoto zu seinem Schloß fliehen, wurde aber unterwegs in der Nähe von Uji im Dorf Ogurusu von Bauern überfallen und schwer verletzt, so daß er sich schließlich selbst das Leben nahm.

Hideyoshi beherrscht das ganze Land

Hideyoshi soll der Sohn von Kinoshita Miueimon, einem Fußsoldaten des Oda-Clans gewesen sein, aber es ist zweifelhaft, daß dieser von Anfang an den Familiennamen Kinoshita besaß. Miueimon war wohl eher ein Bauernjunge, der voller Ruhmesdurst sein Dorf verlassen hatte, um als Fußsoldat zu dienen. Sein Sohn Hideyoshi verließ ebenfalls früh seine Familie, trat in die Dienste Nobunagas, zeichnete sich durch Tapferkeit bei der Unterwerfung der Asai aus und erhielt dessen Ländereien als Lehen. Seit dieser Zeit nannte er sich Hashiba Hideyoshi, der Gouverneur von Echizen. Es gelang ihm, im Rat über die Nachfolge Nobunagas gegen die Stimme von Shibata Katsuie einen Enkel von Nobunaga, den kaum zweijährigen Sanbōshi, durchzusetzen, womit er natürlich einen wohldurchdachten Plan verfolgte. 1583 versuchten Katsuie und der dritte Sohn von Nobunaga, Nobutaka, den Katsuie als Nachfolger hatte einsetzen wollen, Hideyoshi zu beseitigen. Dies war für Hideyoshi eine günstige Gelegenheit, sich beider zu entledigen. Nachdem Hideyoshi seine Konkurrenten ausgeschaltet hatte, änderte er den Status des Sanbōshi und machte sich selbst zum Herrscher. Er konnte sich der Loyalität der Daimyō versichern und erbaute auf dem Platz, auf dem einst der Honganji in Ōsaka gestanden hatte, ein weit prächtigeres Schloß als das in Azuchi. Zwangsweise ließ er Großkaufleute aus Kyōto und Sakai in die vor dem neuen Schloß entstehende Stadt umsiedeln.

1584 kam es bei Komaki (in Owari) zu einem Kampf zwischen Hideyoshi und Tokugawa Ieyasu, der aber nach wechselndem Verlauf mit einem Ver-

Geschichte Japans

gleich beendet wurde. Für Ieyasu war es zunächst auf lange Sicht aussichtslos, gegen Hideyoshi zu kämpfen, weshalb er sich ihm als Heerführer zur Verfügung stellte. Hideyoshi konnte jetzt seine Herrschaft ohne wesentlichen Widerstand ausdehnen. 1585 griff er den Kōyasan und den Tempel Negoroji an, unterwarf danach den Chōsokabe-Clan in Shikoku. Nach drei Jahren hatte er auch Kyūshū unter seine Herrschaft gebracht. Bei dieser Gelegenheit konfiszierte er die den Jesuiten übermachten Gebiete bei Nagasaki. 1590 belagerte er vier Monate lang die Hōjō in Odawara und konnte ihn schließlich zur Übergabe zwingen. Ein weiteres Jahr dauerte es, die Daimyō von Nordjapan zur Loyalität zu zwingen. Kaum acht Jahre nach dem Verrat an Nobunaga im Tempel Honnōji war es Hideyoshi gelungen, das ganze Land zu einigen.

1593 unterwarf sich auch der Matsumae-Clan in Hokkaidō. Seit diesem Jahr gehörte Hokkaidō zum Herrschaftsbereich der Zentralregierung, also zum Gebiet Japans.

Für die Japaner des 8. Jahrhunderts war Hokkaidō das Land der Ezo. Als zwischen dem 8. und 9. Jahrhundert Nordjapan unter die Herrschaft des Tennō geriet, schickten die Ezo aus Oshima (die Ainu) Pelze als Tribut an den Hof. Diese Beziehung war aber nur von kurzer Dauer, denn erst im 13. und 14. Jahrhundert drangen Japaner in das Land der Ezo ein und eröffneten in der Gegend von Esashi einen Fischhandel, gruben auf der Halbinsel Oshima nach Goldsand und trieben sonstigen Handel mit den Ainu. 1452 kam Takeda Nobuhiro, ein Samurai aus Wakasa, nach Matsumae in Oshima, heiratete dort eine Tochter des Kakizashi-Clans und unterwarf die Ezo dieses Gebiets. Seine Nachkommen nannten sich Matsumae. 1593 schwor Matsumae Yoshihiro Hideyoshi Treue und wurde als Feudalherr des Ezo-Gebiets anerkannt.[1]

Hideyoshi hatte überdies den Ehrgeiz, das im Süden Japans gelegene Königreich Ryūkyū in seinen Herrschaftsbereich einzubeziehen. Als er 1591 einen Feldzug gegen Korea plante, ließ er von Shimazu Yoshihisa, dem *daimyō* von Satsuma, Heeresproviant vom König der Ryūkyū eintreiben. Während der Herrschaft Hideyoshis konnte Ryūkyū seine Souveränität gegenüber Japan und den Shimazu jedoch bewahren.

---

1 Nach Hideyoshis Tod (1599) erkannte auch Tokugawa Ieyasu die Rechte Yoshihiros an; der Matsumae-Clan wurde allen anderen *daimyō* gleichgestellt und in das Herrschaftssystem der Tokugawa einbezogen.

Die Wiederherstellung von Ordnung und Autorität

Während der Einigung des Landes bestrafte und belohnte Hideyoshi diejenigen, die sich gegen ihn stellten oder mit ihm kooperierten, indem er den einen Ländereien abnahm, den anderen die früheren Ländereien wieder zusprach. Einen Teil des konfiszierten Landes behielt er für sich, den größten Teil schenkte er den ihm treu dienenden Kriegern. Katō Kiyomasa, Fukushima Masanori, Ishida Mitsunari, Konishi Yukinaga, alle aus der Schicht der Samurai oder der Kaufleute stammend, wurden Daimyō. Ihnen wie auch seinen Verwandten übertrug er die wichtigsten Provinzen des Landes, hielt sie aber unter strenger Kontrolle und versetzte sie, wenn es sich als notwendig erwies, in andere Gebiete. Die Daimyō, denen er nicht absolut trauen konnte, entsandte er in möglichst entfernte Territorien. Das Recht der Versetzung diente ihm als wirksames Mittel, den Daimyō seine Macht zu demonstrieren. Tokugawa Ieyasu, vor dem Hideyoshi sich am meisten hüten mußte, besaß bereits Mikawa, Ōmi, Suruga, Kai und einen Teil von Shinano. Nachdem Hideyoshi die Hōjō unterworfen hatte, schenkte er Ieyasu die den Hōjō gehörenden acht Provinzen im Kantō-Gebiet, nahm ihm aber dafür fünf Provinzen ab und schickte ihn nach Edo, um ihn aus dem eigenen unmittelbaren Herrschaftbereich zu verbannen.

Hideyoshi war nun Herr über alle Feudalherren. Aus seinen Ländereien bezog er etwa 2 Millionen *koku* Reis, also (Iki und Tsushima ausgenommen) von der auf 18,5 Millionen *koku* berechneten Gesamternte Japans fast zehn Prozent. Seine Ländereien lagen vor allem in Kinki, in den wirtschaftlich fortgeschrittensten Gebieten. Außerdem hatte er das Monopol über die damals einträglichsten Goldbergwerke in Sado, Ikuno und Iwami, zudem kontrollierte er die wichtigsten Handelstädte wie Kyōto, Ōsaka, Sakai, Hakata, Nagasaki u.a. Konishi Ryūsa aus Sakai, Kamiya Sōtan aus Hakata, Murayama Tōan aus Nagasaki, Großkaufleute, reicher als die Daimyō, wurden Hideyoshis Hoflieferanten und Wirtschaftsberater. Konishi Ryūsa, der Vater von Yukinaka, fungierte praktisch als sein Finanzminister. Hideyoshis wirtschaftliche Macht erlaubte es ihm, ein eigenes Heer zu unterhalten, groß genug, um jeden Daimyō zu besiegen.

Die Neuordnung des feudalistischen Systems und die Wiederherstellung der Autorität des Tennō

Hideyoshi verbesserte die Beziehungen zum Hof des Tennō, wurde 1585 Minister zur Mitte, dann Regent, 1586 Großkanzler und änderte seinen Familiennamen in Toyotomi.

Diese Amtsbezeichnungen hatten keine faktische Bedeutung mehr, aber für Hideyoshi, der von Bauern abstammte, waren sie eine notwendige dekorative Auszeichnung. 1587 baute er sich in Kyōto einen Palast (den Jurakudai), der größer war als der des Kaisers, lud im folgenden Jahr Go-Yōzei-Tennō und alle Daimyō dorthin ein, schenkte dem Tennō Ländereien, die 7000 *koku* einbrachten und ließ alle Daimyō schwören, diese nicht anzutasten und ihm selbst stets Treue zu bewahren. Aus dieser Politik wird deutlich, daß Hideyoshi dem Kaiser Autorität zurückgab, die er dann selbst zur »Krönung« seiner Herrschaft nutzte. Nakai Chikuzan, ein Gelehrter der Edo-Zeit, beurteilte Hideyoshis Politik so: »Nach außen hin verehrt er den Tennō, insgeheim aber nutzt er ihn, um sich über die Daimyō zu erheben.«

In der hektischen Übergangszeit des »Zuunterst-zuoberst«, in der nur die brachiale Gewalt den Lauf der Dinge entschied, konnte sich der Kaiserhof nicht einmal Reiswein leisten, um das Fest der Schneeschau würdig zu begehen, seine Autorität war gleich Null. Als aber das zersplitterte, geteilte Land erneut unter eine einheitliche Herrschaft geriet, als die Daimyō ihre Gebiete direkt beherrschten, erhielt der Hof wieder Spenden, so z.B. von Ōuchi Yoshitaka, Imakawa Yoshimoto, Mōri Motonari, Uesugi Kenshin, Oda Nobuhide, damit der Tennō seine Nachfolgezeremonie veranstalten konnte. Auf diese Weise wurden auch die Mauern des Palastes ausgebessert. Die Daimyō werteten den Tennō auf, um sich selbst aufzuwerten.

Als die Einigung des Landes schnelle Fortschritte machte, ließ Nobunaga nach seinem Einzug den Kaiserpalast renovieren und sicherte dem Kaiser als Lebensunterhalt 156 *koku* Reis pro Jahr zu. Zu diesem Zweck belegte er die Felder der Hauptstadt mit einer pro *tan* auf ein *shō* berechneten Sondersteuer. Der Ertrag (520 *koku)* wurde zwangsweise an die Bürger von Kamigyō und Shimogyō zu dreißig Prozent Zinsen verliehen, die dem Kaiser zufielen. Dieses System konnte, nachdem Nobunaga das Kamigyō-Viertel hatte niederbrennen lassen, nicht aufrechterhalten werden. Später schenkte Nobunaga dem Tennō Land, das 300 *koku* einbrachte, worüber der Tennō so erfreut war, daß er ihm den Titel eines Ministers zur Linken verlieh.

Es war selbstverständlich, daß auch der Regent und Großkanzler Hideyoshi, der 2 Millionen *koku* Einnahmen hatte, dem Tennō Ländereien zugestand, die 7000 *koku* einbrachten. Die Kaiser Chinas rechtfertigten ihre Herrschaft als »Auftrag des Himmels«, die Könige Europas erhielten ihre Würde im Namen Gottes und aus den Händen des Papstes. In Japan gab es keine derartige Ideologie oder religiöse Tradition. Hideyoshi war gezwungen, nachdem er das Reich aus eigener Kraft geeinigt hatte, die Autorität des Kaisers, des Nachkommens der Götter, die das Land geschaffen hatten, zu restaurieren, aber er mußte auch dafür sorgen, daß dieser weder politische noch wirtschaftliche Macht erhielt, und zwar zur Sicherung der eigenen Stellung und der feudalistischen Ordnung: eine Politik, die Ashikaga Takauji nicht nötig hatte, als der Tennō keine Autorität mehr besaß.

Die Landvermessung, die Dörfer, die Schwertjagd, das Ständesystem

Hideyoshi führte zur Sicherung seiner Herrschaft ein neues System ein, dessen wirksamste Maßnahme die Landvermessung war. Auch die Sengoku-Daimyō, auch Nobunaga hatten diese Politik verfolgt, aber nur in regional begrenztem Umfang. Hideyoshi setzte die Reform nach der Schlacht bei Yamazaki (1582) durch, nach 1589 dann im ganzen Land. Er übertrug das Amt des Regenten seinem Neffen Hidetsugu, gab sich den Titel *taikō* (Zurückgetretener Regent), weshalb die neue Landvermessung nach ihm auch *taikō kenchi* genannt wird. Das Ackerland wurde nach dem *kanejaku*[1] gemessen, ein *ho* wurde als sechs *shaku* und drei *sun* im Quadrat festgelegt, 300 *ho* (vorher 360) galten als ein *tan*, zehn *tan* als ein *chō*. Die Qualität des Ackerbodens wurde in vier Gruppen[2] aufgeteilt, die Höhe des Ertrags, die Grundlage zur Berechnung der Jahresabgaben, wurde in Reis umgerechnet als *kokudaka*. Das Maß, mit dem die Erträge gemessen wurden, wurde im ganzen Lande vereinheitlicht. Der Ernteertrag wurde zu zwei Dritteln als Materialabgabe eingezogen, die Abgaben für die Felder, auf denen kein Reis angebaut wurde, konnten in Geld entrichtet werden. Der Ertrag der Felder der Qualität »gut« wurde pro Jahr mit ein *koku* sechs *to* ungeschältem und acht *to*

---

1 Winkeleisen, dessen Maßeinheit 1 *shaku* = 30,303 cm war.
2 *jō, chū, ge* und *gege* = gut, mittel, mäßig, schlecht.

geschältem Reis angesetzt, die Felder der darunter liegenden Qualitätsgruppen mit je zwei *to* weniger.

Mit der Berechnung des Ertrags wurde auch der für das besteuerte Land und die Abgaben Verantwortliche namentlich festgestellt und in ein Register eingetragen. Als Verantwortliche konnte nur der fungieren, der das Land selbst bebaute, so daß nur noch der Feudalherr die Bauern ausbeuten konnte. Der Eigentümer des Landes gab sein Land gegen Zins in Pacht, wodurch die frühere Ausbeutung der einfachen selbstwirtschaftenden Bauern durch die Verwalter der Landgüter oder die herrschende Schicht der Dörfer abgeschafft wurde. Ferner wurde verfügt, daß »Bauernfamilien und Anverwandte, also mehrere Familien (Haushalte) nicht mehr in einem Haus leben sollen, sondern jeder Haushalt in einem eigenen Haus«. Diese Maßnahme verfolgte den Zweck, die patriarchalische Großfamilie in monogame Kleinfamilien zu spalten. Diese sich auf natürlichem Wege anbahnende Entwicklung im fortgeschrittenen Kinki-Gebiet sollte in anderen Gebieten von oben durchgesetzt werden.

Parallel zu den Vermessungsarbeiten war es erforderlich, die Grenzen der Dörfer der selbstwirtschaftenden Bauern neu festzulegen und neue Verwaltungseinheiten einzurichten, denen ein aus deren Bewohnern ausgewählter Beamter vorstand, der direkt dem Daimyō verantwortlich war.[1] Außerdem wurde bestimmt: »Wenn Felder aufgegeben werden, wenn einer Handel treibt oder einer Lohnarbeit nachgeht, so wird nicht nur er, sondern das ganze Dorf bestraft.«

Durch die Register wurden die eingetragenen Pächter an ihr Land gebunden, die Vernachlässigung der Bestellung und das Verlassen des Dorfes standen unter Strafe, die Freiheit der Berufswahl war damit unterbunden. Kauf, Verkauf und Verpfändung von Land waren strengstens untersagt. Um dieses System aufrechterhalten zu können, mußte das Volk entwaffnet werden. Shibata Katsuie hatte, nachdem Oda Nobunaga den Aufstand in Echizen unterdrückt hatte, die Schwerter der Bauern dieses Gebiets einsammeln lassen. Hideyoshi führte diese Maßnahme, nachdem er den Kōyasan unterworfen hatte, im ganzen Land durch: Schwerter, Lanzen, Pfeile und Bogen, Gewehre und andere Waffen, die sich im Besitz der Tempel, Bauern, Städter befanden, wurden beschlagnahmt. Des weiteren wurde verboten, daß die Samurai und ihre Bediensteten den Beruf eines Bauern, Händlers oder Handwerkers ergreifen. Sie waren gezwungen, in der von ihrem Dorf weit entfern-

---

1 Je nach Gebiet *shōya, otona, nanushi* genannt.

ten Stadt vor dem Schloß ihres Herrn zu wohnen. Auf diese Weise wurden Stände, Berufe und deren Lebensraum strikt abgegrenzt. Die Spaltung wurde noch verschärft durch die Verfügung, daß Bauern nicht Soldaten und Soldaten nicht Bauern werden können.

Das Kokudaka-System, die Trennung von Bauern und Soldaten, und das neue Standessystem ließen sich in den weniger entwickelten Gebieten, wo die Samurai als Großgrundbesitzer herrschten, nicht schnell und einheitlich in die Tat umsetzen. Die alten Herren besaßen hier noch viele Sklaven, hielten am System der patriarchalischen Großfamilie fest und beuteten die Kleinbauern auf verschiedenste Weise aus. Als extremes Beispiel wären große Dörfer anzuführen, in deren Register nur ein Pächter eingetragen war. Ferner enthielten die Register oft richtige Bauern, die nicht nur Abgaben entrichteten, sondern auch als Bauern ihrem Lehnsherrn Frondienst leisten mußten; diese waren häufig Großfamilien, die über genügend Abhängige verfügten, so daß nicht unbedingt alle, die wirklich Felder bestellten, registriert waren. Unter denen, die wirklich Land bestellten, befanden sich auch »nicht registrierte« Pächter oder abhängige Bauern. Die mit der Landvermessung verbundenen Maßnahmen bildeten die Grundlage für die weitere Entwicklung der dörflichen Sozialstruktur und etwa Ende des 17. Jahrhunderts, zu Beginn der Herrschaft des Tokugawa-Bakufu, hatten sie sich im ganzen Land durchgesetzt.

Der Beginn der Kontrolle von Innen- und Außenhandel

Alle Freiheiten, die sich das Volk während der Sengoku-Zeit erkämpft hatte, wurden im Prozeß der Einigung des Landes durch Hideyoshis Herrschaftssystem wieder aufgehoben. Auch die Kaufleute und die Handwerker waren nicht ausgenommen. Nobunaga und Hideyoshi beseitigten zwar die Privilegien der Gilden, schafften die Zollschranken ab und förderten verstärkt den Außenhandel. Die von Hideyoshi eingerichtete Gold- und Silberzunft, die *tenshō ōban* und *tenshō koban* genannte Münzen prägte, spielte für die Entwicklung des Handels eine große Rolle. Alle diese Maßnahmen dienten aber in erster Linie der Bereicherung, der Beschaffung der Mittel, die zur Sicherung der eigenen Herrschaft notwendig waren. Hideyoshi plante keineswegs eine wirklich freie Entwicklung des Handels, denn das Ständesystem (Samurai, Bauern, Handwerker, Kaufleute) behinderte nicht nur die Freiheit der

Berufswahl, sondern auch die Entwicklung des freien Handels. Hideyoshi ließ zwangsweise Bürger von Kyōto und Sakai nach Ōsaka übersiedeln, woraus ersichtlich ist, daß er nicht die Selbstverwaltung dieser Städte fördern, sondern sie unter die direkte Herrschaft der Daimyō oder — wie Kyōto — in direkte Abhängigkeit bringen wollte. Hideyoshis Beamte kontrollierten auch die Handelshäfen. Sie kauften von den ausländischen Handelsschiffen direkt die Waren, die sie brauchten. Was übrig blieb, durften die Daimyō und die Kaufleute erwerben. Die japanische Handelsschiffahrt war zunächst nicht durch Gesetze eingeschränkt, später aber erlaubte Hideyoshi nur jenen Schiffen den Handel, die er mit einem Privileg ausgestattet hatte.

Die Fujufuse-Sekte und die Unterdrückung der Christen

Auch die Freiheit des Glaubens wurde dem Volk genommen. Hideyoshi verhinderte zwar, daß die großen Tempel Enryakuji, Kōyasan und Honganji sich zu Feudalherren neuen Typs entwickeln konnten; weiter ging er nicht, im Gegenteil, er stellte sie unter seinen Schutz, schenkte ihnen Land und ließ den Enryakuji wieder aufbauen. Diese Politik verfolgte das Ziel, daß alle Sekten des Buddhismus seine Herrschaft stützen sollten. Die Sekten, die sich gegen ihn stellten, unterdrückte er. 1595 ließ er zum Andenken an seine Eltern im Hōkōji, den er in Kyōto hatte erbauen lassen, eine Messe zelebrieren, an der Mönche aller Sekten teilzunehmen hatten. Der Mönch Nichiō, der Führer der Fujufuse-Sekte[1], verweigerte die Teilnahme, denn seine Lehre verbot die Annahme von Spenden der Anhänger anderer Sekten und die Gabe von Spenden an diese. Hideyoshi verbannte Nichiō aus Kyōto, weil dieser seinen Befehl mißachtet hatte, der mehr zu gelten habe als die buddhistische Lehre.

Es war daher nur konsequent, daß Hideyoshi, der die Religion nur als politisches Werkzeug betrachtete, die Christen, die die Gebote ihres Gottes über alles stellten, zu verfolgen begann. Als er 1587 Kyūshū unterwarf, hatte er sich überzeugen können, wie groß der Einfluß der Missionare auf die Daimyō war, und er war befremdet, daß Nagasaki sich im Besitz der Kirche befand. Als er sich in Hakata aufhielt, verlangte er vom Daimyō Arima, der

---

1 Wörtlich »Nicht geben, nicht empfangen«, und zwar von allen, die nicht an das Lotus-Sutra glauben.

Die Wiederherstellung von Ordnung und Autorität

Christ geworden war, ein Mädchen, das das Nachtlager mit ihm teilen sollte. Das Mädchen, das dieser auswählte, war ebenfalls zum christlichen Glauben übergetreten und verweigerte den Liebesdienst mit dem Hinweis auf das Gebot der Keuschheit. Daß aus Glaubensgründen Frauen sich dem höchsten Herrscher des Landes verweigern können, überstieg die Vorstellungskraft Hideyoshis. Im folgenden Monat Juli verbot Hideyoshi die weitere Verbreitung der christlichen Lehre — »Japan ist Götterland, demzufolge darf die Lehre Jesu aus den christlichen Ländern nicht eingeführt werden!« — und befahl, daß alle Missionare des Landes verwiesen und die der Kirche übereigneten Gebiete um Nagasaki konfisziert werden.

Es wurde betont, daß dieses Verbot keinen Einfluß auf den Außenhandel haben sollte; trotzdem kamen auf den portugiesischen Schiffen weiter Missionare heimlich ins Land, und mit den spanischen Schiffen nicht nur Missionare der Gesellschaft Jesu, sondern auch Franziskaner und Dominikaner. 1596 wurde ein spanisches Schiff bei Urato an die Küste von Tosa getrieben, dessen Matrosen dem Beamten Hideyoshis, der sie verhörte, stolz berichteten, daß der spanische König durch seine Missionare zunächst das Herz eines Volkes gewinne, bevor er dessen Land erobere. Hideyoshi, dem schon früh dieser Verdacht gekommen war, verstärkte die Verfolgung der Christen und ließ alle Missionare und die Japaner, die sich von ihnen hatten bekehren lassen, hinrichten, soweit er ihrer habhaft werden konnte.

Diese Verfolgungen veranlaßten die Daimyō, die den christlichen Glauben angenommen hatten, zur Abkehr; im Volke aber breitete er sich immer mehr aus, denn in dieser Zeit wirkten bereits als Missionare ausgebildete Japaner. Auch waren schon in japanischer Sprache gedruckte religiöse Schriften im Umlauf. Die japanischen Missionare hatten anders als die ausländischen Missionare, die zum Nutzen des Handels die Daimyō bekehren wollten, direkten Kontakt zur Bevölkerung. Die japanischen Christen schlossen sich zur Verwirklichung der Nächstenliebe zu solidarischen Gruppen und Organisationen zusammen. Den Japanern war bis zu dieser Zeit der Begriff der Sünde fremd, die christlichen Gebote machten ihnen die Unmenschlichkeit des Tötens von neugeborenen Kindern bewußt. Sie nahmen ausgesetzte Kinder bei sich auf und bemühten sich um barmherzige Taten. In der Kirche und in Versammlungen saßen oder hockten Frauen und Kinder auf Matten, hinter ihnen standen die Männer und hörten die Predigten über die Einehe und die Keuschheit.

Bisher hatte keine japanische Religion solche Lehren verbreitet. Hayashi Razan (1583-1657), der spätere Berater des Tokugawa-Bakufu für Erzie-

193

hungsfragen, ein leidenschaftlicher Christenhasser, behauptete, die Christen würden die Ordnung von Oben und Unten, von Herrscher und Untertan nicht kennen. Er verketzerte die Forderung der Einehe als ein Mittel, die dummen Frauen aufzuhetzen. Der wirkliche Anlaß seines Hasses war wohl allein die Tatsache, daß die christlichen Ideen so schnell das Denken des Volkes zu beherrschen begannen. Der Glaube der japanischen Christen, die ihren Gott als Herrscher über Himmel und Erde, als absolute Autorität anerkannten, wurde um so stärker, je mehr sie von den weltlichen Herrschern verfolgt wurden.

Das Scheitern des Korea-Feldzuges

Hideyoshis Ehrgeiz, neue Gebiete zu erobern, machte nicht an den japanischen Grenzen halt. Schon während des Einigungsprozesses plante er, Ryūkyū, Taiwan und die Philippinen zu erobern, und verstieg sich dazu, sich Korea und China untertan zu machen. Während die Eroberung der Inseln Südostasiens nur ein Traum blieb, traf er, sobald Japan geeint war, Vorbereitungen zu einem Feldzug gegen China, indem er zunächst die Unterwerfung Koreas forderte, der Brücke zum Ming-Reich. Als Korea ablehnte, setzte er 1592 ein Heer in Marsch, dessen Vorhut Katō Kiyomasa und Konishi Yukinaga anführten. Der Feldzug verlief zunächst erfolgreich. Die bei Pusan gelandete Avantgarde erreichte innerhalb eines Monats die Hauptstadt Seoul, griff Pyongyang an, während Kiyomasas Truppen weiter nach Norden vordrangen. Hideyoshis Flotte wurde aber von Yi Sunsin, dem koreanischen Admiral, geschlagen. Das japanische Heer konnte nicht mehr ausreichend mit Proviant versorgt werden, weshalb viele Soldaten erkrankten oder starben und das Heer allen Kampfgeist verlor. Im Mai 1593 begannen die Friedensverhandlungen, die den Feldzug beendeten.

Ein 1596 von einem Friedensboten Chinas überbrachtes Schreiben bezeichnete Hideyoshi als König eines tributpflichtigen Landes, worüber Hideyoshi so erzürnt war, daß er im Februar des foigenden Jahres erneut ein Heer nach Korea schickte. Diesem fehlte aber jeder Kampfgeist, auch konnte es keine militärischen Erfolge erzielen. Im September des Jahres 1598 erkrankte Hideyoshi und dachte nur noch daran, vor seinem Tode die Nachfolge seines sechsjährigen Sohnes Hideyori zu sichern. Als er starb, zog sich das japanische Heer ganz aus Korea zurück.

Tokuyawa Ieyasu stürzt die Herrschaft der Toyotomi und errichtet sein Bakufu

Hideyoshi hatte sich zu sehr mit unbesonnen Eroberungskriegen beschäftigt und zu wenig seine Herrschaft gegenüber den Daimyō gestärkt, so daß sofort nach seinem Tod der Toyotomi-Clan seine Macht verlor. Kurz bevor Hideyoshi starb, rief er Ieyasu und seine fünf Berater zu sich und bat sie wiederholt, die Nachfolge Hideyoris zu garantieren. Aber ebenso wenig, wie sich Hideyoshi um die Nachfolge des Sohnes von Nobunaga gekümmert hatte, kümmerte sich Ieyasu um die Hideyoris. Im Gegenteil, Ieyasu traf sofort Anstalten, die Macht der Toyotomi zu brechen, indem er eine Konfrontation zwischen den Daimyō, die Hideyori stützten und hohe Posten der Zentralregierung bekleideten (wie z.B. Ishida Mitsunari und Konishi Yukinaga) und den unabhängigen Samurai-Führern wie Katō Kiyomasa und Fukushima Masanori provozierte. Es gelang ihm, Kiyomasa zu täuschen und auf seine Seite zu ziehen. Danach forderte er die Partei des Mitsunari heraus und schlug dessen Heer 1600 in der Schlacht bei Sekigahara in der Provinz Mino vernichtend.

Die Toyotomi-Familie war an diesem Krieg nicht direkt beteiligt, aber Ieyasu nutzte die Gelegenheit, die Ländereien Hideyoris zu verringern. Er degradierte ihn zu einem Daimyō, der in Settsu, Kawachi und Izumi über Ländereien mit einem Ertrag von 650.000 *koku* verfügte, konfiszierte — Ōsaka ausgenommen — alle von Hideyoshi beherrschten Städte und Erzbergwerke, sowie Ländereien der Ishida-Partei. Insgesamt verteilte er Gebiete mit 6,42 Millionen *koku* Ertrag an ihm ergebene Daimyō und behielt auch einen Teil für sich. Ieyasus Einkommen, das sich vor dem Krieg bereits auf 2,4 Millionen *koku* belief, erhöhte sich auf 3 Millionen *koku*. Er erhielt also über ein Zehntel des japanischen Gesamteinkommens in Reis. Er wurde der neue Herrscher des Landes, der über mehr Macht verfügte als Hideyoshi. 1603 bekam er den Titel eines Shōgun verliehen, seine Verwaltungsorgane in Edo wurden die neue Regierung des Landes.

15
Samurai - Bauer - Handwerker - Kaufmann - Paria

Das System der perfekt organisierten Feudalherrschaft

Ieyasu vernichtet die Familie Toyotomi

Als Ieyasu Shōgun wurde, war seine Herrschaft noch keineswegs gesichert, denn in den Kreisen der Daimyō herrschte die Vorstellung, daß »die Herrschaft über das Reich reihum gehe«. Ieyasu konnte damit zunächst die Übernahme der Herrschaft von Hideyoshi rechtfertigen. Nun aber mußte er den Daimyō demonstrieren, daß das Amt des Shōgun hinfort nur der Tokugawa-Familie zustehe, und setzte, kaum daß er selbst diese Position zwei Jahre innehatte, seinen Sohn Hidetada ein — ohne freilich die Macht tatsächlich aus den Händen zu geben.

Der 70jährige Ieyasu wußte, daß der junge Toyotomi Hideyori sehr begabt war und daß er die Toyotomi-Familie, für die alle gegen Ieyasu eingestellten Daimyō Partei nahmen, vernichten mußte. Er nutzte jedes Mittel, diese Daimyō von Hideyori zu trennen, und ließ, um Hideyori wirtschaftlich zu schwächen, zum Andenken an dessen Vater Hideyoshi Rituale veranstalten sowie Tempel und Schreine restaurieren. Er nahm die Deutung der Inschrift der Glocke des Hōkōji, die ihm der Mönch Ishin Sūden einredete, zum Anlaß, die Eroberung der Burg von Ōsaka vorzubereiten. Sūden erklärte den Teil der Inschrift *kokka ankō* (Friede im Reich) als magischen Spruch, der bedeute, die Herrschaft über das Reich sei leicht zu erringen, wenn man Ieyasu isoliere. Ebenso behauptete er, in dem Teil der Inschrift: *kunshin nōraku shison inshō* (Herrscht Treue zwischen Herr und Vasall, dann gedeihen die Nachkommen) sei die Andeutung versteckt: »Sind die Toyotomi die Herren, dann erfreuen sich ihre Nachkommen des Gedeihens«. Im November 1614 eröffnete Ieyasu die Feindseligkeiten (Winterfeldzug). Er selbst führte das Heer, konnte aber die Burg, in dessen Verteidigungsanlagen Hideyoshi viel investiert hatte, nicht einnehmen. Ieyasu täuschte ein Friedensangebot vor und stellte die Bedingung, daß der äußere Graben zugeschüttet werde. In der Folge ließ Ieyasu aber nicht nur den äußeren, sondern auch den inneren Schutzgraben zuschütten und zerstörte überdies den zweiten Wall, so daß nur noch der Hauptwall der Burg Schutz bot. Die Toyotomi eröffneten daraufhin empört den Kampf, obwohl dieser schon verloren war, denn die »nackte« Burg war im Handumdrehen genommen. Hideyori und Yodogimi, seine Mutter, begingen Selbstmord, die Toyotomi-Familie wurde vernichtend geschlagen. Dieser Kampf ging im Juni 1615 als Sommerfeldzug in die Geschichte ein.

Die Kontrolle über Daimyō, Kaiserhof, Tempel und Schreine, der Ausbau der Stadt Edo, die Vergöttlichung Ieyasus

Ieyasu befahl schon einen Monat nach dem Sieg, daß in jeder Provinz alle Burgen bis auf eine zu zerstören seien, und veröffentlichte im September zwei Gesetze, das Gesetz für den Schwertadel *(Buke Shohatto)* und das Gesetz für Kaiser und Hofadel *(Kinchū narabi ni Kugeshū Shohatto)*. Ersteres enthielt Bestimmungen für die Daimyō und Samurai, daß sie sich für zivile und militärische Unternehmungen einzusetzen hätten und es ihnen verboten sei, Parteien zu bilden. Ihre Eheschließung bedurfte fortab der Genehmigung des Bakufu, desgleichen der Bau und sogar die Reparatur der Burgen. Vor allem wurde verfügt, daß alle Daimyō im Wechsel regelmäßig in Edo dem Bakufu ihre Aufwartung zu machen hätten. Das Gesetz für den Schwertadel wurde später oft revidiert, die Pflichten der Daimyō wurden noch genauer festgelegt.

Das Gesetz für Kaiser und Hofadel hatte vor allem das Ziel, den Kaiser jeglicher politischer Aktivität zu entbinden — »Der Kaiser widme sich den Kunstfertigkeiten, an erster Stelle stehe das Studium« — und den Hof zu beherrschen, indem z.B. sogar die Sitzordnung der Kaiserfamilie und der Hofadeligen festgelegt und das Verfahren der Auswahl von Äranamen geregelt wurde. Ferner billigte Ieyasu der Kaiserfamilie Felder mit einem Ertrag von nur 10000 *koku* zu, den Hofadeligen einen Bruchteil davon. Außerdem wurden Verfügungen getroffen, die die buddhistischen Tempel aller Sekten, die ja auch Feudalbesitz hatten, unter die Kontrolle des Bakufu stellte und ihnen ebenfalls die Wissenschaften als Hauptbetätigungsfeld zuwies. Die Haupttempel verloren ihre Weisungsbefugnis gegenüber untergeordneten

Einrichtungen, Neugründungen wurden verboten. Ieyasu nutzte den Streit zweier Schulen des Kōyasan und teilte die Ländereien der Glaubensgemeinschaft, auch förderte er die Spaltung des Honganji in Higashi- und Nishi-Honganji, um die Macht dieses großen Tempels zu schwächen.

Inzwischen war auch der Ausbau von Edo, der Hauptstadt des Bakufu, fast abgeschlossen. Als Ieyasu dort sein Hauptquartier aufschlug, hatte es noch keine Handelsviertel gegeben. Das Meer reichte damals bis in die Gegend von Hibiya. Ieyasu ließ die Unterstadt entwässern und aufschütten, Wasseroberleitungen bauen und Kaufleute, die ihm schon gedient hatten, als er Daimyō im Tōkai-Gebiet war, nach Edo umsiedeln und betraute sie mit der Aufsicht über Handel und Gewerbe in der Stadt. 1603, einen Monat, nachdem er *shōgun* geworden war, ließ er die Straßen Edos erweitern und 300 Viertel neu bauen und zwischen 1606 und 1607 die Burg von Edo mit seinem fünfstöckigen Turm errichten.

An den aufwendigen Tief- und Hochbauarbeiten mußten sich die Daimyō durch finanzielle Hilfe und Bereitstellung von Arbeitskräften beteiligen, und Leistungen wie diese wurden ihnen neben dem militärischen Beistand zur höchsten Pflicht gemacht.

Ieyasu starb 1616, ein Jahr nachdem er die Voraussetzungen für die Herrschaft des Bakufu geschaffen hatte. Der Tennō erfüllte seinen letzten Willen und verlieh ihm mit dem Namen *Tōshō Daigongen* (die östliche strahlende große Inkarnation) göttliche Autorität. Schon Toyotomi Hideyoshi hatte sich nach seinem Tode als *Toyokuni Daimyōjin* (Der Große Gott des reichen Landes) vergöttlichen lassen, um seinen Nachkommen die Macht zu erhalten. Es war das erste Mal in der japanischen Geschichte, daß ein Mensch solche Autortät unmittelbar nach seinem Tode erwarb: Als Ieyasu die Toyotomi-Familie vernichtete, veranlaßte er, daß der Hof diese Würde annullierte. Nach seinem Tod legitimierte er als *Tōshō Shinkun*« (Der im Osten strahlende göttliche Herrscher), als *Gongesama* oder *Shinso* (Der göttliche Vorfahr) für 250 Jahre die Herrschaft des Tokugawa-Bakufu.

Die wirtschaftliche und militärische Macht des Bakufu

Nach dem Tode Ieyasus baute die Tokugawa-Familie ihre Macht weiter aus. Während des 17. Jahrhunderts, etwa bis zur Herrschaft des fünften Shōgun, wurden viele Daimyō unter dem fingierten Verdacht des Aufruhrs oder einer geplanten Empörung ihrer Posten enthoben, ihre Ländereien konfisziert und an andere Daimyō verteilt oder dem Bakufu zugeschrieben. Zur Zeit des zweiten Shōgun Hidetada hatte das Bakufu Ländereien mit einem Ertrag von 10 Millionen *koku* konfisziert. Ende des 17. Jahrhunderts zog es aus seinen Ländereien einen Ertrag von 7 Millionen *koku*, also ein Viertel des sich auf 28 Millionen *koku* belaufenden Gesamtertrags des Landes. (Der größte Daimyō Maeda hatte dagegen nur 1,2 Millionen *koku* Einnahmen.) Die Ländereien des Shōgun befanden sich meistens im Kantō-Gebiet, also in der Nähe des Bakufu, aber auch im Norden, einem wichtigen Reisanbaugebiet, auch im Kinki, dem Zentrum von Handel und Gewerbe, ebenso im Tōkaidō, dem Verbindungsgebiet zwischen Kantō und Kinki. Die militärisch wichtigen Gebiete wie Suruga und Kai, die großen Handelsstädte wie Ōsaka, Kyōto, Sakai, die wichtigsten Bergwerke in Sado, Ikuno und Izu unterstanden direkt dem Bakufu.

Ieyasu hatte den Daimyō verboten, selbst Münzen zu prägen und dieses Monopol dem Bakufu übertragen. Er hatte 1601 zu diesem Zweck eine Gold- und Silbermünzerei errichtet, die Goldmünzen und Silbermünzen prägten. Der durch das Bakufu geregelte Münzumlauf trug ebenfalls dazu bei, seine Herrschaft zu konsolidieren. Die reichen Händler von Kyōto und Nagasaki dienten dem Bakufu als Berater und Lieferanten, der Außenhandel nahm großen Aufschwung und damit die Profite, die das Bakufu jedoch mit den Daimyō nicht teilte. Neue Erzbergwerke wurden erschlossen und das Gold und Silber, das Ieyasu anhäufte, übertraf bei weitem das Vermögen Hideyoshis.

Die Einnahmen aus den Ländereien des Shōguns ermöglichten die Unterhaltung eines starken Heeres, für das auch die Samurai herangezogen wurden: Jene, die direkt dem Bakufu unterstanden, hießen *hashimoto* (Bannerleute), wenn sie das Privileg hatten, zur Audienz zu erscheinen, wenn sie dieses nicht hatten, *gokenin* (Hausleute). Gegen Ende des 17. Jahrhunderts zählten die Bannerleute 5000, die Hausleute 17000. Die Bannerleute waren ursprünglich kleinere Feudalherren, die Lehen erhielten. Zur Zeit des dritten Shōgun Jemitsu nahm das Bakufu diese Lehen wieder zurück und entlohnte die Bannerleute durch Reiszuteilungen. Nur die Bannerleute höheren

Rangs (etwa zehn Prozent) behielten weiter ihre Lehen, auch wenn ihr Herr-schaftsrecht den Bauern gegenüber eingeschränkt wurde und sie nach Edo umziehen mußten. Die meisten Bannerleute erhielten nur die Naturalabga-ben ihrer Lehen, deren Höhe das Bakufu festlegte. Die Hausleute wurden von Anfang an durch Reiszuteilungen entlohnt. Diese Entlohnungen der Bannerleute und Hausleute waren erblich und hießen *karoku* oder *seroku*. Inhaber beider Ränge waren verpflichtet, entsprechend der Höhe ihrer Ent-lohnungen eine bestimmte Anzahl von Soldaten zu stellen. In der Mitte des 17. Jahrhunderts verfügten sie insgesamt über 60000 Mann: zusammen mit dem Heer des Bakufu (80000 Mann) eine militärische Macht, die ein Heer, über das 30 oder 40 Daimyō verfügten, leicht schlagen konnte.

Das Verhältnis von Daimyō und Bakufu

Durch die von Ieyasu konsequent betriebene Entmachtung der Daimyō, durch deren Umsiedlung und Wiederbelehnung wurden die Ländereien, die die Daimyō sich einst selbst erkämpft hatten, umgewandelt in vom Bakufu verliehenes Land. Die Erben eines Daimyō mußten die Lehensurkunde dem Bakufu zur erneuten Bestätigung vorlegen. Als Gegenleistung für das ihnen verliehene Lehen hatten die Daimyō dem Shōgun Gefolgschaft zu leisten, sie mußten den Pflichten des Dienstes beim Bakufu, der militärischen Unter-stützung und der *sukeyaku*[1] nachkommen und die Gesetze und andere Anordnungen des Bakufu strikt befolgen. Nach dem 1635 von Jemitsu veröf-fentlichten Gesetz für den Schwertadel mußten die Daimyō jedes zweite Jahr in Edo dienen. Während sie sich so wenigstens zeitweise auf ihren Lände-reien aufhielten, blieben ihre Familien andauernd als »Geiseln« in Edo. Die Daimyō und ihre Vasallen hatten die doppelten Lasten für das Leben in Edo und auf ihren Ländereien zu tragen, für Transport und Proviant der in Kriegs-zeiten notwendigen Einheiten zwischen ihrem Gebiet und Edo. Diese Lasten bürdeten sie wiederum der Bevölkerung ihrer Lehen auf.

Seit dieser Zeit hießen die Feudalherren, die mehr als 10000 *koku* Ertrag aus ihren Ländereien zogen, Daimyō. Jene, deren Einnahmen diesen Wert unterschritten, wurden *kōtai yoriai* genannt.[2]

---

1 Bereitstellung von finanziellen Mitteln und Arbeitskräften für öffentliche Bauarbeiten.
2 »Die im Wechsel nach Edo kommen«.

Die Daimyō, die schon vor der Schlacht bei Sekigahara auf der Seite der Tokugawa standen, hießen Fudai-Daimyō und die, die sich erst danach unterworfen hatten, Tozama-Daimyō. Das Bakufu schwächte die Macht der großen Tozama-Daimyō, z.B. der Katō und Fukushima, indem es sie umsiedelte, und die weniger starken Tozama-Daimyō in Randgebiete oder in weder wirtschaftlich noch militärisch wichtige Regionen versetzte. Die Fudai-Daimyō wurden hauptsächlich im Kantō, Kinki, Tōkai und Tōsan angesiedelt. Die wichtigsten Gebiete wurden den Daimyō aus der Tokugawa-Familie, den sogenannten *shinpan*, verliehen, so in Owari, Kii und Mito den direkten Nachkommen Ieyasus, die als *gosanke*[2] besondere Privilegien besaßen. Nach dieser genau geplanten Verteilung der Ländereien konnte das Bakufu es den Daimyō überlassen, sich gegenseitig in Schach zu halten.

Diese kleinen Staaten hießen *han*, ein Begriff, der nicht aus dem Rechtssystem des Bakufu stammte, sondern von konfuzianischen Gelehrten der Edo-Zeit dem chinesischen Feudalsystem entlehnt wurde, in dem die Feudalherren, die vom Kaiser ihr Lehen erhielten, als *hanchin* (als den Kaiser beschützender Wall) bezeichnet wurden. Für die Herrschaft der Daimyō hatte das Bakufu im Gesetz für den Schwertadel nur allgemeine Richtlinien vorgesehen, etwa: Lebt einfach und sparsam, fördert Talente, übt eine Politik, »die in allem dem hatto entspricht«. Praktisch wurde aber die absolute Herrschaft der Daimyō über ihre Lehnsgebiete anerkannt. Nur wenn ihre Politik das normale Maß übersteigende Mißstände verursachte, griff das Bakufu ein und enthob sie ihres Amtes.

Das Bakuhan-System

Das Ämtersystem, mit dem das Bakufu später die Daimyō, den Hof, die Tempel, Schreine und seine Vasallen beherrschte, war zur Zeit von Ieyasu noch nicht ausgebildet. Getreue, die schon immer der Hauptfamilie gedient hatten, unterstützten Ieyasu bei der Regierung. Dieser bediente sich außerdem vorübergehend des Rates von Mönchen, Gelehrten und Ausländern.

---

1 Die drei Tokugawa-Familien, von denen die Owari-Familie und die Kii-Familie für den Fall, daß der Shōgun keinen Sohn hatte, den Nachfolger stellen konnten. Die Mito-Familie konnte nur den Vize-Shōgun stellen.

Meistens entschied er jedoch die Regierungsgeschäfte allein. Erst nach seinem Tod wurde der Shōgun mit absoluter Macht ausgestattet, zur Zeit des dritten Shōgun Iemitsu durch Gesetz und neue Regierungsorgane ein perfekt funktionierendes Feudalsystem geschaffen.

Die höchsten Beamten der Regierung waren der Regent, die vier älteren Staatsräte und die vier jüngeren Staatsräte. Der Regent wurde je nach Erfordernis eingesetzt. Den vier älteren Staatsräten oblagen allgemein alle Regierungsgeschäfte sowie die Kontrolle des Kaiserhofes und der Daimyō. Die Entscheidungen trafen die vier älteren Staatsräte im gemeinsamen Rat, die dann der jeden Monat wechselnde Vorsitzende ausführte. Die jüngeren Staatsräte unterstanden den älteren Staatsräten und kontrollierten die Vasallen des Bakufu. Den älteren Staatsräten waren vier bis fünf Inspektoren zugeordnet, den jüngeren Staatsräten sechzehn Inspektoren, die jeweils die Daimyō und die Vasallen des Bakufu observierten. Den älteren Staatsräten unterstanden des weiteren drei Kommissare. Der Kommissar für Tempel und Schreine kontrollierte die Priester und Mönche und entschied — die acht Provinzen des Kantō ausgenommen — über die Klagen des Volkes der Ländereien des Shōgun. Der Stadtkommissar von Edo war verantwortlich für Stadtverwaltung, Polizeidienst und Rechtspflege in Edo, der Finanzkommissar für die Finanzpolitik des Bakufu, er entschied zusätzlich die Klagen des Volkes der in Kantō gelegenen Ländereien. Lagen den drei Kommissaren Fragen vor, die auch die Kompetenzen anderer Ämter berührten, oder handelte es sich um Fälle von exemplarischer Bedeutung, dann entschieden sie unter dem Vorsitz der älteren Staatsräte oder anderer zuständiger Beamter im Rat. Dieses Gremium hieß *hyōjōsho* und war das höchste Gerichtsorgan des Bakufu.

Zur Beherrschung und Kontrolle der Landgebiete richtete das Bakufu in Kyōto das *shoshidai* ein, das mit einem Daimyō besetzt wurde und den Tennō und die Gebiete westlich vom Kinki beaufsichtigte, in Suruga und Ōsaka das *jōdai*, in Kai das *kinban*, die beide für militärische Aufgaben und Wachdienst zuständig waren. In Ōsaka, Kyōto und anderen vom Bakufu direkt kontrollierten Städten wurden Kommissare, in den Ländereien des Shōgun Beamte eingesetzt, verantwortlich für Verwaltung und Rechtspflege ihres Gebiets.

Die zentralen Regierungsorgane und die Verwaltungsämter der Landgebiete wurden mit Fudai-Daimyō besetzt, die anderen Ämter mit Bannerleuten. Die Tozama-Daimyō nahmen an der Regierung nicht teil. Die Regierungsorgane ließen sich im Kriegsfall sofort in militärische Organe umwan-

202

Samurai - Bauer - Handwerker - Kaufmann - Paria

deln. Die *ōban, shoinban* und *koshō gumiban*[1], die die mächtigsten Bannerleute anführten, bildeten die Schutztruppe des Shōgun. Das mit Gewehren, Pfeil und Bogen sowie Lanzen ausgerüstete Landheer, die Marine und ständig präsente Truppeneinheiten unterstanden den Bannerleuten oder Hausleuten.

Die Regierungsorgane der Lehnsgebiete waren in verkleinerter Form denen des Bakufu nachgebildet. Bei den Fudai-Daimyō hatten die Angehörigen der Familie die wichtigen Ämter inne. Daneben gab es andere Ämter, die zuständig waren für die Kontrolle der Vasallen, Finanzpolitik, Verwaltung der dem Daimyō direkt unterstehenden Ländereien und für Militärangelegenheiten. Die Vasallen des Daimyō wurden wie die des Bakufu mit Lehen ausgestattet und durch Reiszuteilungen entlohnt, in der Mitte des 17. Jahrhunderts besaßen jedoch nur noch wenige berühmte Familien eigene Lehensgebiete, auch hatten sie fast kein Herrschaftsrecht mehr über die Bevölkerung. Meist wurden sie in der Burgstadt des Daimyō angesiedelt.

Das System, mit dem die Organe des Bakufu und der Lehensgebiete[2] das Volk von Süd-Hokkaidō bis zu den Inseln Kyūshūs beherrschten, wird Bakuhan-System genannt. Dieses System unterschied sich vom vorhergehenden vor allem dadurch, daß der Tokugawa-Shōgun der größte Feudalherr des Landes war und der tatsächliche Herrscher über die Daimyō, den Hof des Kaisers, die Tempel, Schreine und alle anderen Feudalherren. Ein weiterer Unterschied bestand darin, daß der Shōgun und die Daimyō die kleineren Feudalherren, die vorher zwischen ihnen und dem Volk standen, isolierten, indem sie diese in der Burgstadt ansiedelten. Das Bakufu und die Daimyō kontrollierten und beuteten die selbständig wirtschaftenden Bauern, Handel und Gewerbe nun direkt aus, sie konnten, wie ich im folgenden darlegen werde, das Volk in das engmaschige Herrschaftssystem einbeziehen.

---

1 *ōban*, von *hashimoto* geführte Wacheinheiten zum Schutz des Edo-, Ōsaka- und Nijō-Schlosses (Kyōto). Eine Einheit *(kumi)* bestand aus 50 Soldaten, die *ōbangumi* aus sechs, später aus 12 *kumi*. Die *shoinban* unterstanden den *wakadoshiyori* und waren die direkte Schutztruppe des *shōgun*. Die *koshō gumiban* hatten dieselben Aufgaben wie die *shoinban*, dazu Patrouillendienst in Edo zu leisten.

2 Die Zahl der Lehensgebiete betrug Ende des 17. Jahrhunderts 240, Ende der Edo-Zeit, 1813 255, 1869, als die Daimyō zu Gouverneuren wurden, 284. Der Grund für die Zunahme war, daß die großen Lehensgebiete sich im Laufe der Zeit in souveräne kleine Lehensgebiete aufteilten.

»Sie sollen Abgaben machen, daß sie weder leben noch sterben können!«

Honda Masanobu, der das besondere Vertrauen Ieyasus besaß, charakterisierte das Bakuhan-System wie folgt: »Die Bauern sind die Grundlage des Reichs. Zu ihrer Beherrschung gibt es das Gesetz. Ihre Bedürfnisse und die Ernte müssen genau festgestellt und alle Überschüsse als Jahresabgaben eingezogen werden. Es ist das Prinzip zu beachten, daß die Bauern so belastet werden, daß sie keinen Überfluß haben, aber auch keine Not leiden. Hier wird klar ausgesprochen, daß die Bauern, »die Grundlage des Reichs«, für den Shōgun und die Daimyō Objekte der Ausbeutung waren.

Schon durch die von Hideyoshi durchgeführte Landvermessung wurden die zwischen den Bauern und den Feudalherren stehende Schicht der Großgrundbesitzer ausgeschaltet, die Bauern selbständig gemacht. Diese Maßnahme fand während des 17. Jahrhunderts unter der Herrschaft des Bakufu und der Daimyō einen definitiven Abschluß. Honda Masanobu erklärt die Methode, die Felder der Bauern in Register zu erfassen, den Ertrag genau zu berechnen und alles, was die Bauern an Nahrung und Saatgut nicht unbedingt brauchten, als Jahresabgabe einzuziehen, als legitime Herrschaftsmethode über das Volk. Die Jahresabgaben betrugen 50 bis 60 Prozent des Ertrages und waren damit scheinbar niedriger als die nach der Landvermessung berechneten, aber die Art der Vermessung war eine andere, so daß die Lasten der Bauern in Wirklichkeit 70 Prozent betrugen. Sie wurden so ausgebeutet, daß sie »keinen Überfluß haben, aber auch keine Not leiden«. Mit anderen, von Ieyasu überlieferten Worten: »Sie sollen Abgaben machen, daß sie weder leben noch sterben können!«

Um den Bauern nicht nur jede Überschußproduktion, sondern auch das zum Leben Notwendige zu nehmen, wurde im 17. Jahrhundert das von Hideyoshi begründete Dorf- und Fünf-Mann-System ausgebaut. Die Dörfer bestanden aus 50 bis 60 Haushalte umfassenden Verwaltungseinheiten, die von einem Dorfältesten, einem Ältesten einer kleineren Gruppe des Dorfes und vom Vertreter des Dorfverwalters verwaltet wurden. Diese drei Ämter wurden entweder von mehreren reichen Familien im Wechsel besetzt oder waren erblich. Sie galten als der verlängerte Arm des Feudalherren, wurden aber selbst von diesem ausgebeutet und agierten mitunter auch als Vertreter der Interessen des Dorfes.

Die Jahresabgaben waren dem ganzen Dorf als Verwaltungseinheit auferlegt. Wurden sie nicht entrichtet, zog der Feudalherr die Dorfbeamten zur Rechenschaft. Die tatsächlichen Lasten trugen natürlich die einzelnen Bauern, die im Kinki-Gebiet zu Gruppen zusammengeschlossen wurden, die aus fünf bis sechs Haushalten bestanden. Sie trugen die Verantwortung, falls einer mit den Abgaben in Verzug geriet, flüchtete oder sich andere Verstösse zu schulden kommen ließ, und hatten die Pflicht, sich gegenseitig zu kontrollieren. Als Parallelmaßnahme zur Unterdrückung der Christen wurden alle Mitglieder des Dorfes in einem Register erfasst. Es gab keine Freiheit des Wohnorts, keine Freiheit des Berufs, keine Freiheit des Ver- und Ankaufs von Ackerland. Dessen Teilung durch Erbschaft war durch Bestimmungen eingeschränkt. Die Bauern konnten nicht einmal die für die Bebauung günstigste Fruchtart wählen.

In den Dörfern lebten neben den richtigen Bauern auch *mizunomi* oder *komae* genannte Bauern, die entweder Hörige oder Gesinde reicher Bauern waren. In den weniger entwickelten Gebieten gab es auch noch *nago* oder *hikan* genannte Halbsklaven. Diese hatten nicht das Recht, die öffentlichen Angelegenheiten des Dorfes mitzubestimmen, auch kein Nutzungsrecht an den gemeinsamen Feldern und Wäldern. Da sie nicht in die gemeinsamen Register eingetragen wurden, waren sie für den Feudalherrn so gut wie nicht existent. Dieser unternahm auch nichts, wenn sie flohen und anderswo einem anderen Beruf nachgingen.

Daß sich das System zur Ausbeutung der Bauern durchgesetzt hatte, zeigt die 1649 erlassene Verordnung zur neuen Landvermessung und ein an alle Provinzen, Distrikte und Dörfer gerichtetes Gesetz, das *Keian Furegaki*. Die erste Bestimmung änderte die in der Landvermessung Hideyoshis als ein *ho* festgelegten sechs *shaku* und drei *sun* im Quadrat um in sechs *shaku* und ein *bun* und forderte eine präzisere Vermessung. Letztere Verordnung enthält Anweisungen für das Leben der Bauern, in denen zum Ausdruck kommt, daß die Bauern nicht als Menschen, sondern bloß als Produktionskraft für Jahresabgaben bewertet wurden. Dort heißt es zum Beispiel: »Die Bauern denken über das für die Zukunft Erforderliche nicht nach. Deshalb essen sie, wenn der Herbst kommt, mit Frau und Kind allen Reis und alles Getreide auf. Sie sollten im Januar, Februar und März wissen, daß die Nahrung sorgfältig einzuteilen und daß Getreide für sie das Wichtigste ist ... Falls eine Hungersnot kommt, sollten sie sich mit den Blättern von Bohnen, Sasage und Kartoffeln versorgen können ...« »Dem Mann obliegt die Bestellung der Felder, der Frau die Herstellung von Flachs, die Arbeit am Webstuhl und die Herrichtung des Abendessens. Sowohl der Mann als auch die Frau müssen für den Lebensunterhalt sorgen. Wenn aber eine Frau mit hübschem Aussehen ihren Mann vernachlässigt, Tee trinken geht, zuviel den Tempel besucht oder sogar an Ausflügen Gefallen findet, so sollte sich der Mann von ihr scheiden.« »Wer nicht viele Felder hat und nicht zu Vermögen kommt, aber zu viele Kinder hat, der sollte diese anderen geben oder in den Dienst schicken und gut darüber nachdenken, wie er seinen Lebensunterhalt decken kann.«

Das Ständesystem und die patriarchalische Herrschaft als Mittel zur Unterdrückung

Um das unmenschliche Ausbeutungssystem zu sichern, errichtete das Bakufu ein die ganze Gesellschaft erfassendes präzises Ständesystem. Der Shōgun, die Daimyō, die Samurai bildeten den *shi* genannten Adelsstand. Die absteigenden Ränge der Bauern, Handwerker und Kaufleute gehörten dem Bürgerstand an. Im Adel gab es vom Shōgun bis zu den Fußsoldaten mehr als zwanzig Ränge, auch unter den Daimyō herrschte je nach Abkunft eine Ordnung von Oben und Unten. Die Fußsoldaten hatten das Recht, einen Bauern oder einen Städter (Handwerker, Händler) zu töten, wenn dieser ihm Respekt versagte. Auch unter den Bauern und Städtern gab es Standesunterschiede und unter den Personen gleichen Standes je nach Alter eine Ordnung von Oben nach Unten. Für jeden Stand waren Wohnort, Beruf und Kleidung vorgeschrieben. Die Heirat zwischen Personen unterschiedlichen Standes war verboten.

Schon als im Altertum das Tennō-System entstand, galt ein Teil des Volkes als außerhalb der Gesellschaft stehend. Mit dem Verfall des Ritsuryō-Systems löste sich die Abgrenzung der Stände auf, die bestimmte Gruppen »für ewig« an den Stand der Paria binden wollte. Besonders im 15. und 16. Jahrhundert, als die faktische Macht der Einzelnen entscheidend war, gab es zwar noch einen deutlichen sozialen Unterschied zwischen Adel und Paria, aber in den unteren Klassen stand allen die Möglichkeit des Aufstiegs offen. Erst als sich das feudalistische System wieder etabliert hatte, der Tennō, der Shōgun, die Daimyō und die Samurai den Adelsstand bildeten und die Rangordnung der Familien neu festgelegt wurde, stellte das System wieder eine Gruppe von Menschen auf die unterste Stufe der Gesellschaft.

Die Nachkommen der Paria blieben Paria. Sie wohnten isoliert von den anderen Bürgern in Ghettos und durften nur bestimmte Berufe ausüben, vor allem im lederverarbeitenden Handwerk, im künstlerischen Gewerbe und im

Bereich niederer Dienstleistungen. Es gab zwar Daimyō, die ihnen erlaubten, auch Ackerbau zu treiben, doch war das auch in diesen Ausnahmefällen nur mit strengen Auflagen gestattet. Das Paria-System trat seit der Landvermessung wieder in Erscheinung. Die Vermessungsbücher des Chōsohabe-Clans erwähnen Paria, die an bestimmte Berufe gebunden in Ghettos lebten. In der Mitte des 17. Jahrhunderts fand dieses System auch im Kinki und den Gebieten westlich vom Kantō Anwendung und wurde auch von allen Lehnstümern Nordjapans übernommen.

Das patriarchalische Familiensystem war neben dem strengen Ständesystem eine weitere Stütze der Bakuhan-Herrschaft. In jedem Stand, ob bei den Samurai, den Bauern, den Handwerkern und den Kaufleuten herrschte der Paterfamilias als rechtliche und moralische Instanz über die Familie. Die Frauen waren den Männern absolut untergeordnet. In der Samurai-Klasse festigte sich der Rang der Familie durch Tradition, die Erbschaft des Vaters ging an den ältesten Sohn über, das Leben der Familie wurde abhängig von den von den Vorfahren ererbten und ihrem Herrn garantierten Rechten (erbliche Rechte an der Reiszuteilung). Diese Tatsache fundierte die Macht des Paterfamilias, durch ihn gewannen die Vorfahren Macht über ihre Nachkommen. In der Samurai-Klasse hatte die Frau nicht das Recht, ein Erbe anzutreten, sie war in vielen Fällen dreifach abhängig, erst vom Vater, dann von ihrem Mann, und, wenn dieser starb, vom ältesten Sohn und Erben.

Dieses Familiensystem sollte auch bei den Bauern und den Bürgern der Städte durchgesetzt werden, an die die Verordnungen des *Keian Furegaki* ja auch gerichtet war, doch entwickelte sich bei diesen keine derart dominierende Stellung des Vaters, da hier Mann, Frau und Kinder für den gemeinsamen Lebensunterhalt sorgen mußten.

Nachdem die Samurai-Klasse ihre Herrschaft stabilisiert hatte, wurden auch Maßnahmen zur Unterdrückung der Christen und zur Abschließung des Landes notwendig; ohne diese und das Ständesystem hätte sich das feudalistische Bakuhan-System nicht lange halten können.

16
Die Abschließung des Landes und der Feudalismus

Die Unterdrückung der freien wirtschaftlichen und kulturellen
Entwicklung der Gesellschaft

Die Blütezeit des Außenhandels

Zur Zeit Ieyasus unterstützte das Bakufu, um seine Finanzen zu stärken,
intensiv den Außenhandel. Ieyasu berief den holländischen Offizier Jan
Joosten und den englischen Navigationsoffizier William Adams — beide
gehörten zur Besatzung eines 1600 bei Usaki in Bungo gestrandeten holländischen Schiffes — als Berater für den Ausbau der Handelsbeziehungen mit
Europa ins Bakufu. Adams blieb für immer in Japan und nannte sich nach
den Ländereien auf der Miura-Halbinsel, die Ieyasu ihm geschenkt hatte,
Miura Anjin.[1] Durch die Vermittlung beider Berater kamen regelmäßig holländische und englisches Schiffe nach Japan, denen Ieyasu erlaubte, jeden
Hafen anzulaufen. Beide Länder durften in Hirado Handelskontore errichten. In dieser Zeit begannen auch die Beziehungen zu den Behörden der Spanier auf den Philippinen und der Handel der durch das rote Siegel privilegierten japanischen Schiffe mit den Ländern Südostasiens. Zwischen 1604 und
1636, dem Jahr, in dem allen japanischen Schiffen der Handel mit dem Ausland streng verboten wurde, besaßen mehr als 350 Schiffe eine vom Bakufu
ausgestellte Handelserlaubnis. Ieyasu reaktivierte außerdem die seit dem Einfall Hideyoshis unterbrochenen Handelsbeziehungen zu Korea. Allerdings
wurde dieser Handel vom Daimyō der Insel Tsushima kontrolliert, der von
der koreanischen Regierung die Erlaubnis erhielt, pro Jahr eine bestimmte
Anzahl von Schiffen nach Pusan zu schicken. Koreanische Schiffe kamen
nicht direkt nach Japan. Ieyasu hatte mit seinen Bemühungen, auch die
diplomatischen Beziehungen zu China wiederherzustellen, keinen Erfolg,

---

1 *anjin*, ein für die Navigation zuständiger Seeoffizier.

Die Abschließung des Landes und der Feudalismus

was aber keinen Einfluß hatte auf die Handelsbeziehungen. Auch chinesische Handelsschiffe liefen Japan an.

Aus China wurden hauptsächlich Seide und Seidengewebe, Gold, Blei, Arzneien und Duftstoffe importiert, aus Europa Uhren, Glasgefäße, Wollgewebe und andere Luxuswaren. Japans wichtigster Exportartikel war Silber. Die Schiffe brachten aus Südostasien von chinesischen Handelsschiffen aufgekaufte Seide, Hirsch- und andere Tierfelle, Blei, Gold und Duftstoffe mit, die sie gegen Silber eingetauscht hatten und führten hauptsächlich Kupfer, Eisen, Schwefel, Naphtalin, Eisenwaren, Papierprodukte, wie Fächer und Schirme, und Gerstenmehl aus.

Um sich den größten Teil des Handelsprofits zu sichern, bestimmte das Bakufu Händler aus Kyōto, Sakai, Nagasaki und anderen Städten zu privilegierten Lieferanten und ließ durch sie, wie es schon Hideyoshi getan hatte, den größten Teil der ausländischen Waren aufkaufen. Den Rest überließ es den Daimyō und anderen Händlern. Sobald der Preis für Seide im Lande stieg, verkaufte das Bakufu seine Vorräte und erzielte dabei großen Profit. 1604 formierte Ieyasu die privilegierten Händler von Kyōto, Sakai und Nagasaki zu einer *ito wappu nakama*[1] genannten Gilde und gestattete erst, nachdem diese mit den eingelaufenen Schiffen den Preis für Seide ausgehandelt hatte, den Ankauf anderer Waren. Später traten auch Händler von Ōsaka und Edo dieser Gilde bei, für deren Privileg das Bakufu beträchtliche Steuern verlangte.

Die Einrichtung dieser Gilde diente den wirtschaftlichen Interessen des Bakufu, sie verfolgte nicht den Zweck, den Handel einzuschränken. Auch die mit dem roten Siegel versehenen Legitimationen, die der Herrscher Japans ausgab, sollten die Handelsschiffahrt nicht behindern, sondern nur nachweisen, daß die so ausgewiesenen Fahrzeuge keine Seeräuberschiffe waren. Erst nach dem Tode Ieyasus wurden die Legitimationen Mittel zur Kontrolle und Beschränkung des Außenhandels, indem sie nur den Bakufu-Lieferanten Suminokura, Sueyoshi, Chaya und anderen Großhändlern, die dem Bakufu ergeben waren, zuerkannt wurden. Dies geschah in einer Zeit, als das Bakufu Maßnahmen zur Unterdrückung der Christen ergriff und seine Kontrolle über die Daimyō verschärfte.

---

1 *ito-wappu* = Verteilung von Seidengarn, *nakama* = Gilde. Das importierte Seidengarn wurde an die Mitglieder der Gilde nach einem Schlüssel verteilt.

209

Geschichte Japans

Japanische Kolonialisten, die Überquerung des Pazifik

Auf den japanischen Schiffen, auch auf den Schiffen der Portugiesen, Spanier und Holländer kamen schätzungsweise mehr als 70000 Japaner ins Ausland. Zwischen Mitte des 16. Jahrhunderts und Mitte des 17. Jahrhunderts, also in der Zeit, als die Handelsbeziehungen mit den Portugiesen begannen, bis zur Abschließung des Landes ließen sich mehr als 10000 Japaner in Taiwan, Luzon, Vietnam, Kambodscha, Malaysia, Java und anderen Ländern Südostasiens nieder.

Sie siedelten sich dort in »Japanischen Vierteln« an, die oft von den Herrschern der betreffenden Länder ein beschränktes Recht auf Selbstverwaltung erhielten. Die »Japanischen Viertel« in Delao und San Miguel außerhalb Manilas, in Hueho in Vietnam und Ayucha in Thailand waren die größten. In San Miguel lebten zeitweise 3000 Japaner, in Ayucha etwa 1500. Yamada Nagamasa, der 1621 Führer des »Japanischen Viertels« in Ayucha wurde, erwarb sich im Dienst des Königs von Siam große Verdienste und wurde mit dem Amt des Gouverneurs von Ligor belohnt, fiel aber 1630 in Ungnade und wurde ermordet. Die im Ausland lebenden Japaner, die sich wie Nagamasa politisch engagierten, waren eine Ausnahme. Die meisten arbeiteten als Ladearbeiter für die Schiffe oder verdienten mit anderen Arbeiten ihren Lebensunterhalt. Viele von Ihnen verrichteten auch niedere Arbeiten für die Holländer.

Die Ausweitung des Handels mit dem Ausland förderte den technischen Fortschritt in Schiffbau und Navigation. Die Handelsschiffe, die in der Muromachi-Zeit nach China fuhren, konnten etwa 100 t laden, die Schiffe der Edo-Zeit faßten dagegen durchschnittlich 200 - 300 t, einige sogar 800 t. Ikeda Yoemon aus Hizen zeichnete bereits 1616 seine Kenntnisse in Navigation und Astronomie, die er sich während seines Dienstes auf einem holländischen Schiff erworben hatte, auf. Die Japaner benutzten damals schon Kompaß und andere Navigationsinstrumente. Wie sehr sich der Fortschritt in Schiffbau und Navigation entwickelt hatte, beweist die erste Überquerung des Pazifischen Ozeans durch Hasekura Tsunenaga (1571-1622), einem Vasall des Daimyō Date Masamune.

Date entsandte in geheimem Auftrag Ieyasus Tsunenaga an den spanischen Hof und nach Rom zum Papst, um Handelsbeziehungen mit der spanischen Kolonie Mexico zu eröffnen. Tsunenaga startete mit einem Segelschiff, welches die Zimmerleute der Bakufu-Marine nach dem Vorbild der europäischen Schiffe gebaut hatten und das 35,64 m lang und 9,90 m breit

210

war, am 28. Oktober 1613 von Tsukinoura in Mutsu aus, überquerte in 90 Tagen den Pazifik und erreichte am 5. März 1614 bei Acapulco die Westküste von Mexiko. 225 Jahre später überquerte Katsu Kaishū mit dem Kriegsschiff »Kanrinmaru« den Pazifik, einem von Holländern gebauten Dampfschiff. Tsunenagas Begleiter kehrten wieder nach Japan zurück, das Schiff wurde später dem philippinischen Gouvernement als Geschenk übergeben.

Tsunenagas Schiff wurde zwar von dem spanischen Navigator Sukaino gesteuert, was aber nicht Tsunenagas Leistung schmälert, die von seefahrerischem Wagemut zeugt und das hohe Niveau der japanischen Schiffbaukunst seiner Zeit beweist. Tsunenaga durchquerte Mexiko, fuhr von dessen Ostküste nach Spanien und dann nach Rom. Für die Rückfahrt wählte er denselben Weg und kehrte nach sieben Jahren nach Japan zurück. Während dieser Reise, die zum ersten Mal einen Japaner durch drei Kontinente führte, hatte sich in Japan die politische Situation verändert. Als Tsunenaga zurückkehrte, behandelte das Bakufu die Spanier bereits als Feinde, seine Mission, über Mexiko neue Handelsbeziehungen zu vereinbaren, war gegenstandslos geworden. Hätte das Bakufu die japanische Schiffahrt und den Unternehmungsgeist der Japaner nicht unterdrückt, die japanische Zivilisation hätte sich schnell und in allen Bereichen weiterentwickelt.

Die Christen und das Leben des Volkes

Die Erweiterung des Außenhandels hatte zur Folge, daß sehr viele Missionare nach Japan kamen und die Japaner zum christlichen Glauben bekehrten: besonders während der Herrschaft Ieyasus, sogar in Nordjapan in den Gebieten der Ezo (Hokkaidō). Nach der Schlacht bei Sekigahara gab es im ganzen Land zwischen sieben- und achthunderttausend Christen, darunter auch schon zu Priestern geweihte Japaner. Die Schule der Jesuiten in Amakusajima und andere Schulen druckten nicht nur in japanischer Sprache verfaßte Glaubensschriften, auch die Fabeln Aesops, sogar das *Heike Monogatari* und andere Werke der japanischen Literatur. Damals wurde auch ein Japanisch-Portugiesisches Wörterbuch verfaßt, heute ein wichtiges Werk für die vergleichende Sprachwissenschaft. Die Missionare lehrten den Japanern die Technik der Ölmalerei und des Kupferstichs, auch die Kunst der Kirchenmusik. Die christliche Lehre verlieh dem religiösen und philosophischen Denken der Japaner eine bis dahin nicht gekannte Breite und Tiefe. Die neuen

Kenntnisse über Literatur, Musik, Medizin, Astronomie und Geographie, die die Missionare vermittelten, hatten großen Einfluß auf die Entwicklung der Künste und der Wissenschaft.

Ieyasu wußte nur zu gut, daß die christliche Lehre im Widerspruch stand zu seinem politischen Herrschaftssystem, aber er tolerierte anfangs die Christen, weil er großen Wert auf die wirtschaftlichen Vorteile des Außenhandels legte. Als aber die protestantischen Holländer, um das Handelsmonopol mit Japan zu erlangen, die Portugiesen und Spanier beschuldigten, diese wollten nach Durchsetzung der christlichen Lehre Japan unterwerfen, änderte sich Ieyasus Haltung. Nachdem holländische und chinesische Handelsschiffe in größerer Zahl regelmäßig Japan anliefen, waren die Handelsbeziehungen zu den Portugiesen und Spaniern nicht mehr unersetzlich, also auch die Toleranz ihnen gegenüber nicht mehr notwendig.

Als 1612 in seiner Burg und unter seinen Vasallen Christen entdeckt wurden, verbot Ieyasu, daß in Sunpu, in Kyōto und in den Ländereien des Bakufu die Untertanen der christlichen Lehre weiter anhingen. Nach 1613 verbot er die christliche Lehre im ganzen Land. Er begründete sein Verbot damit, daß die Missionare eine Irrlehre verbreiteten, Japan unter ihre Herrschaft bringen, Shintōismus und Buddhismus verdrängen wollten, und führte als Beweis dafür, daß es sich um eine Irrlehre handle, das unbeugsame Märtyrertum der verfolgten Christen an. Der eigentliche Grund für das Verbot aber war wohl die Tatsache, daß die christliche Lehre schnell das Herz des Volkes gewann, eine Erscheinung, deren Ursache ihm unverständlich blieb. Wenn er wirklich der Überzeugung gewesen wäre, die Portugiesen und Spanier hätten Japan erobern wollen, dann hätte er nicht zweieinhalb Monate vor dem Verbot Hasekura Tsunenaga an den spanischen Hof und nach Rom geschickt.

Vom Verbot des Christentums bis zur Abschließung des Landes

Die Verfolgung der Christen, die mit der Ausweisung der Missionare und der Zerstörung der Kirchen begann, wurde besonders nach dem Tode Ieyasus (1616) so grausam, daß sie mit Worten kaum noch zu beschreiben ist. Als bekannt wurde, daß bei der Belagerung der Burg von Ōsaka unter den Anhängern der Toyotomi-Familie sich viele Christen befanden, wuchs die Angst des Bakufu, das ohnehin nach dem Tode Ieyasus nicht stabil

Die Abschließung des Landes und der Feudalismus

war, vor den Christen noch mehr. In diesem Jahr verbot das Bakufu die Verbreitung der christlichen Lehre strengstens und verfügte, daß außer den chinesischen Schiffen alle ausländischen Schiffe nur noch Hirato und Nagasaki anlaufen durften. Diese Maßnahme hatte doppelten Nutzen: Das Bakufu konnte verhindern, daß Missionare ins Land kamen und gleichzeitig den Daimyō die Möglichkeit nehmen, weiter Profit aus dem Außenhandel zu ziehen. 1623 verbot schließlich das Bakufu, daß japanische Schiffe die Philippinen ansteuerten und von dortaus spanische Schiffe Japan anliefen.

Danach wurden die Maßnahmen, die zur Abschließung des Landes führten, beschleunigt. 1631 wurde verfügt, daß japanische Schiffe, die außer dem roten Siegel nicht auch eine Auftragsbestätigung der ältesten Staatsräte (den offiziellen Auftrag des Shōgun) besaßen, die japanischen Häfen nicht verlassen durften. 1633 erging außerdem ein Erlaß, der Japanern, die länger als fünf Jahre im Ausland gelebt hatten, die Rückkehr nach Japan versagte. Seit 1635 schließlich hielt das Bakufu japanische Schiffe generell im Land fest und verbot allen Japanern, die sich im Ausland befanden, die Rückkehr in ihre Heimat. Verletzungen dieses Verbots wurden mit dem Tode bestraft.

Das Bakufu war zwar die höchste Herrschaftsinstanz Japans, fühlte sich aber nicht im geringsten dazu verpflichtet, im Ausland lebende Japaner als Angehörige des eigenen Volkes zu schützen. Für die Feudalherren waren offensichtlich nur jene Untertanen Japaner, die Jahresabgaben entrichteten. Deshalb hatte das Bakufu keine Bedenken, Japanern die Rückkehr in ihr Land zu verwehren, allein um die Möglichkeit auszuschließen, daß das Volk durch diese wieder mit der christlichen Lehre in Berührung kam.

Für die Abschließung des Landes war das strikte Verbot, daß japanische Schiffe ausliefen, weit wichtiger als die Beschränkung der einlaufenden ausländischen Schiffe. Deshalb kann man sagen, daß bereits 1635, drei Jahre vor dem Ausbruch des Shimabara-Aufstands, die Abschließung des Landes endgültig war. Die Portugiesen wurden von Hirado auf eine kleine Insel im Hafen von Nagasaki, nach Deshima, umgesiedelt und hatten dort nur noch Verkehr mit privilegierten Kaufleuten und Freudenmädchen.

Die Christen wurden überall im Lande weiterhin aufs grausamste verfolgt. Die Anhänger der christlichen Lehre wurden unter Foltern gezwungen, ihrem Glauben abzuschwören. Viele Christen ließen trotz grausamster Folter und Strafen wie *tawarazume*[1], *hiaburi*[2], *tsurushizage*[3] oder *fumitsubushi*[4] nicht von ihrem Glauben. Zwischen 1614 und 1635 sollen mehr als 280000 Christen, die an ihrem Glauben festhielten, getötet worden sein. Daß das Volk so konsequent für seinen Glauben einstand, mußte den Herrschenden Furcht vor der Macht der christlichen Lehre einflößen.

In dieser Zeit wurde auch ein System eingeführt, nach welchem jeder, gleichviel ob Bauer, Händler oder Samurai, gleich welchen Alters zur Gemeinde eines buddhistischen Tempels gehören und sich bestätigen lassen mußte, daß er kein Christ sei. Zwischen 1628 und 1629 wurden die Bürger von Nagasaki gezwungen, die Bilder von Christus oder von Maria mit Füßen zu treten, um zu beweisen, daß sie der christlichen Lehre nicht mehr anhingen, eine Maßnahme, die ab 1635 auch im ganzen Land durchgeführt wurde.

Der Aufstand von Shimabara und Amakusa

In Kyūshū gab es auch unter den Bauern überdurchschnittlich viele Christen, und ihre Verfolgung war besonders grausam. Shimabara gehörte einst zu den Ländereien der christlichen Daimyō-Familie Arima. Matsukura Shigemasa, der Feudalherr dieses Gebiets in der Zeit vor der Abschließung des Landes, ließ die Bauern, die ihren Glauben nicht aufgaben, auf die grausamste Weise hinrichten, indem er ihnen z.B. mit einer Bambussäge den Kopf abtrennen ließ. Seit 1634 wurde das Gebiet von Mißernten heimgesucht, viele Bauern verhungerten. Trotzdem ließ Shigemasa weiter die Jahresabgaben eintreiben und tötete oder folterte die, die diese nicht entrichten konnten. Die Insel Amakusa, von Shimabara durch einen schmalen Meeresarm getrennt, ursprünglich im Besitz des christlichen Daimyō Konishi Yukinaga, wurde beherrscht vom Daimyō von Karatsu, Terazawa Hirotaka. Auch hier wurden die Christen und die Bauern, die ihre Abgaben nicht entrichteten, so grausam wie in Shimabara verfolgt.

Im Oktober des Jahres 1637 erhoben sich zuerst die Bauern von Shimabara, dann die Bauern vom Amakusa zu einem bewaffneten Aufstand. Die

---

1 Der Gefolterte wird in einen Reissack eingenäht und ins Wasser geworfen.
2 Verbrennen auf dem Scheiterhaufen.
3 Herablassen des zu Folternden in ein Erdloch.
4 Test, ob Gläubige ihre Glaubensbrüder treten oder über sie hinweggehen.

Bauern beider Gebiete wählten den erst 16jährigen Tokisada, Sohn von Masuda Kōji, einem Vasallen der Konishi-Familie, zu ihrem Führer. Kōji und andere christliche, herrenlose Samurai standen ihm als Berater zur Seite. Für kurze Zeit war Amakusa und ein großer Teil von Shimabara in den Händen der Bauern. Als aber ein vom Bakufu entsandtes Heer heranrückte, zogen sich die Bauern mit ihren Familien (insgesamt 37000 Menschen) in den Südteil von Shimabara in eine am Meere gelegene, verfallene Burg zurück. Dort errichteten sie ein großes hölzernes Kreuz und hängten an die Mauern Fahnen mit Bildern von Heiligen und Kreuze. Unter ihnen befanden sich nicht nur Christen, sondern auch viele Anhänger des Buddhismus. Die Bauern hatten hier Zuflucht gesucht, um sich der Tyrannei der Daimyō Matsukura und Terazawa zu entziehen.

Das von Itakura Shigemasa geführte Heer, dem auch Krieger Matsukura Shigemasas und anderer Daimyō von Kyūshū angehörten, griff die Burg an, konnte sie aber nicht einnehmen. Itakura Shigemasa starb am Neujahrstag des Jahres 1638 in einem Kampf. Das Bakufu entsandte als Oberbefehlshaber den Staatsrat Matsudaira Nobutsuna, der als der klügste Kopf des Bakufu galt und mit einem 124000 Mann starken Heer die Burg umzingelte, um sie auszuhungern. Die aufständischen Bauern aber gaben nicht auf, so daß Nobutsuna ein holländisches Kriegsschiff bat, die Burg vom Meer aus zu beschießen. Das Bombardement dauerte vom 11. bis zum 25. Januar. Die eingeschlossenen Bauern schickten an Pfeilen Nachrichten in das Lager Nobutsunas, um gegen das »volksfeindliche« Vorgehen zu protestieren. »Ist es nicht sinnlos, die Burg zu beschießen und das Leben vieler Menschen auszulöschen? Wenn Ihr die Burg nehmen wollt, dann gibt es ja Samurai im ganzen Lande genug! Welche Schande, sich der Hilfe der Holländer zu bedienen!« Eine andere Klage hieß: »Ein so großes Heer macht sich den Herrn des Himmels nicht zum Feind, sondern bittet Ausländer um Unterstützung. Nobutsuna soll ein kluger Kopf sein?«

Wie sehr sich die Bauern auch heldenmütig wehrten, sie konnten die Burg nicht lange halten, denn sie hatten keinen Proviant und keine Waffen mehr. Nobutsuna griff am 28. Februar an, Tokisada und seine Samurai fielen im Kampf, die Burg wurde eingenommen. Die Überlebenden, auch Säuglinge und ihre Mütter, wurden vom Heer des Bakufu niedergemetzelt.

Das Bakufu ließ nach der Niederschlagung des Aufstands alle Christen im Lande ausfindig machen und hinrichten. Es verfügte, daß jeder im Volk nicht nur Zeugnis besitzen mußte, daß man kein Christ war, sondern daß alle Japaner den Namen ihrer Sekte, Geburten, Hochzeiten, Wohnungswechsel und Todesfälle dem Tempel zu melden hatten, der diese Daten in den Konfessionsregistern festhielt. Die Tempel übernahmen die Aufgabe von Registerämtern und die Aufgabe einer Gesinnungspolizei. Darüber vergaßen die Mönche ihre eigentlichen Pflichten, der Buddhismus verlor sein religiöses Engagement. Kumazawa Banzan (1619-1691), einer der bedeutendsten Denker dieser Zeit, kritisierte offen den Verfall: »Die Aufgabe der Glaubenskontrolle macht die Priester lasterhaft und ungläubig, die Lehre Buddhas gerät in Vergessenheit.«

Die Vollendung der Abschließung des Landes

1639, ein Jahr nach der Niederschlagung des Shimabara-Aufstandes, wurde auch den portugiesischen Schiffen verboten, Japan anzulaufen. Von den Europäern unterhielten nur noch die Holländer Handelsbeziehungen zu Japan. (Die Engländer, im Konkurrenzkampf den Holländern unterlegen, hatten diese schon vorher aufgegeben.) Zwei Jahre später wurden auch die Holländer von Hirado nach der Insel Deshima umgesiedelt. Die Chinesen durften weiter freien Handel mit den Japanern treiben, wurden 1688 aber in den außerhalb von Nagasaki gelegenen Chinesenhäusern interniert, damit sie nicht mehr mit der japanischen Bevölkerung in Berührung kommen konnten. Zu dieser Zeit wurde auch der Import europäischer Bücher verboten, Fachbücher über Medizin und Nautik ausgenommen. Der Handel mit den Holländern und Chinesen wuchs in den folgenden Jahren sprunghaft, wurde jedoch später durch Beschränkung des Handelsvolumens und der Zahl der einlaufenden Schiffe unter die Kontrolle des Bakufu gebracht.

Außer Holland und China unterhielten nur noch Korea und die Ryūkyū-Inseln Beziehungen zu Japan. Die Könige beider Länder entsandten, sooft ein neuer Shōgun sein Amt antrat, Gesandtschaften mit Glückwunschbotschaften an das Bakufu. Dieses behandelte die Gesandtschaften zuvorkommend, versuchte aber darüber hinaus weder normale diplomatische noch wirtschaftliche Beziehungen herzustellen. Sowohl Korea als auch Ryūkyū galten im Gegensatz zu Holland und China, die nur Handelspartner waren, als befreundete Länder. Das Bakufu beschränkte beispielsweise nicht den Handel zwischen Korea und dem Lehensgebiet Tsushima.

Die Ryūkyū-Inseln waren für das Bakufu Ausland wie auch Korea, standen aber seit 1609 praktisch unter der Herrschaft Satsumas. In diesem Jahr war

Shimazu Iehisa mit einem großen Heer in den Ryūkyū eingefallen und hatte den König Shōnei als Geisel nach Satsuma entführt. 1610 machte Iehisa mit Shōnei seine Aufwartung bei Tokugawa Ieyasu und dem zweiten Shōgun Hidetada und erreichte, daß das Bakufu die Ryūkyū als Satsuma untergeordnetes Territorium anerkannte. 1613 veröffentlichte Satsuma ein für die Ryūkyū geltendes Gesetz und beherrschte seitdem dessen Innen- und Außenpolitik, verlangte erheblichen Tribut und brachte auch den Teil nördlich von Amami unter seine Herrschaft.

Der König der Ryūkyū war gleichzeitig auch dem Ming-Hof, später dem Qing-Hof tributpflichtig und benutzte deren Äranamen. Ieyasu versuchte, diesen Zustand zur Ausweitung des Handels mit dem Ming-Hof zu nutzen, hatte aber keinen Erfolg. In dem Prozeß, der zur Abschließung des Landes führte, achtete das Bakufu streng darauf, daß sich aus den Beziehungen zwischen Ryūkyū und Satsuma kein Geheimhandel entwickelte.

Der unmittelbare Anlaß für die Abschließung des Landes war zwar die Unterdrückung der Christen, das Bakuhan-System festigte mit dieser Maßnahme aber auch das System der Feudalherrschaft. Ieyasu hatte die Christen geduldet, weil für ihn zur Sicherung seiner Herrschaft die wirtschaftlichen Vorteile des Außenhandels zunächst wichtig waren. Nachdem aber das Bakufu mit seinen Verwaltungsorganen das ganze Land unter seine Kontrolle gebracht und seine eigenen Ländereien in großem Maße hatte erweitern können, erhielt die Unterdrückung der Christen Vorrang vor dem Nutzen des Außenhandels. Daß 1635 japanischen Schiffen verboten wurde, ins Ausland zu fahren, und gleichzeitig aufgrund einer Revision des Gesetzes für den Schwertadel das System der alternierenden Anwesenheit in Edo eingeführt wurde, war sicher kein Zufall.

Das Bakufu konnte von den holländischen und chinesischen Schiffen weiter Seide und andere Luxuswaren kaufen. Die Waren, die japanische Schiffe aus Südostasien mitgebracht hatten, wie Leder und Blei, einst wichtig für die Ausstattung des Heeres, hatten, nachdem sich das Herrschaftssystem gefestigt hatte, keine Bedeutung mehr. Hätte das Bakufu erlaubt, daß ausländische Schiffe in Japan und japanische Schiffe im Ausland freien Handel treiben, dann hätte sich die christliche Lehre schnell ausgebreitet und das Bakufu und die von ihm privilegierten Händler hätten aus ihrem Monopol keinen Profit ziehen können. Außerdem hätte die wirtschaftliche Macht der Daimyō und der allgemeinen Händler so anwachsen können, daß die Vorrangstellung des Bakufu gefährdet worden wäre. Um dieser Gefahr vorzubeugen, mußte das Bakufu verbieten, daß japanische Schiffe das Land verließen, und die Zahl der vom Ausland kommenden Schiffe stark beschränken, das Land also fast hermetisch abschließen.

Der große Schaden, den die Abschließung des Landes verursachte

Die Frage, welchen Nutzen und welchen Schaden die Abschließung des Landes mit sich gebracht habe, ist ein zentrales Thema der japanischen Geschichtsforschung. Für das Volk, für die ganze Nation hatte aber die Abschließung nur negative Folgen. Es wird oft behauptet, die Abschließung des Landes habe eine lange Zeit des Friedens garantiert, was aber in Wirklichkeit nur bedeutet, daß sich die absolute Herrschaft des Bakuhan-Systems ungehindert entfalten konnte und die Entwicklung der japanischen Gesellschaft stagnierte. Nachdem Hideyoshi die Ländereien der Kirche in Nagasaki konfisziert hatte, stellten weder die Spanier noch die Portugiesen Forderungen nach neuen Ländereien. Die Möglichkeit, daß die japanischen Christen den Missionaren zum Werkzeug für die Vorbereitung der Eroberung Japans dienen könnten, bestand nicht. Die christliche Lehre verbreitete sich nach dem Beginn der Verfolgung durch Hideyoshi nicht durch das Bündnis der Missionare mit den Daimyo, sondern wurde vom Volk als Religion angenommen. Die japanischen Christen hätten sich gewiß nicht zum Werkzeug ausländischer Politiker machen lassen. Daß sie ihr Vaterland liebten, beweisen die Nachrichten, die die Bauern des Shimabara-Aufstandes an Pfeilen ins Lager des Bakufu-Heeres schossen und in denen sie das Bakufu anklagten, die Hilfe der holländischen Schiffe in Anspruch genommen zu haben. Und wer behauptet, die Unterdrückung des Außenhandels habe die Entwicklung des Handels im Inneren des Landes gefördert, der kennt nicht die Grundregeln wirtschaftlichen Wachstums. Ferner wird behauptet, das japanische Volk habe während der Zeit der Abschließung des Landes eine eigenständige Kultur entwickeln können. Diese »Eigenständigkeit« bedeutet aber nur die deformierte Eigenständigkeit der Kultur einer von der Welt isolierten Gesellschaft. Hätten die Japaner mit allen Ländern des Auslands verkehren, hätten die Ausländer ungehindert ins Land kommen können, dann erst hätte sich in unserem Volk im positiven Sinne eine selbständige und zugleich international offene Kultur entwickeln können.

Die Abschließung des Landes war die Hauptursache dafür, daß sich die Japaner zu »Inselbewohnern« entwickelten, mit engem Gesichtskreis, mit

Scheu vor allem Fremden. Die Abschließung des Landes unterbrach das weltoffene Denken, das die Japaner gerade zu dieser Zeit zu entwickeln begannen.

In jeder japanischen Kulturgeschichte ist zu lesen, daß vom Ende der Sengoku-Zeit bis zur Abschließung des Landes die japanische Kultur Heiterkeit und ein offener und großzügiger Geist kennzeichneten, Eigenschaften, die weder die Kultur davor oder danach auszeichneten. Diese Besonderheit wird oft mit den persönlichen Neigungen von Nobunaga und Hideyoshi erklärt. Das ist aber ein Mißverständnis. Nur in einer Zeit, in der die Japaner freien Kontakt mit dem Ausland hatten, nur in einer Gesellschaft, die nicht durch ein Ständesystem zementiert war, konnte sich die sogenannte »Azuchi-Momoyama-Kultur«[1] entwickeln. Als sich aber das Bakuhan-System durchgesetzt hatte, als die Abschließung des Landes vollendet war, verlor die japanische Kultur den Charakter der Heiterkeit, der Offenheit, der Freizügigkeit.

Der Schaden der Abschließung des Landes liegt weniger darin, daß das Bakufu kaum Ausländer ins Land ließ und deren Verkehr mit der japanischen Bevölkerung unterband, sondern darin, daß die Japaner nicht mehr ins Ausland fahren und dort Handel treiben konnten. Wie sehr dieses Verbot den Gesichtskreis der Japaner einschränkte, habe ich schon erklärt. Es blockierte aber auch die sozioökonomische Entwicklung der japanischen Gesellschaft. Der Handel zwischen Japan und den Ländern Südostasiens war, was das Volumen des Exports und Imports betrifft, unbedeutend. Wichtiger war, daß sich unter den Handelswaren Produkte befanden, die die handwerklichen Techniken der Japaner weiterentwickelten. Als Beispiele sind zu nennen die schnelle Entwicklung des Schiffbaus und der Navigationstechnik, die die Überquerung des Pazifik durch Hasekura Tsunenaga ermöglichten. Hätten die Japaner freie Schiffahrt betreiben können, dann wären sie nicht nur bis nach Südostasien gefahren, sondern bis nach Mexiko und nach Europa. Die Abschließung des Landes unterdrückte auch die Entwicklung eines weltweiten Handels, der notwendig gewesen wäre, der Agrartechnik und dem Handwerk schöpferische Impulse zu geben.

Die Abschließung des Landes war für das Bakuhan-System eine notwendige Maßnahme, denn sie sicherte das Fundament seiner Herrschaft. Das Bakufu versuchte auch die Entwicklung des geistigen Lebens zu unter-

---

1 Die Kultur, die sich während der Herrschaft von Oda Nobunaga und Toyotomi Hideyoshi entwickelte, also in der Zeit von 1573-1600, auch Momoyama-Kultur.

drücken, durch die Verfolgung der Christen, durch die Konfessionsregister, die die buddhistischen Tempel zur Gesinnungspolizei degradierten. Damit war die Entwicklung von Philosophie und von neuen Ideen, die höhere Werte und die Gleichheit aller Menschen anstrebten und damit die Autorität des Shōgun und des Tennō in Frage stellten, unmöglich. Kaum daß die christliche Lehre einen Weg zu diesen Ideen geöffnet hatte, wurde sie unterdrückt.

17
Der wachsende Einfluß der Bauern und Bürger

Die letzte Stufe der Feudalgesellschaft

Die höchste Entwicklungsstufe der Feudalgesellschaft

In der Mitte des 17. Jahrhunderts erreichte die japanische Gesellschaft durch die Konsolidierung des Bakuhan-Systems die höchste und letzte Stufe der feudalistischen Herrschaft.

Das bedeutet erstens, daß, wie ich bereits im 15. Kapitel ausgeführt habe, die Klasse der Feudalherren (Shōgun und Daimyō, deren Vasallen) als einheitliche Klasse die durch das strikte Ständesystem gespaltene Gesellschaft (die Bauern, Handwerker und Händler) direkt, also ohne die Hilfe einer anderen Klasse als Zwischenausbeuter beherrschte. Der Konflikt beider Gruppen war nicht mehr dadurch zu lösen, daß das bestehende System reformiert wurde, die Klassenstruktur viel mehr so beschaffen, daß sich das feudalistische System allmählich oder plötzlich auflösen und ein anderes an seine Stelle treten mußte.

Zweitens: Die wirtschaftlichen Grundlagen des Bakuhan-Systems unterhöhlten, weil sie Widersprüche erzeugen mußten, das System selbst. Für die Feudalherren waren zwar die Bauern »die Grundlage des Reiches«, sie machten die Bauern zu direkten Produzenten, beuteten die kleinen selbstwirtschaftenden Bauern aus, was aber voraussetzte, daß diese in eine Naturalwirtschaft einbezogen wurden, die ihnen die Existenz ermöglichte. Der Shōgun stand als Herrscher über allen anderen Feudalherren, zwang die Daimyō durch das System der alternierenden Anwesenheit abwechselnd in Edo und auf ihren Ländereien zu leben. Er und die Daimyō siedelten ihre Vasallen in den Städten vor ihren Burgen an. Dieses System ließ sich nur aufrechterhalten unter der Voraussetzung, daß sich im ganzen Lande ein einheitliches Handels- und Münzwesen sowie Verkehrswege entwickelten. Die Jahresabgaben, die die Feudalherren von der Bevölkerung einzogen, wurden

Geschichte Japans

in Geld entrichtet, und ermöglichten den Kauf von Waren, die für das Leben in Edo oder in den Städten vor den Schlössern notwendig waren. Die wirtschaftliche Grundlage des Bakuhan-Systems waren der Ackerbau und die Naturalwirtschaft. Das System konnte aber ohne die Entwicklung der Warenwirtschaft nicht aufrechterhalten werden, die sich, wie ich später nachweisen werde, auch nach der Isolierung des Landes immer weiter entfaltete. Dieser Widerspruch ließ sich nur dadurch lösen, daß sich aus dem System der Warenwirtschaft eine kapitalistische Wirtschaft entwickelte. Auch in diesem Sinn war das Bakuhan-System die höchste und zugleich letzte Stufe der Herrschaft des Feudalismus in Japan.

Der Widerspruch innerhalb des Wirtschaftssystems wurde ab Ende des 17. Jahrhunderts immer deutlicher, als das Bakuhan-System sich durchgesetzt hatte und die Initiative der Bauern und die aufblühende Warenwirtschaft für eine bis dahin in der japanischen Geschichte nicht mögliche Ausweitung der Produktionskraft sorgten.

Das Wachstum der landwirtschaftlichen Produktivkräfte

Das Bakufu traf zunächst Maßnahmen, die *nago* und *hikan* genannten halbversklavten Bauern als Pachtbauern selbständig zu machen, garantierte allen Bauern, und sei es auch nur zu dem Zweck, die Jahreseinkommen der Feudalherren zu sichern, das Besitzrecht an Grund und Boden, förderte die Erschließung von Ackerland und die Entwicklung neuer Agrartechniken. Die Kleinbauern, die weder Kühe noch Pferde besaßen, konnten mit dem neu entwickelten sogenannten Bitchū-Pflug mit eigener Kraft ihre Felder tiefer umpflügen. Zum Dreschen oder Entschälen kamen neue Geräte wie der *senba koki*[1], der *tōmi*[2] und der *sengoku dōshi*[3] in Gebrauch. Ersteres hieß im Volksmund *goke daoshi*[4], weil bis dahin die Ähren durch einen *kokihashi* genannten zweizahnigen Bambuskamm gezogen wurden und arme Witwen sich mit dieser Arbeit ihren Lebensunterhalt verdienten. Nachdem sich der Gebrauch dieses Gerätes, mit dem man um ein Vielfaches mehr gewinnen

---

1 Kamm mit 1000 Zähnen.
2 Gerät zum Aussondern von tauben Körnern, Spreu und Staub.
3 Gerät zum Entschälen der Reiskörner.
4 »Kamm, der den Witwen die Arbeit nimmt«.

konnte, durchgesetzt hatte, verloren diese Witwen ihre Arbeit. Die genannten Geräte blieben nicht nur bis zum Beginn der Moderne, sondern bis etwa 1920 die wichtigsten Werkzeuge der japanischen Bauern.

Als Düngemittel wurden hauptsächlich Exkremente verwendet, was effektiver war und weniger aufwendig als das Umpflügen. Die reicheren Bauern verwendeten zum Düngen Rückstände, die beim Ölpressen anfielen, Heringe oder getrocknete Sardinen oder Dünger, der im Handel zu haben war. Bis zum Ende des 19. Jahrhunderts wurden auch aus der Mandschurei Sojabohnenrückstände als Dünger eingeführt. Die Verwendung neuer Düngemittel in den fortgeschrittenen Gebieten erhöhte den Ernteertrag erheblich. Für die Bestellung einer Fläche von 1000 qm waren im 16. Jahrhundert 50, Ende des 17. Jahrhunderts 40 Arbeitskräfte erforderlich. Die Landvermessung gab den Ertrag eines guten Feldes mit 1 *koku* 5 *to* an. Ein Jahrhundert später, also Ende des 17. Jahrhunderts, stieg der Ertrag eines solchen Feldes auf 1 *koku* 7 *to* oder sogar auf 2 *koku*.

Die Bauern konnten aus eigener Kraft nur wenig Land erschließen, insgesamt aber wuchs die Ackerfläche. Die Lehensgebiete des Bakufu, die während der Kriegszeit beim Bau nicht leicht einnehmbarer Burgen Erfahrung in Hoch- und Tiefbau gewonnen hatten, verwendeten nun diese Technik für den Ausbau von Bewässerungsanlagen. Die Ober- und Mittelläufe der Flüße wurden kanalisiert, damit ihr Unterlauf zur Bewässerung großer Ackerflächen genutzt werden konnte. Die Quellen geben an, daß Anfang des 17. Jahrhunderts die Gesamtanbaufläche des Landes etwa 1,64 Millionen *chō*, Anfang des 18. Jahrhunderts bereits 2,97 Millionen *chō* betragen haben soll, was einen Zuwachs von mehr als 80 Prozent bedeuten würde. Diese Zahlen sind nicht abgesichert, aber es ist offensichtlich, daß im 17. Jahrhundert der Zuwachs sehr groß war, während in den folgenden 150 Jahren der Edo-Zeit dann nur noch geringe Zuwachsraten zu verzeichnen waren.

Handeltreibende Agrarwirtschaft und die Erweiterung des Handwerks

In diesem Prozeß produzierten die Bauern nicht nur Erträge für die Jahresabgaben und die für die Selbstversorgung notwendigen Nahrungsmittel, sondern auch Rohstoffe für handwerkliche Produkte und Gemüse, die sie auf dem Markt verkauften. Es entwickelte sich also eine Handel treibende Landwirtschaft.

Geschichte Japans

Die wichtigsten Rohstoffe, die die Bauern auf den Markt brachten, waren Mitte des 17. Jahrhunderts rohe Baumwolle, Indigo, Saflor, Tee, Früchte des Haze-Baums (zur Herstellung von Wachs), Rinde des Maulbeerbaums und des Mitsumata-Strauchs, Material zur Herstellung von Papier. Der Anbau von Tabakpflanzen, die aus Südostasien importiert wurden, war zunächst verboten, breitete sich aber wegen der großen Nachfrage schnell aus, bis die Feudalherren Ende des 17. Jahrhunderts den Anbau auf eigens dafür erschlossenen Feldern erlaubten. In den Gebieten Kantō, Tōkai, Hokuriku und Nordjapan entwickelte sich die Seidenraupenzucht so rasch, daß sich während des 17. Jahrhunderts die Produktion von Seide verdoppelte und Anfang des 18. Jahrhunderts nicht mehr auf den Import aus China angewiesen war. Die Bauern waren nunmehr auch in der Lage, so viel Reis zu produzieren, daß sie ihre Überschüsse, nach Entrichtung der Jahresabgaben, auf den Markt bringen konnten.

Auch die Fischereiwirtschaft expandierte. Die Gebiete von Hokkai brachten Riementang, Heringe und Lachs, die am Pazifik gelegenen Gebiete südlich vom Kantō Sardinen, jene von Nankai Walfischfleisch auf den Markt.

Die Kommerzialisierung der Landwirtschaft förderte auch die Entwicklung des Handwerks, die Herstellung von Baumwoll- und Seidengeweben, Farbstoffen, Öl, Papier und Bienenwachs. In den Dörfern entstanden eigene Handelsviertel, die sogenannten Handelsviertel auf dem Lande, besonders in den Baumwollanbaugebieten Izumi und Kawachi. Nach wie vor war das Nishijin-Viertel in Kyōto das Zentrum für die Herstellung von Seidengeweben von hoher kunsthandwerklicher Qualität, aber die entwickelten Techniken wurden auch in andere Gebiete exportiert, wo, wie z.B. in Kirin in der Provinz Kōzuke, neue Zentren für die Herstellung von Seidengeweben entstanden.

Reiswein, Keramik und Porzellan, von Handwerkern der Agrargebiete hergestellt, hatten in der Warenproduktion des ganzen Landes eine dominierende Stellung. Das Brauen von Reiswein erforderte eine besondere Qualität von Reis, der nun überall im Handel zu erhalten war. In der Nähe von Ōsaka, einem der Hauptkunden für Reiswein, wo auch dieser Reis im Handel leicht zu erstehen war, entwickelten sich Orte wie Itami und Nada, die über besonders gutes Wasser verfügten, als Zentren für die Herstellung von hochwertigem Reiswein. Auf dem Gebiet der Keramik behielt Seto in Owari seine führende Stellung, daneben begannen in Arita in der Provinz Hizen Keramiker, die nach dem Feldzug Hideyoshis in Korea mit dem Heer nach Japan

224

gekommen waren, das als Arita-Porzellan oder Imari (so genannt nach dem Verladehafen von Arita) berühmt wurde. Auch in der Nähe des Hafens Karatsu (Provinz Hizen), wo schon vorher Kermaik koreanischer Tradition hergestellt worden war, entstand durch Handwerker dieses Landes ein neues Zentrum, dessen Keramik bald als »östliches Seto« gerühmt wurde. Außerdem machte sich die Keramik, die in Kyōto in Kiyomizu hergestellt wurde, als Kiyomizu-Yaki einen Namen.

Die Ausdehnung der Burgstädte und die Entwicklung des Handels

Der Aufschwung des Handels war natürlich abhängig von der Erweiterung der Nachfrage, die zunächst durch die fortschreitende soziale Arbeitsteilung veranlaßt wurde. Landwirtschaft, Fischerei- und Forstwirtschaft und Handwerk trennten sich immer mehr, im Bereich des Handwerks kam es zu Spezialisierungen, die wiederum die Nachfrage zwischen diesen Gruppen erhöhte. Die soziale Arbeitsteilung stärkte die Mittlerfunktion der Handels- und Transportunternehmen. Zweitens erhöhte die soziale Arbeitsteilung im weiteren Sinn die Nachfrage: Etwa 10 Prozent der nicht produzierenden Bevölkerung, Samurai, Mönche, Priester, das Gefolge der Samurai und deren Bedienstete lebten in den Burgstädten der Daimyō. Hier hatte sich das Handwerk angesiedelt, das Häuser baute, Möbel, Gegenstände des alltäglichen Gebrauchs und Luxusgüter herstellte, außerdem Schmiede und Händler. Diese Städte entwickelten sich zu großen Verbrauchermärkten. Die historische Bedingung für das Entstehen dieser Städte war, daß die soziale Arbeitsteilung und die Warenwirtschaft fortgeschritten waren. Nachdem die Märkte einmal entstanden waren, wurden sie die entscheidende Antriebskraft für den Aufschwung der Warenwirtschaft.

Die Stadt Edo war das größte Verbraucherzentrum Japans. Ende des 17. Jahrhunderts lebten dort eine halbe Million Samurai, ihr Gefolge und ihre Bediensteten eingeschlossen. Die Zahl der Bürger, die als Händler, Handwerker oder Arbeiter deren Bedürfnisse befriedigten, die sogenannten *machikata*, betrug im Jahre 1693 etwa 354 000. Nach einer zuverlässigen Volkszählung, die 1721 durchgeführt wurde, hatte Edo 501 394 Bürger. Eine Stadt mit einer Bevölkerung von etwa einer Million Einwohner gab es damals in der ganzen Welt nicht. Sogar London, im 18. und 19. Jahrhundert größte Handelsmetropole Europas, hatte Anfang des 18. Jahrhunderts nach Schätzungen nur 500000 Einwohner, Anfang des 19. Jahrhunderts 900000. Edo dagegen, das über keine nennenswerte Produktion verfügte, konnte sich nur durch direkte und indirekte feudalistische Ausbeutung zu einer so bevölkerungsreichen Stadt entwickeln.

Die Burgstädte waren wesentlich kleiner, die der größten Daimyō, wie z.B. des Daimyō Maeda (Kanazawa) und der Tokugawa-Familie in Owari (Nagoya), hatten Anfang des 18. Jahrhunderts eine Bevölkerung von 40000 Samurai und 50-60000 Bürgern, in den anderen Lehensgebieten stellten die Samurai etwa die Hälfte der Bevölkerung. Unter den Bürgern hatten Handwerker und Händler den größten Anteil. Wie Edo die Warenwirtschaft des ganzen Landes, so förderten die Städte vor den Schlössern die Warenwirtschaft ihrer Gebiete.

Ōsaka entwickelte sich zum größten Handelszentrum des Landes. Hier gab es mehr als 100 Silos, in denen die Jahresabgaben aller Lehensgebiete gelagert wurden, hier wurden die wichtigsten Produkte aller Provinzen wie Baumwolle, Öl aus Kinai, Riementang aus Matsumae, Zucker, der über Satsuma aus Ryūkū auf den Markt kam, umgeschlagen und nach Edo und in alle Teile des Landes weitergeleitet. Ende des 17. Jahrhunderts hatte Ōsaka eine Bevölkerung von 345000. Neben Ōsaka war Kyōto (mit seinen Außenbezirken) die zweitgrößte Handelsstadt (350000 Einwohner), Zentrum für die Herstellung von Seidengeweben und kunsthandwerklichen Produkten. Nagasaki, die einzige Stadt, über die der Außenhandel abgewickelt wurde, zählte 60000 Einwohner, Sakai fast ebenso viele. In beiden Städten bildeten die Samurai den kleinsten Teil der Bevölkerung.

In Edo, Ōsaka und Kyōto, den drei Großstädten, wurden die Bürger Städter genannt und etablierten sich als eine den Bauern ebenbürtige Klasse. Die Großhändler, die oberste Schicht der Städter, waren oft reicher als die Daimyō. Den größten Teil der Städter bildeten Handwerker, deren Lehrlinge, die freien Händler und deren Angestellte. Zu ihrer untersten Schicht gehörten die fahrenden Händler und die Tagelöhner.

Mit dem Aufschwung des Handels verstärkte sich im ganzen Land auch das Kreditwesen. Die sich damals im Umlauf befindlichen Gold-, Silber- und Kupfermünzen wurden, da ihr Kurs ständig schwankte, gehandelt, und zwar in Wechselstuben. Die reichen Händler deponierten hier ihr Vermögen. Die Wechselstuben leisteten dieselben Dienste, die heute eine Bank leistet, sie vergaben Darlehen und stellten Schecks und Wechsel aus. Sie hießen echte Wechselstuben, deren größte sich 1660 zur Zunft der zehn Wechselstuben zusammenschlossen und sich gegenseitig streng kontrollierten, um das Vertrauen ihrer Kunden nicht zu verlieren.

Von den zehn Wechselstuben in Ōsaka war die Konoike-Familie die mächtigste, später die Mitsui-Familie. Mitsui Hachirōbei (1622-1692), Sohn einer Baumwollhändlerfamilie in Matsusaka (Provinz Ise), gründete in Edo die Stoffhandlung »Echigoya«, die gegen Barzahlung und mit festen Preisen ihre Waren verkaufte und rasch große Gewinne abwarf. Hachirōbei eröffnete darauf in Ōsaka eine Filiale und Wechselstuben in Ōsaka, Kyōto, Edo, und avancierte zum Finanzier, zum Kreditgeber des Bakufu. Seine Nachkommen bauten das größte Kreditinstitut Japans auf.

Der Ausbau der Verkehrswege

Die Erweiterung des Warenhandels war natürlich abhängig vom Ausbau geeigneter Verkehrswege und der Nachrichtenübermittlung. Das Bakufu sorgte zwar für den Ausbau der fünf Hauptverkehrswege, des Tōkaidō zwischen Edo und Kyōto entlang der Pazifikküste, des Nakasendō, der beide Städte verband und durch die Alpen führte, des Nikkōkaidō zwischen Edo und Nikkō, des Ōshūkaidō, der von Utsunomiya nach Shirahama führte, und schließlich des Kōfukaidō zwischen Edo und Kōfu, an denen sogenannte *sukegō yaku* entstanden, Dörfer, die je nach ihrer Größe Transportarbeiter und Pferde für den Warenverkehr zwischen dem Bakufu und den Lehensgebieten bereitstellen mußten. Für das Bakufu hatten diese Verkehrswege mehr politische und militärische Bedeutung, deshalb errichtete es an den strategisch wichtigsten Punkten Zollschranken, die Pferde- und Ochsenwagen nicht passieren durften, und ließ über die großen Flüsse keine Brücken bauen. Insofern hatten diese großen Straßen keine Bedeutung für den Warenverkehr. 1663 wurden zwischen den drei großen Städten Stadtkuriere eingesetzt, die regelmäßig dreimal im Monat hin und her pendelten. Die Kuriere brachten von Edo nach Kyōto einfache Post in 90, Eilpost in 60 Stunden.

Auf den Nebenstraßen, die durch die Landgebiete führten, konnten sich Fuhrunternehmen frei entwickeln, die für die Märkte dieser Gebiete große Bedeutung gewannen.

Große Warenmengen wurden ausschließlich auf dem Seewege transportiert. Auf dem Seeweg zwischen Edo und Ōsaka entlang der Pazifikküste (dem Nankairo) verkehrten mehr als vierhundert 20 bis 40 Tonnen fassende

Schiffe, die *higaki kaisen* und die *taru kaisen*.[1] Auch der Schiffsverkehr zwischen Ōsaka und Nordkyūshu durch die Inlandsee entwickelte sich schnell. 1671 eröffnete der reiche Kaufmann Kawamura Zuiken im Auftrag des Bakufu den Schiffsverkehr zwischen Mutsu und Edo, entlang der Pazifikküste im folgenden Jahr zwischen den Häfen Matsumae und Dewa entlang der Küste der Japanischen See bis nach Shimonoseki, um den Reis und die anderen Jahresabgaben der Ländereien des Bakufu sicher nach Edo transportieren zu können. Nachdem diese Schiffswege erst einmal ausgebaut waren, gewannen sie auch Bedeutung für den zivilen Handelsverkehr.

Zum ersten Mal in der japanischen Geschichte waren alle Gebiete Japans über die Wasserwege mit den beiden Zentren Japans, mit Edo und Ōsaka verbunden. Und auch die fünf Hauptverkehrswege verbanden die Japaner im ganzen Land zu einer wirtschaftlichen, kulturellen, sich seiner Einheit bewußt werdenden politischen Gemeinschaft, zu einer Nation.

Die wirtschaftliche Macht der Bürger und ihre soziale Emanzipation

Der schnelle Anstieg der Produktionskraft und der Aufschwung der Warenwirtschaft erhöhten auch die wirtschaftliche Macht der Bürger (der Bauern, Handwerker und Händler). Ihara Saikaku (1642-1693), Sohn eines Händlers aus Ōsaka, der größte Romancier der Edo-Zeit, berichtet in seiner 1692 erschienen Novellensammlung *Sekken Mune Sanyō* (Im Leben dreht sich alles ums Geld): »In der Welt gibt es viel Geld, seit den letzten dreißig Jahren herrscht in allen Provinzen sichtbarer Wohlstand.« Und die Beamten von Aizu, das zu den wirtschaftlich weniger entwickelten Gebieten zählte, stellten fest: »In den 41 Jahren zwischen 1648 und 1688 ist der Wohlstand des Volkes flutartig angestiegen.«

Saikaku erzählt in seinem Roman *Nihon Eitaikura* (Die Schatzkammer Japans), wie Kawabata no Kyūsuke, ein armer Bauer, Sohn eines Hörigen aus Yamato, der mit Fleiß und Mühe Land um Land erwirbt, Arbeiter anstellt, dazu einen handwerkschaftlichen Betrieb aufbaut, der an einem Tag 11,25 kg

---

1 *higaki kaisen* sind Speditionsschiffe, deren Schiffswand durch einen rautenförmigen Bambuszaun erhöht war, um das Herunterfallen der Last zu verhindern. Diese Schiffe verkehrten Anfang des 17. Jahrhunderts zwischen Edo und Ōsaka, später, Ende des 17. Jahrhunderts auch *taru kaisen* (Fässer-Schiffe), die in Itami und Nada gebrauten Reiswein und andere Brauereiprodukte transportierten.

Der wachsende Einfluß der Bauern und Bürger

Baumwolle verarbeiten konnte, und schließlich einen Baumwollgroßhandel betreibt. Saikaku schreibt die Erfindung der Geräte, die zum Schlagen von Baumwolle verwendet wurden, Kyūsuke zu, woraus sich ergibt, daß es sich um eine fiktive Beschreibung handelt. Sicher aber hatte ein so tüchtiger Mann wie Kyūsuke in Ōsaka die Möglichkeit, in der Zeit des wirtschaftlichen Aufschwungs durch Erfindung neuer Techniken und unternehmerischen Geist von einem armen Bauern zu einem reichen Großhändler aufzusteigen.

Viele Großhändler, die während der Herrschaft von Hideyoshi und Ieyasu mit Priviliegien ausgestattet worden waren, mußten ihre Geschäfte schließen. Nur diejenigen, die sich auf die neue Warenproduktion einstellen und die Nachfrage der Bürger befriedigen konnten, überlebten, so z.B. Mitsui, Kōnoike und Sumitomo, die das Kupferbergwerk von Besshi erschlossen hatten.

Mit dem Anwachsen ihrer wirtschaftlichen Macht wurden die Bürger, trotz des strikten Ständesystems, sich immer mehr ihrer Kraft bewußt, die Entwicklung der Gesellschaft zu beeinflussen. Das von Nishikawa Joken (1648-1724), einem reichen Händler aus Nagasaki, verfaßte *Chōnin Bukuro* (Worüber man in Städter-Kreisen spricht, entstanden 1692, veröffentlicht 1719) gibt Zeugnis von dem Selbstbewußtsein der Städter: »Gold und Silber beherrschen das Land, und dieser Reichtum ist in den Händen der Städter... Aus dem Stande der Städter kommen konfuzianische Gelehrte, Ärzte, Dichter, Meister der Teezeremonie und anderer erlesener Künste.« Der Autor betont, daß die Städter Träger der Kultur seien, auch daß die Händler, die auf der untersten Stufe des Ständesystems stünden, faktisch eine weit höhere soziale Stellung inne hätten. »Wasser ist immer unten, gibt allen Dingen Nahrung und läßt sie gedeihen. Die Städter stehen unter den Samurai, Bauern und Handwerkern, aber sie besorgen die Geschäfte für die, die die oberste Stufe der Ordnung einnehmen (den Himmelssohn, die Territorialfürsten, die Hofadligen, die Krieger und das andere Volk).« Der Gelehrte Ogyū Sorai, der auch dem Bakufu als Berater diente, beklagt, indem er für die Feudalherren Partei nimmt, in seinen zur selben Zeit entstandenen *Seidan* (Gespräche über Politik), daß die Händler die Macht über den Finanzverkehr an sich gerissen hätten: »Die Händler haben eine große Macht und bilden im ganzen Land eine solidarische Gruppe, die sowohl in den entferntesten Provinzen wie auch in Edo die Preise kontrollieren. Gegen die Macht dieser mehrere Zehntausend zählenden Händler kommen weder der Shōgun noch die Daimyō an.« Dieses Urteil mag überzogen sein, es bestätigt jedoch die Tatsache, daß mit der Entwicklung des Warenverkehrs im ganzen Land sich eine

Klasse gebildet hatte, der es gelang, die Grenzen des in einzelne Herrschaftbereiche der Feudalherren aufgeteilten Landes zu überwinden.

Für diese Zeit gibt es noch keine schriflichen Zeugnisse, die Auskunft über das erstarkte soziale Bewußtsein der Bauern geben, aber das *Seidan*, das die Klassenentwicklung der Händler dokumentiert, behandelt anhand mehrerer Beispiele auch »die Geschlossenheit der Landgebiete«, d.h. die immer schwächer werdende Herrschaft der Feudalherren über die Bauern. Der originelle Gelehrte Kumazawa Banzan (1616-1691), den man als Wegbereiter der Soziologie in Japan bezeichnen kann, bemerkt in seinem Werk *Shūgi Washo* (Kritische Gedanken Japan betreffend): »Die Menschen waren zuerst Bauern, und da gab es weder Klassen noch einen Herrscher.« Diese Feststellung hat einen anderen Sinn als der Satz, »Die Bauern sind die Grundlage des Reiches«, der die Bauern nur als Gegenstand der Ausbeutung bewertete. In den späteren Aufzeichnungen über die Bauernaufstände rechtfertigen die Bauern ihren Widerstand damit, daß sie es ja seien, die die anderen ernährten, und demzufolge das Recht hätten, als ehrenwerter Stand respektiert zu werden, ein Selbstbewußtsein, das Banzan bereits Ende des 17. Jahrhunderts verteidigte.

Die neue Einteilung der Klasse der Bauern

Das Anwachsen der wirtschaftlichen Macht des Volkes und das Bewußtwerden seines sozialen Einflusses schwächte die Position der Klasse der Feudalherren, ein Widerspruch des Bakuhan-Systems, der sich durch die Entwicklung der Produktion immer mehr verschärfte, die Teilung innerhalb der Schicht der Bauern beschleunigte und die finanzielle Grundlage des Systems schwächte.

Konnte man Ende des 17. Jahrhunderts allgemein von einem »flutartigen Anstieg des Wohlstands« sprechen, so betraf diese Feststellung kaum das Leben der einfachen Bauern. Diese lebten immer noch als sechs bis acht Köpfe umfassende Familien in Hütten, deren Dächer bis zur Erde reichten und deren Boden bis zu einem Meter tief ausgehoben war. Sie ernährten sich von Getreide und Gemüse. Reis aßen sie nur an besonderen Tagen, zu Neujahr, zum O-Bon-Fest, anderen Festtagen oder auf dem Krankenlager. Das Anwachsen der wirtschaftlichen Macht des Volkes bedeutete zwar, daß es immer mehr Bauern gab, die nach Abzug der Jahresabgaben und des Bedarfs für das täglichen Leben noch über Ertragsüberschüsse verfügten, um damit weiteres Land zu kaufen und dieses zu verpachten. Viele selbständig wirtschaftende Kleinbauern mußten dagegen ihr Land aufgeben und sich als Tagelöhner verdingen. Diese Bauern, die so, »daß sie weder leben noch sterben können«, ausgebeutet wurden, verarmten entweder dadurch, daß Familienangehörige erkrankten, oder durch Mißernten, die sie zwangen, gegen Wucherzinsen Reis oder Geld zu leihen, die sie aber nicht zurückzahlen konnten, ohne ihr Land verkaufen zu müssen. Die Nebenhandel treibenden Landwirtschaften wurden mit abnehmender Anbaufläche unrentabel, denn ohne Investitionen konnten sie immer weniger Waren auf den Markt bringen. Besonders diese Gruppe war der Gefahr des wirtschaftlichen Ruins ausgesetzt. Ende des 17. Jahrhunderts gab es in den Baumwollanbaugebieten in Kinki ebenso viele Tagelöhner wie Bauern. Die Tagelöhner arbeiteten bei reichen Bauern oder Landwirtschaft betreibenden Handwerkern, ein großer Teil ging in die Städte, um dort als Handlanger oder Arbeiter ihr Brot zu verdienen. Im Kantō-Gebiet, wo sich handeltreibende Landwirtschaft noch nicht so stark durchgesetzt hatte, setzte die soziale Teilung der Schicht der Bauern verspätet ein, aber auch hier verloren Anfang des 18. Jahrhunderts viele Bauern ihr Land, wurden Pächter von Großgrundbesitzern oder verließen ihr Dorf.

In diesem Prozeß wurde die Zahl der Bauern dezimiert, die ja schließlich das wirtschaftliche Fundament des Bakuhan-Systems bildeten, und außer unter den Feudalherren litt das Volk unter neuen Ausbeutern, den Grundbesitzern, den reichen Bauern, den Unternehmern handwerklicher Betriebe in den Dörfern, unter Großhändlern und Geldverleihern, die oft gleichzeitig beide Gewerbe betrieben. Die Feudalherren hatten nicht mehr die Macht, den erfolgreich wirtschaftenden Bauern ihre Überschußerträge abzunehmen. Ihre Einkünfte stiegen keineswegs im Trend der allgemeinen Konjunktur. Überdies waren die Feudalherren und die Samurai vom allgemeinen Warenverkehr abhängig. Die privilegierten Händler, die für den Verkauf der Jahresabgaben sorgten und sie mit den lebensnotwendigen Dingen versahen, wirtschafteten für den eigenen Profit. Die Feudalherren und Samurai hatten mehr Ausgaben als Einnahmen, ihre wirtschaftliche Lage wurde immer kritischer.

Das Anwachsen des bäuerlichen Widerstandes

Besonders die Daimyō, die die Lasten ihres Aufenthalts in Edo selbst zu tragen hatten und die Bauarbeiten des Bakufu finanziell unterstützen mußten, gerieten in wirtschaftliche Not. Der Daimyō von Chōshū behielt bereits 1646 20 Prozent der Zuteilungen an seine Samurai als »Leihgabe« ein; im 18. Jahrhundert wurden dann in allen Lehensgebieten die Lehen der Samurai reduziert.

Das riesige Vermögen, das Ieyasu dem Bakufu hinterlassen hatte, war bereits zur Zeit des vierten Shōgun Ietsuna, der von 1651-1680 im Amt war, aufgebraucht. Sein Nachfolger Tsunayoshi ließ 1695 neue Gold- und Silbermünzen von minderem Wert herstellen und zum Wert der alten Münzen zwangsweise in Umlauf bringen, um seine Finanzen zu sanieren, eine Maßnahme, die auch später immer wieder zur Überwindung finanzieller Krisen durchgeführt wurde. Die Lehensgebiete, die kein Münzrecht hatten, ließen zum selben Zweck unterschiedlich benanntes, nicht konvertierbares Papiergeld drucken, eine der Entwicklung der Geldwirtschaft angepaßte neue Methode der Ausbeutung. Neben diesen Maßnahmen verfügten das Bakufu und die Lehensgebiete die Erhöhung der Jahresabgaben, ließen neue Vermessungen durchführen und verschärften die Methoden der Eintreibung.

Diese Maßnahmen provozierten den verstärkten Widerstand der Bauern. Seit 1640 führte der junge Dorfschulze Matsuki Nagamochi zwölf Jahre lang stellvertretend für die Bauern Beschwerde gegen die Erhöhung der Jahresabgaben für Sojabohnen. Er wurde schließlich hingerichtet, aber seinen Forderungen wurde dann doch nachgegeben. Im ganzen Lande führten Dorfschulzen und Dorfvorsteher derartige Beschwerden direkt gegen die Daimyō, damals die wichtigste Art des Widerstandes der Bauern. 1654 flohen mehrere tausend Bauern aus Takatō in Shinshū, 1668 leisteten die Bauern von Sōma in Iwaki Widerstand in Form einer illegalen Beschwerde, 1686 kämpfte Tada Kisuke für die Interessen der Bauern von Matsuki in Shinshū (der sog. Kisuke-Aufstand), 1697 empörten sich die Bauern von Tsuyama in Mimasaka, alles großangelegte Widerstandaktioanen. Ikeda Mitsumasa, der für seinen Scharfsinn berühmte Daimyō von Okayama in Bizen, schrieb 1668 an das Bakufu, daß nicht zu fürchten sei, daß ein Daimyō sich gegen das Bakufu erhebe — und wenn, dann sei das keine ernsthafte Gefahr: »Zu fürchten ist nur der Widerstand der Bauern. Wenn die Bauern sich überall erheben, dann werden sich auch unter den Daimyō welche finden, die dem Bakufu die Treue kündigen.«

Die Verbindung von Handel und feudalistischer Ausbeutung

Obwohl die Macht der Bauern, Handwerker und Händler so angewachsen war, daß sie wagen konnten, dem Bakufu Widerstand zu leisten, änderten sich die Leiden des Volkes nicht. Das Bakufu und die Daimyō hatten die Macht, die Bauern und die Masse der produzierenden Bevölkerung zu verpflichten, bestimmte Auflagen zu erfüllen und ihnen nur soweit die Teilnahme am Warenverkehr zu gestatten, daß sie in der Lage waren, ihren Abgabeverpflichtungen nachzukommen. Das im vorigen Kapitel erwähnte *Keian Furegaki* urteilt: »Wenn sie, um die Jahresabgaben erfüllen zu können, Getreide verkaufen oder kaufen, so gewinnen sie nicht viel, denn sie verstehen nichts vom Handel.« Sobald die Überschußproduktion oder der Handel der Bauern eine gewisse Grenze überschritt, wurde ihre wirtschaftliche Aktivität unterdrückt.

Mächtige Feudalherren, so z.B. Nonaka Kenzan (1615-1663), der oberste Beamte von Tosa, versuchten am Warenverkehr zu partizipieren und für sich große Profite zu erzielen. Kenzan ließ große Flächen Neuland erschließen, den Hafen ausbauen, um eine direkte Schiffsverbindung nach Ōsaka zu eröffnen. Er förderte die Produktion von Papier und Lack und verschaffte sich das Monopolrecht am Verkauf aller Produkte. Diese »Förderung der Produktionskraft« schien die Warenwirtschaft zu beleben, nutzte aber das Volk zu Frondiensten, beraubte es der Freiheit des Gewerbes und des Handels, verhinderte also auf lange Sicht die Weiterentwicklung der Warenwirtschaft. Die Produktion von Papier in Tosa stagnierte, Kenzans Politik scheiterte 1663 am Widerstand der ganzen Bevölkerung. Kenzan mußte schließlich das Monopol aufheben. 1714 wurde noch einmal der Versuch unternommen, die Produktion von Papier unter das Monopol des Lehensgebietes zu stellen, aber auch in diesem Falle entwickelte sich die Produktion von Papier erst weiter, nachdem 1786 durch zwei aufeinander folgende Bauernaufstände das Monopol beseitigt worden war.

Da die Gewerbefreiheit von der Feudalherrschaft unterdrückt wurde, konnten die Händler zwar große Barvermögen anhäufen, aber die Möglichkeit, dieses zu reinvestieren, war sehr begrenzt. Weil sich zudem als Folge der Abschließung des Landes der Außenhandel nicht frei entwickeln konnte, unterhielten sie ihre Unternehmen hauptsächlich dadurch, daß sie für den Verkauf der von den Feudalherren eingezogenen Jahresabgaben sorgten und die Waren beschafften, die diese und deren Vasallen benötigten. Sie lagerten in ihren Silos die Jahresabgaben aus allen Lehensgebieten oder nahmen die in Reiszuteilung bestehende Entlohnung der Bannerleute und Hausleute in Kommission. Letztere entliehen gegen Pfand (die Jahresabgaben der Daimyō oder die Entlohnung der Bannerleute) Geld gegen hohe Zinsen. Die Großhändler, wie z.B. die Familie Kōnoike, übernahmen auch im Auftrag des Bakufu die Erschließung großer Flächen Neulands, ohne eigene landwirtschaftliche Unternehmen aufzubauen.

Städte ohne Selbstverwaltung und das Leben ihrer Bürger

Diese Großhändler liehen dem Bakufu und den Daimyō große Summen, bestimmten praktisch deren Finanzpolitik, verfügten aber nicht über die Macht, sich gegen die Willkür der Herrschenden zu wehren. 1681 liquidierte das Bakufu z.B. die Unternehmen des Ishikawa Rokubei und anderer Großhändler einfach unter dem Vorwand, diese hätten ein zu luxuriöses Leben geführt, was ihrem Stand nicht gebühre. Das 1705 liquidierte Unternehmen Yodoya in Ōsaka hatte erhebliche Schuldforderungen gegen fast alle Daimyō Westjapans und Kyūshūs und auch gegen das Bakufu über Zehntausende von *kan* in Silber. In dieser Zeit wurden etwa zehn Großunternehmen vom Bakufu aufgelöst oder von den Daimyō um ihre Schuldforderungen geprellt. Hätten die Großhändler ihren Reichtum für die Erweiterung des Handels mit der produzierenden Bevölkerung und den Ausbau der Beziehungen zu allen Großhändlern des Landes eingesetzt, dann hätte die Liquidierung ihrer Unternehmen zu wirtschaftlichen Krisen geführt. Da das nicht der Fall war, konnten die Daimyō, ohne solche Konsequenzen fürchten zu müssen, nach Belieben die Rechte der Großhändler beschneiden.

Die politische Macht der Städter, die ihren Handel und ihr Handwerk nicht mit unternehmerischer Freiheit erweitern konnten, war gering. Das geht schon aus der Tatsache hervor, daß sie weder in Edo noch in den Burgstädten, noch in den zentralen Städten wie Ōsaka oder Kyōto das Recht der Selbstverwaltung hatten. In den Städten, die das Bakufu direkt beherrschte, waren aus der Schicht der mächtigen Bannerleute ernannte Beamte zuständig für Verwaltung, Rechtspflege und Polizeidienst. Die Bürger dieser Städte hatten, was die Verwaltung betrifft, kein Mitspracherecht. Die Mieter von Häusern und die Pächter von Land hatten wie die Tagelöhner der Bauern kein Bürgerrecht. Sie konnten weder eine Fünferschaft bilden, noch sich an den Kosten für die städtischen Einrichtungen wie Feuerwehr und die Veranstaltung von öffentlichen Festen beteiligen, sie hatten nicht einmal das Recht, daran teilzunehmen. Nur diejenigen, die Grund und Haus besaßen, wurden von den Feudalherren als Städter angesehen. Sie allein durften an der Verwaltung der öffentlichen Angelegenheiten ihres Viertels teilhaben. Die Mächtigsten wurden mit dem Posten des Oberhauptes in Edo oder des Ältesten in Ōsaka betraut. Das Amt des Oberhauptes war erblich. Über diesem standen drei Älteste, die zwischen dem Oberhaupt und den Beamten vermittelten.

Diese städtische Gesellschaft, die Geld besaß, aber keine Freiheit, deren Aktivität durch das System unterdrückt wurde, mußte sogar Saikaku, der in seinen Werken die Vitalität der neuen Klasse darstellte, zu einer resignativen Bewertung veranlassen. Er stellte wiederholt fest, das Leben sei wie ein Traum und nannte diese Welt nur »eine flüchtige Welt«, worunter er eine leichtlebige, dem Vergnügen ergebene, gleichzeitig eine unstete Gesellschaft ohne Ziele verstand. Das Ideal des Lebens in der Stadt war: bis zum 24. oder 25. Jahr vom Vermögen der Eltern leben, sich dann selbständig machen und eigenes Vermögen erwerben, das nach dem 45. Jahr ausreicht, ein Leben ohne Arbeit und im Genuß aller Vergnügungen führen zu können. Mit eigener Kraft ein Vermögen schaffen, in diesem Ziel offenbart sich die Aktivität der Städter — möglichst schnell zu diesem zu kommen und es dann zu vergeuden, in dieser Einstellung findet sich kein unternehmerischer Geist, der ständig mit Investition und Ausweitung der Produktion beschäftigt sein sollte.

Für die Städter galten in Edo das Viertel Yoshiwara, in Kyōto Shimabara, in Ōsaka Shinmachi als Ort optimalen Vergnügens, und auch in allen anderen Städten und Rasthausvierteln blühte das Gewerbe der Freudenmädchen auf wie noch nie zuvor in der japanischen Geschichte. In dieser Welt zählte nicht die soziale Stellung, nicht der Rang, sondern nur das Geld; dort gab es für Geld »Freiheit« und »Emanzipation«, eine Tatsache, die die Widersprüche zwischen dem Bakuhan-System und der Entwicklung der Produktion ebenfalls verdeutlicht.

18
Die Entwicklung einer bürgerlichen Kultur
Die schöpferischen Elemente der Volkskultur

Die Bürger als Träger kulturellen Schaffens

Im Prozeß der gesellschaftlichen Entwicklung, in dem die Bauern wirtschaftlich und sozial selbständiger wurden, wuchs auch ihr Anteil am kulturellen Schaffen und der Verbreitung der neuen Kultur. Schon im 15. und 16. Jahrhundert ging die Rolle des Trägers kulturellen Schaffens von der Klasse der Samurai auf das Volk über (vgl. 13. Kapitel), eine Entwicklung, die Ende des 17. Jahrhunderts bereits abgeschlossen war.

Dieser Wechsel machte sich auf allen Gebieten der Kunst bemerkbar. Auf dem Gebiet der Novelle gelten Ihara Saikakus Werke, auf dem Gebiet des Haiku[1] Matsuo Bashō (1644-1694), in der dramatischen Literatur Chikamatsu Monzaemon nicht nur als Höhepunkte der Edozeit, sondern der ganzen japanischen Literatur überhaupt. Saikaku war der Sohn eines Händlers aus Ōsaka. Bashō stammte zwar aus einer Samurai-Familie niederen Ranges, verließ aber seinen Stand und lebte unter einfachen Städtern und Bauern. Auch Chikamatsu scheint der Sohn eines Samurai niederen Ranges gewesen zu sein, der in den Diensten eines Hofadeligen in Kyōto stand; auch er verließ in jungen Jahren seinen Stand, wandte sich den dramatischen Künsten zu, die sonst nur von den verachteten Menschen dargeboten wurden, und war stolz auf den Entschluß, »sein Leben dem Theater zu widmen«.

---

1 Haiku sind Kurzgedichte, die nur den Anfangsstollen der meist auf humoristischen Ausdruck angelegten *haikai*, einer Untergattung der *renga* (Kettendichtung), verwenden. Sie waren Anfang des 17. Jahrhunderts auch in niederen Schichten sehr beliebt. Auch Saikaku war ein Meister dieser Gattung. Die Haiku-Dichtung vor Bashō gebrauchte betont die Alltagssprache und erfaßte mit Humor Szenen aus dem Leben des Volkes als ein intellektuelles Spiel. Bashō dichtete auch in der Alltagssprache, gab aber dem Haiku Tiefsinn und einen eleganteren Ausdruck.

Die Werke Saikakus und Chikamatsus behandeln sowohl die Gesellschaft der Städter, in der beide Dichter lebten, als auch die Samurai-Gesellschaft ihrer Zeit und der Periode davor. Saikaku betrachtet aus kritischer Distanz die Moral der Samurai, singt ein Loblied der geschlechtlichen Liebe, die von den Herrschenden heuchlerisch diskriminiert wird, und bejaht entschieden den auf Profit gerichteten Geschäftssinn, z.B. in *Kōshoku ichidai Otoko* (Das Leben eines sinnlichen Mannes) und *Nihon Eitaigura* (Das japanische Familienlagerhaus). Chikamatsu beschreibt in seinen Dramen den tragischen Konflikt zwischen *giri*, dem Inbegriff der feudalistischen Sittlichkeit, dem Streben nach Reichtum, und *ninjō*, der auf natürlicher Zuneigung begründeten Liebe zwischen Mann und Frau, z.B. in *Shinjū Ten no Amijima* (Der Doppelselbstmord von Ten-no-Amijima). Im Gegensatz zu diesen beiden wendet sich Bashō nicht der Gesellschaft, sondern der Natur zu und schafft aus dieser Begegnung in seinen Haiku eine faszinierende poetische Welt.

Theater, Musik und die schönen Künste als neue Ausdrucksmittel

Auch die in dieser Zeit entstandenen typisch japanischen Theaterformen wie das Kabuki und das Puppentheater erhielten durch und in der bürgerlichen Gesellschaft ihre endgültige Gestalt.

Das Kabuki entwickelte sich aus dem *yūjo kabuki*, in dem neben einfachen, pantomimischen Darstellungen vor allem das tänzerische Element vorherrschte, in dieser Form Anfang des 17. Jahrhunderts in Kyōto zum ersten Mal durch das aus Izumo stammende Freudenmädchen O-Kuni populär geworden. Das *yūjo kabuki* wurde, da es direkt mit Prostitution verbunden war, vom Bakufu verboten. Anstelle der schönen Mädchen traten im sogenannten *wakashū kabuki* attraktive Jünglinge auf, aber auch dieses wurde verboten, weil es — als Börse homosexueller Kontakte — die Sitten verderbe. Erst danach entstand das *yarōkabuki,* in dem nicht mehr schöne Mädchen und Jünglinge in Tänzen ihre Reize zur Schau stellten, sondern erwachsene Männer mit den Mitteln theatralischer Darstellung und des Dialogs interessante Stoffe vorstellten. Da es grundsätzlich verboten war, daß Frauen auf einer Bühne agierten, wurden auch die Frauenrollen von Männern, den sogenannten *onnagata* dargestellt. Dieses Element des Kabuki-Theaters hat sich bis heute erhalten.

Geschichte Japans

Auch die japanischen Tänze haben ihren Ursprung in den Tänzen des Kabuki. Ende des 17. Jahrhunderts gab es in den drei Städten Edo, Ōsaka und Kyōto bereits große, regelmäßig bespielte Bühnen. Ichikawa Danjurō (1660-1704) aus Edo, spezialisiert auf die spektakulären und historischen Stücke, und Sakata Tōjūrō (1645-1709), der vornehmlich Liebesbeziehungen darstellende bürgerliche Stücke schrieb, galten als die überragenden Schauspieler ihrer Zeit.

Das Puppentheater ist eine Synthese aus Elementen des Marionettentheaters und der Rezitation, die ihren Ursprung in den deklamierten Erzählungen der Biwa-Spieler hat. Ihr Begleitinstrument, die Biwa (Laute), wurde Ende des 16. Jahrhunderts durch die aus Ryūkyū importierte Shamisen (Seiteninstrument) ersetzt. Die so entstandene Synthese von Marionettenspiel und durch Shamisen akzentuierte Rezitation erhielt als Puppentheater Anfang des 17. Jahrhunderts ihre definitive Form. Anfang des 18. Jahrhunderts schuf Takemoto Gidayū (1651-1714), Sohn eines Bauern, eine besonders eindrucksvolle dramatische Rezitationsform, die dank der von Chikamatsu verfaßten Textbücher die Gunst des Publikums gewann. Das Puppentheater wurde auch ohne Marionettenspiel vorgetragen und war nicht nur bei den Städtern, sondern bald auch in den Dörfern der Landgebiete beliebt. Die durch ihre Texte vermittelten Ideen und die auf diesen beruhende Moral hatten großen Einfluß auf das Denken des Volkes.

Im Gegensatz zur Theaterkunst und der Musik der Bürger bewahrte das Nō-Theater, das in der Samurai-Gesellschaft als zeremonielle Kunst protegiert wurde, seine traditionelle Form und verlor jeden Impuls einer schöpferischen Weiterentwicklung.

Auf dem Gebiet der Bildenden Kunst dominierten zunächst die Maler der Schulen Kano und Tosa, die aber, seitdem sie ausschließlich für das Bakufu, alle Daimyō und den Kaiserhof malten, ihre künstlerische Kreativität verloren. Maler wie Tawaraya Sōtatsu (gestorben 1634), Sohn eines Händlers aus Kyōto, und Ogata Kōrin (1657-1716), unabhängig von der Gunst der Herrschenden, schufen dagegen eine in den Farben fein abgestimmte dekorative Malerei, die besonders in den oberen Schichten der Städter Beachtung fand. In dieser Zeit entwickelte Hishikawa Moronobu (gestorben 1694) eine neue Technik, den Alltag des Volkes darzustellen, indem er seine Bilder in Holz schnitt und damit die Farbholzschnitt-Technik begründete. Moronobu war Sohn eines Stickers aus Awa, verbrachte sein ganzes Leben im Milieu des einfachen Volkes und verstand sich als Volksmaler. Er war der erste japanische Maler, der Kunst von hohem Rang einem Massenpublikum zugänglich

238

machte. Auf dem Gebiet des Kunsthandwerks gelang es dem Töpfer Sakaida Kakiuemon (1596-1666) aus Hizen, die roten Farben des chinesischen Porzellans zu reproduzieren, und auch Nonomura Ninsei aus Kyōto schuf eine mit roten Ornamenten ausgestattete Keramik.

Die Befreiung der Kultur von der Religion und die Verbreitung des Konfuzianismus

Auf allen Gebieten der Kunst vollzog sich eine Abkehr von religiösen und eine Hinwendung zu profanen Themen. Dieser Prozeß wird beispielhaft deutlich in der Prosaliteratur. Die von Saikaku repräsentierte Gattung der Novellen wird zwar als *ukiyozōshi*[1] bezeichnet, steht aber in der Tradition der Erzählungen *otogizōshi* des 15. Jahrhunderts und der darauf folgenden *kanazōshi*. Die *otogizōshi* enthielten hauptsächlich buddhistische Legenden mit einer diese Welt negierenden Tendenz. Die *kanazōshi* konzentrierten sich bereits auf Erzählungen aus dem realen Leben. Die *ukiyozōshi* bewerteten die geschlechtliche Begierde, die der Buddhismus ja gerade zu überwinden lehrte, positiv. Auch die Haiku Bashōs, der sich zwar vom Leben in der Gesellschaft abgewendet hatte, erfassen die Schönheiten der sichtbaren, real existierenden Natur lebendig und sensibel. Sie versuchen nicht, eine übernatürliche Welt zu entdecken. Und auch auf dem Gebiet des Theaters und der Bildenden Kunst wird – so zum Beispiel im Unterschied zwischen Nō und Kabuki – der Übergang zu einem von der Religion emanzipierten, die reale Welt bejahenden Denken deutlich, ein Charakteristikum, das notwendigerweise in der Kultur eines aktiv in der Gegenwart lebenden Volkes zu beobachten ist. In dieser Zeit entstand auch zum ersten Mal eine Wissenschaft, die nicht mehr ausschließlich in den Händen der gelehrten Mönche lag.

Zu jeder Zeit versuchen die Herrschenden das Volk nicht nur durch Macht zu unterdrücken, sondern diese Macht auch durch eine Ideologie zu rechtfertigen. Vor dem Beginn der Neuzeit diente in Japan als wichtiges und fast einziges Mittel hierzu die Religion, d.h. der Buddhismus und der Shintōismus. Die Wissenschaft war nur eine dem Buddhismus untergeordnete Disziplin. Als sich aber ein nicht mehr auf der Religion beruhendes, auf die Bewäl-

---

1 »Skizzen dieser flüchtigen Welt« – Novellen, die vornehmlich das Gefühlsleben, bzw. das Liebesleben der Städter zum Gegenstand haben.

tigung des realen Lebens gerichtetes Denken durchgesetzt hatte, taugte die Religion nicht mehr als Mittel, das Denken des Volkes zu beherrschen. Es mußte eine neue, für die Beherrschung der diesseitigen Welt passende Ideologie gefunden werden, und der Konfuzianismus war genau die Weltanschauung, die den Erfordernissen der Herrschenden entsprach.

Der Konfuzianismus wurde bereits im Altertum, als das Tennō-System entstand, importiert und in der folgenden Zeit von der gesellschaftlichen Elite mit Fleiß studiert. Da diese Schicht aber mit dem Volk nicht direkt in Berührung kam, war der Konfuzianismus, der die Herrschaft eines Herrn über das ganze Volk rechtfertigt, nur Bildungsinhalt und wurde kaum als Mittel der direkten Herrschaft über das Volk verstanden. Das Studium des Konfuzianismus lag ausschließlich in den Händen der vom Kaiserhof beauftragten Gelehrten und der Mönche. Erst nach den 15. Jahrhundert, als die japanische Gesellschaft eine neuzeitliche Struktur und ein dieser entsprechendes politisches System zu entwickeln begann, wurde auch außerhalb des Hofes und der Tempel der Konfuzianismus zum Gegenstand wissenschaftlicher Forschung: So etwa, als das Tokugawa-Bakufu entstand und der Gelehrte Fujiwara Seika (1561-1619), Sohn eines Mönches, diesen zur Rechtfertigung des Systems uminterpretierte. Sein Schüler Hayashi Razan (1583-1657) hatte als Berater großen Einfluß auf Tokugawa Ieyasu. Die Nachkommen Razans dienten dem Bakufu als oberste Beamte für das Erziehungswesen, bildeten viele Schüler aus, die auch in allen Lehensgebieten als Berater wirkten. Der Konfuzianismus etablierte sich als Ideologie des feudalistischen Systems.

Die konfuzianische Ideologie, die im Japan der Neuzeit politischen Einfluß gewann, war die sogenannte *shushigaku,* die Zhu Xi Ende der Song-Zeit (12. Jahrhundert) begründet hatte. Dieser Theorie zufolge wirkte als Ursprung des Universums das Ordnungsprinzip *ri,* aus dessen Ruhe und Aktivität die Manifestationen Yin und Yang entstanden und aus deren Zusammenwirken der Himmel, die Natur, alle Dinge, die Gesellschaft der Menschen und deren Ordnung. Das Prinzip *ri* faßte Natur, Gesellschaft und Menschen zu einer Einheit zusammen, und die Ordnung der Gesellschaft (die feudalistische Ordnung und deren Moral) war danach ebenso eine Manifestation des *ri.* Ebenso ewig gültig und unveränderbar wie die Tatsache, daß der Himmel oben ist und die Erde unten, war auch die Ordnung zwischen Herr und Untertan. Nach dieser Ideologie war es das höchste gesellschaftliche Gesetz, das Verhältnis zwischen Herr und Vasall (*taigi,* die große Verpflichtung) und die Kindesliebe als Untergeordneter und als Kind (*meibun,* die gesellschaftliche Stellung), den Schutz des Reiches der Mitte des eigenen Landes und die

Die Entwicklung einer bürgerlichen Kultur

Unterwerfung der Barbaren (aller Nichtchinesen) zu verwirklichen, bzw. strengstens zu befolgen.

Daß diese Weltanschauung und eine derartige Moral den Feudalherren, die, isoliert in ihrem Herrschaftsgebiet, das Volk mit Hilfe des Ständesystems und der patriarchalischen Ordnung regieren wollten, als ideales Mittel zur Rechtfertigung ihrer Macht erscheinen mußte, war selbstverständlich. Der Shōgun und die Daimyō verstanden wohl kaum die spekulativen Aspekte der Weltauffassung der neo-konfuzianischen Schule, aber die *taigi meibun*-Theorie entsprach ihrem Klassenbewußtsein. Für die Begriffe *ri* (Vernunft) und *ki* (Gefühl) gab es unter den konfuzianischen Gelehrten kontroverse Interpretationen, aber die *taigi meibun*-Theorie und die Lehre von der patriarchalischen Moral war allen konfuzianischen Schulen gemeinsam. Das Studium dieser Lehre war im Japan der Neuzeit der einzige Zugang zu den Wissenschaften, sowohl zu Naturwissenschaften und Mathematik, als auch zur Erforschung der Kultur der japanischen Klassiker. In all diesen wissenschaftlichen Sparten war die Kenntnis chinesischer Zeichen und die Fähigkeit, chinesische Texte lesen zu können, unerläßlich, dies betraf besonders das Studium der »Gespräche des Konfuzius« und anderer kanonischer Texte sowie einer Einführung in die Theorie von Zhu Xi. Dadurch wurde die konfuzianische Moral auch zur vorherrschenden Moral der japanischen Gesellschaft.

Ansätze zu historischem und soziologischem Denken

Die Studien, die Seika und Razan betrieben, waren dogmatischer Natur und ihre begrifflichen Definitionen unpräzis, aber ihre Versuche, die Welt von ihrem Ursprung her theoretisch zu interpretieren, hatten großen Einfluß auf junge Gelehrte außerhalb der Tempel, die mit Hilfe ihrer Kenntnisse des Konfuzianismus Karriere machen wollten. Der konfuzianische Gelehrte wurde alsbald als Beruf anerkannt. Relativ früh meldete sich jedoch auch die Kritik gegen die neo-konfuzianische Schule. So kritisierte z.B. Nakae Tōju (1608-1648), daß diese Lehre in ihrer moralischen Erziehung nur Normen aufzwinge und nicht dazu tauge, die im Wesen jedes Menschen angelegte natürliche Moralität zu fördern, und trat für die Lehre des Wang Yangming, eines chinesischen Gelehrten des 16. Jahrhunderts, ein, die die Einheit von der Kenntnis der Normen und der auf innerer Bildung beruhenden Praxis forderte, also die Einheit von Wissen und Praxis. Von großer Bedeutung für

Geschichte Japans

die Entwicklung der Wissenschaft aber war, daß Gelehrte versuchten, aus der Realität direkt ihre Theorien abzuleiten. Der erste, der solche Versuche unternahm, war Kumazawa Banzan.

Kumazawa Banzan (1619-1691) war der Sohn eines herrenlosen Samurai aus Kyōto, diente für kurze Zeit Ikeda Mitsumasa, dem Daimyō von Okayama in Bizen, und wurde Schüler von Nakae Tōju. Er trat später wieder in die Dienste von Ikeda, entwickelte auf dem Gebiet der Finanz- und Wirtschaftspolitik große Fähigkeiten, so daß das Bakufu ihn für sich gewinnen wollte. 1656 wurde er herrenloser Samurai, seitdem vom Bakufu verfolgt, schließlich in Koga in der Provinz Shimōsa eingekerkert, wo er auch starb. Während seines an Leiden reichen Lebens gewann er aus der Beobachtung des Lebens Erkenntnisse, die ihn veranlaßten, sich von der spekulativen Methode des Neo-Konfuzianismus zu distanzieren mit dem Argument, daß politische Theorien entsprechend der Bedingungen Zeit, Ort und Zustand zu modifizieren seien, und bezeichnete die Tradition, das von den »Heiligen«[1] in einer fernen Zeit, an einem anderen Ort und in einer vollkommen anderen historischen Situation aufgestellte Gesetz (bzw. die Sittlichkeit, d.h. die gesellschaftliche Ordnung) als universale Doktrin zu bewahren, als »tote Wissenschaft«. Seine Thesen wurden Ansatz zu einer die Grenzen der konfuzianischen Lehre überwindenden Soziologie, der in Banzans Werken entwickelt wurde.

Auch Yamaga Sokō (1622-1685), ein Zeitgenosse Banzans, war Sohn eines herrenlosen Samurai. Er studierte bei Hayashi Razan, wurde aber vom Bakufu aus Edo verbannt, weil er in seinem Werk eine kritische Haltung gegenüber der von der Hayashi-Familie repräsentierten neo-konfuzianischen Schule des Zhu Xi einnahm. Er interpretierte den Begriff *ri* nicht als Ursprung oder Prinzip des Universums, sondern als ein Prinzip, das Himmel, Erde, die Natur und die Gesellschaft vereinigt. Statt scholastischer Argumentation forderte er, »die Heiligen selbst sollen als Zeugnis dienen«, und ihre Lehre solle so verstanden werden, wie sie sie wirklich gemeint hätten. Mit dieser Forderung öffnete er den Weg für eine objektive wissenschaftliche Betrachtung. In seinem Werk finden sich Stellen wie: »Als Himmel und Erde sich trennten, gab es weder Herrscher noch Untertanen. Die Menschen sind aus dem Zusammenwirken beider Prinzipien entstanden«. An anderer Stelle heißt es: »Der Herrscher steht zum Wohle aller Menschen an exponierter Stelle, aber das ist nicht sein Verdienst.« Diese Einsichten entsprachen dem

---

1 Konfuzius und Menzius, als Begründer und Hauptvertreter des Konfuzianismus.

242

Die Entwicklung einer bürgerlichen Kultur

von Banzan vertretenen historischen Denken (»Am Anfang waren alle Menschen Bauern«).

Sokōs Lehre, in den Schriften der »Heiligen« und durch das Studium der Zeit, in der sie lebten, die wahre Bedeutung ihrer Weltauffassung zu entdekken, in der Geschichte des Konfuzianismus als alte Schule bezeichnet, wurde auch von dem Gelehrten Itō Jinsai (1627–1705) vertreten, Sohn eines Städters aus Kyōto. Dieser erwarb sich besonders durch philologische Untersuchungen der kanonischen Schriften des Konfuzianismus große Verdienste. Jinsai diente zeit seines Lebens keiner Samurai-Familie, sondern eröffnete in seinem Haus eine Schule, in der er etwa dreitausend Samurai und Städter ausbildete.

Ogyū Sorai (1666-1728), der wie Banzan über Scharfsinn und wie Jinsai über große Gelehrsamkeit verfügte, gab der Theorie der *kogaku* eine definitive Ausprägung. Auch er war der Sohn eines herrenlosen Samurai und mußte während seiner Jugendzeit seinen Studien unter großen Entbehrungen nachgehen. Als er berühmt geworden war, stand er unter der Protektion von Yanagizawa Yoshiyasu, einem hohen Beamten des Bakufu, und wurde oft als Berater herangezogen. Anfangs vertrat Sorai die neo-konfuzianische Schule, aber zu dieser Zeit zeigten sich in allen Bereichen die Widersprüche des Bakuhan-Systems und damit die Irrationalität des von der neo-konfuzianischen Schule vertretenen, die Welt als Harmonie einenden Prinzips *ri*. Sorai, der angesichts der disparaten Verhältnisse nach einer Theorie suchte, anhand welcher der Herrscher diese Verhältnisse wirksam verbessern könnten, distanzierte sich mit 40 Jahren von der neo-konfuzianischen Schule. Sorai trennte die nicht nur von der neo-konfuzianischen Schule des Zhu Xi, sondern von allen konfuzianistischen Schulen als Einheit postulierten Prinzipien Natur und Gesellschaft — in diesem Punkt stand er auch im Gegensatz zu Sokō und Jinsai — und behauptete, daß die Menschen das Prinzip der Natur nicht ergründen könnten und daß das Prinzip der Gesellschaft (ihre Ordnung) nichts anderes sei als eine von den »Heiligen« fixierte Norm, die, mochte sie das Resultat eines noch so großen Wissens gewesen sein, nicht absolut zu setzen sei. Eine Gesellschaft ändere sich in Hunderten von Jahren, die Normen müßten also den Veränderungen angepaßt werden — ein Standpunkt, den auch Banzan in seiner Theorie der drei Bedingungen vertrat.

Aus Sorais Interpretation entwickelten sich zwei Tendenzen. Die erste führte als Methode, die wirkliche Bedeutung der Lehre der »Heiligen« kennenzulernen, zur Erforschung der Geschichte und des Denkens ihrer Zeit und legte deshalb besonderes Gewicht auf das präzise, umfassende Verständ-

243

nis von Dichtung und Schrifttum und auf die positivistische Erforschung der Geschichte. »Die Wissenschaft beginnt mit dem Studium von Dichtung und Schrifttum und erreicht ihren Höhepunkt in der Beschäftigung mit Geschichte.« Da die Schule, die diese Tendenz vertrat, sich ausschließlich mit der Literatur des Altertums beschäftigte, nennt man sie Altphilologen-Schule. Eine zweite Schule versuchte, die Werke der »Heiligen« auf die konkrete Situation der zeitgenössischen Gesellschaft anzuwenden und demzufolge umzudeuten, der erste Schritt zu einer politischen Theorie als Technik der Herrschaft, die sich wesentlich unterschied von der herkömmlichen konfuzianischen Theorie der Tugendherrschaft. Um diese neue Theorie zu fundieren, waren genaue Beobachtung und Analyse der Verhältnisse der gegenwärtigen Gesellschaft notwendig.

Banzan, Sokō, Jinsai und Sorai waren produktive Denker, die in der japanischen Geistesgeschichte eine zentrale Stellung einnehmen. Daß drei von ihnen von herrenlosen Samurai abstammten und einer von einem Städter, steht in engem Zusammenhang zur Herkunft ihrer Philosophie. Sie waren in ihrem Lebensbereich konfrontiert mit den Widersprüchen der Gesellschaft, die die Lehre des Zhu Xi Lügen straften, und hatten die Fähigkeit, diese Widersprüche klar zu erkennen und zu formulieren. Ohne engen Kontakt zum Leben des Volkes hätte sich der Konfuzianismus, der ja eine Lehre für die Herrschenden war, nicht fruchtbar weiterentwickeln können.

Kritische Erforschung der Geschichte und der Literatur des Altertums

In dieser Zeit wurde auch zum ersten Mal in der Geschichte der japanischen Wissenschaft die grundlegende Bedeutung der Skepsis als wissenschaftliche Methode deutlich. Der konfuzianische Gelehrte Kaibara Ekiken (1630-1714) aus Fukuoka, zunächst ein entschiedener Anhänger der neo-konfuzianischen Schule, legte in seinem Alterswerk verschiedene Zweifel darüber dar, ob nicht die Schule des Zhu Xi zu dem, was Konfuzius und Menzius gelehrt hätten, in direktem Widerspruch stehe. Er bemerkt in diesem Werk: »Der Wissenschaft ist die Skepsis eigen. Eine starke Skepsis bringt sie voran, eine geringe Skepsis fördert sie nur wenig. Ohne Skepsis kann sich Wissenschaft nicht entwickeln.«

Die Methode der wissenschaftlichen Skepsis hatte auch großen Einfluß auf die Erforschung der Geschichte und der Literatur des japanischen Alter-

Die Entwicklung einer bürgerlichen Kultur

tums. Besondere Verdienste auf dem Gebiet der Geschichtsforschung erwarb sich Arai Hakuseki (1657-1725), der von einem herrenlosen Samurai abstammte, in Kōfu Tokugawa Ienobu diente (dem späteren sechsten Shōgun), und auch an den Beratungen des Bakufu teilnahm. Nach dem Tode von Ienobu verlor er seinen Einfluß und widmete sich nur noch seinen wissenschaftlichen Studien. Seine wichtigsten Werke sind das *Tokushi Yoron*, das er während seiner Zeit in Kōfu Ienobu vorgetragen hatte, und sein Alterswerk *Koshitsū*. Das erstere ist der Versuch, Geschichte als gesetzmäßigen Ablauf von Veränderungen der »Machtverhältnisse im Reich« zu begreifen. Seine wissenschaftliche Position steht im Gegensatz zu der *Dainihonshi* (Große Geschichte Japans) aus Mito und des *Honchō Tsugan* (Überblick über unsere Geschichte) der Hayashi-Familie, Werke, die mittels Geschichte die Treuepflicht des Untertanen gegen den Herrscher und die Trennung von »Mitte und Barbaren«[1] rechtfertigen wollen. In seinem Alterswerk vergleicht Hakuseki die Aufzeichnungen des *Nihongi* und *Kojiki* kritisch mit chinesischen und koreanischen Quellen und interpretiert die darin enthaltenen Mythen als Widerspiegelung konkreter sozialer Machtverhältnisse. Diese Interpretation weist von Standpunkt der heutigen Wissenschaft aus Mängel auf, hatte damals aber wegen ihrer Entlarvung des Mystizismus große Bedeutung.

Hakuseki war außerdem Wegbereiter für vergleichende Sprachstudien des Japanischen. Während seiner Zeit als Berater des Bakufu verhörte er den italienischen Missionar Sidotti, der nach einem illegalen Einreiseversuch gefangengenommen worden war, und befragte ihn ausführlich über die Kultur und die politischen Verhältnisse in Europa. Die danach entstandenen Werke wurden während der Zeit der Abschließung des Landes die Grundlage für Studien über Europa. Hakuseki zeigt darin Verständnis für den standhaften Sinn Sidottis und menschliches Mitgefühl. Aus seiner Feder stammt auch eine Autobiographie, ein frühes Meisterwerk dieser literarischen Gattung. Hakuseki schrieb überdies seine Hauptwerke in elegantem reinem Japanisch und wurde auch in dieser Hinsicht zum Vorbild vieler japanischer Gelehrter.

Ein Pionier auf dem Gebiet der Studien über die Literatur des japanischen Altertums war Kitamura Kigin (1624-1705), Sohn eines Dorfarztes aus Ōmi. Er kommentierte als erster, angeregt von dem Bedürfnis nach Kenntnissen über die klassische Literatur, das die in Mode gekommene Haiku-Dichtung

---

1 Nach diesem Geschichtsverständnis ist auch Japan ein »Reich der Mitte« wie China, dem alle Nicht-Japaner tributpflichtig sind.

Geschichte Japans

hervorgerufen hatte, das *Genji Monogatari* und das *Makura no Zōshi*. Zur selben Zeit forderte Shimokōbe Chōryū (1624-1684), der seinen Rang als Samurai aufgab und sich in der städtischen Gesellschaft von Ōsaka ansiedelte, eine freie Dichtung und kritisierte die bisherige Dichtung, für deren Bewertung die Autorität einer Familie allein schon ein wichtiges Kriterium war und die »Geheime Überlieferungen« mystifizierte. Keichū (1640-1701), Sohn eines Samurai, der zunächst als junger Mönch auf dem Kōyasan die buddhistischen Schriften studierte, stand unter dem starken Einfluß dieses literaturkritischen Denkens, begann in seinen mittleren Jahren, protegiert von einem reichen Händler aus Izumi, das Studium der Literatur des Altertums und verfaßte einen Kommentar zum *Manyōshū* und Kommentare zu vielen anderen Werken der alten Literatur. Ohne buddhistische oder konfuzianische Auslegungen zu Rate zu ziehen, bediente er sich einer werkimmanent interpretierenden Methode. Dabei untersuchte er auch die Verwendung chinesischer Zeichen und legte die Grundlagen einer wissenschaftlichen Philologie und Linguistik, die der nationalen Schule. Seine Forschungsmethoden deckten sich in vielen Punkten mit denen der konfuzianischen Altphilologie.

Die Entwicklung von Naturkunde, Agrartechnik, Kalenderkunde, Mathematik und Medizin

In dieser Zeit bildeten sich in Japan zum ersten Mal Ansätze einer nicht mehr aus China importierten, eigenständigen Naturwissenschaft und Medizin. Kaibara Ekiken, der die Bedeutung der wissenschaftlichen Skepsis nachgewiesen hatte, leistete auch bahnbrechende Arbeit auf dem Gebiet einer Naturkunde, die untersuchte, wie Pflanzen, Tiere und Mineralien vor allem zu pharmazeutischen Zwecken verwendet werden könnten. Die bisherige Naturkunde hatte nur das einschlägige chinesische Schrifttum ausgewertet, Ekiken dagegen verfaßte ein Werk, in dem er die in Japan vorkommenden Arzneipflanzen und Mineralien analysierte und mit den chinesischen Aufzeichnungen verglich bzw. diese überprüfte. Nach ihm entdeckte Inō Jakusui (1655-1715), Sohn eines Stadtarztes aus Edo und Schüler von Itō Jinsai, mit finanzieller Unterstützung des Daimyō von Kaga weitere in Japan vorkommende Mineralien und Pflanzen und legte mit seinem großen Werk, von dem er 362 Bände zusammenstellte, die Grundlagen für die japanische Naturkunde.

246

Die Entwicklung einer bürgerlichen Kultur

Auf dem Gebiet der Agrartechnik erschien mit dem *Seiryōki* (Die Biographie von Seiryō, Verfasser unbekannt) zum ersten Mal auf Japanisch ein Fachbuch, ein Lehrbuch für die Feudalherren mit Anweisungen für landwirtschaftliche Betriebsführung. Später verfaßte Miyazaki Yasusada (1623-1697), erst Samurai von Fukuoka, dann Bauer, für die Bauern ein Werk, das auf Angaben der chinesischen Literatur für Agrartechnik und Naturkunde beruht, aber auch eigene Erfahrungen und Beobachtungen systematisch ordnet und mit Illustrationen versieht. Das Werk wurde von vielen Bauern zu Rate gezogen.

Da die Landwirtschaft vom Wechsel der Jahreszeiten abhängig ist, war ein Kalender notwendig. Japan hatte in der Heian-Zeit von der Tang Dynastie den Kalender übernommen und bis in die Neuzeit hinein verwendet. Dieser Kalender enthielt Unstimmigkeiten, die nicht nur die Bauern, sondern auch alle Bereiche der Gesellschaft, der Produktion, des Verkehrs behinderten. Um diesem Mißstand abzuhelfen, stellte Yasui Santetsu (1639-1715), Go-Lehrer des Bakufu und spezialisiert auf Astronomie, anhand des während der Yuan-Dynastie entstandenen Kalenders und aufgrund eigener Observation des Sternenhimmels einen neuen, für Japan geeigneten Kalender zusammen, der 1684 offiziell vom Bakufu anerkannt wurde.

Das durch Veränderung der Abgaben ständig belastete direkte Verhältnis zwischen den Feudalherren und den Bauern förderte auf beiden Seiten das Bedürfnis nach neuen Techniken der Landvermessung und neuen mathematischen Kenntnissen für die Berechnung der Jahresabgaben. Die Entwicklung des Handels verstärkte die Notwendigkeit einer rationalen Buchführung. Im Zusammenhang damit und der Entwicklung von Produktions- und Transporttechniken und der Kalenderkunde entstand ziemlich schnell eine eigene japanische Mathematik. 1627 veröffentlichte Yoshida Mitsuyoshi (1598-1672), aus einem Zweig der Familie des Suminokura Ryōi, ein reicher Händler und Fachmann für Flußregulierung, ein Werk, in dem er Teile der Ende der Ming-Zeit entstandenen chinesischen Fachbücher über Mathematik übernahm und den Bedürfnissen der japanischen Gesellschaft anpaßte. Dieses Buch fand als Lehrbuch für angewandte Mathematik große Verbreitung und veranlaßte viele Publikationen ähnlicher Art.

Seki Takakazu (gestorben 1708), Rechnungsprüfer der Tokugawa-Familie in Kōfu, entwickelte eigene Symbole, entdeckte mit Hilfe dieser die Möglichkeit, Gleichungen mit mehreren Unbekannten zu lösen, und begründete die japanische Mathematik, die weit schwierigere Probleme bewältigen konnte als die auf traditionellen chinesischen Rechengeräten. Außerdem fand dieses mathematische Genie auf vielen Gebieten der höheren Mathematik Formeln und Lösungen, die den damaligen Mathematikern anderer Länder noch unbekannt waren. Takebe Katahira (1664-1739), der die Forschungen seines Lehrers fortsetzte, entwickelte das »Prinzip des Kreises«, d.h. Formeln zur Berechnung der Fläche von Kreisen und Kugeln, die Takakazu schon vorbereitet hatte und die Elemente der Differenzialrechnung enthielt.

Ende des 17., Anfang des 18. Jahrhunderts vertraten die Ärzte Nagoya Geni (1628-1696) und Gotō Konzan (1659-1733) die alte Heilkunde, die sich ausschließlich auf die chinesischen medizinischen Fachbücher stützte, aber sie überprüften diese anhand eigener Heilpraxis und Beobachtungen kritisch, wählten also dieselbe Methode, die die Altphilologen bei der Überprüfung des »Weges der Heiligen« anwendeten.

Das Entstehen einer Volkskultur

Im vorausgehenden Kapitel habe ich über die Fortschritte der Wissenschaft gesprochen. Es muß hinzugefügt werden, daß diese Wissenschaften ihr soziales Fundament in der Gesellschaft der Bürger hatten und daß die Gelehrten, die diese ausbauten, fast ausschließlich aus der Klasse der Bürger stammten. Auf dem Gebiet der Wissenschaft und der Kunst entstand eine Kultur, grundverschieden von der sogenannten »japanisierten Kultur« des Adels der Heian-Zeit, getragen von den Bürgern und damit eine wirkliche nationale Kultur. Die Voraussetzung dafür war, daß sich im ganzen Lande wirtschaftliche, verkehrstechnische und kulturelle Verbindungen und ein Austausch zwischen dem kulturellen Zentren Edo, Ōsaka und Kyōto entwickelt hatten.

Diese Situation war auch die Voraussetzung für die Entwicklung eines nationalen Bewußtseins. »Die Schlacht des Watōnai«, ein Puppenspiel, das auf einem Textbuch von Chikamatsu beruhte und ein so großer Publikumserfolg wurde, daß es 17 Monate lang gespielt werden mußte, berichtet, wie ein ehemaliger Vasall der Ming Dynastie in Kyūshū im Hafen von Hirado Zuflucht suchte. Dort zeugte er mit einer japanischen Fischersfrau den Helden »Watōnai« (einen, der in Japan und in China seinesgleichen sucht), der mit einem japanischen Heer in China eindrang, um den Ming-Hof wieder in seine Rechte einzusetzen. Das Stück sollte die Überlegenheit der »japanischen Art« und die Stärke der »Japaner« zum Ausdruck bringen, ihren Stolz, aber nicht die Agression der Feudalherren und deren Chauvinismus.

Die Entwicklung einer bürgerlichen Kultur

Die Verbreitung der Kultur im ganzen Volke stand auch in engem Zusammenhang mit der Erfindung der Druckkunst. Bereits im 16. Jahrhundert wurden aus Korea und aus Europa Metallettern eingeführt, Japan schloß sich aber vom Ausland ab, bevor sie sich durchsetzen konnten, weshalb zunächst ausschließlich der Holzdruck Anwendung fand. Historische Dokumente von 1671 geben an, daß zu dieser Zeit 3 874 Werke (in 22 164 Exemplaren) erschienen, 21 Jahre später 7 204 Werke in 35 574 Exemplaren. Anfangs hatten Schriften über den Buddhismus einen Anteil von 40 Prozent, darauf folgten in Silbenschrift gedruckte Werke über die Künste und Unterhaltungsliteratur, schließlich konfuzianische Schriften und andere wissenschaftliche in Silbenschrift gedruckte Literatur mit einem Anteil von 20 Prozent. Später verkehrte sich das Verhältnis, die in Silbenschrift gedruckte Literatur wurde besser verkauft als die buddhistischen Schriften. Erstere wurde hauptsächlich in von Bürgern gegründeten Buchhandlungen verlegt und damit zur Ware, eine Tatsache, die im Zusammenhang stand mit der Entstehung der selbständigen Berufe der Gelehrten und Künstler. Zunächst war Kyōto das Zentrum des Buchdrucks, seit dem 18. Jahrhundert auch Edo.

Es entstanden neue Einrichtungen zur Erziehung der Kinder, sogenannte Tempelschulen. Bereits Ende des Mittelalters erhielten die Kinder der Samurai und der oberen Schicht der Bauern in den Tempeln Elementarunterricht, der sich vor allem auf das Erlernen des Schreibens beschränkte. Mit dem Entstehen der städtischen Gesellschaft der Neuzeit hatten die Tempel nicht mehr den Vorrang, in den Häusern der Bürger unterrichteten herrenlose Samurai, Mönche und Shintō-Priester die Jugend im Lesen, Schreiben und Rechnen. Die jungen Leute, die sich dort ausbilden ließen, nannte man in der Gegend von Kyōto und Ōsaka *terako,* und die Lehrer als auch die Einrichtung, in denen diese lehrten, *terakoya,* ein Ausdruck, der zuerst in der Gesellschaft der Kaufleute Ōsakas entstand und sich dann durch Literatur und Theater im ganzen Land verbreitete und die in Edo gebräuchlichen nüchternen Ausdrücke der Samurai wie *shusekis hinan* (Anstalt zur Unterweisung im Schreiben) oder *yōji hissansho* (Anstalt für Kinder zur Anleitung im Schreiben und Rechnen) verdrängten.

Geschichte Japans

Zwei unterschiedliche kulturelle Entwicklungstendenzen

Ende des 17., Anfang des 18. Jahrhunderts, vornehmlich in der Genroku-Ära, entstand eine nationale Kultur der Bürger. Sie war vital und schöpferisch, konnte sich aber durch die Abschließung des Landes und die zunehmende Unterdrückung durch das Bakuhan-System nicht weiterentwickeln. Dies galt ebenso für die städtische Gesellschaft, die der wichtigste Träger dieser Kultur war und der Freiheit beraubt wurde, Handel und Handwerk durch Erweiterung der Produktion und der unternehmerischen Aktivität auszubauen.

So konnte z.B. die in Saikakus Werken repräsentierte Bejahung der geschlechtlichen Liebe im Kampf gegen die Unterdrückung natürlicher Empfindung nicht zu einer wirklichen Emanzipation führen. Sie verkümmerte vielmehr als Befriedigung der Instinkte, der Wollust, eine Tendenz, die notwendigerweise dekadente Züge annehmen mußte, und fand ihre Entsprechung im Ideal der Bürger, bis zum 45. Lebensjahr so viel Vermögen anzuhäufen, um damit für den Rest des Lebens Vergnügungen finanzieren zu können. Ein ähnliches Beispiel ist die Wissenschaft, so z.B. die japanische Mathematik, die zu einem intellektuellen Spiel entartete, um damit rechnerisch oder geometrisch schwierige Probleme intuitiv lösen zu können. In einer Gesellschaft, die unaufhörlich ihre Produktionskraft erweiterte, also ständig ihre Produktionstechniken vervollkommnete, aber nicht die Bedingungen dafür schaffen konnte, daß die Naturwissenschaften und die Mathematik sich gegenseitig befruchteten, mußte jede noch so geniale mathematische Fähigkeit ungenutzt bleiben.

Der Konfuzianismus, die Ideologie der Feudalherren zur Beherrschung des Volkes, diente, je größer der Widerspruch zwischen der Klasse der Herrschenden und dem Volk wurde, nur noch als Mittel der moralischen Erziehung, entwickelte sich jedoch als Wissenschaft nicht weiter.

Die Schicht der Intellektuellen aber, die sich zu Beginn der Neuzeit gebildet hatte — zu dieser gehörten sowohl Samurai sowie herrenlose Samurai als auch Bauern und Städter — wurde immer stärker. Aus ihrem Kreise formierten sich Gruppen, die die Widersprüche des Bakuhan-Systems entweder durch Reformen oder durch eine Revolution lösen wollten, und auch auf dem Gebiet der Kunst entwickelten sich im Volk weitere Ansätze einer neuen Kultur.

19
Die Verschärfung der Widersprüche des feudalistischen Systems
Politik und Gesellschaft der Kyōhō- und Tenmei-Ära

Der Beginn der Bürokratie, der Verwaltung durch Zivilbeamte

Die Widersprüche des Bakuhan-Systems zeigten sich Ende des 17. Jahrhunderts, als der sechste Shōgun Tsunayoshi die Herrschaft antrat (1680), immer deutlicher. Tsunayoshi entließ den Regenten Sakai Tadakiyo, der während der Herrschaft des fünften Shōgun Ietsuna die Regierungsgeschäfte geführt hatte, beschränkte die Befugnisse der älteren Staatsräte, die in Erblehensbeziehung zum Bakufu stolz auf ihre Verdienste waren, und machte seinen Kammerherrn Yanagizawa Yoshiyasu, der nach dem Beamtensystem eigentlich keine Verwaltungsaufgaben übernehmen durfte, zu seinem Berater in politischen Fragen. Außerdem begann er eine Reform, die darauf abzielte, die oberen Beamten, die bisher die Aufgaben von Steuerkontrolleuren hatten, zu einfachen Beamten der Landgebiete zu degradieren und ihnen die Aufgabe zu übertragen, Jahresabgaben einzutreiben. Damit begannen Reformen, die den Shōgun als absoluten Herrscher über das Beamtensystem stellten. Das Bakufu verlor seinen Charakter als Allianz der mächtigen Fudai Daimyō.

Tsunayoshi sicherte sich mit Hilfe des Konfuzianismus auch die ideologische Beherrschung des Volkes. Er ließ in allen Provinzen Tafeln aufstellen, die zu Treue und Kindesliebe aufforderten und deren Verletzung unter Strafe stellten: der Anfang der für Japan typischen und auch heute noch praktizierten »Moralerziehung«. Der Zwang zur »Moral« bedeutete gleichzeitig auch die Unterdrückung des freien Redens und Denkens. 1684 verbot das Bakufu »leichtfertige Lieder« und die »Darstellung aktueller Ereignisse auf einseitigen Nachrichtenblättern. Kaum daß die Drucktechnik als neues Kommunikationsmittel für breite Schichten sich durchzusetzen begann, schränkte das Bakufu die Informationsfreiheit ein.

Was Tsunayoshi unter »Moral« und unter »humaner Regierung« verstand, zeigte sich in extremster Form in seiner Forderung nach »Erbarmen allem Lebendigen gegenüber«. 1687 verbot er, Lebewesen zu töten und befahl — er war im Jahr des Hundes geboren — besonders Hunde mit Liebe zu behandeln. Wer herrenlose Hunde tötete, wurde hingerichtet. Wer Hunde aussetzte, kam in den Kerker. Diese Politik hatt ihr Vorbild in den weltfremden Verboten des Ex-Kaisers Shirakawa-In im 12. Jahrhundert. Das Volk reagierte mit Hohn, indem es Tsunayoshi Hunde-Shōgun nannte. Erst nach seinem Tod (1709) wurde das Gesetz aufgehoben und jene, die wegen dessen Verletzung eingekerkert waren, insgesamt 8 831 Gefangene, erhielten ihre Freiheit zurück.

In dieser Zeit ereignete sich ein Vorfall, der dem Bakufu und seiner Idealisierung der Untertanentreue wie gelegen kommen mußte. Im Jahre 1701 wurde die Familie Asano ihrer Ländereien beraubt, weil Asano Naganori, der Daimyō von Akō, das Schwert gegen den Zeremonienmeister des Bakufu Kira Yoshinaga gezogen hatte, um sich für die Verletzung seiner Ehre zu rächen. Im folgenden Jahr drangen Ōishi Yoshio, der Asano lange als oberster Beamter gedient hatte, und 46 andere Vasallen[1] in die Villa von Kira Yoshinaga ein und töteten diesen, um die Seele ihres Herrn zu besänftigen. Das Bakufu lobte Ōishi und die Vasallen als Muster der Treue, befahl ihnen aber, rituellen Selbstmord zu begehen, weil es nicht zulassen konnte, daß das Verbot, Parteien zu bilden, mißachtet worden war. Damit wurde ein doppelter Effekt erzielt, ein ideologischer durch das Lob für die Treue und ein politischer durch die strenge Anwendung des Gesetzes.

Als Tsunayoshi starb, übernahm Ienori aus der Zweigfamilie Hitobubashi das Amt des Shōgun. Der Gelehrte Arai Hakuseki, der sein Vertrauen besaß, hatte als Berater großen Einfluß auf die politischen Entscheidungen, reformierte das Zeremoniell des Bakufu und versuchte, Maßnahmen einer »humanen Regierung« durchzusetzen. Aus diesem Grund bewertet man allgemein die Politik dieser Periode als den Übergang von der militärischen Machtpolitik zur von Zivilbeamten bestimmten Politik. Doch während der ganzen Tokugawa-Zeit änderte sich der Charakter der Bakufu-Politik nicht. Nach wie vor beherrschte die Samurai-Klasse uneingeschränkt das Volk. Auch unter der Regierung von Ienori und Hakuseki wurden beispielsweise 1711 in Edo Tafeln aufgestellt mit den Aufschriften »Es ist verboten, nicht vom

---

1 Üblicherweise werden 47 Samurai angegeben, aber einer floh unmittelbar vor dem Eindringen in die Villa.

Bakufu authorisierte neue Bücher zu verkaufen« oder »Es ist verboten, aus welchen Gründen auch immer, sich zu verschwören und Parteien zu bilden«, wodurch aufs neue Wissenschaft, freies Denken und die Verbreitung von Druckerzeugnissen unterdrückt und die Versammlungsfreiheit eingeschränkt wurde.

Die militärische Machtpolitik wurde im Gegenteil durch Gesetze und neue Institutionen immer mehr konsolidiert. Der Shōgun blieb der absolute Herrscher, unter seiner Führung entwickelte sich bis zu einem begrenzten Grad die Kontrolle des Landes durch ein Beamtensystem, das unabhängig war vom Rang der Familie oder ihrer Herkunft. So konnte auch ein Gelehrter wie Arai Hakuseki, der nur von einem herrenlosen Samurai abstammte, eine zentrale Stelle in der Regierung einnehmen. Diese Tendenz begann zur Zeit des fünften Shōgun Tsunayoshi und verstärkte sich weiter zur Amtszeit des achten Shōgun Yoshimune, die als militärische Machtpolitik bewertet wird. Sie stellt einen unvermeidlichen Prozeß der Machtkonzentration dar, der im Zusammenhang mit der Entwicklung von Warenwirtschaft und Verkehr im ganzen Land und des sozialen Aufstiegs der Bauern und der Städter zu sehen ist.

Die Verschärfung der Widersprüche

Mit Yoshimune wurde 1716 ein Mitglied der Zweigfamilie von Kii Shōgun. Der Widerstand der Bauern begann sich zu Aufständen auszuweiten, die ganze Lehensgebiete erfaßten. Beim Aufstand in Daishōji in der Provinz Kaga nahmen die Bauern die Inspekteure fest, ließen sich von diesen die Herabsetzung der Jahresabgaben bestätigen und zerstörten die Häuser der Dorfbeamten, die zusammen mit den durch den Daimyō privilegierten Großhändlern für Tee und Papier die freie Warenproduktion der Bauern unterdrückten. Ein Jahr, nachdem Yoshimune Shōgun geworden war (1717), widersetzten sich die Bauern von Hiroshima der Landvermessung, zerstörten die Häuser der Dorfbeamten und setzten durch, daß die Vermessung eingestellt und die Jahresabgaben für immer herabgesetzt wurden.

Diese großen Aufstände, die hinfort einmal oder zweimal im Jahr im ganzen Lande ausbrachen, waren ein Anzeichen dafür, daß die Bauern sich durch die Teilnahme an der Warenwirtschaft und am Markt aus ihrer sozialen Isolierung befreit und sich als eine Klasse in größeren regionalen Zusammenschlüssen etabliert hatten. Auch in den Gebieten, in denen kein Aufstand oder kein gewaltsamer Widerstand ausbrach, setzte sich, wenn auch in vermindertem Maße, dieser Prozeß der sozialen Differenzierung durch.

Auch die Gebiete des Kantō, wo die Kleinwarenproduktion noch nicht so entwickelt war, wurden in den Münzumlauf einbezogen. Dieser förderte nicht nur die scharfe Trennung der Grundbesitzer, die Wuchergeschäfte betrieben, der Kleinbauern und der Landpächter, sondern führte auch dazu, daß viele Bauern ihr Land aufgaben und in anderen Gebieten Arbeit suchten. Aus einer Eingabe, die der herrenlose Samurai Yamashita Kōnai 1721 dem Bakufu vorlegte, geht hervor, daß in den Jahren davor 1,4 Millionen in den Dorfregistern des Kantō und Nordjapans eingetragene Bauern verschwunden seien. Dokumente von Kumamoto aus dem Jahre 1746 berichten, daß die Dörfer, die vorher dreißig Häuser umfaßten, auf fünfzehn, und die Dörfer, die vorher zehn Häuser umfaßten, auf fünf zusammengeschrumpft seien und allerorts Bauern am Wege lägen, die verhungert seien.

Je mehr Bauern ihr Land aufgaben, desto mehr gewannen die Grundbesitzer und Wucherer. Tanaka Kyūgū kommentiert in seinem 1721 verfaßten Werk in seiner Eigenschaft als Verwalter der dem Bakufu direkt unterstellten Gebiete in Kantō und als Grundbesitzer von Kawasaki in Musashi: »Wenn man das ganze Land für 100 setzt, dann sind 95 Teile davon in Pacht gegeben, die Grundbesitzer bestellen nicht selbst.« Diese Angabe mag übertrieben sein, aber es ist eine Tatsache, daß auch in den weniger entwickelten Gebieten, wenn auch auf andere Art und Weise und in anderer Form, sich eine scharfe Trennung zwischen sozialen Gruppen abzeichnete und die Bauern immer mehr verarmten. Das Bakuhan-System verlor in diesem Prozeß seine wirtschaftliche Grundlage.

Im ganzen Land formierten sich die Händler zu Gilden. Ogyū Sorai charakterisiert diesen Zustand in seinem Werk »Politische Gespräche« so: »Die Händler des ganzen Landes bilden eine große Einheit«. Das Bakufu verbot zwar ab 1657 wiederholt, daß Händler und Handwerker Gilden bildeten, Preis- und Lohnabsprachen trafen und, aus welchen Gründen auch immer, »zu solidarischen Gruppen zusammenschließen«, aber ohne jeden Erfolg. 1694 schließlich mußte das Bakufu, die je nach Sortiment getrennten zehn Gilden, die für den Transport von Waren zwischen Ōsaka und Edo zuständige Unternehmen gebildet hatten, als zehn Großhändlergilden offiziell anerkennen, und forderte von ihnen eine Konzessionssteuer. Auf Anregung dieser zehn Gilden schlossen sich auch in Ōsaka, getrennt nach Sortiment, vierundzwanzig Gilden zusammen und wurden gegen Entrichtung der Konzes-

Die Verschärfung der Widersprüche des feudalistischen Systems

sionssteuer vom Bakufu als solche bestätigt, was zur Folge hatte, daß weitere Großhändler diesem Beispiel folgten.

Die Kyōhō-Reformen (I): Der Ausbau der Bürokratie und die Einschränkung der geistigen Freiheit

Der Shōgun Yoshimune, Sohn des Mitsusada aus dem Kii-Zweig der Tokugawa-Familie, war, bevor er sein Amt antrat, zuerst Daimyō von Sabae in Echizen, mit 30 000 *koku* Einnahmen, dann Daimyō von Kii, der an den Lasten der wirtschaftlichen Krise, verursacht durch die Gesetze des Bakufu, schwer zu tragen hatte. Er verfügte also über eine mehr als zehnjährige Verwaltungserfahrung. Yoshimune kam mit Hilfe der Fudai-Daimyō an die Macht, die Gegner der seit Tsunayoshi in drei Generationen praktizierten Regierung waren, in der Kammerherren, von herrenlosen Samurai abstammende Gelehrte und andere Beamte niederen Standes den Ton angaben. Es gelang ihm mit Unterstützung der Fudai-Daimyō seinen Rivalen, der mit dem vorigen Shōgun blutsverwandt war und vom Zweig der Tokugawa-Familie aus Owari abstammte, zu verdrängen. Yoshimune setzte die älteren und jüngeren Staatsräte und die drei Kommissare, die nach dem ursprünglichen System das Regierungsorgan bildeten, wieder in ihre Rechte ein, aber das bedeutete keineswegs, daß er die vor der Herrschaft Tsunayoshis durch die Allianz der Fudai-Daimyō bestimmte Regierung restaurieren wollte.

Yoshimune machte sie zu Beamten mit beratender Funktion und bestimmte die Regierungsgeschäfte allein. Nach dem ursprünglichen System entschied der Rat der älteren Staatsräte diese Geschäfte. Die allgemeineren Angelegenheiten wurden von den älteren Staatsräten, deren Zuständigkeit monatlich wechselte, allein bestimmt. Yoshimune aber bestellte einen von ihnen als *kattekakari*, der verantwortlich für das gesamte Finanzwesen war, teilte das Amt des Rechnungskommissars in das Amt des *kujigata* (verantwortlich für Rechtspflege) und das Amt des *kattegata* (verantwortlich für Finanzpolitik) auf, das er mit besonderen Befugnissen ausstattete. Er kontrollierte alle Verwaltungsbeamten der Ländereien des Bakufu, wechselte viele aus und erneuerte auch die diesen unterstellten Beamten. Dabei ging er weit über die Reform Tsunayoshis hinaus. Ferner legte er die Reiszuteilungen für die Beamten des Rechnungshofs, für die Beamten, die die Ländereien des Bakufu verwalteten, und die Beamten, die direkt mit der Verwaltung des Volkes zu tun hatten, neu fest und ermöglichte fähigen Beamten aus Familien niederen Ranges den Aufstieg. Falls die Reiszuteilung, die der Beamte erblich bezog, dem Amt nicht angemessen war, ergänzte er diese. Am Ende seiner Amtszeit ließ Yoshimune das Gesetz für Richter und Polizei zusammenstellen, ein nicht veröffentlichtes Gesetz, das Normen für Rechtspflege und Polizeidienst, Bestimmungen für zivil- und strafrechtliche Prozesse und Präzedenzfälle in Strafsachen enthielt und nur als Nachschlagewerk diente. Auch in diesem Gesetz ist die Tendenz zum Beamtensystem zu erkennen, in dem Gerichtsentscheidungen nach gesetztem Recht getroffen werden. Das in diesem Werk enthaltene Prozeßrecht und ein Teil des Strafrechts sind überliefert.

Während das Bakufu seine Verwaltungsorgane reformierte, traf es gleichzeitig Maßnahmen, die Beherrschung und die Ausbeutung des Volkes straffer zu organisieren. Die erste Maßnahme zu diesem Zweck war die Einschränkung der Meinungsfreiheit.

Yoshimune traf sofort nach seinem Amtsantritt strenge Sparmaßnahmen, die nicht nur die Hofhaltung des Bakufu und andere überflüssige Ausgaben betrafen, sondern vor allem den »Luxus« der Bauern und Städter. Die Bauern konnten nun die für das Leben notwendigen Dinge mit Geld kaufen, statt, wie es vorher üblich war, sich in allem selbst zu versorgen. Das Verbot dieses »Luxus« bedeutete wirtschaftliche und geistige Repression zugleich. 1721 dekretierte Yoshimune: »Es ist strengstens untersagt, neue Geschäfte zu eröffnen, sei es für Kleidung, Geräte allerart, Bücher, auch für alle anderen Waren, auch für Gebäck!«

Im Jahre darauf erließ das Bakufu eine fünf Artikel umfassende Beschränkung für Druckerzeugnisse, die die Veröffentlichung »abweichender Meinungen und unorthodoxer Auslegung« zu Werken des Konfuzianismus, Buddhismus, Shintōismus, der Medizin und der Poetologie untersagte, desgleichen erotische Literatur und Schriften, die Ieyasu und die Shōgun-Familie zum Gegenstand hatten. Der Verkauf von Berichten über Stadtklatsch und über Selbstmorde junger Liebender wurde verboten, Zuwiderhandlungen streng bestraft. Diese Beschränkung nahm der Volksliteratur jede Entwicklungsmöglichkeit.

Das Bakufu unterdrückte auf der einen Seite die Unabhängigkeit der Wissenschaft und die für natürliche Empfindung eintretenden Literatur, und brachte auf der anderen Seite die »Erziehung« des Volkes unter seine Kontrolle, indem es die Tempelschulen vereinheitlichte, als Unterrichtsmaterial die Gesetze des Bakufu verwenden ließ und auch eigenes Lehrmaterial herstellte.

Die Verschärfung der Widersprüche des feudalistischen Systems

Die Kyōhō-Reformen (II): Die Ausbeutung der Bauern durch ein neues Gesetz

Durch die Sparmaßnahmen, die die Hofhaltung betrafen, konnte das Baku-fu seine Finanzen nicht sanieren, weshalb Yoshimune 1722 allen Daimyō eine pro 10000 *koku* berechnete Sonderabgabe von 100 *koku* auferlegte. Dafür verkürzte er den Zeitraum, für den die Daimyō sich in Edo aufhalten mußten[1], und etablierte, um die Krise zu überwinden, ein neues System der Ausbeutung der Bauern. Statt des bisherigen *Kemitori*[2] wurden das *Jōmenhō* und das *Arikemihō* angewendet und in den Gebieten, in denen sich handel-treibende Landwirtschaft in starkem Maße entwickelt hatte, die Eintausch-quote für die in Geld umgerechneten Jahresabgaben erhöht. 1736 konstatier-te Kamio Harunaka, der Finanzkommissar von Yoshimune mit Genug-tuung: »Mit den Bauern ist es wie mit dem Sesam. Je mehr man sie preßt, desto mehr kommt heraus.« Die von Yoshimune eingeleitete Reform setzte dieses Wort in die Tat um.

Das Bakufu erhöhte nicht nur die Jahresabgaben, es förderte auch intensiv die Erschließung von Neuland, garantierte den Händlern, die diese finan-zierten, das Besitzrecht und setzte für eine bestimmte Frist die Jahresabgaben für neuerschlossenes Land herab. Außerdem gewährte es den höheren Beam-ten Prämien für Landerschließung und erlaubte Ihnen auch, noch nicht erschlossenes, den Daimyō gehörendes Land zu erschließen, wenn dieses an die Ländereien des Bakufu grenzte. Dies wurde damit gerechtfertigt, daß den Daimyō nur das Land gehöre, nach dem ihr Einkommen berechnet werde.

Das Gesetz *Jōmenhō* brachte den Kleinbauern, die sich durch eine normale Ernte schlecht und recht ernähren konnten, große Nachteile, da im Falle einer Mißernte die Jahresabgaben nicht herabgesetzt wurden. Für die reichen Bauern und Grundbesitzer, die fruchtbares Land besaßen, brachte das

---

1 Diese Maßnahme hatte bis 1730 Gültigkeit.
2 Beim *Kemitori* prüften die Beamten jedes Jahr, ob die Ernte gut oder schlecht war, und das Gesetz verringerte oder erhöhte danach die Grundabgabe. Das *Jōmenhō* bestimmte die Jahresabgabe nach einem Durchschnittswert, der nach der Ernte der vergangenen Jahre berechnet und nach mehreren Jahren neu berechnet wurde. Die Gebühren für die jährli-che Kontrolle entfielen, dafür konnte das Bakufu, unabhängig von der Qualität der Ern-te, mit einer gleichmäßigen Abgabenhöhe rechnen. Das *Arikemihō* hatte keine Beziehung zum im Register eingetragenen Ertrag, sondern prüfte jedes Jahr die Erträge und setzte danach bestimmte Abgaben fest. In Gebieten, die den Anbau von zu verschiedenen Rei-fezeiten erntbaren Reis (Früh-, Mittel- und Spätreis) entwickelt hatten, war dieses Gesetz nicht anwendbar.

Gesetz aber nur Vorteile, weil sich erstens ihre Jahresabgaben um den Teil verringerten, den sie während einer *jōmen*-Periode mehr erwirtschafteten, und zweitens, weil das *Jōmenhō* ihnen für ihr Land einen bestimmten Ertrag garantierte. Die Städter, die sich an der Finanzierung der Landerschließung beteiligten, entwickelten sich dadurch zu parasitären Grundbesitzern und Ausbeutern. Das Bakufu reagierte also auf die in den Dörfern fortschreitende Schichtenteilung, widerrief die bisherigen Maßnahmen zum Schutze der selbstwirtschaftenden Kleinbauern und begünstigte jetzt die Klasse der Grundbesitzer.

Diese Maßnahme stand auch in Zusammenhang mit der »Förderung der Produktionskraft«. Bisher war es das Hauptziel des Bakufu, daß die Kleinbauern nicht mehr produzierten, als sie zum Leben und zur Entrichtung der Jahresabgaben brauchten. Es hatte die Fruchtarten für den Ackerbau beschränkt und die handeltreibende Landwirtschaft unterdrückt. Mit den Kyōhō-Reformen unterstützte es den Anbau neuer Fruchtsorten. Als bekanntestes Beispiel hierfür ist die Verbreitung der Süßkartoffel zu nennen, die auf Anregung von Aoki Konyō (1698-1769), dem Sohn eines Händlers aus Edo, angebaut wurde. Der Anbau von neuen Gemüsesorten und Sesam im Kantō-Gebiet breitete sich seit dieser Zeit immer mehr aus. Das Saatgut dafür wurde aber von durch das Bakufu priviligierten Großhändlern ausgegeben, die das Recht hatten, die Ernte aufzukaufen — freie Produktion und freies Wirtschaften wurden durch diese Maßnahme also nicht gefördert. Der Anbau von Zuckerrohr in Sanuki und die Erhöhung der Zuckerproduktion geschahen ebenfalls auf Betreiben des Bakufu.

Die handeltreibende Landwirtschaft war die Ursache für die Schichtenteilung unter den Bauern und die Akkumulation von Land durch die Grundbesitzer. Die Maßnahme, die Grundbesitzer als neues Mittel zur Beherrschung und Ausbeutung der Bauern zu nutzen, führte de facto zur Aufhebung des Verbots, mit Land zu handeln.

1718 setzte das Bakufu fest, daß nach Ablauf von zehn Jahren das Rückkaufsrecht für verpfändetes Land nicht mehr bestehe, und verabschiedete 1721 ein Gesetz, daß die Aufgabe von Land durch Verpfändung (praktisch den Verkauf) erleichterte. Im folgenden Jahr jedoch widerrief das Bakufu unvermittelt dieses Gesetz, und verfügte, daß verpfändetes Land nach fünf Jahren gegen Bargeld zurückgekauft werden könne. Als diese Aufhebung bekannt wurde, reichten die Bauern der Ländereien des Shōgun in Echigo und Dewa nicht nur Klagen wegen Rückgabe verpfändeten Landes ein, sondern zwangen die Gläubiger mit Gewalt zur Rückgabe. Das Bakufu stellte daraufhin eilends die alte Rechtslage wieder her. Da sich die Bauern in Echigo und Dewa zur Wehr setzten, traf das Bakufu alle Anstalten, um die Ordnung wiederherzustellen, ließ in Echigo zehn, in Dewa vier Bauern hinrichten, um den Aufstand zu unterdrücken.

Die Verfügungen des Bakufu die Verpfändung von Land betreffend sowie ihre Widerrufung beweisen, daß sich die Regierung, um den anwachsenden Widerstand der Bauern zu brechen und die feudale Ordnung zu erhalten, in erster Linie der Unterstützung seitens der Grundbesitzer und Geldverleiher versichern mußte. 1740 machte das Bakufu die Entrichtung der Pachtzinsen an den Grundbesitzer zu einer der Entrichtung der Jahresabgaben gleichwertigen Pflicht. 1744 bestanden die Strafbestimmungen für Handel mit Land nur noch formal, der freie Handel mit Land war faktisch anerkannt. Im Werk des Tanaka Kyūgu heißt es zwar: »Wie könnte ohne den freien Handel von Ackerland der Provinzen und Distrikte, mag es öffentliches oder privates Land sein, die Entrichtung der Jahresabgaben in Naturalien oder Geld ohne Verzögerung möglich sein!« Ausschließlich zum Zwecke der Erhaltung feudaler Ausbeutung aber wurde der freie Handel mit Ackerland eine sozioökonomische Notwendigkeit.

Mit der Verstärkung der Ausbeutung mußte das Bakufu auch die Unterdrückung des Widerstands der Bauern verschärfen. Im März des Jahres 1721 wurde ein Einzelgesetz verabschiedet, in dem es hieß: »Es ist strengstens verboten, daß Bauern, aus welchem Grunde auch immer, sich zu mehreren versammeln, heiliges wundertätiges Wasser trinken, einen Schwur leisten und solidarische Gruppen bilden!« 1734 billigte das Bakufu, das aus den Erfahrungen der oben beschriebenen Aufstände zur gewaltsamen Rücknahme verpfändeten Landes gelernt hatte, daß die Daimyō, falls sie von den Beamten um Unterstützung gebeten würden, auch ohne die Erlaubnis des Bakufu ein Heer ausheben konnten. Dies hatte bis zu diesem Zeitpunkt als schwerstes Vergehen gegolten.

Die Kontrolle von Bürgern und Handel, die Bedeutung der Kyōhō-Reformen

Ein weiteres wichtiges Ziel der Kyōhō-Reformen war die strengere Kontrolle des Handels und der Städter. Das oben erwähnte Verbot von neuen Unternehmen aus dem Jahre 1721 hatte sowohl eine ideelle Bedeutung als auch den Sinn, die Entwicklung des Handels unter die Kontrolle des Bakufu zu bringen. Das Gesetz erschien im August, im Dezember desselben Jahres wurde ergänzend verfügt, daß die Händler und Handwerker je nach Waren und Gewerbe getrennt Gilden bilden und daß diese einander kontrollieren sollten, besonders was das Auftauchen neuer Waren aus Kyōto oder Ōsaka in Edo betraf, deren Herkunft nachzugehen sei. 1724 ließ das Bakufu Gilden der Großhändler für die damals wichtigsten Güter wie Baumwollstoffe, entkörnte Baumwolle, Flockseide, Reis, Reiswein, Sojasoße, Salz, Bohnenmus, Holzkohle, Brennholz, Rohwachs, Papier und Öl bilden, die in einem Gildenbuch registriert und der Stadtverwaltung gemeldet werden mußten. Durch dieses Gesetz versuchte das Bakufu, die Kontrolle über den Handel und die Preise der wichtigsten Lebensgüter in seine Hand zu bekommen.

Die Maßnahmen, die zwangsweise zur Bildung der Gilden führten, gewährten ihnen nicht immer exklusive Unternehmensrechte, praktisch entwickelten sie sich jedoch zu Gilden mit Monopolrecht. Das Mitgliedsrecht der Gilden, deren Monopol offiziell anerkannt war, nannte man *kabu*, die Gilden selbst *kabunakama*. Die zehn und die vierundzwanzig Großhändler und die zehn Wechselstuben waren die schon bestehenden repräsentativen Gilden, aber das Bakufu erkannte immer mehr Gilden an, weil es diese grundsätzlich als Instrument zur Beherrschung des Handels und der Städter brauchte.

Da die Reform der Verwaltungsorgane des Bakufu und die bisher beschriebenen gesetzlichen Beschränkungen während der Kyōhō-Ära realisiert wurden bzw. in Kraft traten, faßt man diese unter dem Begriff Kyōhō-Reformen zusammen. Diese diente dazu, durch Bevorteilung der Klasse der Grundbesitzer und der obersten Schicht der privilegierten Städter die Entwicklung der Warenwirtschaft und die soziale Differenzierung unter den Bauern zu bremsen und deren Widerstand zu unterdrücken. Gleichzeitig sollte das System der Herrschaft über die einfachen Bauern und Städter gefestigt, die Stellung des Shōgun als eines absoluten Herrschers gestärkt und die Erweiterung des Beamtensystems beschleunigt werden.

Die Verschärfung der Widersprüche des feudalistischen Systems

Die Große Hungersnot, das Töten von Neugeborenen, der Widerstand der Bauern in allen Lehensgebieten

Die Kyōhō-Reformen behoben nur kurzfristig die wirtschaftliche Krise des Bakufu. Bereits 1755 gerieten seine Bilanzen wieder in die roten Zahlen. Das Volk war so verarmt, daß nichts mehr aus ihm herauszuholen war. Bereits geringe Unregelmäßigkeiten des Klimas verursachten Hungersnöte. Im Jahre 1732, während der Amtszeit von Yoshimune, richteten ein langanhaltender Regen und der Einfall von Heuschreckenschwärmen besonders in den Gebieten Mittelwestjapans großen Schaden an. 2,6 Millionen Menschen litten unter der dadurch verursachten Hungersnot. In den darauffolgenden Jahren mehrten sich die Mißernten. 1783, nach dem Ausbruch des Asama-Vulkans, suchten Naturkatastrophen und Mißernten das Land heim. 1784 herrschte in Nordjapan eine große Hungersnot. In Sendai starben an Hunger und durch Epidemien 300 000 Menschen, in Morioka 20 Prozent der Bevölkerung, etwa 70 000 Menschen an Hunger und Krankheit. Die Not war so entsetzlich, daß sich die Überlebenden vom Fleisch der Toten ernähren mußten. 50 Jahre später, zwischen 1833 und 1836, brach in Nordjapan und in anderen Gebieten des Landes eine noch größere Hungersnot aus. Auch zwischen den schlimmsten Hungersnöten dieser Zeit wiederholten sich kleine und mittlere Katastrophen dieser Art. Während der 270 Jahre andauernden Edo-Zeit gab es 130 große Mißernten, deren größter Teil sich auf die Mitte des 18. Jahrhunderts konzentrierte. Sie sind nicht als Strafe des Himmels, als höhere Gewalt zu werten, eher als ein Zeichen dafür, wie sehr die Lebenskraft des Volkes durch die feudale Ausbeutung zerstört worden war.

In dieser Zeit konnten die Bauern und die unteren Schichten der Städter nicht einmal mehr ihre Kinder ernähren. Neben der Abtreibung war von Nordjapan bis nach Kyūshū die *mabiki* genannte, grausame Sitte verbreitet, die Kinder, sobald sie geboren waren, zu töten, wenn die Familie bereits zwei oder drei Kinder hatte. Japan hatte Anfang des 17. Jahrhunderts eine Bevölkerung von 20 Millionen. Bis zur Tenpō-Zeit stieg diese auf etwa 30 Millionen, danach war kein wesentlicher Anstieg mehr zu verzeichnen.

Ab Mitte des 18. Jahrhunderts bis zur Tenmei-Zeit (1781-1789) wiederholten sich fast jedes Jahr etwa zehn Bauernaufstände oder bewaffnete Widerstandaktionen, die oft ein ganzes Lehensgebiet erfaßten. 1738 kämpften 84 000 Bauern aus Asakawa in Nordjapan gegen ein Heer der Feudalherrn. Im folgenden Jahr nahmen es die Bauern von Ikuno (Provinz Tajima) zusammen mit den Arbeitern der Silberbergwerke gegen ein großes Heer der zwölf

261

Geschichte Japans

angrenzenden Lehensgebiete auf. 1754 liehen sich die Bauern von Kurume (Provinz Echigo) vom Daimyō Gewehre aus und organisierten unter dem Vorwand, Wildschweine jagen zu wollen, einen Aufstand, an dem schließlich 200000 Bauern teilnahmen. 1756 brachen in sechzehn Gebieten groß angelegte Revolten aus.

In dieser Zeit entstand die berühmte Legende von Sakura Sōgo, die schnell im ganzen Land bekannt wurde und berichtet, daß in der Mitte des 17. Jahrhunderts Sōgo, das Dorfoberhaupt von Kimitsumura, das zu Sakura (Provinz Shimōsa) gehörte, beim Shōgun im Namen aller Bauern wegen der grausamen Politik des Feudalherrn Klage einreichte, dadurch den Bauern zu ihrem Recht verhalf, aber selbst mit Frau und Kindern seinen Mut mit dem Leben bezahlen mußte. Es gibt keinen Beweis dafür, daß sich diese Geschichte wirklich so zugetragen hat, aber sicher ist zumindest, daß es im Dorf Kimitsumura einen Dorfältesten namens Sōgorō gab. Dieser war vielleicht der Hauptakteur eines Bauernaufstandes, der Aufsehen erregte, sein mutiges Handeln ließ, in Zusammenhang mit anderen Aufständen, die Legende eines heldenhaften Bauernführers entstehen.

Die Verbindung von Bauernaufständen und Plünderungen der Bürger

Nicht nur die Bauern, auch die Städter wehrten sich gegen die Ausbeutung. Als während der großen Hungersnot der Kyōhō-Ära die Reispreise sprunghaft anstiegen, forderten die Bürger von Edo, daß das Bakufu das Monopol der privilegierten Großhändler aufhebe und mehr Reis nach Edo bringen lasse. Da das Bakufu diese Forderung nicht erfüllte, erhoben sich im Februar 1733 etwa zweitausend Bürger, Hausmieter und Städter der niederen Schichten und zerstörten die Häuser der Reisgroßhändler. Dieser Aufstand war der Beginn der Aufstände von Städtern in großem Ausmaß. Im Februar 1768 wurde auch in Ōsaka das System eingerichtet, daß diejenigen, die Häuser verpfänden wollten, dem vom Bakufu privilegierten Händlern errichteten Amt für das Überschreiben von Immobilien ihre Absicht melden und gegen Entrichtung einer Gebühr dessen Erlaubnis einholen mußten. Die Bürger der Stadt wehrten sich dagegen mit allen Mitteln.

Im selben Jahr erhoben die Stadtbeamten von Niigata, das zum Gebiet von Nagaoka gehörte, im Namen des Daimyō von allen Bürgern eine Zwangssteuer, gegen die die Lastenträger und die unteren Schichten der

Die Verschärfung der Widersprüche des feudalistischen Systems

Städter, die besonders unter den hohen Preisen für Reis litten, unter der Führung des Händlers Wakui Tōshirō protestierten. Die Stadtverwaltung versuchte, den Widerstand durch Einsatz von Gewehrschützen zu brechen, aber die Bürger besiegten diese, vertrieben die Beamten und regierten für einen Monat lang allein ihre Stadt.

Die Aufstände der Bürger konnten deshalb eine so massive Form annehmen, weil unter ihnen die Tagelöhner, die Handwerker niederen Standes, Dienstboten und Arbeiter der Hausindustrie der Großhändler, die besitzlosen Arbeiter die eigentliche Macht bildeten. Auch in den Landgebieten entstand eine vergleichbare Schicht, zu der bis zu einem gewissen Grad auch die Tagelöhner gerechnet werden können, denn diese waren die Ärmsten der Gesellschaft und deshalb frei von der Bindung an Grund und Boden oder einen festen Wohnort. Diese Bedingung und der Prozeß, in dem die einfachen Bauern an der Warenproduktion, am Warentausch in immer größerem Umfang teilnahmen und in dem sich die Gemeinsamkeit regionaler Interessen herausbildete, waren die Ursache dafür, daß sich die Aufstände wellenförmig über die Grenzen der von Feudalherren beherrschten Gebiete hinweg ausbreiteten.

Notwendigerweise bildeten sich auch Zusammenschlüsse zwischen den Aufständen der Bauern und der Städter. Die Aufstände, die sich zwischen 1768 und 1769 von Niigata aus über Ōsaka und Ise-Kameyama bis nach Bitchū, entlang der Küste der Inlandsee bis nach Shiakushima ausbreiteten, waren ein erstes Anzeichen dafür. Sie erreichten im Mai des Jahres 1787 nach der Verteuerung des Reises, die der großen Hungersnot dieser Periode folgte, in Ōsaka und Edo ihren Höhepunkt und provozierten in zehn Städten des Kinki- und Tōkai-Gebiets, in Nordjapan in Ishimaki, in Kyūshū in Kumamoto und Nagasaki weitere Aufstände kleineren oder größeren Ausmaßes. In Edo dauerten die Zerstörungen der Häuser der privilegierten Händler und der Wucherer fünf Tage, »als sei die Welt aus den Fugen geraten«, wie es hieß. Gleichzeitig wehrten sich die Dörfer im ganzen Lande unabhängig davon, welchem Feudalherren oder welchem Lehensgebiet sie gehörten.

Der revolutionäre Denker Andō Shōeki

In diesem Stadium zeigten sich deutliche Anzeichen einer tiefen Krise des Bakuhan-Systems, und selbstverständlich brachte diese Zeit auch einen revolutionären Denker hervor, Andō Shōeki, der dieses System entschieden kritisierte.

Andō Shōeki, er nannte sich auch Kakuryōdō Yoshinaka, wurde 1707 in Edo als Sohn eines Samurai geboren, im Alter von 13 Jahren von Toda Sakumon, dem in Edo tätigen Arzt von Hachinoe, adoptiert, kehrte aber, noch bevor er 17 wurde, in sein Elternhaus zurück. Über sein weiteres Leben sind wir nur lückenhaft unterrichtet, sicher ist aber, daß er von 1744 bis 1750 Stadtarzt in Hachinoe war. Auch scheint er einige Zeit in Akita gelebt zu haben. Shōeki hatte Kenntnisse über die primitive Gesellschaft der Ainu in Hokkaidō, und aus seinen Schriften geht hervor, daß er in Nagasaki war und sich dort über die Gesellschaft und die Politik der Holländer informierte. Wann er gestorben ist, läßt sich nicht mit Sicherheit feststellen. Sein Hauptwerk, bestehend aus 92 Bänden und einem einleitenden Band, erschien 1755 oder davor, später in einer komprimierten fünfbändigen Fassung.

Andō Shōeki lehnt in seinen Werken jedwede Ausbeutung und Herrschaft ab. In der ursprünglichen Gesellschaft bestellten alle Menschen ihre Felder selber, nährten und bekleideten sich durch eigene Arbeit. In diesem Stadium gab es keine Ausbeutung, keine Feudalherren und keine Kriege, auch keinen Unterschied von Oben und Unten; Mann und Frau waren gleich. Aber dann traten »Heilige«, »Herrscher« auf den Plan, die den Menschen das »Reich der Natur« stahlen, nach Willkür Grenzen setzten, ihre Gebiete beherrschten, ihre Untertanen zu Arbeiten verpflichteten, ohne selbst zu arbeiten, und in der »Welt des Rechts«, das, was das Volk geerntet hatte, für sich forderten. Seit dieser Zeit gab es die Standesunterschiede zwischen Samurai, Bauern, Handwerkern und Händlern und die Ungleichheit von Mann und Frau. Sowohl Buddhismus, Konfuzianismus und Shintōismus seien dazu geschaffen worden, die Beherrschung und die Ausbeutung des Volkes zu rechtfertigen und das Volk zu verunsichern. Seit dieser Zeit gäbe es Kriege um Ländereien, Raub und Mord. Jetzt sei es an der Zeit, die »Welt des Rechts« zu zerstören und die ursprüngliche Gesellschaft wieder aufzubauen. Dann gäbe es weder Tennō, noch einen Shōgun, noch die Daimyō, die Japan unter sich aufgeteilt hätten, die Menschen seien alle wieder gleich in einem geeinten Japan gleichberechtigter Bürger, ohne Hungersnot und Kriege; Japan werde erst dann ein Land des Friedens sein.

Die Verschärfung der Widersprüche des feudalistischen Systems

Die Zwischenfälle der Hōreki- und Meiwa-Ära als Vorzeichen einer revolutionären Bewegung zur Veränderung des Systems

Aus diesen Forderungen spricht der Wunsch nach einer Bodenreform und nach einer republikanischen Revolution. Damals hatten zwar die Kämpfe der Bauern und der Städter die Grundlagen des feudalistischen Systems bis zu den Wurzeln erschüttert, aber eine Klasse, die diese Kämpfe zu einer politischen Revolution hätte machen können, und die dafür notwendigen wirtschaftlichen Voraussetzungen waren nur im Ansatz vorhanden. Deshalb mußten Andō Shōekis radikale Ideen der Traum einer idealen Gesellschaft bleiben. Da seine Ideen radikal revolutionär waren, konnte er seine Schriften nicht verbreiten, so daß auch seine Ideen nur wenigen bekannt wurden.

Zu dieser Zeit waren Organisation und Ausführung revolutionärer Pläne noch nicht möglich, aber die weitere Entwicklung des unter Einsatz des Lebens ausgetragenen Widerstands des Volkes bewirkte, daß sich auch in den Kreisen der Intellektuellen eine gegen das Bakufu gerichtete Bewegung bildete, die in den Zwischenfällen der Hōreki- und Meiwa-Ära ihren Ausdruck fand.

Der Shintōgelehrte Takeuchi Shikibu, Sohn eines Arztes aus Edo, versuchte den Hofadel davon zu überzeugen, daß der Tennō die politische Aufgabe habe, das Bakufu zu stürzen, und wurde daraufhin 1758 vom Bakufu bestraft (Hōreki-Zwischenfall). 1767 versuchten Yamagata Daini, Sohn eines Arztes aus Kōfu, der mit Shikibu befreundet gewesen war, und Fujii Umon, ein herrenloser Samurai, den Tennō zu überreden, als Herrscher Japan zu einigen und eine Politik durchzusetzen, die die Ausbeutung des Volkes durch die Feudalherren, die privilegierten Händler und Kreditinstitute einschränken sollte. Daini bemerkte in seinem Werk, daß es angesichts des Widerstands des Volkes für einen Helden ein Leichtes sei, das Volk zur Verwirklichung der Gerechtigkeit zu gewinnen. Dann werde das Bakufu stürzen wie ein Baum durch den Sturm. Es ist nicht sicher, ob beide für den Sturz des Bafuku konkrete Pläne ausgearbeitet hatten. Daini und Umon wurden 1767 hingerichtet, und Shikibu, der im Verdacht stand, mit beiden kollaboriert zu haben, wurde nach Hachijōjima verbannt, starb aber auf dem Weg dorthin (Meiwa-Zwischenfall). Nach diesen Vorfällen wurden am Horizont der Geschichte Ideen deutlich, die eine Reform des Systems anstrebten, den Sturz des Bakufu und die Restauration der Macht des Tennō.

20
Möglichkeiten einer Reform

Die Widersprüche zwischen Revolution und Reform,
die Vorbedingungen für die Moderne

Die Politik von Tanuma Okitsugu und die Kansei-Reformen

Nach dem Tod von Yoshimune (1751) war das Bakufu für zwei Generationen in der Hand kränklicher, leicht debiler Nachfolger. Ihr Berater Tanuma Okitsugu hatte während ihrer Amtszeit die Regierungsgewalt und wurde schließlich 1772 älterer Staatsrat. Tanuma versuchte die Finanzen des Bakufu zu sanieren, indem er mit dem Kapital reicher Händler aus Edo und Ōsaka die Trockenlegung des Tega- und des Imba-Sumpfes in Shimosa in Angriff nahm. Er erkannte immer mehr Gilden an, um von diesen Steuern einzukassieren, und richtete für die privilegierten Händler neue Gilden und Handelskontore ein, denen er das Monopol für den Handel mit Kupfer, Eisen, Alaun, Steinkohle, Schwefel, für den Anbau von Ginseng und die Entwicklung von Arzneimitteln gegen Sondersteuern übertrug. Tanuma stellte des weiteren den Export von Riementang und getrockneten Awabi-Muscheln unter das Monopol des Bakufu. Er förderte in Hokkaidō Handelsbeziehungen mit den Russen und investierte den daraus gezogenen Profit in die Erschließung dieses Gebiets.

Seine Finanzpolitik provozierte bei den einfachen Händlern und den Handwerkern, die keine Privilegien besaßen, heftigen Protest. Zwischen den Beamten des Bakufu und den Händlern gehörten Bestechungsgelder zur üblichen Geschäftspraxis, die Tanuma damit rechtfertigte, jede Schenkung von Gold und Silber, nach dem Leben das wertvollste Gut, sei als aufrichtiger Beweis der Treue dem Bakufu gegenüber zu werten. Als die große Hungersnot der Tenmei-Ära ausbrach und das Volk sich im ganzen Lande erhob, konzentrierte sich die Unzufriedenheit vor allem auf Tanuma, der 1786, kaum daß Shōgun Ieharu, der ihn gedeckt hatte, gestorben war, seines Amtes enthoben wurde.

Möglichkeiten einer Reform

Nachdem der junge Ienari das Amt des Shōgun übernommen hatte, regierte wie vorher der Rat der älteren Staatsräte, in dem Matsudaira Sadanobu besonderen Einfluß hatte. Die neue Politik dieses Rats, »Kansei-Reformen« genannt, stand in direktem Gegensatz zu Tanumas Maßnahmen. Durch diese Reform wurde die Entwicklung der Warenwirtschaft weitmöglichst unterdrückt und die Rückkehr zur Naturalwirtschaft gefördert. Konkret heißt das: Die Neubildung von Gilden wurde eingeschränkt, desgleichen die Produktion von neuen Waren und der Anbau neuer Nutzpflanzen, und es wurde wurde den Bauern untersagt, ihre Dörfer zu verlassen. Wesentliche Maßnahmen der Kansei-Reformen waren außerdem die schon von den Vorgängern geforderten Sparmaßnahmen, Sittenkontrolle und Verschärfung der Zensur von Künsten und den Wissenschaften. Die Lehre des Zhu Xi wurde offizielle Ideologie, alle anderen Schulen des Konfuzianismus durften, weil unorthodox, an der Akademie des Bakufu nicht mehr gelehrt werden.

Die Regierung der Kansei-Ära traf neue Anstalten zur Unterdrückung der untersten Bevölkerungschichten, indem sie erstens in Edo ein Asyl für Arbeiter einrichtete, in dem wegen leichter Verbrechen Vorbestrafte und nicht Seßhafte, für die niemand bürgen konnte, als Zimmerleute, Maurer und für andere handwerkliche Berufe ausgebildet wurden (1790). Aufgrund des Verbotes für die Bauern, ihr Dorf zu verlassen, wurden zweitens Bauern, die sich bereits in Edo niedergelassen hatten, in ihre Dörfer zurückgeschickt (1790-1793). Drittens wurde den Handwerkern, Arbeitern und Handelsgehilfen untersagt, ihrem Herrn gegenüber Forderungen nach besserer Entlohnung und Behandlung zu stellen, ihre Pflichten zu vernachlässigen oder den Arbeitgeber zu wechseln (1797 in Ōsaka, 1799 in Kyōto).

Während der Tenmei- und Kansei-Ära (1789-1801) wurden auch in vielen Lehensgebieten »Reformen« durchgeführt, die sich kaum von den Kyōhō-Reformen und der Politik Tanumas unterschieden. Die Lehensgebiete und die von ihnen privilegierten Händler betrieben den Handel mit den Produkten, die für ihr Gebiet typisch waren, selbst und teilten den Profit unter sich auf. Die Daimyō gewannen die Schicht der Großhändler und Großbauern und die der Grundbesitzer dadurch für sich, daß sie die ersteren an der Erschließung von Neuland beteiligten und faktisch die Akkumulation von Ackerland seitens der letzteren anerkannten. Daneben restaurierten sie ihre Herrschaft über die Bauern und das System der Ausbeutung, verschärften die »Sparmaßnahmen«, die den Zweck hatten, ihre Macht wirtschaftlich und ideologisch zu stützen.

Das Entstehen von Manufakturen

Die Entwicklung der Warenwirtschaft, die sowohl das Bakufu als auch die Daimyō unterdrücken wollten, ließ sich jedoch zu diesem Zeitpunkt bereits nicht mehr aufhalten. Zwar gelang es den reichen Händlern in Edo, Ōsaka und in den Burgstädten der Daimyō, sich zu privilegierten Gilden zusammenzuschließen, auch konnten die Feudalherren und die Händler sich bis zu einem gewissen Grad den aus der monopolisierten Warenwirtschaft gezogenen Profit teilen, aber bereits zur Regierungszeit von Tanuma hatten sich in den Landgebieten und Dörfern Händler und Handwerker etabliert, die sich jeder Kontrolle entziehen konnten. Die von Tanuma 1781 in Musashi und Ueno errichtete Gewichtsprüfstelle für Seidengewebe und Seidenwolle mußte infolge des Protests der Bauern bald wieder geschlossen werden. In Tosa bewirkten zwei Aufstände, wie schon im 18. Kapitel berichtet, daß das Monopol der Feudalherrn an der Produktion und dem Handel von Papier aufgehoben wurde. Zwischen Ende des 18. und Anfang des 19. Jahrhunderts versuchten mehr als fünfzig Daimyō, die Produkte ihrer Gebiete zu monopolisieren oder zumindest deren Handel zu kontrollieren, Versuche, die angesichts des Widerstandes des produzierenden Volks und der ansässigen Händler bald wieder aufgegeben werden mußten. 1823 verbündeten sich in den Provinzen Settsu und Kawachi die Bauern von 1 007 Dörfern, die Baumwolle anpflanzten, mit den ansässigen Händlern, protestierten gegen das Monopol der Großhändler von Ōsaka und setzten für sich das Recht des freien Handels durch.

Infolge des Übergangs von der einfachen Warenproduktion zur kapitalistischen veränderte sich die wirtschaftliche Struktur besonders in den Bereichen der Herstellung von Seiden- und Baumwollgeweben, Farbstoffen, Papier, Wachs, Sake, Zucker, Schmiedewaren und Keramik, indem nicht mehr wie bisher selbständige Handwerker mit eigenem Gerät die Rohstoffe, die sie sich von den Großhändlern geliehen hatten, in Heimarbeit bearbeiteten, sondern direkt in den Dienst der Unternehmer traten und in deren Werkstätten mit dem Material und dem Gerät des Unternehmers gegen Lohn produzierten. Anfang des 19. Jahrhunderts spezialisierten sich die einzelnen Produktionszweige immer mehr, und in diesem Spezialisierungsprozeß entstanden die ersten Manufakturen.

Die Entstehung eines nationalen Marktes und der heimliche Außenhandel

Zwischen den einzelnen Produktionszweigen kamen überregionale Handelsbeziehungen zustande, was besonders die Zulieferung von Rohmaterialien betraf, es entstand also ein Markt. So bildete sich in der Seidenindustrie immer mehr eine regionale Teilung des Produktionsprozesses aus (Seidenraupenzucht, Spinnerei und Weberei), das Kantō-Gebiet züchtete in großen Mengen Maulbeerbäume und belieferte die Seidenraupenzüchter vieler Gebiete. In Sendai, Yonezawa, Kawamata, Fukushima (Nordjapan), in Kiryū, Ashikaga, Isesaki, Yūki, Hachiōji, Gunnai (Kantō-Gebiet), im nördlichen Teil von Echigo, in Tango und Ōmi-Nagahama (im Kinki-Gebiet), in Hakata (Chikuzen) wurden hochwertige Gewebe hergestellt. In unmittelbarer Nähe dieser Städte ließen sich Spinnereien nieder, Date und Shinobu in Nordjapan wurden Zentren für Spinnereiprodukte, die ihre Ware nach Nishijin (Kyōto) und in alle anderen Gebiete Japans lieferten. In der Folge gewannen auch die Provinzen Kōzuke und Shinano für die Herstellung von Rohgarn große Bedeutung. Baumwollstoffe, das wichtigste Material für die Herstellung von Kleidung, wurden vor allem im Kinki-Gebiet produziert: seit der Mitte des 18. Jahrhunderts stieg auf dem Markt in Ōsaka innerhalb von 50 Jahren der Umsatz von entkörnter Baumwolle um das 41-fache, um das Siebenfache bei weißen Baumwollstoffen und von Baumwollwatte um das Fünffache. Auch hier entwickelte sich die regionale Teilung des Produktionsprozesses (Anpflanzung, Entkörnen der Baumwolle, Reißen der Baumwolle, Spinnerei, Weberei) und zudem die Abhängigkeit von der Seiden-, Baumwollindustrie und Farbstoffindustrie, von der Herstellung von Farbstoffen aus Indigo und Safron. Die treibende Kraft für die Entwicklung der Warenwirtschaft war nicht mehr der Handel mit den Jahresabgaben und die Nachfrage seitens der Feudalherren und der Samurai, sondern die Arbeitsteilung in der Schicht der Bauern, Handwerker und Händler, das Entstehen neuer wirtschaftlicher Abhängigkeitsverhältnisse im Produktionsprozeß, eines nationalen Marktes.

Diese Entwicklung weckte auch das Bedürfnis nach neuen Verbindungen zum Ausland. Tanuma plante bereits Handelsbeziehungen mit Rußland über Hokkaidō, die seine Beamten betreuen sollten, private Händler betrieben schon lange geheimen Handel mit russischen Schiffen. Der aus Awaji gebürtige Reeder Takada Kahei (1769-1827) erschloß Ende des 18., Anfang des 19. Jahrhunderts Fischereigründe in Hokkaidō und südlich der Insel

Geschichte Japans

Chishima und erwarb sich ein großes Vermögen mit dem Verkauf von Waren, die auf der Hauptinsel produziert und in Hokkaidō verkauft wurden, aber er betrieb offensichtlich auch geheimen Außenhandel. Zeniya Gohei (1773-1852) aus Kaga organisierte einen einträglichen Handel zwischen der Hauptinsel und Hokkaidō, auch er unterhielt von Hokkaidō und Sachalin aus geheime Handelsbeziehungen zu Rußland. Der Pioniergeist japanischer Händler, die bis in das vereiste Meer nördlich von Hokkaidō vordrangen und unter Gefahren wider das Verbot des Bakufu mit ausländischen Schiffen Handel trieben, war ein Vorzeichen dafür, daß die Abschließung des Landes von innen aus aufgebrochen werden würde. Vermutlich hatten sich auch auf dem Meer südlich von Kyūshū geheime Handelsbeziehungen zu China entwickelt.

Das Entstehen von Manufakturen, eines nationalen Marktes und der geheime Außenhandel repräsentierten drei in engem Zusammenhang stehende Entwicklungen der Wirtschaft, die sich gegen das Feudal-System richteten, die Grundlage für einen einheitlichen Staat vorbereiteten, der die Herrschaft des Shōgun und der Daimyō beseitigen sollte.

Stagnation und neue Wege von Kunst und Wissenschaft

Während auf dem Gebiet des kulturellen und geistigen Schaffens die Gesellschaft der Samurai und der privilegierten Händler stagnierte und Anzeichen der Dekadenz zeigte, wurden besonders in den Landgebieten fortschrittliche Tendenzen deutlich, die zum Bakuhan-System in Widerspruch standen.

Seit Ende des 18. Jahrhunderts hatte die städtische Gesellschaft in Kyōto und Ōsaka nicht mehr die Kraft zu schöpferischen Impulsen, das Zentrum für die Pflege von Kunst und Kultur verlagerte sich nach Edo, wo die Entwicklung der Drucktechnik die Verbreitung von Trivialliteratur ermöglichte. Hier etablierten sich Buchverleihe, Prosa und Trivialliteratur fanden so großen Absatz, daß z.B. der Schriftsteller Takizawa Bakin (1767-1848) ausschließlich von Tantiemen leben konnte. Diese Massenliteratur hatte jedoch keinen künstlerischen Wert. Ende des 18. Jahrhunderts wurden die Drehbühne und der *hanamichi*[1] erfunden, zwei typische Elemente der japanischen

---

1 Durch den Zuschauerraum führender Steg als Ergänzung der Bühne, besonders für Auftritte, Abgänge und Zwischenszenen benutzt.

270

Möglichkeiten einer Reform

Theatertechnik. Andere neuartige Mittel erlaubten den Aufbau komplizierter Sets, doch gab es keinen Theaterautor mehr mit dem Niveau eines Chikamatsu. Im ganzen Kansai-Gebiet wirkte als Theaterautor Takeda Izumo (1691-1765), der unter anderem das *Kanadehon Chūshingura* (Die Geschichte der 47 Samurai) schrieb, das noch heute aufgeführt wird. In Edo versuchte der Autor Tsurunoya Namboku (1755–1829) das Leben der städtischen Gesellschaft realistisch auf der Bühne darzustellen. Izumos Stücke propagierten die Samurai-Moral, Nambokus Stücke dagegen waren einfach dekadent.

Für die Literatur der späten Edo-Zeit sind als Werke von überragendem künstlerischen Wert nur die phantastischen Novellen von Ueda Akinari (1734-1809) zu nennen, dann die einen starken bildlichen Eindruck vermittelnden Haiku von Yosano Buson (1716-1783) und die Haiku von Kobayashi Issa (1763-1827), einem Bauern aus Shinshū, die eine schlichte Liebe zu den Menschen zum Ausdruck bringen.

Auf dem Gebiet der bildenden Kunst war dagegen eine neue produktive Entwicklung zu verzeichnen. Die Technik des Holzdrucks hatte sich so entwickelt, daß eine freie Verwendung von Farben möglich wurde. Den Höhepunkt dieser Kunst bildeten Kitagawa Utamaro (1760-1849) und Andō Hiroshige (1797-1858), beide spezialisiert auf die Abbildung von Landschaften. Im Gegensatz zu den Künstlern in Edo, die volkstümliche Motive bevorzugten, entwickelten im Kansai Ike no Taiga (1723-1776) die stark intellektuell ausgerichteten Bilder und Maruyama Ōkyo (1733-1795) einen betont realistischen Stil. Obige Stilrichtungen aufgreifend, schuf Anfang des 19. Jahrhunderts in Edo der Maler Watanabe Kazan (1793-1841) eine besonders originelle Technik der Porträtmalerei.

Auf dem Gebiet der Wissenschaften machte sich der Gegensatz von Stagnation und Dekadenz einerseits und von Erneuerung und Produktivität andererseits besonders deutlich bemerkbar. Die wissenschaftliche Erforschung des Konfuzianismus machte seit der Kyōhō-Ära keine weiteren Fortschritte. Die konfuzianistischen Gelehrten wurden in den Kreisen der Städter als »weltfremde Gelehrte« verspottet. In der Mitte des 18. Jahrhunderts begründete Ishida Baigan (1685-1744) in Kyōto die sogenannte *shingaku*[1], die nur kurze Zeit Einfluß hatte und zu Beginn des 19. Jahrhunderts bereits ihre Bedeutung verlor.

---

1 Eine Synthese von Shintōismus, Konfuzianismus und Buddhismus als Lehre zur »Erziehung des Herzens«, in allgemeinverständlicher Sprache und anhand von Gleichnissen dargestellt.

Geschichte Japans

Es gab aber auch Denker, die den Horizont konfuzianischen Denkens überwanden. Kaiho Seiryō (1755-1817) kritisierte angesichts der Tatsache, daß Leben ohne Handel nicht möglich sei, den Konfuzianismus als Lehre ohne Inhalt, entlarvte das Treueverhältnis zwischen Herr und Untertan als bloßen Geschäftsvertrag und versuchte eine materialistische Weltdeutung. Ähnlich lehnte Yamagata Bantō (1748-1821), ein Städter aus Ōsaka, alles Irrationale, Übernatürliche ab. Auf dem Gebiet der Philosophie begründete Miura Baien (1723-1789) noch vor dem Beginn der Moderne als erster japanischer Denker eine rein materialistische Theorie. Baien forderte von der Wissenschaft, daß sie dem Volk diene (»Es gibt nichts wirksameres, dem Volk Frieden zu geben, als die Wissenschaft.«), und untersuchte in seinen Werken, anders als die Denker des Konfuzianismus und des Buddhismus, die objektive Realität der Natur und ihre Gesetze.

In dieser Zeit hatten zwei Wissenschaftsgebiete wirklich fortschrittliche Bedeutung und großen Einfluß auf das Denken der Gesellschaft, die nationale Schule und die holländische Schule.

Die nationale Schule und die holländische Schule

Die nationale Schule, die von Keichū begründet worden war, wurde von Kamo Mabuchi (1697-1769), Sohn eines Shintō-Priesters aus Ōmi, fortgebildet und erreichte mit Motoori Norinaga (1730-1801), Sohn eines Baumwollgroßhändlers aus Ise-Matsuzaka, ihren Höhepunkt. Norinagas *Kojikiden* ist eine schöpferische, präzise philologische Untersuchung des *Kojiki*, die in der Vergangenheit und in der Gegenwart ihresgleichen sucht und das Denken und Empfinden der Japaner für die Zeit analysiert, als der Konfuzianismus und der Buddhismus die Entwicklung der japanischen Kultur noch nicht entscheidend beeinflußten. Für Norinaga waren Konfuzianismus und Buddhismus gleichbedeutend mit feudalistischer Moral und Lebensauffassung, d.h. seine Ablehnung des Konfuzianismus und Buddhismus zielte auf die Befreiung der Menschen von der feudalistischen Unterdrückung.

Norinaga verabsolutiert jedoch in seiner Interpretation die Kultur des Altertums als »alten, ursprünglichen Weg« und verbindet damit eine chauvinistische Haltung gegenüber der Festlandkultur. Diese Tendenz nimmt bei dem Gelehrten Hirata Atsutane (1776-1843) extreme Formen an und überschreitet die Grenzen der wissenschaftlichen Objektivität, sie bildet sich zu

Möglichkeiten einer Reform

einer halbreligiösen, politischen Ideologie aus, die offen die Rechtfertigung des »Tennōismus« anstrebt. Die nationale Schule dieser Tradition diente später als ideologische Begründung des Chauvinismus und der Bewegung zum Sturz des Bakufu.

Unter den 464 Schülern Norinagas, die uns namentlich bekannt sind, befanden sich 166 Städter, 114 Bauern, 22 Frauen, außerdem Shintō-Priester, Samurai und Ärzte, die meisten also aus den oberen Schichten der Städter und Bauern, während die Lehre von Hirata Atsutane überwiegend von Bauern und Shintō-Priestern übernommen und vertreten wurde.

Unter der holländischen Schule versteht man die Wissenschaft, die sich mit der holländischen Sprache und anhand des in dieser Sprache verfaßten Schrifttums mit europäischer Naturwissenschaft und Medizin, mit der Technik der Kriegsführung, Geographie, Geschichte und anderen Wissenschaften beschäftigte. Als ihr Begründer gilt Aoki Konyō, Sohn eines Händlers aus Edo, der zur Zeit des achten Shōgun Yoshimune nach mehreren Anträgen vom Bakufu die Erlaubnis erhielt, eine Schule für diese Studien zu eröffnen. Seine Schüler Maeno Ryōtaku, Arzt aus Nakatsu in Buzen, und Sugita Genpaku, Arzt aus Obama in Wakasa, überprüften, indem sie Leichen Hingerichteter sezierten, die Genauigkeit der anatomischen Tafeln, die ein holländisches medizinisches Lehrbuch enthielt. Sie beschlossen, dieses Werk zu übersetzen, das dann 1774 mit Unterstützung von Katsuragawa Hoshū, dem offiziellen Arzt des Bakufu, und anderer Kollegen nach vierjähriger mühevoller Arbeit unter dem Titel *Kaitai Shinsho* (Neue Anatomie) erschien. Genpaku beschreibt in seinem Alterswerk *Rangaku Kotohajime* (Die Anfänge der holländischen Schule) anschaulich den wissenschaftlichen Eifer und die Begeisterung der Ärzte, die sich dieser Editionsarbeit unterzogen hatten.

Gleichzeitig entstanden zahlreiche Grammatiken und Wörterbücher der holländischen Sprache, die wesentlich zur Verbreitung der holländischen Schule beitrugen. Eine grundsätzliche Voraussetzung für die Rezeption dieser Wissenschaft war jedoch, daß die Japaner bereits von der chinesischen Medizin, Naturkunde und Astronomie gelernt und auf diesen Gebieten selbst Fortschritte erzielt hatten, daß sich auch in der Philosophie die Erkenntnis durchgesetzt hatte, daß die Ordnung der menschlichen Gesellschaft und die Gesetze der objektiven Natur zu trennen seien, also die Grundlagen für das Verständnis moderner wissenschaftlicher Methoden vorhanden waren. So beweist das von Yamawaki Tōyō, einem Schüler von Gotō Ryōzan, verfaßte *Zōshi* (Über die Eingeweide), die erste, auf eigenen Beobachtungen beruhende Darstellung der Anatomie in Japan (1759), daß

273

die Japaner den Weg von der spekulativen Heilkunst zur praktischen Medizin schon beschritten hatten. Yoshimasa Tōdō, ein Freund Tōyōs, forderte als Methode der medizinischen Forschung die Überprüfung von Thesen anhand von Experimenten. Der aus seiner Schule hervorgegangene Hanaoka Seishū (1760-1835) strebte eine Synthese der holländischen und traditionellen Medizin an und entwickelte aus einem Narkotikum, das in der traditionellen Medizin bei der Behandlung von Knochenbrüchen verwendet wurde, noch bevor die europäische Medizin ein solches kannte, ein Mittel zur Vollnarkose, das ihm ermöglichte, 1807 eine Brustkrebsoperation erfolgreich auszuführen.

Als sich in Japan die Voraussetzungen für eine moderne Wissenschaft entwickelt hatten, wirkten unter den Ärzten des holländischen Handelskontors in Nagasaki der Schwede Carl Peter Thunberg und der Deutsche Philipp Franz von Sieboldt, die dort auch als Lehrer tätig waren und den Fortschritt der holländischen Schule stark beeinflußten. Sieboldt hatte sich 1823 in Nagasaki niedergelassen, unterhielt in Narutaki in der Nähe von Nagasaki eine Klinik, in der er auch begabte junge Japaner als Ärzte ausbildete, aber auch Chemie, Biologie und andere Fächer lehrte.

Das Vordringen der Westmächte nach Asien und die Expeditionen nach Chishima und Sachalin

In der Mitte des 17. Jahrhunderts war in England die bürgerliche Revolution abgeschlossen, Ende des 18. Jahrhunderts, früher als in anderen europäischen Ländern, hatte sich die industrielle Revolution, das kapitalistische Wirtschaftssystem durchgesetzt. Etwa zur selben Zeit gründeten die englischen Siedler in Nordamerika eine Republik (1776), und in Frankreich brach 1789 die Revolution aus. Napoleon I. einigte in der Folge Frankreich zu einem Kaiserreich und errichtete sein Imperium über fast ganz Europa. Seine Herrschaft wurde gebrochen, aber Frankreich behauptete seine Stellung als moderner Staat und entwickelte ebenfalls ein kapitalistisches Wirtschaftssystem. Diese gesellschaftlichen Veränderungen hatten Einfluß auf Rußland, das während der Herrschaft der Romanows die europäische Zivilisation übernahm. England und Frankreich, die sich mit Hilfe ihres kapitalistischen Wirtschaftssystems zu starken Ländern entwickelten, drangen nach Asien vor, machten Indien zu ihrer Kolonie, und expandierten weiter nach

Osten über Birma bis nach China. Die Russen erschlossen in Expeditionen Sibirien, erreichten Ende des 18. Jahrhunderts die Behringstraße, danach Nord-Sachalin und die Insel Chishima und verletzten auch die nordwestlichen Grenzen Chinas. Das Vordringen der Westmächte nach Osten war indirekt auch eine Bedrohung für das abgeschlossene Japan.

Die Japaner erhielten wenig präzise Informationen über die Ereignisse draußen in der Welt, aber ein Teil der Intellektuellen hatte durch die holländische Schule Gelegenheit, ihr Bedürfnis nach solchen Informationen zu befriedigen. Als die russischen Schiffe von Sachalin und Chishima aus entlang der Küste Hokkaidōs nach Süden vordrangen, verursachte diese Nachricht nicht nur unter den Intelektuellen großes Aufsehen, das Bakufu sah sich wohl oder übel gezwungen, Gegenmaßnahmen zu treffen. Mogami Tokunai, ein Bauer aus Dewa, erhielt 1791 vom Bakufu den Auftrag zu einer Expedition nach Chishima und erkundete auch die Insel Urutsupu. Kondō Jūzō, ein Beamter des Bakufu, unternahm 1792 eine zweite Expedition nach Chishima, entfernte auf der Insel Etorofu ein Kreuz, das die Russen dort aufgestellt hatten, und brachte stattdessen eine Tafel mit der Inschrift »Großjapan, Etorofu« an, um die territorialen Ansprüche Japans zu demonstrieren. Zu dieser Zeit hatten japanische Fischer dort bereits ihr ständiges Fanggebiet. Mamiya Rinzō, ebenfalls ein Beamter des Bakufu, entdeckte auf einer Expedition nach Nord-Sachalin, daß Sachalin nicht, wie man bisher geglaubt hatte, mit dem sibirischen Festland verbunden, sondern eine von diesem durch eine Meerenge getrennte Insel war. Diese Meerenge wurde durch Siebolds großes Werk »Japan«, das die japanische Natur und Gesellschaft behandelte, als »Mamiya-Meerenge« in der Welt bekannt.

Anfang des 19. Jahrhunderts machte die Technik der geographischen Vermessung rasche Fortschritte. Inō Tadataka, Besitzer einer Sake-Brauerei in Sahara in Shimōsa, der auch Geschäfte in Edo besaß und Handelsbeziehungen im ganzen Lande unterhielt, beschäftigte sich im Alter intensiv mit dieser Technik und verfertigte 1821 aufgrund eigener Messungen eine Karte von ganz Japan, die das Territorium von Südhokkaidō bis nach Kyūshū umfaßte. Durch ihn erhielten die Japaner zum ersten Mal genaue wissenschaftliche Kenntnisse über die Geographie ihres Landes.

Hayashi Shihei, Honda Toshiaki, Satō Nobuhiro
und ihre absolutistischen Reformideen

Mit dem Interesse an der geographischen Form des Landes wuchsen auch die Kenntnisse über die japanische Gesellschaft. Hayashi Shihei (1738-1793), ein herrenloser Samurai aus Sendai, veröffentlichte in dem Jahr, in dem Mogami Tokunai seine Expedition nach Chishima unternahm, auf eigene Kosten seine »Militärischen Studien für das Inselland«, in denen er nachwies, wie notwendig es sei, die Verteidigung nicht einzelner Daimyō oder des Bakufu, sondern des ganzen Landes und der Edo-Bucht zum Schutze der Hauptstadt vorzubereiten und eine Marine aufzubauen. Er bemerkt in dieser Schrift: »Zwischen Himmel und Erde, in der menschlichen Gesellschaft regiert das Gesetz der unaufhaltsamen Veränderung. Es ist töricht zu glauben, daß die Zukunft so sein wird wie das Heute.« Diese Einsicht in die historische Notwendigkeit gesellschaftlicher Veränderungen führte ihn zum Verständnis der Ursache der Stärke europäischer Länder, die zu einer Nation geeint waren und nicht aufgesplittert in einzelne Feudalherrschaften: »Diese haben echte Gesetze, die Frieden im Land herstellen. Sie kennen keinen Bürgerkrieg. Japan und China haben das noch nicht erreicht.« Aus dieser Einsicht leitete er in einer 1785 entstandenen Beschreibung der »drei Länder« (Korea, das Hokkaidō der Ezo, die Ryūkyū-Inseln) die Forderung ab, daß »Hoch und Niedrig«, »das ganze Volk«, nicht für das Bakufu oder die Daimyō, sondern für eine zu einende Nation die Verteidigung des Landes vorbereiten müßten.

Honda Toshiaki (1744-1821), ein Zeitgenosse von Shihei, gebürtig aus Murakami in Echigo, bewandert in Mathematik, Astronomie und Nautik, der auch Handelsbeziehungen mit Hokkaidō unterhielt, berichtet in seinen Werken von der großen Hungersnot der Tenmei-Ära, von der Notwendigkeit, Neugeborene töten zu müssen, und anderen Leiden des Volkes. Er kritisierte die Unterdrückung durch das Bakufu, fordert die Beendigung der das Land teilenden Feudalherrschaft und betont, Japan müßte von einem einzigen Herrscher regiert werden. Fähigen müsse ohne Ansehen ihrer Herkunft der Weg zu hohen Ämtern offenstehen, der Staat solle Handel und Außenhandel fördern und Hokkaidō, Chishima und Sachalin erschließen, desgleichen Kamtschatka und dessen Kupferbergwerke.

Etwa ein Jahrhundert später formulierte Satō Nobuhiro (1769-1850) Toshiakis Forderungen noch konsequenter. Nobuhiro stammte aus Akita, hatte als junger Mann das ganze Land bereist und stellte aufgrund eigener

Wertung die Forschungsergebnisse der berühmtesten Gelehrten seiner Zeit, Agronomie, Hüttenkunde, Geographie, Militärwesen und auch die holländische Schule betreffend, vor. In seinen Alterswerken stellt er die Utopie einer Gesellschaft dar, in der es keine Feudalherrschaft mehr gibt und auch kein Standessystem. Das ganze Land wird von einem Herrscher regiert, aller Boden und alle Produktions- und Transportmittel sind verstaatlicht, Produktion und Handel liegen in den Händen staatlicher Unternehmen. In dieser Gesellschaft haben alle Japaner, der Herrscher ausgenommen, die gleichen Rechte und sind in je acht verschiedenen Industrien beschäftigt. Diese Gesellschaft verfügt über alle Schularten, vom Kindergarten bis zur Universität, die jeder kostenlos besuchen kann. Alle Beamten müssen die Universität absolviert haben. Nobuhiro betrachtet alle Menschen als »Kinder von Himmel und Erde«.

Die Ideen von Shihei, Toshiaki und Nobuhiro zielten auf die Verwirklichung eines absolutistischen Staates ab, anders als die von Andō Shōeki, der revolutionär von einem geeinten Staat gleichberechtigter Bauern träumte, aber sie richteten sich offen gegen das Bakuhan-System und gegen die Abschließung des Landes. Auch in der nationalen Schule finden sich Ideen, die die Reform des Bakuhan-Systems fordern und die Errichtung eines einheitlichen Staates, dies gilt auch für Yamagata Daini, aber nicht in so ausgeprägter Form. Die meisten Gelehrten der nationalen Schule stammten aus den oberen Schichten der Bauern und Städter oder von Samurai ab, lebten aber unter Bauern, Handwerkern oder Händlern. Sie dienten zeitweise Feudalherren als Berater, waren Intellektuelle oder Techniker, die, da sie unabhängig waren von auf Lehensverhältnissen beruhenden Reiszuteilungen, eine zwischen den Feudalherren und dem Volk stehende selbständige Schicht bildeten. Die Leiden des Volkes kannten sie aus eigener Anschauung und nahmen Partei für den notwendigerweise immer stärker werdenden Widerstand gegen das feudalistische System.

Der Befehl, ausländische Schiffe unnachsichtig zu vertreiben

Sowohl durch die wirtschaftliche Entwicklung wie auch durch fortschrittliche Ideen waren die Voraussetzungen für die Reform des Bakuhan-System geschaffen. Die politischen Ereignisse in der Welt erlaubten es nicht mehr, das Land abzuschließen. Trotzdem ignorierten die Feudalherren wie ein

Geschichte Japans

Dieb, der sich beim Stehlen einer Glocke die Ohren zuhält, diese Situation und verstärkten die Unterdrückung der fortschrittlichen Denker und des Volkes. Matsudaira Sadanobu, dem die Übersetzungen des holländischen Schrifttums zugänglich waren, kam immerhin zu folgender Erkenntnis: »Nur die Barbaren und die Aufstände der Bauern könnten in der Lage sein, das Bakufu zu stürzen.« Sadanobu war zwar auch davon überzeugt, daß Vorbereitungen getroffen werden müßten, die Edo-Bucht gegen einen Angriff der Ausländer zu verteidigen, aber er ließ, als Shihei forderte, daß Land sollte nicht nur vom Bakufu, sondern vom ganzen Volk verteidigt werden, diesen zu lebenslänglichem Hausarrest verurteilen und die bereits erschienenen Exemplare und die Drucktafeln seiner Werke einziehen. Sadanobu fürchtete wohl nichts mehr, als daß das Volk sein Land lieben und Anteil nehmen könnte an der Regierung des Landes. Der verurteilte Shihei resignierte: »Ich habe keine Eltern mehr, keine Frau und keine Kinder, keine Druckblöcke, kein Geld und nicht den Wunsch zu sterben.« Er nannte sich fortan *rokumuzai,* einen, dem »diese sechs Dinge fehlen«.

Im selben Jahr landete der russische Gesandte Adam Erikovich Laxmann in Nemuro in Hokkaidō, übergab den Beamten den Kapitän Kōdayu und die Besatzung eines Schiffes aus Ise, das 1782 in Kamtschatka gestrandet war, und bot dem Bakufu Handelsbeziehungen an. Die Beamten des Bakufu wiesen ihn ab mit der Begründung, daß Angelegenheiten auswärtiger Beziehungen nur in Nagasaki erledigt würden. 1804 kam dann der russische Gesandte Resanow nach Nagasaki mit dem Angebot, Handelsbeziehungen zwischen beiden Ländern herzustellen. Aber auch diesmal beschied das Bakufu den Gesandten abschlägig, mit der Begründung, das Bakufu könnte das von den Vorfahren seit Generationen bewahrte große Gesetz nicht aufheben.[1]

Der Krieg, der 1808 zwischen den Engländern und Holländern ausbrach, hatte auch unerwartete Folgen für Japan. Das englische Kriegsschiff Fayton drang in die Bucht von Nagasaki ein und beschoß das holländische Handels-

---

1 Auch Resanow übergab bei dieser Gelegenheit gestrandete japanische Fischer, den Kapitän Tsudayu und seine Besatzung aus Ishimaki. Tsudayu war 1793 in Kamtschatka gestrandet, von den Russen gerettet worden, hatte sieben Jahre in Sibirien gelebt, war 1803 nach Petersburg gebracht worden und von dort aus mit Resanow über das Baltische Meer, den Atlantik und den Indischen Ozean nach Japan zurückgekehrt. Seine Erlebnisse und Berichte stellte Ōtsuki Hansui, Gelehrter der holländischen Schule aus Sendai, zusammen und veröffentlichte sie 1807 unter dem Titel *Kankaiibun* (Bericht über eine seltsame Seereise), ein Werk, das das Interesse der Japaner gegenüber der Welt außerhalb Japans noch mehr verstärkte.

278

Möglichkeiten einer Reform

kontor auf Dejima. In der Folge kreuzten immer mehr englische Schiffe und Schiffe anderer Nationen, Handelsschiffe und Walfischfänger, in den japanischen Gewässern und verursachten in den Gebieten, in denen sie landeten, um Wasser zu fassen, große Aufregung.

Das Bakufu versuchte daraufhin nur noch mehr, das Land gegen Eindringlinge abzuschotten und befahl 1825 allen Daimyō, jedes ausländische Schiff, und sollte dieses auch nur zum Wasserfassen landen wollen, unnachsichtig zu vertreiben. Als vier Jahre später, also 1829, Sieboldt in seine Heimat zurückkehren wollte, erfuhr das Bakufu, daß sein Astronom Takahashi Kageyasu im Austausch gegen eine Geschichte der Napoleonischen Kriege Siebold eine von Inō Takatada angefertigte Karte Japans und eine Abschrift von Mamiya Rinzōs Bericht über die Sachalin-Expedition geschenkt hatte. Das Bakufu ließ Kageyasu wegen Landesverrats hinrichten und seine Familie, Schüler und andere Gelehrte der holländischen Schule verhaften. Dieser Vorfall wurde nicht nur als Straftat geahndet, er diente dem Bakufu auch als Vorwand zur politischen Repression gegenüber Gelehrten der holländischen Schule, die nicht im Dienste des Bakufu standen.

Der Aufstand von Ōshio Heihachirō und andere Erhebungen

Die zweite große Macht, die Matsudaira Sadanobu in seinem oben angeführten Urteil als potentielle Gefahr für das System nannte, war der Widerstand des Volkes gegen das Feudalsystem, der in den Erhebungen der Bauern seinen stärksten Ausdruck fand. Diese Unruhen erreichten in der Tenmei-Ära, den achziger Jahren des 18. Jahrhunderts, ihren Höhepunkt, ihre Zahl verringerte sich danach, aber der Widerstand gegen die Herrschenden nahm allgemein immer stärkere Formen an. Uezaki Kuhachirō, ein Vasall des Bakufu, berichtete 1802 in einer Eingabe: »Die Familie Nambu (in Mutsu), die Familie Tōdō (in Ise), die Bauern von Sendai empörten sich, danach die Familie Sasakibara (in Echigo). Das alles sind keine kleinen Familien; wenn sich also so starke Familien gegen das Bakufu erheben, dann werden erst recht die Bauern in deren Umgebung dazu verführt, daran teilzunehmen. Diese Situation hat weitreichende Bedeutung und muß sehr ernst genommen werden.« Und der konfuzianistische Gelehrte des Bakufu Shibano Ritsuzan zitiert die kanonischen Schriften zur Warnung: »Der Herrscher ist das Boot und das Volk ist das Wasser. Wasser trägt das Boot, kann es aber auch zum Kentern bringen.«

Geschichte Japans

Aus diesen Stellen geht hervor, daß auch dem Bakufu Nahestehende die Möglichkeit eines Umsturzes nicht ausschlossen.

In einer solchen Zeit wurden aber weder der Shōgun Ienari, der Luxus und ein genußvolles Leben liebte — er zeugte mit seinen 40 Nebenfrauen 55 Kinder —, noch die Daimyō, die es ihm nachtaten, politisch aktiv. Die herrschende Klasse hatte nicht mehr die Kraft zur Selbstbehauptung.

1833 wurde Nordjapan von einer Mißernte heimgesucht, eine große Hungersnot brach aus, unter der im folgenden Jahr das ganze Land zu leiden hatte. 1836, kaum daß die Bauern sich davon erholt hatten, brach in Nordjapan erneut eine Hungersnot aus, größer als die der Tenmei-Ära. Die Zahl der Aufstände nahm wieder zu, 1836 waren im ganzen Land 26 Aufstände zu verzeichnen, von denen die in Kōshū und in Mikawa am stärksten waren und für kurze Zeit die militärischen Stützpunkte des Bakufu vollkommen lahmlegten. Im folgenden Jahr, im März 1837, organisierte Ōshio Heihachirō, ein dem Stadtkommissar unterstehender Kommandeur der Polizei, in Ōsaka einen bewaffneten Aufstand, um das unter der Verteuerung des Reises, der Unfähigkeit der Beamten und unter dem mit diesen kooperierenden privilegierten Händlern gleichermaßen leidende Volk zu retten. Ōshio, seine Schüler, Bauern aus der Umgebung, Städter der niederen Schichten, insgesamt etwa dreihundert an der Zahl, zerstörten die Häuser von Kōnoike und anderen privilegierten Händlern und kämpften gegen eine vom Stadtkommissar geführte Truppe. Etwa ein Viertel der Häuser von Ōsaka wurden Opfer der Flammen.

Ōshio hatte nicht im Traum daran gedacht, das Bakufu zu stürzen. Er wollte eine politische Reform durchsetzen für eine Gesellschaft, »in der wie zur Zeit des Jimmu-Tennō alle Menschen großmütig und gerecht behandelt werden«, und er rief das Volk innerhalb und außerhalb der Stadt dazu auf, »auch die Kleinbauern in den Dörfern, die der Himmel geschaffen hat«. Die Vorstellung, daß auch die armen Bauern vom »Himmel geschaffen« seien, stand im krassen Gegensatz zum feudalistischen Standessystem. Seiner Aufforderung zum Aufstand folgten zuerst die Handwerker aus der Umgebung der Stadt, die Leder verarbeiteten und als Paria behandelt wurden. Ōshios Aufstand unterschied sich von den bisherigen Aufständen der Bauern und Bürger dadurch, daß ein reformwilliger Führer den Widerstand des Volkes zu mobilisieren verstand und Reformen mit Waffengewalt durchsetzen wollte.

Die Aufständischen wurden innerhalb weniger Stunden geschlagen. Ōshio floh nach Kawachi, konnte sich dort einen Monat verstecken, nahm sich aber das Leben, als man ihn entdeckte. Sein Aufstand aber machte dem Volk

280

Möglichkeiten einer Reform

Mut und verunsicherte das Bakufu und die Daimyō mehr als jede andere Erhebung. Sogar die Bürger von Ōsaka, deren Häuser während des Aufstands niedergebrannt waren, verehrten Ōshio wie einen Gott. Tokugawa Nariaki, der Daimyō von Mito und Stellvertreter des Shōgun, glaubte noch ein Jahr später, daß Ōshio am Leben sei und einen neuen Aufstand vorbereiten könnte.

Ōsaka war die Küche des Reiches, das Handelszentrum des Landes, die Stadt, die nach allen Himmelsrichtungen Handelsbeziehungen unterhielt. Die Nachricht vom Aufstand des Ōshio verbreitete sich schnell und verursachte nicht zuletzt andere Aufstände: im Mai den Aufstand der Arbeiter der Salzfelder in Mihara (Provinz Bingo), danach in Chōshū entlang der Küste der Inlandsee einen großen Aufstand, im Juli den Angriff auf die Militärstationen des Bakufu in Kashiwazaki (Provinz Echigo), den der Gelehrte der nationalen Schule Ikeda Yorozu anführte, der sich als Schüler von Ōshio bezeichnete. Besondere Bedeutung hatte die von Yamada Daisuke angeführte Revolte im Nose-Distrikt der Provinz Settsu. Daisuke forderte im August dieses Jahres, daß der »Reis aller Provinzen und Distrikte an alle gerecht verteilt werde« und daß »der Tennō den Feudalherren befehle, eine tugendhafte Regierung[1] zu üben«. Diese Forderung ließ Daisuke auf Flugblättern verteilen, woraufhin die Bauern vieler Dörfer die Häuser von Reichen plünderten. Ōshios Ideal, es solle eine Regierung »wie zur Zeit des Jimmu-Tennō« herrschen, wurde vom Volk nur in diesem Sinne verstanden. Dennoch zeichnete sich der Kampf um eine Landreform ab, um eine »Veränderung der Welt«, um »gleiche Rechte für alle in dieser Welt«, also ein Kampf, der sich grundsätzlich unterschied von den vielen Erhebungen der Bauern, bei denen es mehr um Herabsetzung der Jahresabgaben ging oder um die Forderung nach Freiheit des Handels.

Die Unterdrückung der holländischen Schule

Angesichts dieser Situation versuchte das Bakufu mit ungewöhnlicher Härte das System zu stabilisieren. Die erste Maßnahme, die es traf, war die Repression der holländischen Schule. Damals bemühten sich Takeno Chōei, Sohn des Stadtarztes von Mizuzawa in Okushū und Schüler von Siebold, und Watanabe Kazan, oberster Beamter von Tahara in Mikawa,

---

1 Maßnahmen zur Aufhebung von Verschuldungen und zur Rückgabe von verpfändetem Land.

281

auch als Maler berühmt, um die Entwicklung neuer Agrartechniken, um dem unter der Hungersnot leidenden Volk zu helfen. Sie gründeten die Gesellschaft zur Unterstützung alter Menschen zu dem Zweck, die politischen Kräfteverhältnisse in der Welt zu studieren. Das Bakufu ließ Chōei und Kazan unter dem Vorwand verhaften, sie hätten Schiffe nach den Ogasawara-Inseln geschickt und von dort aus geheime Handelbeziehungen zum Ausland unterhalten. Es folgten Hausuntersuchungen, die Polizei beschlagnahmte Chōeis Werke, die die chauvinistische Politik des Bakufu kritisierten. Kazan nahm sich das Leben in der Hoffnung, daß seinem Land bald eine bessere Zukunft bevorstehe. Chōei nutzte einen Brand seines Gefängnisses zur Flucht, wechselte ständig sein Versteck, kämpfte ungebrochen weiter für das Wohl seines Volkes, wurde aber schließlich 1850 von Häschern des Bakufu gestellt und setzte ebenfalls seinem Leben selbst ein Ende.

Diese Maßnahmen lähmten die Entwicklung der holländischen Schule entscheidend. Solange sich diese Wissenschaft nur mit Medizin, Naturkunde, Astronomie, Physik, Chemie beschäftigte, also mit Methoden zur Erhaltung des Lebens oder zur Steigerung der Produktivität, wurden ihr keine Beschränkungen auferlegt. Sobald sie sich aber der Geographie, der Geschichte und der Politik des Abendlands zuwandte und daraus kritische Erkenntnisse zog, revolutionäre Ideen gegen das feudalistische System übernahm, wurde sie vom Bakufu brutal unterdrückt. Aus diesem Grunde konzentrierte sich die holländische Schule auf die Techniken der europäischen Kriegführung, die Medizin machte keine weiteren Fortschritte. (Nach der Öffnung des Landes wurde die holländische Schule von der europäischen Wissenschaft, die durch in englischer oder französischer Sprache verfaßtes Schrifttum vermittelt wurde, verdrängt; an Hand dieses Materials begannen die Japaner sich zum ersten Mal mit Gesellschaftswissenschaften zu beschäftigen.)

Die Tenpō-Reformen

1840, ein Jahr nachdem die Maßnahmen zur Unterdrückung der holländischen Schule eingeleitet worden waren, brach ein Krieg aus, der für die Geschichte Ostasiens einschneidende Bedeutung hatte. England provozierte, weil China den Export von Opium nicht unterband, unter dem Vorwand, »die Freiheit des Handels zu schützen«, den sogenannten Opium-Krieg und

Möglichkeiten einer Reform

zwang China 1842 den Nanjing-Vertrag auf, usurpierte die Insel Hongkong und ließ sich die Exterritorialität von Guangzhou, Shanghai und drei weiterer Häfen zusichern. Mit der Erzwingung des Zollrechts und der einseitigen Begünstigung begann die Quasi-Kolonisierung Chinas durch die Westmächte.

Der Opiumkrieg war ein Ereignis, welches das Bakufu in größten Schrecken versetzte. Es hob überstürzt die Anordnung, ausländische Schiffe zu vertreiben, auf und befahl den Daimyō, diese mit Brennholz und Wasser zu versorgen. Das Bakufu zog jedoch aus dem Krieg in China nicht die Lehre, sein System zu reformieren und die Verteidigungskraft des Landes zu erhöhen. Es unterdrückte vielmehr das Volk noch mehr durch die zwischen 1841 und 1843 vom Regenten Mizuno Tadakuni konzipierten »Tenpō-Reformen«, die im wesentlichen fünf Maßnahmen vorsahen: Erstens, die Unterdrückung der holländischen Schule, die wiederholt erzwungene »Sparsamkeit«, das Verbot politischer Gruppenbildung, also eine Verstärkung der Unterdrückung des Volkes. Zweitens, die Beschränkung des Handels und des Handwerks in den Dörfern, die Beschneidung aller Rechte der Bauern und Lohnarbeiter ihrem »Herrn« gegenüber, die Rückführung aller Bauern, die in der Stadt Arbeit gesucht hatten, also eine Stärkung der Agrarwirtschaft und eine Unterdrückung der städtischen Bevölkerung. Drittens, die Auflösung der Gilden, eine starke Anhebung der Bürgersteuer. Viertens, den Nachlaß der Schulden, die die Daimyō und Bannerleute gegenüber dem Bakufu hatten. Fünftens, die Konfiszierung von Land außerhalb Edos und Ōsakas bis zu einem Abstand von etwa 40 km von der Stadtgrenze als direkt vom Bakufu bewirtschaftetes Land, um die wirtschaftliche Basis des Bakufu zu stärken.

Die nur oberflächlich als fortschrittlich zu interpretierende Auflösung der Gilden hatte zur Folge, daß der in den Landgebieten angesiedelte Handel und das Handwerk in den Dörfern sich zwar weiter entfalten konnten, das Ziel des Bakufu war aber nicht die Freiheit von Handel und Gewerbe, sondern die Schwächung der oberen Schicht der Städter, indem es diese ihrer Privilegien beraubte. Unter diesen Maßnahmen findet sich keine einzige, die den Bedürfnissen der neuen Zeit entsprochen hätte, weshalb diese Reform auch zum Scheitern verurteilt war. Nicht nur der Widerstand des Volkes, sondern auch der Daimyō und Bannerleute, die in der Umgebung von Edo und Ōsaka Ländereien verloren hatten, verhinderten die konsequente Durchführung der Reform.

Die Reformen der Daimyō hatten im wesentlichen denselben Inhalt wie die des Bakufu. In Mito, wo sich Bewegungen gegen das feudalisti-

283

Geschichte Japans

sche System am stärksten entwickelt hatten, scheiterten sie, in Chōshū, Hizen und Satsuma konnten sie begrenzt durchgeführt werden.

In Chōshū bildeten die Samurai, ermutigt von dem großen Aufstand des Jahres 1831 und der nach 1837 durch den Ōshio-Aufstand inspirierten Aufstände und Protestaktionen der Städter, eine Gegenpartei zu den aktionsunfähigen, reaktionären Familien, die die Macht hatten. Die Samurai der unteren Schichten und die Intellektuellen verbündeten sich mit den Grundbesitzern und den Händlern. In der seit 1838 durchgeführten Reform verloren die vor dem Schloß angesiedelten Händler ihre Privilegien, die Samurai niederen Ranges gewannen mehr Einfluß, die Grundbesitzer und die Händler der Landgebiete wurden wesentlich beteiligt an den Handels- und Reedereiunternehmungen, die ihren Sitz hauptsächlich in Shimonoseki hatten: mit ihrer Hilfe wurde die Ordnung in den Dörfern und eine funktionsfähige Finanzpolitik zunächst wieder hergestellt.

In Satsuma hatte die Reform dadurch Erfolg, daß die Schuldscheine der Händler von Ōsaka für null und nichtig erklärt wurden, daneben durch die Ausbeutung der Bauern, die in Ryūkyū und zu Sabuma gehörenden Inseln Zucker produzierten, durch die Erweiterung des Außenhandels über Ryūkyū mit China sowie durch den Import von militärischen Techniken, besonders für den Bereich der Marine, die für Satsuma, das auf gute Schiffsverbindungen innerhalb seines Machtbereichs angewiesen war, große Bedeutung hatte.

Hizen, das durch den Ōshio-Aufstand und durch die Erhebungen im eigenen Gebiet und des benachbarten Karatsu stark geschwächt war, begann seine Reform mit der Beschränkung der Ausbeutung seitens der Grundbesitzer und Geldverleiher. Daneben wurde die Restaurierung der direkten Herrschaft über die Kleinbauern versucht und in Belebung des Handels durch direkte Kontakte zu den Händlern in Nagasaki und Hyōgo. Auch für dieses Lehensgebiet, das die Aufgabe hatte, Nagasaki zu beschützen, waren der Import von Produktionstechniken für Gewehre und die Modernisierung der Marine von entscheidender Bedeutung.

In diesen drei Lehensgebieten beherrschten die Samurai mittleren und niederen Rangs und die Intellektuellen, die von reichen Bauern abstammten, Finanz- und Militärpolitik und begannen, als Beamte die Regierungsgeschäfte zu bestimmen. Sie stellten, um die Warenwirtschaft zu beleben, das System der Beherrschung und der Ausbeutung des Volkes wieder her. Die theoretischen Grundlagen ihrer Reform waren nicht wesentlich unterschieden von den Ideen, die Hayashi Shihei, Honda Toshiaki und Satō Nobuhiro vertreten hatten.

21
Die Öffnung des Landes
Die Krise des feudalistischen Systems und des Volkes

Machtkämpfe innerhalb der herrschenden Klasse

Nach dem Scheitern der Tenpō-Reformen verschärfte sich die Krise des Bakufu immer mehr. In den oberen Schichten der herrschenden Klasse zeichneten sich Interessenkonflikte und Kollisionen ab, die einen ganz anderen Charakter hatten als die bisherigen Auseinandersetzungen zwischen den politischen Kräften. Tokugawa Nariaki, der Führer der drei Zweige der Tokugawa-Familie und Daimyō von Mito, betrachtete die Europäer als Barbaren, ebenbürtig dem Vieh, und forderte das Bakufu auf, diese zu vertreiben, sobald sie sich Japan auch nur näherten. Des weiteren verlangte er vom Bakufu bessere Verteidigungsmaßnahmen, auch die Aufhebung des Verbots, Schiffe mit mehr als 500 *koku* Laderaum zu bauen. Das Bakufu wies Nariakis Forderungen zurück mit dem Hinweis, daß es zu gefährlich sei, den Daimyō Westjapans und anderer Gebiete größere Schiffe in die Hand zu geben. Nariaki war aber von der Notwendigkeit seiner Forderungen überzeugt, traf für Mito wirksame Verteidigungsmaßnahmen, die das Bakufu als Vorbereitung für einen Aufstand interpretierte, weshalb es 1844 Nariaki unter Hausarrest stellte. Das Bakufu begann zu dieser Zeit auch genau zu recherchieren, inwieweit die Daimyō Westjapans, besonders die Tozama-Daimyō von Satsuma, Hizen und Kaga, geheime Handelsbeziehungen unterhielten.

In Mito, Satsuma, Chōshū, Hizen und Tosa verstärkte sich angesichts dieser Entwicklung die Konfrontation zwischen den Samurai hohen und niederen Ranges, es bildeten sich konservative und progressive Parteien neben den noch immer rivalisierenden Parteien alten Stils.

1841 empfahl Takashima Shūhan, Stadtrat von Nagasaki, dem Bakufu die Einführung der Artillerietechnik, die im Opiumkrieg angewendet worden war. Das Bakufu erkannte zwar an, daß Shūhan in seinen Manövern eine vortreffliche Technik entwickelt hatte, verbot aber deren Verbreitung und ließ Shūhan, unter dem Vorwand, er habe sich bei der Ausübung seines Amtes schwerer Vergehen schuldig gemacht, gefangensetzen, denn es fürchtete nichts mehr, als die Verbreitung neuer Kriegstechniken unter den Daimyō. Es verfolgte aus diesem Grund auch stärker als zuvor die holländische Schule und verbot 1849, daß die Ärzte des Bakufu, ausgenommen auf den Gebieten Augenheilkunde und Chirurgie, die Methoden der holländischen Medizin anwendeten. 1850 wurde die nicht autorisierte Übersetzung holländischen Schrifttums untersagt und schon im Verkehr befindliches originales Schrifttum beschlagnahmt.

Als die auswärtigen Beziehungen immer spannungsreicher wurden, meldete sich der Tennō, der über Jahrhunderte keine politischen Befugnisse gehabt hatte, zum ersten Mal wieder zu Wort. Als der Hof erfuhr, daß im Mai 1846 englische, danach französische Schiffe auf den Ryūkyū gelandet waren, daß im Juni desselben Jahres unter der Führung des Admirals J. Biddle zwei amerikanische Kriegsschiffe in Uraga die Herstellung von Handelsbeziehungen forderten, befahl der Kaiser im September dem Bakufu, die Verteidigung des Landes auszubauen.

Die Weltherrschaft des Kapitalismus und die Lage Japans

Als sich die Krise des Bakufu in allen Bereichen verschärfte, drängten vom Westen her England und Frankreich, vom Osten her Amerika, vom Norden her Rußland auf die Öffnung des Landes. Zu dieser Zeit hatten die Länder Europas eine andere gesellschaftliche Entwicklungsstufe erreicht, als im 15. und 16. Jahrhundert, zur Zeit der ersten Kontakte mit Japan.

Im 15. und 16. Jahrhundert gab es in Europa noch kein kapitalistisches Wirtschaftssystem. Der Handel mit dem fernen Osten bedeutete damals Import von Gold, Silber, Duftstoffen und seltenen Produkten aus Asien und Zwischenhandel mit Waren der einzelnen Länder Asiens, teilweise auch Export von eigenen kunsthandwerklichen Produkten. Dieser Handel hatte keinen Einfluß auf die Produktionsverhältnisse der feudalistischen Systeme der Länder Asiens. Die Kolonialpolitik Europas zielte nur darauf ab, Territorien zu vergrößern und die Gold- und Silbervorkommen der unterworfenen Länder auszubeuten, die kolonisierten Gebiete auszurauben, nicht aber die bestehende Struktur dieser Gesellschaften und ihre Produktionsverhältnisse zu verändern.

Im 19. Jahrhundert aber mußten die kapitalistischen Länder Europas und Amerika Fertigprodukte gegen von der Industrie benötigte Rohstoffe und gegen Nahrungsmittel einhandeln, sie mußten die sozioökonomische Struktur ihrer Partnerländer dem eigenen kapitalistischen System anpassen. Die Baumwollmanufakturen der feudalistischen Gesellschaft Indiens hatten gegen die mit Maschinen gefertigten Produkte des englischen Kapitalismus keine Überlebenschance, Indien wurde für England Lieferant von Rohbaumwolle und von Nahrungsmitteln. Der Kapitalismus lebt von ständiger Erweiterung der Reproduktion, von der Suche nach neuen Absatzmärkten und Rohstoffquellen immanent ist. In allen Teilen der Welt wurden Schiffsverbindungen eröffnet, Niederlassungen errichtet, vielen Ländern Handelsverträge aufgezwungen und, wenn möglich, diese Länder zu Kolonien gemacht. Die Länder, die zu den kapitalistischen Ländern Beziehungen unterhielten, waren gezwungen, schnell ein eigenes kapitalistisches Wirtschaftssystem aufzubauen. Taten sie das nicht, liefen sie Gefahr, kolonialisiert bzw. halb-kolonialisiert zu werden.

Europa und Amerika dehnten ihren Einfluß beinahe auf die ganze Welt aus. In der Mitte des 19. Jahrhunderts waren West-, Mittel-, Süd-Ostasien, Nord- und Südafrika, Südamerika und Ozeanien Kolonien bzw. Quasi-Kolonien der europäischen Länder. Zu unterwerfen waren noch Ostasien, Mittelafrika und die Inseln im Pazifik. In Ostasien hatte China durch den Nanjing-Vertrag den Rang einer Quasi-Kolonie. Daß die Westmächte Japan zur Öffnung des Landes zwingen wollten, war eine welthistorische Notwendigkeit.

Der mit Waffengewalt erzwungene Vertrag von Kanagawa

Rußland war die erste europäische Großmacht, die von Japan die Öffnung des Landes verlangte und Handelsbeziehungen anbot. Als das Bakufu diese Forderungen ablehnte, ruhten die Verhandlungen zunächst, Rußland konzentrierte sich darauf, Sachalin und Chishima unter seine Herrschaft zu bringen. England und Frankreich setzten alle Mittel ein, sich China zu unterwerfen, hatten sich zu dieser Zeit aber schon das Ziel gesetzt, Ryūkyū und Japan zu erobern. Es gelang zuerst Amerika, die Abschließung Japans aufzuheben.

1846 war zwar schon Admiral Biddle mit seinen Schiffen nach Uraga gekommen, um Handelsbeziehungen anzubieten, hatte sich aber wieder zurückgezogen, als das Bakufu diese ablehnte. 1853 entsandte Amerika erneut eine von Admiral Matthew C. Perry geführte Flotte nach Japan, die aus vier Dampfschiffen bestand und am 8. Juli bis nach Uraga vordrang. Perry verlangte, daß das Bakufu ein Schreiben des amerikanischen Präsidenten entgegennehme. Die Beamten des Bakufu hatten bis dahin noch nie Dampfschiffe gesehen, geschweige denn Ausländer, die so ostentativ ihre Überlegenheit demonstrierten. Das waren keine dem Vieh ebenbürtigen Barbaren. Perry ließ die Kanonenrohre öffnen und drohte, daß er, werde das Schreiben nicht angenommen, nach Edo vordringen werde, um mit dem Shōgun selbst zu verhandeln. Und sollte das keinen Erfolg haben, dann müsse »ein Krieg unverzüglich eine Entscheidung herbeiführen«. Es blieb dem Bakufu nichts anderes übrig, als das Schreiben entgegenzunehmen. Der Shōgun erbat eine Bedenkzeit bis zum folgenden Jahre.

Daß die Flotte Perrys auftauchte, war für die Regierung des Bakufu keineswegs ein unerwartetes Ereignis. Schon ein Jahr vorher hatte der Gouverneur von Batavia dem Bakufu mitgeteilt, daß Amerika eine Flotte nach Japan schicken werde, um Handelsbeziehungen zu erzwingen, und geraten, das Land zu öffnen. 1850 hatte der Vorsteher der holländischen Faktorei auf Deshima Nachrichten mitgebracht, die besagten, daß die Amerikaner die Öffnung des Landes erzwingen wollten. Und noch früher, nämlich im Jahre 1844, hatte der holländische König in einem Schreiben an den Shōgun von der Veränderung der politischen Kräfteverhältnisse seit der Erfindung des Dampfschiffes berichtet und die Öffnung des Landes empfohlen. Das Bakufu aber, das während seiner Herrschaft immer fortschrittliches Denken unterdrückt hatte, war nicht einmal in der Lage, die Wichtigkeit dieser Warnungen und Informationen einzuschätzen, und ließ darüber nur von Ministern befinden, ohne die mit auswärtigen Beziehungen betrauten Beamten zu informieren. Angesichts der lange ignorierten Realität wußte es dann keinen Rat mehr.

Perry zog sich mit seiner Flotte von Uraga auf die Ogasawara-Inselgruppe[1] zurück, errichtete dort ein Kohlendepot und ein Hoheitszeichen, das die

---

[1] Die Ogasawara-Inseln wurden Ende des 16. Jahrhunderts von Ogasawara Sadayori, einem Feudalherren aus Izu entdeckt und erhielten, wie überliefert wird, von ihm ihren Namen. Diese Überlieferung ist nicht abgesichert, aber aus Aufzeichnungen geht hervor, daß 1670 ein Schiff aus Kii dort strandete. 1675 versuchte das Bakufu die Inseln zu erschließen, gab diesen Versuch aber wieder auf; seit dieser Zeit nannten die Japaner das Gebiet

Die Öffnung des Landes

Inseln als Territorium Amerikas auswies. Schon bevor er mit seiner Flotte nach Uraga ausgelaufen war, hatte er den König von Ryūkyū zum Abschluß eines Freundschaftsvertrags gezwungen und bereits dort ein Kohlendepot angelegt. Damals wie heute waren die Ryūkyū (Okinawa) und die Ogasawara Inselgruppe für die Eroberung Japans vom Pazifik her militärisch und geographisch die wichtigsten Stützpunkte.

Nachdem Perry sich dieser Stützpunkte versichert hatte, lief er 1854 mit seiner Flotte noch einmal nach Japan aus und erreichte, daß im März dieses Jahres in Kanagawa der japanisch-amerikanische Freundschaftsvertrag (Vertrag von Kanagawa) unterzeichnet wurde, der die Öffnung der Häfen Shimoda in Izu und Hakodate in Hokkaidō vorsah und sowohl die Versorgung der amerikanischen Schiffe als auch die Errichtung von Konsulaten in beiden Hafenstädten festlegte. Der neunte Artikel des Vertrags enthielt eine Meistbegünstigungsklausel, d.h. alle Vorteile, die Japan in Zukunft anderen Ländern gewähre, mußten ohne jede Bedingung auch Amerika eingeräumt werden. In der Folge boten auch England, Rußland und Holland Japan Freundschaftsverträge an.

Der Zusammenbruch der Alleinherrschaft des Bakufu

Das Bakufu hatte bisher alle auswärtigen Angelegenheiten allein entschieden, ohne die Daimyō oder den Kaiser zu unterrichten. Als aber die Flotte Perrys die Forderungen der Amerikaner mit Gewalt durchsetzen wollte, verlor es jedes Selbstvertrauen, beriet mit den Daimyō und seinen Beamten Gegenmaßnahmen und informierte auch den Tennō. Nicht nur das: Es ließ auch die Meinung des einfachen Volkes zu Worte kommen, das erste Mal in der japanischen Geschichte. Diese Tatsache beweist, welche soziale Stellung sich das Volk erkämpft hatte.

Die absolutistische Herrschaft des Bakufu geriet damit in eine schwere Krise. Fähige Daimyō wie Tokugawa Nariaki, Shimazu Nariakira, der

---

unbewohnte Inseln. 1827 landete dort ein englisches Kriegsschiff und erklärte das Gelände zum Territorium des Commonwealth. Kurz darauf siedelten sich hier Amerikaner aus Hawaii an, und schließlich machte Perry diese Inseln zu seinem Stützpunkt. Die englische Bezeichnung Bonin Islands geht auf das japanische *bunin* zurück, was beweist, daß Japaner diese Inseln zuerst entdeckt hatten und daß diese zum japanischen Territorium gehörten. 1861, nach der Öffnung der Häfen, stellte das Bakufu territoriale Ansprüche und siedelte dort Bauern aus Hachijōjima an, um die Inseln erschließen zu lassen.

Daimyō von Satsuma, Yamanouchi Toyoshige aus Tosa, Date Munenari aus Uwajima, die bis dahin nicht das Recht hatten, an der Regierung des Bakufu teilzunehmen, gewannen jetzt großen Einfluß, ebenso Matsudaira Yoshinaga aus Echizen. Diese Daimyō waren, was die Öffnung des Landes betrifft, nicht immer einer Meinung. Nariaki war ein extremer Vertreter des Chauvinismus, Nariakira und Yoshinaga dagegen waren für die Öffnung des Landes, und auch Toyoshige und Munenari unterstützten diese Politik. Alle verband die Einsicht, daß das Bakufu reformiert werden müsse, und der Ehrgeiz, an der neuen Politik teilzunehmen.

Auch der Kaiser und der Hofadel wurden in diese politische Kontroverse hineingezogen, denn das Bakufu brauchte die Autorität des Tennō und einen von ihm erlassenen Befehl, um die Glocken aller Tempel des Landes einzuziehen und daraus Kanonen gießen zu lassen (1854). Die halbreligiöse Autorität des Tennō erhielt wieder politisches Gewicht, der »Hof«, die Regierung des Tennō, Gelegenheit, sich zu restaurieren. Auch die fortschrittliche Partei der Daimyō wandte sich wiederholt an den Hof, um den Tennō zu veranlassen, eine Reform der Politik des Bakufu durchzusetzen.

Abe Masahiro, der Vorsitzende der älteren Staatsräte, beriet sich mit allen Daimyō über wichtige Maßnahmen. Er stellte holländische Instrukteure ein, die nicht nur die Samurai des Bakufu, sondern auch alle Daimyō in moderner Seekriegskunde unterrichten sollten. Außerdem richtete er eine Schule ein, die Intellektuelle aus allen Lehensgebieten mit abendländischem Schrifttum bekannt machte und diesen den Aufstieg in wichtige Positionen ermöglichte, so daß während seiner Amtszeit die fortschrittlichen Daimyō in die Funktionstüchtigkeit des Bakufu wieder Vertrauen gewannen. Nach Masahiros Tod (1857) kamen die konservativen Daimyō unter der Führung von Ii Naosuke, dem Daimyō von Hikone, wieder zu politischer Macht, so daß sich die Konfrontation mit den fortschrittlichen Daimyō erneut verschärfte.

1856 hatte die amerikanische Regierung Townsend Harris als Generalkonsul nach Shimoda entsandt, der das Bakufu zum Abschluß des Handelsvertrages drängte. Harris versuchte das Bakufu zu überzeugen, daß es unmöglich sei, die internationale Entwicklung zu ignorieren, und drohte, daß »ein Krieg eine Entscheidung herbeiführen müsse, falls das Bakufu auf seiner Weigerung bestehe«. 1858 stimmten die Beamten des Bakufu einem Entwurf des »Japanisch-Amerikanischen Handelsvertrages« zu, aber das Bakufu zögerte, den Vertrag zu unterzeichnen, beriet sich mit dem Daimyō und ersuchte um die Zustimmung des Tennō. Der Tennō und der Hof, die weder etwas von

290

Politik verstanden noch genau über die außenpolitische Situation unterrichtet waren, wollten, weil sie gegen Europäer und Amerikaner Abneigung empfanden und sich bedroht fühlten, der Unterzeichnung nicht zustimmen und antworteten, daß der Rat aller Daimyō über den Vertrag entscheiden solle. Die Partei der fortschrittlichen Daimyō aber verlangte die Zustimmung des Tennō. Für sie ging es weniger um Zustimmung oder Ablehnung des Vertrages, sondern um die Garantie, daß sie in Zukunft in der Regierung des Bakufu mehr Mitspracherecht gewännen.

Ausgerechnet in dieser Zeit einschneidender Veränderungen wurde das Problem akut, einen Nachfolger für den Shōgun Iesada zu bestimmen, der kränklicher Natur war, keine überragenden geistigen Fähigkeiten besaß und auch nicht in der Lage war, einen Nachfolger zu zeugen. Die progressive Partei schlug Yoshinobu, den Sohn von Nariaki aus dem Hitotsubashi-Zweig der Tokugawa vor, weil dieser Erfahrung und Ansehen genug besitze, die Aufgaben der Krisenzeit zu meistern, aber Ii Naosuke und die meisten Fudai-Daimyō und Bakufu-Beamten protegierten Yoshitomi (später Iemochi) vom Tokugawa-Zweig aus Kii mit der Begründung, es sei »Sitte des Reiches« einen Nachfolger zu wählen, der mit der Shōgun-Familie am nächsten blutsverwandt sei. Hinter diesen Begründungen stand der Ehrgeiz, einen Shōgun zu wählen, der den rivalisierenden Parteien jeweils am meisten Vorteile brachte.

Die Unterzeichnung des Handelsvertrages mit den USA und die Ansei-Säuberung

Harris drängte fast jeden Tag auf die Unterzeichnung des Handelsvertrages. Die konservative Partei der Daimyō konnte im Streit um die Nachfolge des Shōgun keine Erfolge verzeichnen, so daß sie im Juni 1858 kurzerhand Ii Naosuke als Regenten einsetzte und alle Beamten des Bakufu, die zur Hitotsubashi-Partei gehörten, ihrer Ämter enthob.

Um diese Zeit drang ein alliiertes Heer der Engländer und Franzosen erneut in China ein und zwang die Regierung der Qing zu einem demütigenden Friedenschluß. Harris nutzte diese Situation und drohte, daß eine aus vierzig Schiffen bestehende vereinte Flotte der Engländer und Franzosen nach Japan kommen und diesem einen Unterwerfungsvertrag aufzwingen werde, wenn das Bakufu, um diesem Angriff zu entgehen, nicht vorher den

Geschichte Japans

Japanisch-Amerikanischen Vertrag unterzeichne. Der Regent Ii nahm diese Drohung ernst und unterzeichnete den Vertrag ohne die Zustimmung des Tennō, bestimmte Yoshitomi aus Kii zum Nachfolger des Shōgun, verhängte über die Daimyō von Mito, Owari und Echizen Hausarrest und bestrafte die Anhänger der Hitotsubashi-Partei.

Ii Naosuke, der im Alleingang den Handelsvertrag unterzeichnet hatte, war keineswegs fortschrittlich gesinnt. Er war ein ebenso hartnäckiger Chauvinist wie Tokugawa Nariaki, der die Ausländer als Barbaren verachtete und die absolute Herrschaft des Bakufu wieder herstellen wollte. Er dachte absolutistisch, anti-reformerisch, verachtete die Daimyō und das Volk als Feinde und hatte den Vertrag nur unterzeichnet, weil er nicht die Macht besaß, sich gegen die Drohung Amerikas zu wehren. Während seiner Amtszeit sorgte er dafür, daß die von Abe Masahiro eingeleiteten fortschrittlichen Maßnahmen eingestellt oder modifiziert wurden. Als er ermordet wurde, konnten die westlich orientierten Gelehrten und fortschrittlichen Beamten des Bakufu ihre Freude nur mit Mühe unterdrücken.

Der Regent Ii entledigte sich seiner Feinde und Kritiker durch eine Schreckensherrschaft, zwischen 1858 und 1859, die Ansei-Säuberung. Er ließ Hashimoto Sanai hinrichten, den politischen Berater von Matsudaira Yoshinaga, an Urteilskraft seiner Zeit weit voraus, Wegbereiter eines geeinten Japan; ebenso Yoshida Shōin, den aus Chōshū stammenden unbeugsamen Kämpfer für Fortschritt, der nicht nur über Wissen und eine scharfe Beobachtungsgabe verfügte, sondern auch das Volk liebte. Auch andere Intellektuelle der gelehrten Avantgarde des Landes fielen ihm zum Opfer. Saigō Takamori, der Berater von Shimazu Nariakira, gleichen Sinnes mit Hashimoto Sanai, wurde nicht nur vom Bakufu, sondern nach dem Tode Nariakiras auch von den Beamten des Daimyō verfolgt, so daß ihm kein anderer Ausweg blieb, als sich mit dem ihm befreundeten Mönch Gesshō in die Bucht von Kagoshima zu stürzen. Er allein wurde gerettet und dann nach Ōshima verbannt.

Die Öffnung des Landes

Die Öffnung der Häfen und die Auswirkungen auf den Außenhandel

Während dieser Säuberungen schloß das Bakufu Handelsverträge auch mit Rußland, Holland, England und Frankreich (die sog. Ansei-Verträge)[1], die diesen Ländern die Errichtung von Gesandtschaften in Edo erlaubten und mit Wirkung vom Juli des Jahres 1859 die Häfen Kanagawa (später Yokohama), Nagasaki und Hakodate dem Handel öffneten. Dadurch wurden zwischen Japanern und Ausländern ein freier, gesetzlich geregelter Außenhandel ermöglicht, der im Gegensatz stand zu dem bisher von den Herrschenden monopolisierten Handel oder dem außerhalb des Landes betriebenen Handel der japanischen Piraten.

Mit der Eröffnung dieser Handelsbeziehungen nahm der Export von Rohseide, Seidenraupeneiern, Tee, Pflanzenöl und Meeresprodukten von Jahr zu Jahr zu. Die Nachfrage nach Rohseide und Tee brachte einen schnellen Produktionsanstieg mit sich, besonders in Jōshū, Shinshū, Kōshū und anderen spezialisierten Gebieten belebte sie die Seidenraupenzucht und die Industrie der Seidenspinnerei. In diesem Trend nahm auch die handeltreibende Landwirtschaft einen großen Aufschwung und mit ihr die Aktivität der in den Dörfern angesiedelten Händler.

Nicht nur die Preise für Exportwaren, sondern auch für Reis und andere lebenswichtige Produkte stiegen sprunghaft an, so daß das einfache Volk, besonders die armen Bauern, die einfachen Bürger der Städte und die Samurai niederen Ranges in wirtschaftliche Not gerieten. In Japan war zudem, im Gegensatz zum internationalen Börsenkurs, Gold sehr billig und Silber sehr teuer, was den Export großer Mengen von Gold und den Import von Silber bewirkte und weitere Verteuerungen und wirtschaftliche Unstabilität zur Folge hatte. Der plötzliche Preisanstieg für Rohseide brachte die Webereien in Nishijin, Kiryū und in anderen Teilen des Landes in große Schwierigkeiten. In Kiryū allein verloren 1500 Weber ihre Arbeit. Vertreter von 35 Dörfern wurden wiederholt beim Bakufu vorstellig, um eine Exportverbot für Rohseide durchzusetzen. Der Export förderte zwar auf der einen Seite die Produktion neuer Waren und deren Umsatz, im ganzen aber verlor das feu-

---

1 Im Januar 1860 sandte das *bakufu* eine Gesandtschaft nach Amerika, um die Ratifizierungsurkunde des Japanisch-Amerikanischen Handelsvertrags zu überbringen. Die Gesandtschaft überquerte den Pazifik auf dem Kriegsschiff »Kanrinmaru« unter der Führung des Kapitäns Katsu Kaishū, der erst viereinhalb Jahre zuvor von einem holländischen Marineoffizier das Steuern eines Dampfschiffs gelernt hatte.

dalistische Wirtschaftssystem seine sichere Grundlage, die Erweiterung des Exports hatte zudem negative Folgen für Handwerker und Großhändler.

Importiert wurden aus England billige, maschinengewebte Baumwollstoffe von guter Qualität und Waren des alltäglichen Bedarfs, aber nicht in dem Maße, daß der Import das einheimische Handwerk hätte ernsthaft gefährden können. Das Bakufu und die Daimyō importierten jedoch Waffen und Kriegsschiffe, und die Kosten dafür überstiegen bei weitem ihre finanziellen Möglichkeiten, mußten also durch verstärkte Ausbeutung ausgeglichen werden.

Die Krise des feudalistischen Systems und des japanischen Volkes

Die feudalistische Gesellschaft Japans, die durch die Abschließung des Landes mit Mühe ihr System hatte aufrechterhalten können, mußte durch seine Öffnung »wie eine lange in einem Sarg verschlossene, dann plötzlich der Luft ausgesetzte Mumie« zerfallen, sowohl in wirtschaftlichem wie in politischem Sinn. Das Bakuhan-System stand bereits 1840, als die Tenpō-Reformen scheiterten, vor einer Krise, die das gesamte System erschütterte. Die Öffnung des Landes mußte dieses System zerstören, schon acht Jahre später wurde dann das Bakufu gestürzt.

Das Bakufu, die Daimyō hatten angesichts der Überlegenheit der Westmächte das Land geöffnet, aber sie spürten instinktiv, daß sie sich damit einer großen Gefahr aussetzten. Aus diesem Grunde versuchte das Bakufu, den Außenhandel einzuschränken, indem es Waren nicht direkt nach Yokohama, sondern zuerst nach Edo transportieren ließ und von dort über die Großhändler für den Handel freigab, indem es alle erdenklichen Möglichkeiten ersann, den Hafen Yokohama wieder zu schließen. Diese Versuche scheiterten jedoch am nachdrücklichen Protest der Westmächte und der Unternehmen, die die Exportwaren produzierten und transportierten. Sie verschärften im Gegenteil die Krise des Bakufu noch mehr.

Die Öffnung des Landes stürzte nicht nur das feudalistische System, sondern auch das japanische Volk in eine schwere Krise. Die unter Androhung eines Krieges erzwungenen ungleichen Verträge erkannten Japan keinesfalls als gleichberechtigtes Land an und wurden nicht zu dem Zweck abgeschlossen, Japan den Weg zur Aufnahme in die kapitalistische Welt vorzubereiten. Zum ersten wurde die Exterritorialität der Ausländer anerkannt, zweitens

Die Öffnung des Landes

durfte Japan nicht selbst die Einfuhrzölle bestimmen, sondern mußte diese mit den Partnerländern abstimmen, drittens wurde dem Ausland eine einseitige Bevorzugung zugesichert. Viertens erhielten die westlichen Länder das Recht, in den Häfen Niederlassungen zu errichten, dazu das Recht der unbefristeten Pacht und der Selbstverwaltung. Diese Rechte machten in Verbindung mit der Exterritoralität die Gebiete faktisch zu ausländischem Territorium. Fünftens schließlich war die Vertragsdauer nicht festgelegt, Abänderungen bedurften der Zustimmung der ausländischen Mächte. Die Ansei-Verträge schränkten die Autonomie Japans ein und unterwarfen das Land wie China (durch den Vertrag von Nanjing) als halbkolonialisierten Markt dem europäischen und amerikanischen Kapitalismus.

Europa und Amerika versuchten, Japan nicht nur durch die Ansei-Verträge, sondern auch mit anderen militärischen und politischen Mitteln zu unterwerfen. Vom Frühjahr bis zum Herbst des Jahres 1861 besetzte die russische Marine einen Teil der Insel Tsushima, ein strategisch wichtiges Gebiet an der Grenze zwischen dem Japanischen und dem Chinesischen Meer und wichtigste Verbindung zwischen Japan und Korea, beantragte beim Daimyō von Tsushima die Pacht von Land, um einen Flottenstützpunkt anlegen zu können. Das Bakufu leistete keinen ernsthaften Widerstand, sondern verließ sich eher auf die Engländer und übermittelte dem Daimyō von Tsushima, daß er, wenn er auf der Insel Kyūshū entsprechende Ländereien erhalte, die Insel ruhig aufgeben könne. Die Fischer, die Bauern und die jungen Samurai der Insel waren entschlossen, unter dem Einsatz ihres Lebens um ihre Heimat zu kämpfen. Der Bauer Angorō fiel im Kampf, als die Bewohner der Insel die Landung russischer Soldaten verhindern wollten. Der Kampf der Inselbewohner verhinderte, daß der Daimyō Land verpachtete. Inzwischen intervenierte jedoch England, so daß die russische Flotte sich zurückzog.

Nicht nur Rußland, auch England und Frankreich verfolgten das Ziel, sich der Insel zu bemächtigen und hier eine »Perim-Insel Ostasiens« zu gewinnen.[1] Amerika schlug vor, in Tsushima einen »freien Hafen« zu errichten, der unter der Aufsicht aller Mächte stehen sollte. Europa und Amerika zielten auf dieselbe Beute, behinderten sich also gegenseitig, so daß die Bewohner ihre Insel retten konnten, indem sie ihren Widerstand entschlossen fortsetzten.

---

1 Die Perim-Insel liegt zwischen dem Roten Meer und dem Indischen Ozean und war wichtigster Flottenstützpunkt der Engländer, von dem aus sie den Mittleren Osten und den Indischen Ozean beherrschten.

England äußerte zwar Japan gegenüber, daß es nichts anderes anstrebe als einen freien, friedlichen Handel, hatte aber in Wirklichkeit die Absicht, Japan zu einem politischen Vorposten gegen Rußland auszubauen. Ab 1863 stationierten England und Frankreich unter dem Vorwand, ihre Landsleute in den Niederlassungen vor ausländerfeindlichen Samurai schützen zu müssen, vertragswidrig in Yokohama Land- und Marineeinheiten. 1865 zwangen die Engländer das Bakufu, für seine in Yokohama stationierten Einheiten Kasernen, Waffendepots sowie ein Lazarett mit einer Gesamtfläche von 15180 qm zu bauen, wo bis zu 1200 Mann Heeres- und 800 Mann Marinesoldaten kaserniert wurden. Yokohama wurde praktisch ein Kriegshafen der Engländer.

Über die Gefahr für Japan, eine Kolonie zu werden, über die Repressalien seitens Europas und Amerikas, über militärische Übergriffe, Erpressung von »Entschädigungsgeldern« und Abänderungen der Verträge zu Ungunsten Japans werde ich später berichten.

Japan stand in dieser Zeit wie die anderen Völker Asiens an einem Scheideweg. Es hatte die Wahl, das feudalistische System zu beseitigen, als neu geeintes Volk schnell eine kapitalistische Wirtschaft aufzubauen und sich gegen die Unterdrückung seitens der europäischen Mächte und Amerikas zu wehren, oder Kolonie, oder zumindest Quasi-Kolonie dieser Mächte zu werden.

»Verehrt den Kaiser, vertreibt die Barbaren!«

Nach der Ansei-Säuberung war den Daimyō der Reform-Partei der Weg, die Zentralmacht von Grund auf neu zu gestalten, vom Bakufu selbst versperrt. Die fähigsten Daimyō, die Führer dieser Bewegung, mußten ihre Pläne aufgeben. Die Angehörigen der progressiven Partei, die man auch revolutionär nennen könnte, die aus den Schichten der Samurai, der herrenlosen Samurai, der Grundbesitzer und Händler stammten und bisher die Daimyō unterstützt und beraten hatten, begannen sich unabhängig von ihrer Zugehörigkeit zu verschiedenen Herrschaftsgebieten, also über die Grenzen der Lehensgebiete hinweg zu einer gleichgesinnten Gruppe zusammenzuschließen und in die höchsten Ämter der Regierung vorzurücken. Die Angehörigen dieser Partei, die eine politische Reform beabsichtigte, nannten sich *shishi*.

Die Öffnung des Landes

Das erste dramatische Ereignis, das den Einfluß dieser Gruppe in der Regierung bewies, war die Ermordung des Regenten Ii durch herrenlose Samurai am Sakurada-Tor der Burg von Edo im Jahre 1860. Nach diesem Ereignis wuchs die Macht der Gruppe, deren Mitglieder hauptsächlich aus Satsuma, Chōshū und Tosa stammten, im ganzen Land.

Der Slogan ihrer Bewegung war »Verehrt den Kaiser, vertreibt die Barbaren!« *(sonnō jōi)*. Dieser Begriff ist schon in der *Shinron* (Neue Theorie, 1825) von Aizawa Seishisai zu finden, dem leidenschaftlichsten Reformer in Mito. Der Begriff verkörperte die Ideologie des Bakuhan-Systems, die auf Gedanken von Zhu Xi aufbaute, der die »Treue dem Herrn gegenüber« zum obersten Gesetz machte »für China und auch für alle ihm untergeordneten Länder«. Sie hatte also keine systemkritische Bedeutung. Auch nach Perrys Drohungen und vor der Unterzeichnung der Handelsverträge und der Ansei-Säuberung war die politische Führung nicht gespalten in Lager für oder gegen Öffnung des Landes oder Vertreibung der Ausländer, sondern in erster Linie waren die Streitpunkte »Reform des Systems« oder »Restauration«. Als aber das Bakufu im Alleingang die Öffnung des Landes beschlossen hatte, führten die Ideen, die die Öffnung des Landes unterstützten, in der praktischen Politik notwendigerweise zur Parteinahme für das Bakufu, während die Vertreibung der Ausländer zur Ideologie der Anti-Bakufu-Gruppe wurde. Die Partei, die das Bakufu unterstützte, mußte wohl oder übel die Öffnung des Landes als Tatsache akzeptieren, und der Anti-Bakufu-Partei blieb nur noch die Rolle, die Vertreibung der Ausländer zu befürworten, und sei es auch nur aus strategischen Gründen. Die Verehrung des Tennō, die Tendenz, seine Autorität zu restaurieren, wurde zur Waffe gegen das Bakufu, das für die Verträge nicht die Erlaubnis des Tennō eingeholt hatte, und erhielt in Verbindung mit dem Wunsch, die Ausländer zu vertreiben, als *Sonnō Jōi* den Charakter einer gegen das Bakufu gerichteten Reformbewegung.

Wären diese Führer des Volkes gegen feudalistische Privilegien und Ausbeutung gewesen, dann hätten sie gegen die Unterdrückung und gegen die Krise, die das Bakufu für Japan heraufbeschworen hatte, mit revolutionären Ideen kämpfen müssen; aber sie waren keine Revolutionäre. Sie gehörten dem Samurai-Stand an oder waren Grundbesitzer, reiche Bauern, Großhändler, Unternehmer von Manufakturen oder diesen nahestehende Intellektuelle. Sie waren gegen die Macht der Feudalherren, gegen die Privilegien berühmter Familien, insofern standen sie auf der Seite des Volkes. Sie wollten fortschrittliche Reformen verwirklichen, waren aber gleichzeitig die Verbündeten feudalistischer Herrschaft. Aus diesem Grund entwickelten sie keine revolutionären Ideen, ihr Widerstand gegen das Bakufu und die berühmten Familien wurde gerechtfertigt mit der Logik der Treue gegenüber dem Tennō als höchste Autorität des feudalistischen Systems.

Diese Männer waren zwar gegen das Bakufu, versuchten aber nicht sofort, das Bakufu zu stürzen, sondern eine Einigung des ganzen Landes unter dem Tennō zu verwirklichen. Ihre Idee war höchstens eine Fortführung der Theorien von Yamagata Daini und Takeuchi Shikibu. Die Idee zum Sturz des Bakufu stammte nicht direkt aus der Verehrung des Kaisers, sondern aus der Lehre, die betonte, daß zur Vertreibung der Ausländer die Beseitigung des Bakufu und eine neue zentralistische Regierung unerläßlich seien.

Die Lehre von der Vertreibung der Ausländer war reinster Chauvinismus, vertreten vom Shōgun, dem Tennō bis zu den Samurai, gerechtfertigt durch die neokonfuzianische Lehre des Zhu Xi, die alle untergebenen Länder in Abhängigkeit zu China stellte, auf Japan mit demselben Anspruch angewendet und verschärft noch durch die von der nationalen Schule neu propagierte Idee, daß Japan Götterland sei. Mit der Öffnung des Landes und der Aufnahme von Handelsbeziehungen wurde das Leben der Samurai immer schwieriger. Der Chauvinismus der Samurai-Klasse war nunmehr kein geistiges, sondern ein reales, wirtschaftliches Problem und nahm fanatischere Formen an, verstärkte also den Haß gegen das Bakufu, das die Barbaren ins Land gerufen hatte.

Ein Teil der Führer dieser Gruppe war durchaus patriotisch gesinnt und von der Notwendigkeit der Verteidigung Japans überzeugt. Takasugi Shinsaku aus der Schule von Yoshida Shōin war 1861 nach Shanghai gereist und hatte dort erlebt, wie die Engländer und Franzosen die Chinesen behandelten. Er faßte den Entschluß, daß Japan vor diesem Schicksal bewahrt werden müsse, wußte aber zu gut, daß sich die Chinesen durch ihre »Engstirnigkeit« selbst zerstört hatten, und daß es für Japan unbedingt notwendig sei, von der »sich ständig erneuernden Wissenschaft des Auslands« zu lernen. Als er nach Japan zurückkehrte, wurde er der Führer der Jōi-Partei in Chōshū und ließ die englische Gesandtschaft in Edo in Brand setzen (Ende des Jahres 1862). Über den eigentlichen Zweck dieses Anschlags sagte später einer der Führer dieser Partei, nämlich Katsura Shōgorō aus. In erster Linie sollte das Bakufu, das sich dem Ausland unterworfen hatte, in Schwierigkeiten gebracht werden. Kusaka Genzui, ein Freund Takasugis, mußte zwar die Notwendigkeit des Außenhandels zugeben, aber er war dagegen, daß dieser unter der Kontrolle des Bakufu abgewickelt werde. In diesem Punkt unterschieden sie sich grundlegend von der Partei, die die Vertreibung der Ausländer forderte, um das Bakufu zu erhalten.

Die Öffnung des Landes

Von »Vertreibt die Barbaren!« zum Sturz des Bakufu

In den Jahren nach der Öffnung der Häfen ereigneten sich viele Übergriffe
der Jōi-Partei gegen Angehörige der ausländischen Gesandtschaften und
auch gegen japanische Kaufleute, die für die Preissteigerung und die Krise der
japanischen Wirtschaft verantwortlich gemacht wurden. Die Führer der
Sonnō-Jōi-Partei begannen, um ihr Programm entgültig zu realisieren, den
Sturz des Bakufu zu planen. Als das Bakufu Kazu no Miya, die Schwester des
Kōmei-Tennō, zur Frau des Shōgun Iemochi bestimmen wollte, empörte
sich die Sonnō-Jōi-Partei und setzte die Schwester des Kaisers als Geisel fest.
Ōhashi Totsuan und Loyalisten *(shishi)* des Kantō-Gebietes versuchten, ein
Heer zum Sturz des Bakufu auszuheben, griffen aber, noch bevor die Vorbe-
reitungen entgültig abgeschlossen waren, im Februar des Jahres 1862 außerhalb des Sakashita-Tores der Burg von Edo den Vorsitzenden der Staatsräte,
Andō Nobumasa, erfolglos an. Zur selben Zeit versuchten die Loyalisten
aller Lehensgebiete Kyūshūs unter der Führung von Arima Shinshichi aus
Satsuma Shimazu Hisamitsu, der als leidenschaftlicher Verfechter der Vertreibung der Ausländer bekannt war, zu bewegen, ein Heer gegen das Bakufu
auszuheben. Hisamitsu unterstützte diese Idee, jedoch nur mit dem Ziel, die
feudalistische Ordnung zu schützen, und fürchtete, daß die Loyalisten die
Ständeordnung aufheben würden. Er ließ im Mai des Jahres 1862 in dem
außerhalb von Kyōto, in Fushimi gelegenen Rasthaus »Teradaya« Shinshichi
und seine Freunde, die dort eine Beratung abhielten, von seinen Vasallen
töten (Teradaya-Affäre), ein Ereignis, das die Loyalisten endlich davon überzeugte, daß der Unterstützung der Daimyō nicht zu trauen sei. Sie setzten
ihre ganze Hoffnung auf den Tennō und versammelten sich aus allen Teilen
des Landes in Kyōto. Unter ihnen befand sich auch Matsuo Taseko, die
Tochter eines reichen Bauern aus Shinshū und die Frau eines Großhändlers
für Rohseide und Sake, die ihr Kontor als Verbindungsstelle zur Verfügung
stellte, für die Übermittlung von Nachrichten unter den Loyalisten sorgte
und das Vertrauen von Kusaka Genzui aus Chōshū, Takeichi Zuizan, einem
Grundbesitzer aus Tosa, und anderer Führer der Bewegung genoß. Nicht
mehr Edo, sondern Kyōto war nun das politische Zentrum der Sonnō-Jōi-
Partei, die durch den Hofadeligen Sanjō Sanetomi den Hof überreden konnte, dem Bakufu zu befehlen, nach Ablauf einer bestimmten Frist die Häfen
zu schließen und die Ausländer zu vertreiben. Die Loyalisten suchten aber
auch die Unterstützung des Volkes, indem sie auf Anschlägen und Handzet-
teln die Schuld an den schwierigen Lebensverhältnissen den Ausländern und

dem Bakufu, das diese eingelassen habe, zuschob. Sie unternahmen Terroraktionen gegen Beamte des Bakufu und gegen mit dem Außenhandel beauftragte Händler, um den Feinden ihre Entschlossenheit zu demonstrieren und das Volk für ihre Sache zu gewinnen.

Das Bakufu antwortete dem Hof, daß es am 25. Juni 1863 Maßnahmen zur Vertreibung der Ausländer ergreifen werde. An diesem Tag beschoß die Sonnō-Jōi-Partei, die ihr Hauptquartier in Chōshū hatte, von dort aus amerikanische Schiffe, die die Landzunge von Shimonoseki passierten, danach auch französische und holländische Schiffe, um ihre Entschlossenheit zu demonstrieren. Als am 20. Juli die französische Flotte einen Vergeltungsschlag führte, brach die ganze Verteidigung von Chōshū zusammen. Die Sonnō-Jōi-Partei verlor jedoch keineswegs den Mut. Takasugi Shinsaku beherrschte die wichtigsten Ämter des Lehensgebietes, wählte unter den Samurai niederen Rangs, unter Bauern und Bürgern Freiwillige aus, stellte mit ihnen ein Sonderkommando zusammen, erlaubte, daß sich alle Untertanen bewaffneten, und traf so Vorbereitungen, einen erneuten Einfall der Ausländer zu verhindern.

Im August führte Satsuma in der Bucht von Kagoshima einen erbitterten Kampf gegen eine englische Flotte. Im September des vorherigen Jahres hatten Shimazu Hisamitsu und seine Begleiter auf dem Wege von Edo nach Satsuma im Dorf Namamugi außerhalb von Yokohama drei berittene englische Händler verwundet und getötet. Die Engländer hatten sieben Schiffe in die Kagoshima-Bucht geschickt, um als Vergeltung die Stadt zu beschießen. Während des Kampfes wurde mehr als die Hälfte der Stadt Kagoshima zerstört, aber auch die Engländer erlitten starke Verluste, so daß sie sich zurückziehen mußten.

Die Sonnō-Jōi-Partei drängte immer entschlossener zum Handeln und den Tennō zur Aushebung eines Heeres zum Sturz des Bakufu und zur Errichtung einer neuen Regierung, die in der Lage sei, die Ausländer aus dem Lande zu treiben. Aber der Tennō, der wie Shimazu Hisamitsu zwar leidenschaftlich die Ausländer haßte, fürchtete ebenfalls, daß die Loyalisten die feudalistische Ordnung zerstören könnten, und kollaborierte insgeheim mit dem Bakufu. Das Bakufu schlug am 30. September zuerst zu und vertrieb die Sonnō-Jōi-Partei aus Kyōto. Sanjō Sanetomi und sieben weitere Hofadelige mußten in Chōshū Zuflucht suchen. Kurz nach diesem Kampf hoben Yoshimura Toratarō aus Tosa in den Bergen von Yamato und Hirano Kuniomi aus Echizen in Ikuno (Provinz Tajima) mit einer kleinen Zahl von Gleichgesinnten zwei Heere zum Sturz des Bakufu aus. Sie wurden jedoch sofort geschlagen, da sie es nicht verstanden hatten, sich der Unterstützung des Volkes dieser Gebiete zu versichern.

22
Der Sturz des Bakufu

Die Flucht aus der Krise

Der Kampf am Hamaguri-Tor und die Besetzung von Shimonoseki durch die Engländer, Franzosen, Holländer und Amerikaner

Nach der Vertreibung der Sonnō-Jōi-Partei aus Kyōto gewannen die Daimyō, die wie Shimazu Hisamitsu, Yamanouchi Toyoshige und Matsudaira Shungaku für eine Kooperation zwischen Hof und Bakufu eintraten, neue Macht. Das Bakufu und Kōmei-Tennō waren erleichtert über die vorläufige Entschärfung der Krise, während die Sonnō-Jōi-Partei strengsten Verfolgungen ausgesetzt war.

In Tosa wurde Takeichi Zuizan, der dem ehemaligen Daimyō Yamanouchi Toyoshige bis zuletzt vertraut hatte, eben auf dessen Befehl eingekerkert. Er und seine Freunde gaben ihre geheimen Pläne nicht preis. Als Tanouchi Ekichi, der jüngere Bruder von Zuizan, die Foltern nicht mehr aushalten konnte, ermöglichte Zuizan ihm den Selbstmord durch Gift. Zuizan, der von seinem Freund Kusaka Genzui immer wieder gewarnt worden war, den Daimyō nicht zu trauen, der den Treueschwur seinem Herrn gegenüber nie gebrochen hatte, kritisierte im Kerker endlich seinen Herrn als »ehemaligen Herrscher von nur 240 000 *koku*« und erkannte, daß er und seine Freunde sich eher auf das Volk hätten verlassen sollen. In seinen Memoiren, die er während der Kerkerhaft aufzeichnete, heißt es: »Auch für die jungen Pflanzen des Feldes, die jetzt noch unter dem Schnee vergraben sind, kommt der Frühling und mit ihm die Menschen, ihn zu sehen.« Zuizan wurde im Mai 1865 hingerichtet.

Auch in der Hochburg der Sonnō-Jōi-Partei, in Chōshū, kam wieder die konservative Macht an die Führung. Vor der Vertreibung der Loyalisten aus Kyōto herrschte in Chōshū ein revolutionärer, demokratischer Geist. Es entstanden weitere militärische Einheiten des Volkes, die Scharfschützenabtei-

Der Sturz des Bakufu

lung der Jäger, die Abteilung der Ringer, die Abteilung der Mönche, sogar eine *toyūtai* genannte Abteilung der Paria. Auch in den Dörfern und den Handelsvierteln formierten sich, unterstützt von den reichen Bauern und Händlern, Volksmilizen. Außerdem erhielten die Schmiede die Erlaubnis, Waffen herzustellen. Unter der Führung von Takasugi wurde so, »egal ob einer ein Fleisch essender Ringer war«, unabhängig von Stand und Herkunft, ausschließlich nach Maßgabe der Kraft, über die einer verfügte, dem ganzen Volke die Freiheit zugestanden, sich gegen den Feind von außen zu rüsten. Eine solch revolutionäre Maßnahme hat es vorher und nachher in der japanischen Geschichte nicht gegeben.

Den mächtigen Familien des Lehensgebietes blieb nur das Zusehen. Aber noch bevor die Westmächte von außen intervenierten, wurden die Loyalisten aus Kyōto vertrieben, für die großen Familien ein Signal, einzugreifen. Sie beschränkten die Stärke aller militärischen Einheiten und veranlaßten den Daimyō zu dem Befehl, daß in den Einheiten »der Unterschied der Stände gewahrt« bleibe und die Ausbildung der Volksmiliz verboten werde.

Die Führer der Sonnō-Jōi-Partei, die sich in Chōshū versammelt hatten, waren zu schnellem Handeln gezwungen. Maki Izumi, Sohn eines Priesters aus Kurume, und Kusaka Genzui brachen gegen den Widerstand von Takasugi im Juli 1864 mit einem Heer nach Kyōto auf und griffen am 20. August den Palast des Kaisers an, wurden aber von Samurai aus Aizu, geführt von Matsudaira Katamori, der zuständig war für den Schutz der Hauptstadt, und von Einheiten aus Satsuma unter der Führung von Saigō Takamori geschlagen. Maki und Kusaka begingen Selbstmord (Zwischenfall am Hamaguri-Tor). Nach diesem Kampf wurden Chōshū und die Sonnō-Jōi-Partei nach den Regeln der feudalistischen Standesordnung als Empörer gegen den Kaiser verurteilt. Der Tennō befahl dem Bakufu, unverzüglich Chōshū zu unterwerfen.

Aber schon am 5. September bedrohte eine unter dem Oberkommando eines englischen Admirals stehende Flotte der Engländer, Franzosen, Holländer und Amerikaner, bestehend aus 17 Schiffen und einem mehr als fünftausend Mann starken Expeditionskorps, Shimonoseki. Chōshū versuchte, indem er die Sicherheit des Schiffsweges vor Shimonoseki garantierte, einen Kampf zu vermeiden. Die Flotte eröffnete aber den Angriff und hatte schnell die ganze Landzunge besetzt. Chōshū war gezwungen, einem Friedensvertrag zuzustimmen, der drei Artikel enthielt. Erstens sollten die ausländischen Schiffe beim Passieren der Meerenge bevorzugt abgefertigt werden; zweitens

303

war sämtliche Artillerie von der Landzunge abzuziehen; drittens müßten, »da die Stadt Shimonoseki eigentlich hätte ganz abbrennen müssen, aber zum Teil verschont geblieben ist«, eine Belohnung gezahlt und den Alliierten die Kosten des Krieges erstattet werden. Der 3. Artikel nennt die stark übertriebene Summe von drei Millionen Dollar, die allerdings das Bakufu zahlen mußte, weil es angeblich Chōshū befohlen habe, gegen die Ausländer vorzugehen.

Die Alliierten wußten von vornherein, daß das Bakufu nicht in der Lage sein würde, diese Summe zu zahlen. Sie spekulierten mit den Vorteilen, die sie sich sichern könnten, wenn sie einer Herabsetzung dieser Summe zustimmten. Das Bakufu zahlte bis zum Mai 1866 1,5 Millionen Dollar und erbat sich für den Rest einen Aufschub. Die Alliierten gingen auf diesen Vorschlag scheinbar ein, verlangten aber bereits im Juli des selben Jahres, daß gegen Erlaß der Restsumme die in den Ansei-Verträgen vereinbarte Öffnung der Häfen Kobe und Ōsaka (vereinbart für den 1.1.1868) vorzeitig erfolgen sollte. Ferner wurde die Zollsteuer umgeändert in eine Mengensteuer, deren Grundlage ohne Ausnahme fünf Prozent des Warenwertes betragen sollte. Nach einer »Abänderung der Steuerabmachung« sollte in der Zollbehörde des Hafens von Yokohama je ein Vertreter von England, Frankreich, Amerika und Holland als »Assistent« tätig sein. Um diese Bedingungen durchzusetzen, konzentrierten die Alliierten wieder eine Flotte vor dem Hafen von Kobe, so daß der Hof und das Bakufu keine Einwände erheben konnten.

Mit diesen Zollabmachungen geriet Japan als quasi-kolonialisiertes Land unter die Kontrolle der alliierten Mächte. Es war des Rechts beraubt, den eigenen Interessen entsprechend den Zoll festzusetzen, und hatte auch später keine Möglichkeit, diesen für die eigene Industrie zu tief angesetzten Zollsatz zu korrigieren. Das Zolldiktat sicherte den Alliierten die Kontrolle über die japanische Wirtschaft.

Das Volk unterstützt den Sturz des Bakufu

Daß die Sonnō-Jōi-Partei und Chōshū als »Empörer« diffamiert wurden, war für sie kein Nachteil, im Gegenteil, diese Diffamierung lehrte sie, sich nicht auf die Autorität des Tennō und die Macht der Daimyō, sondern auf ihre eigene militärische Stärke und die Unterstützung des Volkes zu verlassen. Die Erfahrungen des Überfalls im Rasthaus »Teradaya«, die Vertreibung aus

304

Der Sturz des Bakufu

Kyōto am 30. September, das Scheitern der Bemühungen in Yamato und Ikuno, ein Heer auszuheben, hatten sie schrittweise von dieser Notwendigkeit überzeugt. Jetzt erst begriff diese Partei, daß nicht der Sturz des Bakufu zum Zwecke der Vertreibung der Ausländer, sondern der Sturz des Bakufu allein ihre wichtigste Aufgabe war, in dem Augenblick, in dem das Bakufu unterstützt vom Tennō alles daransetzte, sie zu vernichten.

Das hatte zur Folge, daß sie auch ihre Ansichten über die Notwendigkeit, das Land abzuschließen und die Ausländer zu vertreiben, revidieren mußten. Natürlich gaben sie den in der Anschauung der Samurai-Klasse tief verwurzelten Chauvinismus nicht ganz auf, aber als reales politisches Ziel hatte die Vertreibung der Ausländer ihren Sinn verloren. Zudem hatte der Friedensvertrag der Alliierten mit Chōshū sie der Möglichkeit beraubt, mit einer ausländerfeindlichen Politik das Bakufu in Bedrängnis zu bringen. Der Hauptgrund aber war wohl, daß die reichen Bauern, die Schicht der in den Dörfern ansässigen Händler sich von dem Schock, den die Öffnung der Häfen mit sich gebracht hatte, erholt hatten. Sie waren nun nicht mehr gegen den Außenhandel, sondern trachteten, diesen für sich zu nutzen, und zeigten die Bereitschaft, sich den neuen wirtschaftlichen Verhältnissen anzupassen. Jetzt forderte sogar Shimazu im Februar des Jahres 1864 auf einer Beratung des Hofes, daß, um die Monopolisierung des Außenhandels durch das Bakufu zu beseitigen, die Öffnung der Häfen notwendig sei. Und Chōshū beantragte nach dem Abschluß des Friedensvertrags beim englischen Gesandten, Shimonoseki als Hafen zu öffnen.

Zu dieser Zeit waren die einzigen, die noch für eine erneute Abschließung des Landes eintraten, Kōmei-Tennō und die oberste Schicht der herrschenden Klasse. Kōmei-Tennō war in jeder Hinsicht ein leidenschaftlicher Verfechter des feudalistischen Systems.

Die Sonnō-Jōi-Partei war so gezwungen, ihr Ziel der Verehrung des Kaisers und der Vertreibung der Ausländer aufzugeben und sich auf den Sturz des Bakufu zu konzentrieren. Die Angehörigen dieser Partei, denen diese Umorientierung nicht gelang, mußten scheitern, so z.B. die Tengu-Partei in Mito, die im Frühjahr 1864 am Tsukuba-Berg unter dem Motto *sonnō jōi* ein Heer aushob. Aufständische wurden sogar vom Volk angegriffen, von einem Heer des Bakufu und Mito in die Flucht geschlagen, und zogen nach Kyōto, um dort Tokugawa Yoshinobu, den Führer der Palastwache, für ihre Ziele zu gewinnen. Sie zogen vom Sommer bis zum Winter über den Nakasendō[1]

---

1 Straße von Kyōto über Ōmi, Mino und Shinano nach Edo.

305

Geschichte Japans

nach Mino, von dort über verschneite Pässe bis nach Echizen. Hier wartete
auf sie ein Heer, das Yoshinobu dorthin entsandt hatte und sie zur Kapitulation zwang.

Nach dem Zwischenfall am Hamaguri-Tor und der Besetzung Shimonose-
kis durch die Alliierten erlitt auch die Sonnō-Jōi-Partei in Chōshū schwere
Rückschläge. Die konservativen Kräfte beherrschten wieder das Lehensgebiet, ließen die Führer des Zwischenfalls hinrichten und versicherten dem
Bakufu und dem Hof ihre Ergebenheit. Im November erging der Befehl, daß
alle militärischen Einheiten außer dem Sonderkommando aufzulösen seien.

Die militärischen Einheiten mißachteten jedoch den Befehl und organisierten sich noch straffer. Die Vorschriften, die sie damals erließen, zeigen,
welche Bedeutung sie der Verbindung zur Bevölkerung beimaßen. Sie führen unter anderem aus, daß es »verboten ist, die Feldbestellung zu behindern
oder ohne Erlaubnis in das Haus eines Bauern einzudringen«, daß »auf engen
Wegen, den Bauern, die Kühe oder Pferde zur Feldbestellung führen, der
Weg freizumachen ist, damit diese schnell vorbei können«, daß »auch Felder,
die nicht bestellt sind, nicht betreten werden dürfen«. »Nicht nur Bambus,
Bäume, Talgbäume, Maulbeerbäume in den Wäldern, sondern auch Pflanzen am Wegrand dürfen nicht abgeschnitten werden, und es ist strengstens
verboten, aus den Häusern Kuchen, Hühner oder Hunde zu stehlen ... Es ist
die wahre Tugend eines Kriegers, zehntausend starke Feinde nicht zu fürchten, dafür aber Achtung zu haben vor einem einzigen schwachen Bauern.«
Der erste Artikel der Dienstordnung heißt: »Die Sitte ist der Maßstab und es
ist wichtig, daß niemandes Gefühle verletzt werden. Sitte heißt, daß der
Unterschied von Hoch und Niedrig nicht verwischt wird. Jeder soll in seinen
Grenzen bleiben, nicht nach Willkür handeln, sondern aufrichtig, ehrerbie-
tig und bescheiden.« Diese Vorschrift ist jedoch nicht zu verstehen als Regelung des feudalistischen Standessystems, »der Unterschied von Hoch und
Niedrig« bedeutet hier nur den Unterschied des militärischen Ranges.

Diese militärischen Einheiten, die sich so der Sympathie des Volkes versichert hatten, organisierten im Januar 1865 einen Aufstand und ergriffen im
März erneut die Macht. Takasugi Shinsaku und Kido Takayoshi übernahmen die Regierung, Ōmura Masujirō, Sohn eines Dorfarztes und Spezialist
für europäische Kriegstechnik, reformierte das Verteidigungssystem so, daß
Chōshū jedem Angriff des Bakufu standhalten konnte. Sobald Takasugi die
Macht übernommen hatte, mahnte er die Führer der militärischen Einheiten und die Bevölkerung zur Mäßigung, stellte aus konservativen Samurai
eine »Schutztruppe« zusammen und verbot die freie Volksmiliz, beides mit

306

dem Zweck, die militärischen Einheiten unter Kontrolle zu behalten. Die militärischen Einheiten konnten sich nicht zu einer revolutionären Partei entwickeln.

Die Einigung aller Kräfte gegen das Bakufu und die Politik der Engländer und Franzosen

Zur selben Zeit hatten Saigō Takamori und Ōkubo Toshimichi in Satsuma den größten Einfluß in der Regierung. Takamori hatte beim Kampf am Hamaguri-Tor auf Befehl seines Herrn Hisamitsu dessen Soldaten gegen die Truppen aus Chōshū geführt. Er tat dies mit dem Ziel, die Macht seines Daimyō zu vergrößern, keineswegs um das Bakufu zu schützen. Takamori war entschieden gegen den Plan des Bakufu, Chōshū, das seine Ergebenheit versichert hatte, streng zu bestrafen. Unter seiner Regierung wurde die Politik Satsumas zunehmend Bakufu-feindlich.

Sakamoto Ryōma und Nakaoka Shintarō aus Tosa nutzten diese Tendenz, um eine Allianz zwischen Satsuma und Chōshū herzustellen. Sakamoto, Sohn eines Samurai, der gleichzeitig Handel trieb, war einer der Organisatoren der Sonnō-Jōi-Bewegung in Tosa. Er verfügte über außergewöhnliche Intelligenz und eine scharfe Beobachtungsgabe, hatte das feudalistische, auf konfuzianischer Ideologie beruhende, auf Konkurrenz der Daimyō ausgerichtete, im Ständesystem begründete Denken überwunden und mit Hilfe von Satsuma in Nagasaki eine *shachū* genannte militärische, politische und auch handeltreibende Organisation aufgebaut. Nakaoka, Sohn eines Samurai, der gleichzeitig Grundbesitzer war, gewann nach der Vertreibung der Loyalisten aus Kyōto in Chōshū Einfluß. Er war ein rechtschaffener Mann, hatte großes Organisationstalent und stand geistig unter dem Einfluß der Ideen von Takasugi Shinsaku. Nach seiner 1866 vorgetragenen These mußte sich aus der Sonnō-Jōi-Idee eindeutig das Ziel des Unabhängigkeitskampfs entwickeln. Durch die Bemühungen von Sakamoto und Nakaoka entstand im Februar 1866 zwischen Satsuma und Chōshū ein Bündnis zum Zweck gegenseitiger Hilfe. Das Abkommen wurde zwischen den Loyalisten beider Gebiete geschlossen, die das Bakufu stürzen wollten und in ihrem Gebiet die Verwaltungsorgane beherrschten, es war kein Bündnis der Daimyō. Die Anti-Bakufu-Partei verließ sich nicht mehr auf die Autorität und die Macht der Daimyō, sondern hatte in diesen zwei großen Lehensgebieten selbst die

Macht ergriffen und mobilisierte die Bevölkerung. In Satsuma hatte Shima-zu Hisamitsu noch genügend Macht, außerdem gab es hier noch keine selb-ständigen militärischen Einheiten wie in Chōshū. Saigō Takamoris Macht stützte sich hier auf die Masse der Samurai niedrigen Ranges.

Die Anti-Bakufu-Partei suchte jetzt mit allen Mitteln Unterstützung bei den Engländern. Zwischen dem englischen Gesandten und den führenden Gruppen beider Gebiete entstand eine Beziehung, die man als politisches Bündnis bezeichnen kann. Rutherford Alcock, der erste Gesandte Englands in Japan, bestätigte in seinem 1863 veröffentlichten Buch »Die Residenz der Taikun — Bericht über einen dreijährigen Aufenthalt in Japan«, daß es damals in Japan Ansätze zu einer revolutionären Bewegung gab, und gab zu, daß eine Veränderung des Systems unvermeidlich sei. Der euroamerikani-sche Kapitalismus, der in seinem eigenen Herrschaftsgebiet die Erstarkung des Proletariats nicht hemmen konnte, hatte keineswegs die Absicht, in anderen Teilen der Welt revolutionäre Bewegungen zu unterstützen. Des-halb vertrat Alcock die Ansicht, daß in Japan derartige Tendenzen unter-drückt und die Veränderung des Systems von oben schrittweise als Reform durchgeführt werden müßten. Sein Nachfolger Harry Parkes teilte diese Ansicht und versuchte, beide Gebiete bei der »Reform von oben« zu unter-stützen, die das Ziel haben sollte, eine neue, ganz Japan einigende Regierung zu bilden, allerdings unter englischer Kontrolle.

Der französische Gesandte Léon Roches verfolgte das gleiche Ziel, nur mit umgekehrtem Vorzeichen. Er unterstützte das Bakufu gegen seine Feinde, damit das Bakufu selbst eine japanische Nationalregierung bilden konnte. Das Bakufu bediente sich der Unterstützung Frankreichs und konnte 1865 mit dessen Hilfe in Yokosuka eine große Eisenhütte und eine Schiffswerft bauen. Der Chefingenieur, die Techniker und die leitenden Facharbeiter waren alle Franzosen. Aber nicht nur bei diesem wirtschaftlichen Unter-nehmen, auch in der Politik hatte Roches entscheidenden Einfluß auf das Bakufu.

Die großen Aufstände während der Keiō-Ära und der Sturz des Bakufu

Das Bakufu traf ab 1866 groß angelegte Vorbereitungen zur Unterwerfung von Chōshū und befahl auch allen Daimyō, sich daran zu beteiligen. Es hatte die Absicht, mit einem Heer des Bakufu und aller Daimyō Chōshū von allen Seiten aus anzugreifen. Die mächtigen Daimyō versagten aber ihre Unterstützung, denn seit 1864 waren in allen Gebieten wieder Bauernaufstände ausgebrochen. Die Daimyō hatten keinen Grund, für einen Krieg, der dem Schutze des Bakufu diente, ihre militärischen Reserven einzusetzen.

Im Juli 1866 brach in Kobe ein Bürgeraufstand aus, der über Nishinomiya auch Ōsaka erreichte, wo sich gerade der Shōgun aufhielt. Der Aufstand entwickelte sich zu mehrere Tage anhaltenden Unruhen. Direkte Ursache des Aufstands waren überhöhte Preise, besonders für Reis, und der Protest gegen die hohen Kriegslasten, die das Bakufu den Bürgern auferlegen wollte. Die Stimmung gegen das Bakufu wuchs im Volke zunehmend. Die Bürger, die in Ōsaka festgenommen worden waren, nannten den Beamten als Grund für ihren Widerstand offen die Politik des Shōgun. Der Bürgeraufstand erreichte Ende des Monats Edo, auch die Städte im Kinki und Tōkai, wo er noch größere Ausmaße annahm als der in Ōsaka.

Gleichzeitig organisierten sich besonders im Anschluß an die Tumulte in Edo, in vielen Landgebieten von Musashi bis nach Ueno die Bauern zu Aufständen, an denen besonders arme Bauern, Arbeiter der Manufakturen und Handwerker teilnahmen. Verwaltungsgebäude des Bakufu, die Häuser von Geldverleihern wurden zerstört, Grundbücher und Schuldscheine verbrannt, also eine »gerechte Welt« wiederhergestellt. Es war die Zeit für eine durchgreifende Landreform gekommen. In diesem Jahr brachen allein zehn Aufstände aus, darunter auch Aufstände, die sich gegen die Erhöhung der Lasten, wie zum Beispiel gegen die Einberufungen zum Feldzug gegen Chōshū richteten.

Der Daimyō von Satsuma und andere mächtige Daimyō mahnten das Bakufu, daß jetzt nicht die Zeit sei, gegen Chōshū einen Krieg zu führen, sondern daß es viel wichtiger sei, die Streitigkeiten unter den Herrschenden schnell zu beenden und das Herrschaftssystem zu verstärken und zu vereinheitlichen. Auch Iwakura Tomomi, einst Führer des Hofadels, die eine Verbindung zwischen Hof und Bakufu anstrebten und deswegen von der Sonnō-Jōi-Partei heftig kritisiert worden waren, erkannte, daß die Entwicklung der Gesellschaft eine einheitliche Herrschaft, die durch den Tennō, notwendig mache, und verbündete sich mit der Anti-Bakufu-Partei.

Das Bakufu eröffnete, ohne Rücksicht auf die veränderten Machtverhältnisse, im Juli von drei Seiten den Angriff auf Chōshū, erlitt aber an jeder Front eine Niederlage. Die Samurai von Chōshū, das ganze Volk und auch die Bevölkerung der Gebiete, in denen das Heer des Bakufu sein Lager aufgeschlagen hatte, leisteten entschlossenen Widerstand. Im August starb der Shōgun Iemochi. Sein Nachfolger Yoshinobu nutzte die Gelegenheit, das Heer zurückzuziehen.

Das Bakufu führte jetzt auf Rat des französischen Gesandten Roches einschneidende Reformen durch. Diese betrafen erstens das Heerwesen. Das Bakufu hatte seit 1863 die Bauern in nach europäischem Vorbild aufgebauten Infanterieeinheiten eingezogen und aus den Samurai der niederen Ränge Reiter- und Schützenverbände zusammengestellt, verstärkte diese aber und bildete auch aus Bauern und anderen, gegen Sold dienenden Soldaten Infanterieeinheiten. Ferner lud es aus Frankreich Instrukteure ein, die es bei der Aufstellung eines modernen stehenden Heeres unterstützten. Es löste die übliche Dienstpflicht der Bannerleute auf und forderte dafür von diesen die Hälfte ihrer Reiszuteilung als »Kriegsabgabe«. Das Bakufu sollte sich von Frankreich sechs Millionen Dollar leihen, um Kriegsschiffe und Waffen zu kaufen, und dafür die Nutzungsrechte der Kupferbergwerke in Hokkaidō als Pfand bieten. Zweitens sollte das Regierungsorgan der Staatsräte reformiert werden. Jeder ältere Staatsrat sollte die Verantwortung für eines der folgenden fünf Ämter, für das Heeres-, das Marineministerium, für das Finanzministerium und die Ministerien für auswärtige und innere Angelegenheiten erhalten, wobei der Vorsitzende der Staatsräte jeweils die Oberaufsicht zu führen hatte. Diese Regelung zielte auf eine Restauration des zentralistisch organisierten Beamtenapparats ab. Drittens wurden französisch-japanische Gesellschaften vorgesehen, die das Monopol für den Handel mit Rohseide erhalten oder für den Ausbau des Eisenbahnnetzes sorgen sollten. Hätte das Bakufu diese Pläne realisieren können, dann wäre Japan unweigerlich eine Quasi-Kolonie Frankreichs geworden. Dazu sollte es jedoch nicht mehr kommen.

Der Coup d'Etat zur Wiederherstellung kaiserlicher Herrschaft

Zu dieser Zeit hatte das Bakufu bereits jede Sympathie des Volkes verloren. Man hatte sich in Kyōto angewöhnt zu sagen, »daran ist der Shōgun schuld«, ob nun ein Selbstmord passierte oder in der Stadt ein Feuer ausbrach. Die

310

Paria von Ōsaka forderten in einem Schreiben an das Bakufu die Aufhebung ihrer Diskriminierung. Im Kantō-Gebiet, dem unmittelbaren Herrschaftsbereich des Bakufu, herrschte seit Sommer des Jahres 1866, seit dem großen Bauernaufstand ein chronischer Zustand der Unbotmäßigkeit. Die unteren Bevölkerungsschichten bewaffneten sich, die Grundbesitzer und Dorfbeamten bildeten, um sich gegen diese Aufstände zu wehren, eigene militärische Einheiten. Dörfer schlossen sich zusammen, um zu verhindern, daß ihre Bauern vom Bakufu eingezogen wurden. Auf der entlegenen Insel Oki leisteten die Shintōpriester und die Grundbesitzer den Herrschenden Widerstand und errichteten für das Volk eine unabhängige zivile und militärische Ausbildungsstätte, das spätere Selbstverwaltungsorgan der Insel. In Nagasaki und Shimabara bekannten sich die »versteckten Christen«, die sich über 200 Jahre der grausamen Verfolgung seitens des Bakufu und der Daimyō entzogen hatten, offen zu ihrem Glauben.

Die feudalistische Ordnung begann sich überall aufzulösen, doch waren im Volk keine Führer vorhanden, die die revolutionäre Bewegung im ganzen Lande hätten koordinieren können. Die Loyalisten der Anti-Bakufu-Partei nutzten das revolutionäre Potential für ihre eigenen Zwecke und verstanden es, die Massen in einer Situation für sich zu mobilisieren, in der es eine historische Notwendigkeit war, das Bakufu und damit das höchste Organ des feudalistischen Systems und den Repräsentanten aller Widersprüche dieses Systems, zu stürzen. In allen Landesteilen formierten sich größere oder kleinere Gruppen, die die Anti-Bakufu-Partei unterstützten. Auch in den Schichten der reichen Bauern und der Händler setzte sich die Überzeugung durch, daß das Bakufu gestürzt werden mußte. Viele von ihnen nahmen im Jahre 1868 am Kampf teil, der zum Sturz des Bakufu führte.

Im Januar 1867 starb Kōmei-Tennō, der die Anti-Bakufu-Partei stets unterdrückt hatte. Sein Nachfolger wurde der 14 1/2 jährige Meiji-Tennō, der nicht in der Lage war, politische Entscheidungen zu treffen. Es besteht der Verdacht, daß Kōmei-Tennō von der Anti-Bakufu-Partei vergiftet wurde. Durch den Tod des Kōmei-Tennō änderte sich die politische Einstellung des Hofes jedenfalls zugunsten der Anti-Bakufu-Partei, die dem Tennō die Chiffre »Perle« gab und versuchte, da sie aus dem Scheitern ihrer Bewegung im September des Jahres 1863 Lehren gezogen hatte, sich des Einflusses auf den Tennō zu versichern. Sie überzeugte den Hofadel, der auf ihrer Seite stand, den Tennō zu einem Geheimbefehl zu veranlassen, der die Daimyō von Chōshū und Satsuma beauftragte, das Bakufu abzusetzen.

Der Shōgun Yoshinobu, der wußte, wie weit die militärischen Vorbereitungen zum Sturz des Bakufu schon fortgeschritten waren, erbat am 9.
November 1867 auf Rat des ehemaligen Daimyō von Tosa Yamanouchi
Toyoshige die Regierung dem Tennō »zurückgeben« zu dürfen. Dies geschah
in der Absicht, unter dem Schutz des Tennō die wirkliche Macht zu behalten. Der Hof stimmte diesem Antrag zu. Saigō, Kido und Ōkubo fürchteten,
daß sie durch eine »Rückgabe der Regierungsgewalt« jedes Vorwands, das
Bakufu anzugreifen, beraubt würden; sie waren aber überzeugt, daß ohne
militärischen Angriff auf das Bakufu keine stabile neue Regierung aufgebaut
werden könne, weshalb sie dafür sorgten, daß am Morgen des Tages, an dem
Yoshinobu die »Rückgabe« beantragte, der die Anti-Bakufu-Partei unterstüt-
zende Adel auch gegen den Willen des Kaisers einen »Geheimerlaß zum
Angriff auf das Bakufu« ausgab und auch nach dem 10. November im Gebiet
Kyōto-Ōsaka und selbst in Edo mit allen Mitteln das Bakufu provozierten,
um eine bewaffnete Auseinandersetzung zu erzwingen. Sie warben um die
Bevölkerung, indem sie das Gerücht in Umlauf brachten, daß die Jahresab-
gaben auf die Hälfte reduziert würden, wenn erst einmal die Macht des
Tennō wiederhergestellt sei.

In der zweiten Hälfte des November brach unvermittelt im Kyōto-Ōsaka-
Gebiet, in Tōkaidō, in Edo, auch in Kōfu und in Tokushima ein Tumult aus,
veranlaßt durch Zettelamulette des Ise-Jingu und anderer Schreine, die wie
Flugblätter vom Himmel fielen und denen Glück bringen sollten, die sie auf-
hoben. Das Volk rief *ee ja nai ka, ee ja nai ka*[1] und andere Worte, die weder an
ein Lied erinnerten, noch eine bestimmte Bedeutung hatten, und tanzte Tag
und Nacht wie besessen auf den Straßen. Es gibt keinen Beweis dafür, daß die
Anti-Bakufu-Partei diesen Tumult inszeniert hat, aber der Tumult kam ihr
sehr zu Hilfe, indem er für einen Monat in den politisch wichtigen Gebieten
Kyōto-Ōsaka, Edō Yokohama, Nagoya die Aktionsfähigkeit des Heeres und
der Polizei des Bakufu lahmlegte. Während dieser Zeit konnten die Vorbereitungen für den Coup d'Etat abgeschlossen werden. Das Bakufu war am Ende
seiner Macht. Es konnte nicht einmal mehr in Edo die Ordnung aufrechterhalten. Die Bauern, die das Bakufu als Fußsoldaten ausgehoben hatte, flohen
in Scharen. Es kam sogar vor, daß Bauern gewalttätige französische Militärin-
strukteure gefangennahmen und die Polizei, die für den Schutz der Ausländer verantwortlich war, die Bauern inständig bitten mußte, diese wieder freizulassen.

---

1 »Alles ist gut so« oder »Was soll's«.

Am 3. Januar 1868 gelang der Coup d'Etat der Anti-Bakufu-Partei. Die Auflösung des Shōgun-Systems und die Restauration der Monarchie wurden proklamiert und dem Volke verkündet, daß sich nun alles ändern werde und keiner mehr Not leiden solle.

Die Übergabe der Burg von Edo, die Auflösung des Bakufu

Noch am selben Tag konstituierte sich die Regierung des Tennō, die sich zusammensetzte aus dem Regierungschef, besetzt mit einem Angehörigen der Kaiserfamilie, den Räten, Angehörigen des hohen Adels und der Daimyō und den Beisitzern, ausgewählt aus den Kreisen der Vasallen des Hofes, der Samurai sowie der Bürger. Die seit alters bestehenden Ämter des Hofes wie Regent wurden abgeschafft, Saigō und andere Beisitzer ergriffen die Macht in der neuen Regierung. Am Abend dieses Tages beschloß ein Rat, repräsentiert durch den Regierungschef, die Räte und die Beisitzer, gegen den Einspruch von Yamanouchi Toyoshige, Tokugawa Yoshinobu zu befehlen, seine Ländereien der neuen Regierung zu übergeben.

Das Bakufu folgte diesem Befehl nicht. Yoshinobu war entschlossen, seine Ländereien und seine Macht mit Waffengewalt zu verteidigen. Am 27. Januar des Jahres 1868 kam es südlich von Kyōto in Toba und Fushimi zum Kampf zwischen dem Heer des Bakufu und dem Heer der neuen Regierung, dessen Hauptmacht die Samurai aus Chōshū und Satsuma stellten. Das Heer des Bakufu war an Zahl dreimal so stark wie das Heer der neuen Regierung, aber seine aus Bauern rekrutierte Infanterie hatte keinen Kampfgeist, das Volk unterstützte entschlossen die neue Regierung, so daß das Heer des Bakufu leicht besiegt werden konnte. Yoshinobu floh auf einem Kriegsschiff nach Edo. Der Sieg veranlaßte alle Daimyō westlich des Kinki-Gebietes, die neue Regierung ihrer Loyalität zu versichern.

Die neue Regierung entsandte ein starkes Heer, bestehend aus Soldaten aller Gebiete, nach Edo, um Yoshinobu zu vernichten und, wie es zur Begründung dieses Schrittes hieß, das seit Jahren unter der Unterdrückung der Tokugawa leidende Volk zu befreien. Das erste Mal in der japanischen Geschichte wurde ein Krieg geführt mit dem Hinweis auf das Schicksal des Volkes — mag es sich dabei auch nur um eine demagogische Phrase gehandelt haben.

Yoshinobu hatte zunächst die Absicht, mit Hilfe der Franzosen den Kampf mit der neuen Regierung aufzunehmen. Als aber Katsu Kaishū, der

Führer seines Heeres, ihn davon unterrichtete, daß das Heer des Bakufu fast vollkommen geschlagen sei, daß sogar die Bürger von Edo das Bakufu nicht mehr unterstützten, verzichtete Yoshinobu auf weiteren Widerstand.

Die neue Regierung und auch der englische Gesandte Parkes, der sie beriet, fürchteten nichts mehr als einen Volksaufstand. Als der Bürgerkrieg begann, organisierte die Bevökerung von Tōsandō bis in das Gebiet von Kantō Aufstände mit dem Ziel, eine bessere Gesellschaft zu schaffen, vertrieb die Beamten des Bakufu und kämpfte gegen die Grundbesitzer und die Geldverleiher. Das Volk war für die neue Regierung nicht nur zu Bakufu-feindlich, sondern auch zu aufrührerisch. Zwischen dem Hof, dem Bakufu und auch den Engländern kam es schnell zu einem Kompromiß. Im Mai 1868 wurde die Burg von Edo ohne Kampf dem Heer der neuen Regierung übergeben. Diese konfiszierte den größten Teil der Ländereien des Bakufu und beließ der Tokugawa-Familie lediglich Land in Shizuoka, das etwa einen Ertrag von 800 000 *koku* einbrachte. Damit war die mehr als 260 Jahre dauernde Herrschaft des Tokugawa-Bakufu endgültig beseitigt.

Bürgerkrieg im ganzen Land

Ein Teil der getreuen Anhänger des Bakufu setzte den Kampf jedoch fort. Ein großer Teil der Marine, unter Führung von Enomoto Takeaki floh mit dem verbleibenden Heer und mit französischen Instrukteuren nach Hokkaidō und besetzte Hakodate. Alle Lehensgebiete von Mutsu, Dewa und Echigo leisteten mit Aizu und Shōnai militärischen Widerstand gegen die neue Regierung. Aber die Bevölkerung dieser Gebiete, auch in Kantō und Hokkaidō, unterstützte das Heer der neuen Regierung, indem es diesem Nachrichten über den Standort seiner Feinde zukommen ließ oder Proviant zur Verfügung stellte. Bewaffnete Volksmilizen verhinderten nicht selten, daß die Truppen der Lehensgebiete in Bedrängnis geratenen alliierten Truppen zu Hilfe kommen konnten.

Itagaki Taisuke führte jene Heeresabteilung der neuen Regierung, die im schwierigsten Abschnitt kämpfte, nämlich in Aizu direkt gegen das alliierte Heer von Mutsu, Dewa und Echigo. Er bemerkte später, daß seine kleine, von den langanhaltenden Kämpfen ermüdete Abteilung gegen das große Heer dieser Gebiete nicht hätte siegen können, wenn die Bevölkerung nicht ihrem eigenen Herrn Widerstand geleistet und seine Truppen auf verschiedenste Weise unterstützt hätte, und brachte die schmerzliche Erfahrung zum Ausdruck, daß eine despotische Politik Ursache für den Untergang eines Landes sein muß.

Das Heer der neuen Regierung konnte im November den Bürgerkrieg erfolgreich beenden. Noch in diesem Monat wurde das Jahr Keiō 4 in Meiji 1 umbenannt. Im November verließ der Kaiser zum ersten Mal Kyōto, gab Edo den Namen Tōkyō und bestimmte im April 1869 Tōkyō zur Hauptstadt Japans.

Heer und Marine in Hokadate gründeten eine Republik auf Hokkaidō, der Enomoto als Präsident vorstand, die vom Ausland de facto anerkannt wurde und sich bis ins kommende Jahr behaupten konnte. Das Heer der neuen Regierung führte im Frühjahr 1869 einen massiven Angriff auf diese Republik, so daß Enomoto bereits im Mai kapitulierte. Auch in diesem Kampf spielten Partisaneneinheiten der Bürger von Hakodate eine entscheidende Rolle.

Es heißt oft: »Die Meiji-Restauration wurde ohne Blutvergießen verwirklich«. Das bedeutet jedoch nur, daß der Shōgun und die Daimyō nicht ihr Leben lassen mußten. Während des einundeinhalb Jahre andauernden Bürgerkriegs wurde das Blut vieler Tausender vergossen, und durch diese Opfer erst konnte die Macht des Bakufu gebrochen und die des Tennō restauriert werden.

Die Überwindung der nationalen Krise

Durch den Sturz des Bakufu, auch um den Preis eines Bürgerkrieges, konnten rechtzeitig die Pläne verhindert werden, die den Ausverkauf des Landes bedeutet hätten. Japan war zwar immer noch ein halbkolonialisiertes Land, aber es hatte die schlimmste Krise überstanden.

Hätte die Bewegung gegen das Bakufu nicht zu dessen Sturz geführt, wäre es nur bis zur Proklamation der »Restauration der Monarchie« gekommen, dann hätte das Bakufu seine Macht zurückgewonnen. Auch nachdem die neue Regierung dem Bakufu die Rückgabe seiner Ländereien befohlen hatte, bezeichneten sich die Daimyō und der Hofadel, die das Amt eines Rates innehatten, als »Organ der öffentlichen Meinung« und versuchten, im Rat der Daimyō alle Regierungsangelegenheiten zu entscheiden. In diesem Rat hätte der Befehl, die Ländereien des Bakufu einzuziehen, nicht dazu geführt, daß die Tokugawa ihrer Ländereien beraubt wurden, sondern die Gebiete

Geschichte Japans

wären als Eigentum des mächtigsten Daimyō anerkannt worden. Auf diese Weise hätten die Tokugawa die Lasten für den Unterhalt des Hofes zu tragen gehabt, ihre Macht aber wäre ungebrochen geblieben. Sie hätten sich mit der militärischen und finanziellen Unterstützung Frankreichs und auch mit dessen politischem Rat für einen Gegenschlag vorbereiten können.

Aber die ersten Schüsse in Toba und Fushimi ließen den Rat der Daimyō und des Hofadels verstummen und nahmen ihrem Regierungsorgan die Macht. Der Bürgerkrieg machte alle Kompromisse unmöglich, die auf eine Machtverteilung zwischen der neuen Regierung, dem Bakufu und den Daimyō abzielten.

Der Kampf des Volkes gegen das feudalistische System war die treibende Kraft des bisher beschriebenen historischen Prozesses. Die definitive Ablehnung des Bakufu durch die Bürger Edos war die Ursache dafür, das Yoshinobu seinen Entschluß zu einer letzten Entscheidungsschlacht aufgab. Das Volk zerstörte jede Möglichkeit, daß das Bakufu mit Hilfe Frankreichs seine Macht zurückgewann, und schuf die Voraussetzungen dafür, daß Japan das Stadium eines halbkolonialisierten Landes überwinden konnte.

Die Anti-Bakufu-Partei hatte politische Hilfe auch von England erhalten, der englische Gesandte hatte sie beim Aufbau der Regierung beraten. Satsuma und Chōshū waren von dem Händler Glover, der zur »fliegenden Kolonne« des englischen Gesandten Parkes gehörte, in Form eines privaten Handelskredits mit Waffen beliefert worden, aber sie hatten nicht wie das Bakufu von den Franzosen gegen Konzessionen militärische und finanzielle Hilfe angenommen. Als im Sommer 1867 ein Mitglied der englischen Gesandtschaft Saigō Takamori unter dem Hinweis, daß das Bakufu von den Franzosen Hilfe erhalte, die Unterstützung Englands anbot, lehnte Saigō entschieden ab: »Die Veränderung des japanischen Regierungssystems ist ausschließlich unsere Angelegenheit. Es ist unter unserer Würde, mit Ausländern darüber zu verhandeln.« Saigō hatte aus den Erfahrungen, die Takasugi Shinsaku 1861 in Shanghai angesichts der Unterdrückung des Taiping-Aufstandes[1] durch die Qing-Dynastie und Engländer und Franzosen gemacht hatte, seine Lehren gezogen.

---

1 1851 von einem Geheimbund ausgerufenes »Reich des großen Friedens« mit Sitz in Nanjing. Diese Bewegung versuchte, u.a. christliche Ideen zu verwirklichen und den privaten Grundbesitz aufzuheben. Sie wurde 1864 unterdrückt. [Anm. des Übers.]

Die Solidarität der asiatischen Völker

Japan konnte sich zwar aus eigener Kraft aus dem Zusand eines halbkolonia-lisierten Landes befreien; daß aber ab Mitte des 19. Jahrhunderts die asiati-schen Völker gegen den Einfall der europäischen Mächte und Amerikas zu kämpfen begannen, begünstigte Japans Position. Von 1850 an leistete der große, von Bauern getragene Taiping-Aufstand für 15 Jahre der despotischen Herrschaft der Qing-Dynastie Widerstand und repräsentierte gleichzeitig den ersten Aufstand des Volkes eines Landes gegen ausländische Mächte. Zwischen 1856/57 empörten sich die Perser gegen England, und als England diesen Aufruhr unterdrücken konnte, erhoben sich die indischen Soldaten und auch das indische Volk.

Der englische Gesandte Alcock bemerkte zu den Kämpfen der asiatischen Völker: »Kein asiatisches Volk hat sich bis jetzt ohne entschiedenen Wider-stand unterworfen. Sie setzen ihren Kampf auch dann fort, wenn keine Aus-sicht mehr auf einen Sieg besteht, nur die Art ihres Kampfes ändert sich.« Er schloß aus dieser Tatsache, daß, auch wenn es den europäischen Mächten gelänge, Japan militärisch zu besiegen, das japanische Volk sich nicht unter-werfen würde. »Aufgrund des Verhältnisses zwischen Sieger und Besiegten ist zwischen Japanern und Europäern keine Verständigung möglich.« Sein Urteil wird mit dazu beigetragen haben, daß der Druck Englands auf Japan nachließ.

Kusaka Genzui meinte in seinem Werk, der Grund, daß England und Frankreich keine Waffen gegen Japan einsetzten, sei darin zu suchen, daß beide in China durch das Heer der Taiping-Aufständischen in Schach gehal-ten seien, eine Bemerkung, die einen tieferen Sinn hatte, als er ihr geben woll-te.

Angesichts der westlichen Expansion wurden sich die unterdrückten asia-tischen Länder ihrer Interessen bewußt, und die Kämpfe der einzelnen Völ-ker für diese Interessen beeinflußten einander — eine Tatsache, die den Japa-nern zu Hilfe kam.

23
Die Meiji-Restauration (I)
Revolution und Konterrevolution

Die Eides-Charta und die fünfteilige öffentliche Bekanntmachung

Mit dem Entschluß, das Bakufu mit Gewalt zu stürzen, verzichtete die neue Regierung auf eine durch Kompromisse mögliche Allianz aller Daimyō. Sie mußte sich für die absolutistische Herrschaft des Tennō und seiner Beamten entscheiden, konnte sich zudem nicht mehr wie bisher eine die chauvinistischen Bestrebungen des Hofadels und der Samurai berücksichtigende, dem Ausland gegenüber indifferente Haltung leisten, weil angesichts des Bürgerkriegs nur ein freundschaftliches Verhältnis zum Ausland dessen Unterstützung oder Neutralität garantierte. Sieben Tage nach dem Kampf in Toba und Fushimi, also am 3. Februar 1868 teilte die neue Regierung den ausländischen Mächten mit, daß sie die von diesen mit dem Bakufu abgeschlossenen Verträge respektieren werde, und erklärte allen Parteien im Lande die Notwendigkeit eines friedlichen Verhältnisses zum Ausland. Diese Haltung enttäuschte viele Hofadelige, Samurai und Gelehrte der nationalen Schule, die die Sonnō-Jōi-Idee vertreten hatten, und provozierte deren Opposition.

Am 6. April, als die Gebiete westlich von Kinki offiziell in den Herrschaftsbereich der neuen Regierung gerieten, erließ der Tennō die Eidescharta als Programm der neuen Regierung, dessen erster Artikel lautete: »Im weitesten Sinne sollen im öffentlichen Rat nach allgemeinem Beschluß alle Angelegenheiten entschieden werden«, ein Versuch, an der Entscheidungsfindung den Hofadel, Daimyō und Samurai zu beteiligen. Der Erlaß sieht im vierten Artikel vor, daß »mit den bisher praktizierten schlechten Sitten gebrochen und das zwischen Himmel und Erde herrschende Prinzip als Grundlage dienen solle«, im fünften, daß »das Wissen aus aller Welt zu nutzen sei für das Gedeihen der Herrschaft des Tennō«. Damit überwindet er den Chauvinismus zugunsten einer intensiven Übernahme der abendländischen Zivilisation.

Die Meiji-Restauration (I)

Der Erlaß enthält auch den Auftrag, daß »diese Absicht allen Japanern mitgeteilt werde« (im dritten Artikel), aber im Vergleich zur Proklamation der Restauration der Monarchie oder zum Befehl, die Herrschaft des Tokugawa Yoshinobu zu stürzen, ist die Betonung des Ziels, das Volk aus der Herrschaft des alten Systems zu befreien, schon abgeschwächt. Diese Zurücknahme kommt in der fünfteiligen Bekanntmachung an das Volk, am selben Tag wie die Eidescharta veröffentlicht, noch deutlicher zum Ausdruck. Hier sind die Prinzipien des Bakufu zur Unterdrückung des Volkes in unveränderter Form beibehalten, etwa die Regel, daß »die fünf Tugenden strikt zu befolgen seien«, oder das Verbot der Parteienbildung, der illegalen Klagen, der Flucht oder »das Verbot der christlichen Irrlehre wie ehedem«. Auch die neue Regierung unterdrückte die Christen, die sich nach der Öffnung der Häfen zu ihrem Glauben bekannt hatten, kerkerte 1869 Tausende von ihnen ein und verhörte sie unter grausamsten Foltern.

Ausnutzung und Unterdrückung des Volkes auch durch die neue Regierung

Die Regierung des Tennō warb um das Volk, solange es darum ging, das Bakufu zu stürzen oder gegen die der neuen Regierung Widerstand leistenden Daimyō vorzugehen, indem sie versprach, das System der Unterdrückung zu beseitigen oder die Jahresabgaben auf die Hälfte zu reduzieren. Nach Erreichen ihres Zieles vergaß sie ihre Versprechen.

So bildete z.B. Sagara Sōzō nach der Schlacht von Toba und Fushimi in Ōmi eine aus Bauern bestehende, Truppe, die als Vorhut des Heeres der neuen Regierung operierte und in allen Dörfern des Tōsandō die Herabsetzung der Jahresabgaben befahl, somit die Bevölkerung dieser Gebiete zu Verbündeten der neuen Regierung machte und dafür sorgte, daß angesichts dieser Bewegung kleinere Lehensgebiete der Regierung Loyalität schworen. Die neue Regierung setzte zunächst diese Truppe ein, als aber die Gebiete westlich vom Kinki zu ihrem Machtbereich gehörten, verkündete sie, daß diese Truppe keinen offiziellen Auftrag habe, sondern sich ungesetzlicher, eigennütziger Mittel bediene. Sie ließ die Einheiten von den Daimyō in Shinshū gefangennehmen und ihre Führer hinrichten, weil sie fürchtete, daß diese aus Bauern bestehende Truppe mehr als erwünscht das Volk für sich gewinnen und dadurch eine eigene Macht aufbauen könnte.

Geschichte Japans

Ein anderes Beispiel. Die neue Regierung unterstützte den Aufstand der Inselbewohner von Oki gegen Matsue, der für die Verwaltung der Insel, als sie noch zu den Ländereien des Bakufu gehörte, verantwortlich war, solange Matsue gegenüber der neuen Regierung keine eindeutig positive Stellung einnahm. Als aber Matsue der neuen Regierung Gefolgschaft leistete, veranlaßte sie ihn, den Aufstand der Bewohner von Oki niederzuschlagen.

Als Echigo, Dewa und Mutsu der neuen Regierung die Gefolgschaft versagten und an der Zuverlässigkeit von Matsue wieder Zweifel laut wurden, war es für die neue Regierung nicht ratsam, die Insel Oki, wichtig für den Schiffsverkehr zwischen Kyōto, Echigo, Dewa und Mutsu, der Kontrolle von Matsue zu überlassen. Die neue Regierung kritisierte die grausame Politik von Matsue gegenüber den Bewohnern der Insel, überstellte die Insel der Verwaltung von Tottori und räumte den Bewohnern das Recht der Selbstverwaltung ein. Als der Bürgerkrieg beendet war, nahm die neue Regierung dem Gebiet wieder das Recht der Selbstverwaltung und ließ zwei Jahre später ihre Führer, unter dem Vorwand, sie hätten sich gegen Matsue aufgelehnt, hinrichten.

Dies sind keine zufälligen Beispiele. Sie repräsentieren die Grundzüge der Politik der Regierung, das Volk gegen die indifferenten Feudalherren aufzuhetzen. Agierte die Bevölkerung zu revolutionär, wurden die Feudalherren zur Unterdrückung der Aufstände herangezogen. Ziel dieser Politik war die Stärkung der eigenen Macht und die Stabilisierung der Herrschaft des Tennō.

Die Rückgabe der Lehensgebiete an den Kaiser

Nach der Übergabe der Burg von Edo im Mai 1869 wurde eine Verfassung veröffentlicht, die die zentrale Regierungsgewalt dem sogenannten *dajōkan* übertrug. Die Legislative bestand aus einer Versammlung, der Räte und Berater angehörten, und zwei untergeordneten Abteilungen, in denen die fähigsten Beamten aller Gebiete in einem Rat über die Belange der Lehensgebiete abstimmten. Für die Exekutive war ein Minister zuständig, der den vier Abteilungen für Shintōangelegenheiten, Finanzen, Militärwesen und Außenpolitik vorstand. In den der Regierung direkt unterstellten Ländereien bzw. Gebieten wurden Präfekturen eingrichtet, und die Daimyō erhielten die Funktion von Gouverneuren der Landgebiete. Die Einigung des Lan-

320

Die Meiji-Restauration (I)

des unter einer neuen Regierungsform nahm festere Konturen an. In der Folge wurde das Beamtensystem wiederholt modifiziert und dadurch die Macht des Hofadels und der Daimyō noch mehr geschwächt; die wirkliche Macht hatten die Männer, die hauptsächlich aus Satsuma, Chōshū, Tosa und Hizen stammten, einst Vasallen der Daimyō, nun als Beamte der zentralen Regierung mächtiger als diese.

Ende 1868, als der Bürgerkrieg beendet und die Regierung des Tennō als die einzige Regierung Japans international anerkannt worden war, waren sowohl die Gebiete, die im Bürgerkrieg verloren hatten, als auch die Gebiete, die auf der Seite der neuen Regierung gekämpft hatten, durch die Kriegslasten wirtschaftlich stark geschwächt. Unter Ausnutzung dieser Situation wurden im Juli 1869 allen Daimyō vom Tennō oder besser seiner Regierung die Rechte an ihren Ländereien und die Macht über das Volk ihrer Gebiete erneut verliehen. Die Daimyō wurden als Gouverneure bestätigt.

Die privaten Finanzen der Gouverneure wurden von den öffentlichen der Präfekturen getrennt, der Gouverneur erhielt ein Zehntel des ehemaligen Einkommens der Daimyō als Einkommen in Reis. Die Standesnamen wurden abgeschafft, ihre Träger als Adel bezeichnet, die Vasallen des Hofes und die Samurai in zwei Ränge geteilt, ihre Reiszuteilungen erheblich reduziert.

Die zentrale Regierung teilte sich, wie im Altertum durch den Taihō-Kodex festgelegt, in das Götterkultamt und die oberste Regierungsbehörde. Diese wurde vom Großkanzler, den Minister zur Rechten und zur Linken, dem Oberstaatsrat und den Räten geleitet. Ihnen unterstanden sechs Abteilungen der Exekutive. Die Landgebiete wurden als Präfekturen von einem Beamten verwaltet, der die Amtsbezeichnung Gouverneur trug. Auch die unteren Beamtenränge wurden im ganzen Lande vereinheitlicht.

Die wirtschaftliche Grundlage der zentralistischen Macht

Für den Aufbau eines einheitlichen, zentralistisch regierten Staates war das System einer kapitalistischen Volkswirtschaft unerläßlich, das alle Gebiete des Landes wirtschaftlich verband. Dieses System war im Ansatz schon vor der Öffnung der Häfen vorhanden und entwickelte sich danach schnell weiter. Als das Bakufu gestürzt und die politischen Unruhen des Bürgerkriegs beendet waren, traf die Regierung Maßnahmen, um diese Entwicklung zu beschleunigen. Die Entscheidung, friedliche Beziehungen zum Ausland herzustellen und technisches Wissen von dort zu importieren, hatte in erster Linie wirtschaftliche Bedeutung und verfolgte das Ziel, das kapitalistische Wirtschaftssystem weiter auszubauen. Die Beseitigung der Zollschranken, der Bau von Leuchttürmen entlang der Schiffahrtswege, die Aufhebung des Monopols der Gilden, die Förderung des Außenhandels, die Errichtung einer Behörde, die zuständig war für die Vereinheitlichung und den Schutz des Bankenwesens im ganzen Lande (obige Maßnahmen zwischen 1868 und 1869), die Vereinheitlichung des Münzsystems (nach 1870) und andere konsequente Schritte zur Belebung des Handels und der Industrie dienten diesem Ziel. Die neue Regierung hatte die Kontrolle über alle wirtschaftlichen Zentren, d.h. über die drei Städte Ōsaka, Kyōto und Tōkyō, über die drei großen Handelshäfen Yokohama, Nagasaki und Kobe, dessen Hafen Anfang 1868 für den Außenhandel freigegeben worden war, und fand seit der Zeit des Bürgerkrieges bei den großen Handelsunternehmen wie Mitsui und Kōnoike, die die Warenwirtschaft des Landes beherrschten, Unterstützung.[1] Diese Kooperation war eine der Voraussetzungen dafür, daß die Regierung, die noch kein eigenes Heer hatte, die Lehensgebiete beherrschen konnte. Japan wurde ein einheitliches Wirtschaftsgebiet, was bedeutete, daß die Lehensgebiete nicht mehr in der Lage waren, als wirtschaftlich selbständige Feudalstaaten fortzubestehen.

Der Kampf des Volkes gegen den Feudalismus und der Widerstand der Samurai

Das Volk, vornehmlich die Bauern, ein wichtiger Verbündeter der neuen Regierung, als es galt, während des Bürgerkrieges die Bakufu-treuen Gebiete zu unterwerfen, kämpfte auch danach weiter gegen das feudalistische

---

1 Die neue Regierung hatte, als sie sich etablierte, keine finanziellen Mittel, weder für die Unterhaltung eines Heeres während des Bürgerkrieges noch für administrative Zwecke. Sie lieh sich zwangsweise von den großen Handelsunternehmen Mitsui und Kōnoike Geld, und gab für insgesamt 49 Millionen *ryō* inkonvertibles Papiergeld heraus, das zwangsweise in Umlauf gebracht wurde, aber keinen Wert gehabt hätte, wen Mitsui die Regierung nicht gestützt hätte. Die großen Handelsfirmen wünschten nur, daß, sei es nun durch das Tokugawa-Regime oder die Regierung des Tennō, eine funktionstüchtige Regierung sich bildete, die die Freiheit und Sicherheit ihrer Unternehmen garantieren konnte. Sie unterstützen die neue Regierung finanziell und durch ihr Nachrichtennetz während des Bürgerkriegs und hatten danach großen Einfluß auf deren Handels- und Finanzpolitik.

Die Meiji-Restauration (I)

System, doch nun erhielt dieser Kampf notwendigerweise die Bedeutung einer gegen die neue Regierung gerichteten Bewegung. Der Kampf des Volkes, an dem außer armen Bauern und der städtischen Bevölkerung auch Bauern des mittleren Standes und Handwerker teilnahmen, hatte die Verringerung der Jahresabgaben und anderer Lasten sowie die Aufhebung des Handelsmonopols der Daimyō zum Ziel. Eine andere Hauptforderung war der Umtausch des inkonvertiblen Papiergeldes und minderwertiger Münzen. Oft gewaltsam wurden die Lehensgebiete unter Druck gesetzt, die Dorfschulzen öffentlich wählen zu lassen. Der große »revolutionäre Aufstand« in Aizu (November 1868), dessen Heer gerade im Bürgerkrieg besiegt worden war, der Aufstand in Ueda und Matsuyo, der sich bis in die Gegend von Ina (in Nagano) ausbereitete und an dem sich Zehntausende beteiligten (September 1869), der »revolutionäre Aufstand« in Etchū (November 1869) sind repräsentative Beispiele für diese Vorgänge. Im Februar 1870 versicherte der Shintō-Priester Shichirōsaku aus dem Distrikt Toyoma in Mutsu den Bauern, daß sie das Land, das sie im Jahr zuvor weggegeben hatten, rechtens wieder zurückverlangen könnten, da eine Restauration, d.h. die Wiederherstellung des alten Zustands, für alle gelten müsse.

Die Regierung unterdrückte die Revolten rücksichtslos, nutzte sie aber andererseits, um damit die Macht der Lehensgebiete zu schwächen. Als der Gouverneur von Matsuyo nach dem eben erwähnten Aufstand die Forderungen des Volkes erfüllt hatte, griff die Regierung ein und ließ mehr als dreihundert Führer des Aufstands enthaupten. Sie bestrafte aber auch den Gouverneur, weil dieser ohne Erlaubnis der Regierung die Steuern herabgesetzt habe. Die zentrale Regierung konnte auf diesem Wege immer mehr Gebiete unter ihre Kontrolle bringen, das Volk geriet zusehends unter die direkte Herrschaft der zentralen Regierung. Gleichzeitig mit den Aufständen wuchs auch der Widerstand der in einen niederen Adelsstand erhobenen ehemaligen Samurai und des Hofadels, die immer noch chauvinistische Ideen vertraten. Im Februar 1869 wurde der Beisitzer Yokoi Shōnan ermordet, der Auftakt für mehrere Mordanschläge auf fortschrittliche Beamte und für Umsturzpläne der Jōi-Partei.

Die Regierung mußte diesen Widerstand nicht fürchten, da seine Führer weitgehend gesellschaftlich isoliert blieben. Anders war das bei der Masse der Samurai niederen Rangs, die Opfer des neuen Ständesystems (bzw. der Reduzierung der Reiszuteilung) geworden waren und das Volk im Kampf gegen das Feudalsystem unterstützten. Als Chōshū zwischen 1869 und 1870 sein Sonderkommando und seine Truppen auflöste, empörten sich die Soldaten gegen die Regierung, die sie in vielen Schlachten eingesetzt hatte, sie aber nun ohne befriedigende Abfindung entließ. Sie schlugen sich auf die Seite der Bauern, die eine Herabsetzung der Lasten und Abgaben forderten. Chōshū war nicht in der Lage, den Aufstand zu unterdrücken, so daß die Regierung Inoue Kaoru, einen der ehemaligen Führer von Truppen, mit einem starken Heer nach Chōshū entsenden mußte. Auch nach der Unterdrückung des Aufstands verbanden sich dessen Führer mit unzufriedenen Samurai in Nordkyūshū. Vom Herbst 1870 bis Anfang 1871 empörten sich in allen Gebieten Nordkyūshūs die Samurai anläßlich eines von Hita in Bungo ausgehenden Bauernaufstands; die neue Regierung befahl zwanzig Gebieten in Shikoku und Kyūshū, ein Heer dorthin zu entsenden, es folgten jedoch keineswegs alle diesem Befehl.

Inoue Kaoru, der den Aufstand der militärischen Einheiten in Chōshū unterworfen hatte, schrieb später, daß es notwendig sei, zwei Drittel der Samurai von Chōshū in der Landwirtschaft und im Handwerk anzusiedeln, und auch die Reiszuteilungen an das verbleibende Drittel einzustellen. Dem Volk müsse die Freiheit garantiert werden, statt der traditionellen die abendländische Naturwissenschaft zu studieren. Ohne solche grundlegenden Reformen sei das Volk unmöglich zu beherrschen; aber für die Herrschenden war es nach wie vor die dringendste Aufgabe, die Samurai und das Volk zu trennen und das Volk zum Aufbau einer modernen Wirtschaft einzusetzen. In Chōshū konnte eine solche Reform nicht realisiert werden, aber in Tosa (unter Führung von Itagaki Taisuke) und in Kii (unter der Führung von Tsuda Izuru und Mutsu Munemitsu) wurde sie in diesem Sinne in Angriff genommen.

Die Auflösung der Lehensgebiete und die Einrichtung der Präfekturen

Die Lehensgebiete, in die das Land aufgeteilt war, hatten angesichts der Entwicklung der kapitalistischen Wirtschaft und der überregionalen Aufstände keine Überlebenschancen, weder wirtschaftlich noch politisch. Nach 1870 gerieten kleinere Gebiete an den Rand des wirtschaftlichen Ruins, viele Gebiete ersuchten die Regierung, die gegenwärtige Form ihrer Feudalherrschaften aufzulösen. Für die zentrale Regierung war dies der wichtigste Schritt zur Konzentration ihrer Macht, um das Entstehen regionaler Aufstände zu verhindern, das Volk direkt zu beherrschen und so den Unterhalt des ständig wachsenden Regierungsapparats zu sichern.

Seit dem Frühjahr 1871 bereitete die Regierung Maßnahmen vor, die zur Aufhebung aller Lehensgebiete führen sollten. Um Widerstand mit militärischer Gewalt brechen zu können, wurden Saigō Takamori aus Satsuma und Itagaki Taisuke aus Tosa als Räte eingesetzt – die fähigsten Führer aus Chōshū waren bereits alle hohe Beamte der Regierung – und aus Soldaten aus Satsuma, Chōshū und Tosa eine »Schutztruppe« des Tennō zusammengestellt (das spätere Wachbataillon), das aus 8000 Fußsoldaten, Reitern und Gewehrschützen bestand.

Am 29. August 1871 fand dann der Coup d'Etat statt, alle Gouverneure wurden ihres Amtes enthoben, die heutigen Präfekturen eingerichtet, die von Regierungsbeamten verwaltet wurden. Es gab keinen Gouverneur, der genügend Macht hatte, sich gegen diese Maßnahme zu wehren, nicht einmal Shimazu Hisamitsu, der nur noch darüber klagen konnte, wie sehr seine Vasallen Ōkubo und Saigō ihn betrogen hatten.

Das zentralistische Beamtensystem und die Gleichheit der Stände

Im September reformierte die Regierung das Beamtensystem, hob das Götterkultamt auf und übertrug dessen Aufgaben dem Ministerium für Shintōangelegenheiten, das als neue Abteilung eingerichtet wurde. Im folgenden Jahr wurde aber auch diese Abteilung wieder aufgelöst. Die Einheit von Regierung und Shintō, eine Wiederbelebung dieses Relikts aus dem Altertum zur Verkleidung der Macht, war nicht mehr nötig. Die Regierung wurde aufgeteilt in *shōin*, *sa'in* und *u'in*. Das *shōin* war sowohl legislatives wie auch exekutives Organ, das aus einem Minister, Staatsräten und Beratern bestand und allen anderen exekutiven Abteilungen vorstand. Das *sa'in* war ein gesetzesberatendes Organ in der Tradition des allgemeinen Rats, das *u'in* eine beratende Versammlung der leitenden und der stellvertretenden Beamten aller Abteilungen, um den »öffentlichen« Charakter dieser Organe zu betonen. Nach drei Jahren wurden bereits das *sa'in* und das *u'in* wieder aufgelöst.

Im selben Monat wurde der Stand der Paria abgeschafft; es sollte hinfort nur »gleiche Bürger geben, ohne Ansehen des Standes und des Berufs«. Das Ständesystem wurde durch mehrere Gesetze neu geordnet, auf vier Stände reduziert (den Kaiser und seine Familie, die als »übermenschliche« Existenzen galten, den Adel, die Samurai und die Bürger), desgleichen wurden die auf dem alten Ständesystem beruhenden Vorschriften der Kleidung, der

Unterkunft wie auch Beschränkungen der Heirat, des Berufs und des Wohnorts außer Kraft gesetzt und auch das Recht, Beamter oder Offizier zu werden, durch Gesetze von der Zugehörigkeit zu einem bestimmten Stand unabhängig.

Die Regierung bezeichnete die Maßnahme als Gleichheit der vier Stände, aber nach wie vor hatten die Familie des Tennō und der Adel Privilegien, und auch die Samurai behielten faktisch ihre privilegierte soziale Stellung. Der Stand der ehemaligen Paria gehörte jetzt nach dem Gesetz zu den Bürgern, was aber bedeutete, daß diese wie die Bürger Steuern zahlen und Kriegsdienst leisten mußten und auch der Pflichterziehung unterworfen waren. Im Grunde aber verloren die Paria das Monopol für lederverarbeitendes und anderes handwerkliche Gewerbe, das einst ihrem Stand zustand. Die Paria konnten auch danach weder Beruf noch Wohnsitz frei wählen, waren wie vordem an ihren Stand und an ihren Beruf gebunden und wurden dementsprechend diskriminiert. Weil es den Kaiser und die Kaiserfamilie als »übermenschlichen« Stand gab und den Stand des Adels, mußte als negatives Pendant der Stand der Paria praktisch aufrechterhalten werden.

Das moderne Tennō-System und der Absolutismus

Der Tennō wurde als absoluter Herrscher eingesetzt, in seinem Namen verwalteten die von ihm ernannten Zivil- und Militärbeamten das ganze Land. Die alte Klasse der Feudalherren verlor ihre Macht. Die Regierung des Tennō war dabei gezwungen, einerseits mit Hilfe des Volkes die Feudalherren zu stürzen, andererseits Volksaufstände zu unterdrücken, um selbst die absolutistische Herrschaft durchzusetzen. Die so entstehende absolutistische Monarchie, in ihrem Aufbau in manchem vergleichbar mit dem Königreich der Tudor vor der englischen Revolution des 17. Jahrhunderts oder dem Reich des Königs Louis vor der französischen Revolution im 18. Jahrhundert, unterschied sich von den europäischen Staaten aber in einigen grundlegenden Punkten.

1. Der europäische Absolutismus war entstanden, bevor der Kapitalismus eine beherrschende Rolle in der Welt spielte, das japanische Tennō-System dagegen erst danach.

2. Der europäische Absolutismus war im Übergangsstadium vom Feudalismus zum Kapitalismus entstanden, forcierte die Entwicklung des Kapitalis-

mus und wurde von der schnell erstarkten Klasse der Unternehmer gestürzt oder verwandelte sich durch die Macht dieser Klasse in bürgerliche Monarchien. Das Tennō-System war ebenfalls in diesem Übergangsstadium entstanden und förderte die Entwicklung der kapitalistischen Wirtschaft. In Japan aber wurde, auch nachdem ein hochentwickeltes kapitalistisches System sich durchgesetzt hatte, das Tennō-System nicht gestürzt oder umgewandelt in eine bürgerliche Monarchie, sondern bewahrte seinen Charakter als absolutistisches System.

3. Der europäische Absolutismus war dadurch entstanden, daß der mächtigste der Feudalherren die anderen Feudalherren sich untertan machte. Im Tennō-System dagegen kam eine Familie, die zwar kein Feudalherr war, aber als höchste Autorität des Feudalsystems galt, mit Hilfe einer Reformpartei innerhalb der feudalistischen Macht im Widerstand gegen den europäischen Kapitalismus und durch Unterdrückung aller gegen das feudalistische System kämpfenden Kräfte an die Macht. Das Charakteristikum des europäischen Absolutismus ist, daß die politische Macht sich von der religiösen Rechtfertigung (durch den Papst) befreite, während das japanische Tennō-System sich als Synthese von religiöser Autorität und weltlicher Macht etablierte.

4. Der absolute Herrscher in Europa war die höchste Instanz für Entscheidungen in Sachen Politik, auswärtige Beziehungen und Militärangelegenheiten. Der Tennō verfügte nach dem Rechtssystem über absolute Macht, die aber de facto von Zivil- und Miltärbeamten im Namen des Tennō ausgeübt wurde. Der Tennō rechtfertigte lediglich diese Herrschaft, d.h. seine religiöse Autorität war bei weitem größer als seine weltliche Macht.

Die Ziele der Meiji-Regierung

Die Meiji-Regierung, der es gelungen war, durch die Aufhebung der Lehensgebiete und die Einrichtung der neuen Verwaltungseinheiten der Präfekturen einen einheitlichen, zentralistischen Staatsapparat aufzubauen, stellte im November eine große Gesandtschaft zusammen, bestehend aus dem Minister zur Rechten Iwakura Tomomi als bevollmächtigten Gesandten, dem Staatsrat Kido Takayoshi, dem Finanzminister Ōkubo Toshimichi, dem Staatssekretär des Ministeriums für Bau- und Verkehrswesen Itō Hirobumi als bevollmächtigte Vizgesandte, des weiteren Sektionschefs, Sekretäre und andere Begleiter. Insgesamt schickte sie 48 Beamte nach Amerika und Europa. Diese Gesandtschaft hatte zwei Aufgaben. Erstens sollte sie mit Amerika und den europäischen Ländern vorbereitende Gespräche für eine Revision der ungleichen Verträge führen und zweitens die fortschrittliche Zivilisation des Abendlands an Ort und Stelle studieren und prüfen, inwieweit deren Errungenschaften dem Aufbau eines neuen Japan dienen könnten.

Die Verhandlungen um eine Revision der Verträge scheiterten. Die amerikanische Regierung empfing die japanische Gesandtschaft mit großem Zeremoniell, ließ sich aber nicht einmal darauf ein, die Möglichkeit einer Revision überhaupt zu erörtern. Iwakura verzichtete im August 1872 darauf, mit den Amerikanern zu verhandeln, und verwendete den Rest der Reise dazu, freundschaftliche Beziehungen anzuknüpfen und Sehenswertes zu besichtigen.

Die Gesandtschaft reiste weiter nach Europa, besuchte England, Frankreich, Belgien, Holland, Deutschland, Rußland, Dänemark, Schweden, Italien, Österreich und die Schweiz. Zwischen Mai und September des Jahres 1873 kehrte sie nach einer fast zweijährigen Reise nach Japan zurück. Der finanzielle Aufwand für die Reise betrug insgesamt die ungeheuere Summe von einer Million Yen (Wert 1965).

Daß ein Land mehr als die Hälfte seiner fähigsten obersten Beamten zum Studium der fortgeschrittenen Zivilisation ins Ausland schickte, zeugt von einem unvergleichlichen kulturellen Ehrgeiz. Was lernten aber die japanischen Gesandten vom Ausland? Sie stellten zunächst fest, daß im Abendland weder Freiheit noch Gleichheit herrsche, daß sogar in Frankreich »der Präsident . . . entschlossen und unnachsichtig seine Politik durchsetze und sich seiner Verdienste brüste«, und sein einziges Ziel sei, die Macht seiner Regierung zu demonstrieren (Ōkubo). Kido, der in der Regierung anerkanntermaßen zur fortschrittlichsten Partei gehörte, schrieb während seiner Reise zahlreiche Briefe, die seine Unzufriedenheit mit den »kleinen Fortschritten« Japans zum Ausdruck brachten. Die Gesandtschaft hörte in England, daß weit eher Freiheit einem Lande Reichtum und Macht verschaffe als Despotismus, Ōkubo aber kam zu der Feststellung, daß »England, Amerika, Frankreich (weit mehr als Japan) in vielen Bereichen zivilisiert und keineswegs einzuholen seien (wie sehr sich Japan auch bemühe, ihnen nachzueifern), . . . daß aber Preußen und Rußland als Maßstab (für Japan) dienen könnten«. Die preußische Regierung unter Bismarck, die 1871 den Krieg gegen Frankreich gewonnen hatte, hinterließ bei den Gesandten die Überzeugung, daß hier das Modell zu finden sei für ein reiches, militärisch gerüstetes Land.

Die Meiji-Restauration (I)

Die Gesandten erkannten vor allem, daß es für Japan die dringlichste Aufgabe war, eine Großindustrie aufzubauen. »Wohin man auch geht, es wird nicht über der Erde produziert. Es wird vor allem Kohle und Eisen gefördert. die meisten Produkte werden aus importierten Rohstoffen hergestellt und dann ins Ausland exportiert. Die Fabriken sind zahlreicher, als man mir erzählt hat. Überall bedeckt schwarzer Rauch den Himmel. Wer das sieht, weiß, warum England ein so mächtiges Land ist.« (Ōkubo) »Wie ich in allen Ländern beobachten konnte, bringen viele kleine Produktionsstätten wenig Gewinn. Wenn man die Produktion von Seide nicht konzentriert, dann ist es schwer, großen Profit zu erzielen.« (Kido)

Aufgrund dieser Beobachtungen legte die Meiji-Regierung ihr Programm fest, nämlich nicht am hergebrachten Feudalsystem festzuhalten, aber auch nicht von den bürgerlichen Demokratien England, Amerika und Frankreich zu lernen, sondern Deutschland (Preußen) und Rußland zum Vorbild zu nehmen, die von einem auf die Würde des Monarchen gestützten Beamtensystem regiert wurden. Eine Sonderstellung nahm die neue europäische Führungsmacht Deutschland ein, mit der keine Interessenkonflikte bestanden und deren Industrie immer stärker wurde. Nachdem Iwakura, Kido und Ōkubo nach Japan zurückgekehrt und Saigō und Itagaki, die während der Abwesenheit der Gesandtschaft ihre Macht ausgebaut hatten, aus der Regierung verdrängt waren, begann die Realisierung eines großen Reformprogrammes.

Die Einführung der Wehrpflicht und der Aufbau eines stehenden Heeres

Während der Abwesenheit der Gesandtschaft hatten neben dem Großkanzler Sanjō Sanetomi die Staatsräte Saigō Takamori und Itagaki Taisuke sowie der Außenminister (und später gleichzeitig als Staatsrat tätige) Fukushima Tanemi den größten Einfluß in der Regierung. Sie hatten zwar über die Zukunft des neuen Staates, die Erweiterung der Staatsgewalt, die Mehrung seines Ansehens vage Vorstellungen, aber keine konkreten, der Zeit entsprechenden konstruktiven Pläne. Später gewannen der Staatsrat Ōkuma Shigenobu, der Staatssekretär Inoue Kaoru, der Staatssekretär des Kriegsministeriums (und der spätere Heeresminister) Yamagata Aritomo, die zu den mit Kido und Ōkubo sympathisierenden, fortschrittlicheren Beamten gehörten, in der Regierung die Oberhand, bauten die Grundlagen

329

des Tennō-Systems aus und beschleunigten die damit verbundenen Reformen.

Die Konzentration der militärischen Macht und der Aufbau eines starken stehenden Heeres, Ziel der Tennō-Regierung seit ihrer Gründung, wurde erst durch die Auflösung der Lehensgebiete und die Einrichtung der Präfekturen möglich. Ōmura Masujirō, einst verantwortlich für die militärischen Reformen von Chōshū, übernahm in der neuen Regierung diese Aufgabe. Da er aus Erfahrung wußte, daß mit den Samurai des feudalistischen Systems kein modernes Heer aufgebaut werden konnte, versuchte er die allgemeine Wehrpflicht durchzusetzen, aber Mitglieder der Regierung, auch Iwakura und Ōkubo, unterstützten dieses Gesetz nicht, weil sie fürchteten, daß aus dem Volk rekrutierte Soldaten leicht einen Aufstand organisieren könnten. Ōmura fiel im Dezember des Jahres 1869 einem Anschlag zum Opfer, den Samurai, Gegner seines Plans, organisiert hatten.

Kurz darauf kehrte Yamagata Aritomo, der in Europa die verschiedenen Heeressysteme studiert hatte, nach Japan zurück und setzte die Arbeit von Ōmura fort. Yamagata war der Sohn eines Samurai aus Chōshū, hatte sich aber im Sonderkommando große Verdienste erworben.

Mit der Aufhebung der Lehensgebiete wurden auch deren militärische Einheiten aufgelöst und aus den fähigsten Soldaten dieser Einheiten der zentralen Regierung direkt unterstehende Truppen zusammengestellt, sie wurden in vier Garnisonen stationiert, in Tōkyō, Ōsaka, Tōhoku (Sendai) und in Chinzei (Kyūshū, in Ogura), im November 1872 stieg nach der Einführung der allgemeinen Wehrpflicht die Zahl der Garnisonen auf sechs. Das stehende Heer konnte eingesetzt werden, wenn die Samurai sich empörten, aber ebenso die aus Samurai bestehenden Einheiten der Garnisonen und die Samurai der Präfekturen gegen das Volk. Samurai und Bürger hielten sich gegenseitig in Schach, aus ihren Einheiten entstand allmählich ein großes stehendes Heer.

Die Marine war durch das Bakufu und die Lehensgebiete eingerichtet worden und hatte sich seit dieser Zeit vergrößert. Im Februar 1872 wurde das Kriegsministerium in ein Heeres- und ein Marine-Ministerium geteilt.

Die Regierung rechtfertigte die Einführung der allgemeinen Wehrpflicht damit, daß die Samurai nicht mehr allein über Kenntnisse im Umgang mit Waffen verfügten und so das Volk nicht mehr unterdrücken könnten, daß die Staatsbürger frei und gleich seien, daß damit ein modernes demokratisches Wehrsystem aufgebaut werde: Redensarten, um die Bevölkerung für das System einzunehmen. Der Heeresminister Yamagata machte anläßlich der Verabschiedung des Wehrpflichtgesetzes in einem Bericht an den Tennō die wahre Absicht des Gesetzes deutlich: »Endlich haben wir ein Heer, mit dem wir im Inneren jeden Aufstand unterdrücken und nach außen Stärke demonstrieren können.«.

Das neue Gesetz bestimmte, daß alle Beamten von der Wehrpflicht befreit sein sollten, daß gegen Entrichtung einer Entschädigung der Wehrpflichtige sich freikaufen könne und daß der Haushaltsvorstand, dessen Erbe, der einzige Sohn oder Enkel freigestellt werde; die Befreiung der Beamten und die Freistellung bei Zahlung einer Entschädigung zeigen, daß die Wehrpflicht eigentlich nur ein Frondienst des Volkes war. Es ist selbstverständlich, daß das Volk gegen dieses Wehrgesetz protestierte.

Die geistige Unterdrückung des Volkes und das Schulpflichtsystem

Ohne Ideologie ist keine Macht, sei sie durch ein gut organisiertes Beamtensystem und durch ein schlagkräftiges Heer geschützt, stabil. Die Regierung propagierte darum die Vergöttlichung des Tennō und führte die Schulpflicht ein.

Als die Macht des Tennō-Systems restauriert wurde, wußte der größte Teil des Volkes nicht, wer und was der Tennō eigentlich war. Im April 1868 mußte der Generalgouverneur von Kyūshū, von der neuen Regierung zur Befriedung dieses Gebiets eingesetzt, um dem Volk die Existenz des Tennō zu erklären, seine Rede mit folgenden Worten beginnen:»In unserem Land gibt es einen Himmelssohn, der seinen Herrschaftsauftrag direkt von der Sonnengöttin Amaterasu erhalten hat«. Als im März 1869 das Volk von Mutsu und Dewa einen großangelegten Aufstand organisierte, versuchte die Regierung das Volk wie folgt zu belehren:»Der Himmelssohn ist ein Nachkomme der Götting Amaterasu . . . es gibt im Lande Götter, die den ersten Rang haben, das aber allein durch die Gnade des Himmelssohns« — dieser sei erhabener als der Gott, der über die fünf Reissorten gebietet, dem der erste Rang gebühre.

Um dem Volk Ehrfurcht vor dem Tennō zu lehren, wurden die in der Tradition des Volkes verwurzelten Feste von den öffentlichen Festen getrennt, wurden neue Feste und Feiertage festgesetzt, so z.B. die Neujahrszeremonie des Kaisers, sein Geburtstag und andere mit dem Staatsoberhaupt und dem Shintōismus in Verbindung stehende Feste. Auch die Volksfeste wie die Tagundnachtgleiche des Frühjahrs und des Herbst wurden in staatliche Feste umfunktioniert, mit denen der Tennō seinen Vorfahren huldigt. Seit dem ersten 1. Januar 1873 wurde zwar der Sonnenkalender angewendet, aber in diesem Jahre wurde gleichzeitig der im *Nihongi* angegebene Tag der Nachfolge von Jimmu-Tennō »umgerechnet«, der 11. Februar als Tag der »Gründung des Landes« angegeben. Jimmu-Tennō ist keine historische Person, demzufolge ist auch der Tag seines Amtsantritts eine Fiktion.

Die Regierung propagierte ferner den Shintōismus als Staatsreligion, verbot 1869 alle Lehren, die shintōistische Götter als Inkarnationen Buddhas oder als Bodhisattva betrachteten, und begann seit 1870 im großen Stil die »Verkündung der auf dem Shintō und der Tugend des Herrschers beruhenden großen Lehre«.

1872 begann die Ausgestaltung eines Erziehungs- bzw. Ausbildungssystems, das vorschrieb, daß in jeder Gemeinde eine Volksschule zu errichten sei, und die Eltern (unter Androhung von Strafe) verpflichtete, ihre Kinder dorthin zu schicken. Der Bau der Schulen, ihre Instandhaltung, die Besoldung der Lehrer war Sache der Gemeinden. Für ein Kind konnte die Schule bis 50 *sen* pro Monat als Unterrichtsgeld verlangen. (Das Unterrichtsgeld für Volksschulen wurde erst 1900 aufgehoben.) Nach grober Berechnung verdiente die arbeitende Bevölkerung 1878 im Jahr durchschnittlich kaum 21 *yen,* die jährlichen Gebühren von sechs *yen* waren also eine unvorstellbare Belastung.

»Die Erneuerung«, die Meiji-Restauration

Die wirtschaftliche Grundlage des Tennō-Staates, der nach und nach seine definitive Gestalt erhielt, wurde durch die Bodenreform und den Ausbau der kapitalistischen Wirtschaft geschaffen. Über beide Maßnahmen werde ich im folgenden Kapitel ausführlich berichten.

Der Sturz des Bakufu, der das ganze Land erfassende Bürgerkrieg, die Auflösung der Lehensgebiete, die darauf folgenden Reformen der Verwaltung, des Wehrsystems, der Gesellschaft, der Wirtschaft, der Erziehung, der Kultur und die damit verbundenen neuen Institutionen, zeugen von der außergewöhnlichen Aktivität der Kreise, die das Tennō-System durchsetzten, vornehmlich Angehörige der mittleren Generation. Iwakura, der Führer der Regierung zur Zeit der Auflösung der Lehensgebiete, war 46 Jahre alt,

Die Meiji-Restauration (I)

Saigō 43, Ōkubo 41, Kido 38, Itagaki und Sanjō 35, Ōkuma und Yamagata 34, Itō 30 — alle anderen Führer waren ebenfalls zwischen dreißig und vierzig.

Der unter ihrer Leitung mit Erfolg realisierte Sturz des Bakufu, die Errichtung des Tennō-Systems und alle damit verbundenen Reformen hießen damals »Erneuerung« oder »Die Restauration der Monarchie«, später, unter Verwendung des Äranamens, Meiji-Restauration.

Die Restauration wurde in jeder Entwicklungsphase ermöglicht durch den Widerstand des Volkes gegen das feudalistische System und durch das wachsende nationale Selbstbewußtsein, das eine Kolonialisierung Japans durch die Westmächte verhindern wollte, ferner durch die Entwicklung der kapitalistischen Wirtschaft. Die Energie der Politiker der Tennō-Regierung, die sie zu dieser Reform befähigte, hatte ihren Ursprung in der oben beschriebenen Vitalität des Volkes, der gesamtgesellschaftlichen Entwicklung, die diese für die Errichtung des Tennō-Staates nutzten.

Die Meiji-Restauration etablierte in erster Linie den Tennō-Despotismus und forcierte auch die Entwicklung des Militarismus. Dennoch konnte durch die Meiji-Restauration das Volk zum ersten Mal in der japanischen Geschichte aktiv am politischen Leben teilnehmen, sein Widerstand veranlaßte die Regierung zu politischen und sozialen Reformen. Durch die Meiji-Restauration wurde das Bakuhan-System endgültig beseitigt und ein einheitlicher japanischer Staat begründet, den ein gut funktionierendes, zentralistisches Beamtensystem beherrschte. Der Übergang der japanischen Gesellschaft vom feudalistischen System zum Kapitalismus wurde beschleunigt. Aufgrund dieses historischen Fortschritts konnte Japan die Gefahr, von den Westmächten kolonialisiert zu werden, abwenden. Hier liegt die eigentliche, wirklich fortschrittliche Bedeutung der Meiji-Restauration, die sie über alle anderen gesellschaftlichen Veränderungen der japanischen Geschichte stellt.

24
Die Meiji-Restauration (II)
Die Modernisierung von oben

Die Wiedererlangung der nationalen Rechte

Die Meiji-Regierung bemühte sich nicht nur um den Ausbau ihrer Herrschaft im Land, sondern (mit beträchtlichem Erfolg) auch um die Wiedererlangung der Rechte, die das Bakufu den ausländischen Mächten eingeräumt hatte.

1. Das Bakufu hatte am 31. Januar 1868, also nach der Proklamation der Restauration der Monarchie, Anton L.C. Portman, dem Sekretär der amerikanischen Botschaft, in einem Schreiben erlaubt, zwischen Edo und Yokohama eine Eisenbahnlinie zu bauen. Dieses Schreiben sicherte den Amerikanern zu, das erforderliche Baumaterial zollfrei einführen zu dürfen, und ebenso, daß nach dem Beginn der Bauarbeiten keine Zölle erhoben werden sollten. Es ist unklar, welche geheimen Verhandlungen Portman mit dem bereits entmachteten Bakufu noch führte und welche weiteren Vorteile er aus dieser Situation ziehen wollte, auf alle Fälle aber ging es ihm um die Sicherung kolonialistischer Interessen. Im Februar 1869 forderte die amerikanische Botschaft die neue Regierung auf, die vom Bakufu erteilte Konzession zu bestätigen. Die neue Regierung versicherte sich der Unterstützung der englischen Botschaft und lehnte diese Bestätigung entschieden ab, auch dann noch, als die amerikanische Vertretung drohte, eine Ablehnung werde »die Beziehungen zwischen Japan und Amerika empfindlich stören«.

2. Als Enomoto Takeaki die Insel Hokkaidō besetzt hatte, schloß er mit dem russischen Beauftragten R. Gaertner einen Vertrag, durch den in der Nähe des Dorfes Nanae (außerhalb von Hakodate) ein 99 000 qm großes Areal für 99 Jahre an Rußland verpachtet werden sollte. Dieser Vertrag verlor seine Gültigkeit, nachdem die Regierung von Enomoto zusammengebrochen war, aber im Juli 1869 wurde ohne Wissen der neuen Regierung zwi-

schen Gaertner und dem Gouverneur der neuen Regierung in Hakodate ein Vertrag desselben Inhalts unterzeichnet. Die neue Regierung unternahm sofort Schritte zur Annullierung des Vertrags und kaufte im Januar 1871 durch Zahlung einer beträchtlichen Entschädigung an Gaertner (62500 Dollar) die Konzession zurück.

3. 1873 annullierte die neue Regierung die Konzession für das Bergwerk in Takashima, das das ehemalige Saga für ein Darlehen als Verfallspfand dem Engländer Glover überlassen hatte. Gleichzeitig verabschiedete sie das »Japanische Grubenrecht«, nach dem kein Ausländer Probegrabungen in Bergwerken vornehmen, Bergwerke pachten, den Abbau und die Raffinierung von Erzen betreiben oder sich an solchen Unternehmen beteiligen durfte.

4. Die neue Regierung hatte schon früh wiederholt den Abzug der in Yokohama stationierten englischen und französischen Truppen gefordert. Im Januar 1875 wurde diese Forderung erfüllt.

5. Die ausländischen Botschaften hatten die japanische Regierung veranlaßt, als oberste Beamte der Verwaltung und der zur Bewachung der Ausländersiedlung in Yokohama eingesetzten Polizei Ausländer einzustellen — für deren Entlohnung die japanische Regierung aufkommen mußte, während die tatsächliche Macht in den Händen der Botschaften lag. Im Juni 1877 wurden jedoch die Ausländer, die oberste Beamte dieser Polizei waren, entlassen, und danach, nach Absprache mit den Botschaften, auch keine mehr eingestellt.

Während der 70er Jahre gelang es Japan beinahe, alle Nutzungsrechte und Vorrechte des Auslands aufzuheben. Wären die Konzessionen der Eisenbahnlinie zwischen Edo und Yokohama, die Nutzungsrechte an Grund und Boden und am Bergbau, die Stationierung von Truppen und die Polizei in den Ausländersiedlungen nicht so schnell wieder aufgehoben worden, dann hätten die kapitalistischen Länder ihre Politik durchsetzen können, Japan wäre eine Kolonie geworden.

Die territorialen Ansprüche auf die Inselgruppen Ogasawara, Chijima und Sachalin

Die Regierung konnte mit Erfolg die Nutzungsrechte und Privilegien des Auslands annullieren, es gelang ihr aber nicht sofort, die nationale Souveränität im vollen Umfang herzustellen. Sogar die Eingrenzung des japanischen

Territoriums wurde zu einem strittigen Problem. Daß die Ogasawara-Inselgruppe einst japanisches Territorium war, ist historisch erwiesen. Da Perry sie aber zu amerikanischem Territorium erklärt hatte, kam es im Mai 1873 zu einem Streit innerhalb der Regierung. Das Finanzministerium (Inoue Kaoru) betrachtete die Inselgruppe als ausländisches, das Außenministerium (Fukushima Tanemi) als japanisches Territorium. Die Verhandlungen mit der amerikanischen Regierung führten 1875 schließlich dazu, daß die Ogasawara-Inseln als japanisches Territorium anerkannt wurden, weil die USA Japan in Ostasien als Verbündeten brauchte, um den Einfluß Englands und Rußlands einzudämmen, und diese Inseln ohnehin keinen wirtschaftlichen Wert hatten.

Ein weiteres territoriales Problem war Sachalin. Im Süden und im mittleren Teil der Insel hatten sich, früher als die Russen, schon Ende des 18. Jahrhunderts Japaner als Fischer angesiedelt. Die Russen aus dem Nordteil der Insel waren dann nach Süden vorgedrungen, Südsachalin wurde gemischtes Siedlungsgebiet. Nach Öffnung des Landes hatte das Bakufu wiederholt mit den Russen zwecks Festlegung einer Grenze verhandelt. Später riet der englische Botschafter Parkes der Regierung, Sachalin aufzugeben, da es nicht die Macht habe, die Insel auf die Dauer zu halten, und stattdessen alle Energie in die Erschließung von Hokkaidō zu investieren (September 1869).

Die Regierung bat daraufhin den amerikanischen Botschafter um Vermittlung, aber auch dieser teilte die Ansicht seines englischen Kollegen. Auch in der Regierung setzte sich immer mehr die Aussicht durch, das es besser sei, Sachalin aufzugeben, und Außenminister Fukushima Tanemi verhandelte schon wegen einer Entschädigung, falls Japan ganz auf Sachalin verzichte (zwischen Mai 1872 und Oktober 1873). Die Verhandlungen wurden abgebrochen, als Fukushima wegen des Entschlusses der Regierung, in Korea einzufallen, zurücktrat.[1] Im Mai 1875 kam schließlich ein Austauschvertrag zustande, Japan trat Sachalin an Rußland ab, erhielt dafür die Inseln der Chijima-Gruppe.

---

[1] Nach herkömmlicher Auffassung hatte Fukushima mit den Russen verhandelt, um ganz Sachalin zu kaufen, und hatte diese Verhandlungen fast erfolgreich abgeschlossen, als in der Regierung der Streit um einen Einfall in Korea ausbrach, der zu Fukushimas Rücktritt führte. Danach soll die Regierung sich den Bedingungen der Russen gebeugt und den Tausch gegen Chijima akzeptiert haben. Diese Auffassung ist jedoch nicht richtig. Fukushima hatte den Russen zwar angeboten, Sachalin zu kaufen, die Russen hatten aber abgelehnt. Danach konzentrierten sich die Verhandlungen auf die Übergabe von ganz Sachalin, die auch nach dem Ausscheiden von Fukushima und Shitano von der japanischen Regierung fortgeführt wurden.
1872, als Fukushima noch Außenminister war, lief ein peruanisches Schiff, und zwar die Maria Lous, die in Macao chinesische Sklaven gekauft hatte, auf dem Wege nach Peru

Die Meiji-Restauration (II)

Das Problem der territorialen Zugehörigkeit der Ryūkyū-Inseln

Die japanische Regierung, die bei den Grenzstreitigkeiten zwischen Amerika und Rußland kein Mitspracherecht besaß, wurde im Streit um die Ryūkyū-Inseln gegen das Qing-Reich äußerst aktiv. Die Ryūkyū waren, wie im 12. Kapitel schon erwähnt, Satsuma »tributpflichtig«, d.h. praktisch eine Kolonie dieses Lehensgebietes. Die Bewohner der Ryūkyū sind ein Zweig der japanischen Rasse, sie sprechen einen japanischen Dialekt und schreiben mit japanischen Zeichen. Die Inseln sind geografisch die Verlängerung der japanischen Inselkette. Früher oder später hätte sich die historische Notwendigkeit ergeben, diese Inseln politisch mit der Inselkette zu vereinen. Die Ryūkyū waren damals aber gleichzeitig ein selbständiges Königreich, das China Tribut leistete.

Durch die Einrichtung der Präfekturen als neue Verwaltungseinheiten verlor Satsuma seine Privilegien, das Königreich Ryūkyū war also nicht mehr »tributpflichtig«. Im Dezember des Jahres 1871 waren Fischer aus Ryūkyū in Taiwan, das zum Gebiet des Qing-Reiches gehörte, gestrandet. 52 von ihnen waren von den Taiwanesen getötet worden, nur zwölf hatten sich bei den Behörden des Qing-Reiches in Sicherheit bringen können. Im Mai 1872 meldete der japanische Botschafter in Peking diesen Vorfall der Regierung, im August erreichte eine Nachricht der Behörden der Ryūkyū den Gouverneur in Kagoshima.

Die Samurai, die die Regierung der Präfektur Kagoshima bestimmten, und der aus dieser Präfektur stammende Generalmajor Kirino Toshiaki forderten unter dem Vorwand, Rache zu nehmen, die Besetzung Taiwans, und auch in

---

Yokohama an. Die japanischen Behörden halfen den Sklaven, die flohen, stellten den Kapitän vor Gericht und erreichten, daß alle Sklaven freigelassen wurden. Dieser Vorfall wird hoch bewertet als Ausdruck der freiheitlichen Gesinnung, als Einsatz für die Befreiung unterdrückter Völker seitens Fukushima, Mutsu Munemitsu, dem damaligen Gouverneur von Kanagawa, Ōe Taka, dem Vizegouverneur dieser Präfektur und des Führers dieser Gruppe, Saigō Takamori.
In Wirklichkeit aber versuchten Fukushima und Mutsu anfangs, sich nicht einzumischen, und übergaben die geflohenen Sklaven dem Kapitän. Erst auf Intervention des englischen Gesandten beim Außenministerium und des amerikanischen Botschafters wurde der Kapitän vor Gericht gestellt. Zu dieser Zeit blühte der Sklavenhandel mit in Südchina gefangenen Chinesen. Hongkong war Zentrum dieses Handels, bis die englischen Behörden diesen verboten und der Handel über die zum portugiesischen Territorium gehörende Insel Macao abgewickelt wurde. Die Engländer versuchten, sobald sich ihnen Gelegenheit dazu bot, den Sklavenhandel zu unterbinden und setzten das japanische Außenministerium unter Druck, wenn Sklavenschiffe Yokohama anliefen. Amerika versuchte wiederum zu verhindern, daß die chinesischen Arbeiter, die nach Peru oder Kuba verschifft wurden, von dort aus weiter nach Amerika eingeschleust wurden.

der Gardeabteilung, die sich aus ehemaligen Samurai von Satsuma, Chōshū und Tosa rekrutierte, wurde ein Einfall in Taiwan diskutiert. Saigō Takamori, gleichzeitig auch Befehlshaber der Garde, und Außenminister Fukushima Tanemi unterbanden übereilte Maßnahmen, indem sie erklärten, daß vor einem Einfall zuerst alle diplomatischen Mittel ausgenutzt werden müßten, um Interventionen seitens Europa und Amerika und dem Protest des Quing-Reiches, zu dem ja Taiwan gehöre, vorzubeugen. Erst dann »können wir mit Eurer Hilfe diese Insel angreifen, sie erobern und für immer als südlichste Festung des Kaiserreiches beherrschen«.

Die ausländischen Gesandtschaften bestätigten, als die japanische Regierung dies beantragte, daß die Ryūkyū zum japanischen Territorium gehören. Der amerikanische Gesandte De Long unterstützte einen Einfall Japans in Taiwan. Die japanische Regierung traf Ende 1872, nachdem sie den von De Long empfohlenen ehemaligen amerikanischen General und einstigen Konsul von Amoy Le Gendre als Berater des Außenministeriums hinzugezogen hatte, Vorbereitungen, gleichzeitig ernannte sie Shōtai, den König des Reiches Chūzan der Ryūkyū, zum König und stellte ihn im Rang dem Adel gleich (Oktober 1872). Damit demonstrierte sie nach innen und außen, daß die Ryūkyū als Territorium Japans den Weisungen der japanischen Regierung unterliegen, mußte aber billigen, daß der König der Ryūkyū seine Beziehungen zum Qing-Reich aufrecht erhielt. Zu dieser Zeit verschärfte sich die Auseinandersetzung über den Einfall in Korea, die Eroberung Taiwans wurde aufgeschoben.

Am 26. Januar 1969, direkt nach der Beendigung des Bürgerkriegs, schlug Kido Takayoshi dem Minister Iwakura Tomomi die Eroberung Koreas vor und arbeitete zusammen mit dem Militärsachverständigen Ōmura Masujirō konkrete Pläne dafür aus. Sie wollten nach der Beendigung des Bürgerkrieges die zahlreichen Soldaten, die für die neue Regierung gekämpft hatten, gegen das Ausland, in diesem Falle gegen Korea einsetzen und damit die Stärke der Regierung demonstrieren. Die meisten Lehrbücher für Geschichte berichten, daß die japanische Regierung den erfolgreichen Abschluß der Meiji-Restauration der Monarchie Korea mitteilte und daß Korea auf dieses Schreiben, das freundschaftliche Beziehungen forderte, überhaupt nicht geantwortet und damit Japan beleidigt, also die feindliche Haltung Japans provoziert habe. In Wirklichkeit erreichte das erwähnte Schreiben die für japanisch-koreanische Beziehungen zuständige Behörde in Pusan am 31. Januar, als Kido und seine Anhänger ihre Pläne für einen Einfall in Korea bereits ausgearbeitet hatten.

Diese Pläne wurden sowohl 1869 als auch 1870 von Kido der Regierung vorgelegt, die 1871 mit China einen Freundschafts- und Handelsvertrag abschloß. Sein Zweck war nicht zuletzt, Korea zu zeigen, daß Japan ein höherer Rang zukomme, da es mit einem Korea »überlegenen" Land, mit dem Qing-Reich, Verträge schließen konnte.

Während der Verhandlungen schlug China vor, daß beide Länder eine Allianz bilden sollten, um sich gegen das Eindringen der europäischen Länder zu wehren, aber die japanische Regierung lehnte dieses Angebot ab. Schließlich hatte ja im April 1870 der Staatsrat Ōkubo Toshimichi, als England und Frankreich erneut in China einfielen, dem Minister Iwakura vorgeschlagen, die Heere beider Länder mit Proviant und Heizmaterial zu versorgen und ihnen jede Hilfe zu gewähren, die Japan nur bieten könne, »als Ausdruck der Redlichkeit dem Ausland gegenüber« — und die Regierung handelte in diesem Sinne.

Nach der Auflösung der Lehensgebiete und der Einrichtung der Präfekturen reiste Iwakura mit einer Gesandtschaft nach Amerika und Europa. Während seiner Abwesenheit wurden die Samurai-Einheiten der Lehensgebiete aufgelöst und zahlreiche Reformen durchgeführt, die die Interessen der Samurai nicht berücksichtigten, so daß ihre Unzufriedenheit wuchs und nicht abzusehen war, wann die Einheiten der Garde sich empörten. Saigō und Itagaki standen vor der Wahl, Korea und Taiwan anzugreifen, um — so Saigō — »den auf inneren Aufruhr gerichteten Sinn nach außen zu lenken, zum Vorteil des Landes«.

Die Bedeutung der Auseinandersetzungen um den Einfall in Korea

Im Mai 1873 erließ ein Beamter im koreanischen Pusan eine Verfügung, die den geheimen Handel mit den Japanern einschränken sollte. Weil diese Verfügung Japan beleidigende Formulierungen enthalten haben sollte, lebte der Streit über den Einfall in Korea wieder auf. Saigō bemerkte am 3. August in einem Brief an den Großkanzler Sanjō: »Was Korea betrifft, so sind, seit Sie die Restauration verwirklicht haben, schon mehr als fünf oder sechs Jahre vergangen, und obwohl Sie von Anfang an freundschaftliche Beziehungen angeboten haben, war das vergebliche Mühe, so daß Gegenmaßnahmen getroffen werden sollten«. Da Korea Japan beleidigt habe, »nehmen Sie die Gelegenheit wahr, auch wenn Sie so lange Geduld gezeigt haben«. Saigō versuchte Sanjō und Itagaki zu überreden, zunächst eine Gesandtschaft nach Korea zu schicken, um dessen Regierung eine Rüge zu erteilen, worauf diese die Gesandtschaft mit Sicherheit hinrichten werde, und dann ein Heer nach Korea zu senden. Saigō wollte selbst diese Gesandtschaft anführen, dann werde es bestimmt zu einem Kriege kommen. Saigōs Gesandtschaft sollte also in Friedenszeiten nicht der Herstellung von diplomatischen Beziehungen dienen, sondern allein dem Zweck, einen Krieg zu beginnen. Der Ministerrat ließ sich überzeugen, bestimmte Saigō als Gesandten und verschaffte sich auch die Zustimmung des Tennō.

Saigō war zwischen 1869 und 1871, als Kido und seine Anhänger einen Einfall in Korea für notwendig hielten, gegen diesen Plan, die Ordnung der inneren Angelegenheiten des Landes schien ihm wichtiger. Warum aber versuchte er jetzt, sogar unter Einsatz seines Lebens, einen Krieg mit Korea zu provozieren? Er war gegen das von Kido, Ōkubo und Ōkuma vertretene zentralistische Beamtensystem und gegen eine Politik, die den »Nutzen« über alles setzte, die »Treue« aber für nichts achtete, die Händler protegierte und die Samurai dafür opferte. Er zielte nach der Auflösung der Lehensgebiete auf eine vom Militär getragene Regierung, aber die historische Entwicklung wies den Samurai keine Aufgaben zu. Im Krieg mit einer ausländischen Macht sah er ein Mittel, die Samurai wieder zur Geltung zu bringen. Ein Einfall in Korea hätte den Samurai wieder »Arbeit« gegeben, mit ihrer Energie hätten sich die Reformen im Lande leichter durchsetzen lassen.

Gerade zu dieser Zeit kamen Kido, Ōkubo und Iwakura aus dem Ausland zurück und lehnten alle Pläne für einen Krieg mit Korea entschieden ab, weil die Organisation der neuen Verwaltung dringlicher war. Sie brachten Saigōs Plan, eine Gesandtschaft nach Korea zu senden, zu Fall und sorgten dafür, daß alle Beamten, die diesen Plan unterstützen, ihres Amtes enthoben wurden (im Oktober dieses Jahres). Kido und Iwakura hatten einst den Krieg mit Korea befürwortet, um die Samurai, die nicht Partei für die neue Regierung nahmen, durch einen Feldzug gegen das Ausland abzulenken, aber jetzt mußten sie diesen Plan aufgeben. Über den Krieg mit Korea gab es eigentlich keine grundlegenden Meinungsverschiedenheiten, vielleicht nur über die Methode und die Reihenfolge der zu treffenden Maßnahmen. Es ging ihnen allen nur um Macht. Ōkubo, der Ende Mai nach Japan zurückgekehrt war, schlug den ihm von der Regierung angebotenen Posten eines Staatsrats aus, wartete auf die »günstige Gelegenheit« der Rückkehr von Kido und Iwakura, ließ bis dahin Saigō gewähren, bis es für diesen kein Zurück mehr gab. Er verwickelte Saigō in einen Kampf, »bei dem es um alles oder nichts ging, darum, den Gegner zu werfen oder geworfen zu werden«, so daß Saigō zusammen mit seinen Kriegsplänen scheiterte und jede Chance verlor, wieder Einfluß auf die Regierung zu gewinnen.

Der Feldzug nach Taiwan und die Errichtung der Präfektur Okinawa

Ōkubo übernahm die Führung der Regierung und wagte im Juli 1874, obwohl er vorher immer betont hatte, daß innenpolitische Probleme den Vorrang hätten vor einem Krieg, aufgrund eines seit einem Jahr festgelegten Plans den Einfall in Taiwan, gegen den China heftig protestierte. Ōkubo reiste, um diesen Konflikt durch Verhandlungen zu lösen, als Bevollmächtigter nach Peking und erreichte, daß die Regierung der Qing Japans Einfall in Taiwan als »ehrenhaften Akt zum Schutze des Volkes« betrachtete.

Die japanische Regierung erklärte, daß das Qing-Reich damit auch anerkannt habe, daß die Ryūkyū japanisches Territorium seien. Im Juli 1875 befahl sie Shōtai, den König von Ryūkyū, nach Tōkyō und forderte ihn auf, die Beziehungen zum Qing-Reich abzubrechen. König Shōtai widersetzte sich dem Befehl und bat insgeheim China um Hilfe. Im April 1879 schließlich entsandte die Regierung ein Heer, setzte Shōtai als König ab, erklärte Ryūkyū zur Präfektur Okinawa und brachte im Mai Shōtai und sein Gefolge mit Gewalt nach Tōkyō.

Die Annexion der Ryūkyū führte zu einem neuen Konflikt zwischen Japan und dem Qing-Reich, der aber 1880 zunächst durch einen Kompromiß beigelegt werden konnte. Durch einen Vertrag sollte bestimmt werden, daß die Inselgruppen Miyako und Yaeyama zum Qing-Reich gehören, alle Inseln nördlich davon zum japanischen Territorium. Dieser Vertrag sah in einer Nebenklausel vor, daß das Qing-Reich Japan als bevorzugtes Land behandeln und ihm den Handel auf sein Territorium erlauben werde. Der Qing-Kaiser stimmte dieser Klausel nicht zu, schließlich auch nicht dem Vertrag, der die Herrschaft über Ryūkyū-Inselkette aufgeteilt hätte. Japan betrachtete danach seine Herrschaft über alle Inseln als vollendete Tatsache.

Geschichte Japans

Der erzwungene Freundschaftsvertrag zwischen Japan und Korea

Auch Korea gegenüber nahm die Ōkubo-Regierung eine agressive Haltung ein. Als Ōkubo sich in Peking aufhielt, um die Qing-Regierung wegen des Einfalls in Taiwan zu beschwichtigen, versuchte ihn der dort residierende englische Botschafter zu überreden, in Korea einzufallen, und sicherte ihm die Hilfe Englands zu. England wollte mit Hilfe Japans seinen größten Feind in Ostasien, Rußland, in Schach halten.

Im September 1875 drangen japanische Kriegsschiffe in koreanische Hoheitsgewässer ein und wurden von einer auf der Insel Kanghwa stationierten Batterie beschossen, was Japan zum Anlaß nahm, in Korea einzufallen und diesem im Februar 1876 den »Japanisch-Koreanischen Freundschaftsvertrag« aufzuzwingen. Dessen erster Artikel stellt fest, daß »Korea ein autonomes Land ist und die gleichen Rechte wie Japan hat«, was aber gleichzeitig bedeutet, Korea sei nicht mehr dem Qing-Reich untertan. Dieser Vertrag, der die gleichen Rechte beider Länder betonte, war eigentlich ein Unterwerfungsvertrag, der Japan in Korea exterritoriale Rechte zusicherte, in einem Zusatz zu den Handelsvorschriften vorsah, daß Korea keinen Einfuhrzoll erheben werde und daß die Geltung des Vertrags unbeschränkt sei.

Die Unterordnung unter die europäischen Länder und Amerika und der Militarismus

Für die neue Regierung bestand zwischen der Aufgabe, Japan von der Bevormundung durch Europa und Amerika zu befreien, und dem Einfall in die benachbarten Länder Korea und China ein kausaler Zusammenhang. Sich unterordnen und Europa und Amerika seine »Verläßlichkeit« beweisen, gleichzeitig in Korea und China eindringen, diese Strategie hatte schon Yoshida Shōin, der Führer der Samurai aus Chōshū, vertreten. Nachdem Japan 1855 mit Amerika und Rußland einen Freundschaftsvertrag geschlossen hatte, schickte Yoshida Shōin als »Meinung seiner Gesinnungsgenossen« an seinen Bruder das Gefängnistagebuch, in dem es heißt: »Wir haben mit Rußland einen Vertrag abgeschlossen, den wir nicht brechen dürfen, denn wir dürfen das Vertrauen der Barbaren nicht verlieren. Wichtig ist, die Bestimmungen genau einzuhalten, unsere Redlichkeit zu demonstrieren, die Zeit zu nutzen, unser Land stark zu machen, schwache Länder wie Korea, das

Die Meiji-Restauration (II)

mandschurische China anzugreifen, um uns das Land, das wir durch Verhandlungen an Rußland und Amerika verloren haben, in Korea und in der Mandschurei zurückzuholen.« Kido befolgte getreu das politische Programm seines Lehrers.

Da die Regierung dieses Programm verwirklichen wollte, gewann natürlich die Führung des Heeres großen Einfluß. Noch bevor die Regierung den Befehl gegeben hatte, ein Heer nach Taiwan zu senden, hatte der Oberbefehlshaber Saigō Tsugumichi bereits ein Expeditionskorps in Marsch gesetzt und sich seinen Befehl nachträglich von der Regierung bestätigen lassen. Auch für die Verletzung der koreanischen Hoheitsgewässer war die Marine allein verantwortlich, die Regierung rechtfertigte im nachhinein dieses Vorgehen. Schließlich wurde die Vorrangstellung des Militärs der Regierung gegenüber instituionalisiert. Zuerst wurde 1874 für das Heeresministerium festgelegt, daß »der Heeresminister aus dem Kreise der Offiziere zu bestimmen« sei. Bis zu dieser Zeit gehörten die Militärverwaltung und der Oberbefehl zu den Befugnissen der Regierung, im Dezember 1878 aber wurde ein Generalstab gegründet, der direkt dem Tennō unterstand. Er übte den Oberbefehl aus, war für Militärgerichtsbarkeit zuständig und jeder Einmischung seitens der Regierung entzogen. Überdies galt ein Teil der vom Generalstab erlassenen Armeeordnung als in jedem Fall verbindlich (»Was der Heeresminister verfügt, muß ausgeführt werden«), womit der Generalstab über ein Mittel verfügte, über die Köpfe seines Ministeriums hinweg zu intervenieren.

Die Alleinherrschaft der Beamten und die Neuregelung der Entlohnung

Durch die anläßlich des Streits über den Einfall in Korea möglich gewordene Vertreibung der Samurai aus der Regierung konnten die Maßnahmen zum Aufbau eines reichen starken Landes, das, wie Ōkubo und die Mitglieder der Gesandtschaft in Europa gelernt hatten, von einer Bürokratie beherrscht wurde, ohne wesentliche Widerstände durchgeführt werden.

Im November 1873, kurz nachdem Ōkubo die Führung der Regierung übernommen hatte, wurde der Aufbau eines Innenministeriums beschlossen, das im folgenden Januar seine Arbeit aufnahm und bald über das Polizeipräsidium in Tōkyō und die Behörden der Präfekturen ein Polizeinetz im ganzen Land aufbauen ließ. Kawaji Toshinaga, der beim Aufbau des Polizeisystems eine entscheidende Rolle spielte, erklärte, daß die Polizei verstärkt werden müsse, wenn die Macht der Regierung erweitert werden solle, daß die Polizei ein vorbeugendes Mittel sei, den Staat vor Krankheiten zu schützen, und daß er die Absicht habe, aus Japan einen »Polizeistaat« zu machen. Ferner behauptete er, daß die Regierung die Bürger, die wie Kinder seien, durch die Polizei in Zaum halten, d.h. beschützen müsse, und rechtfertigte so alle Maßnahmen, die das Volk bis in sein Privatleben hinein, sei es durch die Kontrolle des Haarschnitts oder die Überwachung der Verbote, öffentlich zu urinieren, unter die Aufsicht der Polizei stellte.

Eine weitere wichtige Aufgabe des Innenministeriums war die Förderung der Produktionskraft. Die Aufsicht über die Industrie, das Postwesen, Bauarbeiten und Landschaftsgestaltung, bisher zu den Kompetenzen des Finanzministeriums gehörend, wurden dem Innenministerium übertragen, das zur Verbreitung neuer Erzeugnisse und Produktionstechniken Ausstellungen veranstaltete und private Firmen mit Subventionen unterstützte.

Während Kaufleute und Unternehmer eine bevorzugte Behandlung erfuhren, wurden die Samurai durch eine neue Regelung ihrer Entlohnung wirtschaftlich entscheidend geschwächt. Auch nach der Auflösung der Lehensgebiete erhielten die Daimyō und Samurai wie bisher ihre Reiszuteilungen, aber das Finanzministerium behauptete, daß ohne Abschaffung dieser Zuteilungen die finanzielle Lage des Staats nicht zu stabilisieren sei. Als Saigō und seine Partei noch an der Macht waren, konnte das Finanzministerium diese Zuteilungen nicht antasten. Kaum daß Saigō seine Macht verloren hatte, wurde per Erlaß verfügt, daß die Zuteilungen zu versteuern seien, oder, falls die Bezugsberechtigten dies wünschten, anstatt der Zuteilungen eine Pauschalabfindung in Form von öffentlichen Anleihen zu zahlen sei (Dezember 1873). Da aber nur wenige mit dieser Lösung einverstanden waren, wurden alle Zuteilungen, auch die, die für Verdienste bei der Restauration der Monarchie in Form von Reis ausgegeben wurden, in Form von Geld ausgezahlt. Im August des Jahres 1876 folgte die Zwangsumwandlung in öffentliche Anleihen, die mit fünf bis sieben Prozent verzinst waren.

Das feudalistische System, das zuerst durch den Sturz des Bakufu, dann durch die Zurückgabe von Lehen und Volk an den Tennō, durch die Auflösung der Lehensgebiete und die Einrichtung der Präfekturen, zuletzt durch die Regelung der Entlohnung demontiert worden war, brach jetzt »ratenweise« und gegen eine Entschädigung, definitiv auseinander. Die zur Regelung der Entlohnung ausgestellten öffentlichen Anleihen beliefen sich insgesamt auf 186 Millionen, 1880 mußten allein an Zinsen 11,6 Millionen Yen bezahlt werden (Die jährlichen Einnahmen der Regierung betrugen damals zwischen 60 und 70 Millionen Yen.) Die Daimyō und die Samurai mit hohen Einkommen kauften mit den Anleihen Land, wurden Grundbesitzer, oder investierten ihr Geld in die Industrie und wurden Unternehmer. Die Mehrheit der Samurai veräußerte ihre wenigen Anleihen, die sofort von anderen Unternehmern aufgekauft wurden.

Die Herrschaft der Bürokratie hatte auch Einfluß auf das Erziehungssystem. Die Erziehung sei der Weg, um es zu etwas zu bringen, hieß es damals. Den Inhalt des Unterrichts konnten die Gemeinden noch selbst bestimmen, aber bald wurde dieser vereinheitlicht. Der aus Europa zurückgekehrte Kido äußerte im November 1873 seinem jüngeren Kollegen Itō Hirobumi gegenüber: »Das Gesetz, das einen Staat begründet, muß despotisch sein, besonders Erziehung und die Armee müssen schnell in diesem Sinne umorganisiert werden.« Die Regierung handelte entsprechend, beraubte 1879 im Erlaß zur Erziehung die Gemeinden ihrer Selbstbestimmung und baute ein zentralistisch geregeltes, einheitliches Erziehungssystem auf. Zwei Jahre später verfügte sie in den »Vorschriften für Volksschullehrer«, daß es das Ziel der Erziehung sei, »Verehrung des Tennō und Liebe zum Vaterland« zu fördern.

Die Revision der Grundsteuer

Die mit der Regelung der Entlohnung abgeschlossene Auflösung des feudalistischen Systems machte eine Bodenreform, besonders die Revision der Grundsteuer erforderlich.

Die Regierung hatte durch die Einrichtung der Präfekturen die Beherrschung und Ausbeutung der Bauern, einst in den Händen aller Feudalherren, selbst übernommen. Trotzdem entrichteten die Bauern wie zuvor ihre Jahresabgaben in Naturalien, die Regierung mußte diese verkaufen und mit dem Erlös ihre Ausgaben bestreiten. Da je nach der Ernte ihre Einnahmen variierten, konnte sie keinen präzisen Etat aufstellen. Die Berechnung der Abgaben war zudem in den ehemaligen Lehensgebieten nicht einheitlich, stand also im Widerspruch zu den Prinzipien der zentralistischen Herrschaft. Der unaufhörliche Widerstand der Bauern gegen die Gebühren für die Schätzung der Ernte (zur Festsetzung der Abgaben) und gegen dieses System überhaupt, der Aufwand für den Transport und den Verkauf der Jahresabgaben machten dieses Steuersystem unrentabel. Die auf der Entwicklungsstufe der Warenwirtschaft von fast dreihundert Familien praktizierte Form der feudalistischen Ausbeutung ließ sich in einem geeinten Staat, der auf dem Prinzip der Geldwirtschaft beruhte, nicht länger aufrechterhalten. Aus diesem Grunde mußte die Regierung eine grundlegende Bodenreform und eine Änderung des Steuersystems durchführen.

Die Revision der Grundsteuer wurde im Juli 1873 bekanntgegeben, nachdem in den Jahren 1871 und 1872 die Voraussetzungen dafür geschaffen worden waren: die Freiheit der Fruchtfolge, die Freigabe des Handels mit Land und das durch den Staat garantierte Eigentumsrecht an Grund und Boden. Die Revision der Grundsteuer bezog sich vor allem auf drei Punkte. Es wurden nicht mehr Jahresabgaben in Naturalien eingezogen, die nach der Güte des Bodens berechnet waren, sondern die Regierung stellte den Wert des Bodens fest und verlangte drei Prozent dieses Wertes als Grundsteuer, unabhängig vom Ernteergebnis: ein Drittel der Steuer sollten die Gemeinden erhalten. Bisher waren die Jahresabgaben vom ganzen Dorf entrichtet worden, die Dorfgemeinschaft oder die Fünfergruppe war auch für die verantwortlich, die ihre Abgaben nicht entrichten konnten. Nun hatte der Grundeigentümer die Grundsteuer zu entrichten und war allein haftbar. Der Wert des Bodens schließlich sollte nach fünf Jahren jeweils neu festgelegt werden.

Diese etwa 1880 abgeschlossene Revision wurde gleichzeitig mit der Vertreibung der Samurai-Partei aus der Regierung und der entschlossenen Neuregelung der Entlohnung verwirklicht. Sie war die letzte Phase der Auflösung des Feudalsystems, deshalb konnte die Regierung weder auf die Daimyō noch auf die Samurai Rücksicht nehmen.

Diese Maßnahme sicherte der Regierung zwar feste Einnahmen, aber sie bedeutete erstens keine Herabsetzung der Lasten der Bauern, weil es das Ziel der Regierung war, den Steuersatz und den Wert des Bodens so festzusetzen, daß »die Einnahmen die der Vorjahre nicht unterschreiten«.

Die Garantie des Eigentumsrechts an Grund und Boden bedeutete zweitens auch eine Annexion von Land, das vorher das Volk nutzte. Öffentlich genutztes Land, Forst und Brachflächen, an dem das Volk sein Eigentumsrecht nicht nachweisen konnte, wurden verstaatlicht, ebenso Gemeinschaftsland, das ein Dorf oder mehrere Dörfer genutzt hatten. Damit wurde jeder, der sich Unterholz nahm, als Dieb staatlichen Eigentums belangt.

Die neue Grundsteuer war drittens nicht nur so schwer wie die Lasten der Jahresabgaben, sie hatte bis zu einem gewissen Grad auch den Charakter feudalistischer Abgaben, d.h. die Berechnung des Grundstückswertes geschah aufgrund des »Nutzens«, der übrig blieb, nachdem der Ernteertrag, die

Kosten für das Dreschen und den Dünger abgezogen waren; auch der Arbeitslohn wurde in den »Nutzen« aufgenommen. Die so berechnete Grundsteuer war eine Besteuerung der Feldbestellung, hatte also den Charakter feudalistischer Abgaben. Da der Wert des Bodens von oben, von Beamten festgesetzt wurde, galt jeder Bauer, der diesen Wert nicht akzeptierte, als Feind des Hofes. Der Wert des Bodens und die Grundsteuer wurden somit von der despotischen Herrschaft willkürlich festgelegt, wie zuvor auch die Jahresabgaben des feudalistischen Systems nach einem außerwirtschaftlichen Maßstab. Und auch die Revision des Bodenwertes nach Ablauf von fünf Jahren, wie im Gesetz festgelegt, entsprach dem alten Gesetz.

Für die Pächter bedeutete die Revision der Grundsteuer eine verstärkte Ausbeutung durch den Grundbesitzer und den Staat. Den Pächtern wurde, wie zur Zeit des Bakuhan-Systems, vom Grundbesitzer 60 bis 70 Prozent der Ernte als Pachtzins abverlangt. Der Staat garantierte zwar dem Grundbesitzer diesen Pachtzins, schützte aber nicht im geringsten das Nutzungsrecht des Pächters. Schätzungsweise ein Drittel des Ackerlandes war in dieser Zeit verpachtet.

Die Revision der Grundsteuer erfolgte nach kapitalistischen Gesichtspunkten: die Anerkennung des Eigentums an Grund und Boden, die Garantie der freien Bewirtschaftung, die Aufhebung der gemeinsamen Verantwortung für Abgaben, die Einziehung einer fixen Summe als Grundsteuer. Infolge des Protestes der Bauern wurde in der Folge die Revision des Bodenwerts nicht mehr durchgeführt. 1884 wurde die Regelung aufgehoben, daß diese Revision alle fünf Jahre zu erfolgen habe, wodurch praktisch die Trennung von gehandeltem und gesetzlich festgelegtem Bodenwert definitiv wurde. Durch das Ansteigen der Reispreise und die Erhöhung des Ernteertrags sank die Grundsteuer auf 12 Prozent des letzteren. Der feudalistische Charakter der Grundsteuer löste sich allmählich auf, während das Abhängigkeitsverhältnis zwischen Grundbesitzer und Pächter größer wurde und die Grundsteuer für Pachtland den Anteil bildete, den der Staat sich durch die feudalistische Ausbeutung des Pächters durch den Grundbesitzer sicherte.

Damit war die Revision der Grundsteuer im Grunde eine halbfeudalistische, halbkapitalistische Bodenreform, die den Profit der Grundbesitzer und des Staates sicherte auf Kosten der Kleinbauern und der Pächter. Die von der Regierung erhobene Grundsteuer und der von den Grundbesitzern eingezogene Pachtzins waren die wichtigste Quelle der Kapitalakkumulation des japanischen Kapitalismus. Aus den armen Bauern, die durch die Erhebung der Grundsteuer überstürzt in die Geldwirtschaft einbezogen wurden und dadurch wirtschaftlich scheiterten, rekrutierten sich die neuen Lohnarbeiter der kapitalistischen Wirtschaft.

Der Aufbau der kapitalistischen Industrie

Alle Reformen dieser Zeit zielten wirtschaftlich — direkt oder indirekt — auf die schnelle Entwicklung des Kapitalismus ab. Die Auflösung der Lehensgebiete und die Einrichtung der Präfekturen, die dadurch erzielte politische und verwaltungstechnische Einheit des ganzen Landes, waren die Grundbedingungen für die Entwicklung eines das ganze Land erfassenden Marktes. Die Freiheit von Beruf und Wohnsitz ermöglichte den Bauern, ihre Dörfer zu verlassen und sich in den Städten als Arbeiter niederzulassen. Die Schulpflicht war eine wichtige Bedingung für die Ausbildung von Industriearbeitern. Die Regelung der Entlohnung führte dazu, daß viele Samurai ins Proletariat gedrängt wurden, hatte aber auch zur Folge, daß die feudalistische Reiszuteilung in öffentliche Anleihen umgerechnet und in Kapital umgewandelt wurden.

Die neue Regierung traf in den ersten Jahren der Meiji-Zeit eine Reihe von Maßnahmen, die dem Aufbau einer modernen Industrie dienten. 1872 wurde z.B. eine Staatsbank eröffnet, im selben Jahr die Eisenbahnlinie zwischen Tōkyō und Yokohama eröffnet und zur Erweiterung der Produktion von Seide besserer Qualität in Tomioka in der Provinz Gumma und an anderen Orten staatliche Modellfabriken gebaut. Besonders seit der Einrichtung des Innenministeriums nahmen die Maßnahmen zur Förderung der Industrialisierung auffallend zu.

Die Regierung konzentrierte sich auf die Förderung von Industrie, die militärische Bedeutung hatte. Mit den Steuern vor allem aus dem Agrarsektor errichtete sie Eisenbahnlinien und baute das Telegraphen- und Telefonnetz aus, dabei hatten aber die militärischen und der Polizei dienenden Zwecke den Vorrang vor wirtschaftlichen. Die Regierung beschlagnahmte die Eisenhütte in Yokosuka und andere Fabriken, in denen einst das Bakufu und die Daimyō Waffen und Schiffe herstellen ließen, baute die wichtigsten von ihnen aus und errichtete in Ōsaka eine Fabrik für Kanonen und andere Fabriken zur Herstellung von Gütern militärischen Bedarfs (wie die Werkstätten in Akabane). Die maschinelle Produktion nichtmilitärischer Güter

Die Meiji-Restauration (II)

begann um das Jahr 1880 mit der Mechanisierung der Baumwollspinnerei, aber in den 70er Jahren wurden bereits Kriegsschiffe, Kanonen, Gewehre, Munition und Uniformstoffe unter Anleitung von ausländischen Ingenieuren in staatlichen Fabriken maschinell hergestellt. 1880 wurden die europäischen Gewehre den Körpermaßen der Japaner angepaßt und (als »Murata-Gewehre«) maschinell produziert. Die Spinnereimaschinen dagegen wurden bis 1910 eingeführt.

Weil der japanische Kapitalismus sich vornehmlich auf den Rüstungssektor konzentrierte, verfügten die Regierung und die mit ihr verbundenen Unternehmer über große Macht. Die private Industrie konnte mit einem solchen Modernisierungstempo nicht Schritt halten.

Ich möchte als klassisches Beispiel für diese Tendenz die Mitsubishi-Reederei anführen. Als Japan 1874 in Taiwan einfiel, importierte die japanische Regierung für den militärischen Transport 13 Dampfschiffe, die sie zinslos an die Mitsubishi-Gesellschaft des Iwasaki Yatarō lieh und dieser Gesellschaft verschiedene Subventionen zukommen ließ, um ihr das Monopol für militärische Transporte zu sichern. Auch nach der Beendigung des Krieges garantierte die Regierung der Mitsubishi-Gesellschaft Privilegien, was zur Folge hatte, daß Mitsubishi die stärkste Schiffahrtsgesellschaft wurde und auch im Verkehr zum naheliegenden Ausland die Konkurrenz der ausländischen Reedereien verdrängte. Die Protektion seitens der Regierung diente nicht nur den Erfordernissen des Außenhandels, sondern gleichzeitig dem Zweck, Transportkapazitäten für mögliche Aktionen im Ausland zu schaffen, sowie der Vorsorge, in Kriegszeiten die Handelsflotte jederzeit zu militärischen Zwecken verwenden zu können.

Neben Fabriken der Rüstungsindustrie förderte die Regierung die oben erwähnte Modellfabrik für Baumwollspinnerei in Tomioka. Auch wichtige Erzbergwerke wurden unter staatliche Kontrolle gestellt, mit neuer technischer Ausrüstung versehen und, nachdem sich die japanischen Ingenieure und Arbeiter mit deren Bedienung vertraut gemacht hatten, nach 1880 für einen äußerst niedrigen Preis an den Regierungslieferanten Mitsui verkauft.

Die Modernisierung von oben

Sowohl im Bereich der Verwaltung, wie auch auf den Gebieten Kriegswesen, Erziehung, Kultur und Technisierung eignete sich Japan unter der Herrschaft des zentralistischen Beamtensystems verhältnismäßig schnell die Errungenschaften der modernen abendländischen Zivilisation an. Während der 70er Jahre wurde extrem chauvinistisches Denken, das jeden Einfluß der abendländischen Zivilisation ablehnte, noch von einem Teil der Samurai vertreten, hatte aber keinen Einfluß mehr auf die allgemeine Entwicklung.

Nach der Übernahme der festländischen Kultur, der Kultur des Sui- und des Tang-Reiches zur Zeit des Asuka- und Nara-Hofes, wurde mit dem Import der abendländischen Zivilisation nach der Meiji-Restauration die zweite einschneidende Rezeption einer fremden Kultur eingeleitet. Die Übernahme der Kultur der Sui und der Tang beschränkte sich auf das Rechtssystem, auf Lebensstil, Kunst, Buddhismus, auf Instituionen und Techniken zur Beherrschung des Volkes und auf Dinge, die der Adel zur Ausgestaltung seines Luxus benötigte. Die Übernahme der abendländischen Zivilisation veränderte dagegen Produktionstechniken und Produktionsformen. In diesem Punkt war sie zu vergleichen mit dem Übergang der von der primitiven Kultur zum Stadium der Zivilisation führenden, aus Korea und China importierten Yayoi-Kultur. Das ist das erste Charakteristikum der Modernisierung.

Die Übernahme der Yayoi-Kultur beruhte eigentlich auf einer langen Tradition während einer langen Periode, auch die darauffolgende Übernahme beruhte auf der Aktivität von Einwanderern und Technikern, Gelehrten und Mönchen, die diese mitgebracht hatten, und deren Nachkommen. Im Gegensatz dazu gab es schon vor der Meiji-Restauration Ansätze zur Entwicklung einer kapitalistischen Industrie, ein Heer, das sich aus allen Schichten des Volkes zusammensetzte, Ansätze zur modernen Wissenschaft und Technik. Die Übernahme der westlichen Zivilisation war innerhalb kurzer Zeit und durch eigene Kraft möglich. Das ist das zweite Charakteristikum.

Die Übernahme der abendländischen Zivilisation — nach der Auflösung der Lehensgebiete und der Einrichtung der Präfekturen war für viele das Schlagwort dafür »das Aufblühen einer neuen Zivilisation« — hatte großen Einfluß auf die Lebensgewohnheiten des Volkes. Die Redensart, »Wer auf einen europäisch frisierten Kopf schlägt, weiß, wie die neue Zivilisation klingt«, kam in Mode. Die Lebensgewohnheiten des Volkes wurden jedoch durch Zwang, durch Verwaltungs- und Polizeimaßnahmen verändert, die

Schulpflicht ohne Erklärung oder überzeugende Argumentation einfach von oben verfügt und der Protest dagegen mit aller Gewalt unterdrückt. Die Reformen des Heereswesens verhinderten die Bildung einer Volksmiliz, die Wehrpflicht wurde von oben verfügt. Die Armee war der Form nach einem modernen Volksheer ähnlich, ihrem Wesen nach aber nur die Armee des despotischen Tennō-Systems. Die Modernisierung von oben ließ alle Modernisierungsversuche von unten scheitern. Das ist das dritte Charakteristikum.

Die Modernisierung von oben entsprach den Erfordernissen der herrschenden Klasse. Die Einführung neuer Kriegstechniken und militärischer Ausrüstung war das wichtigste Anliegen der Modernisierung von Industrie, Wissenschaft und Technik. Die Medizin machte auf dem Gebiet der Chirurgie zur Behandlung von Kriegsverletzungen die meisten Fortschritte. Die moderne Musik begann mit der Pflege der Miltärmusik, die moderne Mathematik wurde zuerst an den Heeres- und Marineschulen gelehrt. Die abendländische Zeichentechnik wurde zuerst in der Hochschule des Bau- und Verkehrsministeriums für die Kartographie angewandt. Diese maßgeblich militärischen Zwecken dienende Modernisierung ist das vierte Charakteristikum.

Die Übernahme der abendländischen Zivilisation ermöglichte nicht nur die Beherrschung und Ausbeutung des Volkes. Mit ihr wurden auch Ideen und Theorien eingeführt, die dem Volk Mittel in die Hand gaben, sich gegen die Herrschenden zu wehren. Das ist das fünfte und wichtigste Charakteristikum. Diese Ideen und Theorien kamen bereits im 15. und 16. Jahrhundert mit dem Christentum und der europäischen Zivilisation nach Japan und wurden für lange Zeit unterdrückt. Sie lebten, nachdem sie Ende des 18. Jahrhunderts durch die westliche Wissenschaft wieder Verbreitung fanden, aufs Neue auf, in erster Linie die Ideen der Bürgerrechte.

25

Der Kampf um die Bürgerrechte

Die Vereinigung von Revolution des Volkes und Solidarität
mit Ostasien

Die Modernisierung von oben und die verschiedenen Klassen
der Gesellschaft

Die von oben verfügte Modernisierung mußte, solange sie das feudalistische
System und die Privilegien der Samurai-Klasse angriff, auf den Widerstand
der großen Masse der Samurai stoßen. Da die von der Regierung durchge-
setzte Modernisierung aber keine revolutionäre Bewegung war, die mit Hilfe
des Volkes das feudalistische System von Grund auf beseitigen wollte, sondern die einstige Ausbeutung und Unterdrückung in neuer Gestalt fortsetzte,
fand sie auch bei der großen Masse des Volkes keine Unterstützung. Bedingungslos wurde die Regierung nur von den Daimyō gestützt, die eine hohe
soziale Stellung hatten und deren Vermögen unangetastet blieb, von den
Regierungslieferanten, Großhändlern und Unternehmern und von den an
der Ausbeutung partizipierenden Großgrundbesitzern.

Den einfachen Händlern und Grundbesitzern war zwar die unternehme-
rische Freiheit bzw. das Eigentum an Grund und Boden zugesichert, aber
auch ihnen wurden nach wie vor hohe Steuern auferlegt. Sie waren unzufrieden mit den steuerlichen Sonderrechten, die die Regierung den Großunternehmern, die für die Regierung arbeiteten, zugestand. Sie besaßen darüber
hinaus keine politischen Rechte, weshalb sich in dieser Klasse bald fortschrittliche Gruppen bildeten, die Einfluß auf die Politik zu nehmen suchten.

Die Samurai, die durch die Einführung der Wehrpflicht und die Neuregelung der Entlohnung ihrer Rechte beraubt wurden, bildeten eine Widerstandsbewegung, die sich aufspaltete in eine fortschrittliche Partei, die sich
mit dem Volk verband und demokratische Reformen verwirklichen wollte,
und in eine reaktionäre Partei, deren Ziel es war, die Regierung mit Waffengewalt zu stürzen.

Die Auflösung der Lehensgebiete und die Einrichtung der Präfekturen führten in den Landgebieten zu politischen Konflikten, und zwischen 1871 und 1874 kam es infolge der Einführung der Wehrpflicht, der Schulpflicht und der Revision der Grundsteuer überall im Land zu Aufständen, mit denen sich das Volk gegen die neuen Lasten wehrte. Während dieser vier Jahre wurden neunzig Aufstände verzeichnet, darunter elf, an denen sich mehr als zehntausend Menschen beteiligten, sechs davon allein im Jahr 1873. Die Aufstände dieses Jahres richteten sich gegen die Wehrpflicht und die Schulpflicht und brachen besonders in den Gebieten Mittelwestjapans, in Shikoku und Kyūshū aus, die von Mißernten heimgesucht wurden, also unter der Verteuerung des Reises zu leiden hatten. Im Juni 1873 wurden in den Distrikten Kama und Honami der Präfektur Fukuoka während eines Aufstandes, an dem 30000 Menschen teilnahmen und der neun Tage dauerte, 4000 Häuser von Reis- und Sakehändlern, Geldverleihern, Dorfbeamten und reichen Bauern zerstört oder niedergebrannt, ebenso viele Behörden und Schulen, schließlich auch das Gebäude der Provinzialverwaltung.

Die Debatte um ein vom Volk gewähltes Parlament

Einer der Gründe, warum Kido und Ōkubo im Oktober 1873 anläßlich des Streits um den Einfall in Korea gegen diesen Plan argumentierten, ist in reaktionären Widerstandsaktionen zu suchen. Der zurückgetretene Staatsrat Saigō und der größte Teil der Offiziere des Wachbataillons, die aus Satsuma stammten, kehrten nach Kagoshima zurück, wo sie alle führenden Ämter der Provinzialverwaltung besetzten, eine als Privatschule ausgegebene Militärschule gründeten, die Steuern der Provinz nicht an die Zentralregierung abführten und praktisch eine selbständige regionale Militärregierung aufbauten.

Andere aus der Regierung ausgeschiedene Staatsräte wie Itagaki Taisuke, Gōtō Zōjirō, Fukushima Tanemi und Etō Shimpei hörten mit großem Interesse die Berichte über das parlamentarische Regierungssystem Englands, die Komuro Shinobu und Furuzawa Shigeru nach einem längeren Studienaufenthalt in London mitbrachten, und überreichten im Januar 1874 der Regierung ein Memorandum für die Errichtung eines »vom Volke gewählten Parlaments«, das gestützt auf die »öffentliche Meinung« regieren und die Alleinherrschaft der Beamten ablösen sollte. Dieses Memorandum veröffentlichten sie auch in der Zeitung »Neue Nachrichten« *(Nisshin Shinjishi)*, außerdem gründeten sie die »Öffentliche Patriotische Partei« *(Aikoku Kōtō)*, deren wichtigste Programmpunkte waren, daß der Himmel allen Menschen bestimmte unveränderbare »allgemeine Rechte« gegeben habe (die These der vom Himmel gewährten Menschenrechte), daß das Volk nicht Sklave der Regierung sei, sondern daß diese für das Volk eingerichtet sei, daß die Verwirklichung der »allgemeinen Rechte« der einzige Weg sei, »das Ansehen des Landes zu stärken und den Wohlstand des Volkes zu heben«, Ausdruck der »Liebe zum Herrscher und zum Vaterland«.

Das Programm propagiert nicht die Souveränität des Volkes, und es ist auch nicht klar, ob das vom Volke gewählte Parlament als ein von der Regierung unabhängiges gesetzgebendes Organ gedacht war oder nur als eine die Regierung beratende Körperschaft, aber zum ersten Mal in der japanischen Geschichte wurde öffentlich gefordert, daß das Volk unveräußerliche Rechte besitze und daß die Regierung für das Volk da sei. Es hatte für Japan, in dem vorher jede Gruppenbildung zur Vertretung von Interessen strengstens untersagt war, revolutionäre Bedeutung, daß sich nun eine politische Partei formierte. Hier wurde zum ersten Mal der Begriff »Vaterlandsliebe« in seiner wirklichen Bedeutung gebraucht. Dieser Begriff kommt schon im *Nihongi* vor, aber dort wird er *mikado wo omou* gelesen, hatte also nur die Bedeutung von »den Tennō verehren«.

Die Debatte um ein vom Volk gewähltes Parlament entwickelte sich zu einer leidenschaftlichen Auseinandersetzung. Katō Hiroyuki und andere, auf Seiten der Regierung stehende Gelehrte argumentierten, daß das Volk noch zu ungebildet und unwissend sei, als daß ein frei gewähltes Parlament schon funktionieren könnte. Ōi Kentarō, Spezialist für französisches Recht, entkräftete die Argumente Katōs, der zwischen beiden wiederholt ausgetragene Streit machte vielen die Bedeutung dieses Problems bewußt. Itagaki gründete mit Kataoka Kenkichi, einem seiner Vertrauten, der sich in England aufgehalten hatte, in seiner Heimat Kōchi eine »Vereinigung von Entschlossenen« *Risshisha* zur politischen Erziehung und Verwirklichung der »vom Himmel gewährten Menschenrechte«, und Komuro in Tokushima die »Vereinigung zur Selbsthilfe« *Jijosha*. In der Folge kam es im ganzen Land zur Gründung ähnlicher Vereinigungen.

Von der konfuzianischen Theorie der Revolution zur neuen Theorie der Menschenrechte

Die jungen Intellektuellen, die selbst den Sturz des Bakufu, die Auflösung der Lehensgebiete und die vielen Reformen erlebt hatten, waren empfänglich für neue politische Ideen. Der Konfuzianismus, der die Grundlage der damaligen Erziehung bildete, lehrte ursprünglich auch die Theorie, die den Wechsel der Herrschaft von einer Dynastie zur anderen (durch Revolution) rechtfertigte, wenn eine Dynastie den Auftrag des Himmel nicht erfüllte. Diese Theorie, war während der Herrschaft des Bakuhan-Systems nicht offiziell so interpretiert worden, trug aber jetzt zum Verständnis der abendländischen Ideen einer Volksrevolution bei. Worte berühmter Helden des chinesischen Altertums wie, »König, Fürsten, Generäle und Minister sind nichts Besseres als wir!« oder »Das Reich gehört dem Reich und ist nicht das Reich eines Einzelnen«, erleichterten die Aufnahme moderner Ideen, die die Gleichheit aller Menschen betonen und die Auffassung, daß das Volk der Herr des Staates ist.

Viele Intellektuelle studierten abendländisches Schrifttum, das Theorien über »Freiheit« und »Menschenrechte« enthielt. John Stuart Mills berühmte »Theorie der Freiheit«, die Nakamura Keiu übersetzte, erschien im Februar 1872 unter dem Titel »Das Prinzip der Freiheit« und beeinflußte das Denken vieler junger Menschen. Die erste Auflage von Fukuzawa Yukichis »Empfehlung, Wissenschaft zu betreiben«, die mit den Worten »Der Himmel schafft keine Menschen, die über den Menschen stehen, auch keine Menschen, die unter den Menschen stehen« beginnt, erschien Ende des Jahres 1871 in mehr als 200 000 Exemplaren. Diese Schrift kritisiert nicht die despotische Herrschaft und lehrt auch nicht die Menschenrechte, sie rechtfertigt im Prinzip die Regierung. Dennoch hatte sie großen Einfluß auf das Denken dieser Zeit, denn sie machte vielen die Rechte des Einzelnen bewußt.

Erst jetzt begann in der japanischen Geschichte die wirkliche Rezeption der ausländischen Zivilisation, die nicht mehr dazu diente, die bestehende Herrschaft zu rechtfertigen, sondern Freiheit und Menschenrechte gegen die Herrschaft zu verteidigen: eine Modernisierung von unten gegen die Modernisierung von oben.

Im Februar 1875 entstand aus der Verbindung der »Öffentlichen patriotischen Partei« mit der »Vereinigung von Entschlossenen« und den politischen Gruppen, die sich unter deren Einfluß gebildet hatten, die »Patriotische Vereinigung« *(Aikokusha),* die erste überregionale Partei Japans. Die Forderung

Geschichte Japans

nach Freiheit des Volkes und des Rechts, an politischen Entscheidungen teilzunehmen, also die Forderung nach Bürgerrechten fand unter den Intellektuellen schnell überzeugte Anhänger. Sogar Gruppen, die eine Republik forderten, meldeten sich zu Wort. Die Regierung publizierte, um die öffentliche Meinung für sich zu gewinnen, im Mai dieses Jahres einen Erlaß, der besagte, daß sie »in Kürze Vertreter des ganzen Volkes einberufen und nach öffentlicher Beratung Gesetze verabschieden« werde, der erste Erfolg der Bewegung für Bürgerrechte.

Politische Zeitungen und die Verteidigung revolutionärer Ideen

Die wirksamste Waffe dieser Bewegung, die wirkungsvollste Maßnahme der »Modernisierung von unten« war die Herausgabe von Zeitungen. Periodische Zeitschriften, die dem Zwecke der Nachrichtenvermittlung dienten, waren bereits vor der Meiji-Restauration erschienen, 1862 die »Amtliche Batavia-Zeitung« *(Kanpan Batavia Shinbun),* herausgegeben vom Amt für Europäische Wissenschaft des Bakufu, und 1864 die »Nachrichten aus Übersee« *(Kaigai Shinbun),* die Hamada Hikozō redigierte, ein Kapitän, der mit seinem Schiff in Amerika gestrandet war und dort für mehrere Jahre gelebt hatte. Beide Zeitungen waren mit Holzlettern gedruckte Publikationen kleinen Formats, aber schon 1870 erschien die mit Bleilettern gedruckte einseitige »Tageszeitung von Yokohama« *(Yokohama Mainichi Shinbun),* herausgegeben von einem Kaufmann aus Yokohama, gedruckt von Schülern des Motoki Shōzō, dem es 1869 in Nagasaki gelungen war, Bleilettern zu gießen. 1872 erschienen dann die »Tageszeitung von Tōkyō« *(Tōkyō Nichinichi Shinbun),* die »Neue Nachrichten« *(Nisshin Shinjishi),* die »Nachrichten aus dem ganzen Land« *(Chōya Shinbun)* und andere.

Die Regierung erkannte bald die Macht dieser Zeitungen, verabschiedete am 19. Oktober 1873, vier Tage vor der Beendigung des Streits um den Einfall in Korea, Vorschriften für die Herausgabe von Zeitungen, die es den Verlagen zur Pflicht machten, eine Druckerlaubnis bei der Regierung einzuholen — vorher bestand nur die Verpflichtung der Anmeldung —, jede Kritik an der Gesetzgebung und an der Politik der Regierung und jede Information untersagten, die gegenüber »Staatsangelegenheiten« »Obstruktion erzeugen könne«. Die »Neue Nachrichten« war ein von einem Engländer finanziertes Unternehmen, weshalb die Regierung nicht unterbinden konnte, daß das

356

Memorandum für die Errichtung eines vom Volke gewählten Parlaments in dieser Zeitung abgedruckt wurde. Alle anderen Zeitungen setzten sich über die Vorschriften hinweg und veröffentlichten weiter Artikel, die sich mit der Politik der Regierung kritisch auseinandersetzten.

Die Regierung reagierte, ganz im Widerspruch zur Intention ihres Erlasses, ein Parlament einzuberufen, im Juni 1875 mit einem Pressegesetz, das die Meinungsfreiheit stark einschränkte und Zuwiderhandlungen mit Gefängnis- oder Geldstrafen ahndete. Gleichzeitig wurde das Gesetz gegen Verleumdung verabschiedet, das jede private oder öffentliche Kritik gegen Beamte untersagte. Die von Fukuzawa Yukichi 1873 gegründete *Meirokusha* löste sich auf, weil sie sich durch diese beiden Gesetze in ihrer Aktionsfreiheit beschränkt sah.

Die Unterdrückung der Meinungsfreiheit löste bei allen gegen die Regierung gerichteten Gruppen eine verstärkte Agitation aus. In der Folge erschienen die »Kritische Zeitung« *(Hyōron Shinbun)*, Erstausgabe April 1875, die »Aktuelle Zeitung« *(Saifū Shinbun)*, November 1875, die »Zeitkritik« *(Kinji Hyōron)*, Juni 1876, und andere kleinformatige, die Regierung scharf kritisierende Zeitungen, in denen nachdrücklich das Recht auf Widerstand und das Recht auf Revolution verteidigt wurden, so z.B. in den Artikeln »Theorie über die Notwendigkeit, die despotische Regierung zu stürzen« von Itō Kōji in Nr. 62 der »Kritischen Zeitung«, im Januar 1876 oder »Theorie von der Notwendigkeit, die Freiheit mit Blut zu erkaufen« von Ueki Emori in Nr. 11 der »Neuen Volksnachrichten« *(Kokaishinpō)*, Juni 1876. Einige dieser Artikel versuchten, die Aufstände der reaktionären Samurai zu rechtfertigen, aber sie rechtfertigten jetzt ihre Opposition nicht mehr mit der feudalistischen Moral, sondern mit Theorien, die dem Volk das Recht auf Widerstand und Revolution zusprachen, eine bemerkenswerte Wandlung im politischen Denken dieser Zeit.

Die Aufstände in Ise und Satsuma

Vier ehemalige Staatsräte hatten das Memorandum für die Errichtung eines Parlaments unterzeichnet, außer Itagaki aber nur drei, um gegen die von Ōkubo geführte Regierung zu protestieren, Itō Shinpei wurde im Februar 1874 in seiner Heimat zum Führer der reaktionären Samurai gewählt, hob unter dem Vorwand, die Ausländer zu vertreiben und in Korea einzufallen,

Geschichte Japans

ein aus 4 000 bis 5 000 Samurai bestehendes Heer aus, wurde aber von einem Heer der Regierung, das vor allem aus Soldaten der Garnision Ōsaka bestand, innerhalb kurzer Zeit geschlagen (Saga-Aufstand). Im März 1876 wurde den Samurai verboten, ihr Schwert, einst das Symbol ihrer Privilegien, zu tragen, im August wurde ihre Entlohnung trotz heftigen Widerstands neu geregelt. Die Empörung der Samurai erreichte ihren Höhepunkt. Im Oktober protestierte in Kumamoto eine chauvinistische Gruppe, desgleichen die Samurai in Akizuku (Präfektur Fukuoka), anschließend hoben die Samurai in Hagi (Präfektur Yamaguchi) ein Heer aus, auch die Samurai in der Provinz Kagoshima, dem Zentrum aller unzufriedenen Samurai des Landes, begannen ihren Unmut unverholen zu äußern. Die Regierung wußte nur zu gut, daß die Samurai von mehr als zwanzig Präfekturen sich zusammenschließen würden, wenn Saigō Takamori sie dazu aufforderte.

Die Maßnahmen der Grundsteuerrevision waren fast abgeschlossen, aber hartnäckige Widerstandsaktionen gegen die ungerechtfertigt aufgezwungene Bewertung des Bodens wiederholten sich in allen Teilen des Landes. An diesen Aktionen nahmen alle Bauern teil, also auch die reichen Bauern und Grundbesitzer. Meist übergaben die Bauern den Gouverneuren zunächst Petitionen, die aber unbeantwortet blieben, so daß den Bauern kein anderer Weg offen stand, als entweder zu resignieren oder sich mit Gewalt zu wehren. Im Mai 1876 organisierten die Bauern zweier Distrikte der Präfektur Wakayama einen Aufstand, im November die Bauern zweier Distrikte der Präfektur Ibaraki, im Dezember erfaßte ein Bauernaufstand die ganze Präfektur Mie (Ise), der wiederum Aufstände in den benachbarten Präfekturen Aichi, Gifu und Wakayama auslöste, diesmal in einem Ausmaß, das die japanische Geschichte bisher noch nicht kannte (Ise-Aufstand). Das Volk zerstörte oder brannte alle amtlichen Gebäude wie Gemeindeämter, Schulen, Polizeistationen nieder, vernichtete alle Register und Akten, verschonte auch nicht die Präfekturverwaltung und die Gerichte, zerstörte die Gefängnisse und befreite die Gefangenen.

Die Regierung mobilisierte zweitausend Samurai dieser Gebiete und konnte dann mit den Truppen der Garnison Nagoya den Aufstand unterdrücken.

Die staatliche Seite fürchtete nichts mehr, als daß sich das Volk und die Samurai um Saigō Takamori gegen die Regierung verbündeten. Deshalb senkte sie die Grundsteuer auf zweieinhalb Prozent des Bodenwerts und die Zusatzsteuer von einem Drittel auf ein Fünftel der Grundsteuer. Das Volk stellte mit Selbstvertrauen fest: »Wir haben mit Bambuslanzen 2,5 Prozent herausgeschlagen!«

Die reaktionären Samurai konnten sich weder mit dem Volk verbünden, noch gelang es ihnen, in ihren eigenen Kreisen eine einheitliche Front zu bilden. Ihr Denken war immer noch von der engen Welt des Feudalismus bestimmt. Sogar die Samurai der Präfektur Kagoshima, die über die meisten politischen und miltärischen Erfahrungen verfügten, waren nicht in der Lage, einen das ganze Land erfassenden Aufstand zu organisieren, sie erhoben sich, ohne Verbündete gewonnen zu haben, 1877 unter der Führung von Saigō Takamori. Als wenig überzeugenden Grund gaben sie an, daß Spitzel der Regierung versucht hätten, den General Saigō Takamori zu ermorden. Ihre Einheiten zählten 40 000 Krieger, das Heer der Regierung, hauptsächlich aus neuen, aufgrund des Wehrpflichtgesetzes eingezogenen Einheiten bestehend, dagegen 60 000. Nach einem Krieg, der ein halbes Jahr dauerte, wurde Saigōs Heer vernichtet. Saigō beging Selbstmord.

Saigō Takamori war eigentlich nicht reaktionär gesinnt, sondern eher überzeugt von der Notwendigkeit bürgerlicher Reformen, aber er konnte die Samurai, mit denen er viele Jahre gemeinsam gekämpft und mit deren Hilfe er das Bakufu hatte stützen können, nicht einfach ihrem Schicksal überlassen. Er hatte sicher keine Hoffnung, daß der Aufstand Erfolg haben könnte, dennoch setzte er sein Leben ein für die, die ihm lange Gefolgschaft geleistet hatten. Keiner kann gegen den Fortschritt der Geschichte ankämpfen ohne zu scheitern, auch nicht der tugendhafte »große« Saigō und die mutigen Samurai von Satsuma.

Der Aufstand der Artillerie der Palastwache

Der Krieg in Kyūshū hatte bewiesen, daß das neue Heer stärker war als noch so kampfesmutige Samurai, daß die Zeit, in der diese als Klasse eine entscheidende Macht darstellten, endgültig vorbei war. Den Samurai blieb, wenn sie weiter gegen die Regierung kämpfen wollten, keine andere Wahl, als sich mit der Bürgerrechtsbewegung zu verbünden. Die Gruppe, die bisher ausschließlich von aus der Klasse der Samurai stammenden Intellektuellen angeführt worden war, erhielt eine breitere Basis durch die direkte Unterstützung des Volkes, das gegen die überhöhten Grundsteuern kämpfte.

Während des Krieges in Kyūshū versuchte Kataoka Kenkichi, der Vertreter der »Vereinigung von Entschlossenen« in Tosa, eine Eingabe, die eine leidenschaftliche Anklage gegen die Regierung enthielt, direkt an den Tennō zu leiten. Er nahm darin die Staatsräte, die wenige Jahre zuvor für einen Einfall in Korea gestimmt hatten, in Schutz, forderte eine respektvollere Behandlung der Samurai und machte, obwohl selbst Samurai, auf die Widersprüche der despotischen Politik und des Wehrpflichtgesetzes, auf die Bevorzugung privilegierter Regierungslieferanten und die Unterdrückung der freien Entwicklung der Industrie und auf den berechtigten Widerstand des Volkes gegen die überhöhte Grundsteuer aufmerksam. Dem Tennō warf er vor, dieser habe Minister ernannt, deren Politik solche Mißstände verursache. Die Regierung unterdrückte die Eingabe, woraufhin Kataoka sie drucken ließ und der Öffentlichkeit bekannt machte. Anläßlich dieser Auseinandersetzung formierte sich die »Patriotische Vereinigung«, die eine Zeit wegen finanzieller Schwierigkeiten ihre Aktivität eingestellt hatte, neu, und veranstaltete im November 1878 in Ōsaka ihren ersten Parteitag.

Zu dieser Zeit protestierten im ganzen Lande die Bauern gegen die willkürliche amtliche Bewertung ihres Grund und Bodens. Im August, drei Monate vor dem Parteitag, kam es zu einem Vorfall, der großes Aufsehen erregte: 260 Soldaten des ersten Artillerie-Bataillons der Palastwache erhoben sich unter der Führung der Soldaten Misoe Unosuke und Kojima Mankichi. In der Regierungserklärung hieß es, daß die Soldaten unzufrieden damit gewesen seien, daß nach dem Krieg in Kyūshū die Unteroffiziere und gemeinen Soldaten für ihre Verdienste nicht belohnt worden wären. Es mag dahingestellt sein, ob das der einzige Grund war. Misoe und seine Soldaten töteten in der Nacht des 23. August in der Takebashi-Wache neben dem Palast den Bataillonschef und den wachhabenden Offizier, entwendeten eine Kanone, beschossen damit den Amtssitz des Finanzministers und zogen dann weiter nach Akasaka zum provisorischen Palast. Es war ihr Plan, gemeinsam mit der Infanterie der Palastwache den Palast zu stürmen, ihn in Brand zu setzen und einige Minister als Geiseln festzunehmen. Dieser Plan war jedoch der Regierung hinterbracht worden, die Kooperation mit der Infanterie kam nicht zustande, der Aufruhr wurde sofort niedergeschlagen. Nicht nur diese eine Abteilung der Palastwache, sondern die Artilleristen der Garnisonen Tōkyō und Ōsaka, die Infanterie der Garnison Kumamoto und der Untergarnison Utsunomiya äußerten ihre Unzufriedenheit in bewaffneten Aktionen.

Die Union zur Errichtung eines Parlaments

Die Regierung gründete im April 1879 Präfekturversammlungen, die als Ersatz für die von den Bürgerrechtlern geforderten »Volksversammlungen der Landgebiete« fungieren sollten. Diese Präfekturversammlungen wurden zwar in Sachen des vom Gouverneur aufgestellten Etats gehört, hatten aber kein Bewilligungsrecht. Sie waren also alles andere als Volksversammlungen, boten aber immerhin reichen Bauern und Kaufleuten der Landgebiete eine Plattform, sich für die Bürgerrechtsbewegung zu engagieren. Nicht nur aus den politischen Gruppen, die der »Vereinigung von Entschlossenen« nahestanden und von der Samurai-Intelligenz angeführt wurden, sondern auch in den Auseinandersetzungen der Präfekturversammlungen mit den Gouverneuren entstand eine von reichen Bauern und Kaufleuten geführte Bürgerrechtsbewegung. Beide Bewegungen vereinigten sich und verliehen der Forderung nach der Errichtung eines Parlaments als Repräsentanten einer breiten Schicht des Volkes Ausdruck.

Zur Bürgerrechtsbewegung gehörte auch eine Gruppe, die die Regierung kritisierte, weil diese nicht für die Erhöhung des nationalen Prestiges kämpfe – die Samurai, die vorher für den Einfall in Korea eingetreten waren. Im November 1879 forderte diese Gruppe auf dem dritten Parteitag der »Patriotischen Vereinigung« als erstes die Revision der mit dem Ausland abgeschlossenen Verträge, aber die Mehrheit der Teilnehmer lehnte diesen Vorschlag mit der Begründung ab, daß vor allem die Verwirklichung der Bürgerrechte im Lande, die Errichtung eines Parlaments dringendere Aufgaben seien, deren Lösung nicht zuletzt auch dem Nationalprestige diene.

Am vierten Parteitag der »Patriotischen Vereinigung«, der im März 1880 stattfand, nahmen 114 Vertreter von 87000 Mitgliedern der Partei aus zwei Regierungsdistrikten und 22 Präfekturen (zwischen Iwate und Kumamoto) teil, die den Namen der Partei in »Union zur Errichtung eines Parlaments« *(Kokkai Kisei Dōmei)* umänderten und beschlossen, den Tennō zu bitten, ihrer Forderung zu entsprechen.

Da die Regierung dem Volk nicht das Recht zugestand, Eingaben zu machen, wies sie auch die Petition der Union zurück. Außerdem erließ sie ein »Versammlungsgesetz«, nachdem die Erlaubnis für politische Vereinigungen und Versammlungen oder deren Auflösung der Willkür der Polizei überlassen war. Das Gesetz bestimmte: »Es ist verboten, Kritik an politischen Entscheidungen zu verbreiten oder diese öffentlich zu diskutieren, auch darf ein Mitglied einer solchen Vereinigung oder Versammlung weder mit Publikationen die öffentliche Meinung zu beeinflussen suchen, noch mit anderen Nachrichten austauschen.«

Die Bewegung für die Errichtung eines Parlaments wurde jedoch trotz dieser repressiven Maßnahmen immer stärker. Am zweiten Parteitag der »Union«, der kaum acht Monate nach dem ersten im November 1880 in Tōkyō stattfand, nahmen bereits doppelt so viele Vertreter teil. Der Parteitag beschloß, da Eingaben und Petitionen keinen Erfolg hatten, die Regierung nicht aufzufordern, ein Parlament zu gründen, da das Land ja ursprünglich dem Volke gehört habe, sondern ein Parlament mit eigener Kraft durchzusetzen. Die Vertreter sollten bis zum nächsten Parteitag einen Verfassungsentwurf ausarbeiten. Schließlich wurde ein Plan verabschiedet, die bisherigen Opfer der Bürgerrechtsbewegung zu unterstützen.

Die Gründung der »Liberalen Partei« (Jiyūtō) und der »Fortschrittspartei« (Kaishintō)

Anläßlich dieses Parteitages bildeten die Vertreter aller liberalen Gruppen im November die Liberale Partei. Sie wollten nicht nur die Einrichtung eines Parlaments durchsetzen, sondern auch erreichen, daß die Politik nach den Ideen der Bürgerrechte ausgerichtet werde. Ihr Programm erwähnt mit keinem einzigen Wort den Tennō, sondern fordert nur die Freiheit des japanischen Volkes, die Erweiterung seiner Rechte, den Fortschritt des Landes und die Erhöhung des Wohlstands, gleiche Rechte für alle und den Aufbau eines auf einer Verfassung beruhenden Staats. In dieser Bewegung gab es Ansätze zu einer bürgerlichen demokratischen Revolution, die, wären sie konsequenter weiterentwickelt worden, eine Revolution durchaus möglich gemacht hätten.

Angesichts der immer stärker werdenden Bürgerrechtsbewegung kam es auch in der Führung der Regierung zu Meinungsverschiedenheiten. Während eine Gruppe meinte, man brauche eine unzufriedene, zersplitterte Bewegung nicht zu fürchten, schlug eine andere vor, man solle bei nächster Gelegenheit, den Tennō eine Verfassung verabschieden lassen. Ōkuma Shigenobu, forderte auf, sofort eine Verfassung zu schaffen und ein Parlament zu gründen. Er ließ an Zeitungen, auf die er Einfluß hatte, Nachrichten weiterleiten, aus denen hervorging, daß die Regierung amtliches Eigentum, vor allem Geräte, die für die Erschließung Hokkaidōs verwendet worden waren,

362

weit unter Preis an Kaufleute aus Satsuma losschlagen wollte, und mobilisierte damit die öffentliche Meinung gegen die Regierung. Er stammte aus Bizen und wollte die Gelegenheit nutzen, die Politiker, die aus Satsuma und Chōshū stammten, aus der Regierung zu drängen, um selbst mehr Einfluß zu gewinnen.

Iwakura und Itō Hirobumi und die Mehrheit der Regierung mußten befürchten, daß Ōkuma und seine Anhänger mit der Liberalen Partei eine Front bilden könnten. Ende 1880, als die Vertreter verschiedener Fraktionen das Programm der Liberalen Partei festlegten, waren auch Anhänger Ōkumas anwesend, und Anfang Oktober 1881 trafen sich alle Vertreter der Präfekturen in Tōkyō, um die Bildung einer einheitlichen, liberalen Partei vorzubereiten.

Die Regierung spielte, um diese Bewegung zu spalten, ihren letzten Trumpf aus, indem sie am 12. Oktober bekanntgab, daß »im Jahre 1890 ein Parlament eröffnet, vom Tennō eine Verfassung verabschiedet werde, daß aber die, die damit nicht zufrieden seien und eine schnellere Lösung wünschten und dadurch die Staatsicherheit gefährdeten, gesetzlich verfolgt würden«. Die Regierung befriedigte mit diesem Schritt die gemäßigte und reformistische Fraktion und schaltete mit einem Schlag die progressive, revolutionäre Fraktion aus. Ōkuma wurde aufgrund einer Intrige, die Inoue Kowashi, ein Sekretär des Kabinetts, vorbereitet hatte, aus der Regierung gedrängt.

Daß Kaiser und Regierung die Eröffnung eines Parlaments versprochen und den Zeitpunkt schon festgelegt hatten, war für die Bürgerrechtsbewegung ein großer Erfolg. Aber auch die Regierung hatte ihr Ziel erreicht, die Partei spaltete sich in eine reformistische und eine revolutionäre Fraktion, außerdem brachen Machtkämpfe aus, in denen sich sowohl persönliche als auch regionale Konfrontationen artikulierten (besonders zwischen der Tosa- und Anti-Tosa-Gruppe). Die Bildung einer großen geeinten Partei wurde unmöglich. Die progressive Fraktion formierte sich zur Liberalen Partei und begann unter der Führung von Itagaki am 29. Oktober offiziell ihre Arbeit. Reiche Bauern, Manufakturbesitzer und aus Kreisen der Samurai stammende progressive Intellektuelle waren die geistigen Führer dieser Partei, deren breite Basis jedoch die einfachen Bauern bildeten. Das Programm war präziser gefaßt als im Vorjahr, die Kaiserfamilie war mit keinem Wort erwähnt, auch nicht das Problem, das Prestige des Landes durch Einfälle in andere Länder zu heben.

Die Liberalen in Kyūshū billigten dagegen solche Maßnahmen zur Hebung des nationalen Prestiges, auch waren sie nicht damit einverstanden, daß das Programm der Partei von ihren Anhängern in Tosa bestimmt wurde, weshalb sie im März 1882 eine eigene Partei gründeten, die »Fortschrittspartei von Kyūshū« *(Kyūshū Kaishintō)*. Die Liberalen in Ōsaka gründeten ebenfalls eine eigene Partei, die »Verfassungspartei« *(Rikken Seitō)*. Der Vorstand dieser Partei hatte zur Liberalen Partei enge persönliche Kontakte, sein Programm aber war im Grunde, wie ich später ausführen werde, das der Fortschrittspartei.

Die gemäßigte Fraktion der Liberalen formierte sich unter dem Parteivorsitz von Ōkuma Shigenobu im April 1882 zur »Konstitutionellen Fortschrittspartei« *(Rikken Kaishintō)*. Die Fortschrittspartei forderte eine »konstitutionelle Monarchie nach dem Muster Englands«, in der der Herrscher und das Volk gemeinsam der Souverän des Staates seien. Diese Partei hatte nur wenig Kontakte zur Mehrheit der Vertreter der Regierung, sie wurde gestützt vom Großbürgertum (Großunternehmern wie Mitsubishi), dem Handel und Gewerbe der Städte in den Landgebieten und geführt von Intellektuellen, die eine »abendländische« Erziehung genossen hatten. Auch ein Teil der reichen Bauern sympathisierte mit dieser Partei, die mehr die »Freiheit« schätzte als »Bürgerrechte« und die »Verehrung des *tennō* und Wohlstand des Volkes« zum zentralen Slogan ihres Programms machte.

Um diesen Parteien entgegenwirken zu können, gründete auch die Regierung ihre eigene Partei, die »Kaiserliche Partei« *(Teiseitō),* die nur dem Tennō Souveränität zuerkannte.

Die Radikalisierung der Bürgerrechtsbewegung

Während des folgenden Jahres erreichte die Bürgerrechtsbewegung im ganzen Land ihren Höhepunkt. Daß der politische Kampf um die Bürgerrechte sich mit dem Widerstand gegen Steuern und den regionalen Protestaktionen zur Erlangung wirtschaftlicher Vorteile verband, die der Sicherung des täglichen Lebens dienten, dafür hatte es schon 1879 ein Beispiel gegeben, als die von Sugita Teiichi geführten Bauern aus sieben Distrikten der Fukushima-Provinz gegen die willkürliche Festsetzung des Bodenwerts Widerstand leisteten, oder im Mai 1881, als Ueki Emori den Verband der Sakebrauer im ganzen Land zu einem Protest gegen die Erhöhung der Sake-Steuer organisierte. Die Verbindung von Bürgerrechtsbewegung und dem Widerstand des Volkes gegen die Ausbeutung wurde nach der Gründung der Liberalen Partei noch intensiver. Hauptsächlich die Präfekturversammlungen waren der Ort, an dem die gemeinsamen Aktionen die Auseinandersetzungen bestimmten. In der Präfektur Fukushima kam es 1882 schließlich zu einem großen Volksaufstand. Der Gouverneur Mishima Michitsune hatte die Mitglieder der Liberalen Partei verfolgt (»Ich dulde in meinem Amtsbereich weder einen Brandstifter noch die Liberale Partei!«), und das Volk zu Bauarbeiten verpflichtet und zur Finanzierung dieser Arbeiten die Steuern erhöht. Die Mitglieder der Liberalen Partei kämpften, geführt vom Vorsitzenden der Präfekturversammlung Kōno Hironaka, gegen die Willkürherrschaft des Gouverneurs Mishima, forderten den Sturz der despotischen Regierung, mobilisierten das Volk, um die Aufhebung der Fronarbeit und der Sondersteuern durchzusetzen. Im Dezember wurde Kōno von den Behörden gefangen genommen und wegen Anstiftung zum Aufruhr angeklagt. Mehrere Tausend Bauern aus den drei Distrikten, die am meisten unter den Lasten der Fronarbeit zu leiden hatten, setzten den Kampf fort (Fukushima-Affäre). Ihr Aufstand wurde schnell niedergeschlagen, aber die jungen Mitglieder der Liberalen Partei engagierten sich danach noch entschlossener für die Ziele ihrer Partei.

Tarui Tōkichi aus Yamato gründete im Mai 1882 in Shimabara (Präfektur Nagasaki) die »Sozialistische Partei Ostasiens« *(Tōyō Shakaitō)*, deren Ziele er wie folgt formulierte: »Die Gleichheit ist oberstes Prinzip. Der oberste Zweck ist der größtmögliche Wohlstand für die ganze Gesellschaft«. Er überredete die Bauern, für eine Bodenreform zu kämpfen, die alles Land nur den selbst bestellenden Bauern zuspricht. Die Regierung ordnete sofort die Auflösung der Partei an, aber Tarui setzte seine Agitation fort und wurde im folgenden Januar zu einer Gefängnisstrafe verurteilt. In Tōkyō versuchte Okumiya Takeyuki, ein Mitglied der Liberalen Partei, die Rikschakulis in einer Partei der Rikschafahrer zu organisieren, die allerdings keine politische Aktivität entwickeln konnte. Doch wird hier deutlich, daß Mitglieder der Liberalen Partei versuchten, das Stadtproletariat zu organisieren.

Die Bürgerrechtsbewegung hatte auch Einfluß auf das Heer. Das Volk wehrte sich zwar nicht mehr mit Gewalt gegen die Wehrpflicht, aber fälschte die Familienregister, erschien nicht zur Musterung, einige verstümmelten sich selbst. Versuche, sich dem Wehrdienst zu entziehen, häuften sich immer mehr. 1881 hieß es in einem Bericht des Heeresministers: »In allen Stadtteilen der Stadt Nagasaki ist nicht ein einziger dem Stellungsbefehl gefolgt.« Es kaum auch oft vor, daß die, die der Einberufung gefolgt waren, desertierten. Daß die Ideen der Bürgerrechtsbewegung Aufnahme beim Volk fanden, das zur Wehrpflicht gezwungen wurde, ist natürlich. Die damaligen Zeitungen berichteten, daß sogar Soldaten der Palastwache oder Unteroffiziere eines Regiments in Sendai in Versammlungen über die Bürgerrechte diskutierten.

Auch Frauen nahmen an der Bewegung teil. Kususe Kita aus Tosa, Kishida Toshiko (später Nakajima Shōen), Tochter eines Stoffhändlers aus Kyōto, Kageyama Hideko (später Fukuda Hideko), Tochter eines einfachen Samurai aus Okayama, die stark unter dem Einfluß von Toshiko stand, sind Beispiele für engagierte Bürgerrechtskämpferinnen. Besonders Hideko vertrat revolutionäre Ideen und kämpfte später für die sozialistische Bewegung.

Angesichts dieser Entwicklung forderte der Minister zur Rechten Iwakura die Aufhebung der Provinzialversammlungen. In seinem Bericht heißt es: »Die jetzige Situation ist dem Zustand der französischen Gesellschaft vor der Revolution ähnlich. Die Regierung kann sich nur auf die Marine verlassen. Das Volk besitzt zwar weder Pistolen noch kurze Schwerter, aber wenn sich die Verhältnisse so weiterentwickeln, dann gibt es keine Garantie dafür, daß die gemeinen Soldaten ihre Waffen nicht nach hinten richten«. Diese Äußerung bringt nicht nur Iwakuras Nervosität zum Ausdruck und ist auch nicht nur eine Übertreibung der Tatsachen, um neue Vorwände für die Verstärkung der Unterdrückung zu finden.

Revolutionäre Ideen und der Streit um die Souveränität

Mit der Entwicklung der Bürgerrechtsbewegung verstärkten sich die Bemühungen, diese Bewegung auch theoretisch zu rechtfertigen. Die Zeitungen der verschiedenen Parteien diskutierten heftig über das Problem der Souveränität, und es erschienen viele Schriften, die die Theorien der Bürgerrechtsbewegung vorstellten. Die Liberale Partei forderte ein Verfassungssystem, das das Volk repräsentiert, und die Volkssouveränität. Diese Theorie stützte sich vor allem auf Spencers »Principles of Sociology« und Rousseaus »Contrat social« und zitiert die republikanische Revolution in England, die amerikanischen Unabhängigkeitskriege und die Französische Revolution als Vorbilder. Ueki Emori und Nakae Chōmin waren die wichtigsten Denker dieser Zeit.

Ueki verteidigte schon früh das Recht auf Revolution und auf Widerstand, protestierte gegen die Aggressionspolitik und vertrat pazifistische Ideen. Die oben erwähnte Mobilisierung des Verbandes der Sakebrauer beweist, daß er auch als Praktiker außergewöhnliche Fähigkeiten besaß. Er legt in seinem 1881 verfaßten Verfassungsentwurf fest, daß alle Souveränität beim Volke liege, fordert ein aus einer Kammer bestehendes Parlament, die umfassende Garantie aller grundlegenden Menschenrechte, das Recht auf Widerstand und das Recht, die Regierung zu stürzen, falls sie die Verfassung verletze. Sein Entwurf gibt dem Kaiser Regierungsgewalt, erkennt die Erblichkeit des Tennō-Amtes an. Der Entwurf strebt kein republikanisches System an, aber die Würde des Kaisers wird vom Volk bestätigt und besteht nicht, weil, wie es in der Rechtfertigung des Tennō-Systems hieß, die Herrschaft für alle Zeit an eine Familie gebunden sei.

Damals wurde in keinem Programm die Verwirklichung einer Republik gefordert, aber unter den Anhängern der Bürgerrechtsbewegung galt die Republik weitverbreitet als ideale Regierungsform. Erst nach dem Scheitern der Bürgerrechtsbewegung konnte die absolute Autorität des Tennō-Systems wiederhergestellt werden.

Nakae Chōmin hatte in Frankreich studiert, neben vielen Schriften und Übersetzungen, unter anderem die des »Contrat social«, hatte sein Kommentar zu letzterem auf die revolutionär gerichtete Bürgerrechtsbewegung sehr großen Einfluß. Chōmin wies darauf hin, daß, um der Revolution zum Siege zu verhelfen, eine präzise Theorie und eine diese stützende unerschütterliche Gesinnung entwickelt werden müsse, daß Terror und unüberlegte Gewalttätigkeiten der Bewegung nur schadeten. In seinen Aufsätzen legte er dar, »republikanisch« bedeute, daß das Volk Souveränität ausübe, und forderte, unabhängig von der Frage, ob es eines Herrschers bedürfe, daß der Tennō von jeder praktischen Politik fernzuhalten sei. Unter den Schülern, die das von ihm errichtete »Seminar für Romanistik« besuchten, soll jedoch die Auffassung, den Herrscher absetzen zu müssen, stark verbreitet gewesen sein. Chōmin kritisierte die Liberale Partei, weil sie Gruppen vertrete, die vom Standpunkt des Feudalismus gegen die Regierung argumentierten und weil sie ohne feste Gesinnung sich an einer Theorie der Gewalt berausche. Er hatte praktisch keine Beziehung zu dieser Partei, sondern betätigte sich ausschließlich als Theoretiker.

Ōi Kentarō, bekannt durch die Forderung nach Errichtung eines vom Volke gewählten Parlaments, verfaßte zu dieser Zeit keine theoretischen Schriften, agierte aber als geistiger Führer und als Organisator des linken Flügels der Liberalen Partei. Er behandelte später in seiner im Gefängnis verfaßten Schrift das Problem der Bodenreform als die grundlegende wirtschaftliche Aufgabe einer bürgerlich-demokratischen Revolution.

Die Idee von der Solidarität Asiens und die Bewegung für den Weltfrieden

Die revolutionären Bürgerrechtler, die gegen die despotische Herrschaft im eigenen Lande kämpften, waren dem Ausland gegenüber leidenschaftliche Verfechter der Selbständigkeit ihres Volkes, und in diesem Sinne auch Kämpfer für die Autonomie Japans. Sie vertraten aber nicht chauvinistische Tendenzen, sondern waren der Überzeugung, daß Japan, Korea und China gemeinsam gegen die Unterdrückung durch Europa und Amerika kämpfen sollten. Deshalb kritisierten sie die Regierung, die sich diesen Mächten unterworfen habe, aber den benachbarten Ländern gegenüber eine aggressive Politik vertrete. Ueki Emori veröffentliche 1875, gerade zur Zeit der Ganhoa-Affäre, also zu Beginn seiner politischen Aktivität in der »Nachrichten-Post« *(Yūbin Hōchi Shinbun)* einen Artikel »Über die Rivalität«, in dem er die Japaner kritisierte, die, statt sich mit den Ländern Ostasiens, die eine Familie seien, gegen Europa und Amerika zu verbünden, einen Einfall in Korea planten und sich wie Dummköpfe benähmen, die nicht wüßten, was die »Existenz einer Familie« oder das »Problem auf Leben und Tod« bedeute.

Als 1876 die Regierung den König von Ryūkyū zwang, sich Japan zu unterwerfen und die Beziehungen zum Qing-Reich abzubrechen, kritisierte eine Zeitung der Bürgerrechtsbewegung, daß man den Wunsch der Unabhängigkeit der Ryūkyū respektieren müsse, daß gerade der Respekt vor einem schwachen Land das richtige Mittel sei, wenn Japan sich von der Bevormundung Europas und Amerikas befreien wolle. Und als die Regierung 1881 anläßlich des Ryūkyū-Problems die Gefahr eines Krieges mit China ankündigte, verurteilten diese Zeitung und die von Nakae Chōmin redigierte »Liberale Zeitung Ostasiens« *(Tōyō Jiyū Shinbun)* jeden Angriff auf das Qing-Reich: Zwischen Japan und China bestünden sowohl historisch wie auch geographisch enge Beziehungen, es sei richtiger, sich mit China gegen Europa und Amerika zu stellen. Die »Liberale Zeitung Ostasiens« führte in ihrem Titel »Ostasien«, weil sie den Liberalismus in diesem Gebiet verbreiten wollte, aber nicht mit dem Anspruch der Überlegenheit, in dem Sinne, daß Japan die führende Rolle in Ostasien übernehmen sollte.

Während sich die Bürgerrechtsbewegung in Japan ausbreitete, provozierte die Regierung Konflikte mit dem Ausland und betrieb eine chauvinistische Politik; das Volk aber distanzierte sich von allen diesen Maßnahmen.

Der Kampf um die Bürgerrechte

1882 zwang die Regierung Korea, zur Modernisierung seines Heeres japanische Offiziere einzustellen. Zu dieser Zeit operierten bereits japanische Unternehmer in Korea, importierten von dort Gold, Reis und Bohnen oder »kauften« diese unter Anwendung betrügerischer Methoden auf. Das ungesetzliche Vorgehen der Japaner war durch das Privileg der Exterritorialität geschützt, das koreanische Volk mußte der Ausbeutung tatenlos zusehen. Die Reform des Heeres hatte zur Folge, daß viele Soldaten aus dem Dienst entlassen wurden. In der Hauptstand Seoul brach ein Aufstand aus, an dem sich Soldaten und Bürger beteiligten, um gegen die japanischen Eindringlinge und gegen die mit diesen kooperierende Regierung zu kämpfen. Japan forderte eine »Entschädigung« von Korea und nahm den Putsch zum Anlaß, sich das Recht zu sichern, zum Schutz der eigenen Botschaft in Seoul Soldaten zu stationieren.

China, das sich als Beschützer Koreas betrachtete, begann einen Einfall vorzubereiten und intervenierte auch politisch. Die japanische Regierung verstärkte ihr Heer und rechtfertigte durch chauvinistische Propaganda die Notwendigkeit eines Krieges. Die Bürgerrechtsbewegung, sowohl die Liberale Partei als auch die Fortschrittspartei, beteiligte sich nicht an dieser Propaganda, sondern kritisierte heftig die Regierung. Ono Azusa, der zum Vorstand der Fortschrittspartei gehörte, verfaßte nach dem Putsch eine Theorie der auswärtigen Beziehungen, in der er behauptete, daß Japan von Korea keine Entschädigung hätte verlangen dürfen, daß Japan, um Ostasien vor Europa und Amerika zu schützen, sich mit Korea und China hätte verbünden müssen. Es sei Sache Koreas zu entscheiden, ob es sich von China lossage oder den gegenwärtigen Zustand beibehalte. Japan habe kein Recht, sich einzumischen. Wichtiger als alles andere sei ein Bündnis der drei Länder und der Friede in Ostasien.

Nicht nur berühmte Theoretiker kamen zu diesem Schluß. In der Nr. 160 der Zeitung *Chūgai Hyōron* vom September 1876 erschien ein Leserbrief, der alle Länder aufforderte, Frieden zu schließen, »in der Welt eine einzige Regierung einzusetzen«, und weiterhin eine internationale Institution zu gründen, die den unterdrückten Völkern zur Selbständigkeit verhelfe. Ähnliche Gedanken entwickelten Ueki Emori und Itagaki Taisuke in ihrer 1883 erschienen »Vereinfachten Theorie einer optimalen Politik«, nach der nicht nur die unterdrückten Länder Asiens und Afrikas, sondern auch Polen und Irland befreit werden sollten. Jedes Land, jedes Volk sollte seine Souveränität erhalten, damit der Friede in der Welt auf immer gesichert sei. In einer Weltregierung sollten alle Länder gleichberechtigt vertreten sein.

Geschichte Japans

Nakae Chōmin ließ 1887 in seinem »Gespräch dreier Betrunkener über Politik« den »starken Mann«, der, um Europa und Amerika die Stirn zu bieten, in China einfallen und Japan zu einem großen Imperium ausbauen will, und den Gentleman, dessen Ziel eine ideale Volksrepublik ist, miteinander diskutieren. Der dritte, der Lehrer Nankai nimmt kritisch dazu Stellung und sucht angesichts der Lage Japans und der Welt nach einer realen Möglichkeit für die Verwirklichung der Bürgerrechtsbewegung. Aber auch hier wird die Expansionspolitik verurteilt, die kulturelle und wirtschaftliche Verbundenheit mit China betont, Kants Ideal des ewigen Weltfriedens, der nur auf der Grundlage der Demokratie möglich sei, zum ersten Mal in Japan vorgestellt.

Die Liberale Partei vertrat keineswegs ausschließlich solche Ideen. In der Parteiführung gab es nicht wenige, die für den »starken Herrscher« waren, für Expansionspolitik und für den Traum der Herrschaft über Asien. Doch einige wenige entwickelten zum ersten Mal Ideen einer demokratischen Revolution in Japan und forderten die Solidarität mit den unterdrückten Völkern der Welt, besonders mit den Nachbarländern Korea und China.

26
Das Scheitern der Bürgerrechtsbewegung
Empörung, Einheitsfront, Rückzug

Die Konfrontation zwischen der Liberalen Partei
und der Fortschrittspartei

Als die Bürgerrechtsbewegung so stark geworden war, daß Iwakura Anlaß hatte, die politische Situation mit dem Vorabend der Französischen Revolution zu vergleichen, begann sich bereits ihr Scheitern anzukündigen. Itagaki Taisuke, der Vorsitzende der Liberalen Partei, und der Vizevorsitzende Gōtō Shōjirō distanzierten sich von den immer progressiver werdenden Forderungen der Mehrheit der Parteimitglieder und begannen mit der Regierung Kompromisse auszuhandeln.

Itagaki war ein reiner Idealist, der zwar aufgrund der Erfahrungen, die er 1868 während des Bürgerkrieges gemacht hatte, mit der Überzeugung kämpfte, daß ohne eine Politik, die von der öffentlichen Meinung unterstützt wird, ohne Zusammenschluß aller Schichten der Gesellschaft sich der Staat nicht entwickeln könne. Er war aber der Sohn eines Samurai höheren Ranges aus Tosa und verstand und bewertete Politik immer nur vom Standpunkt der Regierenden aus, desgleichen die Verwirklichung der Bürgerrechte. Zwar trat er für eine Politik ein, die die Meinung des Volkes achtete und ihr Sprachrohr sein sollte, ebenso für die Aufhebung der Unterschiede zwischen Oben und Unten. Die revolutionären Theorien der Bürgerrechtsbewegung jedoch waren ihm fremd. Deshalb gab er sich zufrieden, als die Regierung in einem Erlaß die Gründung eines Parlaments versprach, und stimmte auch der Forderung nach einer Staatsverfassung zu. Die revolutionäre Ausrichtung der Mitglieder seiner Partei, die konsequent für Anwendung von Gewalt eintraten, konnte er nicht nachvollziehen.

Gōtō dagegen war ein geschickter Taktiker, der vor dem Sturz des Bakufu in der Regierung von Tosa aktiv gewesen war und sogar für den Shōgun den

371

Entwurf der »Rückgabe der Regierungsgewalt an den Tennō« ausgearbeitet hatte. Er konnte dieselben Verdienste um die Restauration der Monarchie beanspruchen, die auch den Führern aus Satsuma und Chōshū zukamen, die in der neuen Regierung großen Einfluß gewannen. Gōtō schloß sich, nachdem er seinen Einfluß verloren hatte, der Bewegung Itagakis an, aber er engagierte sich noch weniger als Itagaki für eine Revolution.

Die Regierung verstand es, Gōtō von seiner Partei zu isolieren und ihn zu bewegen, gemeinsam mit Itagaki eine Europareise zu unternehmen. Gōtō verließ im Sommer 1882 Japan, nachdem er Itagaki überredet hatte, ihn zu begleiten. Daß in einer Zeit, in der die Bewegung vor wichtige Entscheidungen gestellt war, der Vorsitzende und sein Stellvertreter ins Ausland reisten, mußte als »Fahnenflucht« verstanden werden. Zudem wurden Zweifel laut, wer das Geld für die Auslandsreise zur Verfügung gestellt habe. Der Verdacht kam auf, daß die Regierung dahinterstehe, woraufhin Baba Tatsui, der Redakteur der Parteizeitung, verlangte, daß Itagaki die Reise nicht antrete. Itagaki erklärte, daß ein reicher Unternehmer aus Yamato das Geld gespendet habe, was natürlich eine Lüge war, die Gōtō ihm aufgebunden hatte. In Wirklichkeit hatte der Außenminister Inoue Kaoru, der schon vor seiner Amtszeit gute Beziehungen zu Mitsui hatte, diese Gesellschaft veranlaßt, als Gegenleistung für Konzessionen die Reisekosten für Gōtō und Itagaki zu übernehmen.

Itagaki reiste trotz des Protestes seiner fähigsten Mitarbeiter im November ab. Baba trat daraufhin aus der Partei aus, und auch Nakae Chōmin, der nominelle Redakteur der »Liberalen Zeitung« *(Jiyū Shinbun)* brach Ende des Jahres seine Kontakte zur Partei ab. Als Nachfolger für Baba wurde aus der Verfassungspartei Furuzawa Shigeru aus Ōsaka berufen, der aber zu dieser Zeit bereits mit Inoue Kaoru kooperierte.

Als zweite Ursache für das Scheitern der Bürgerrechtsbewegung ist die Verschärfung der Auseinandersetzung zwischen der Liberalen Partei und der Fortschrittspartei zu nennen. Die Regierung hatte der Fortschrittspartei einen Hinweis zukommen lassen, daß die Reise von Itagaki von der Regierung finanziert worden sei. Auf die Kritik der Fortschrittspartei reagierte die Liberale Partei mit einer Denunziation. In einer von Furuzawa und Hoshi Tōru geleiteten Kampagne, wurden die engen Beziehungen zwischen Mitsubishi und dem Vorsitzenden der Fortschrittspartei Ōkuma seit dessen Zeit als Finanzminister aufgedeckt und die Mitsubishi-Gesellschaft mit dem in der Sage als *umi bōzu* bezeichneten Seeungeheuer verglichen. Darüber hinaus wurde behauptet, die Fortschrittspartei sei eine scheinliberale Partei, die gemeinsame Sache mit der Regierung mache. Die Kampagne lief unter dem Motto »Vernichtung des Seeungeheuers« und »Nieder mit dieser Schein-Partei!« Auch Ueki Emori beteiligte sich leidenschaftlich an dieser Diffamierung. Er hatte zwar scharfsinnige revolutionäre Thesen entwickelt, agierte aber, wenn es sich um praktische Dinge handelte, gewöhnlich auf der Seite von Itagaki.

In der Liberalen Partei und in der Fortschrittspartei gab es Gruppen, die entweder progressiv oder gemäßigt, revolutionär oder reformistisch waren. Beide Parteien hätten, was den Widerstand gegen die despotische, von wenigen Lehensgebieten beherrschte Regierung, die schnelle Gründung eines Parlaments, die Bildung eines verantwortlichen Kabinetts betrifft, eine gemeinsame Handlungsplattform finden müssen; ohne diese Gemeinsamkeit wäre auch der Fortschritt der Bürgerrechtsbewegung unmöglich gewesen. Beide Parteien suchten indes nicht die Kooperation, sondern bekämpften sich, genau wie es die Regierung geplant hatte, mit unfairen Mitteln.

Die Deflationspolitik und der wirtschaftliche Ruin mittlerer und kleiner Bauern

Die dritte Ursache: Die Schichtenteilung in den Dörfern machte schnelle Fortschritte, und die Interessenkonflikte zwischen den Unternehmern der Stadt und den Unternehmern der Manufakturen in den Landgebieten spitzten sich infolge der neuen Finanz- und Wirtschaftspolitik der Regierung zu. Die Meiji-Regierung hatte vom Zeitpunkt ihrer Bildung bis 1880 eine konsequente Inflationspolitik betrieben und durch übermäßige Ausgabe von nicht konvertierbarem Papiergeld dem Volke das wenige, das es besaß, genommen. Als aber die Revision der Grundsteuer abgeschlossen war, als die Grundsteuern, die 70 Prozent der laufenden Einnahmen der Regierung ausmachten, in Form von Geld in berechenbarer Höhe entrichtet wurden, brachte die infolge der Inflation einsetzende Währungsabwertung auch für die Regierung Nachteile. Die Jahre andauernde Inflation trieb den Zinssatz in die Höhe, ließ den Wert der öffentlichen Anleihen fallen, die zur Regelung der Entlohnung ausgegeben worden waren. Dies brachte den Daimyō, Regierungslieferanten und Banken, den hauptsächlichen Besitzern der Anleihen, Verluste und verhinderte Industrieinvestitionen.

Seit 1880, als Ōkuma Finanzminister war, änderte die Regierung schrittweise ihre Finanzpolitik. Zwecks Einsparungen wurden z.B. die Unterhaltungskosten für Gefängnisse oder die Kosten für öffentliche Bauarbeiten, die eigentlich die Zentralregierung zu tragen hatte, auf die Provinzen umgelegt, die Provinzen also mit dem Recht ausgestattet, eine Provinzsteuer einzuziehen. Ferner wurden von der Regierung betriebene Fabriken und Bergwerke — die Rüstungsindustrie war ausgenommen — an Mitsui und andere Regierungslieferanten verkauft. Diese Maßnahme verfolgte neben der Kostenreduzierung den Zweck, die Regierungslieferanten, die in erster Linie Handelsunternehmen waren, bei ihrer Umwandlung in Industrieunternehmen zu unterstützen.

Matsukata Masayoshi, der das Finanzministerium übernahm, nachdem Ōkuma aus der Regierung verdrängt worden war, plante eine schnelle Beseitigung des nicht konvertierbaren Papiergeldes. Er betrieb eine wirksame Deflationspolitik, erhöhte die indirekte Steuer und die Landsteuer um das Doppelte und bereitete andere große Steuererhöhungen vor. Schon 1882 zeigte sich die Wirkung dieser Maßnahmen. Das Papiergeld wurde durch Metallgeldreserven gedeckt, der Zinssatz fiel, der Wert der öffentlichen Anleihen stieg, die Anleihen wurden stabiles Vermögen. Die Daimyō und die Regierungslieferanten konnten diese als Kapital in Gesellschaften einbringen. Das Handelskapital verwandelte sich so in Industriekapital.

Die Bauern und kleinen Handels- und Gewerbeunternehmen gerieten aber in eine schwere Krise. Von 1882 bis 1885 fielen die Preise für Reis, Seidenkokons und andere landwirtschaftliche Produkte stark. Die Manufakturen für handgespultes Garn, Seiden- und Baumwollgewebe standen vor dem Ruin, die in den Dörfern angesiedelte Industrie mußte ihre Produktion einstellen. Die von Jahr zu Jahr steigenden Steuern wurden unnachsichtig eingezogen.

Besonders der wirtschaftliche Ruin der Kleinbauern war nicht mehr aufzuhalten. Die Zahl der Bauern, deren Land wegen Steuerverzug zwangsversteigert wurde, betrug 1883 33 845, 1884 mehr als 70 000, 1885 sogar 108 055. Um die Zwangsversteigerung zu vermeiden, mußten sich die Bauern gegen hohe Zinsen Geld leihen. Die gegen Verpfändung von Ackerland aufgenommenen Kredite beliefen sich im Jahre 1884 bereits auf 200 Millionen Yen, überstiegen die Staatseinnahmen dieses Jahres um das Zweieinhalbfache. Viele Bauern, die zunächst durch Aufnahme hoch verzinster Kredite ihre Steuern zahlten und so der Pfändung und Zwangsversteigerung entgingen, gerieten bald in Zahlungsverzug und verloren ihr Land als Verfallspfand.

Das von den Kleinbauern aufgegebene Land geriet in den Besitz von Kreditanstalten und Großgrundbesitzern. Die Schichtenteilung der Bauern vollzog sich rapid. Ein Teil der mittleren und kleinen Bauern wurde Pächter, ein Teil Arbeiter, während die Großgrundbesitzer und die Kreditanstalten durch Akkumulation von Land zu noch größerem Reichtum kamen.

Die Aufstände in Gunma und am Kaba-Berg, die Auflösung der Liberalen Partei

Die Veränderung des Wirtschaftssystems stellte die Bürgerrechtsbewegung vor wichtige politische Entscheidungen. Die große Masse der Bauern und der Unternehmer der Kleinindustrie hatte, um zu überleben, keine andere Wahl, als mit allen Mitteln gegen die Großgrundbesitzer, die Kreditanstalten und gegen die Regierung zu kämpfen. Die progressive Fraktion der Liberalen Partei sah sich gezwungen, die Masse der Kleinbauern, die zu jedem Widerstand entschlossen war, zu unterstützen. Während der Inflation profitierten die Bauern der Gebiete Kantō, Tōhoku und Chūbu, die vor allem Seidenraupenzucht betrieben und Garn herstellten, von der Konjunktur. In der Phase der Deflation gerieten sie in Schwierigkeiten, die ihre Existenz bedrohten. Um dagegen anzukämpfen, bildeten sie zwischen 1883 und 1884 »Partei der Schuldner« *(Shakkintō)*, »Partei der Bedrängten« *(Konmintō)*, »Partei der Pächter« *(Kosakutō)* oder »Partei der armen Bauern« *(Hinmintō)* genannte Parteien, die sich zusammentaten, um mit den Großgrundbesitzern und Kreditanstalten wegen eines Aufschubs ihrer Schulden und wegen der Herabsetzung der Zinsen und der Pacht zu verhandeln. Sie wurden in den Ämtern, sogar im Provinzialamt vorstellig, um eine Verminderung der Steuern und anderer öffentlicher Lasten zu fordern. Die progressiven Mitglieder der Liberalen Partei faßten den Entschluß, diese Widerstandsgruppen zu einem Aufstand zu mobilisieren, der das ganze Kantō-Gebiet oder die Gebiete Kantō und Tōhoku erfassen sollte.

Die Mitglieder der Zentrale und der Zweigstellen in den Landgebieten waren jedoch Grundbesitzer, reiche Bauern und Kleinunternehmer, die entweder das Land der Bauern aufkauften, sich also an ihrer Ausbeutung beteiligten, oder selbst unter der wirtschaftlichen Krise litten. Sie unterstützten politische Aktionen nicht mehr aktiv, denn sie mußten mit allen Kräften um den Bestand ihres Vermögens, um das Fortbestehen ihrer Unternehmungen kämpfen. Der Not gehorchend gaben sie den Widerstand gegen die immer stärker werdende Unterdrückung seitens der Regierung und der Polizei auf und distanzierten sich von der Bürgerrechtsbewegung. Diese Entwicklung bestimmte die Strategie der Führung der Liberalen Partei. Die Zentrale verfolgte im Gegensatz zu ihren progressiven Mitgliedern eine opportunistische Politik.

Die progressiven Gruppen waren damit isoliert und gezwungen, genauso wie die progressiven Loyalisten der Sonnō-Jōi-Partei vor dem Sturz des Bakufu, ohne zentrale Führung in einzelnen Gebieten den Widerstand der Bauern zu organisieren.

Die Gruppe in Gumma plante, im Mai 1884 mit der Hilfe von Kleinbauern und Pächtern hohe Beamte der Regierung, die an der Eröffnungsfeier einer Eisenbahnlinie in Takasaki teilnehmen würden, als Geiseln festzunehmen und dann die Revolution auszurufen. Die Regierung, die eine derartige Aktion voraussah, sagte die Eröffnungsfeier ab. Die 30000 Aufständischen drangen in Kreditanstalten ein und besetzten die Polizeiwache in Matsuida. Schließlich wollten sie die Kaserne in Takasaki angreifen, hatten für diese Aktion aber nicht die erforderlichen Vorbereitungen getroffen. Der Aufstand brach zusammen, als die Verpflegung zu Ende ging. Hibison und andere Anführer wurden festgenommen und wegen Raub, Brandstiftung und Anstiftung zu Gewalttaten zu Zuchthausstrafen bis zu dreizehn Jahren verurteilt.

Im September desselben Jahres scheiterten Tomimatsu Masayasu aus Shimodate in Ibaraki und Kōno Hiromi aus Fukushima im sogenannten Kampf am Kaba-Berg. Kōno und seine Anhänger wollten, als Mishima Michitsune, der den Fukushima-Aufstand unterdrückt hatte und dafür zum Gouverneur von Tochigi ernannt wurde, bei den Einweihungsfeierlichkeiten des neuen Präfekturamts Mishima und die anwesenden Minister ermorden. Die Männer wurden aber, nachdem sie sich in Tōkyō durch einen Raubüberfall Geld für die Vorbereitung dieses Plans verschaffen wollten, von der Polizei verfolgt. Sie flohen, wie auch Tomimatsu, dessen Vorbereitungen für einen Bombenanschlag fehlschlugen, nach Ibaraki zum Kaba-Berg, wo sie, ganze sechzehn Mann, eine »Revolutionsarmee« gründeten. Ohne Unterstützung der Bauern griffen sie die Polizeiwache am Fuße des Berges an, mußten aber wegen Mangel an Proviant und Wasser aufgeben und wurden nach drei Tagen von der Polizei festgenommen. Tomimatsu und sechs Anhänger wurden zum Tode, Kōno und sechs Männer zu lebenslänglichem Zuchthaus, der Rest zu begrenzten Zuchthausstrafen verurteilt. Es war das erste Mal, daß gegen Bürgerrechtskämpfer die Todesstrafe verhängt wurde.

Itagaki und dem Vorstand der Liberalen Partei blieb keine andere Wahl, als die Auflösung der Partei vorzuschlagen, die nach den Ereignissen in Gumma und am Kaba-Berg an Glaubwürdigkeit verloren hatte. Im Oktober beschloß schließlich der Parteitag die Auflösung, mit der Begründung, daß unter dem immer stärker werdenden Druck der Regierung ein freies politisches Handeln nicht mehr möglich sei.

Der Aufstand in Chichibu und die Iida-Affäre

Die Auflösung der Liberalen Partei war ein beschämender Verrat des Vorstandes an den Mitgliedern der Partei, die jedoch auch danach weiter kämpften. Am ersten November, direkt nach der Auflösung der Liberalen Partei, erhoben sich in Chichibu zehntausend Mitglieder der »Partei der Schuldner« bzw. »Partei der Bedrängten« und forderten eine Schuldenteilung in 40 Jahresraten, die Schließung der Schulen, die Herabsetzung der öffentlichen Lasten (auch der Abgaben an die Gemeinde), eine Revision des Wehrpflichtgesetzes und die einjährige Aussetzung der Pacht. Unter der Führung von Tashiro Eisuke, einem Bauern, der sein Land hatte aufgeben müssen, und dem Mitglied der Liberalen Partei Katō Oribei, bildeten sie eine Volksmiliz, zerstörten die Gebäude von Kreditanstalten und die Häuser der Großgrundbesitzer, verbrannten Schuldscheine und Eigentumsurkunden und besetzten am Morgen des zweiten November das Polizeigebäude, das Amtsgericht und das Gebäude der Distriktsverwaltung.

Sie hatten vor, in das Gefängnis von Maebashi einzudringen, ihre Verbündeten, die nach dem Gunma-Aufstand hier ihre Strafe absaßen, zu befreien, die Kaserne in Takasaki anzugreifen und dann weiter nach Tōkyō zu ziehen. Am dritten Tag traf aber schon ein Heer in Chichibu ein und vernichtete die Hauptmacht der Aufständischen. Der Rest floh nach Gunma oder Nagano in die Gegend von Saku und verbündete sich dort mit den Bauern, um Häuser von Geldverleihern zu zerstören. Am zehnten Tag wurde der Aufstand niedergeschlagen. Tashiro und Katō wurden gefangen und hingerichtet.

Noch bevor Sakurai Heikichi, der Führer einer liberalen Gruppe aus Iida im Distrikt Shimoina (Präfektur Nagano), die sich »Vereinigung für Vaterlandsliebe und Wahrheit« *(Aikoku Seirisha)* nannte, und Muramatsu Aizō und Yagi Shigeji von der »Vereinigung für Gerechtigkeit« *(Kōdōkyōkai)* aus Nagoya einen großangelegten Aufstand organisieren konnten, wurden sie festgenommen (Affäre Iida). Ihr Plan war, von Shinshū aus nach Kōshū und von dort mit dreitausend Mitgliedern der »Partei der armen Bauern von Kōfu« *(Kōfu Hinmintō)* weiter nach Hachiōji zu ziehen, um sich hier mit den Gleichgesinnten aus dem ganzen Land zu vereinigen und in Tōkyō für das ganze Land die »liberale Revolution« auszurufen. Zu diesem Zwecke hatten sie schon Bataillonsfahnen mit der Aufschrift »Partei für Vaterland und Gerechtigkeit«, »liberale Revolution«, »Vollstreckung der Strafe des Himmels« und Gruppenfahnen mit den Losungen »Herabsetzung der Steuern«, »Revision des Wehrpflichtgesetzes«, »Aufhebung der Stempelsteuer« und »Hilfe für die armen Bauern« vorbereitet.

Der Plan war gut, nur hatten seine Initiatoren weder mit den »Gleichgesinnten aus dem ganzen Land« noch mit der »Partei der armen Bauern von Kōfu« verbindliche Absprachen getroffen. Zur gleichen Zeit hatte sich in Shinshū und in Kōshū die Situation so zugespitzt, daß ein Aufstand der Bauern unabwendbar zu sein schien. In Mikawa und Ōmi war bereits eine Revolte ausgebrochen. Noch war das Volk nach dem Scheitern in Chichibu keineswegs entmutigt. Sakurai, Muramatsu und Yagi glaubten, daß sich die Bauern dieser Gebiete ihnen automatisch anschließen würden, wenn sie mit ihren Anhängern den Aufstand begännen.

Charakteristisch für die Iida-Affäre ist, daß Yagi nach eigenen Angaben mehr als zweihundert Soldaten für die Sache der Aufständischen gewonnen hatte, als er noch als Sanitäter im Regimentslazarett in Nagoya arbeitete. Yagi setzte aber seine Agitation in der Armee nicht konsequent fort, sondern desertierte und überließ diese Aufgabe Fukuzumi Daisen. Hätte er das nicht getan, sondern hätte er in der Armee eine starke Organisation aufgebaut, dann wäre eine revolutionäre Bewegung möglich gewesen, weit wirksamer als der Chichibu-Aufstand. Matsumura hatte in einer Sprachenschule Russisch gelernt und stand offensichtlich unter dem Einfluß der revolutionären Ideen der Narodniki.

Im Herbst des Jahres 1884 bereiteten Okumiya Tateyuki in Nagoya, im Juli 1886 Nakano Jirōsaburō, ein Mitglied der Liberalen Partei, in der Präfektur Shizuoka einen Aufstand vor. Letzterer gab den Plan auf und traf Vorbereitungen für einen Anschlag auf die Minister, die bei der Einweihungsfeier der Villa des Kaisers in Hakone anwesend sein würden. Beide Unternehmungen scheiterten, weil die Behörden rechtzeitig davon unterrichtet worden waren.

Das Scheitern der Bürgerrechtsbewegung

Bedeutung und Charakter der Aufstände

Von den oben angeführten Aufständen oder revolutionären Aktionen hatten der Kampf am Kaba-Berg, die Aktionen in Shizuoka und Nagoya keine Verbindung zum Volk. Sie waren wie die Aktionen der Loyalisten reiner Terrorismus. Außerdem war es ein großer Fehler der Führer, daß sie sich durch Raubüberfälle Geld für die Vorbereitung ihrer Pläne beschafften.

Bei den Aufständen in Gunma und Chichibu und der Vorbereitung des Iida-Aufstands bildeten arme Kleinbauern die Hauptmacht. Sie wurden geführt von Bürgerrechtskämpfern, die mittlere Bauern waren oder aus der Schicht der Intellektuellen stammten. Diese drei Aktionen unterschieden sich wesentlich von den früheren Erhebungen der Bauern, sie zielten eindeutig auf eine demokratische Revolution ab. Allerdings unterlagen ihre Führer dem Irrtum, Gleichgesinnte würden zu ihnen stoßen, sobald sie ihre Aktion gestartet hätten. Nachdem sich der Vorstand der Liberalen Partei aufgelöst hatte, konnten sich die von den armen Kleinbauern organisierten Aufstände nur regional entfalten.

Die Herrschenden verfügten dagegen über einen zentralistisch organisierten Machtapparat und über eine mit modernen Waffen ausgerüstete Armee. Zwischen den Verwaltungsorganen der Zentrale und der Landgebiete gab es Telegraphenverbindungen, die Regierung kontrollierte außerdem alle Verkehrs- und Transportwege. Die regional begrenzten Aufstände des Volkes, das keine gleichwertigen Wafffen besaß, konnten leicht unterdrückt oder schon im Stadium der Vorbereitung erstickt werden.

Das Ende der Bürgerrechtsbewegung und der Plan, Korea zu »reformieren«

Als die Liberalen Partei sich auflöste, wurde auch in der Fortschrittspartei ein ähnlicher Schritt diskutiert. Ōkuma, der Vorstand, und Kōno Togama, sein Stellvertreter, traten aus der Partei aus, wodurch die Fortschrittspartei ihre Aktivität einstellte und nur noch nominell fortbestand. Die Verfassungspartei in Ōsaka hatte sich schon vor der Liberalen Partei aufgelöst, ziemlich verspätet folgte die Fortschrittspartei in Kyūshū diesem Beispiel. Ende 1884 gab es in Japan keine politische Partei mehr, die für Freiheit und für die Bürgerrechte eintrat.

Am vierten Dezember dieses Jahres gelang Kim Ok-kyun mit »Unterstützung« der japanischen Gesandtschaft in der koreanischen Hauptstand Seoul ein Coup d'Etat. Unter dem Schutz der japanischen Armee besetzte Kim den Palast und setzte die Königin und ihren von der Qing-Dynastie unterstützten Clan ab. Der Min-Clan führte mit Hilfe eines chinesischen Heeres sofort einen Gegenangriff, schlug die japanische Armee und griff die japanische Gesandtschaft an. Der Gesandte Takezoe Shinichirō konnte sich in Inchong in Sicherheit bringen (Kōshin-Umsturz, 1884).

Die japanische Regierung entsandte unter der Führung des Außenministers Inoue Kaoru zwei Bataillone nach Seoul. Inoue zwang die koreanische Regierung, sich zu entschuldigen und einem Vertrag zuzustimmen, der sie zur Zahlung einer Entschädigung und zur Bereitstellung von Land und finanziellen Mitteln für die Errichtung einer Gesandtschaft und einer Kaserne verpflichtete.

Sowohl die chinesischen Einheiten als auch das japanische Heer verhielten sich neutral. In der japanischen Regierung versuchte Itō Hirobumi die Partei, die für einen Krieg war, zu überzeugen, daß die innere Situation des Landes sich noch nicht so stabilisiert habe, um einen Krieg gegen China wagen zu können. Itō Hirobumi reiste selbst nach Tianjin und handelte dort den »Tianjin-Vertrag« aus, der festlegte, daß beide Heere sich gleichzeitig aus Korea zurückziehen sollten. Die Entsendung von Militärberatern nach Korea wurde verboten. Darüber hinaus sollten sich beide Länder gegenseitig informieren, falls eines von ihnen ein Heer nach Korea entsende. Durch die dritte Bestimmung ignorierten beide Länder die Souveränität Koreas. Der Vertrag zeigt, daß Japan bereits entschlossen war, in Korea einzufallen.

Die Mitglieder der ehemaligen Liberalen Partei und der Fortschrittspartei standen offensichtlich vollkommen unter dem Einfluß des von der Regierung und der Heeresführung vertretenen Chauvinismus. Itagaki hatte mit Kataoka Kenkichi in Kōchi eine aus 1000 Mann bestehende Truppe Freiwilliger zusammengestellt, die von der Regierung durchaus geduldet wurde. Itagaki und Gōtō Shōjiro hatten schon vor der Auflösung der Liberalen Partei versucht, sich von Frankreich Kriegsschiffe und Geld zu leihen, um Kim Okkyun zu unterstützen und Korea in einen Bürgerkrieg zu stürzen, um die Aufmerksamkeit der progressiven Mitglieder seiner Partei auf den Konflikt im Ausland zu lenken.

In der Fortschrittspartei konnte nicht einmal Ōkuma den »von der Kriegstheorie wie verhexten« Ozaki Yukio zur Raison bringen. Und auch Ono Azusa, der anläßlich des Jingo-Vorfalls (1882) entschieden für eine friedliche

Das Scheitern der Bürgerrechtsbewegung

Lösung zwischen Japan, Korea und China eingetreten war, agitierte, kaum daß er sich von der Bürgerrechtsbewegung distanziert hatte, für die Unabhängigkeit Koreas von China. Er kam zu dem Schluß, daß ein Krieg mit China nicht zu vermeiden sei. Die Studenten der Fachschule Tōkyō (der späteren Waseda-Universität), die Ōkuma gegründet und deren Direktor Ono damals war, demonstrierten anläßlich des Kōshin-Umsturzes entschlossen für einen Krieg mit China.

Auch Ōi Kentarō, einer der Führer der Liberalen Partei, unterstützte eine »Reform Koreas«. Kobayashi Kusuo, der, als Itagaki und Gōtō für den Bürgerkrieg eintraten, als Übersetzer und Verbindungsmann zum französischen Botschafter gedient hatte, hatte Ōi überredet, die »Reform Koreas« sollte nicht mit Hilfe der Franzosen, sondern von den Japanern allein realisiert werden. Sie planten, zwischen Frühjahr und Herbst 1885 in Korea einzufallen, die hohen Beamten der konservativen Partei zu beseitigen und die für Unabhängigkeit kämpfende japanfreundliche Partei an die Macht zu bringen. Korea sollte von China isoliert und eine demokratische Reform durchgesetzt werden, die dann wiederum als Ausgangspunkt für die »Neugestaltung« Japans dienen sollte.

Korea von China zu isolieren und »mit Hilfe Frankreichs diese Unabhängigkeit zu erhalten«, dieser Plan hätte Korea keineswegs von den anderen europäischen Mächten unabhängig gemacht. Ōi und Kobayashi spielten mit dem Gedanken, Korea als Mittel zu nutzen, China und Rußland in einen Krieg zu verwickeln. Schließlich waren beide der Überzeugung, das japanische Volk habe keine »Vaterlandsliebe«, sei »extrem unbeweglich«, weshalb Japan keine Fortschritte machen könne. Ein Konflikt mit dem Ausland, zwischen Japan und China, werde »der Gesellschaft Aktivität verleihen«.

Daß die »Vaterlandsliebe«, die im Volk, das von einer despotischen Regierung unterdrückt wurde, durch »diplomatische Verwicklungen« geweckt werden sollte, konnte jedoch nur Chauvinismus bedeuten und keinesfalls dazu beitragen, die despotische Regierung zu demokratisieren oder »neuzugestalten«. Auch Kageyama Hideko hatte diesen Plan unterstützt und war zu einer Gefängnisstrafe verurteilt worden. Sie gab später zu, daß das gesamte Vorhaben ein großer Fehler gewesen sei. Ōi und seine Anhänger wurden im November, bevor sie nach Korea gehen konnten, in Nagasaki und in Ōsaka verhaftet (Ōsaka-Affäre).

Die progressiven und gemäßigten Mitglieder der Liberalen Partei und Fortschrittspartei verzichteten auf den Kampf um Demokratisierung des Landes. Sie waren dem Volk nicht mehr solidarisch verbunden und gaben auch ihre Theorie von der Solidarität der Länder Ostasiens auf. Von ihrem politischen Programm blieb nur Chauvinismus übrig und der Ehrgeiz, Japan zu einem starken Land zu machen.

Die Kaiserfamilie, der Adel, das Kabinettssystem und die Reform des Bildungswesens

Die Regierung nutzte alle Mittel wie List, Bestechung, Amts- und Waffengewalt, um die Bürgerrechtsbewegung zu unterdrücken und chauvinistisches Denken im Volke zu wecken. Sie verstärkte zudem ihre Herrschaft, indem sie, um die Macht des Tennō-Systems auch nach der Gründung eines Parlaments erhalten zu können, das Vermögen der Kaiserfamilie regelte, das Adel-System abänderte, ein Kabinettssystem einrichtete und das Erziehungssystem reformierte.

Die Maßnahmen zur Sicherung des Vermögens der Kaiserfamilie leitete im Februar 1882 Iwakura Tomomi damit ein, daß er der Regierung vorschlug, die Hälfte des Reichtums Japans dem Tennō zuzuschreiben, damit die Regierung stets Mittel zur Verfügung habe, das Beamtensystem zu unterhalten und die Rüstung zu verstärken, auch wenn später das Parlament einem Haushaltsentwurf der Regierung nicht zustimme. Von Ende des Jahres 1882 bis 1890, dem für die Gründung des Parlaments vorgesehenen Jahr, wurden etwa 3,65 Millionen *chō* staatliches Land wie z.B. der Forst von Kiso und andere wirtschaftlich wertvolle Waldgebiete, Brachland und Bauernhöfe Eigentum des Tennō. Er erhielt außerdem die Hälfte der staatlichen Aktien, Beteiligungen an der Japanischen Bank (im Oktober 1882 gegründet, als Zentralbank mit dem Recht, Banknoten herauszugeben), der Japanischen Devisenbank, an der Japanischen Dampfschiffahrtsgesellschaft und an anderen für die japanische Wirtschaft repräsentativen Banken und Gesellschaften im Wert von 8,6 Millionen Yen.

Dem Kaiser wurden Waldgebiete nicht nur wegen ihres stabilen Wertes überschrieben, sondern weil die Herrschaft über Berge auch die Herrschaft über Wasser bedeutete, und, nach der Vorstellung der Agrargesellschaft, die Herrschaft über das Wasser die Herrschaft über das Land. Der Tennō wurde Herrscher über die Quellgebiete. Auch der kaiserliche Aktienbesitz hatte stabilen Wert. Der Tennō war gleichzeitig der größte Grundbesitzer und der größte Kapitalist Japans.

Das Scheitern der Bürgerrechtsbewegung

Das neue Adelssystem entstand 1884. Bis dahin war *kazoku* die Standesbe-
zeichnung für den ehemaligen Hofadel, für die Daimyō und deren Nachkommen gewesen. Mit dem neuen System wurden fünf Adelsränge eingerichtet, nämlich Fürst, Marquis, Graf, Vicomte und Baron. Sie wurden den
ehemaligen *kazoku* je nach Herkunft der Familie, den »verdienstvollen
Untertanen« je nach ihrem Engagement bei der Restauration der Monarchie
verliehen. Der Adelsrang war erblich, das mit dem Rang verbundene Vermögen erhielt als »erbliches Vermögen« besonderen Rechtsschutz und durfte
nicht gepfändet werden. Der Zweck des neuen Systems war es, ein Oberhaus
vorzubereiten, das nach der Gründung des Parlaments gegen das vom Volk
gewählte Abgeordnetenhaus (Unterhaus) die Interessen der Regierung
durchsetzen konnte. Zweitens sollten die höchsten Beamtenstellen und die
wichtigsten Posten in der Armee mit Angehörigen des Adels besetzt werden,
um diesen dem Volke gegenüber größere Autorität zu verleihen. Der Adel
hatte als »Zaun und Wall« den Tennō vom Volk abzuschirmen.

Im Dezember 1885 wurden das alte System aufgelöst und neue Regierungsorgane geschaffen, ein aus dem Premierminister und dem Staatsminister bestehendes, dem Tennō direkt unterstelltes Kabinett. Für jedes Verwal-
tungsressort wurden Minister eingesetzt, das Beamtensystem in allen Regie-
rungsorganen zwecks Machtkonzentration ausgebaut. Das kaiserliche Hof-
ministerium, zuständig für die Verwaltung des Hofes und die Geschäfte der
Kaiserfamilie, wurde vom Kabinett, das die Regierungsgeschäfte führte,
getrennt (entsprechend der Trennung des Staatsvermögens vom Vermögen
der Kaiserfamilie). Außerdem wurde ein Siegelbewahrer eingesetzt, der weder
vom Kabinett noch von der Hofkanzlei abhängig war, das Staatssiegel und
das Siegel des Tennō aufbewahrte und ihn beriet.

Im folgenden Jahr wurde das Erziehungssystem grundlegend reformiert,
die Ausbildung von der Volksschule bis zur Universität im Geiste des Nationalismus und der Tennō-Verehrung ausgerichtet. In den Seminaren, die
Volksschullehrer ausbildeten, wurde militärische Ausbildung reguläres Fach,
alle Studenten wohnten in einem Internat. Studium und Unterkunft im
Internat waren kostenlos. Auf diesem Wege konnten auch begabte Kinder
der mittleren und unteren Klassen zu Mitgliedern einer Institution aufrük-
ken, deren Aufgabe es war, das Volk geistig zu beherrschen. Das Universitäts-
gesetz definierte die Hochschule als Organ für Forschung und Lehre »der
dem Staat dienenden Wissenschaften«. Die staatlichen Schulen wurden in
jeder Hinsicht bevorzugt behandelt, während die privaten Schulen einer
strengen Kontrolle unterworfen waren.

Im Jahre 1887 wurden schließlich Verordnungen für die Einstellung von Zivilbeamten herausgegeben, das Prüfungssystem geregelt und bestimmt, daß die Absolventen der Juristischen Fakultäten der kaiserlichen Universitäten ohne Prüfung in hohe Beamtenstellen aufrücken konnten. Das Tennō-System verfügte damit über eine vortreffliche Einrichtung, Begabte aus dem Volk für Führungsaufgaben auszubilden.

Die Vorbereitungen für die Kodifizierung der Verfassung waren inzwischen fast abgeschlossen. Bereits 1881, als der Erlaß zur Gründung eines Parlaments veröffentlicht wurde, hatte die Regierung den deutschen Gelehrten Herman Roesler als Berater angestellt und grundlegende Artikel, die in die spätere Verfassung aufgenommen wurden, festgelegt, etwa die Souveränität des Kaisers, die Verhinderung eines Parteienkabinetts, die Übertragung des Oberbefehls an den Tennō. Im März 1882 ging Itō Hirobumi für eineinhalb Jahre nach Europa, um sich genau darüber belehren zu lassen, wie man der absoluten Herrschaft des Tennō eine verfassungsmäßige Fassade geben könnte. Der Shintōismus sollte zur Staatsreligion gemacht werden, obwohl die Verfassung die Freiheit des Glaubens garantierte. Nachdem die oben beschriebenen Reformen abgeschlossen waren, begannen Itō Hirobumi und Inoue Kaoru ab Sommer 1886, einen Verfassungsentwurf auszuarbeiten.

Der Widerstand gegen die von Außenminister Inoue geplante Revision der ungleichen Verträge

Nachdem es der Regierung gelungen war, die Bürgerrechtsbewegung zu unterdrücken, herrschte zunächst Frieden im Lande. Die Revision der ungleichen Verträge mit dem Ausland war jedoch Anlaß für eine neue, gegen die Regierung gerichtete Bewegung. Als die Verhandlungen über die Revision dieser Verträge, die Iwakura als Gesandter geführt hatte, gescheitert waren, unternahm 1876 Außenminister Terajima Munenori einen erfolglosen Versuch, mit dem Ausland über die Rückgabe der Zollrechte zu verhandeln. Es kam immer häufiger vor, daß ausländische Schiffe Opium einschmuggelten, daß während der Cholera-Epidemie die Bestimmungen der Quarantäne verletzt wurden. Die Japanische Regierung hatte wegen der Exterritorialrechte des Auslands keine Möglichkeit, diese Vergehen zu verfolgen, weshalb im Volke die Forderung immer lauter wurde, daß die Wiederherstellung der Rechtssouveränität wichtiger sei als die Rückgabe der Zollrechte. 1879 wurde Inoue Kaoru Außenminister und begann mit den in Tōkyō residierenden Gesandten erneut über die Revision der ungleichen Verträge zu verhandeln, vor allem unter dem Gesichtspunkt der Wiederherstellung der Rechtssouveränität. Im Frühjahr 1887, nach mehrjährigen Verhandlungen, entstand eine neue Fassung, die folgende wichtige Punkte enthielt: 1. Fünf Jahre nach dem Inkrafttreten der revidierten Fassung sollte die Exterritorialität aufgehoben werden. 2. Als Ersatz dafür würden den Ausländern die gleichen Rechte, die auch Japaner besitzen, nämlich im Lande zu reisen, den Wohnort frei zu wählen, Unternehmen aufzubauen und Land zu besitzen, zuerkannt. 3. Die japanischen Gerichte sollten ausländische Richter berufen, die bei Prozessen, in die Ausländer verwickelt waren, die Mehrheit des entscheidenden Gerichtshofs bilden mußten. 4. Bis zur Aufhebung der Exterritorialität mußte das japanische Recht nach den Grundsätzen des abendländischen Rechts abgefaßt werden und konnte erst in Kraft treten, nachdem die ausländischen Mächte die englische Fassung überprüft hätten.

Diese Revision hob die Exterritorialität nur nominell auf, unterstellte die japanische Gerichtsbarkeit der Kontrolle des Auslands, gab im vierten Artikel diesem sogar das Recht, auf die Gesetzgebung Einfluß zu nehmen. Außenminister Inoue war besonders am zweiten Artikel interessiert, d.h. am Import ausländischen Kapitals. Die hinter ihm stehenden großen Handelsgesellschaften wie Mitsui erhofften sich von der Zusammenarbeit mit ausländischen Kapitalgesellschaften Riesenprofite.

Die Regierung bemühte sich, Japan nach dem Vorbild des Abendlands zu »zivilisieren«, indem sie z.B. in Tōkyō eine Rokumeikan genannte Villa im europäischen Stil bauen ließ, wo sich Itō, Inoue, hohe Regierungsbeamte, Angehörige des Adels, Vertreter der Wirtschaft, ausländische Diplomaten und Unternehmer trafen und nach europäischer Art Bälle veranstalteten. Die Regierung ergriff Maßnahmen zur »Europäisierung« der eigenen Kultur in allen Bereichen, von der Europäisierung des Lebensstils der obersten Klasse bis zur Reform der Sprache oder der Reform des Theaters. Dies schmeichelte den Ausländern, war aber eine nur äußerliche Imitation der europäischen Kultur auf sehr niedrigem Niveau, eine »Kolonialisierung« der japanischen Kultur. Als Reaktion darauf entwickelte sich in den Kreisen der Herrschenden Nationalismus und allgemein heftige Kritik.

Der Entwurf der Vertragsrevision wurde auch dem Volk bekannt. Zunächst äußerte im Mai 1887 der Rechtsberater des Kabinetts, Boissonade, in Regierungskreisen Kritik, indem er feststellte, daß der Entwurf die Souveränität Japans schwerer verletze als die geltenden Verträge. Er bemerkte, daß er sich als Ausländer wundere, wie wenig Patriotismus die hohen japanischen Beamten besäßen. Er warnte die Regierung, den Entwurf zu akzeptieren. Zu dieser Zeit kehrte Tani Tateki, Landwirtschafts- und Handelsminister, Nationalist und Kämpfer für die Souveränität Japans, aus Europa zurück. Tani kritisierte nicht nur heftig den von Inoue ausgehandelten Entwurf, sondern auch die unter Ausschluß der Öffentlichkeit durchgeführten Verhandlungen. Er forderte die Beendigung der Polizeidiktatur und grundlegende Reformen der Innenpolitik, vertrat also eine Politik, die im Gegensatz stand zu der des Premierministers Itō, so daß er von seinem Amt zurücktreten mußte. Die Anhänger des Nationalismus im Regierungslager teilten Tanis Standpunkt. Sowohl die Nationalisten des rechten wie die Bürgerrechtskämpfer des linken Flügels griffen, als der Entwurf öffentlich bekannt wurde, die Regierung scharf an. Premierminister Itō und Außenminister Inoue sahen sich daraufhin gezwungen, Ende Juli die Verhandlungen über eine Revision der Verträge abzubrechen.

Die letzte Schlacht der Bürgerrechtsbewegung

Der Sieg über die Regierung, die Anullierung des verhängnisvollen Revisionsentwurfs, machten der Bürgerrechtsbewegung noch einmal Mut, für ihre Ziele zu kämpfen. Itagaki Taisuke nutzte sein Recht als Graf, eine umfangreiche Eingabe an den Tennō zu machen, die folgende Forderungen enthielt: Um wirklich auf Gleichberechtigung beruhende Verträge mit dem Ausland durchzusetzen, solle eine »Staatsverfassung« verabschiedet und die despotische Regierung beseitigt werden. Das Heer diene nicht der Landesverteidigung, sondern sei bloß ein Instrument, um gegen die Regierung gerichtete Bewegungen zu unterdrücken, es müsse deshalb auf 20 oder 30000 Mann reduziert werden. Wichtig für die Verteidigung des Landes sei die Marine, ein stehendes Heer sei nicht notwendig. Im Notfall könne man auf den Patriotismus des Volkes bauen und leicht eine Bürgermiliz rekrutieren. Am nötigsten sei vor allem, die Steuern und die Lasten, die das Volk zu tragen habe, zu reduzieren. Die staatlichen Schulen zu fördern, die privaten dagegen zu kontrollieren, sei eine verwerfliche Politik. Es müsse sofort die Freiheit der Erziehung verwirklicht werden. Ferner sei das Adelssystem aufzuheben, denn es widerspreche der Gleichberechtigung aller Bürger. Itagakis Eingabe und seine revolutionären Forderungen waren repräsentativ für das Programm der wieder auflebenden Bürgerrechtsbewegung.

Itagakis und Tanis Forderungen wurden als Geheimdrucke von Hoshi Tōru im ganzen Land bekannt gemacht. Die politisch engagierte Jugend, einst der Liberalen Partei nahestehend, und Studenten, vor allem Studenten der privaten Schulen in den Landgebieten versammelten sich in Tōkyō und an vielen anderen Orten, um für eine Staatsverfassung und für auf Gleichberechtigung beruhende Verträge mit dem Ausland zu demonstrieren.

Die Regierung entließ im Oktober schließlich ihren Außenminister Inoue. Premierminister Itō beorderte alle hohen Beamten der Landgebiete nach Tōkyō und legte ihnen nahe, der Forderung nach einer Staatsverfassung und einer die öffentliche Meinung respektierenden Außenpolitik nicht zuzustimmen. Dieselben Instruktionen erhielten die aus dem ganzen Lande zusammengerufenen Staatsanwälte und Garnisionskommandeure von ihren Ministern. Die Regierung riskierte damit einen Bürgerkrieg.

Im Oktober richtete Kataoka Kenkichi als Vertreter der Bevölkerung der Präfektur Tosa an die Regierung ein Schreiben mit folgenden, von Ueki Emori formulierten Forderungen: »Rede- und Meinungsfreiheit«, »Reduzierung der Grundsteuer« und »Änderung der Beziehungen zum Ausland«. Mit Rede- und Meinungsfreiheit waren natürlich durch eine Verfassung garantierte Rechte gemeint, und die Änderung der Beziehungen zum Ausland bedeutete nur die Beseitigung der Unterordnung unter Europa und Amerika. Die Politik der Stärke gegenüber Korea und China war mit keinem Wort erwähnt. Wenn es sich um Reformen oder revolutionäre Veränderungen im Lande handelte, spielte für die Bürgerrechtler die Aggressionspolitik als Mittel, die Souveränität des Landes wiederherzustellen, keine wesentliche Rolle. Die drei Forderungen brachten praktisch die politische Meinung des ganzen Volkes zum Ausdruck. Im Dezember sollen sich mehr als zweitausend Jugendliche in Tōkyō versammelt haben, unter ihnen auch Jugendliche, die mit Bomben bewaffnet waren.

Erst in dieser Zeit wurde Nakae Chōmin der Führer der Bürgerrechtsbewegung. Auch unter den jungen Japanern, die sich zum Studium oder aus beruflichen Gründen in Amerika aufhielten, bildete sich eine Gruppe, die eine Volksrevolution unterstützte. Als ihre Führer nach Japan zurückkehrten, wurden sie sofort verhaftet, unter ihnen auch Fukuda Yūsaku, der spätere Mann von Kageyama Hideko.

In der Nacht des 25. Dezember setzte die Regierung überraschend ein Gesetz zur Aufrechterhaltung der öffentlichen Sicherheit in Kraft und vertrieb bis zum Morgen des folgenden Tages mehrere hundert Personen, Vertreter der Präfektur Kōchi und weiterer 24 Präfekturen, aus dem Palast und verbot ihnen, sich diesem bis auf drei Meilen zu nähern. Kataoka Kenkichi folgte diesem Befehl nicht und wurde festgenommen. Ein Freund Kataokas, Aki Kiyoka, der dem Premierminister ein Protestschreiben gegen dieses Gesetz überreichen wollte, wurde ebenfalls verhaftet. In seinem Schreiben hieß es: »Es ist unerträglich zusehen zu müssen, wie unser Staat zugrunde gerichtet wird. Ich kann mich nicht zurückziehen und unser Land im Stich lassen, auch wenn ich dadurch gegen das Gesetz verstoße.«

Das neue Gesetz beendete den Kampf um die Bürgerrechte endgültig. Im folgenden Jahr gründete Gōtō Shōjirō mit Mitgliedern der ehemaligen Liberalen Partei und Fortschrittspartei die »Große Vereinigung aller liberalen Kräfte« *(Daidō Danketsu)*, die vom Volk breite Unterstützung erhielt, die aber keine revolutionären, demokratischen, nicht einmal reformistische Ziele verfolgte, sondern nur eine Bewegung von Politkern war, die durch die zwei Jahre später stattfindenden Wahlen an die Macht kommen wollten. Gōtō übernahm, als die Regierung ihn dazu aufforderte, ohne Skrupel das Amt des Verkehrsministers (im März 1889). Die »Große Vereinigung aller Liberalen Kräfte«, die gegen die despotische Regierung hätte kämpfen müssen, wurde zu einer großen Vereinigung ehrgeiziger Politiker. Ōkuma Shigenobu hatte bereits im Februar 1888 Inoue Kaoru als Außenminister abgelöst. Die Fortschrittspartei fungierte nur noch als Hilfstruppe der Regierung.

Obwohl die Bürgerrechtsbewegung scheiterte, hatte sie eine große historische Bedeutung. Durch sie gewannen zum ersten Mal in der japanischen Geschichte das Ideal der Menschenrechte und die Ideen der Revolution Einfluß auf das ganze Volk. Durch sie bildeten sich politische Parteien, durch sie wurde ein Weg aufgezeigt, die Bürgerrechte zu verwirklichen. Die Bürgerrechtsbewegung erreichte, daß die despotische Regierung eine Verfassung — wenn es auch nur eine Schein-Verfassung war — kodifizierte, die, wenn auch in äußerst begrenztem Maße, den Bürgern das Recht, an der Regierung teilzunehmen, zusicherte und grundlegende Menschenrechte garantierte. Die Bürgerrechtsbewegung bewirkte auch, daß der gesetzliche Wert von Grund und Boden vom Handelswert getrennt wurde, schuf also die wirtschaftliche Bedingung dafür, daß die Grundsteuer ihren feudalistischen Charakter verlor. Und auch auf die Außenpolitik hatte diese Bewegung Einfluß, indem sie die von Außenminister Inoue ausgehandelte »Revision« der Verträge mit dem Ausland scheitern ließ. Sie leistete einen wichtigen Beitrag dazu, daß Japan seine Souveränität zurückgewann, und weitete den Blick der Japaner für gesamtasiatische Probleme. Die Bürgerrechtsbewegung hinter-

ließ reiche Erfahrungen, wie man in einer revolutionären Bewegung ohne
Gewalt kämpfen kann, und wie man einem bewaffneten Konflikt eine einheitliche Bewegung organisiert. In diesem Sinne war die Bürgerrechtsbewegung eine historisches Ereignis, das auch noch heute seinen Glanz nicht verloren hat.

27
Die Vollendung des Tennō-Systems

Die Verbindung von Altertum und Moderne und ihre Widersprüche

Die Proklamation der Verfassung des Großjapanischen Reiches

Kurz nachdem durch das »Gesetz zur Aufrechterhaltung der öffentlichen Sicherheit« neue Aktionen der Bürgerrechtsbewegung unterbunden werden konnten, hatten Premierminister Itō und sein Stab die Vorarbeiten für einen Verfassungsentwurf abgeschlossen (April 1888). Als höchstes beratendes Organ des Tennō wurde ein »Geheimer Staatsrat« eingerichtet, dessen Vorsitz Itō übernahm und in den zwölf »verdiente Staatsmänner«, also Senioren unter den beamteten Politikern berufen wurden. Der Geheime Staatsrat und die Minister des Kabinetts berieten in Anwesenheit des Tennō den Entwurf, den sie nach Abschluß der erforderlichen Korrekturen im November 1889 als Verfassung des Großjapanischen Reiches in Kraft setzten. Sie wurde nicht als Staatsverfassung von einer parlamentarischen, verfassungsgebenden Versammlung beschlossen, sondern vom Tennō an seine »Untertanen« erlassen.

Diese Verfassung bestimmte im ersten Artikel: »Das Großjapanische Reich wird für ewig von einem Tennō beherrscht« und im vierten Artikel: »Der Tennō ist das Staatsoberhaupt, dem alle Herrschergewalt zusteht«. Das Kabinett übte die exekutive, der Reichstag die legislative Gewalt aus. Den Gerichten oblag die Rechtspflege, alle drei Institutionen waren aber nicht souverän, sondern nur Organe, die den Tennō bei der Regierung unterstützen sollten. Gegen seine Entscheidungen gab es kein Einspruchsrecht des Volkes.

Das Kabinett bildeten der Premierminister und der Staatsminister, beide wurden vom Tennō ernannt und waren nur diesem verantwortlich. Die Regierung leistete dem Tennō in der Ausübung seiner Rechte — den Oberbefehl über die Armee ausgenommen — »Hilfe«, sie war faktisch eine despotische Regierung, abhängig von der Gnade des Kaisers. Dieser ernannte die

390

Zivilbeamten, die nach ihrer Dienstvorschrift ihm und der Regierung gegenüber zu Treue verpflichtet waren.

Die Regierung und der Reichstag hatten keine Befehlsgewalt über die Armee. Der Generalstab und die Kommandanturen waren dem kaiserlichen Oberbefehl direkt unterstellt.

Der Reichstag hatte die Aufgabe, den von der Regierung eingebrachten Haushaltsplan, sowie von dieser oder von Abgeordneten eingebrachte Gesetzentwürfe zu beraten und zu beschließen. Er hatte keinen Einfluß auf die Ernennung der Minister und der Zivilbeamten, auch nicht auf Vertragsabschlüsse mit dem Ausland, auf die Erklärung eines Krieges oder auf Friedensverhandlungen.

Nur die Regierung hatte das Recht, den Haushaltsplan vorzulegen. Der Reichstag beriet darüber, konnte aber die jährlichen Ausgaben, die der Tennō aufgrund seiner durch die Verfassung gewährleisteten Allmacht festlegte, oder die Haushaltslasten, die sich aus einem Gesetz ergaben oder nach dem Gesetz zu den Verpflichtungen der Regierung gehörten (z.B. die Gehälter der Beamten), ohne deren Zustimmung nicht kürzen. Auch bei Gesetzentwürfen hatte der Reichstag nur das Recht, diese zu beraten und ihnen zuzustimmen. Hatten diese Entwürfe den Reichstag passiert, wurden sie erst durch die Zustimmung des Tennō (faktisch durch die Entscheidung der Regierung) Gesetz. Der Kaiser hatte das Recht, seine Genehmigung zu verweigern. Zusätzlich konnte er (und damit die Regierung) Recht setzen, das nicht als »Gesetz«, sondern als kaiserlicher Erlaß Gesetzeskraft erhielt, ohne den Reichstag passiert zu haben. Die Einberufung des Reichstags, die Vertagung, die Beendigung der Legislaturperiode und die Auflösung des Unterhauses entschied der Tennō allein.

Der Reichstag setzte sich aus zwei Kammern zusammen. In das Oberhaus wurden Mitglieder der Kaiserfamilie, der Adel und vom Tennō persönlich ernannte Abgeordnete und Wohlhabende, die die höchsten direkten Staatssteuern zahlten, berufen. Die Mitglieder des Unterhauses wählten die »Untertanen« aus ihren Schichten. Oberhaus und Unterhaus waren, abgesehen vom Prioritätsrecht des Unterhauses bei den Haushaltsberatungen, gleichberechtigt. Der Reichstag glich im wesentlichen dem Ständeparlament unter der Herrschaft einer absolutistischen Monarchie. Überdies bestimmte das Oberhaus, ohne daß das Unterhaus intervenieren konnte, allein über die Abänderung der Vorschriften für seine Zusammensetzung. Das Gesetz für die Wahl der Abgeordneten des Unterhauses dagegen bedurfte der Zustimmung des Oberhauses, außerdem mußte es dem Geheimen Staatsrat vorgelegt werden. (Jahre später wurde der Entwurf eines allgemeinen Wahlrechts vom Oberhaus abgelehnt.)

Die »Untertanen« hatten das Recht, Abgeordnete für das Unterhaus zu wählen. Sie konnten Abgeordnete oder Zivilbeamte werden, ihnen waren »innerhalb des Rahmens des Gesetzes« die grundlegenden Menschenrechte zugesichert, doch blieb dieser »Rahmen« durch die Gesetze und Erlässe des Tennō sehr eng bemessen.

Die Verfassung des Großjapanischen Reiches beseitigte nicht die absolute Herrschaft des Tennō, seiner Regierung und seiner Armee, sie gab ihr nur eine verfassungsmäßige Form. Die Herrschaft des Tennō, die dieser von seinen göttlichen Vorfahren ererbt hatte, brauchte durch die Verfassung nicht legitimiert zu werden, denn seine despotische Herrschaft war, wie die der Tennō des Altertums, nicht an das Gesetz gebunden. Der dritte Artikel, »Der Tennō ist göttlicher Natur, er ist unantastbar«, beruht nicht auf dem Prinzip der konstitutionellen Monarchie, das die Regierungsverantwortung des Monarchen aufhebt, er definiert den Tennō buchstäblich als übernatürliches, göttliches Wesen.

Immerhin wurde diese Herrschaft »aufgrund der Bestimmungen dieser Verfassung« (vierter Artikel) ausgeübt, die Machtbefugnisse des Tennō waren präzisiert, die Art ihrer Ausübung festgelegt. Die Verfassung bestätigte auf der einen Seite den Tennō als ein über allem stehendes Wesen, auf der anderen Seite enthielt sie den Widerspruch, daß sie ihn, als an die Verfassung gebunden, bis zu einem gewissen Grade in das System einer konstitutonellen Monarchie einband. Diese Annäherung an die konstitutionelle Monarchie, das Recht des Volks, an der Regierung teilzunehmen, die Anerkennung der grundlegenden Menschenrechte waren das Verdienst der Bürgerrechtsbewegung. Das Volk besaß im Reichstag das Recht, der Gesetzgebung zuzustimmen und an den Haushaltsberatungen teilzunehmen. Es hatte also Mittel in der Hand, seine Forderungen, wenn auch beschränkt, in der Innenpolitik durchzusetzen.

Reform der Armee und der Polizei, die Einrichtung der Gemeinden

Die Armee, die wichtigste Stütze des Tennō-Systems, war schon vor der Proklamation der Verfassung in ihrem Aufbau modernisiert worden. Die Reform von 1888 hatte das Garnisonssystem aufgehoben und nach

Die Vollendung des Tennō-Systems

dem Vorbild der deutschen Armeekorps als strategische Einheiten die Divisionen geschaffen. Ihre Gesamtstärke betrug im Jahre 1890, mit der Palastgarde sieben Divisionen, die zehntausend Soldaten der Kolonialmiliz in Hokkaidō einberechnet, 53 000 Mann. Die Reservisten und die Landwehr zählten über 200 000 Mann. Die Marine verfügte 1886 über fünf Flottenkommandos, dazu kamen 1890 drei Stützpunkte in Yokosuka, Kure und Sasebo, wo 25 Kriegsschiffe mit 51 000 Bruttoregistertonnen und zehn Torpedoboote stationiert waren. Zur Ausbildung der Offiziere wurden Heeres- und Marineakademien geschaffen und 1881 bereits eine Gendarmerie, die das Heer und die Marine beaufsichtigte und »Verbrechen« gegen die Armee des Volkes — deren schlimmstes war die Verbreitung von demokratischen und antimilitaristischen Ideen — verfolgte. 1882 bestimmte der »kaiserliche Erlaß an die Soldaten«, daß Militärangehörige dem Tennō zu absoluter Treue verpflichtet seien und ihren Vorgesetzten zu gehorchen hätten, als Grundregeln der soldatischen Moral.

Das Wehrgesetz war bis zum Januar des Jahres, in dem die Verfassung proklamiert wurde, dreimal revidiert worden. Freigestellt werden durften nur noch Gebrechliche und Körperbehinderte. Die Familienregister wurden so präzis angelegt, daß es kaum noch möglich war, sich durch falsche Angaben oder durch Flucht der Einberufung zu entziehen.

Das Polizeisystem, die zweite Stütze des Tennō-Systems, wurde im Jahre nach der Proklamation der Verfassung grundlegend erneuert. Bis dahin sorgten in den Landgebieten, an Orten, wo sich Verwaltung und Verkehr konzentrierten, Polizeihauptämter und wenige diesen unterstehende Nebenstellen für Ordnung. Die Polizisten hatten nur im Hauptamt oder in den Nebenämtern Dienst, d.h. sie patrouillierten im unmittelbaren Bereich dieser Ämter. Das System wurde abgeändert, indem die Zahl der Haupt- und Nebenämter verringert, die Zahl der Polizeiwachen so verstärkt wurde, daß das Polizeinetz das ganze Land erfaßte. In jedem Bergdorf, auf jeder Insel war ein mit einem Säbel bewaffneter Polizist anzutreffen.

Die technische Voraussetzung für die Verteilung der Polizei über das ganze Land war die Entwicklung der Telegrafen- und Telefonverbindungen, die eine einheitliche Führung und Koordination ermöglichten. Während die Bürger oft zehn Meilen laufen mußten, um ein Telegramm aufgeben zu können, konnten sich die Polizeireviere innerhalb weniger Sekunden verständigen. Parallel zur Reform des Polizeisystems richtete die Regierung, wie ich im folgenden Abschnitt darstellen werde, mit den Gemeinden neue Verwaltungseinheiten ein. Im ganzen Lande wurden etwa 13 000 Gemeinden von insgesamt 11 000 Polizeirevieren kontrolliert. In den folgenden Jahren wurden die Befugnisse der Polizei noch erweitert, die Verwaltungspolizei und die politische Polizei erheblich verstärkt.

1889 errichtete die Regierung das Gemeindesystem, indem sie die natürlich entstandenen Ansiedlungen zu neuen Verwaltungseinheiten zusammenfaßte. Sie nutzte den Charakter dieser noch in vieler Beziehung natürlichen Gemeinschaften aus, um sie als kleinste Einheiten in das zentralistische Verwaltungssystem einzuordnen. Diese Tendenz hatte unmittelbar nach der Meiji-Restauration begonnen, wurde aber jetzt definitiv abgeschlossen.

Für die Verwaltung der Gemeinden waren der Vorstand, sein Stellvertreter und der Steuereinnehmer zuständig, die direkt dem Innenminister und dem Gouverneur unterstanden. Ein Gemeinderat beschloß den Haushalt und andere Angelegenheiten der Gemeinde. Die Mitglieder des Gemeinderats wurden von den Angehörigen der Gemeinde gewählt. Das Wahlrecht hatten jedoch nur die Männer, die mehr als zwei Yen direkte Staatssteuer entrichteten. Zudem legte die Regierung ein nach Steuerklassen geregeltes Wahlsystem fest, d.h. für die Wahl des Stadtrats die Wahl von Angehörigen aus drei, für die Wahl des Gemeinderats die Wahl von Angehörigen aus zwei Steuerklassen, wobei jede Steuerklasse die gleiche Anzahl von Mitgliedern stellen mußte. Durch dieses System wurde die herrschende Stellung der Grundbesitzer und der Bourgeoisie in diesen Institutionen gesichert. Das Amt des Gemeindevorstandes war ein Ehrenamt und damit in den meisten Fällen mit einem Wohlhabenden, der sich nicht selbst um seine Geschäfte zu kümmern brauchte, oder mit einem Grundbesitzer besetzt.

Die Gemeinden galten offiziell als sich »selbstverwaltende Organe der Landgebiete«. Doch auch nach der Eröffnung des Parlaments, als das Unterhaus immer mehr Einfluß gewann und gelegentlich die Macht des von Beamten beherrschten Kabinetts einschränken konnte, bestand ihre Aufgabe nach den Worten von Yamagata Aritomo, damals Innenminister und Initiator dieses Systems darin, daß »die politischen Veränderungen in der Regierungszentrale sich nicht auf die Verwaltung der Landgebiete auswirken können«. Damit kam ihnen eine Schutzfunktion des Tennō-Systems vor durch den Reichstag beschlossenen Maßnahmen zu. Die Gemeinden dienten hauptsächlich dazu, die Grundbesitzer, die besitzende Klasse der Landgebiete, im Gemeinderat als unterstem Organ des Tennō-Systems zu organisieren. Die »Selbstverwaltung« stand nur auf dem Papier, denn die Aufgaben des Gemeinderats beschränkten sich auf die Kontrolle der Einberufung, die

Einnahme der Steuern und die zu diesem Zweck notwendige exakte Führung der Familienregister, den Bau und die Erhaltung von Schulen. Sogar ein Teil des Haushalts war von oben bereits festgelegt, frei entscheiden konnten die Gemeinden über nur wenige Haushaltsposten.

Der Kaiserliche Erziehungserlaß und die Freiheit von Wissenschaft und Religion

Ein Jahr nach der Proklamation der Verfassung, im Oktober 1890, wurde schließlich der »Kaiserliche Erziehungserlaß« veröffentlicht, der die Prinzipien der geistigen Unterdrückung des Volkes enthielt. Nach dem »Kaiserlichen Erlaß an die Soldaten« war dies der zweite vom Tennō direkt an das Volk gerichtete Erlaß. In diesem Erlaß wird behauptet, die Vorfahren des Tennō hätten in ferner Vergangenheit das Land geschaffen und dem Volk als großes moralisches Vorbild gedient. Der Erlaß bestimmt, daß Staat, Tennō und Moral gleichen Ursprungs und die Treue dem Tennō und Liebe den Eltern gegenüber die Wurzel aller Moral seien. Er fordert, daß die fünf konfuzianischen Tugenden zu befolgen, Verfassung und Gesetz zu achten seien. Das Volk müsse fleißig arbeiten, im Falle eines Krieges mutig für den Tennō sein Leben einsetzen und alle Kräfte aufbieten, damit das Reich und die Herrschaft des Tennō gedeihen. Der Patriotismus findet als Tugend keine Erwähnung, die Rechte des Volkes, Freiheit und Frieden sind mit keinem Wort erwähnt. Erst später wurde dann das Erziehungssystem genauer ausgearbeitet. 1896 wurde verfügt, daß bei festlichen Anlässen der Schulen die Nationalhymne *Kimi ga yo* zu singen sei. Sie war 1880 noch keine Nationalhymne, sondern eine Eloge auf den Tennō, der mit seinen Nachfolgern für ewig Japan regieren solle, und wurde bis zu diesem Zeitpunkt nur im Palast und von der Armee gesungen.

Der Erlaß legte nicht nur die Prinzipien für die schulische Erziehung fest, er galt als oberstes Gesetz für das geistige Leben des Volkes. Daß der Herrscher die Prinzipien der Moral und des geistigen Lebens anhand der Tradition seiner Vorfahren dem Volk aufzwingt, dafür gab es in anderen modernen Staaten kein Beispiel. In dieser Hinsicht war das moderne Tennō-System ein Relikt des asiatischen Despotismus des Altertums, das die nach der Meiji-Restauration aufblühenden Wissenschaften, das geistige Leben, die Freiheit des Glaubens einzuschränken versuchte. Unter den Religionen wurde die christliche Lehre, in der Wissenschaft die Soziologie, am meisten aber die Geschichtswissenschaft unterdrückt.

Die Katholiken, die sich Ende der Edo-Zeit wieder offen zu ihrem Glauben bekannt hatten, widerstanden der von der neuen Regierung befohlenen grausamen Verfolgung. Durch die Missionstätigkeit ausländischer Geistlicher wuchs die Zahl der Anhänger des Protestantismus. Die Regierung sah ein, daß eine weitere Verfolgung des christlichen Glaubens nutzlos war. Und weil diese die Verhandlungen über die Revision der Verträge mit dem Ausland negativ beeinflußt hätte, hatte die Regierung 1873 das Verbot der christlichen Lehre aufgehoben und damit praktisch die Glaubensfreiheit anerkannt. Großen Einfluß hatten z.B. Persönlichkeiten wie Niijima Jō, der Ende der Edo-Zeit heimlich nach Amerika gereist war, dort ein theologisches Seminar besucht hatte, Ende des Jahres 1874 nach Japan zurückkam und in Kyōto die protestantische Schule *Dōshisha* gründete. Besonders in den 80er Jahren erhielten die Kultur und das Denken der Japaner durch die christliche Lehre produktive Impulse. Auch die Verfassung des Großjapanischen Reiches mußte, allerdings unter der Bedingung, daß »Ruhe und Ordnung nicht gestört werden und das Volk an der Ausübung seiner Pflichten nicht behindert werde«, zunächst die Glaubensfreiheit anerkennen. Unmittelbar nach dem Kaiserlichen Erziehungserlaß meldete der regierungstreue Gelehrte Inoue Tetsujirō Bedenken an, indem er behauptete, die christliche Lehre stehe im Widerspruch zu diesem Erlaß. Anhänger der christlichen Lehre wie Yokoi Tokio widerlegten diese Auffassung. Der Streit dauerte von 1890 bis 1894 und wurde beendet mit dem Resultat, daß es nicht darum gehe, ob die christliche Lehre dem Erlaß widerspreche, sondern daß in Japan nur eine »christliche Lehre« erlaubt sei, die nicht im Widerspruch zu diesem stehe. Damit begann nicht nur ein Leidensweg für die Christen, das japanische Volk konnte sich danach nicht mehr von der Tennō-Ideologie distanzieren.

Zwei Jahre nach dem Erziehungserlaß wurde Kume Kunitake, Professor an der Kaiserlichen Universität Tōkyō, wegen seines Aufsatzes »Der Shintō ist ein alter Brauch, den Himmel zu verehren« entlassen. Bis zur Niederlage Japans im zweiten Weltkrieg durften Forschungen über den Ursprung des japanischen Staates, die den Shintōismus analysierten und die Ideologie des Tennō-Systems bloßlegten, nicht veröffentlicht werden. Im Geschichtsunterricht an den Schulen mußte gelehrt werden, daß die Ahngötter des Tennō das Land Japan geschaffen hätten, daß die Tennō als göttliche Nachkommen ewig Japan regieren würden und daß die Regierung der Tennō die treibende Kraft der Entwicklung der japanischen Geschichte gewesen sei.

Der Schaden, den diese Repression anrichtete, war, was die wissenschaftlichen Kenntnisse der Japaner über ihre Geschichte, was die Entwicklung ihrer historischen Identität betrifft, unermeßlich und ihre Auswirkungen sind auch noch heute groß.

Das patriarchalische Familiensystem

Der Kaiserliche Erziehungserlaß definierte als »Wesen des Staatssystems« die Treue dem Tennō und die Liebe den Eltern gegenüber. Entsprechend mußte die Liebe als Grundlage des patriarchalischen Familiensystems — des die Familie beherrschenden Tennō-Systems — gesetzlich fixiert werden.

In dieser Zeit wurden die Familienangelegenheiten wie in der Zeit des Feudalismus vornehmlich durch den Paterfamilias geregelt, aber bereits seit Mitte der Edo-Zeit, durch die Entwicklung der Warenwirtschaft, hatte sich dessen Macht geschwächt. In den unteren Schichten der Bürger und Bauern, die keineswegs über ein »Vermögen« verfügten, hatte der älteste Sohn nicht immer das Erbrecht, Töchter und Söhne konnten verhältnismäßig frei ihren Ehepartner wählen. Die Auflösung des patriarchalischen Familiensystems wurde nach der Meiji-Restauration durch die Entwicklung des Kapitalismus, durch die gesetzlich anerkannte Freiheit der Wahl des Berufs und des Wohnorts noch beschleunigt. Die Intellektuellen, unter ihnen vor allem Fukuzawa Yukichi, begannen, ein Familiensystem zu fordern, in dem Mann und Frau die gleichen Rechte haben sollten. Auch die Regierung sah sich gezwungen — nicht zuletzt wegen der Revision der Verträge mit dem Ausland —, das moderne europäische Familienrecht zu übernehmen. Sie ließ, beraten von dem französischen Gelehrten Boissonade, ein bürgerliches Gesetzbuch verfassen, dessen familienrechtlicher Teil im Oktober 1890 veröffentlicht wurde und ab 1893 in Kraft treten sollte.

In diesem Gesetzbuch wurden das patriarchalische Familiensystem und sein Erbrecht zwar formell anerkannt, aber zugleich, daß sich um Mann und Frau die Kleinfamilie bilden solle, und daß den Familienangehörigen das Eigentumsrecht an ihrem Vermögen zustehe, die Freiheit der Wahl des Berufs und des Wohnorts. Der Gesetzgeber berücksichtigte, daß zu diesem Zeitpunkt das patriarchalische Familiensystem noch vorherrschend war, konnte aber die immer stärker werdenden Veränderungen der Familienbeziehungen nicht übersehen. Hozumi Yatsuka, Professor an der Kaiserlichen

Universität Tōkyō, protestierte mit der Warnung: »Wenn das bürgerliche Gesetzbuch in Kraft tritt, wird die Tugend der Treue und der Liebe verfallen«. Hozumi erkannte zwar an, daß es im einfachen Volk Gewohnheiten gebe, die dem patriarchalischen System widersprächen, behauptete aber, daß »die Gewohnheiten des einfachen Volkes nicht maßgebend sind«, daß Brauch und Gewohnheiten der Daimyō und Samurai die Grundlage des japanischen Familienrechts bilden müßten. Die Regierung folgte seinen Argumenten und setzte das neue bürgerliche Gesetzbuch nicht in Kraft. Sie verfaßte ein bürgerliches Recht, das sich nach dem Vorbild des feudalistischen Familiensystems der Samurai, dessen strengem patriarchalischen Familiensystem richtete und wandte es seit 1898 an. Dieses Recht galt, von wenigen Korrekturen abgesehen, bis nach dem Zweiten Weltkrieg, bis ein der neuen Verfassung entsprechendes neues bürgerliches Recht geschaffen werden mußte.

Das Tennō-System und das halbfeudalistische Agrarsystem

Das Tennō-System wurde wirtschaftlich zur Hälfte von einem halbfeudalistischen Agrarsystem gestützt. Seine Basis bildeten riesige Forst- und Brachflächen, die zu den Ländereien des Bakufu und der Daimyō gehört hatten und nach der Revision der Grundsteuer schrittweise verstaatlicht wurden, ebenso die Ländereien der Kaiserfamilie, die die wirtschaftlich wertvollsten Gebiete der verstaatlichten Ländereien besaß. Wichtig waren auch Ländereien, die sich im Besitz der Bauern und vor allem der Grundbesitzer befanden, die diese nicht selbst bestellten, sondern verpachteten.

1890 besaß der Staat 12 Millionen *chō* Land, die Kaiserfamilie 3,65 Millionen *chō*, das Volk (die Gemeinden inbegriffen) kaum 7 Millionen *chō*. Die riesigen Ländereien des Staates und der Kaiserfamilie sicherten zum Teil nicht nur deren wirtschaftliche Macht, sie spielten auch eine wichtige Rolle dabei, daß in der Landwirtschaft halbfeudalistische Produktionsverhältnisse fortbestehen konnten.

In Japan entwickelte sich auch in der modernen Zeit kaum Viehzucht. Einer der wichtigsten Gründe dafür war, daß der größte Teil des Landes, der sich für Viehzucht geeignet hätte, dem Staate und der Kaiserfamilie gehörte. Ein weiterer Grund war, daß die Bauern zu wenig Kapital hatten. Die Gesamtanbaufläche der Landwirtschaft betrug im Jahr 1887, für das vergleichsweise präzise Angaben vorliegen, die Präfektur Okinawa ausgeschlossen, etwa 4,61 Millionen *chō*, also 11,9 Prozent der Gesamtfläche Japans. Sie vermehrte sich, die Präfektur Okinawa eingeschlossen, bis zum Jahre 1921 auf 6,16 Millionen *chō*, und damit auf 15,8 Prozent der Gesamtfläche Japans, danach nahm sie wieder ab. Für das Volk blieb wenig Land übrig, das sich zu erschließen lohnte. Das Volk verfügte überdies auch nicht über die dafür erforderlichen Mittel.

In den 90er Jahren besaßen die Bauern, die in dieser Zeit 70 Prozent der arbeitenden Bevölkerung ausmachten, nur sehr wenig Land. Nach der Deflation der 80er Jahre war das meiste Ackerland in den Besitz der Grundbesitzer übergegangen. 1887 waren bereits 44 Prozent der Reisfelder und 34 Prozent der Felder für den Anbau anderer Getreide und Feldfrüchte verpachtet, 22 Prozent aller Bauern waren reine Pächter, 45 Prozent bestellten neben eigenem Land auch gepachtetes, nur 33 Prozent bestellten ausschließlich eigenes Land. Der Staat garantierte die Ausbeutung der Bauern, indem er mehr als 50 Prozent des Ernteertrages als angemessenen Pachtzins anerkannte.

Die durchschnittliche Anbaufläche eines Bauernhofes dieser Zeit wird mit einem *chō* angegeben. 40 Prozent aller Bauern besaßen jedoch weniger als fünf *tan*, mehr als 30 Prozent mehr als fünf *tan* und weniger als ein *chō*. Der Ertrag von fünf *tan* reichte, wenn dieser dem Bauern gehörte, gerade aus, um das Leben seiner Familie zu sichern. Die Pächter konnten also durch die Landwirtschaft allein ihren Lebensunterhalt nicht sichern. Klein- und Kleinstbauern hatten zudem wenig Rechte an der Wassernutzung. Die meisten Bauern waren durch die kollektiven Regeln des Dorfes gebunden und dem Grundbesitzer ausgeliefert. Es war sehr schwierig für sie, sich als freie Individuen aus dieser doppelten Bindung zu lösen. Das ist einer der Gründe dafür, daß sie sich der göttlichen Autorität des Tennō unterwarfen. Für die Bestellung der Felder war die Arbeitskraft der ganzen Familie eines Kleinbauern notwendig, was zur Folge hatte, daß sich das patriarchalische Familiensystem erhalten konnte. Die Klasse der Grundbesitzer unterstützte das Tennō-System, weil es ihre Herrschaft über die Pächter und deren Ausbeutung garantierte. Das Tennō-System beherrschte durch die Grundbesitzer alle Dörfer. Die Grundbesitzer wurden durch das »Selbstverwaltungssystem der Landgebiete« in das Herrschaftssystem als Mitglieder oder Vorsitzende des Gemeinderats eingegliedert. Ihre Vertreter stützten das System auch im Unter- und im Oberhaus, in den zentralen Organen des Tennō-Systems.

Geschichte Japans

Das Tennō-System und der Kapitalismus

Die zweite wirtschaftliche Stütze des Tennō-Systems war das Staatskapital und das kapitalistische Wirtschaftssystem, das die priviligierten Regierungslieferanten beherrschten. Die Aufwertung der Banknoten nach der Konjunkturkrise zwischen 1882 und 1885 gab der kapitalischen Industrie einen schnellen Aufschwung. Von 1884 bis 1890 wuchs das Gesellschaftskapital von insgesamt 13,4 Millionen Yen auf 189 Millionen Yen, also um das Vierzehnfache. Im selben Zeitraum stieg die Zahl der Baumwollspinnereien, die Maschinen benutzten, von 19 auf 30, die Produktion von 50000 Spindeln auf 277000. Der Konkurs der mit japanischen Maschinen produzierenden Manufakturen öffnete den Weg zur Industrialisierung der Spinnereien. Die Produktion von Seidengarn, wichtigster Produktionszweig der Garnherstellung, wurde immer noch überwiegend in Manufakturen (mit Handspulmaschinen) betrieben, aber auch diese Produktionsform wurde immer mehr von der Maschinenspinnerei verdrängt.

Der Aufschwung der Industrie verursachte einen Eisenbahn-Boom. 1881 wurden die halb staatliche, halb private Japanische Eisenbahngesellschaft gegründet, die eine Verbindung zwischen Tōkyō und Aomori baute, danach viele private Eisenbahngesellschaften. Im Juli 1887 eröffnete schließlich die staatliche Tōkaidō-Linie die Verbindung zwischen Tōkyō und Kōbe. Zwischen 1886 und 1891 wurde das Eisenbahnnetz von 164 auf 1611 Meilen um fast das Zehnfache erweitert.

Zwar entwickelten sich schnell private Kapitalgessellschaften, das japanische kapitalistische Wirtschaftssystem wurde jedoch von staatlichen Unternehmen und den vom Staat privilegierten Gesellschaften wie Mitsui, Mitsubishi, Sumitomo, Shibusawa und Furukawa beherrscht. Die Produktion von Maschinen war Monopol der staatlichen Rüstungsfabriken. Die wichtigsten Eisenbahnlinien waren in staatlichem Besitz und wurden unterhalten von der Japanischen Eisenbahngesellschaft, deren private Anteile sich in den Händen des Adels oder der oben erwähnten privilegierten Unternehmen befanden. In der Handelsschiffahrt auf den Ozeanlinien hatten die Mitsubishi-Dampfschiffahrtsgesellschaft und die Gemeinschaftliche Transportgesellschaft der Mitsui-Gruppe, die sich 1885 zur Japanischen Dampfschiffahrtsgesellschaft zusammengeschlossen hatten, das Monopol. Beide Gesellschaften waren durch Subventionen der Regierung groß geworden. Die Japanische Dampfschiffahrtsgesellschaft war das typische Beispiel für eine mit dem Staatskapital verbundene, vom Staat dirigierte Gesellschaft, was sich

400

schon daran erkennen läßt daß der Tennō der Hauptaktionär dieser Gesellschaft war. Die Industrialisierung der Baumwollspinnereien, d.h. die Umstellung auf maschinelle Produktion, begann zuerst in den Unternehmen, die dem Adel oder den privilegierten Gesellschaften gehörten. Das Goldbergwerk auf der Insel Sado, das Silberbergwerk in Ikuno, zunächst im staatlichen Besitz, wurden 1889 dem Tennō überschrieben (1896 an Mitsubishi billig verkauft), die wichtigsten Bergwerke waren im Besitz von Familien, die die Regierung mit Sonderrechten ausgestattet hatte. So gehörte z.B. das Kupferbergwerk Besshi den Sumitomo, das Kupferbergwerk Ashio den Furukawa, das Kohlebergwerk Miike den Mitsui. Das Bankwesen beherrschten die staatliche Japanische Bank und die ebenfalls staatliche Japanische Devisenbank, die damals einzige Devisenbank Japans.

Die Lage der Arbeiter

Die Arbeiter der kapitalistischen Industrie waren meistens Bauern, die ihr Land verloren hatten. Sie mußten unter schwersten Bedingungen und gegen geringen Lohn arbeiten. Wie sie behandelt wurden, wird am Beispiel des Kohlebergwerks Miike deutlich. Dieses Bergwerk gehörte zuerst dem Staat, der dort 2000 Häftlinge als Bergleute beschäftigte, ebensoviele Bauern, die genau so grausam wie die Häftlinge behandelt wurden. Im Jahre 1883 brach in der Ōura-Grube in Miike ein Feuer aus. Die Verwaltung ließ, um das Feuer zu ersticken, die Ausgänge zuschütten, obwohl sie wußte, daß sich in der Grube 24 Häftlinge und 22 Bergleute befanden. Das Bergwerk wurde zwei Jahre später billig an die Mitsui-Gruppe verkauft, die die Arbeiter genau so grausam ausbeutete wie die Regierung und sich danach sowohl im Bergbau wie in anderen Industriebereichen zu einem riesigen Unternehmen entwickelte.

Auch Mitsubishi kaufte durch Vermittlung von Gōtō Shōjirō zu einem Sonderpreis das Kohlebergwerk Takashima (1881) und begann damit seine Unternehmen durch Bergbau- und Industriegesellschaften zu erweitern. Die Behandlung der Bergleute von Takashima ist das grausamste Beispiel in der Geschichte des japanischen Kapitalismus. Als 1884 eine Cholera-Epidemie ausbrach, ließ die Gesellschaft alle von der Krankheit Befallenen einen Tag nach dem Ausbruch verbrennen, ohne sich zu vergewissern, ob alle auch wirklich gestorben waren. Etwa die Hälfte der Bergleute, 1500 Mann, starben oder wurden getötet.

Die Arbeitsbedingungen in der Industrie waren nicht viel besser als im Bergbau. In den Spinnerei- und Webereimanufakturen verdienten die Arbeiter an einem Tag für 15 bis 16 Arbeitsstunden zwischen 17 und 19 *sen*, die Arbeiterinnen etwa 12 *sen*. In der einzigen privaten Spinnerei, die mit Maschinen produzierte, betrug 1890 der Tageslohn einer Arbeiterin acht *sen* zwei *rin*[1], der der Arbeiter im Durchschnitt 17 *sen*.[2] Bei diesen Löhnen mußten die Arbeiter 12 Stunden im Schichtwechsel arbeiten. Im Vergleich zu den Arbeiterinnen der Spinnereien des Auslands betrug der höchste Lohn der Japanerinnen nur ein Zehntel des niedrigsten Lohnes der Engländerinnen, ein Fünftel des niedrigsten Lohnes der Italienerinnen. An einer Spinnmaschine wurden in England 35 Pfund Rohbaumwolle im Jahr verarbeitet, in den indischen Kolonien 134 Pfund, in Japan dagegen sogar 220 Pfund.

Die Regierung traf Maßnahmen, um jeden Widerstand der Arbeiter gegen die Unternehmer zu unterdrücken. Bereits im Jahre 1880, als in der mit Maschinen produzierenden Industrie — die staatlichen Rüstungsfabriken ausgenommen — noch nicht einmal zehntausend Arbeiter beschäftigt waren, verbot das in diesem Jahr entstandene Strafgesetz, daß die in der Landwirtschaft und in der Industrie tätigen Arbeiter Lohnerhöhungen und eine bessere Behandlung fordern. 1883 riet die Regierung der Handels- und Gewerbekammer in Tōkyō, einem Kontrollgesetz zuzustimmen, das Arbeiter und Arbeitnehmer der Industrie sowie Handwerksmeister und Lehrlinge betraf. Sie hatte Kenntnis von den Arbeitskämpfen in den europäischen Ländern, sah diese auch für Japan voraus und wollte rechtzeitig Mittel schaffen, nach europäischem Vorbild organisierte Arbeiterbewegungen im Keime zu ersticken.

Die Vollendung des Tennō-Systems

Durch die Verfassung des Großjapanischen Reiches wurde der absolutistische Tennō-Staat vollendet, der sowohl ein System der ideologischen Herrschaft als auch ein wirtschaftliches System war, in dem die neuesten Errun-

---

1 Ein *sen* entspricht zehn *rin*.
2 Damals kosteten 1,8 Liter Reis acht bis neun *sen*, und die Arbeitslager, die den Fabriken gehörten, verlangten für die miserable Verpflegung sechs *sen*.

Die Vollendung des Tennō-Systems

genschaften der Zivilisation wie Telegraf, Telefon, Eisenbahn, Zeitungen, die neuesten Waffen in Verbindung mit der seit dem Altertum konstruierten göttlichen und unantastbaren Autorität des Herrschers einen in höchstem Maße funktionsfähigen zentralen Machtapparat möglich machten. Mit seiner Hilfe beherrschte die Regierung jeden Einzelnen des Volkes bis in den Bereich des alltäglichen materiellen und geistigen Lebens hinein systematisch im Namen des Tennō.

Die große Masse des Volkes empfand dem obersten Herrscher gegenüber kaum politischen Respekt, die religiöse Ehrfurcht nahm dagegen nach der Proklamation der Verfassung schnell zu. Der an der Universität Tōkyō tätige deutsche Gelehrte Beltz bemerkte 1880, nachdem er erlebt hatte, daß die Bürger von Tōkyō zum Geburtstag des Tennō nicht spontan Fahnen aushingen, sondern von den Polizisten dazu gezwungen werden mußten, in seinem Tagebuch: »Es ist traurig, daß die Bürger von Tōkyō so wenig Interesse zeigen für ihren Monarchen.« Die Haltung des Volkes änderte sich auch später nicht. Der Tennō als Mensch war für das Volk gleichgültig, vor dem Tennō als Gott aber empfand es eine für Europäer unvorstellbar tiefe Ehrfurcht. Miura Gorō, um 1888 Kommandeur der Garnison in Tōkyō, beklagte später: »Zu dieser Zeit mußte man den Soldaten sogar erklären, was seine Majestät, der Tennō eigentlich ist.«

In einer Gesellschaft, in der die Mehrheit des Volkes als Bauern, Fischer, kleine Händler und Gewerbetreibende, Handwerker isoliert produzierten und lebten, in der das materielle Leben überdies jeder sicheren Grundlage entbehrte, brauchte das Volk eine Autorität, der es vertrauen konnte. Diese Autorität war entweder ein Gott oder die Tradition des Kollektivs oder der Feudalherr. Nach der Meiji-Restauration repräsentierte der Tennō in einer Person die Autorität aller Feudalherren. Die Regierung verstand es, mit allen Mitteln dem Volk einzureden, daß der Tennō ein Nachkomme der Göttin Amaterasu sei, die das Volk in den Schreinen verehrte, an die es wirklich glaubte, und erreichte innerhalb kurzer Zeit, daß das Volk den Tennō als göttliche Autorität respektierte. Diese Verehrung (Unterordnung) unter die göttliche Autorität des Tennō erhielt im Vergleich zum Respekt vor dem Tennō als Menschen eine zwar emotionale, aber tiefgreifende politische Bedeutung.

Die Menschen zählten nicht als Menschen, ihr Wert wurde bemessen an ihrem Rang im Verhältnis zum Tennō, der als göttliche Autorität an der Spitze der Gesellschaft stand. In dieser Rangordnung der Untertanen hatte die Stellung des Ministers und des Generals besonderes Ansehen und Glanz. Den Weg zu dieser Stellung konnte jeder ohne Ansehen des Standes gehen.

Jedem jungen Mann, wenn er die Prüfung bestand und die Mittel für das Studium aufbringen konnte, stand die mittlere oder höhere Ausbildung offen. Er konnte, bestand er das Staatsexamen, auch ohne den vorgeschriebenen Bildungsgang hoher Beamter werden. Die Ausbildung an der Heeres- und Marineakademie war kostenlos. Jeder junge Mann, wenn er nicht gerade aus einer sehr armen Familie stammte und möglichst schnell Geld verdienen mußte, konnte in die Akademie eintreten und davon träumen, General zu werden.

Auf diese Weise entstand ein auf die Karriere ausgerichtetes Wertsystem, daß sich bald in der Gesellschaft durchsetzte. Es gab auch Möglichkeiten, nach führenden Posten in der Großindustrie (Mitsui, Mitsubishi) zu streben oder die Karriere des Hochschullehrers anzustreben: Dieser Karriereweg war aber im Vergleich zur Karriere eines Ministers oder Generals in den Augen der Gesellschaft zweitrangig.

So wurden aus dem Volk die Begabtesten in die Schicht der Herrschenden aufgenommen. Institutionen und Ideologie bevorzugten diese neue Elite, eine Bedingung dafür, daß das Volk das Tennō-System von sich aus stützte. Auf der anderen Seite zwang ein System der Unterdrückung, das sich der neuesten Techniken der importierten Zivilisation bediente, von außen her zum Gehorsam.

Durch den äußeren Zwang und durch die ideologische Ausrichtung gelang es dem Tennō-System, Fähigkeiten und Aktivität des Volkes freizusetzen, um den ersten Staat in Asien aufzubauen, der über eine kapitalistische Industrie und eine moderne Verteidigung verfügte.

Das Tennō-System war jedoch von einem wesentlichen Widerspruch geprägt. Auf der einen Seite beruhte es wirtschaftlich auf einem kapitalistischen System, das das Staatskapital und die privilegierten Unternehmer kontrollierten, auf der anderen Seite aber auf einem halbfeudalistischen Agrarsystem, wobei beide Systeme, wie ich später zeigen werde, sich zeitweilig und teilweise durchaus positiv ergänzten. Der Staat beruhte auf einem unwissenschaftlichen Mystizismus, der den Tennō zur göttlichen Autorität erhob, konnte aber, um sich behaupten und notwendigerweise eine moderne Verteidigung und Industrie zu entwickeln, auf den wissenschaftlichen Rationalismus nicht verzichten. Die Entwicklung des Kapitalismus schließlich zerstörte allmählich die sozialen Grundlagen des Tennō-Systems, das Standessystem und die patriarchalische Familienordnung.

Ein tödlicher Widerspruch des Tennō-Systems war jedoch die Konfrontation zwischen den Klassen, die es stützten, zwischen den Grundbesitzern und den Unternehmern einerseits und den Bauern und Arbeitern andererseits. Diese Konfrontation verschärfte sich, je mehr die Grundbesitzer die Bauern ausbeuteten und je mehr der Kapitalismus sich entwickelte. In dieser Situation kam es auch zum Arbeitskampf zwischen einfachen, nicht privilegierten Unternehmern und Arbeitern, aber auch zu einer Konfrontation zwischen diesen und den privilegierten Unternehmen, die die Wirtschaft in eine schwierige Krise brachte.

Alle diese Widersprüche bestimmten fortan die Entwicklung der japanischen Geschichte. Die internationalen Beziehungen, die Japan eingegangen war, verschärften noch die Widersprüche im Lande, was wiederum auf diese zurückwirkte. Im Laufe dieses komplizierten Prozesses begann sich das Tennō-System allmählich zu verändern.

28

Der erste Reichstag und die politischen Parteien

Von der Herrschaft des Volkes zur Herrschaft des Staates

Die Proklamation der Verfassung und die demokratischen Bewegungen

Durch die Amnestie anläßlich der Proklamation der Verfassung wurden alle politischen Gefangenen freigelassen und die Urteile gegen die Politiker, die aus Tōkyō verbannt worden waren, aufgehoben. Die Mitglieder der ehemaligen Liberalen Partei und Fortschrittspartei wurden wieder politisch aktiv, aber die meisten von ihnen engagierten sich nicht mehr für die revolutionären Ideen, die sie einst vertreten hatten. Sogar Ueki Emori, der zunächst erklärt hatte, daß die Macht dem Volke gehöre, der gegen die oktroyierte, für eine von einer verfassungsgebenden Versammlung beschlossene Verfassung gekämpft hatte, bezeichnete es nun als ein »wirklich glückliches Ereignis«, daß die Verfassung nicht wie im Ausland durch blutige Auseinandersetzungen, sondern »doch auf wirklich friedlichem Wege« zustande gekommen sei. Nakae Chōmin dagegen kritisierte die Verfassung mit den Worten: »Ein Blick darauf, und man kann sich eines schmerzlichen Lächelns nicht erwehren.« Er verlangte, daß sie in der ersten Sitzung des Reichstags einer gründlichen Prüfung unterzogen und daß dann der Tennō von einer Verfassungsänderung überzeugt werden müsse. Er setzte seine ganze Kraft dafür ein, in »Der Neue Tag« und in anderen Zeitungen und Zeitschriften das Volk politisch aufzuklären und zu einer einheitlichen demokratischen Bewegung zu organisieren.

Diese einheitliche Bewegung kam jedoch nicht zustande. Chōmin, Ōi Kentarō und andere Mitglieder des linken Flügels der ehemaligen Liberalen Partei sammelten zunächst Gleichgesinnte für einen »geselligen Verein«, um nicht gegen das Versammlungsverbot zu verstoßen. Die anderen ehemaligen Mitglieder der Partei in den Gebieten Tōhoku, Hokuriku und Kansai, die die Mehrheit der Großen Vereinigung aller Liberalen Kräfte bildeten, und die

Anhänger des Liberalismus in Kyūshū formierten sich im Mai 1889 zu dem »Klub der Gleichgesinnten« *(Daidō Kurabu)*. Sie wollten eine politische Vereinigung sein, die ein Partei- und ein Aktionsprogramm besitzt. Der erste Punkt dieses Programms hieß »Forderung nach absoluter Souveränität unseres Landes«, weitere Punkte waren »ein verantwortliches Kabinett« und »Schonung des Volkes«. Dieses Programm macht den Verzicht auf die Herrschaft des Volkes deutlich und unterstützt die Herrschaft des Staates. Ōi und seine Anhänger gründeten im Gegensatz dazu die unpolitische Vereinigung »Friedliche Vereinigung der Gleichgesinnten« *(Daidō Kyōwakai)*.

Itagaki Taisuke, der frühere Vorstand der Liberalen Partei, seine Berater Ueki Emori und Sugita Teiichi (aus Echizen) unternahmen den Versuch, noch einmal alle Mitglieder der ehemaligen Liberalen Partei zu einigen; Führungskämpfe verschärften aber die Konfrontation der einzelnen Gruppen. Itagaki gründete schließlich seine eigene »Patriotische Partei« *(Aikoku Kōtō)* und gab im Januar 1890 deren Programm bekannt. In einer Rede erklärte er, daß die konstitutionelle Regierungsform nun einmal eingerichtet sei und es keinen Zweck habe, unentwegt darüber zu diskutieren und weitere politische Reformen zu verlangen. Dies zeigt, daß seine Partei nur die Bedeutung einer Oppositionspartei innerhalb des Systems der Verfassung des Großjapanischen Reiches hatte. Die Partei konstituierte sich offiziell im Mai.

Auch die Friedliche Vereinigung der Gleichgesinnten formierte im Januar 1890 eine politische Vereinigung mit dem Ziel, die Liberale Partei neu aufzubauen. Der Entwurf des Parteiprogramms, der am 13. Februar abgefaßt wurde, sah öffentliche Wahlen für die Gouverneure und Landräte, die Schließung des Polizeipräsidiums, das Verbot, die Polizisten mit Säbeln zu bewaffnen, sowie die Aufhebung des neuen Adelssystems vor, forderte aber auch in einem Artikel, daß »im Reichstag die Revision der Verfassung beantragt« werde. Damit versuchte sie, die Tradition der Liberalen Partei fortzusetzen. Der Entwurf wurde jedoch von der Polizei nicht genehmigt. Das zehn Tage später auf dem Parteitag offiziell verabschiedete »Programm« enthielt Ziele, die sich ausschließlich innerhalb des von der Polizei geduldeten Rahmens bewegten und sich kaum von denen der anderen politischen Gruppierungen unterschieden.

Nicht in der politischen Praxis, aber in intellektuellen Kreisen hatte die mit der Bürgerrechtsbewegung sympathisierende, im Februar 1887 zum ersten Mal publizierte Zeitschrift »Der Volksfreund« von Tokutomi Sohō großen Einfluß. Sohō vertrat einen »reinen Europäismus«, eine sich von der »aristokratischen Europäisierung« der Regierung differenzierende »Europäisierung des Volkes«. Aber auch er und seine Freunde waren nur eine reformistische Gruppe, deren Ziel es war, »die Regierung weder zu kritisieren, noch ihr zu schmeicheln«, auch nicht »das System zu stürzen«, sondern innerhalb des Rahmens des Systems für eine »bessere Ordnung der Gesellschaft« zu sorgen.

Nach der Proklamation der Verfassung gab es einzelne Demokraten, die nicht aufhörten, gegen das Tennō-System zu kämpfen, aber es gab keine einzige Partei, die wirklich politische Macht besaß, um auf das System Einfluß zu nehmen.

Der wachsende Einfluß der Staatsgewalt

Während die Bürgerrechtsbewegung ihren revolutionären Charakter verlor, setzte sich die politische Tendenz, der Souveränität des Staates absoluten Vorrang zu geben, immer mehr durch. In Japan, das von Amerika und den europäischen Mächten unterdrückt wurde, forderten alle, die ein politisches Bewußtsein entwickelt hatten, daß die Souveränität des Staates geschützt, Japan von Amerika und den europäischen Ländern als gleichberechtigtes Land behandelt werden müsse. Die Meiji-Regierung verfolgte diese Politik, und auch die einst revolutionäre Bürgerrechtsbewegung trat dafür ein. »Dem Staate alle Souveränität«, diese Forderung gab der Souveränität Vorrang vor allen Bürgerrechten; Beziehungen zum Ausland, Innenpolitik, Wirtschaft und Kultur waren nur Mittel, diese Souveränität zu sichern und zu erweitern.

Diese Bewegung fand zum Teil unter den Mitgliedern der ehemaligen Liberalen Partei und den politischen Gruppierungen Kyūshūs überzeugte Anhänger. Sie trennte sich von der Bürgerrechtsbewegung und nahm entschieden Stellung gegen die Regierung, besonders seit aus Protest gegen die Maßnahmen zur Europäisierung und die geselligen Veranstaltungen der Regierung im Rokumeikan sich eine nationalistische Bewegung gebildet hatte, die sich den Schutz und die Pflege der traditionellen Kultur zum Ziel setzte. Aus dem Kulturkampf der Nationalisten und dem politischen Kampf gegen den Entwurf der Revision der Verträge, den Außenminister Inoue vorgelegt hatte, entwickelte sich diese Bewegung als selbständige politische Macht, deren Führer die gegen Yamagata opponierenden Generäle Tani Tateki, Miura Gorō und Shimao Koyata waren.

Auch in den Kreisen der Intellektuellen fand diese Bewegung Unterstützung. 1884 gründete Nishimura Shigeki die »Japanische Gesellschaft zur

Pflege der konfuzianischen Tugenden« *(Nihon Kōdōsha)*, die die traditionelle Moral verteidigte. Im April 1888 gründeten Miyake Yūjirō, Sugiura Shigetake und Shiga Shigetaka die »Gesellschaft für Einheit von Politik und Religion« *(Seikyōsha)*, deren Zeitschrift »Die Japaner«, später umbenannt in »Japan und die Japaner«, das wichtigste ideologische Instrument nationalistischer und die Souveränität des Staates propagierender Gruppen wurde. 1889 schließlich, am Tage der Proklamation der Verfassung, gründete Kuga Katsunan, der der Gesellschaft für Einheit von Politik und Religion nahestand, die Tageszeitung »Japan«. Sie wurde rasch zum wichtigsten politischen Publikationsorgan der oben erwähnten nationalistischen Gruppen und entwickelte sich schnell zur größten Tageszeitung. Als erste Zeitung in Tōkyō wurde »Japan« auf Rotationsmaschinen gedruckt.

Für die revolutionäre Bürgerrechtsbewegung war die Souveränität des Volkes die Grundlage der Staatshoheit, während die Gruppe, die der Staatshoheit Vorrang vor allem anderen gab, als deren reale Basis die auf der Autorität und Macht des Tennō beruhende Einheit der Nation betrachtete. Als deren geistige Basis wurden der Schutz und die Fortentwicklung der tradierten Kultur und Moral angesehen, was gleichzeitig die Ablehnung der utilitaristischen, individualistischen »europäischen Ideen« bedeutete. Als weitere wichtige Stütze der Staatshoheit wurde die militärische Stärke gewertet. Die Repräsentanten dieser Bewegung waren von der Notwendigkeit überzeugt, daß das Leben des Volkes wirtschaftlich stabilisiert werden müsse, aber keinesfalls um den Preis der Vernachlässigung der Aufrüstung.

Die politischen Anschauungen der Repräsentanten dieser Bewegung und die der Regierung unterschieden sich also nicht grundsätzlich voneinander. Erstere gestanden dem Volk innerhalb eines bestimmten Rahmens durchaus Souveränität zu. Kuga Katsunan, ihr führender Theoretiker, bestimmte den eigenen Standpunkt als »Nationalismus«, lehnte aber einen nach »Clan-Parteien aufgesplitterten Nationalismus« ab, der nur dazu da sei, die Interessen des Militärs, der Beamten, des Adels und der Wohlhabenden zu schützen. Er präzisierte den Standpunkt seiner nationalen Theorie dahingehend, daß alles, was zum »Ganzen der Nation« gehöre — »Staat, Kaiserfamilie, Kabinett, Reichstag« — und der Nation untergeordnet sei, »nationalisiert« werden müsse. Die Freiheit und Gleichheit des Volkes waren für ihn die Grundbedingung dafür, daß ein gesunder Staat wachsen und der Zusammenschluß der Nation sich festigen könne. Tani Tateki kritisierte vor der Proklamation der Verfassung den von Itō Hirobumi verfaßten Entwurf als »gänzlich unterschieden von den europäischen Verfassungen und als Verfassung ohne jeden

Sinn«, den Geheimen Staatsrat als »unnütz in der politischen Welt des 19. Jahrhunderts« und lehnte selbst das Amt eines Beraters ab.

Im Prinzip hatten die Vertreter der Staatssouveränität ein tieferes Verständnis für die Demokratie als Itō und seine Anhänger. Hier hätte sich eine Möglichkeit geboten, mit der Bürgerrechtsbewegung eine gemeinsame Front zu bilden. Die Vertreter der Staatssouveränität unterstützten die Bürgerrechte nur soweit, als sie der Staatshoheit dienlich sein konnten. Wie wir oben gesehen haben, fügte sich auch die Mehrheit der ehemaligen Bürgerrechtler bewußt in das System ein, wodurch sie gezwungen waren, zwischen Souveränität des Staates und Souveränität des Volkes einen Trennungsstrich zu ziehen. Um gegen die Regierung zu kämpfen, mußten sie sich mit den Vertretern der Staatssouveränität verbünden.

So kam es, daß die Vertreter der Staatssouveränität nach der Proklamation der Verfassung die Führung im Kampf um die Bürgerrechte übernahmen. Der Kampf gegen den Revisionsentwurf der Auslandsverträge, den Außenminister Ōkuma ausgearbeitet hatte, ist ein klassisches Beispiel dafür.

Der Revisionsentwurf von Außenminister Ōkuma

Als der Entwurf der Verfassung des Großjapanischen Reiches im Geheimen Staatsrat beraten wurde, nahm Außenminister Ōkuma Shigenobu nur an der ersten Sitzung teil. Danach galt sein Ehrgeiz ausschließlich den Verhandlungen über eine Revision der Verträge mit Europa und Amerika. Ōkuma war der Vorsitzende der ehemaligen Fortschrittspartei, der Wortführer des Flügels der Bürgerrechtsbewegung, die eine konstitutionelle Monarchie nach englischem Vorbild einführen wollte. Daß er an den weiteren Beratungen der Verfassung nicht teilnahm, beweist, daß er und der Vorstand der Fortschrittspartei kein großes Interesse an einer konstitutionellen Regierung hatten. Man sagt, daß er, da die Verdienste Itōs um die Verfassung unbestreitbar waren, sich darauf konzentrierte, sich durch die Revision der Verträge gleiche Verdienste zu erwerben. Daß er aus persönlichem Ehrgeiz die Revision der Verträge, also das Ziel der vollkommenen Selbständigkeit Japans, von dem Ziel einer idealen Verfassungsgebung abkoppelte und geheime Verhandlungen mit dem Ausland führte, läßt schon Schlüsse auf deren Resultat zu.

Ōkumas Entwurf enthielt folgende Hauptpunkte: 1. Die Wiederherstellung der Steuerhoheit wird noch nicht angestrebt, dafür werden die Steuern erhöht. Statt der Gebühren für das Einlaufen in den Hafen und das Auslaufen wird eine Tonnensteuer eingeführt, bemessen nach der Schiffsladung. Dadurch sollen sich die bisherigen Steuereinnahmen verdoppeln. 2. Die bisherige an keine Bedingungen gebundene bevorzugte Behandlung des Auslands wird beschränkt. 3. Fünf Jahre nach dem Inkrafttreten der neuen Verträge ist die Aufhebung aller Vorrechte der Exterritorialität vorgesehen. 4. Die neuen Verträge erhalten eine Gültigkeit von zwölf Jahren, nach deren Ablauf die Verträge ohne Ankündigung gegenstandslos werden und neue Verträge ausgehandelt werden müssen.

Der Vertrag sicherte als Gegenleistung zu, daß erstens Ausländer im ganzen Land reisen, ihren Wohnort frei wählen, wirtschaftliche Unternehmen aufbauen, Mobilien und Immobilien erwerben könnten, daß zweitens während der Laufzeit der neuen Verträge (zwölf Jahre) vier ausländische Richter vom Reichsgericht angestellt werden und daß, sollte ein Ausländer angeklagt sein, ein Kollegialgericht, in dem die ausländischen Richter die Mehrheit haben, befinden müsse, daß drittens innerhalb von zwei Jahren nach dem Inkrafttreten der neuen Verträge ein neues Strafrecht, ein Strafprozeßrecht, ein bürgerliches Recht, ein Handelsrecht und eine Zivilprozeßordnung geschaffen und verabschiedet werden.

Im Vergleich zum Entwurf von Außenminister Inoue enthielt Ōkumas Entwurf Verbesserungen, weil er die bevorzugte Behandlung des Auslands einschränken wollte, ebenso die Ernennung und die Teilnahme ausländischer Richter an Gerichtsverfahren. Wesentliche Unterschiede bezüglich der Anerkennung eines gemischten Gerichtshofs und der Zusage der Kodifizierung neuer Gesetzbücher aber gab es zwischen seinem und dem Entwurf von Inoue nicht. Ōkuma verhandelte über seinen Entwurf mit den Ländern Europas und Amerika und versicherte sich zuerst der Zustimmung Deutschlands und Amerikas.

Der Sieg der Staatssouveränität

England lehnte Ōkumas Entwurf ab, der im April 1889 in der Londoner »Times« publiziert wurde. Einen Monat später gelangte das Dokument auch an die japanische Öffentlichkeit und entfesselte eine leidenschaftliche Diskussion. Abgelehnt wurde es besonders von den Anhängern der Staatssouveränität, die zur Gesellschaft für die Einheit von Politik und Religion gehörten oder der Zeitung »Japan« nahestanden. Von den Gruppen der ehemaligen Liberalen Partei protestierte zuerst die Friedliche Vereinigung gegen den Entwurf, ab Mitte Juli auch der Club der Gleichgesinnten. Im August bildeten die Anhänger der Zeitung »Japan«, die Liberalen Gruppen, die von Torio Koyata gegründete »Konservativ-neutrale Gruppe« *(Hoshu Chūseiha)* und die »Vereinigung Kyūshūs« *(Kyūshū Dantai Rengō)* eine Allianz. Zusammen mit den Vertretern aller Zeitungen und Zeitschriften, die Ōkumas Entwurf bekämpften, konstituierten sie den »Ausschuß gegen die Revision der Verträge« *(Hijōyaku Kaisei Iinkai)* und organisierten im ganzen Land eine Protestbewegung. Die Fortschrittspartei dagegen verteidigte den Entwurf und rechtfertigte in der »Nachrichtenpost« ihren ehemaligen Vorsitzenden Ōkuma.

Auch in der Regierung meldete sich Protest. Inoue Kowashi, Leiter der Rechtsabteilung des Kabinetts, kritisierte den Entwurf mit der Begründung, die Ernennung ausländischer Richter verstoße gegen die Verfassung. Politiker und Militärs aus dem ehemaligen Chōshū (Landwirtschaftsminister Inoue Kaoru, Innenminister Yamagata Aritomo) und Satsuma (Finanzminister Matsukata Masayoshi, Heeresminister Ōyama Iwao, Marineminister Saigō Tsugumichi) lehnten den Entwurf nicht darum ab, weil er dem Staat schade. Sie intrigierten vielmehr gegen Ōkuma, um einen einflußreichen Politiker, der zu keinem der beiden Gebiete gehörte, scheitern zu lassen. Watanabe Hiromoto, Rektor der Kaiserlichen Universität Tōkyō, hielt vor Studenten eine Rede gegen den Entwurf Ōkumas. Die Professoren dieser Universität unterzeichneten zweimal (am 7.10. und am 13.10.) eine Eingabe an Innenminister Yamagata, in der sie die Einstellung der Revisionsverhandlungen forderten. Miura Gorō, Rektor des Gakushūin-Universität bat am 15. Oktober den Tennō in Form einer offiziellen Eingabe, weitere Verhandlungen über die Revision zu verbieten.

Obwohl Ōkuma in der Regierung keine Unterstützung mehr fand, versuchte er, die Verhandlungen voranzutreiben. Das Kabinett tagte dreimal, konnte ihn aber nicht zu einem Verzicht bewegen. Am 10. Oktober, als Ōkuma von einer Kabinettssitzung ins Außenministerium zurückkehrte, warf Kurushima Tsuneki, Mitglied der Schwarzer Drachen-Gemeinschaft aus Fukuoka, eine Bombe gegen Ōkumas Pferdewagen. Kurushima kniete, nachdem er die Bombe geworfen hatte, mit Blick auf den Kaiserlichen Palast nieder und entleibte sich. Ōkuma verlor durch den Anschlag ein Bein, sein Leben konnte aber gerettet werden.

Durch dieses Attentat änderte sich die Sachlage schlagartig. Das Kabinett beschloß in Abwesenheit Ōkumas die Einstellung der Revisionsverhandlungen. Am 24. Oktober trat das Kabinett geschlossen zurück, der »Ausschuß gegen die Revision der Verträge« löste sich auf.

Der Kampf um die Selbständigkeit des japanischen Volkes war seit dem Protest gegen den Entwurf des Außenministers Inoue nicht mehr Sache der Bürgerrechtsbewegung, sondern ausschließlich des *kokkenshugi*. Daß dieser sich zum Militarismus entwickeln würde, den die Regierung nicht mehr kontrollieren konnte, hatte schon der Kōshin-Umsturz« bewiesen.

Die ersten Wahlen und das Gesetz über Versammlungen und politische Vereinigungen

Nachdem Ōkumas Entwurf gescheitert war, trennten sich die drei politischen Vereinigungen der ehemaligen Liberalen Partei wieder. Als aber die für den ersten, zweiten und dritten Juli angesetzten Wahlen für das Unterhaus näherrückten, setzte sich bei ihren Führern die Einsicht durch, daß sie nur gemeinsam das Unterhaus beherrschen könnten. Anfang Juni bildeten sie, ohne ihre organisatorische Selbständigkeit aufzugeben, den Club *Kōin Kurabu*[1]. Ihre Wahlparolen hießen »Verminderung der Grundsteuer« und »Schonung des Volkes«, die Verträge mit dem Ausland wurden kaum erwähnt.

Das aktive Wahlrecht besaßen männliche Bürger ab 25 Jahre, die mehr als 14 Yen Staatssteuer zahlten (was etwa der Grundsteuer für mehr als zwei *chō* entsprach). Gewählt werden durften männliche Bürger ab 30 Jahre, die ebenfalls mehr als 14 Yen Staatssteuer entrichteten. Wahlberechtigt waren nur 11 Prozent der Bevölkerung. 97 Prozent davon waren Grundbesitzer, der Rest von drei Prozent zahlte eine Einkommenssteuer, die nicht nach dem Besitz von Land berechnet wurde.

Nach den Aufzeichnungen der einzelnen Parteien und politischen Gruppierungen ist die Aufteilung der Sitze nicht exakt zu rekonstruieren, sicher ist aber, daß von den insgesamt 300 Sitzen etwa 110 auf die drei Gruppen des Kōin Club, etwa 50 auf die Fortschrittspartei und dieser verwandte Gruppen und 19 auf die Fortschrittspartei Kyūshūs entfielen, die als »progressive Macht« die Opposition und die Mehrheit bildeten. Die Fortschrittspartei Kyūshūs schlug vor, daß sich die Oppositionsparteien zu einer großen Koali-

---

1 Kōin, nach dem Sexagesimalzyklus 1890.

tion vereinigten, um durchzusetzen, daß das Kabinett sich vor dem Reichstag zu verantworten habe. Um diesen Plan zu blockieren, verabschiedete die Regierung am 25. Juli überraschend das »Gesetz über Versammlungen und politische Vereinigungen«.

Dieses Gesetz verfolgte zwei Ziele. Zunächst wurde das zehn Jahre zuvor zur Unterdrückung der Bürgerrechtsbewegung erlassene Versammlungsgesetz verschärft. Zusammenschlüsse von politischen Vereinigungen bedurften ebenso einer Genehmigung wie das Einrichten von Zweigstellen, das Verbreiten von politischen Ideen durch Schrifttum und Mitglieder der Vereinigungen, politische Veranstaltungen auf Straßen und Plätzen, das Verlassen der Dreimeilenzone während der Sitzungsperiode des Reichstags oder Sportveranstaltungen der Schulen. Alle großen Versammlungen im Freien und Demonstrationen wurden verboten. Der Innenminister hatte das Recht, die Bildung von Vereinigungen zu verbieten, die Polizei konnte Versammlungen auflösen. Um die Solidarität zwischen den Angehörigen des Reichstags und dem Volk zu unterbinden, wurde verfügt, daß die politischen Vereinigungen die Abgeordneten wegen ihrer Äußerungen und ihres Abstimmverhaltens außerhalb des Reichstags nicht zur Verantwortung ziehen und keine Absprachen treffen dürften. Das zweite Ziel des Gesetzes war, auch alle anderen Versammlungen und Vereinigungen der Kontrolle der Polizei zu unterstellen. Diese konnte zum Beispiel unterbinden, daß Pächter sich zusammenschlossen, um ihre Interessen gegen die Grundbesitzer durchzusetzen oder daß Arbeiter und Handwerker eine Bewegung gegen die Unternehmer organisierten. Der Paragraph 270 des Strafgesetzes, das im selben Jahr wie das Versammlungsgesetz verabschiedet worden war, wurde dadurch erweitert.

Das Gesetz über Versammlungen und politische Vereinigungen war das erste Gesetz, das Soldaten, Polizisten, Lehrern und Schülern staatlicher und privater Schulen, Minderjährigen und Frauen untersagte, sowohl an politischen Veranstaltungen teilzunehmen als auch politischen Vereinigungen beizutreten. Soldaten und Polizisten repräsentierten die Macht des Tennō-Systems, die Lehrer waren seine ideologische Stütze. Hätte sich in diesen sozialen Gruppen politisches Bewußtsein entwickelt, wäre das Tennō-System bis in seine Wurzeln erschüttert worden.

Obwohl eine Verfassung bereits existierte, nach der jedes Gesetz der Zustimmung des Reichstags bedurfte, und obwohl die Abgeordneten des Ober- und des Unterhauses schon gewählt waren und die Einberufung des ersten Reichstages kurz bevorstand, nutzte die Regierung die Zeit, um dieses

Gesetz zu verabschieden. Dies zeigt das wahre Gesicht des Tennō-Systems und seinen antikonstitutionellen Charakter.

Der erste Reichstag und die »Volkspartei« (Mintō)

Der Kōin Club wurde aufgrund des neuen Gesetzes sofort aufgelöst. Die »Progressiven« mußten ihren Zusammenschluß aufgeben und sich zu selbständigen politischen Parteien organisieren, was unter den Bedingungen, die einen gemeinsamen Kampf der Parteien fast unmöglich machten, nicht so leicht war.

Nakae Chōmin, der sich unermüdlich darum bemühte, die Meinungsverschiedenheiten der einzelnen Fraktionen der ehemaligen Liberalen Partei beizulegen und eine einheitliche Front gegen die Regierung zu bilden, gelang es zunächst, die Mehrheit der drei Restparteien zur »Konstitutionellen Liberalen Partei« *(Rikken Jiyūtō)* zu vereinigen. Die Gründungsversammlung fand am 15. September statt. Da im Programm unverändert die Absicht zum Ausdruck gebracht wurde, mit der Fortschrittspartei eine Einheitsfront zu bilden (»Aufgrund des Prinzips der Freiheit wollen wir den Plänen des Fortschritts dienen«), traten aus Protest viele Mitglieder aus der Partei aus. Sie begründeten ihren Schritt mit den Worten: »Um die Souveränität des Volkes zu sichern, muß erst die Souveränität des Staates vollkommen hergestellt sein«. Sie könnten nicht dulden, daß die Sympathie der Fortschrittspartei erkauft werde, die ja den die Interessen des Landes mißachtenden Entwurf Ōkumas unterstützt habe. Sie gründeten zusammen mit politischen Gruppen in Kyūshū und anderen Teilen des Landes die »Nationale Liberale Partei« *(Kokumin Jiyūtō)*, die »gegen einen individuellen und für einen staatlichen Liberalismus« eintrat. »Liberalismus« war jedoch nur ein Etikett dieser Partei, die als Oppositionspartei im Prinzip eine reine Staatssouveränität vertrat.

Der erste Reichstag wurde am 29. November 1890 eröffnet. Im Unterhaus schlossen sich die Liberale Partei und die Fortschrittspartei zur Volkspartei zusammen, die über die Mehrheit der Stimmen verfügte. Beide Parteien kämpften jedoch nicht mehr wie früher für revolutionäre Ziele, sie engagierten sich kaum für eine Überprüfung der Verfassung, geschweige denn dafür, daß das »Gesetz über Versammlungen und politische Vereinigungen« und andere repressive Rechtsvorschriften aufgehoben wurden. Sie agierten unter

dem Motto »Reduzierung der Regierungsausgaben« und »Schonung des Volkes« und konzentrierten sich vor allem auf die Änderung des Haushaltsplans.
»Schonung des Volkes« bedeutete für sie konkret nur Reduzierung der
Grundsteuer. 60 Prozent der Abgeordneten waren Grundbesitzer. Der Haus-
haltsausschuß des Unterhauses brachte den Entwurf ein, von den auf mehr
als 83 Millionen Yen angesetzten Gesamtausgaben 8,9 Millionen Yen (die
Gehälter der Beamten inbegriffen) einzusparen. 20 Abgeordnete der Konstitutionellen Liberalen Partei, die zur »Tosa-Gruppe« gehörten, darunter Kataoka Kenkichi, Hayashi Yūzō und Ueki Emori, kooperierten heimlich mit der
Regierung und intrigierten gegen die Volkspartei, so daß der Haushalt
schließlich nur um 6,5 Millionen Yen gekürzt wurde. In dieser Debatte ging
es eigentlich nicht so sehr um die Höhe der einzelnen Etatposten, sondern
um das grundsätzliche Problem, wie weit die Befugnisse des Reichstags in
Haushaltsfragen reichen.

Gegenstand der Auseinandersetzung zwischen Regierung und Volkspartei
waren die Gehälter der Beamten und die Frage, ob über die Ausgaben, die
nach Artikel 67 der Verfassung »ohne Zustimmung der Regierung« nicht
gekürzt werden durften, im Unterhaus frei entschieden werden könne. Die
Volkspartei forderte, daß das Unterhaus auch die Gehälter der Beamten kürzen könne, daß der revidierte Haushaltsplan, nachdem er das Oberhaus passiert habe, nur die Zustimmung der Regierung benötigen solle. Sollte die
Regierung dem Haushaltsplan nicht zustimmen, dann bedeute dies, daß die
Regierung den Willen des Reichstags mißachte und damit selbst eine schwere Krise verursache. Die Volkspartei wollte also erreichen, daß dem Reichstag
faktisch das Recht zugesprochen werde, den Haushalt zu revidieren, um
dadurch ein Druckmittel gegen die Herrschaft der Beamten in die Hand zu
bekommen. Die Volkspartei hatte feststellen lassen, was die Minister und die
Ministerialdirektoren in Japan, Amerika, und Preußen im Vergleich zum
Durchschnitt der Arbeiter verdienten. Sie kamen zu dem Ergebnis, daß ein
Minister im Vergleich zu einem Arbeiter in Amerika das Zehnfache, in Preußen das 45-fache, in Japan dagegen das 81-fache, ein Ministerialdirektor im
Vergleich zu einem Arbeiter in Amerika das Vierfache, in Preußen das 18-
fache, in Japan das 47-fache verdiente, und kritisierte die Regierung immer
wieder wegen der ungerechtfertigten Höhe der Beamtengehälter, wegen der
im Mißverhältnis dazu stehenden Leistungsfähigkeit der Beamten und der
Größe des Beamtenapparats.

»Die Versammlung blutleerer Insekten« und die Beeinflussung der Wahlen

Die Abgeordneten der Regierungspartei forderten, daß die Zustimmung der Regierung vorliegen müsse, bevor im Unterhaus über eine Kürzung der in Artikel 67 festgelegten Ausgaben abgestimmt werde, und setzte mit den Stimmen der Abgeordneten der »Tosa-Gruppe« den Antrag durch. Das Unterhaus nahm sich so selbst die Möglichkeit, auf die von Beamten beherrschte Regierung Einfluß zu nehmen. Nakae Chōmin, von Ōsaka als Abgeordneter in den Reichstag entstandt, charakterisierte das machtlose, unzuverlässige Unterhaus als »Versammlung blutleerer Insekten« und gab sein Mandat zurück.

Nach dem ersten Reichstag war der Untergang der Liberalen Partei nicht mehr aufzuhalten. Auf dem Parteitag im Oktober 1891 wurde das Parteiprogramm abgeändert. Bestimmungen wie »Im parlamentarischen System müssen die Abgeordneten eine zentrale Rolle in den politischen Parteien übernehmen« oder »(Die politischen Parteien stehen) zwischen den Abgeordneten und den Wählern. Daß die Abgeordneten behindert werden oder die Wähler versuchen, Einfluß zu nehmen auf das Verhalten der Abgeordneten, widerspricht dem Prinzip des Parlamentarismus« zeigen, daß diese Partei die Solidarität zwischen Abgeordneten und der Masse der Wähler selbst aufgegeben hatte.

Die Fraktion der Abgeordneten dieser Partei verbündete sich mit der »Konstitutionellen Fortschrittspartei« *(Rikken Kaishintō)*. Beide Fraktionen kämpften auch im zweiten Reichstag um die Reduzierung des Haushalts. Die Regierung (das Kabinett Matsukata Masayoshi) löste daraufhin den zweiten Reichstag auf und setzte Neuwahlen für den Februar 1892 an.

Der Tennō befahl Premierminister Matsukata, darauf zu achten, daß in diesen Wahlen die Abgeordneten der bisherigen Reichstage nicht wiedergewählt würden, sondern »treue und ergebene Kandidaten«, und stellte Geld zur Verfügung, damit die Wahlen in diesem Sinne beeinflußt werden konnten. Innenminister Shinagawa Yajirō setzte diese »Einmischung« sofort in die Tat um. Die Regierungspartei kaufte ungeniert Stimmen, die Wahlveranstaltungen der Volkspartei wurden von der Polizei und Randalierern gestört. Gegen die Wahlkämpfer der Volkspartei wurden im ganzen Land Terroraktionen gestartet, die 25 Tote und 388 Verletzte forderten. Die Polizisten schüchterten das Volk mit Drohungen ein und behaupteten z.B., daß diejenigen, die die Volkspartei wählten, wegen Mißachtung des Willens des

Tennō eingesperrt würden. Es kam sogar vor, daß nach den Wahlen Urnen, die vermutlich viele Stimmen für die Kandidaten der Volkspartei enthielten, verschwanden.

Trotz der Wahlbeeinflussung und des Terrors siegte die Volkspartei. Der Grund dafür war eine tiefgreifende Unruhe in der Gesellschaft.

Die Probleme der Bauern und Arbeiter

In der zweiten Hälfte des Jahres 1890 stiegen infolge der Mißernte des vorangegangenen Herbstes die Reispreise. Ende Januar empörten sich die Bürger von Toyama, zwischen dem Frühjahr und dem Herbst verhungerten in Tōkyō, Kyōto und anderen Städten viele Menschen. In Tottori, Fukui, Kashiwazaki und Shimonoseki stürmte das Volk zu Hunderten die Lager der Reishändler. Die durch die Verteuerung des Reises ausgelösten Unruhen erreichten am 20. Juli in Aikawa auf der Insel Sado ihren Höhepunkt. Hier beteiligten sich mehr als zweitausend Bergleute und Bürger an den Ausschreitungen. Eine Kompanie des Shibata-Regiments mußte ausrücken, um den Aufstand niederzuschlagen. Danach kam es auch in anderen Teilen des Landes zu Tumulten, die erst aufhörten, als Ende Juli die Reispreise fielen.

Infolge einer schlechten Weizenernte und der amerikanischen Wirtschaftskrise, durch die Silber und der Yen auf dem Devisenmarkt stiegen und der Export von Seidengarn nach Amerika schnell sank, kam es im Mai auch in Japan zum ersten Mal zu einer schweren Konjunkturkrise, die viele brotlos machte. Kaum hatten sich die Spinnereien auf die Produktion mit Maschinen umgestellt, beschloß der Verband der Baumwollspinnereien Großjapans im Mai für drei Monate Kurzarbeit. Die Regierung unterstützte diese Industrie finanziell; durch Export zu Dumping-Preisen nach China konnten die Spinnereien die Krise abwenden. Der Eisenbahn-Boom hörte auf. Der Schaden, den die Krise in der modernen Großindustrie anrichtete, war gering. Auch die Spinnereien, die Kurzarbeit eingeführt hatten, produzierten innerhalb dieses Jahres mehr Spindeln und mehr Baumwollgarn als im Vorjahr. Am meisten litten unter der Krise die Industrie, die landwirtschaftliche Produkte verarbeitete, und die Manufakturen. Die Garnherstellung auf Handspulmaschinen ging immer mehr zurück, die Produktion von maschinengespultem Garn setzte sich durch. Die Wählerschichten, die für die Abgeordnetenwahlen am wichtigsten waren, gehörten aber gerade zu diesen Produktionszweigen. Die Volkspartei hatte also mit den Wahlparolen »Reduzierung der Regierungsausgaben« und »Schonung des Volkes« gegen die Regierung Erfolg.

Im Jahre 1890 wurde die Armut zum ersten Mal ein soziales und politisches Problem. In Tōkyō, Ōsaka und anderen Städten waren riesige Slums entstanden. Zeitungen und Zeitschriften berichteten ausführlich über die Not ihrer Bewohner. Die Verarmung der Bauern führte zu einer Verschärfung der Konfrontation zwischen Grundbesitzern und Pächtern. Der Regierungsberater P. Mayet schildert in seinem 1893 erschienen Bericht »Die Verarmung der japanischen Bauern und notwendige Hilfsmaßnahmen« ausführlich diese Situation.

Im Jahre 1889 hatte ein gewisser Kobayashi Yohei in der Provinz Hiroshima eine »Bewegung zur Restauration der Götterzeit« gegründet. Er wollte, daß »wie in der Götterzeit Land und alles andere gleich« an die Bauern verteilt, daß die »Götterzeit ohne Herrscher und ohne Regierung wiederhergestellt« werde. Seine Bewegung soll »den Zuspruch vieler Armer« gefunden haben. Im Juni desselben Jahres eröffnete Kobayashi in Akasaka in Tōkyō ein Büro als Zentrale seiner Bewegung, das aber auf Anordnung der Regierung sofort wieder geschlossen wurde. Bereits im Februar 1890 bezog Kobayashi in Ushigome (Tōkyō) eine Goldenes Haus genannte Versammlungsstätte, wurde aber wegen Verletzung des Vesammlungsverbots und weil er »unter dem Namen ›Gesellschaft zur Förderung der Sprache des Kaiserreichs‹ eine Bewegung zur Restauration der Götterzeit organisiere«, bestraft. Kobayashi benannte seine Bewegung um in »Gesellschaft zur Förderung des Kaiserreichs« *(Teikoku Daichūkai)* und agitierte weiter für seine Ziele. Hinter dieser Bewegung stand, allerdings verdeckt durch ihren Mystizismus, die Forderung nach einer Bodenreform und nach einem republikanischen System.

Das Gespenst einer sozialistischen Partei

Im Jahre 1890 begannen neben den Bauern auch die Arbeiter für ihre Interessen zu kämpfen. Der Streik von mehr als 150 Arbeiterinnen der Seidenfabrik Amamiya in Kōfu, mit dem diese 1886 gegen die Verlängerung der Arbeitszeit protestierten, ist ein frühes Beispiel für Streiks von Industriearbeitern, hatte aber noch keinen Einfluß auf die Gesellschaft. Der Bummelstreik von mehr als 300 Arbeiterinnen der Baumwollspinnerei in Tenma in Ōsaka, mit dem diese im Oktober 1889 um Lohnerhöhungen kämpften, wurde, schon weil es sich um einen Streik in der Großindustrie einer Großstadt handelte, im ganzen Lande bekannt. Er veranlaßte sowohl die Regierung als auch die Intellektuellen, sich ernsthafter mit dem Arbeiterproblem zu beschäftigen.

Die Zeitschrift »Der Volksfreund« hatte bereits wiederholt über die Sozialdemokratie und die Sozialistische Partei in Europa berichtet, 1890 auch über den ersten Maifeiertag der Welt. Diese Zeitschrift rechtfertigte die Streiks der Arbeiter und forderte sie dazu auf, Berufsgenossenschaften zu bilden und durch gegenseitige Unterstützung (Einrichtung eines ständigen Unterstützungsfonds) Vorkehrungen für weitere Streiks zu treffen[1]. Der Streik von 1300 Steinmetzen, die am Bau der Kaserne des Garderegiments in Aoyama (Tōkyō) beteiligt waren, erregte großes Aufsehen (März 1891).

Trotz dieser vereinzelten Streiks waren in Japan die Bedingungen für das Entstehen einer sozialistischen Partei noch nicht gegeben, aber die Gewißheit, daß wie in Europa auch in Japan eines Tages eine sozialistische Partei gegründet würde, lastete auf der herrschenden Klasse fortan wie ein Alptraum. Die Liberale Partei nahm dazu wie folgt Stellung: »Der Mißstand, daß die Reichen die Armen ausbeuten, wird immer größer. Als Reaktion darauf bilden sich Streikbewegungen, oder es wird das Gesetz zur Begrenzung der Arbeitszeit verabschiedet. Das ist ein Zeichen dafür, daß eine soziale Unruhe unsere Gesellschaft ergriffen hat. Der Liberalismus unserer Partei will nicht den Unterschied von Reich und Arm aufheben, sondern Ziel ist, daß beide vom Ertrag der Gesellschaft profitieren. Der Sozialismus, der fordert, daß dieser Unterschied mit Gewalt aufgehoben wird, daß alle gleichen Anteil haben an diesem Ertrag, widerspricht dem Liberalismus unserer Partei«.

Die politischen Parteien, vom Gespenst des Sozialismus bedroht, verloren den Mut, das Volk zum Kampf gegen die Regierung zu mobilisieren. Die Liberale Partei änderte, wie schon erwähnt, ihr Parteiprogramm, indem sie erklärte, die Abgeordneten seien an den Willen der Wähler nicht gebunden. In den »Parteinachrichten« gaben die politischen Parteien deutlich zu verstehen, daß es zwar »notwendig sei, das Vertrauen des Volkes zu gewinnen«, doch bedeute dies »das Vertrauen der Gesellschaft vom Mittelstand aufwärts«. Mit dem Vertrauen der unteren Klassen, d.h. des ungebildeten Volkes allein, lasse sich keine Politik machen. Im Gegenteil, dadurch werde schließlich der Staat zerstört. Die Liberale Partei verstand sich als Partei der Grund-

---

1 So im ersten und neunten Heft des Jahres 1890.

besitzer und der Bourgeoisie und distanzierte sich bewußt von der arbeitenden Bevölkerung. Die Fortschrittspartei entwickelte sich noch konsequenter zu einer Partei der Grundbesitzer und der Bourgeoisie.

Der vierte Reichstag und die Niederlage der politischen Parteien

Die Volkspartei, die das Volk fürchtete, konnte sich gegen die Regierung nicht behaupten. Auch im vierten Reichstag (1892/92) beschloß das Unterhaus, die Gehälter der Beamten und die Mittel für den Bau von Kriegsschiffen zu kürzen. Die Regierung jedoch berief sich auf die Verfassung und lehnte die Kürzungen ab, weil die Beamtengehälter feste Ausgaben seien. Schon im ersten Reichstag hatte die Regierung einen Präzedenzfall geschaffen und in diesem Streit gesiegt. Die Volkspartei hätte, um sich gegen die Regierung zu behaupten, das Volk, ihre Wähler mobilisieren müssen. Stattdessen machte sie nur eine Eingabe an den Tennō, in der sie das Vorgehen der Regierung kritisierte. Und die Regierung tat ein Gleiches: Sie beschwerte sich beim Tennō, daß der Reichstag die Verfassung nicht respektiere.

Der Tennō ließ beide Beschwerden im Geheimen Staatsrat beraten. Am 10. Februar 1893 verfügte dann ein kaiserlicher Erlaß, daß der Reichstag nicht die Befugnis habe, ohne Zustimmung der Regierung feststehende Ausgaben zu kürzen. Nach der Lehre der Vorfahren, daß der Tennō die Welt beherrsche, könne unter den gegenwärtigen Umständen auf den Bau von Kriegsschiffen nicht verzichtet werden, der Tennō werde aber zu den Baukosten monatlich eine bestimmte Summe zuschießen, desgleichen 10 Prozent zu den Gehältern der Zivil- und Miltärbeamten.

Der Kampf der Volkspartei gegen die Regierung endete mit einer vernichtenden Niederlage. Die Liberale Partei nahm allmählich den Charakter einer Quasi-Regierungspartei an. Die Fortschrittspartei setzte sich weiter mit der Regierung auseinander, aber jetzt waren nicht mehr »Schonung des Volkes« oder demokratische Reformen Gegenstand der Auseinandersetzung, sondern die weiche Haltung der Regierung in der Außenpolitik und die Erweiterung der Staatssouveränität.

29

Die Revision der ungleichen Verträge und der Chinesisch-Japanische Krieg

Japan entwickelt sich von einem unterdrückten Land
zu einem Land, das andere unterdrückt

Die »territoriale Sphäre« und die »Interessensphäre«

Zu dieser Zeit hatte die Regierung, die die Herrschaft über Korea anstrebte, die Vorbereitungen für den Krieg mit China schon fast abgeschlossen. Der Kaiserliche Erlaß, der anläßlich des Streits zwischen Regierung und Volkspartei im vierten Reichstag die Kürzung der Mittel für den Bau der Kriegsschiffe untersagte, gab mit seiner Begründung, diese dienten der Erweiterung der »Herrschaft des Tennō über die Welt«, Auskunft über die weiteren Pläne der Regierung.

Nach dem Abschluß des Tianjin-Vertrages verstärkte die Qing-Dynastie ihren politischen Einfluß in Korea, behandelte dieses offiziell als »abhängigen Staat« und setzte alle Politiker, die japanfreundlich gesinnt waren, ab. Als Rußland wiederholt von der Regierung Koreas einen eisfreien Hafen verlangte, besetzte England unmittelbar vor dem Abschluß des Tianjin-Vertrages (im April 1885) unter dem Vorwand, das Vordringen der Russen aufzuhalten, bis zum Februar 1887 die Insel Juwen. Auch nachdem England diesen Stützpunkt wieder aufgegeben hatte, unterstützte es die Maßnahmen Chinas zur Unterwerfung Koreas.

Diese politische Lage weckte den Ehrgeiz der japanischen Regierung, in Korea wieder politisch und militärisch aktiv zu werden. Im ersten Reichstag (1890) hatte Premierminister Yamagata deutlich gemacht, daß hinfort die Aufrüstung nicht nur der Verteidigung der »territorialen Sphäre«, sondern auch der Sicherung der an diese grenzenden Gebiete (konkret Korea) als »Interessensphäre« diene. Darum müßten die Rüstungsanstrengungen verstärkt werden, was natürlich nichts anderes bedeuten konnte als die Vorbereitung eines Krieges gegen China.

Die japanische Regierung faßte den Entschluß, in Korea einzufallen, nicht nur, weil die internationale Lage dies geboten erscheinen ließ, sondern zur Wahrung wirtschaftlicher Interessen. Der Reichtum an Reis und die Goldvorkommen in Korea hatten für Japan große Bedeutung.

Die japanische Mißernte des Jahres 1889 zwang das Land, bisher Reisexporteur, Reis einzuführen. Im Herbst desselben Jahres wurde aber auch Korea, wichtiger Reislieferant für Japan, von einer Mißernte heimgesucht, weshalb die Gouverneure der Gebiete Pyongan-do und Hankyon-do den Export von Reis verboten, um zu verhindern, daß die japanischen Händler die Lagerbestände aufkauften. Die japanische Regierung erreichte durch Drohungen, daß die koreanische Regierung das Exportverbot wieder aufhob, aber die Tatsache, daß Korea jederzeit wieder den Export von Getreide verbieten konnte, beunruhigte die herrschende Klasse und führte zu dem Entschluß, Korea als sicheren Nahrungsmittellieferanten zu annektieren.

Korea war für Japan außerdem eine wichtige Goldquelle. Das Gold, das Japan zwischen 1868 und 1893 importierte, stammte zu 68 Prozent aus Korea und hatte einen Wert von 8,35 Millionen Yen. Dieses Gold war nicht der Erlös aus dem Export allgemeiner Handelswaren, sondern wurde — eine Ergänzungsklausel des Ganhoa-Vertrags bestimmte, daß japanische Silbermünzen und von der Japanischen Bank ausgegebenes konvertierbares Papiergeld in Korea als Währung gelten sollten — von Goldgräbern und Bauern unter Anwendung betrügerischer Methoden »aufgekauft« oder stammte aus der Erschließung von Goldminen, die Japan als Pfand für Kredite in Besitz nahm. Da die koreanische Regierung und das Volk gegen die japanischen Praktiken des Golderwerbs immer stärker Widerstand leisteten, war es für Japan, das für die Entwicklung seines kapitalistischen Wirtschaftssystems unbedingt die internationale Währung Gold brauchte, der billigste Weg, Korea unter seinen politischen Einfluß zu bringen, um dann dessen Goldvorkommen ungehindert ausbeuten zu können.

Korea als Markt hatte für Japan wenig Bedeutung. Um 1890 betrug der Export nach Korea nicht einmal zwei Prozent des japanischen Gesamtexports. Es handelte sich aber nicht um Industrieprodukte, sondern um Erzeugnisse der Hausindustrie und der Manufakturen sowie um aus England importierte Baumwollerzeugnisse. Als China seinen politischen Einfluß in Korea ausbauen und damit auch seine Exporte ausweiten konnte, verlor Japan seine Monopolstellung. Taguchi Ukichi, ein der Fortschrittspartei nahestehender Wirtschaftsexperte, bewertete diese Entwicklung übertrieben als »in der Tat für den Staat schwerwiegendes Ereignis«. Trotz des geringen

Exportvolumens und der geringen Aussicht auf Erweiterung des Marktes wollten die japanische Regierung und die Wirtschaft verhindern, daß der Handel mit dem benachbarten Korea von einem anderen Land beherrscht wurde.

Zwei Theorien: die »Krise Ostasiens« und die »Übervölkerung Japans«

Seit 1891 agitierten nicht nur die Regierung, sondern auch die politischen Parteien und die von diesen unabhängigen politischen Theoretiker mit dem Schlagwort einer »Krise Ostasiens« für eine auf Ostasien orientierte Politik. Im März dieses Jahres hatte Rußland den Bau der Transsibirischen Eisenbahn bekanntgegeben und im Mai von Wladiwostock aus mit den Bauarbeiten begonnen. Dies wurde als Vorbereitung eines neuen Einfalls in Ostasien beurteilt und versetzte der ganzen Nation einen Schock. Theoretiker der Staatssouveränität wie Soejima Taneomi, Konoe Atsumaro und Kuga Katsunan gründeten in diesem Jahr die »Ostasiatische Gesellschaft« *(Tōhō Kyōkai)* und forderten eine »ostasiatische Politik«.

Ōi Kentarō, der einst die Notwendigkeit einer »Reform Koreas« vertreten hatte, gründete im selben Jahr den »Ostasiatischen Club« *(Tōyō Kurabu)* und erklärte in seinen Reden »Wir müssen China die hochmütige Nase einschlagen!« oder »Japan muß die Souveränität Ostasiens wiederherstellen!« Tarui Tōkichi veröffentlichte im Parteiorgan der Konstitutionellen Liberalen Partei in Fortsetzungen seine »Theorie der großen ostasiatischen Allianz«, in der er vorschlug, daß Japan und Korea sich aufgrund eines aufrechten Abkommens zu einem großen ostasiatischen Reich vereinigen und gemeinsam mit China dem Vordringen der Westmächte in Asien Einhalt gebieten sollten. Der Begriff »Befriedung« bedeutete jedoch, Korea im Kampf zu nehmen. Die Allianz sollte »Korea ohne Einsatz von Soldaten erobern«. Ōi und Tarui organisierten 1892 die »Ostasiatische Liberale Partei« *(Tōyō Jiyūtō)*, die sich zwar für den »Schutz der Arbeiter«, für »Festsetzung neuer Pachtbestimmungen«, für allgemeine Wahlen und andere demokratische Reformen einsetzte, es aber für ihre dringendste Aufgabe hielt, »eine national ausgerichtete Außenpolitik zu konzipieren, einen weitsichtigen Plan für die Wirtschaftsbeziehungen zum Ausland, und sowohl militärische als auch wirtschaftliche Expansionspolitik zu betreiben«, und sich für den verstärkten Aufbau der

Marine einzusetzen. Ōi bemerkte, daß diejenigen, die nur »Schonung des Volkes« und »Reduzierung der Regierungsausgaben« forderten, aber nicht wüßten, wie der »Krise Ostasiens« zu begegnen sei, nicht zum Politiker berufen seien. Er und seine Parteifreunde hatten in der Förderung des Militarismus ein Terrain gefunden, auf dem der Kampf gegen die despotische Regierung entschieden werden sollte.

Im Mai 1891, gerade in dieser kritischen politischen Situation, wurde auf den russischen Kronprinzen während seiner Japanreise in Ōtsu ein Attentat verübt, das allerdings mißlang. Tsuda Sanzō, ein zur Bewachung abgestellter Polizist, hatte sich zu dieser Tat entschlossen, weil er glaubte, der Kronprinz sei nach Japan gekommen, um dessen geographische Gegebenheiten für die Vorbereitung eines Einfalls zu erkunden.

Etwa um dieselbe Zeit kam die These in Mode, daß Japan übervölkert sei. Die »Tōkyōter Tageszeitung« rechtfertigte diese These wie folgt: »Neuerdings fällt in Tōkyō immer mehr auf, daß die Zahl der Arbeiterinnen von Tag zu Tag zunimmt . . . Das ist zweifellos eine Folge der Übervölkerung unseres Landes. Wir müssen deshalb unverzüglich die Vewaltungsbehörde für Kolonialisierungsprojekte vergrößern oder Maßnahmen zur Begrenzung des Bevölkerungszuwachses treffen; wenn wir nicht sofort handeln, dann ist abzusehen, daß es auch in unserem Lande bald eine Sozialistische und eine Kommunistische Partei geben wird.« Auch Itagaki Taisuke, der Vorsitzende der Liberalen Partei, schrieb 1892 einen Aufsatz »Über die Kolonialisierung«, in dem er forderte: »Laßt uns schnell Kolonien schaffen, da Japan bald übervölkert ist! Sollte Letzteres auch nicht eintreten, muß Japan den Vorsprung der Länder, die sich Kolonien erworben haben, einholen und sich ebenfalls Kolonien erwerben. Unser Land braucht, um allen Ländern Ostasiens voran mit den übrigen Mächten konkurrieren zu können, die Seeherrschaft und Handelsrechte.« 1893 formierte sich unter dem Vorsitz des Vicomte Enomoto Takeaki die »Kolonialgesellschaft« *(Shokumin Kyōkai),* der auch viele Unternehmer beitraten. Diese Bewegung stand natürlich im Zusammenhang mit den »sozialen Problemen«, die nach 1890 die japanische Gesellschaft beschäftigten.

Die Vorbereitung des Krieges gegen China und die »sechs harten Parteien«

Während die Liberale Partei nach ihrer Niederlage im vierten Reichstag die Rolle einer Quasi-Regierungspartei unter dem Kabinett Itō übernahm, blieb die Fortschrittspartei noch in der Opposition. Ihr Ziel war jedoch nicht mehr die »Schonung des Volkes«; sie setzte sich mit der Regierung ausschließlich wegen einer harten Politik gegenüber China und Korea und wegen der Notwendigkeit auseinander, absolut gleichberechtigte Verträge mit Amerika und Europa abzuschließen. Nach 1890 verhandelte auch die Regierung mit Korea wegen einer »Entschädigung« für die japanischen Händler, die durch das Getreideausfuhrverbot Verluste erlitten hatten, und im März 1893 drohte sie, sie werde, falls Korea sich weiter weigere, eine »Entschädigung« zu zahlen, diese mit Gewalt eintreiben. Ōseki Masami, ehemals Mitglied der Liberalen Partei, ließ sich als Gesandter nach Korea entsenden, verhandelte in Seoul ohne Rücksicht auf diplomatische Gepflogenheiten »auf harte Art« und erreichte im Mai, daß Korea eine »Entschädigung« von 110000 Yen akzeptierte. Am 10. Mai hatte Taguchi Ukichi, Herausgeber des »Tōkyōter Wirtschaftsjournals«, zum Krieg aufgefordert, wenn Korea die Entschädigung verweigere. In diesem Falle würde China sicher Korea unterstützen, aber dann sollte man »nach Tianjin eben auch eine Kanonenkugel schicken«.

Im April 1893 bildete die Armee eine Kommision für Proviant und Kriegsmaterial, die die Ausrüstung des Heeres auf das für den Kriegsfall notwendige Niveau brachte. Im Mai wurden »Vorschriften des Generalstabs für Kriegszeiten« erlassen, gleichzeitig die Kompetenzen des Marinestabs und des Generalstabs des Heeres getrennt. Generaloberst Kawakami Sōroku, Vizechef des Generalstabs, bereiste selbst Korea und China, um eine Strategie für den Einfall in beide Länder zu entwerfen und ein Militärspionagesystem aufzubauen. Der Krieg mit China war bereits bis ins Detail vorbereitet. Generaloberst Kawakami und Außenminister Mutsu Munemitsu trafen geheime Absprachen, um die miltärische und die politische Strategie mit dem Ausland abzustimmen.

»Eine harte Haltung gegenüber dem Ausland« wurde, von Unterschieden der Aggressivität abgesehen, allgemeiner Slogan der Regierung und des Reichstags, der Beamten und des Volkes. Alle Parteien, die in Opposition zur Regierung standen, forderten von dieser eine »harte Außenpolitik«. Vorhut dieser Bewegung war die »Großjapanische Gesellschaft« *(Dainihon Kyōkai)*, die unmittelbar vor dem fünften Reichstag im Oktober 1893 gegründet worden war. Im Zentrum stand eine Gruppe um Abei Iwane und Kanmuchi Tomotsune, die enge Beziehungen hatte zu Shinagawa Yajirō und anderen, Staatssouveränität repräsentierenden Beamten, sowie der von Ōi Kentarō geführten Ostasiatischen Liberalen Partei. Die Großjapanische Gesellschaft verlangte eine sofortige, vollkommene Revision der Verträge und die Aufhebung der Rechte der Ausländer, im Lande frei zu reisen, den Wohnort frei zu wählen und wirtschaftliche Unternehmen aufzubauen. Für die Dauer der noch gültigen Verträge sollten die Bestimmungen, soweit als möglich, zum Nutzen Japans ausgelegt werden. Die Reisen von Ausländern außerhalb des gesetzlich festgelegten Bezirks sollten strengstens kontrolliert, die Ausländer mit Steuern belastet und den japanischen Verwaltungsvorschriften unterworfen werden. Diese Gruppe hatte nur 20 Sitze im Unterhaus, wurde aber unterstützt von einflußreichen Mitgliedern des Oberhauses wie Konoe Atsumaro. Die Zeitung »Japan« wurde offizielles Organ der Großjapanischen Gesellschaft.

Nach dieser Gesellschaft entstand im Juni 1892 unter der Führung von Saigō Tsugumichi, Chef der von Satsuma beherrschten Marine, die »Nationale Gesellschaft« *(Kokumin Kyōkai).* Sie bestand aus 70 Abgeordneten, die durch Wahlmanipulationen des Innenministers Shinagawa so stark im Reichstag vertreten waren und deren eigentlicher Führer Yamagata Aritomo war. Diese Abgeordneten unterstützten bis zum vierten Reichstag das Kabinett von Matsukata und Itō, opponierten aber gegen Itō, nachdem es zu Auseinandersetzungen zwischen diesem und Yamagata gekommen und letzterer Vorsitzender des Geheimen Staatsrats geworden war.

Auf Betreiben der Nationalen Gesellschaft und der Großjapanischen Gesellschaft entstand eine Allianz mit der Fortschrittspartei und drei weiteren kleinen Gruppen im Unterhaus, die als die »sechs harten Parteien« innerhalb und außerhalb des Reichstags die »weiche Außenpolitik« der Regierung kritisierten.

Die nationalistische Bewegung zwingt die Regierung zum Handeln

Die Kritik an der »Regierung« galt vor allem dem Kabinett Itō, nicht dem Heer und der Marine, wie die von Kuga Katsunan redigierte Zeitung »Japan« konstatierte. Allein die Zusammensetzung der Führungsspitze der »sechs harten Parteien« ließ einen solchen Verdacht nicht aufkommen. Zudem bestanden zwischen dem Vizechef des Generalstabs und dem Außenminister geheime Absprachen. Als aber die Politik der »sechs harten Parteien« auch außerhalb des Reichstags breite Unterstützung fand, ließ sich der Konflikt nicht mehr als Kulissengeplänkel innerhalb der herrschenden Schicht lösen.

Im fünften Reichstag stießen die Regierung und die Opposition, die eine strengere Auslegung der geltenden Verträge verlangte, frontal zusammen. Die Regierung stellte auch dem Ausland gegenüber die Haltung der Opposition als ein Wiederaufleben des Ende der Edo-Zeit vorherrschenden Chauvinismus dar. Sie wollte damit England und den anderen Vertragspartnern klarmachen, wie sehr das japanische Volk eine Revision der Verträge wünsche. Gleichzeitig verurteilte sie diesen Chauvinismus aufs schärfste, um sich des Wohlwollens der Vertragspartner zu versichern. Aus diesem Grunde unterbrach sie die Sitzungsperiode des fünften Reichstags zweimal, verbot am 30. Dezember 1893 die Großjapanische Gesellschaft und löste danach den Reichstag auf.

Bei den Wahlen am 3. September 1894 siegten die Oppositionsparteien. Die Auseinandersetzung mit der Regierung beschränkte sich nun nicht mehr auf eine Konfrontation mit Yamagata und Itō, sondern entwickelte sich zu einer allgemeinen nationalen Bewegung gegen die von den Beamten beherrschte Regierung. Yamagata war von dieser Entwicklung überrascht und stellte sich auf die Seite Itōs. Sein Einfluß reichte nicht mehr aus, die Bewegung zu steuern. Premier Itō dachte sogar daran, das Ende 1887 erlassene Gesetz zur Aufrechterhaltung der öffentlichen Ordnung zu erneuern, um »mit Ii Naosukes Unnachgiebigkeit die Opposition niederzuschlagen«. Außenminister Mutsu bemerkte in einem am 3. März geschriebenen Brief an Aoki, den japanischen Gesandten in London:»Die Lage im Lande wird von Tag zu Tag kritischer. Wenn die Regierung nichts unternimmt, was die Aufmerksamkeit des Volkes auf sich zieht, mag es letzten Endes gelingen oder nicht, dann läßt sich die Unruhe nicht mehr bändigen. Da zu diesem Zweck aber kein Krieg begonnen werden kann, bleibt als einziges Mittel nur noch die Revision der Verträge.«

Mutsu erwähnte in diesem Brief noch die Alternative Krieg oder Revision der Verträge, für ihn und die Regierung war diese Frage aber bereits entschieden. Für die Verhandlungen mit England war der Krieg mit China ein notwendiger Schachzug.

Der Bau der Transsibirischen Eisenbahn und die Verhandlungen mit England

Nachdem Ōkumas Revisionsentwurf gescheitert war, begann der zum Yamagata-Kabinett gehörende Außenminister Aoki Shūzō im Februar 1891 vorbereitende Verhandlungen mit England. Er legte einen Entwurf vor, der die Verwirklichung der Rechts- und Steuerhoheit innerhalb von sechs Monaten vorsah. Zwar behielt er die Regelung bei, daß Ausländer unbehindert in Japan reisen, frei ihren Wohnsitz wählen und wirtschaftliche Unternehmen aufbauen können, aber die Auflage, ein Gesetzbuch zu kodifizieren und ausländische Richter zu ernennen, entfiel. Schon vorher hatten die Entwürfe der Regierung und des Außenministers nicht mehr diesen Passus enthalten. Der englische Botschafter lehnte zunächst ab, doch dann zeigte die Regierung Englands unerwartet die Bereitschaft, dem Entwurf zuzustimmen. Der Bau der Transsibirischen Eisenbahn zwang England, seine Beziehungen zu Japan zu revidieren.

Bisher hatte England das Mittelmeer, den Suez-Kanal und den Indischen Ozean, die wichtigsten Verbindungswege von Europa nach dem Fernen Osten, kontrolliert und das Vordringen Rußlands nach Ostasien erheblich behindern können. Mit dem Bau der Transsibirischen Eisenbahn eröffnete sich Rußland einen direkten Zugang nach Ostasien. Für England war nach wie vor Japan als Vorposten gegen Rußland wichtig, weshalb es sich das wirtschaftlich und militärisch stark gewordene Land, da es ohnehin nicht mehr lange durch exterritoriale Rechte und Zollabkommen unterdrückt werden konnte, zum Verbündeten machte.

Aus diesem Grunde hatten die von Außenminister Aoki begonnenen Verhandlungen Erfolg. Sie wurden jedoch unterbrochen, weil anstelle Matsukatas Yamagata die Führung des Kabinetts übernahm. Der Wechsel in der Führung der Regierung und das Attentat auf den russischen Kronprinzen in Ōtsu veranlaßten Aoki zum Rücktritt. An seiner Stelle übernahm Enomoto Takeaki das Außenministerium und auch Aokis Entwurf. Bevor er aber offizielle Verhandlungen mit England beginnen konnte, trat das Kabinett Matsukata zurück. Itō als Premierminister und Mutsu als Außenminister bildeten im August 1892 ein neues Kabinett.

Die Krise der Meiji-Regierung und der Bauernkrieg in Korea

Das Kabinett Itō-Mutsu konnte bis zum Ende des vierten Reichstags gegen den Widerstand der Volkspartei die Macht des Beamtensystems ausbauen. Es konzentrierte sich auf die Vorbereitung des Krieges mit China und auf eine harte Politik gegenüber Korea. Nachdem die Regierung sich gegen den vierten Reichstag hatte durchsetzen können, begann sie endlich im Juli 1893 neue Verhandlungen über die Verträge mit dem Ausland. Außenminister Mutsu gab die Entwürfe seiner Vorgänger Aoki und Enomoto auf, die sowohl die Wiederherstellung der Rechts- als auch der Steuerhoheit vorgesehen hatten, Mutsu nahm nur die Beseitigung der exterritorialen Rechte und einige Zollerhöhungen in seinen Entwurf auf. Die Wiederherstellung der Steuerhoheit wäre ebenfalls dringlich gewesen, für die Regierung war es aber am wichtigsten, statt über viele Punkte auf einmal zu verhandeln und dabei Verzögerungen oder gar ein Scheitern der Verhandlungen in Kauf zu nehmen, die Rechtshoheit, an der das Volk das größte Interesse hatte, schnell zu verwirklichen und dann den anderen Ländern, besonders China und Korea gegenüber, Stärke zu demonstrieren. Dabei war Japan der Unterstützung seitens England sicher.

Während der geheimen Verhandlungen hatte sich im Reichstag wie im Volk der Kampf um eine harte Außenpolitik verschärft. Dies betraf besonders Europa und Amerika und die Forderungn nach sofortigen, die Gleichberechtigung Japans herstellenden Verträgen. Dieser Kampf hatte sich, wie oben beschrieben, zu einer Bewegung gegen die von Beamten beherrschte Regierung entwickelt. Mutsu beschleunigte die Verhandlungen mit England, um das Volk abzulenken. Er akzeptierte nach mehreren Verhandlungen fast alle Bedingungen Englands, auch das Pachtrecht für Ausländer und die Zolltarife.

Am 15. Mai 1894 begann die Sitzungsperiode des sechsten Reichstags, in dem nicht nur der Streit um eine harte Außenpolitik fortgesetzt, sondern zusätzlich die Forderung einer »sofortigen Bildung eines verantwortlichen Kabinetts« auch von den konservativen Parteien geäußert wurde. Am 31. Mai beschloß das Unterhaus mit 153 gegen 137 Stimmen, einen Mißtrauensantrag gegen die Regierung zu stellen. Hätte die Regierung, um die Krise zu überwinden, den Reichstag aufgelöst, dann hätte sich die gegen sie gerichtete Bewegung noch mehr verschärft.

Gerade während dieser für die Meiji-Regierung seit dem vierten Reichstag größten Krise brach in Korea ein großer Bauernaufstand aus, der in den japanischen Geschichtsbüchern als *Tōgakutō no Ran*[1] bezeichnet wird, korrekterweise aber »Der Bauernkrieg des Jahres Kōgo«[2] heißen müßte. Die Östliche Lehre war eine gegen die Westliche, d.h. die christliche Lehre gerichtete religiöse Volksbewegung, die in der Mitte des 19. Jahrhunderts in Korea entstanden war. Ihre Anhänger waren vor allem Bauern, die — gerade wie im Falle der Aufstände der Ikkō-Sekte in Japan — im Namen der Östlichen Lehre wiederholt Widerstand leisteten gegen die feudalistische Herrschaft und Ausbeutung.

Im Februar 1894 brach im Bezirk Chōlla unter der Führung von Chon Bong-Jun, einem Missionar der Östlichen Lehre, ein großer Aufstand aus, mit dem die Bauern sich gegen die Unterdrückung durch die Beamten und gegen die hohen Steuern zur Wehr setzten. Der Aufstand wurde niedergeschlagen, flammte aber Ende April erneut auf und erfaßte diesmal alle Bezirke. Am 31. Mai stürmte das Heer der Bauern sogar das Schloß Chonju-song. Unter den Aufständischen befanden sich zwar viele Anhänger der Östlichen Lehre, der Aufstand war aber weder von der Bewegung veranlaßt, noch von ihren Führern organisiert. Die Schlachtrufe der Bauern lauteten »Vertreibt die Japaner und die westlichen Mächte!« oder »Schützt das Land, Friede dem Volk!«. Diese Parolen beweisen, daß der Aufstand nationalen Charakter hatte.

Der Krieg zwischen Japan und China

Am 31. Mai, als das Heer der Bauern Chonju eroberte, bat die koreanische Regierung China, eine Armee zur Befriedung des Aufstands zu entsenden. Am selben Tag hatte der sechste Reichstag den Mißtrauensantrag gegen die Meiji-Regierung gestellt. Die Depesche aus Seoul mit der Nachricht, daß Korea China um die Entsendung eines Heeres gebeten hatte, war für Premierminister Itō und den Vorsitzenden des Geheimen Staatsrats Yamagata wie ein Geschenk des Himmels. Der Tianjin-Vertrag ließ sich so auslegen, daß nun auch Japan berechtigt war, ein Heer nach Korea zu schicken. Dies war die günstigste Gelegenheit für den seit langem vorbereiteten Krieg zur

---

1 »Aufstand der Anhänger der Östlichen Lehre«. Die *tōgaku* war eine Mischreligion, zusammengesetzt aus Elementen des Konfuzianismus, Buddhismus und Daoismus.
2 Nach dem chinesischen Sexagesimalzyklus berechnete Jahresangabe. *kōgo (kor. kabo)* = kinoeuma, die Konstellation des Elements Holz unter dem Aspekt des Yang-Prinzips und dem Tierkreiszeichen Pferd.

Unterwerfung Koreas und endlich eine Möglichkeit, der Kritik des Reichstags und des Volks gegen die von den Beamten beherrschte Regierung zu begegnen.

Itō und Yamagata beschlossen nach mehreren Beratungen — besonders auf Yamagatas Betreiben —, den Reichstag am 2. Juni aufzulösen. Am selben Tag fiel auch die Entscheidung, ein Heer zu entsenden. Diese wurde aber noch nicht der Öffentlichkeit bekanntgemacht. Bereits im Mai war der Generalstab, d.h. die oberste Heeresführung alarmiert und die fünfte Division mobilgemacht worden. Am 12. Juni landete ein chinesisches Heer in Asan südlich von Seoul, am selben Tag die Vorhut einer japanischen gemischten Brigade in Inchon, am 16. Juni der Rest des Heeres von etwa 7000 Mann. Japan konnte so schnell reagieren, weil, noch bevor Korea China um die Entsendung eines Heeres gebeten hatte, Ende Mai der Generalstab die Vorbereitungen für einen Einfall abgeschlossen und am 1. Juni unter dem Vorwand eines »großen Manövers des Heeres« die Schiffe der Japanischen Dampfschiffahrtsgesellschaft angefordert hatte. Zur Ausführung der Invasion fehlte nur noch der offizielle Befehl.

Chon Bong-Jun, der erfahren hatte, daß China und Japan ein Heer entsenden würden, schloß am 11. Juni mit der koreanischen Regierung Frieden und zog das Bauernheer aus Chonju-song ab. Als die beiden Expeditionskorps eintrafen, gab es keinen Aufstand mehr, den es zu unterdrücken galt. Auf einen Geheimbefehl des Vizechefs des Generalstabs Kawakami hin bildete Uchida Ryōhei ein Sonderkommando, das die Anhänger der Östlichen Lehre unterstützen, in Wirklichkeit aber den Frieden des Landes stören sollte. Die koreanischen Bauern durchschauten Uchidas Parolen, die »Befreiung Ostasiens« und »Solidarität zwischen Japan und Korea« lauteten. Erst viel später, nach Beendigung des Krieges zwischen Japan und China, wurden Chon Bong-Jun und sein Bauernheer von einem Heer Japans und Koreas geschlagen.

Das bei Inchon gelandete Heer versuchte, die chinesische Armee zu provozieren, doch ließ sich deren Führung auf keinen Kampf ein. Die japanische Regierung, des Anlasses für einen Krieg mit China beraubt, schlug am 16. Juni eine »innenpolitische Reform« Koreas vor, die sowohl von China als auch von Japan kontrolliert werden sollte. Die Regierung Chinas lehnte, wie Außenminister Mutsu erwartet hatte, diesen Plan ab, woraufhin Japan allein der koreanischen Regierung die wesentlichen Punkte der »Reform« bekanntgab und deren Verwirklichung erzwingen wollte. Da die koreanische Regierung darauf nicht einging, stellte Ōtori Keisuke, Gesandter in Seoul, am 20.

Juli der koreanischen Regierung ein Ultimatum. Gefordert wurde eine offizielle Erklärung an China, daß Korea sich nicht mehr als abhängiges Land betrachte. Am 23. Juli besetzte das japanische Heer den Königspalast, vertrieb die Königin und den Min-Clan, setzte den Vater des Königs (Taewonkun) als Regenten ein und bildete ein japanfreundliches Kabinett.

Daß die Korea aufgezwungene »Reform« nur den Zweck hatte, China in einen Krieg zu verwickeln, gibt Außenminister Mutsu in seinen Aufzeichnungen offen zu. Am 25. Juli griff die japanische Marine ohne Kriegserklärung außerhalb der Bucht von Asan die chinesische Flotte an und versenkte deren Transportschiffe. Vier Tage später eröffnete das japanische Heer das Feuer auf die in Asan und Songhwan stationierte chinesische Armee. Erst drei Tage darauf, am 1. August, erfolgte die offizielle Erklärung des Krieges.

Der Krieg gegen China und der Vertrag mit England

Japan mußte, als es sich für den Krieg mit China entschloß, die Reaktion Englands und Rußlands einkalkulieren. Eine möglichst schnelle Beendigung der Verhandlungen mit England war die Voraussetzung für den Beginn der Auseinandersetzung. Der japanische Gesandte in London Aoki vermutete, daß »die Engländer daran interessiert sind, daß Japan und China den Nordteil Koreas, unter Umständen auch das ganze Land besetzen, um das Vordringen Rußlands nach Süden zu verhindern.« Mitte Juni stimmte die englische Regierung seinem Plan zu, daß Japan und China »vor oder nach einem Krieg« übereinkommen, gemeinsam in Korea »einem Einfall der Russen zuvorzukommen«. Japan übernahm diese Rolle natürlich nur deshalb, weil es England dazu bewegen wollte, den Einfall in Korea zu rechtfertigen.

Japan hatte damit England für sich gewonnen. Am 16. Juli unterzeichneten Botschafter Aoki und der englische Außenminister Kimberley den revidierten Vertrag. Kimberley richtete danach eine Glückwunschadresse an die japanische Regierung, und schrieb: »Dieser Vertrag hat für Japan eine größere Bedeutung als ein Sieg über das chinesische Heer.« Neun Tage später griff die japanische Marine ohne Kriegserklärung die chinesische Flotte in der Pungdo-See an. In dieser Seeschlacht wurden auch englische Schiffe, die im Dienst Chinas standen, versenkt. England zog jedoch Japan deswegen nicht zur Rechenschaft. Rußland meldete dagegen Protest an, den Premierminister

Itō zurückwies, indem er durch Außenminister Mutsu am 25. Juni mitteilen ließ: »Wir setzen unser Vertrauen auf England.«

Der neue Vertrag trat fünf Jahre nach der Ratifizierung in Kraft. Damit erloschen alle exterritorialen Rechte. Japan garantierte als Gegenleistung die innere Öffnung des Landes, es erkannte jedoch das Eigentumsrecht der Ausländer an Grund und Boden nicht mehr an, sondern nur langfristige Pachtrechte und das Erbbaurecht. Die ewigen Pachtrechte der ausländischen Niederlassungen blieben unangetastet. Die Gültigkeitsdauer des neuen Vertrags wurde auf 12 Jahre beschränkt. Danach war ein Vertrag vorgesehen, der Japan als vollkommen gleichberechtigtes Land behandeln sollte. Die Ratifizierungsurkunden wurden am 25. August ausgetauscht. Im November und Dezember schloß die japanische Regierung mit Amerika bzw. Italien ähnliche Verträge ab, bis 1897 auch mit allen anderen Ländern Europas, die am 17. Juli bzw. am 4. August 1899 in Kraft traten.

Diese Verträge waren ein wichtiger Schritt, um die nationale Souveränität zurückzugewinnen. Nicht nur das, sie hatten auch für die Geschichte Asiens große Bedeutung, weil sie die ersten Verträge eines asiatischen Landes mit Europa und Amerika waren, die keine exterritorialen Rechte anerkannten. Sie waren das Resultat des wirtschaftlichen Wachstums und des Umstandes, daß Japan eine – wenn auch nur eine von der Bourgeoisie Europas inspirierte – Verfassung besaß und einen Reichstag, der bis zu einem gewissen Grad der Regierung Widerstand leisten konnte.

Andererseits nutzte die despotische Regierung die Energie der Nation, um, als Gegenleistung für die revidierten Verträge, Japan als Vorposten Englands in Ostasien zu stärken. Japan hatte also noch keine gleichberechtigten Verträge erreicht, die herrschende Klasse war durch die revidierten gezwungen, ihre aggressive Politik gegenüber Korea und China weiterzuverfolgen. Diese Verträge charakterisieren also eine Phase in der Geschichte des modernen Japan, die sowohl mit nationalem Ruhm als auch mit Schande begann.

Der Krieg gegen China und die Friedensverhandlungen in Shimonoseki

Nach der Kriegserklärung verlegte die Regierung den Generalstab nach Hiroshima. Auch der Tennō begab sich als oberster Kriegsherr dorthin. Der japanischen Regierung war es gelungen, die Nation mit der Losung »Schlagt, züchtigt das Ch'ing-Reich!« in eine allgemeine Kriegsstimmung zu hetzen.

Die japanische Armee siegte an allen Fronten. In Korea schlug das Heer am 15. September die Hauptmacht des bei Pyöngyang stationierten chinesischen Heeres, am 17. September versenkte die Marine im Gelben Meer den größten Teil der gegnerischen Flotte. Ende Oktober landete ein zweites Heer auf der Liaodong-Halbinsel und eroberte, ohne auf heftigen Widerstand zu stoßen, Port Arthur. Die erste Abteilung des Heeres zog nach der Schlacht bei Pyönyang weiter nach Norden, fiel in das Territorium Chinas ein, besetzte im Februar 1895 Niuzhuang und Yingkou. Im selben Monat eroberte die zweite Heeresabteilung Weihaiwei auf der Shandong-Halbinsel. Die chinesische Flotte, die alle ihre Stützpunkte verloren hatte, kapitulierte.

Das japanische Heer verfügte zu Beginn des Krieges über sieben Divisionen, insgesamt über 120 000 Mann, die Marine über 28 Kriegsschiffe (insgesamt 57 000 Bruttoregistertonnen) und vier Torpedoboote. Das chinesische Heer soll über 300 000 Mann Infanterie und Reiter, zusammen mit dem nach Eröffnung des Krieges mobilisierten Abteilungen insgesamt 600 000 Mann stark gewesen sein. Es wird vermutet, daß China aber weniger Soldaten als Japan in den Kampf schickte. Die chinesische Flotte bestand aus 25 Kriegsschiffen, darunter befanden sich zwei große aus Stahl gebaute Kreuzer. Sie war, was die Tonnage und die Feuerkraft betraf, der japanischen Flotte überlegen. Die Kriegsschiffe befanden sich, ob neu oder alt, technisch in einem schlechten Zustand, der Flottenverband wurde außerdem ohne strategischen Plan und einheitliche Führung eingesetzt.

An Stärke waren das Heer und die Marine Chinas überlegen. Was die technische Ausrüstung und die Führung betrifft, waren sie mit den japanischen Streitkräften nicht zu vergleichen. Die chinesischen Generäle stammten aus verschiedenen Regionen, Ausrüstung und Formation der Truppen waren deshalb uneinheitlich. Zudem war die Armeespitze in Cliquen aufgesplittert, die Soldaten waren schlecht ausgebildet, die Offiziere unerfahren — eine notwendige Folge des Feudalismus, der das politische und gesellschaftliche System Chinas noch bestimmte. Japan war dagegen ein politisch geeintes Land, dessen Volk von der Notwendigkeit des Krieges überzeugt, dessen Armee einheitlich organisiert und gut ausgebildet war.

Auch die chinesische Regierung konnte sich nach dem Beginn des Krieges nicht auf wirksame Gegenmaßnahmen einigen. Der Krieg war fast nur ein Krieg mit der von Li Hongzhang geführten Militärclique. Aber auch Li Hongzhang war keineswegs an einem Krieg mit Japan interessiert, sondern bot nach der Schlacht bei Pyöngyang und der Seeschlacht im Gelben Meer sofort Friedensverhandlungen an und sandte zu diesem Zweck einen Deutschen, der als Beamter im Zollamt von Tianjin tätig war, als persönlichen Gesandten nach Japan. Premierminister Itō lehnte jedoch Verhandlungen ab, weil dieser keine offiziellen Befugnisse besaß. Li schickte daraufhin Ende Januar 1895 zwei bevollmächtigte Botschafter in Begleitung eines amerikanischen Beraters nach Hiroshima. Itō hatte die Absicht, den siegreich verlaufenen Krieg fürs erste noch auszuweiten, und verschob deshalb die Verhandlungen mit der Begründung, daß China einen Gesandten vom Range Lis schicken solle, wenn es wirklich Frieden wolle. Die japanische Marine war inzwischen bis nach Taiwan und den Penghu-Inseln vorgedrungen mit dem Auftrag, diese zu erobern und zu japanischem Territorium zu erklären.

Da China sich gegen das eingefallene japanische Heer kaum wehrte, forderten der Krieg und die Besetzung Taiwans auf Seiten Japans nur 17041 Tote. Davon starben 11894 an der Ruhr und anderen Krankheiten, nur 5147 im Kampf. Während des Bürgerkrieges im Jahre 1868 verfügte das Heer der neuen Regierung über etwa ebensoviele Soldaten wie im Krieg gegen China, etwa 120000 Mann. Davon fielen im Kampf 3600, 3800 wurden verwundet. Diese Zahlen geben eine Vorstellung vom Ausmaß des Krieges gegen China.

Am 19. März 1895 kam Li Hongzhang selbst als bevollmächtigter Gesandter nach Shimonoseki. Am folgenden Tag begannen die Verhandlungen. Am 24. März wurde Li von einem japanischen Kriegsfanatiker erschossen. Die Regierung mußte befürchten, daß dieses Attentat einen internationalen Konflikt verursachen und den Westmächten, besonders Rußland eine willkommene Gelegenheit bieten könnte, sich in die Verhandlungen einzumischen. Sie beschleunigte die Gespräche und erklärte sich am 27. März mit der von Li geforderten bedingungslosen Einstellung der Kampfhandlungen einverstanden. Die Friedensverhandlungen machten schnelle Fortschritte. Noch bevor die Westmächte eingreifen konnten, wurde am 17. April in Shimonoseki ein Friedensvertrag und ein zusätzliches Abkommen von Vertretern beider Länder unterzeichnet.

Im Krieg mit China hatte die japanische Regierung die Führung nicht aus der Hand gegeben, Politik und militärische Aktionen koordiniert und so ein eigenwilliges Vorgehen und Übergriffe der Armee verhindert. Premierminister Itō, obwohl Zivilbeamter, nahm mit Erlaubnis des Tennō an den Sitzungen des Generalstabs teil. Dadurch war die Abstimmung von politischen und militärischen Entscheidungen gewährleistet, und der Friedensvertrag konnte so schnell zustandekommen.

Die Bedingungen des Vertrages waren hart. China mußte 1. erklären, daß es Korea als unabhängiges Land anerkenne, daß es 2. die Liaodong-Halbinsel, Taiwan und die Inselkette Penghu an Japan abtrete, und sich 3. verpflichten, 300 Millionen Yen in Gold als Kriegsentschädigung zu zahlen. Dem Land wurden weiter ein neuer Handels- und Schiffahrtsvertrag und ein Vertrag über die Benutzung der Handelswege im Lande nach dem Vorbild der bereits mit den europäischen Ländern abgeschlossenen Verträge aufgezwungen. Bis zum Inkrafttreten des Vertrags mußte China Japan als bevorzugtes Land behandeln. China war schließlich verpflichtet, neben den bereits geöffneten Städten und Häfen eigens für Japan vier weitere Städte und Häfen zu öffnen. Für die japanischen Dampfschiffe mußte es die Fahrtrinne des Yangzi-Jiang erweitern, Japanern die Lagergebühren für aufgekaufte Waren und Transportgüter erlassen. Allen Japanern sollte es gestattet sein, in den offenen Städten und Häfen jede Art von Industrie zu errichten und die dort produzierten Waren mußten in Bezug auf Steuerfreiheit und Lagerung wie Importgüter behandelt werden (Freiheit des Kapitalexports).

Japan entwickelt sich von einem unterdrückten Land zu einem Land, das andere Länder unterdrückt

Der oben angeführte Artikel, der China zur Anerkennung der Souveränität Koreas zwang, sollte nicht die Souveränität dieses Landes verwirklichen, sondern nur verhindern, daß China intervenieren konnte, wenn Japan seine Herrschaft über Korea ausdehnte. Unmittelbar nach der Kriegserklärung an China hatte Japan Korea zwei Verträge aufgezwungen, am 20. August 1894 das »Gegenseitige provisorische Abkommen zwischen Japan und Korea« und am 26. August das »Bündnis zwischen Großjapan und Großkorea«. Durch ersteres erwarb Japan das Recht, zwischen Seoul und Inchon sowie Seoul und Pusan zwei Eisenbahnlinien zu bauen. Letzteres verpflichtete Korea, das japanische Heer bei allen militärischen Aktionen zu unterstützen und mit Proviant zu versorgen. Außenminister Mutsu bemerkte zu diesem »Bündnis«, daß es auf der einen Seite Korea als »selbständigem Land« ermögliche, nach eigenem Willen mit anderen Ländern Offensiv- und Defensivbündnisse einzugehen, andererseits aber Japan Mittel in die Hand gebe, Korea »fest an Japan zu binden und ihm keine Möglichkeit zu lassen, selbständig zu entscheiden, also zwei Fliegen mit einer Klappe zu schlagen«. Die japanische Regierung hatte zudem einen Plan vorbereitet, Korea offiziell militärisch zu unterwerfen, ließ diesen aber dann doch wieder fallen, weil es den Protest der Westmächte fürchten mußte. Daß Japan im Vertrag von Shimonoseki die Souveränität Koreas forderte, verrät in diesem Zusammenhang die wirklichen Absichten der Regierung.

Doch was die unter anderem im zweiten Artikel vorgesehene Abtretung der Liaodong-Halbinsel betraf, protestierten sechs Tage nach der Unterzeichnung des Vertrags Rußland, Frankreich und Deutschland und forderten »um des Friedens in Ostasien willen« deren Rückgabe. Die japanische Regierung suchte zunächst Rückendeckung bei England, um sich gegen diese Einmischung zu verwahren. Als England aber zu verstehen gab, daß es sich neutral verhalten werde, blieb der japanischen Regierung nichts anderes übrig, als den »Rat« der drei Mächte zu befolgen und nach der Ratifizierung des Vertrags Liaodong gegen eine Entschädigung von 30 Millionen Liang in Silber zurückzugeben.

Die im dritten Artikel festgelegte Kriegsentschädigung betrug das eineinhalbfache der tatsächlichen Aufwendungen Japans, die auf etwa 200 Millionen Yen geschätzt wurden. China war, um diese riesige Summe bezahlen zu können, gezwungen, bei Rußland, Frankreich und England Kredite aufzunehmen.

Durch den vierten Artikel erhielt Japan die gleichen vertraglichen Rechte wie Europa und Amerika und sicherte sich damit die Möglichkeit, sich China als Kolonialmarkt zu erschließen.

Der fünfte Artikel gewährte Japan wirtschaftliche Privilegien, die nicht einmal Europa und Amerika besaßen. Besonders dieser Artikel, der die Freiheit des Kapitalexports anerkannte, steht im Zusammenhang mit der Tatsache, daß die kapitalistischen Länder der Welt sich im Übergangsstadium zu Monopolkapitalismus und Imperialismus befanden und die Notwendigkeit, Kapital zu exportieren, im Ausmaße des Warenexports oder diesen übersteigend, immer größer wurde.

Die Sonderrechte, die Japan durch den neuen Vertrag erworben hatte, fielen automatisch auch Europa und Amerika zu, gemäß der Verträge, die diese selbst mit China abgeschlossen hatten. Der japanische Kapitalismus hatte sich aber noch nicht soweit entwickelt, daß ein starkes Bedürfnis bestand, Kapital zu exportieren. England dagegen nutzte die Gelegenheit zu massivem Kapitalexport, für den Japan praktisch die Bedingungen geschaffen hatte. Es hatte bei der Abfassung des Artikels, der die Freiheit des Kapitalexports garantierte, offensichtlich weniger an die Vorteile der eigenen Wirtschaft gedacht, sondern darauf abgezielt, mittels dieses Artikels die Zustimmung Europas und Amerikas zu diesem Friedensvertrag zu sichern.

Japan entwickelte sich so von einem Land, das unterdrückt wurde, in ein Land, das Korea und China unterdrückte, in ein imperialistisches Land, das wie Europa und Amerika Kolonien besaß. Es richtete nun seinen Ehrgeiz darauf, für den europäischen und amerikanischen Imperialismus den Weg für die politische Unterdrückung, territoriale Aufteilung und kapitalistische Ausbeutung Chinas zu bahnen. Der Krieg, den Japan geführt hatte, diente keineswegs, wie es zunächst hieß, dem Ziel, Asien von der Herrschaft des europäischen und amerikanischen Imperialismus zu befreien.

Der »glorreiche Sieg« brachte den Militärs und den hohen Beamten Orden und Adelstitel ein, den Unternehmern erheblichen Profit, dem Volk aber nur Leiden und Not. Der provisorische Etat für den Krieg, 270 Millionen Yen, betrug mehr als das Doppelte der Staatseinnahmen vor dem Krieg. Dieser Etat wurde, wie Takahashi Korekiyo, ein zuständiger Beamter des Finanzministeriums, zugab, »eingetrieben wie der Kriegsfonds in der Tokugawa-Zeit«, nämlich durch zwangsweisen Verkauf von öffentlichen Anleihen und Steuererhöhungen. Mehr als 75 Prozent der von China geforderten Kriegsentschädigung (345 Millionen Yen) wurden von der Regierung einbehalten oder für die Aufrüstung verwendet, 20 Millionen erhielt der Tennō, weitere 20 Millionen wurden investiert in einen Hilfsfonds für Naturkatastrophen und in Stiftungen für Einrichtungen des Erziehungswesens. Nach Beendigung des Krieges wurde die Aufrüstung von Jahr zu Jahr verstärkt, was zur Folge hatte, daß die Steuern ständig stiegen. Die Regierung ermahnte das Volk, »standhaft die Leiden« zu ertragen, damit Japan die Einmischung Rußlands, Frankreichs und Deutschlands abwehren könne. Die »Glorie« des Großjapanischen Reiches bedeutete für das Volk nur Not. Und um das Volk über diese Not hinwegzutäuschen, um die »Glorie« des Tennō, der Militärs und der Beamten zum Besitz der ganzen Nation zu machen, predigte die Regierung Verachtung für Chinesen und Koreaner. Dieser Hochmut eines herrschenden Volkes aber bewirkte nur dessen geistige Dekadenz.

30
Die Entwicklung des Kapitalismus
Die Bürokratie, die Unternehmer, die Grundbesitzer, das Volk

Die Entwicklung des kapitalistischen Wirtschaftssystems

Die japanischen Unternehmer machten durch den Krieg mit China Riesengewinne. Als Beispiel mag Ōkura Kihachirō dienen, Proviantlieferant der Armee, der solche Profite erzielte, daß das Gerücht aufkam, er habe in die Fleischkonserven Steine gemischt. Der rechtschaffene General Nogi Maresuke soll nach dem Krieg, als er Gouverneur von Taiwan war, aus diesem Grunde Einwände dagegen geäußert haben, daß die Ōkura-Gruppe in Taiwan eine Filiale eröffne. Die Bilanzen sprechen deutlicher als alle Gerüchte. So betrugen die offiziell bekanntgegebenen Gewinnraten für das Einlagekapital aller japanischen Banken vor dem Beginn des Krieges (1893) 47 Prozent, während des Krieges 51 Prozent und stiegen 1896, ein Jahr nach seinem Ende, auf 64 Prozent.

Durch die Kriegsgewinne, die enorme Kriegsentschädigung, die China zahlen mußte, den Erwerb großer Territorien, den Ausbau neuer Märkte und nicht zuletzt durch die Ausbeutung des Volkes entwickelte sich, wie nebenstehende Tabelle zeigt, die kapitalistische Industrie, die von den privilegierten Großunternehmern beherrscht wurde, sehr schnell.

Teilt man das in der Tabelle angeführte Gesellschaftskapital auf, dann hatte das Bankkapital sowohl 1893 als auch 1903 den größten Anteil — 1903 betrug das Bankkapital 374,69 Millionen Yen, das Kapital der Industriegesellschaften 171,69 Millionen Yen —, während dieses Zeitraums konnte aber das Industriekapital die größere Zuwachsrate verzeichnen. Die Zunahme der Fabriken betrug in diesem Zeitraum nur 220 Prozent, jene Fabriken aber, die Krafftmaschinen verwendeten, vermehrten sich um 550 Prozent. Der Anteil dieser Fabriken an der Gesamtzahl stieg von 18 auf 45 Prozent. Besonders auffallend war die Produktionserweiterung der Baumwollspinnereien. Auch

Die Entwicklung des Kapitalismus

	1893	1903	Zuwachsrate
Zahl der Gesellschaften	2844	8895	313 %
Kapitaleinlagen in Yen	245 Mill.	931 Mill.	380 %
Fabriken mit mehr als 10 Beschäftigten	3740	8274	221 %
Fabriken, die mechanisch betriebene Maschinen einsetzen	675	3741	554 %
Tägliche Produktion von Spindeln im Durchschnitt	382000	1,29 Mill.	338 %
Bau von Eisenbahnlinien in Meilen	2039	4495	220 %
Tonnage der Dampfschiffe	110205 t	656745 t	596 %
Exportvolumen in Yen	87,71 Mill.	289,5 Mill.	323 %

für die Produktion von Rohseide, hauptsächlich in Kleinstunternehmen und in der Heimindustrie betrieben, wurden ab 1896 mehr mechanische Geräte als Handspulmaschinen eingesetzt. Nach dem Krieg mit China setzte sich in der Leichtindustrie (Baumwollsspinnereien und Seidenindustrie) die Produktion mit Maschinen durch. Eine Untersuchung aus dem Jahre 1900 ergab, daß von allen Fabriken 71 Prozent, von den Fabriken, die Maschinen zum Antrieb benutzten 46 Prozent, von allen Fabrikarbeitern 67 Prozent auf die Textilindustrie entfielen.

Um das Jahr 1900 drangen privilegierte Unternehmen in die Produktionsbereiche Maschinen-, Geräte- und Schiffsbau vor. So entstanden z.B. die Mitsubishi-Werft, das Shibaura-Werk von Mitsui, das Kupferwalzwerk von Sumitomo. In diesen Produktionsbereichen behielten jedoch die staatlichen Rüstungsunternehmen bis 1910 die Führung. Sowohl Bau- und Dampfmaschinen als auch Spinnereimaschinen wurden weiter eingeführt. Besonders wichtig für die Entwicklung der Schwerindustrie war die staatliche Eisenhütte in Yawata, in deren Bau die Regierung im Jahr 1897 19,2 Millionen Yen investiert hatte und die 1901 die Produktion aufnahm. Bereits im ersten Jahr produzierte sie 53 Prozent Roheisen und 83 Prozent Stahl der japanischen Gesamterzeugung, wodurch die japanische Rüstungsindustrie sich vom Import weitgehend unabhängig machen konnte.

Das Eisenerz importierte Japan aus Daiye, für einen Preis, den es als Siegermacht China aufzwingen konnte. Deutschland bot China Darlehen an, um sich die Abbaukonzession für das Erzbergwerk Daiye zu sichern. Es gelang jedoch Japan im November 1903, kurz vor dem Russisch-Japanischen

Krieg, seinen Konkurrenten Deutschland zu schlagen, indem es mit China einen für 30 Jahre gültigen Vertrag abschloß. Japan war nicht so zahlungskräftig wie Deutschland, in dieser Zeit aber das militärisch stärkste Land Asiens und konnte deshalb den Streit um Konzessionen für sich entscheiden.

Infolge der Entwicklung der industriellen Produktion, der halbkolonialen Herrschaft über Korea und China konnte Japan, wie die Tabelle zeigt, seinen Export erheblich steigern. Das wichtigste Exportgut war Seidengarn, gefolgt von Baumwollgarn und -gewebe. Die Exportrate für beide Güter verdoppelte sich von Jahr zu Jahr. Während 1896 die Exportrate für Baumwollgarn nur ein Siebentel des Imports betrug, überstiegen 1897 bereits die Ausfuhren die Importe. Danach ging der Import von Jahr zu Jahr zurück, während der Export in gleichem Maße anstieg. Japan führte Baumwollgarn vor allem nach Korea und China aus. Baumwollgarn und -gewebe hatten am Gesamtexport in beide Länder einen Anteil von 40 bis 50 Prozent. Wichtigste Importgüter waren Maschinen, Rohbaumwolle und Eisenerz. Die Erweiterung des Außenhandels belebte, wie die Tabelle ebenfalls zeigt, den Schiffbau und die Handelsschiffahrt.

Der wirtschaftliche Aufschwung und die Reparationszahlung Chinas waren die Voraussetzung dafür, daß die japanische Regierung 1897 statt des auf Silber gestützten Währungssystems die Goldwährung einführen konnte. Japan wurde dadurch ein gleichwertiger Partner der kapitalistischen Länder. Die japanische Wirtschaft war zunächst gegen diese Maßnahme, weil sie zu diesem Zeitpunkt viele Nachteile mit sich brachte, aber die Regierung konnte sich durchsetzen, um günstige Bedingungen für den Erwerb von Auslandsanleihen zu schaffen, die sie für den Ausbau der Rüstung dringend benötigte.

Die Besonderheiten des japanischen Kapitalismus dieser Zeit

Um die Jahrhundertwende war der japanische Kapitalismus wie schon zur Zeit seiner Entstehung in starkem Maße abhängig von der Rüstungsindustrie. Die Eisenhütte in Yawata, das führende Unternehmen der Schwerindustrie, produzierte wie die Fabriken, die dem Heer und der Marine unterstanden, ausschließlich für die Rüstung. Auch der private Schiffbau und die privaten Reederein entwickelten sich nicht nur aufgrund der Erweiterung des Außenhandels, sondern vor allem, weil sie von der Regierung subventioniert

Die Entwicklung des Kapitalismus

und protegiert wurden, gemäß der 1896 erlassenen Gesetze zur Förderung des Schiffbaus und der Handelsschiffahrt. Diese Bestimmungen waren konzipiert als Ergänzung des Aufrüstungsplans und unterstützten den Bau und die Inbetriebnahme von großen Dampfschiffen, die im Kriegsfall in Kreuzer umgerüstet werden konnten. Der Bau von Eisenbahnlinien bedurfte nach dem Gesetz der Zustimmung des Eisenbahnrats, in dem jedoch die Vertreter des Generalstabs das entscheidende Wort hatten. Die Webereien, die mit Maschinen ausgestattet waren, produzierten in dieser Zeit fast ausschließlich Uniformstoffe.

In den hochindustrialisierten kapitalistischen Ländern hatte der Außenhandel zunächst Vorrang vor der Machtexpansion, d.h. diese Länder bauten zuerst ihren wirtschaftlichen Einfluß aus, bevor sie Maßnahmen zur politischen und miltärischen Beherrschung eines Landes trafen. Japan wählte dagegen den umgekehrten Weg. Für die japanische Regierung hatte sogar bei der Einführung des Goldstandards der Wehretat Vorrang vor allen wirtschaftlichen Erwägungen. Der einzige wichtige Produktionsbereich, der weder direkt noch indirekt für die Aufrüstung arbeitete, war die Seidenindustrie.

Die enge Bindung der Privatwirtschaft an die Rüstungsindustrie ist das zweite Charakteristikum des japanischen Kapitalismus. Großunternehmen wie Mitsui, Mitsubishi, Sumitomo, Yasuda und Furukawa, die sich schon früh durch Kooperation mit der Regierung Privilegien verschafft hatten, unterdrückten auch nach dem Krieg mit China kleinere Unternehmen und verhinderten eine freie Konkurrenz des Industriekapitals. Im Bergbau und in der Schwerindustrie hatten sie das absolute Monopol. Der Produktionsbereich der Baumwollspinnereien, der sich in dieser Zeit am schnellsten entwickelte und in dem eine verhältnismäßig freie Konkurrenz möglich war, wurde in der Folge beherrscht von Unternehmen in Ōsaka, Tenma, Kanegafuchi und Amagasaki, die zur Mitsui-Gruppe gehörten oder zu anderen Gesellschaften und im Auftrag der Regierung produzierten. Die Produktion von Baumwollgarn stieg weiter stark an. 1899 gab es 78 Baumwollspinnereien, ihre Zahl sank in den folgenden Jahren: 1904 waren es 43, 1912 waren es nur noch 32. (Danach stieg sie wieder an, bis 1922 auf 61 Unternehmen.)

Ende des Jahres 1901 verfügten allein von den mehr als 170 Genossenschaftsbanken der sechs Großstädte (Tōkyō, Ōsaka, Kyōto, Nagoya, Kōbe und Yokohama) die acht Banken Daiichi Ginkō, Jūgo Ginkō, Mitsui Ginkō, Mitsubishi Ginkō, Yasuda Ginkō, Kōnoike Ginkō, Sumitomo Ginkō und die Shōkin Ginkō über ein Einlagekapital, das 51 Prozent des Einlagekapitals

443

aller Genossenschaftsbanken betrug. Zwei Drittel des Einlagekapitals aller Banken war bei mehr als zehn Großbanken deponiert, die restlichen 2000 Banken verfügten schätzungsweise nur über ein Drittel. Die Mitsui- und die Yasuda-Gruppe, die schon in der Edo-Zeit Kreditanstalten gegründet hatten, unterhielten nicht nur Banken und andere Finanzunternehmen, sondern bauten eigene Unternehmen in den Bereichen Industrie, Bergbau, Eisenbahnbau und Seetransport auf oder sie verfügten über die Mehrheit der Aktien dieser Produktionsbereiche. Mitsubishi und Sumitomo, die anfangs keine Finanzgeschäfte betrieben hatten, gründeten eigene Banken, so daß bereits um 1900 eine Geldaristokratie entstand, die den Geldverkehr und alle wichtigen Zweige der Industrie beherrschte.

Die Masse des Volkes mußte hohe Steuern zahlen, die für miltärische Zwecke verwendet wurden. Nur ein geringer Teil der Steuern wurde investiert und durch Reproduktion vermehrt. Da zudem die privilegierten Unternehmen fast alle Gewinne für sich verbuchten, wurde die Akkumulation von allgemeinem privatem Kapital verhindert. »Von unten« konnte sich also keine mit Maschinen produzierende Industrie entwickeln. Neben der Großindustrie hatte sich eine starke Heim- und Manufakturindustrie entwickelt, deren Produktionsrate im Vergleich zur gesamten industriellen Produktion beträchtlich war, schätzungsweise einen Anteil von wenigstens 70 Prozent ausmachte. Die Baumwollspinnereien, der Schiffsbau und die Papierindustrie waren zwar führend in der Großindustrie, ihre Produktion hatte 1910 aber nur einen Anteil von 16 Prozent an der Gesamtindustrieproduktion. Die Webereien hatten im selben Jahr einen Anteil von 21,7 Prozent an der industriellen Gesamtproduktion. In diesem Produktionsbereich waren die feudalistische Heim- und Manufakturindustrie noch vorherrschend, eine wichtige Voraussetzung für die Industrialisierung der Baumwollspinnereien. Auch in der Seidenindustrie hatten die Manufakturen eine führende Position. Daß nicht wenige Großbetriebe und zahlreiche Manufakturen nebeneinander existierten, sondern — wie das Beispiel des Zusammenhanges von Baumwollspinnereien und Tuchfabriken zeigte — aufeinander angewiesen waren, ist das dritte Charakteristikum des japanischen kapitalistischen Wirtschaftssystems.

Die Zahl der Fabrikarbeiter in den staatlichen und privaten Unternehmen stieg nach dem Krieg mit China in wenigen Jahren von 340 000 auf 530 000. In diesem Zeitraum waren allein in der Heimindustrie, die Stoffe herstellte, mehr als 800 000 Arbeiter beschäftigt. 60 Prozent der in den Baumwoll- und Seidenspinnereien Beschäftigten waren Frauen, meistens Töchter armer

Die Entwicklung des Kapitalismus

Bauern, die von ihren Eltern zur Aufbesserung des Unterhalts der Familie gezwungen wurden, in den Fabriken zu arbeiten, aber nach wenigen Jahren in ihre Dörfer zurückkehrten. Diese Arbeiterinnen hatten sich also noch nicht ganz von der Landwirtschaft getrennt. Die Beschäftigten der Heimindustrie und der Manufakturen stammten zum Teil auch aus den unteren Schichten der Stadtbevölkerung, überwiegend aber aus Bauernfamilien.

Die Arbeitszeit der Beschäftigten in der Heimindustrie und in den Manufakturen war praktisch nicht begrenzt, ihr Lohn wurde nach dem Richtsatz für Hausarbeit und Nebenbeschäftigung bemessen. Dieser niedrige Lohn drückte auch den Lohn der Arbeiter in der Großindustrie nach unten. Die niedrige Entlohnung der Arbeiter und die miserablen Arbeitsbedingungen sind das vierte Charakteristikum der damaligen Wirtschaft. Besonders die Arbeiter des Bergbaus, der Baumwollspinnereien, der Seidenindustrie und des Tief- und Hochbaues mußten unter unmenschlichen Bedingungen leben. Sie waren meistens in Baracken untergebracht (Bergbau), in Logierhäusern (Baumwollspinnereien und Seidenindustrie) oder in Bauhütten (Hoch- und Tiefbau) und wurden praktisch wie Gefangene gehalten. Meist wurden sie zunächst von Arbeitsinspektoren angeworben, den Unternehmen als Arbeitskräfte zur Verfügung gestellt und durch Versäumnisgelder, Lohnkürzungen sowie Kürzung der Verpflegung bestraft; Fälle von Lynchstrafen waren nicht selten. Der Lohn der Arbeiter lag oft unter dem der Zimmerleute und Putzmaurer und erreichte mitunter nicht einmal den Lohn der Träger.

Obige vier Charakteristika stehen in Zusammenhang mit den besonderen Entwicklungsbedingungen des japanischen Kapitalismus. Ihnen muß noch ein weiteres wichtiges Charakteristikum hinzugefügt werden: die Verbindung von Kapitalismus und feudalistischem Grundbesitz, über die ich im übernächsten Abschnitt berichten werde.

Die Entwicklung der Landwirtschaft und das Leben der Bauern

Mit der Entwicklung des Kapitalismus verringerte sich die Zahl der Bauernhöfe, die 1891 noch 70 Prozent aller Haushalte ausmachten, auf 64 Prozent. Dies bedeutete, daß die Zahl der nicht von der Landwirtschaft lebenden Haushalte anstieg und daß besonders die Bevölkerung der Großstädte zunahm.

Die Folge war, daß die Nachfrage nach landwirtschaftlichen Produkten und die Preise für diese Produkte stiegen, was die Kommerzialisierung der landwirtschaftlichen Produkte und eine für den freien Markt produzierende Landwirtschaft förderte und die landwirtschaftliche Produktionskraft erhöhte. Geräte wie Spaten und Hacke wurden verbessert, Maschinen zur Auflockerung des Bodens und zum Jäten erfunden, die Technik des Tiefpflügens setzte sich durch, die Fruchtfolge wurde verändert. Aus der Mandschurei importierter Bohnenabfall verdrängte den Fischdünger, desgleichen fand zunehmend chemischer Dünger wie Superphosphat Verwendung, und seit 1900, wenn auch noch in geringen Mengen, schwefelsaures Ammonium. Auch die Technik, große Felder anzulegen, die gemeinsam bestellt wurden, und die Reispflanzen in geraden Zeilen zu setzen, hatte sich verbessert. Die Reisernte pro *tan*, die zwischen 1878 und 1882 1,169 *koku* betrug, stieg in der Zeit zwischen 1898 und 1902 auf 1,497 *koku*, in einem Zeitraum von 20 Jahren also um 29 Prozent. Da auch die Anbaufläche insgesamt um 11 Prozent vergrößert wurde, stieg der Gesamtertrag von 29,81 Millionen auf 42,48 Millionen *koku*, also um 42,5 Prozent.

Die Landwirtschaft mußte sich, was den Anbau anderer Feldfrüchte betraf, umstellen. Der Anbau von Baumwolle, Indigo, Zuckerrohr und Hanf wurde eingestellt. Das Handwerk, das diese Rohstoffe verwendete, erlitt schwere Verluste, weil die benötigten Rohstoffe chemisch hergestellt oder Fertigprodukte aus dem Ausland importiert wurden. Stattdessen wurden vermehrt Weizen, Gemüse angebaut oder Maulbeerbüsche gezüchtet. Entsprechend der Nachfrage nach Seidengarn für den Export entwickelte sich die Seidenraupenzucht sprunghaft. In dieser Zeit wurden zum ersten Mal Äpfel und Mandarinen in großen Obstplantagen angebaut.

Der Anstieg der landwirtschaftlichen Produktion brachte fast ausschließlich den reichen Bauern und den Grundbesitzern Gewinne. Etwa 40 Prozent der Bauernhöfe waren Kleinstbetriebe, die weniger als 5 *tan* eigenes oder in Pacht genommenes Land bewirtschafteten. Die Mehrheit der Bauernfamilien bewirtschaftete weniger als 1 *chō*. Die meisten Bauern profitierten nicht von der allgemeinen Konjunktur, im Gegenteil, ihre Lasten wurden größer, je mehr die Landwirtschaft in die Warenwirtschaft einbezogen wurde. Infolge des Niedergangs des traditionellen Handwerks mußte sie Kleidung und andere Güter für den täglichen Bedarf kaufen, der Dünger verteuerte sich von Jahr zu Jahr. Im Vergleich zur Zeit vor dem Krieg mit China wurden die Grundsteuer und die Kommunalsteuer um 40 Prozent angehoben. Ab 1896 verstärkte der Staat durch eine Sondersteuer für Reiswein, durch das Tabakmonopol und andere indirekte Steuern die Ausbeutung. Die Kleinbauern mußten, um die Steuern bezahlen zu können, ihren Reisvorrat verkaufen und sich von Weizen, Kolbenhirse, Hirse und Knollenfrüchten ernähren.

Nach Angaben der Untersuchung »Die untersten Schichten der japanischen Gesellschaft«, die Yokoyama Gennosuke 1899 veröffentlichte, hatten die Pachtbauern nach Abzug des Pachtzinses, der Kosten für Dünger und Saatgut, den Arbeitsaufwand nicht berechnet, ein Jahreseinkommen von kaum mehr als 50 Yen. Die Handwerker verdienten dagegen pro Jahr zwischen 120 und 135 Yen, die Träger, die sich gegen Tageslohn verdingten, 100 Yen. Dieser Vergleich gibt eine Vorstellung vom niedrigen Lebensstandard der Pachtbauern. Die Kleinbauern mußten sich bei den Dünger- und Reishändlern gegen hohe Zinsen Geld leihen, das sie nicht zurückzahlen konnten. Dies hatte zur Folge, daß sie ihr Land verkauften. Da sie aber noch Schulden hatten, konnten sie, auch nachdem sie ihr Land verloren hatten, die Landwirtschaft nicht aufgeben. Die Möglichkeit, als Fabrikarbeiter ihr Brot zu verdienen, waren nur in seltenen Fällen gegeben. Sie blieben als Pachtbauern weiter an die Landwirtschaft gebunden. Ihre Töchter arbeiteten in Baumwollspinnereien, Webereien und in der Seidenindustrie, ihre Söhne im Berg- oder Hoch- und Tiefbau, der Haushaltsvorstand verdiente zusätzlich durch Saisonarbeit. Alle diese Einkünfte reichten gerade aus, den Pachtzins zu zahlen, den Kindern den Schulbesuch zu ermöglichen und den Unterhalt der Familie zu decken.

Der Kapitalismus und das System der Grundbesitzer

In diesem Stadium gaben die Bauern, die weniger als 1 *chō* Land besaßen, allmählich ihren Besitz auf. Sie wirtschafteten weiter als Freibauern oder Pächter. Auf der anderen Seite stieg die Zahl der Bauern oder Grundbesitzer, die mehr als 3 *chō,* und besonders mehr als 5 *chō* besaßen, ständig, ebenso die Zahl der Großgrundbesitzer mit mehr als 30 oder 50 *chō* Ackerland. Die Grundbesitzer erweiterten nicht als landwirtschaftliche Unternehmer ihren Besitz, sondern gaben diesen meistens in Pacht und lebten ausschließlich von den Pachtzinsen, mit denen sie Aktien und Anleihen kauften. Sie investierten ihr Kapital in Handels-, Kredit- und Industrieunternehmen. Das System der Grundbesitzer versorgte die kapitalistische Wirtschaft mit wertvollem Zusatzkapital.

1896 gründete die Regierung mit staatlichem Kapital eine Hypothekenbank und in den Präfekturen Landwirtschafts- und Industriebanken, um die
Landwirtschaft und die Dorfindustrie gegen Sicherheitsstellung von Immobilien mit niedrigen, langfristigen Krediten zu unterstützen. Weder die zentrale Hypothekenbank noch die Landwirtschafts- und Industriebanken
erfüllten ihre Aufgabe als Kreditinstitute für Kleinbauern. Sie liehen den
Großgrundbesitzern langfristig gegen niedrige Zinsen große Summen, die
diese wiederum in nicht-landwirtschaftliche Unternehmen investierten oder
gegen hohe Zinsen an die Kleinbauern verliehen. Die Banken dienten also
auch dem Zweck, das von der Landwirtschaft erwirtschaftete Kapital in die
Städte umzulenken. Im Jahre 1900 wurden durch das Gewerkschaftsgesetz
Kreditgenossenschaften für die Kleinbauern gegründet, aber auch diese investierten die Einlagen der Kleinbauern in Aktien und Anleihen. Sowohl die
Hyptekenbank als auch die Kreditgenossenschaften waren für die städtischen Unternehmer und die Grundbesitzer ein zusätzliches Mittel, die
Kleinbauern auszubeuten.

Die kapitalistische Industrie bezog ihre Arbeitskräfte aus der Schicht der
Kleinbauern, die ihre Existenz durch die Ausbeutung der Grundbesitzer verloren hatten. Der niedrige Lebensstandard dieser Kleinbauern ermöglichte
Niedrigstlöhne und lange Arbeitszeiten und sicherte den Unternehmen
hohe Profite. Das System der »parasitären« Grundbesitzer war in dieser Zeit
sowohl als Quelle für Kapital als auch für Arbeitskräfte unentbehrlich für den
japanischen Kapitalismus. Wegen der extrem niedrigen Löhne und der miserablen Arbeitsbedingungen waren die Arbeiterinnen und die jungen Arbeiter
nicht in der Lage, sich von der Familie unabhängig zu machen. Sie blieben
weiter unter der Herrschaft des patriarchalischen Familiensystems. Mit dem
Geld, das sie nach Hause schickten, konnten die Bauern ihren Pachtzins
bezahlen. Damit kam den Arbeitsbedingungen in der Industrie eine system-
erhaltende Funktion zu.

Wie eng Kapitalismus und Grundbesitz verflochten waren, zeigt ein
Bericht der »Tagesnachrichten« aus dem Jahre 1901, der Namen und Beruf
der Unternehmer anführt, die ein Vermögen von mehr als 500 000 Yen besaßen. Von insgesamt 441 Personen waren bei 84 (20 Prozent) als Beruf »Landwirtschaft«, »Forstwirtschaft« oder »Großgrundbesitzer« angegeben. Da
zudem der Adel (die ehemaligen Daimyō, 63 Personen, d.h. 14 Prozent),
neben »Geldverleih« oder »Sakebrauerei« auch als »Großgrundbesitzer«
angegeben war, war also mehr als die Hälfte dieser »Reichen« Großgrundbesitzer und Unternehmer zugleich. Die Kaiserfamilie war als größter Grund-

besitzer und als größter Kapitaleigener die reichste Familie des Landes, der Tennō selbst Vorbild und Repräsentant aller anderen »Reichen«.

Die Anfänge der Arbeiterbewegung

Die Entwicklung des Kapitalismus provozierte notwendigerweise den Widerstand der unterprivilegierten Klassen. Vor dem Krieg mit dem Ch'-ing-Reich wurde die Schicht der Armen zu einem allgemeinen sozialen Problem, jetzt aber nahm die Bewegung der Arbeiter und der Pachtbauern eindeutig Klassencharakter an. Für das Jahr 1897, das eine Mißernte brachte und eine allgemeine Finanzkrise, verzeichnete die Statistik der Polizei 23 Streiks, an denen insgesamt 6300 Arbeiter teilnahmen. Im selben Jahr gründeten Jō Tsunetarō und Takano Fusatarō den »Freiwilligen Arbeiterverband« *(Shokkō Giyūkai)*, der das Ziel verfolgte, die Bildung von Arbeitergewerkschaften vorzubereiten. Katayama Sen rief zusammen mit Takano, der wie er in Amerika studiert hatte, den »Verein zur Förderung von Arbeitergewerkschaften« *(Rōdō Kumiai Kiseikai)* ins Leben und gab als dessen publizistisches Organ »Die Welt der Arbeit« heraus.

Durch die Bemühungen dieses Verbandes bildeten sich in Tōkyō und Umgebung die Gewerkschaft der Eisenarbeiter und andere Gewerkschaften. Die Gewerkschaft der Eisenarbeiter konnte Anfang 1900 42 Zweigstellen einrichten und zählte 5400 Mitglieder. In dieser Zeit waren fast alle Facharbeiter der Großindustrie organisiert. Schon vorher, im Februar 1898, hatten mehr als 400 Lokomotivführer der Japanischen Eisenbahn gestreikt, um gegen Entlassungen zu protestieren und bessere Arbeitsbedingungen durchzusetzen, und dabei die Linie zwischen Tōkyō und Aomori lahmgelegt. Nachdem ihre Forderungen erfüllt worden waren, gründeten sie mit dem »Verband zur Verbesserung der Arbeitsbedingungen der Eisenbahnarbeiter« *(Nichitetsu Kyōseikai)* ihre eigene Gewerkschaft.

Der Streik der Eisenbahnarbeiter überzeugte den damaligen Landwirtschafts- und Handelsminister Kaneko Kentarō, Mitarbeiter von Itō Hirobumi, von der Notwendigkeit »sozialer Maßnahmen«. Er wandte sich mit folgendem Appell an die Arbeiter: »Die Festigung der Arbeiterverbände festigt auch die Grundlagen des Staates, sie dient nicht nur den Interessen der Arbeiter. Deshalb sollen alle Arbeiter sich zusammenschließen!« Hinter dieser Aufforderung stand der Versuch, die Arbeiterbewegung schon in ihren

Anfängen unter die Herrschaft des Beamtensystems zu bringen. Immerhin beweist dieser Versuch, daß aber auch einige Beamte erkannt hatten, daß die Arbeiterklasse nicht mehr ignoriert werden konnte. Die Gewerkschaften strebten eine Kooperation von Arbeit und Kapital an, »Verbesserung der Sitten«, d.h. soziale Anerkennung durch bessere Ausbildung und Förderung der Gesinnung sowie gegenseitige Unterstützung. Sie waren keine Gewerkschaften im heutigen Sinne. Daß aber die Arbeiter, die damals als Menschen dritter Klasse verachtet wurden, sich zusammenschlossen und so viel Selbstbewußtsein entwickelten, daß sie für die Erhöhung ihrer sozialen Stellung und ihren Lebensstandard kämpften, war von großer historischer Bedeutung.

Die Gewerkschaft der Eisenbahnarbeiter verabschiedete auf ihrer Hauptversammlung im März 1901 ein Programm, das nicht mehr ausschließlich auf Kooperation von Arbeit und Kapital abzielte, sondern auch eine Neuorientierung im Sinne des Sozialismus vorsah und verstärktes Klassenbewußtsein dokumentierte. Im November dieses Jahres, als der Tennō durch Nordjapan reiste, ereignete sich ein Zwischenfall, der, wie es hieß, den Kaiser sehr erschreckte. Der Zug mußte wegen einer gestörten Verbindung zum Zielbahnhof notbremsen. Dieser Vorfall wurde als Anschlag der Gewerkschaft hochgespielt und gab der Polizei den Vorwand, diese aufzulösen. Im März des Jahres 1900 war bereits ein Polizeigesetz zur Erhaltung der öffentlichen Ordnung verabschiedet worden, das die im Strafgesetz vorgesehenen Strafen für Störung des Friedens in landwirtschaftlichen Betrieben und Industrieunternehmen verschärfte und die Aktivität der Gewerkschaften erheblich einschränkte. Die Gewerkschaften verfügten kaum noch über Unterstützungsgelder, so daß sie Ende des Jahres 1901 nur noch dem Namen nach weiter existierten.

Der Kampf der Bauern und die Gewerkschaft der Pächter

Die 1897 durch die Erhöhung der Reispreise ausgelösten Protestaktionen begannen in der Umgebung von Iida in der Präfektur Nagano; an ihnen beteiligten sich 2000 Bauern. Auch in den Landstädten und Dörfern der Präfekturen Shinano, Echizen, Etchū, Echigo, der Gebiete Hokuriku, Kantō und Tōhoku setzten sich die Bauern zur Wehr und verbündeten sich mit den Pächtern zu einem Aufstand. Um das Jahr 1900 kam es im ganzen Land zu ähnlichen Aktionen, mit denen die Bauern gegen die Enteignung von Land

Die Entwicklung des Kapitalismus

protestierten, das für den Bau von Dämmen oder Eisenbahnlinien benötigt wurde, und gegen die Lasten, die sie für den Bau künstlicher Bewässerungsanlagen zu tragen hatten. Der Widerstand der Bauern, der seit der Aufhebung des Rechtes zur gemeinschaftlichen Nutzung des Bergwalds zu Beginn der Meiji-Zeit nicht nachgelassen hatte, zwang 1899 die Regierung schließlich zur Verabschiedung eines Gesetzes, das die Rückgabe von staatlichem Forst und Ackerland verfügte.

Als ein Beispiel für den Kampf der Bauern gegen den Staat und das privilegierte Großkapital ist der von dem Abgeordneten Tanaka Shōzō, einem Kämpfer der Bürgerrechtsbewegung, organisierte Widerstand der Bauern anzuführen, deren Felder am Flußlauf des Watarase lagen. Sie protestierten gegen die Verschmutzung des Flusses durch das von der Furukawa-Gruppe unterhaltene Kupferbergwerk in Ashio und forderten Entschädigung. Zwischen 1897 und 1900 fuhren vier große Abordnungen der Bauern nach Tōkyō, um die Regierung zum Eingreifen zu bewegen. Ihr Protest wurde aber jedesmal rücksichtslos von Polizeitruppen und der Militärpolizei unterdrückt. Verfechter des Sozialismus und demokratischer und humanisitischer Ideen wie Kōtoku Shūsui und Kinoshita Naoe unterstützten den Kampf der Bauern. Die Regierung unternahm jedoch nichts, der Profit der Furukawa-Gruppe war ihr wichtiger als die Interessen der Bauern.

Der Kampf der Bauern gegen den Staat und gegen das Großkapital, an dem sich auch reiche Bauern, unter Umständen sogar Grundbesitzer beteiligten, erreichte um diese Zeit seinen Höhepunkt. Mit dem Beginn des 20. Jahrhunderts verlagerte sich der Schwerpunkt dieses Kampfes auf die Konfrontation zwischen Grundbesitzern und Pächtern. Hauptkonfliktpunkte waren die Herabsetzung des Pachtzinses und die Garantie des Anbaurechts. Die Gewerkschaften der Pächter, die sich zur Durchsetzung dieser Forderungen bildeten, kämpften wie die Arbeitergewerkschaften nur für einen friedlichen Ausgleich, für die Aufrechterhaltung oder die Verbesserung der Pachtbedingungen.

Im Jahre 1902 bildeten die *burakumin*[1] der Präfektur Okayama den *Bisaku Heiminkai* genannten »Bürgerbund von Bizen und Mimasaka«, um für gleichberechtigte Behandlung in Erziehung und Ausbildung zu kämpfen. Sie forderten das Recht, ihre Ersparnisse wie jeder andere Bürger anlegen zu können, und die soziale Gleichstellung. In den Präfekturen Nara und Hiroshima bildeten sich ähnliche Vereinigungen.

---

1 Wegen ihres Berufs diskriminierte Bürger, die in Ghettos lebten.

Die Bedeutung der Sozialdemokratischen Partei

Die sozialen Kämpfe waren das Terrain, auf dem sich sozialistische Ideen und eine Bewegung zur Verwirklichung derselben entwickelten. Im Jahre 1898 gründeten Katayama Sen und Abe Isoo die »Gesellschaft zum Studium des Sozialismus« *(Shakaishugi Kenkyūkai)*, der auch Kōtoku Shūsui beitrat und die sich im Januar 1901 als »Sozialistische Gesellschaft« konstituierte. Ihr erklärtes Ziel war es, eine allgemeine sozialistische Bewegung ins Leben zu rufen. Katayama und Abe hatten ihre geistigen Wurzeln in der Tradition des christlichen Humanismus, Kōtoku stammte aus der progressiven Gruppe der Bürgerrechtsbewegung. Der ideologische Standort der Bewegung war indifferent, er reichte vom Humanismus, Marxismus bis hin zum sozialpolitischen Reformismus und zu demokratischen Ideen. Später jedoch tendierten Katayama und Kōtoku eindeutig zum Marxismus.

Die Sozialisten waren auch die Initiatoren demokratischer Bewegungen und kämpften für allgemeine Wahlen. Sie leisteten, das ist vielleicht ihr wichtigster Verdienst, bis zuletzt Widerstand gegen den japanischen Militarismus und Imperialismus. Bedeutende Demokraten wie Nakae Chōmin, der Lehrer von Kōtoku, hatten nach dem Krieg mit China den Imperialismus und Miltarismus zwar allgemein verurteilt, politische Maßnahmen dieser Tendenz im eigenen Lande aber teilweise gebilligt. Auch Kōtoku hatte 1899 in einem Artikel die Regierung aufgefordert, sich am Kampf der europäischen Länder und Amerikas um die Aufteilung Chinas zu beteiligen. Aber bereits im November des Jahres 1900 analysierte er, nachdem er in der sozialistischen Bewegung aktiv geworden war, in der »Allgemeinen Morgenzeitung« eingehend den Charakter des Imperialismus. Den japanischen Imperialismus bezeichnete er als »militärisch, aufgeblasen, als Fassade«, eine Kritik, die er dann im folgenden Jahr ausführlicher in seinem berühmten Buch »Der Imperialismus, das Gespenst des 20. Jahrhunderts« darlegte.

Nishikawa Kōjirō und Kōtoku Shūsui erkannten, daß das Bauernproblem nicht mit der Utopie einer »Renaissance des Götterzeitalters« zu lösen war, sondern nur als Klassenproblem. Sie argumentierten, daß den Bauern nur durch die Verwirklichung des Sozialismus geholfen werden könne, durch Aufhebung der Grundherrschaft, durch Verstaatlichung von Grund und Boden und durch Solidarität zwischen Arbeitern und Bauern. Auch Yasuoka Yūkichi und Miyazaki Tamizō, die nicht der sozialistischen Bewegung angehörten, forderten eine Aufteilung des Landes an die Bauern.

Die Entwicklung des Kapitalismus

Im Mai 1901 gründeten schließlich Abe, Kōtoku, Katayama, Nishi-kawa, Kinoshita Naoe und Kawakami Kiyoshi die Sozialdemokratische Par-tei *Shakai Minshutō,* der sich fortschrittliche Arbeiter anschlossen, u.a. die Facharbeiter der Artilleriewerkstätten und des Ōmiya-Werks der Japanischen Eisenbahn. Diese Partei setzte sich die »Verwirklichung des Sozialismus und der Demokratie« zum Ziel, die Gleichberechtigung aller Menschen, die allge-meine Abrüstung zur Erhaltung des Weltfriedens, die Aufhebung der Klas-sen, die Verstaatlichung von Grund und Boden sowie der Industrie und nahm folgende Punkte in ihr »Aktionsprogramm für die Praxis« auf: Auflö-sung des Oberhauses, Aufhebung des Polizeigesetzes zur Aufrechterhaltung der öffentlichen Ordnung, die Durchführung allgemeiner Wahlen, Verab-schiedung eines Gewerkschaftsgesetzes und Garantie der Versammlungsfrei-heit, Verabschiedung eines Gesetzes zum Schutze der Pächter, Verbot der Nachtarbeit von Jugendlichen und Frauen. Ihr »Manifest« verurteilte die gewaltsame Revolution und forderte nur ein auf allgemeinen Wahlen beru-hendes parlamentarisches System. Die Sozialdemokratische Partei wurde noch am Tage ihrer Gründung verboten, ihr Programm und ihr »Manifest« waren aber vorher schon in vielen Zeitungen veröffentlicht worden und lösten heftige Diskussionen aus.

Diese Bewegung hatte noch keine breite Basis. Sie verfügte zwar schon über ihre Anhänger in der Arbeiterklasse, hatte aber noch keinen Einfluß auf die Bauern. Die herrschende Klasse hatte dennoch allen Grund, diese neue Kraft zu fürchten. Ihr Sozialismus bestand aus einem Konglomerat verschie-denartigster progressiver Ideen. Die Partei war nicht wirklich sozialdemokra-tisch, sondern eher eine kleine Gruppe von progressiven Demokraten, mit denen sich all jene solidarisch erklärten, die sich gegen das absolutistische Tennō-System und den Militarismus stellten. Die herrschende Klasse hatte schon lange damit gerechnet, daß auch in Japan wie in den Ländern Europas eine »Sozialistische Partei« und eine Arbeiterbewegung entstehen würden. Diese zu einer Realität gewordene gesellschaftliche Kraft, obwohl nur eine Minderheit, zwang sie zu repressiven Maßnahmen.

Geschichte Japans

Der politische Einfluß der Unternehmerklasse

Die Entwicklung des Kapitalismus und der wirtschaftlichen Macht der Unternehmer und Grundbesitzer verstärkte auch deren politischen Einfluß. Nachdem 1896 Premierminister Matsukata sein zweites Kabinett gebildet hatte, überredete Iwasaki Yanosuke, der Führer der Mitsubishi-Gruppe, Matsukata und Ōkuma Shigenobu, den Vorsitzenden der Fortschrittspartei *Shinpotō*, die im März dieses Jahres von Abgeordneten der alten Fortschrittspartei und aller anderen gegen die Regierung opponierenden Fraktionen gegründet worden war, zur Kooperation und bestimmte aus dem Hintergrund die Politik des Kabinetts. Das dritte Kabinett des Premierministers Itō berief gleich nach seiner Bildung im Januar 1898 eine »Wirtschaftskonferenz« ein, um sich der Hilfe von 22 Großunternehmern zu versichern. Diese plutokratische Politik, die Kooperation von Premierminister und Großkapital, stieß auf heftige Kritik.

Das Großkapital verhandelte direkt mit den Beamten der Regierung und dem Vorstand der Parteien. Die politische Macht der Unternehmer und der Grundbesitzer dagegen setzte sich innerhalb des Systems in den politischen Parteien und im Parlament durch. Nach dem Krieg mit China war kein Kabinett mehr ohne die Unterstützung des Unterhauses regierungsfähig.

Das dritte Kabinett von Premierminister Itō versuchte im Frühjahr 1898, die Liberale Partei als »Söldnertruppe« zu kaufen, damit die Erhöhung der Grundsteuer, unerläßlich für die Erweiterung der Rüstung, das Unterhaus passieren konnte. Das Vorhaben scheiterte jedoch im Juni an der unerwarteten Ablehnung der Liberalen Partei. Itō quittierte das Scheitern seines Plans mit den Worten: »Auf Söldner ist kein Verlaß, man muß eine Leibgarde haben«, und versuchte mit Hilfe der Unternehmer der Mitsui-Gruppe, sich eine Rückendeckung zu schaffen, scheiterte diesmal aber am Widerstand der Mitsubishi-Gruppe und des Vorsitzenden des Geheimen Staatsrats Yamagata. Itō löste daraufhin sein Kabinett auf und empfahl dem Kaiser als Nachfolger Ōkuma oder Itagaki aus der »Verfassungspartei«, die sich als Protestbewegung gegen die Erhöhung der Grundsteuer aus Mitgliedern der Liberalen Partei und der Fortschrittspartei gebildet hatte. Im gleichen Monat kam ein Kabinett zustande, bestehend aus Mitgliedern der Verfassungspartei, geführt von Premierminister Ōkuma und Innenminister Itagaki.

Dieses erste, aus Mitgliedern einer Partei bestehende Kabinett wurde von der Öffentlichkeit begrüßt, doch nutzte der auf Befehl des Tennō über-

454

Die Entwicklung des Kapitalismus

nommene Heeresminister Katsura Tarō auf geheime Weisung von Yamagata jedes Mittel, seinen Sturz herbeizuführen. Von öffentlicher Seite wurde das Kabinett als »halbgelähmt« bezeichnet, besonders wurde kritisiert, daß es sich auf die Macht einer Partei stütze, die nicht einmal in der Lage sei, Heeres- und Marineminister aus ihren eigenen Reihen zu wählen.

Der Erziehungsminister dieses Kabinetts, Ozaki Yukio, prangerte gelegentlich in seinen Reden die plutokratische Politik an und bemerkte, daß für den Fall, daß in Japan republikanische Politik betrieben werde, zweifellos die Führer der Mitsui- oder Mitsubishi-Gruppe zu Präsidenten gewählt würden. Yamagata und seine Anhänger deuteten diesen Hinweis so, als ob Ozaki wirklich eine republikanische Politik anstrebte. Sie nutzten zudem die innerparteilichen Kontroversen der Verfassungspartei zwischen den ehemaligen Mitgliedern der Liberalen Partei und der Fortschrittspartei und sorgten mit Erfolg für deren Verschärfung. Die Verfassungspartei spaltete sich in eine liberale und eine fortschrittliche Fraktion, das Kabinett löste sich nach kaum vier Monaten auf.

Die Stärkung der Alleinherrschaft der Beamten und die Politik, das Amt des Heeres- und Marineministers nur mit Militärs zu besetzen

Das darauffolgende zweite Yamagata-Kabinett investierte große Summen, um die Stimmen der Verfassungspartei zu kaufen und den für wichtige politische Maßnahmen notwendigen Haushaltsplan das Unterhaus passieren zu lassen. Yamagata und Itagaki erklärten, daß sie »zum Wohle des Staats eines Willens seien«. Das Yamagata-Kabinett konnte so endlich die Erhöhung der Grundsteuer durchsetzen. Die Grundbesitzer unter den Abgeordneten, die bisher gegen den Plan waren, stimmten ihm zu, denn inzwischen waren die jährlichen Diäten der Abgeordneten von 800 Yen großzügig auf 2000 Yen erhöht worden.

Yamagata erhielt das Geld für die Bestechung des Parlaments und der Parteien vom Tennō, der von den Dividenden seiner Aktien an der Japanischen Schiffahrtsgesellschaft nur fünf Prozent behielt, den diesen Satz übersteigenden Betrag aber als Geheimfonds stiftete, den Itō und Yamagata benutzen konnten. Das zweite Yamagata-Kabinett erhielt vom Kaiserlichen Ministerium die erhebliche Summe von 980 000 Yen, die Yamagata nicht nur zur

455

Bestechung des Parlaments und der Parteien verwendete, sondern auch zur eigenen Bereicherung.[1]

Yamagata bediente sich der Verfassungspartei nur solange, wie er sie zur Verwirklichung seiner Ziele brauchte, dann ließ er sie fallen und verstärkte im März 1899 durch Maßnahmen wie die Aufhebung der freien Verwendung vom Tennō ernannter Zivilbeamter die Revision des Gesetzes, das Rang und Pflichten der Beamten regelte, und der Disziplinarbestimmungen für Beamte und im April 1900 durch Erweiterung der Befugnisse des Geheimen Staatsrats die Herrschaft des Beamtenapparates. Im selben Monat ordnete er an, daß das Amt des Heeres- und Marineministers und seines Staatssekretärs nur noch mit aktiven Militärs zu besetzen sei. Dies wurde praktisch bereits so gehandhabt, aber nach den bisherigen Bestimmungen konnte zumindest theoretisch auch ein Zivilbeamter mit diesem Amt betraut werden. Diese Anordnung diente wie die neue Bestimmung, daß der Generalstab des Heeres und der Marine im Kriegsfalle nur dem Tennō gegenüber zur Berichterstattung verpflichtet seien, dazu, diese Ministerien unabhängiger von Regierung und Parlament zu machen.

Die Allianz zwischen dem Tennō-System, den Grundbesitzern und den Unternehmern

Regierung und Parteien stritten sich um partielle Interessen, waren sich aber dann einig, wenn es darum ging, die Arbeiter- und Bauernbewegung im Keime zu ersticken. So konnten z.B. das Yamagata-Kabinett und das Parlament im März des Jahres 1900 ohne Debatte das Versammlungsgesetz aufheben und an dessen Stelle das Polizeigesetz zur Aufrechterhaltung der öffentlichen Ordnung verabschieden. Dieses hob zwar das im Versammlungsgesetz vorgesehene Verbot der Koalition politischer Parteien und der Einrichtung von Zweigstellen auf, behielt aber die Bestimmungen zur Kontrolle von Massenveranstaltungen bei, ebenso jene Bestimmungen, die Soldaten, Lehrern, Frauen und der Jugend alle politischen Rechte absprachen. Das Gesetz paßte Artikel 269 und 270 des Strafgesetzes betreffend Ruhestörung in landwirt-

---

[1] Dem Tagebuch des Hara Kei zufolge berichtete Saionji Kinmochi, der Vorsitzende des Geheimen Staatsrats, Hara Kei, dem Geschäftsführer der Gesellschaft der Freunde konstitutioneller Regierung, am 6. Dezember 1901 darüber.

schaftlichen und industriellen Betrieben, die wörtlich aus dem französischen Strafgesetz übernommen worden waren, als Artikel 17 des Polizeigesetzes japanischen Verhältnissen an, wodurch die Arbeiterbewegung und die Bewegung der Pächter, kaum daß sie sich organisiert hatten, unterdrückt werden konnten. Die Einschränkung des Versammlungsgesetzes und die Verabschiedung des Polizeigesetzes beweisen, daß das Tennō-System nicht mehr die Aktivität der Parteien fürchtete, sondern den Widerstand der Arbeiter und der Bauern.

Während Yamagata die Parteien bekämpfte, suchte Itō ihre Kooperation und versuchte, sie zur »Leibgarde« des Tennō-Systems auszubauen. Es gelang ihm im August 1900, mit der Verfassungspartei die Gesellschaft der Freunde konstitutioneller Regierung *(Rikken Seiyūkai)* zu bilden. Itō betonte im Gründungsmanifest, daß der Tennō allein das Recht habe, die Mitglieder des Kabinetts zu berufen oder zu entlassen. Damit gab er zu verstehen, daß in Zukunft ein Parteien-Kabinett undenkbar sei. Dadurch brach der Widerstand der konstitutionellen Liberalen Partei, die seit dem ersten Parlament gegen das Beamtensystem gekämpft hatte, endgültig zusammen. Dieser Kompromiß war ein klassisches Beispiel für das opportunistische Verhältnis der Parteien zum System.

Yamagatas und Itōs Verhältnis von Ablehnung und Protektion der Parteien war nur scheinbar eine ambivalente Position. Sowohl Yamagata als auch Itō korrumpierten und nutzten die Parteien, um das absolutistische Tennō-System aufrechtzuerhalten. Beide konnten die Parteien nicht übersehen, sich aber auch auf keine Konfrontation mit ihnen einlassen. Die Parteien ihrerseits waren gezwungen, ihren Widerstand gegen die Herrschaft der Beamten aufzugeben, um durch geschicktes Verhandeln mit den Repräsentanten der Staatsmacht wenigstens eine Teilung der politischen Macht und der Vorrechte erreichen zu können. In diesem Prozeß der Konfrontation und des Kompromisses zwischen Regierung und Parteien gewannen die Unternehmer immer mehr politischen Einfluß. Sie verbündeten sich mit den Beamten und den Grundbesitzern gegen die Arbeiter und Bauern. Diese Allianz beteiligte sich schließlich am Kampf des internationalen Imperialismus um Territorien und Märkte in Ostasien. Daß im Jahre 1900 das Polizeigesetz verabschiedet, die Verordnung, daß nur aktive Militärs das Kriegsministerium leiten konnten, in Kraft gesetzt und die Gesellschaft der Freunde konstitutioneller Regierung gegründet wurde, war ein Zeichen dafür, daß in Japan die Klassengegensätze sich verschärft hatten. Die politische Struktur veränderte sich, ein neues politisches System entstand, das Japan ermög-

Geschichte Japans

lichte, sich in Ostasien gegen die Konkurrenz des internationalen Imperialismus zu behaupten. Bereits in diesem Jahr beteiligte sich Japan militärisch an
der Unterdrückung des Boxeraufstandes in China.

31

Der Weg zum Imperialismus

Der Russisch-Japanische Krieg
und die Annexion Koreas

*Japans Eingriffe in die Innenpolitik Koreas und die Konfrontation
mit Rußland*

Als Japan nach der Intervention Rußlands, Frankreichs und Deutschlands
die Liaodong-Halbinsel wieder an China abtreten mußte, bemerkte der Kaiser halb im Scherz Itō Hirobumi gegenüber: »Wir können uns nicht sofort
dieser Halbinsel bemächtigen. Aber durch den Krieg kennen wir die Beschaffenheit des Landes und die Mentalität seiner Bevölkerung. In naher Zukunft
werden wir wieder Gelegenheit haben, einen Krieg zu führen, von Korea aus
oder von woanders. Dann werden wir sie uns nehmen.« Dieser »Scherz«
des Tennō wurde Wirklichkeit, kaum daß zehn Jahre vergangen waren.

Im Kampf um die Oberrherrschaft in Korea konnte Japan sich zwar gegen
China behaupten, es gelang ihm aber nicht, die Sympathien der herrschenden Klasse und des Volkes von Korea zu gewinnen.

Im Oktober 1894, drei Monate nach Beendigung des Krieges, ließ sich
Innenminister Inoue Kaoru als Gesandter nach Korea entsenden, um dort
selbst die Reform Koreas zu leiten, denn ohne erkennbare Resultate einer
»Reform« hätte sich Japans Aggressionspolitik nur schwer vor dem Ausland
rechtfertigen lassen. Inoue verfügte zuerst die Absetzung des Taewonkun,
der drei Monate zuvor durch die Vertreibung der konservativen Sadae-Partei
an die Macht gekommen war. Er löste das Kabinett der Fortschrittlichen
Partei auf und ließ von Pak Yong-Hyo, den er leicht beeinflussen konnte,
ein neues Kabinett bilden. Inoue zwang außerdem Korea, ein für die
Durchführung der »Reform« erforderliches Darlehen in Höhe von drei
Millionen Yen aufzunehmen. Da jedoch das Ziel der »Reform« ausschließlich darin bestand, Telegrafen- und Eisenbahnverbindungen zu bauen und
Häfen zu erweitern, verweigerte die koreanische Regierung ihre Einwilli-

gung. Inoue resignierte und kehrte, bevor ein Jahr vergangen war, nach Japan zurück.

Im Juni 1895 wagten die Anhänger der Königin aus dem Min-Clan, ermutigt durch das Scheitern Japans bei der Annexion der Liaodong-Halbinsel, einen Coup d'Etat und setzten das Pak Yong-Hyo-Kabinett ab. Miura Gorō, Nachfolger Inoues im Amt des Gesandten, ließ von den Soldaten der japanischen Garnison in Seoul, von der Polizei und vom Volk den Palast der Königin stürmen. Die Königin wurde in ihrem Schlafzimmer ermordet, ihre Leiche geschändet. Miura brachte Taewon'gun wieder an die Macht und bildete ein Marionettenkabinett.

Mit solchen brutalen Methoden, die andere Länder, die ebenfalls Agressionspolitik betrieben, nicht anwandten, konnte Japan im koreanischen Volk keine Verbündeten gewinnen. Sogar der »japanfreundliche« Adel distanzierte sich. In ganz Korea bildete sich eine Front gegen die von Japan eingesetzte Marionettenregierung. Die Mehrheit des Adels, die für die Unabhängigkeit Koreas kämpfte, versicherte sich der Unterstützung des russischen Botschafters, brachte im Februar 1896 den König und den Kronprinzen in der russischen Botschaft in Sicherheit und bildete dort ein neues Kabinett. Per königliches Dekret wurde die Regierung aufgelöst, deren Premierminister verhaftet und hingerichtet.

Korea geriet in die politische Abhängigkeit von Rußland, die herrschende Klasse wurde durch die brutale Politik Japans gezwungen, bei dieser Macht Schutz zu suchen. Im Mai und September dieses Jahres einigten sich Rußland und Japan, daß beide Länder in Korea Truppen gleicher Stärke stationieren könnten. Japan räumte Rußland das Recht ein, Telegrafenverbindungen zu bauen und sicherte sich eine Baugenehmigung für die Eisenbahnlinien Seoul-Inchon und Seoul-Pusan sowie andere Vergünstigungen, die schon 1894 Vertragsinhalt gewesen waren.[1] Beide Länder kamen ferner überein,

---

[1] Japan hatte 1894 Korea gezwungen, ihm die Rechte für den Bau beider Eisenbahnverbindungen abzutreten. Diese Rechte erloschen jedoch, weil Japan nicht den vorgesehenen Termin des Baubeginns einhalten konnte. Im März 1896 ging das Recht für den Bau der Linie Seoul-Inchon an Amerika. Über den Bau der Linie Seoul-Pusan wurde bereits mit Frankreich verhandelt. Durch das Japanisch-Russische Abkommen sicherte sich Japan diese Rechte wieder, konnte aber aus Mangel an Kapital erst spät (1901) den Bau der Linie Seoul-Inchon in Angriff nehmen. Der Bau der mehr als zehnmal längeren Linie Seoul-Pusan verzögerte sich wegen der ungünstigen geologischen Bedingungen und trotz der gemeinsamen Bemühungen von Mitsui, Mitsubishi, Yasuda, Shibusawa und anderen privilegierten Unternehmen. Unmittelbar vor dem Ausbruch des Russisch-Japanischen Krieges gewann diese Linie ausschlaggebende militärische Bedeutung. Ihr Bau wurde mit riesigen Subventionen der japanischen Regierung begonnen und erst im Oktober 1904 (nach Beendigung des Russisch-Japanischen Krieges) fertiggestellt. Der Bau beider Linien wurde auf Betreiben des Generalstabs durchgesetzt.

daß sie nur gemeinsam »helfend« in die Innen- und Finanzpolitik Koreas eingreifen würden. Später, als sich die Widerstandsbewegung auch gegen die Eingriffe Rußlands in innenpolitische Angelegenheiten richtete, sah sich Rußland gezwungen, im April 1898 mit Japan ein neues Abkommen zu schließen. Es sah vor, daß beide Länder nicht mehr direkt auf die Innenpolitik Koreas Einfluß nehmen sollten, und wenn, dann nur mit beiderseitigem Einverständnis, und sicherte Japan zu, Rußland werde nicht die wirtschaftliche Invasion Japans in Korea behindern.

Der Kampf um die Aufteilung Chinas

Die westlichen Länder kämpften in allen Teilen der Welt um ihre Vorrangstellung im Waren- und Kapitalexport, um Kolonien, um die Erweiterung ihres Einflußbereichs und um die Neuverteilung von Nutzungsrechten. Die Epoche des modernen Imperialismus hatte begonnen. Vor allem China und Korea waren das Ziel dieser Politik. Daß Japan nicht nur Taiwan annektiert und von China eine große Entschädigungssumme verlangt hatte, sondern auch versuchte, Liaodong-Halbinsel, ein Gebiet Mittelchinas, zu besetzen, verschärfte den Kampf um die Aufteilung Chinas. Die Länder Europas und Amerika, die bisher die Randgebiete Chinas großzügig unter sich aufgeteilt hatten, traten nun in einen scharfen Konkurrenzkampf um die Aufteilung Zentralchinas, um die Nutzungsrechte von Eisenbahnlinien und Erzbergwerken. Sie versuchten, China durch Kredite abhängig zu machen und leiteten damit ein neues Stadium der imperialistischen Expansion ein.

Rußland drang unbehindert bis in die Südmandschurei vor. Nachdem es mit Japan ein Abkommen über die Beherrschung Koreas geschlossen hatte, unterzeichnete es 1896 einen Geheimvertrag mit China gegen England und Japan, sicherte sich das Recht für den Bau der Ostchinesischen Eisenbahn, erwarb 1898 die Pachtrechte für die Gebiete Port Arthur und Dailian auf der Liaodong-Halbinsel, die es »um des Friedens in Ostasien willen« an Japan abgetreten hatte. Rußland sicherte sich die Erlaubnis, die Sündmandschurische Eisenbahnlinie auszubauen, die die Ostchinesische Eisenbahnlinie bis Dailian verlängern sollte. England, Frankreich und Deutschland zwangen China, ihnen Nutzungsrechte an Eisenbahnlinien, Bergwerken und Zollrechte abzutreten und zuzusichern, daß besonders wichtige Gebiete nicht aufgeteilt würden. Amerika hatte 1898 Spanien den Krieg erklärt und die

461

spanisch beherrschten Philippinen besetzt, um die Unabhängigkeitsbewegung der Bevölkerung dieser Inseln »zu unterstützen«. Im Januar 1899 erklärten die Philippinen ihre Unabhängigkeit, doch Amerika unterdrückte diese Bewegung mit militärischer Gewalt. Amerika hatte schon vorher seine Interessen in China geltend gemacht, indem es sich 1898 das Recht für den Bau der Eisenbahnlinie Yuehan sicherte. Amerika, das erst verspätet in China Einfluß gewann, verlangte von den anderen Ländern, als gleichberechtigter Verbündeter behandelt zu werden. Die von Außenminister Hay im September 1899 ausgesprochene Forderung nach einer »Politik der offenen Tür« und dem »Prinzip der Gleichberechtigung« richtete sich konkret gegen den Einfall Rußlands in die Mandschurei und war vorher mit England abgesprochen.

Japan konnte dieser Entwicklung nicht tatenlos zusehen. Die Konfrontation mit Rußland wegen der Herrschaft über Korea und der Streit mit Deutschland um die Eisenerzgruben in Daiye waren Ereignisse, die neben anderen bewiesen, daß Japan gewillt war, sich am imperialistischen Wettkampf um neue Märkte zu beteiligen. Das Eindringen in China und Korea, der Erwerb von Nutzungsrechten und Territorien erfolgte nicht nur auf Drängen des Tennō, der entschlossen war, die Liaodong-Halbinsel wieder zu annektieren, seiner Militärs und Beamten, sondern auch des Kapitals.

Der japanische Kapitalismus in China und Korea

Wie wir im vorstehenden Kapitel gesehen haben, hatten sich im System des Kapitalismus neben dem »parasitären« Grundbesitzersystem, das sich durch hohe Steuern, Pachtzinsen und Niedrigstlöhne aufrechterhielt und gestützt wurde durch eine umfangreiche Heimindustrie sowie durch Manufakturunternehmen, große Unternehmen des Monopol- und des Staatskapitals entwickelt. Die Kaufkraft der großen Masse des Volkes war jedoch gering, der Inlandmarkt nur bedingt expansionsfähig.

Die Kleinstbetriebe der Landwirtschaft konnten zudem unter dem Grundbesitzersystem trotz Verbesserung der Bewässerung und der Bodenbeschaffenheit, trotz Einsatz landwirtschaftlicher Maschinen ihre Produktionskraft nicht erhöhen. Diese hing ab von der Erhöhung der Ernte durch Intensivierung der Arbeit, hatte also Grenzen, so daß die japanische Landwirtschaft die mit der Entwicklung des Kapitalismus sprunghaft ansteigende Nachfrage nach Lebensmitteln nicht befriedigen konnte. Ab 1903 überstieg der Import von Reis jährlich die eigene Produktion um zehn Prozent. Da die Verbesserung der Bewässerungsanlagen und der Bodenbeschaffenheit wenig Fortschritte machte, litt die japanische Landwirtschaft besonders unter Wetterschäden wie Überschwemmungen, Dürre oder Frosteinfall. 1889, 1900 und 1902 wurde Japan von Mißernten heimgesucht; die Mißernte des Jahres 1902 verursachte in Nordjapan eine große Hungersnot, wie es sie seit Ende der Edo-Zeit nicht mehr gegeben hatte. Etwa 70 Prozent der arbeitenden Bevölkerung waren Bauern, ein großer Teil der Arbeiter und Handwerker war noch abhängig von der Landwirtschaft, weshalb eine Mißernte im damaligen Japan zugleich eine Lähmung des Inlandmarkts zur Folge hatte. Aus diesem Grunde wurde Japan nach dem Chinesisch-Japanischen Kriege zwischen 1897/98 und 1900/01 und 1903 immer mehr von Wirtschaftskrisen bedroht. Die Notwendigkeit, den ausländischen Markt zu erobern, wurde immer dringlicher. Wichtigste Märkte für Rohseide und Seidengewebe waren damals Europa und Amerika, für Baumwolle und Baumwollgewebe und andere Güter China und Korea. Europa und Amerika kamen aber als Absatzmarkt für Industriegüter nicht in Frage, nur China und Korea waren lohnende Ziele.

Beide Länder waren für Japan auch als Lieferanten für Rohstoffe, Nahrungsmittel und Gold von größter Bedeutung: Gold und Reis kamen aus Korea, Bohnen und Bohnenrückstände (als Düngemittel) aus der Mandschurei, Eisenerz aus Daiye. 1898, als Japan die Goldwährung eingeführt hatte, galt Korea als Goldlieferant der Zukunft. Japan produzierte selbst 200 *kan* Gold[1], führte dagegen aus Korea zwischen 500 und 700 *kan* ein. Das kapitalarme Japan konnte seine wirtschaftliche Schwäche durch politische und miltärische Stärke ausgleichen. Als aber die westlichen Länder bis nach Ostasien vordrangen, um ihren Einflußbereich zu erweitern und sich Nutzungsrechte zu sichern, waren die japanischen Politiker und Unternehmer gezwungen, alles zu tun, um den Vorsprung dieser Länder aufzuholen. Dieser Ehrgeiz führte, wie der Mord an der Min-Königin beweist, immer wieder zu Ausschreitungen.

---

1 1 *kan* = 3,75 kg.

Japan entsendet ein Heer zur Unterdrückung des Boxeraufstandes; das Bündnis mit England

1900 versuchte das chinesische Volk, sich durch einen großangelegten antiimperialistischen Aufstand gegen die Invasion der Westmächte zu wehren. Der Aufstand brach zuerst im Gebiet von Shandong aus, dann in Huabei und erfaßte schließlich das ganze Land. Das Volk von Huabei belagerte in Peking alle dort ansässigen Botschaften. Rußland, England, Frankreich, Deutschland, Amerika, Italien und Australien stellten ein alliiertes Heer zusammen, um den sogenannten Boxeraufstand niederzuschlagen, und forderten auch Japan auf, Truppen zu entsenden.

Der Boxeraufstand war gegen Europa und Amerika gerichtet. Japan hatte eigentlich keinen Grund, sich an seiner Unterdrückung zu beteiligen. Den japanischen Politikern aber, die bei der Aufteilung Chinas die Interessen Japans wahren wollten, kam der Aufstand wie gerufen. Sie entsandten sofort ein Heer nach China. England kämpfte damals in Afrika gegen die Buren, Amerika gegen die Volksbewegung auf den Philippinen. Beide Länder konnten keine großen Truppenverbände nach Ostasien entsenden. Der Transport deutscher und russischer Truppen brauchte Zeit. Japan konnte dagegen ein Heer von 12000 Mann mobilisieren, das die Hauptmacht des 32000 Mann starken alliierten Heeres bildete. Dieses Heer besetzte im August Peking, forderte eine riesige Entschädigung und das Recht, in Peking Truppen zu stationieren.

Während sich das Interesse der Westmächte auf das Gebiet Huabei richtete, nutzte Japan die Gelegenheit, Fujian zu besetzen. Um einen Vorwand für die Annexion zu schaffen, setzten japanische Truppen einen buddhistischen Tempel in Xiamen in Brand und beschuldigten die Rebellen, die Tat begangen zu haben. Am 24. August wurden von dem Schlachtschiff »Izumi« aus, das schon im Hafen von Xiamen vor Anker lag, Truppen »zum Schutz japanischer Siedler« an Land gesetzt. Von Taiwan aus wurde zusätzlich eine Brigade nach Xiamen übergesetzt. Zwei Kompanien gingen am 28. August außerhalb des Hafens an Land. Inzwischen aber hatte England bei der japanischen Regierung scharf protestiert, so daß das Kabinett Yamagata gezwungen war, die Invasion abzubrechen.

Die Entsendung eines Heeres zur Unterdrückung des Boxeraufstandes gab der herrschenden Klasse Japans Selbstvertrauen, doch das Scheitern des Plans, Fujian zu besetzen, erteilte ihr eine Lehre. Japan war das einzige Land in Asien, das sofort ein großes Heer mobilisieren konnte. Japan war für die

Westmächte zur »Polizei des Fernen Ostens« avanciert. Japan hatte jedoch noch nicht die Macht, einen Teil Chinas allein für sich zu beanspruchen. Es mußte Spannungen zwischen den Interventionsmächten ausnutzen und sich mit einem von ihnen verbünden. Itō Hirobumi und Inoue Kaoru hatten schon immer diese Strategie befürwortet, aber Premierminister Yamagata, Heeresminister Katsura Tarō, Kodama Gentarō, der Gouverneur von Taiwan, und der Generalstab glaubten, daß sie, wenn sie nur von Taiwan aus Truppen übersetzten, das Gebiet Fujian annektieren könnten, noch vor einem Eingreifen Europas und Amerikas. Sie waren überzeugt, daß keine politischen Verhandlungen notwendig seien, mußten dann aber einsehen, daß das Bündnis mit einem Land Europas unerläßlich war.

Aber mit welchem Land? Itō und Inoue rieten zu einem Ausgleich mit Rußland. Rußland war, das zeigten die Interessenkonflikte in Korea und in der Mandschurei, Japans größter Feind. Japan war aber weder wirtschaftlich noch militärisch so stark, daß es sich auf einen Krieg hätte einlassen können. Itō und Inoue schlugen vor, zunächst Kompromisse mit Rußland zu schließen, in Korea den Status quo zu sichern und die Mandschurei durch wirtschaftliche Expansion unter Japans Einfluß zu bringen. Yamagata, Katsura, die Militärs, Katō Takaaki (Außenminister des vierten Itō-Kabinetts), Komura Jutarō (Außenminister des auf das vierte Itō-Kabinett folgenden ersten Katsura-Kabinetts) und die Mehrzahl der Beamten des Außenministeriums setzten sich für ein Bündnis mit England ein, auch um den Preis eines Konflikts mit Rußland. England honorierte Japans Verdienste bei der Unterdrückung des Boxeraufstands und war zu einem Abkommen bereit, denn es wollte seine Anti-Rußlandpolitik mit Japans Hilfe verstärken. Am 30. Januar 1902 kam unter dem Katsura-Kabinett schließlich das Bündnis mit England zustande.

Der Russisch-Japanische Krieg

Das Bündnis sah vor, daß beide Länder Maßnahmen zum Schutz ihrer Interessen träfen, falls ein anderes Land in China und Korea einfallen oder dort ein Aufstand ausbrechen sollte. Ferner würden sie Neutralität bewahren, wenn es deshalb zu einem Krieg mit einem anderen Land (gemeint war Rußland) käme. Falls ein weiteres Land sich einmische, würden sie den Bündnispartner militärisch unterstützen. Diese Vereinbarungen mußten den Aus-

Geschichte Japans

bruch des Russisch-Japanischen Krieges provozieren. Im Juli 1902 forderte
Rußland von Korea das Pachtrecht für Yongampo. Japan intervenierte, Rußland zog die Forderung zurück, hielt aber die Besetzung des Gebietes aufrecht und baute dort Geschützstellungen aus. Es provozierte Japan des weiteren dadurch, daß es zu dem festgelegten Termin (April 1903) seine Truppen nicht aus der Mandschurei zurückzog und die Truppen in der Südmandschurei noch verstärkte.

Im April 1903 trafen sich Yamagata, Itō, Katsura und Komura in Kyōto
in Yamagatas Villa zu einer Beratung und beschlossen, mit Rußland wei-
terzuverhandeln. Japan sollte die Vorrechte Rußlands in der Mandschurei,
Rußland dafür die Vorrechte Japans in ganz Korea anerkennen. Die Vorrechte Japans interpretierten sie dabei als das Recht, ganz Korea zu besetzen, während sie Rußland nur die Herrschaft über die Mandschurei innerhalb der Grenzen des ersten Einfalls zugestanden. Sie wußten im voraus,
daß Rußland diese Forderung ablehnen würde, weil sich ansonsten der
Herrschaftsbereich Japans direkt bis zur Mandschurei ausgedehnt hätte,
und rechneten damit, daß »ein Krieg unvermeidlich ist, wenn wir auf dieser
Forderung bestehen.« Japan nutzte die weiteren Verhandlungen, um
Zeit zu gewinnen für die Vorbereitung des Krieges und dessen Absiche-
rung durch diplomatischen Konsens. Rußland unterschätzte von Anfang
an Japan als Gegner und zögerte nicht, es auf einen Krieg ankommen zu
lassen.

Japan machte inzwischen Propaganda für diesen Krieg, besonders die Professoren der Juristischen Fakultät der Kaiserlichen Universität Tōkyō. Die
Sozialisten Kōtoku Shūsui und Sakai Toshihiko und der Christ Uchimura
Kanzō protestierten in der »Allgemeinen Morgenzeitung« leidenschaftlich
gegen die Kriegshetze. Als Kuroiwa Shūroku, der Herausgeber der Zeitung,
ebenfalls für den Krieg eintrat, kündigten sie ihre Mitarbeit auf. Während
Uchimura beschloß, nicht mehr zu schreiben, bis er für die Gerechtigkeit
eintreten könne, gründeten Kōtoku und Sakai den »Volksverlag« und kämpften in der wöchentlich erscheinenden »Volkszeitung« weiter für Demokratie,
Sozialismus und Pazifismus.

Am 8. Februar 1904 eröffneten japanische Kriegsschiffe bei Inchon und
Port Arthur das Feuer auf die russische Flotte. Erst zwei Tage später erfolgte
die offizielle Kriegserklärung. Diese Taktik des japanischen Generalstabs, vor
der Kriegserklärung auf wichtige Stützpunkte des Feindes einen Überraschungsangriff auszuführen, war schon im Krieg mit China erprobt worden.
Sie fand ebenfalls Anwendung im späteren Chinesisch-Japanischen Krieg

und dann im Krieg mit Amerika. Ausnahmen stellten der Erste Weltkrieg (gegen Deutschland) und der Einmarsch in Sibirien dar, weil Japan hier in Absprache mit seinen Verbündeten operierte.

Der Charakter des Russisch-Japanischen Krieges

Der Russisch-Japanische Krieg war ein imperialistischer Krieg, ein Kampf um die Herrschaft über Korea und die Mandschurei. Als Ursache des Krieges wird üblicherweise angegeben, Rußland habe Korea unter Druck gesetzt, um das Vordringen Japans zu verhindern, so daß Japan praktisch gezwungen gewesen sei, den Krieg zu beginnen. Japan hatte jedoch durch eine aggressive Politik, so z.B. durch den Mord an der Min-Königin, die koreanischen Politiker gezwungen, bei Rußland Hilfe zu suchen, also selbst Rußlands Einfluß auf Korea gefördert. Andererseits war Rußland keine starke kapitalistische Macht wie England oder Frankreich. Wäre es so stark gewesen, dann hätte es nicht militärisch und politisch auf Korea Einfluß nehmen und Japan provozieren müssen. Es hätte durch wirtschaftlichen Einfluß Japans Vordringen in Korea verhindern können. Beide Länder, die ihre wirtschaftliche Schwäche durch militärische und politische Aktionen ausgleichen mußten, stießen im Kampf um dieselbe Beute frontal zusammen.

Der Krieg wurde jedoch durch kapitalistische Interessen provoziert. Es läßt sich nicht leugnen, daß die Unternehmer entscheidenden Einfluß hatten auf den Entschluß der Regierung, den Krieg zu beginnen. Unmittelbar vor dem Ausbruch des Krieges hatten sich die Regierung, die Militärs und die Vertreter der Großbanken wiederholt beraten. Kōtoku hatte diese Tatsache aufgedeckt und nachgewiesen, welche Bedeutung die Mandschurei als Markt für die japanische Wirtschaft hatte, so daß er behaupten konnte: »In Wirklichkeit hat eine Art von Geldverleihern den Schlüssel in der Hand zur Entscheidung über Krieg oder Frieden, keine anderen als die Geldverleiher, die sich Bankiers nennen.« Und unmittelbar nach Kriegsausbruch bemerkte der Landwirtschafts- und Handelsminister Kiyoura Keigo: »Hinter diesem Ereignis steht nicht so sehr politische Notwendigkeit, sondern das große Interesse unserer Industrie an China und Korea. Das ist die eigentliche Ursache des Krieges ... Die Öffentlichkeit meint, wenn sie den Krieg beurteilt, daß zwei imperialistische Länder aneinandergeraten sind. Es handelt sich aber um eine Kollision wirtschaftlicher Interessen an China und Korea.«

Dieser Krieg war aber nicht nur ein Kampf um kapitalistische Interessen, um die Aufrechterhaltung des monarchischen Systems beider Länder, er war auch ein Teil der Konfrontation des internationalen Imperialismus. England und Amerika stützten Japan, Frankreich unterstütze Rußland; England und Frankreich hatten Deutschland zum Feind, und Deutschland unterstützte das Vordringen Rußlands nach Ostasien. England nutzte Japan, um die Expansion Rußlands zu bremsen. Der Russisch-Japanische Krieg war in diesem Sinne auch eine Konfrontation zwischen England und Rußland. Japan war außerdem finanziell vollkommen abhängig von England und Amerika. Von den Kriegskosten, die sich auf 1,7 Milliarden Yen beliefen, beschaffte es sich durch Auslandsanleihen in England und Amerika 800 Millionen Yen. Ohne diese Kredite hätte es den Krieg gar nicht führen können.

Der Verlauf des Krieges und die Konfrontation zwischen Regierung und Volk

Das russische Heer war gut ausgerüstet, gut ausgebildet und organisiert. Trotzdem gelang es der Hauptmacht des japanischen Heeres, von Korea aus in die Südmandschurei vorzudringen. Die dritte Armee unter Führung von General Nogi konnte, begünstigt durch die japanische Seeherrschaft, auf der Liaodong-Halbinsel landen und belagerte die als uneinnehmbar geltende Festung Port Arthur, die nach vielen blutigen Kämpfen im Januar 1905 fiel. Danach zog das ganze Heer unter dem Oberbefehl von General Ōyama Iwao entlang der Südmandschurischen Eisenbahn nach Norden, brach jeden Widerstand und traf am 10. März vor der Stadt Fengtian auf die Hauptmacht des russischen Heeres, die es in die Flucht schlagen konnte.

Die japanischen Kriegsschiffe versenkten im Gelben Meer den Hauptteil der Ostasiatischen Flotte Rußlands und blockierten den Hafen von Port Arthur, wo ein Teil dieser Flotte vor Anker lag.

Das Leid und die Lasten, die das Volk während des Krieges zu tragen hatte, waren groß. Steuererhöhung folgte auf Steuererhöhung. Das Salzmonopol wurde neu eingeführt, das Monopol für Tabakwaren verstärkt, zwangsweise wurden Spenden erhoben und öffentliche Anleihen ausgegeben. Das Ansteigen der Preise machte das Leben zusehends schwieriger. Immer mehr Arbeitskräfte wurden als Soldaten oder als Transportarbeiter für den militärischen Nachschub eingezogen. Das Heer erreichte eine Stärke von über eine

Der Weg zum Imperialismus

Million Mann. Da sogar die Zugtiere und Lastkarren der Bauern beschlagnahmt wurden, geriet die japanische Landwirtschaft 1905 wieder in eine Krise.

Die »Volkszeitung« setzte trotz wiederholten Verkaufsverbots und der Bestrafung seiner Redakteure die Kampagne gegen den Krieg fort und berichtete über die Not des Volkes. Im März 1904 veröffentlichte die Zeitung einen »Brief an die Sozialistische Partei Rußlands«, dessen Verfasser die Solidarität der Sozialisten beider Länder im Kampf um den Frieden forderten. Auf der im August 1904 in Amsterdam eröffneten Zweiten Internationale schüttelten sich Katayama Sen, der Vertreter Japans, und Plechanov auf dem Podium die Hand und riefen zum Kampf gegen den Militarismus beider Länder auf. Mitten im Krieg erschienen in großen Zeitschriften Gedichte, in denen Frauen gegen den Krieg protestierten und großes Aufsehen erregten, so von Yosano Akiko *Kimi shinitamau koto nakare*[1] und von Ōtsuka Kusuoko *O-hyakudo mairi*[2].

Im Januar 1905 sah sich die Regierung gezwungen, die »Volkszeitung« zu verbieten. Daß sie bis zu einem gewissen Grade die Veröffentlichung antimilitaristischer Thesen und Ideen duldete, beweist ihre Selbstsicherheit. Auch während des Krieges erlaubte sie, daß die Russisch-Orthodoxe Kirche in Tōkyō ihre Kontakte zur Mutterkirche aufrecht erhielt. Sie behandelte die gefangenen russischen Soldaten gut und gestattete ihnen, an den Gottesdiensten ihrer Kirche teilzunehmen. Im Parlament protestierte Tachikawa Unpei gegen die Unterdrückung der sozialistischen Bewegung und forderte dazu auf, Ideen mit Ideen zu bekämpfen.

Das japanische Heer hatte in der Schlacht bei Fengtian zwar gesiegt, das russische Heer hatte sich jedoch plangemäß zurückgezogen, seine Hauptmacht war kampfstark wie zuvor. Das japanische Expeditionskorps war dagegen nicht mehr in der Lage, den Feind zu verfolgen. Es bestand auch keine Aussicht, daß es das besetzte Gebiet ein halbes Jahr halten konnte. Es bestand großer Mangel an Offizieren und Unteroffizieren, die Vorräte an Pulver waren fast verbraucht. Generalstabschef Yamagata Aritomo berichtete offen über die Lage am Kriegsschauplatz und erklärte, daß man zwar entschlossen sei, bis zum letzten zu kämpfen, empfahl aber, schnell politische Verhandlungen einzuleiten und den Krieg zu beenden. Während der zwan-

---

1 »Bruder, du darfst mir nicht sterben!«.
2 »Hundertmal um den Schrein laufen« – ein Brauch, einem Gebet Nachdruck zu verleihen.

zig Monate dauernden Feindseligkeiten waren 43119 Soldaten gefallen, mehr als 170000 wurden verwundet. Von den 220000 Erkrankten starben 63601. Das Heer hatte mehr als 40 Prozent seiner Soldaten verloren.

Es bestand überdies keine Aussicht, weitere Mittel für den Krieg aufzutreiben. Steuererhöhungen und die Ausgabe von neuen Anleihen waren nicht mehr möglich, auch nicht mehr die Beschaffung von Auslandsanleihen. Die Unternehmer in England und Amerika fürchteten, das Gleichgewicht der Kräfte in Ostasien könnte zusammenbrechen, wenn Japan definitiv siegen und die ganze Mandschurei besetzen würde.

Für Rußland war es ebenfalls schwierig, den Krieg fortzusetzen. In Rußland hatte bereits vor dem Kriege die revolutionäre Bewegung der von Lenin geführten Sozialdemokraten viele Anhänger gewonnen. Die Regierung des Zaren hatte nicht zuletzt den Krieg begonnen, um die revolutionäre Stimmung des Volkes zu dämpfen, damit aber gerade das Gegenteil erreicht. Der Fall der Festung Port Arthur hatte der Macht des Zarismus einen schweren Schlag versetzt. Die revolutionäre Bewegung breitete sich schnell aus. Im Mai begannen die Arbeiter Vorbereitungen für einen bewaffneten Aufstand. In der Seeschlacht in der Meerenge von Tsushima versenkte die von Admiral Tōgō Heihachirō geführte japanische Flotte am 27./28. Mai die Baltische Flotte, die Rußland ausgesandt hatte, um Japans Seeherrschaft im Japanischen Meer zu brechen.

Der Frieden zwischen Japan und Rußland und das Problem der Befreiung Asiens

Die russische Regierung verlor infolge dieser Niederlagen und der revolutionären Bewegung immer mehr die Herrschaft über das Land. Der amerikanische Präsident Roosevelt befürchtete, daß der Zarismus, die Stütze der konterrevolutionären Bewegung in Europa, zusammenbrechen könnte, wenn der Krieg andauerte und die Revolution an Boden gewänne. Sein Versuch, den Krieg zu beenden, kam dem Wunsch der japanischen Regierung entgegen, für die der Sieg im Japanischen Meer als der günstigste Zeitpunkt zum Nachgeben erschien. Durch Vermittlung Roosevelts wurden im August im amerikanischen Portsmouth die Friedensverhandlungen zwischen Japan und Rußland eröffnet. Bereits am 5. September unterzeichneten beide Länder einen Friedensvertrag, der vorsah, daß 1. Rußland des Recht Japans aner-

470

Der Weg zum Imperialismus

kenne, Korea zu führen, zu beschützen, zu verwalten, daß 2. Rußland das Pachtrecht an Port Arthur, Dailian und die südmandschurische Eisenbahnlinie nach Einvernehmen mit China und 3. das südlich des 50. Breitengrads liegende Gebiet Sachalins sowie die Fischereirechte entlang dessen Küste an Japan abtrete.

Der Sieg Japans im Krieg mit Rußland hatte großen Einfluß auf die Unabhängigkeitsbewegungen der asiatischen Völker, auf die Gandhis in Indien, auf die Sun Wens in China. Daß von den Asiaten, die von den Europäern und Amerikanern als minderwertige, schwache Rasse verachtet und unterdrückt wurden, die Japaner, Bewohner eines kleinen Inselreichs, über Rußland, das von allen Ländern der Welt über die größten Landstreitkräfte verfügte, gesiegt hatte, war gewiß ein Ereignis ohne Beispiel. Durch den Russisch-Japanischen Krieg hatte Japan jedoch den Kampf der asiatischen Völker, die sich von der europäischen und amerikanischen Vorherrschaft befreien wollten, nicht unterstützt. Japan hatte, als es den Krieg mit Rußland begann, Korea ein »Protokoll« aufgezwungen, in dem festgelegt war, daß Korea der japanischen Regierung »vertrauen und bei allen Reformen seiner Verwaltung auf ihren Rat Wert legen solle«. Japan werde im Falle des Einfalls eines dritten Landes oder eines Aufruhrs »schnell die erforderlichen Gegenmaßnahmen treffen«, und zu diesem Zweck werde die koreanische Regierung Japan »voll unterstützen«; Japan könne »militärisch wichtige Gebiete unverzüglich besetzen«. Hierdurch verlor Korea seine Unabhängigkeit. Das im August erzwungene erste »Japanisch-Koreanische Abkommen« bedeutete die endgültige Unterwerfung Koreas.

Schon im Juli 1905 hatte Premierminister Katsura mit dem amerikanischen Verteidigungsminister Taft ein Geheimabkommen geschlossen, in dem Japan die Herrschaft Amerikas über die Philippinen anerkannte und Amerika die Herrschaft Japans über Korea. Im August folgte mit England ein gleiches Abkommen betreffend die Herrschaft über Indien bzw. Korea. Aufgrund dieser Abkommen wurden die Korea-Artikel des Portsmouth-Vertrags konzipiert. Japan unterstütze also durch den Russisch-Japanischen Krieg das Vordringen Amerikas und Englands in Asien. Es traf nach diesem Krieg überdies Abmachungen mit Rußland über die Aufteilung der Mandschurei und der Mongolei.

Die Unabhängigkeitsbewegungen in Asien erhielten keinesfalls durch den Sieg Japans Auftrieb, sondern eher durch die Russische Revolution, die während des Krieges ausbrach. Diese Tatsache hatten die japanischen Sozialisten schon früh erkannt. In dem Artikel »An alle Gefangenen«, erschienen am

471

19. März 1905 in der siebten Nummer der Zeitung »Das offene Wort«, die anstelle der verbotenen »Volkszeitung« erschien, hieß es: »Rußland zu Beginn des 20. Jahrhunderts hat die gleiche Rolle wie Frankreich zu Beginn des 19. Jahrhunderts. Alle Revolutionen der europäischen Länder erhielten ihren Anstoß aus Frankreich. Jetzt warten die unterdrückten Länder Asiens auf das Zeichen der Russischen Revolution, um wieder frei zu werden. Seht auf China, seht auf Korea!«.

Die Erstürmung von Polizeistationen in ganz Tōkyō

Japan hatte zwar im Russisch-Japanischen Krieg gesiegt. Es war aber kein definitiver Sieg. Japan hatte mit Unterstützung von England und Amerika gekämpft, war deshalb im Vorteil, aber dennoch nicht in der Lage, den Krieg fortzusetzen. Die Friedensverhandlungen wurden weitgehend von Amerika bestimmt. Die Bedingungen, die dabei ausgehandelt wurden, entsprachen keineswegs den Erwartungen Japans. Extreme Militaristen waren mit dem Resultat unzufrieden, weil nicht einmal eine Entschädigung ausgehandelt und an Territorium nur Südsachalin erworben worden war, auf das Japan schon zu Beginn der Meiji-Zeit und vor dem Vertrag, durch welchen Chishima gegen Sachalin getauscht wurde, Anspruch erhoben hatte. Die Militaristen organisierten an dem Tage, an dem der Friedensvertrag ratifiziert werden sollte, im Hibiya-Park in Tōkyō eine Protestaktion, indem sie den Unmut des Volkes, das die Opfer des Krieges zu tragen hatte, umlenkten in einen Protest gegen die zu geringe Kriegsbeute.

Das Volk, das sie zu mehreren Zehntausenden mobilisiert hatten, begnügte sich aber nicht damit; die Aktion entwickelte sich gegen die Absicht der Militaristen zu einer Demonstration gegen die Regierung. Bereits am 3. September hatte Premierminister Katsura in einem Brief an Yamagata Aritomo gewarnt, daß der Tatsache größte Aufmerksamkeit zu schenken sei, daß »Rikshamänner und Stallknechte« sich erheben und »politische und soziale Probleme verwechseln«, d.h. das, was Beamte, Abgeordnete und Politiker zu entscheiden hätten, zu einem »sozialen Problem« machten.

Die Protestaktion am 5. September im Hibiya-Park endete zunächst ohne Zwischenfälle. Die erregte Masse war aber mit dieser Aktion nicht zufrieden, sie löste sich nicht auf. Als Polizisten die Menge zerstreuen wollten, leistete das Volk Widerstand. 30 000 (auch von 50 000 ist die Rede) verließen den

Der Weg zum Imperialismus

Park, drangen in den Amtssitz des Innenministers ein, stürmten den Verlag der »Nationalzeitung«, der Hauszeitung von Premierminister Katsura. Danach teilte sich die Menge, erhielt in den einzelnen Stadtgebieten weiteren Zulauf, griff in ganz Tōkyō Polizeiämter (Haupt-, Nebenämter und Reviere) an und setzte viele in Brand. Das Volk zog weiter in die Außenbezirke und besetzte dort am Abend Polizeistationen. Der Sturm auf das Polizeipräsidium scheiterte durch das Eingreifen einer großen bewaffneten Polizeiabteilung. Dieser Aufstand hatte nichts mehr zu tun mit dem Protest gegen den Friedensvertrag. Die Organisatoren dieser Aktion brachten sich durch Flucht in Sicherheit.

Am 6. September wurde über die Stadt und die Präfektur Tōkyō der Ausnahmezustand verhängt. Die Gardedivision wurde zur Unterdrückung des Aufstands eingesetzt und durch einen kaiserlichen Erlaß eine sofortige Pressezensur verfügt. Am Abend versammelte sich das Volk wieder im Hibiya-Park, setzte Straßenbahnen in Brand, stürmte wieder den Amtssitz des Innenministers und zerstörte die noch verbliebenen Polizeistationen. Von den 15 Hauptämtern brannten 13 nieder, 141 Reviere wurden teilweise Opfer der Flammen, 28 wurden ganz zerstört. Die Polizei tötete oder verletzte mehr als 800 Bürger.

Der Aufstand in der Hauptstadt war Anlaß zu weiteren Protestaktionen gegen den Friedensvertrag in den Großstädten Kyōto (am 6. September), Kōbe (am 8.), Ōsaka (am 11.), Yokohama (am 12.), Nagoya (am 21. September) und in anderen Gebieten des Landes. Diese richteten sich in erster Linie gegen den Friedensvertrag. Diese Aktionen kritisierten die Regierung, jedoch nicht wegen ihrer »beschämenden Diplomatie«, sondern wegen ihrer Cliquenwirtschaft. Sie gipfelten in der Forderung nach einem »verantwortlichen Kabinett«. Die verschärften Verbote des Verkaufs und der Herausgabe von Zeitschriften und Zeitungen provozierten die Forderung nach Redefreiheit.

»Das offene Wort«, Parteiorgan der Sozialisten, verglich diesen Aufstand mit der Russischen Revolution: »Bei der Revolution in Rußland herrscht Einigkeit und Selbstvertrauen, bei uns weder das eine noch das andere. Abgesehen davon ist der Aufstand in unserem Land mit der Russischen Revolution zu vergleichen, denn man kann sagen, daß das japanische Volk unbewußt eine revolutionäre Gesinnung entwickelt hat.« Die Kritik an den Willkürmaßnahmen der Regierung entzündete sich am Militarismus, dessen Vertreter stärker waren als die der Regierung. Daß das Volk sich von Militaristen mobilisieren ließ, beweist seine Rückständigkeit. Daß es sich dann aber von den Vertretern des Militarismus distanzierte und die Regierung direkt angriff,

473

war ein Ereignis ohne Beispiel in der japanischen Geschichte. Katsuras Hinweis auf die »Verwechslung politischer und sozialer Probleme« beweist, daß das Kleinbürgertum und das Proletariat der Städte, auch ohne Vertreter ihrer Interessen, sich schon zu einer politischen Kraft entwickelt hatten.

Die Annexion Koreas

Durch das Geheimabkommen zwischen Katsura und Taft, durch das zweite Bündnis mit England und durch den Friedensvertrag mit Rußland war fürs erste mit den europäischen und amerikanischen Ländern ein Kompromiß betreffend die Aufteilung Ostasiens erzielt worden. Japan, das sich die Herrschaft über Korea hatte bestätigen lassen, nahm im November 1905 durch das zweite Abkommen mit Korea diesem das Recht, außenpolitisch zu verhandeln und annektierte Korea als »Protektorat«. Im Juli 1907 entsandte der koreanische Kaiser Kojong insgeheim einen Botschafter zur internationalen Friedenskonferenz nach Den Haag mit dem Ersuchen, die Unabhängigkeit Koreas anzuerkennen. Die Konferenz lehnte jedoch diesen Antrag ab. Der Generalgouverneur von Korea Itō zwang daraufhin Kojong zum Rücktritt und setzte den jungen Kronprinzen als Herrscher ein. Dieser Schritt verletzte den koreanischen Adel und provozierte neuen antijapanischen Widerstand im Volk. Im Juli desselben Jahres zwang Japan Korea zum Abschluß eines dritten Abkommens, das diesem das Recht innenpolitischer Autonomie nahm und mit Wirkung vom 1. August das koreanische Heer auflöste. In ganz Korea formierte sich daraufhin ein vom Volk und vom Heer unterstützter Aufstand gegen Japan. Dieses entsandte ein großes Heer, das 17 000 der sogenannten Freiwilligen tötete, 37 000 verletzte und nach einem Jahr den Aufstand niederschlagen konnte.

Itō Hirobumi trat wenig später von seinem Amt als Generalgouverneur zurück und wurde im Oktober 1909 auf einer Reise nach Rußland im Bahnhof Harpin von dem koreanischen Patrioten An Chung-gun ermordet. Die japanische Regierung traf sofort Maßnahmen zur Annexion Koreas und besetzte am 29. August 1910 die Hauptstadt Seoul.

Nach der Annexion benannte Japan Korea (vorher Hangu) wieder um in Chōsen (koreanisch *Choson),* und richtete das Koreanische Generalgouvernement ein, zu dessen Gouverneuren Generale des Heeres oder Admirale der Marine eingesetzt wurden. Die Generalgouverneure waren dem Tennō

Der Weg zum Imperialismus

direkt unterstellt und gleichzeitig mit der Führung des stationierten Heeres beauftragt. Ihnen unterstanden Kommandeure der Militärpolizei, die gleichzeitig das Amt des Polizeigouverneurs, und Kommandeure der Straßengendarmerie, die auch das Amt des Kommandeurs der Straßenpolizei innehatten. In ganz Korea wurden 16214 Polizei- und Militärpolizeistationen eingerichtet, in denen 22000 Militärpolizisten und 200000 Hilfsbeamte der Militärpolizei stationiert waren. Das Besatzungsheer (eine Division) wurde ab 1915 um eine weitere Division verstärkt.

Die Entwicklung der Industrie in Korea wurde unterdrückt. Das Volkskapital betrug 1911 7,4 Millionen Yen, im Jahre 1917 hatte es sich nicht wesentlich erhöht. Im gleichen Zeitraum verfünffachte sich in Japan das Kapital von 10,5 Millionen Yen auf 59 Millionen Yen, dessen Hauptanteil auf Bergwerksgesellschaften, Rüstungsindustrie, Immobilienhandel und Kreditinstitute entfiel. Zwischen 1912 und 1919 eignete sich Japan durch die sogenannte »Bodeninspektion« mehr als die Hälfte des koreanischen Landes an. Der koreanische Reis wurde nach Japan exportiert. Für die Koreaner (auch die dort lebenden Japaner) sank die Reisration (1912 noch 78 *shō*, d.h. 140,4 l) bis zum Jahre 1918 auf 60 *shō*, d.h. 108 l pro Person.

Die Besonderheiten des japanischen Imperialismus

Im Chinesisch-Japanischen Krieg hatte Japan Taiwan annektiert, durch den Russisch-Japanischen Krieg Südsachalin gewonnen und das Pachtrecht an der Liaodong-Halbinsel (der man den Provinznamen Guandong gab) erworben. Durch die Annexion Koreas wurde Japan ein großes Reich, das Kolonien besaß, die um 77 Prozent die Fläche des Mutterlandes überstiegen. Die Südmandschurei, so groß wie Japan, wurde als Halbkolonie beherrscht. Oberste Verwalter der Kolonien wurden in Guandong und Taiwan wie in Korea amtierende Generale, die als Gouverneure gleichzeitig auch Oberbefehlshaber der dort stationierten Truppen waren. Sie unterstanden dem Tennō und waren nicht an die Weisungen der Regierung gebunden, übten also eine reine Militärherrschaft aus. Nur das Gouvernement in Sachalin unterstand dem Innenministerium, sein oberster Beamter konnte jedoch zum Befehlshaber der Besatzungstruppen ernannt werden und im Notfall dort ebenfalls eine reine Militärherrschaft ausüben.

Dieses Verwaltungssystem der Kolonialherrschaft diente in erster Linie dazu, das Territorium des Tennō-Systems zu erweitern. Korea und Guandong hatten die Funktion von Stützpunkten für eine Invasion in Nordostchina, Taiwan für eine Expansion nach Mittelchina und Südostasien und Südsachalin für eine Ausdehnung nach Nordsachalin und Sibirien. Der Ausbau von Eisenbahnlinien und Häfen und die Einrichtung von Nachrichtenverbindungen hatten vor allem militärische Bedeutung.

Das Ziel der Kolonialherrschaft war, wie das Beispiel Korea deutlich zeigt, die Enteignung von Land, die Verhinderung der Zunahme des Volkskapitals, die Abgrenzung der besetzten Gebiete als Exportmarkt ausschließlich für japanische Waren und japanisches Kapital, und die Ausbeutung dieser Gebiete als Quelle von Nahrungsmitteln und Rohstoffen für die Industrie. Zu diesem Zweck investierte der Staat Kapital in private Unternehmen, indem er, wie das Beispiel der Ostasiatischen Kolonialgesellschaft in Korea oder der Südmandschurischen Eisenbahngesellschaft zeigt, die Fusion von Staatskapital und Privatkapital ermöglichte. Ebenso unterstützte der Staat das Zuckermonopol der Unternehmen Mitsui und Suzuki in Taiwan durch erhebliche Subventionen und durch Verkauf von Land zu niedrigen Preisen. Für die Papierindustrie in Sachalin, die zur Mitsui-Gruppe gehörte, ließ er eine Eisenbahnlinie zum Transport von Rohmaterial (Papierbrei) bauen und förderte damit die Entwicklung moderner monopolkapitalistischer Unternehmen. Ein Teil der Aktien der Ostasiatischen Kolonialgesellschaft und der Südmandschurischen Eisenbahngesellschaft befand sich im Besitz reicher Grundbesitzer und Familien, denen die Aufgabe zufiel, die imperialistische Ideologie zu unterstützen und zu verbreiten.

Durch riesige Gewinne während des Russisch-Japanischen Krieges, durch den Erwerb von Kolonien und die Erweiterung des japanischen Einflußbereichs nahm die japanische Industrie einen sprunghaften Aufschwung. Dies galt sowohl für die Leichtindustrie (Baumwoll- und Seidenindustrie) als auch für die Schwerindustrie (Eisenhütten, Schiffsbau, Werkzeugbau) sowie für Elektrizitäts-, Gas- und Wasserwerke und besonders die staatlich und privat finanzierte privilegierte Großindustrie. In dieser Entwicklung konnten die vier großen Konzerne (Mitsui, Mitsubishi, Sumitomo, Yasuda) ihre Monopolstellung in der Industrie und im Finanzwesen, auch in den Produktionsbereichen Kohle- und Erzbergbau ausbauen. Die Weltwirtschaftskrise des Jahres 1909 hatte auch auf Japan Auswirkungen, zu deren Bekämpfung die Unternehmen der Bereiche Baumwollspinnerei, chemische Düngemittel, Zuckerraffinerie, Mehlmühlen sich zu Kartellen zusammenschlossen,

Unternehmenskonzentrationen bildeten. 1910 organisierten 16 Großbanken ein Syndikat und verstärkten ihren Einfluß auf die Industrie. Mit der Expansion der Südmandschurischen Eisenbahngesellschaft und der Ostasiatischen Kolonialgesellschaft konkurrierten Mitsui und Suzuki, die in Taiwan eine Zuckerraffinerie gründeten, die Mitsubishi-Gruppe, die in Korea eine Eisenhütte schuf, und die Ōkura-Gruppe, die in der Mandschurei am Benxi-See ein Kohle- und Eisenbergwerk gründete (alle im Jahre 1909). Die zum Mitsui-Konzern gehörende Baumwollspinnerei in Shanghai wurde vergrößert (1906). In Shanghai entstand die nationale Handelsgesellschaft für Baumwollkokons (zwischen 1911 und 1913). Auch Kapital, besonders Staatskapital, wurde schon exportiert.

Diese Entwicklung beweist, daß sich der japanische Kapitalismus im Übergang zum modernen Industriekapitalismus befand. Wie ich im vorherigen Kapitel dargelegt habe, bestand zwischen der Großindustrie, den Manufakturen und der Heimindustrie weiterhin eine enge Verbindung, letztere hatten immer noch einen Anteil an der industriellen Gesamtproduktion von mehr als 50 Prozent. Japan exportierte zu dieser Zeit wenig Kapital, sondern führte es hauptsächlich ein. In vielen Fällen war der Ausbau der Schwerindustrie finanziell und technisch vom Ausland, besonders von England und Amerika abhängig. Seit Japan sich Geld für den Krieg gegen Rußland von England und Amerika geliehen hatte, nahm es in verstärktem Maße Auslandsanleihen auf und importierte zwischen 1906 und 1913 ausländisches Kapital im Werte von insgesamt 640 Millionen Yen. Daß während des gleichen Zeitraums das Einlagekapital aller japanischen Unternehmen nur um 1 Milliarde Yen anstieg, verdeutlicht den Umfang des Kapitalimports.

Japan befand sich im Übergangsstadium zum Industriekapitalismus, der wirtschaftlichen Grundlage des modernen Imperialismus, hatte dieses Stadium aber noch nicht ganz erreicht. Politisch gesehen war es durch die Teilnahme an der Unterdrückung des Boxeraufstands (1900) und durch das Bündnis mit England (1902) Partner des internationalen Imperialismus und richtete dementsprechend sein politisches System ein. Die außen- und innenpolitischen Bedingungen waren Voraussetzung für den Beginn des Krieges mit Rußland, den Japan gewann und der ihm Kolonien einbrachte. Der japanische Industriekapitalismus hatte sich zwar noch nicht stabilisiert, aber im politischen Sinne war Japan ein imperialistischer Staat. Seine wirtschaftliche Schwäche glich es aus, indem es sich finanziell abhängig machte von England und Amerika. Daneben verfügte Japan, obwohl es im Interessenkampf der imperialistischen Länder um Korea und China nicht die entscheidende Macht war, in Ostasien über die größten militärischen Streitkräfte und hatte Europa und Amerika gegenüber den strategischen Vorteil, die Armee auch kurzfristig gegen Korea und China einsetzen zu können.

32
Die innen- und außenpolitische Lage nach dem Russisch-Japanischen Krieg

Die Politik des imperialistischen Japan

Die Konfrontation mit England und Amerika wegen China

Japan besaß nun große Kolonien und Gebiete, die halbkolonialisiert waren. Es war das stärkste Land in Ostasien, und dies wurde zur Ursache für eine erneute Konfrontation mit Europa und Amerika. Nach dem Krieg mit Japan suchte Rußland, in Konkurrenz mit Deutschland, neue Einflußgebiete im Nahen Osten. Der Konflikt mit Japan wurde durch Kompromisse beigelegt. Japan traf im Juli 1907 ein Geheimabkommen mit Rußland über die Aufteilung des Machtbereiches in der Mandschurei und in der Mongolei. 1910 und 1912 erhielt das Geheimabkommen eine neue Fassung; Rußland erkannte damit die Erweiterung des japanischen Einflußbereichs an.

Diese drei Geheimabkommen verstießen gegen die Interessen Englands und Amerikas und mußten die Spannungen zwischen Japan und den beiden Ländern vertiefen. Diese hatten Japan im Russisch-Japanischen Krieg nur zu dem Zweck unterstützt, um die Besetzung der Mandschurei durch Rußland zu verhindern und diese selbst unter ihre Herrschaft zu bringen. Japan hatte aber von Rußland nicht nur die Nutzungsrechte an der Südmandschurei erworben, es versuchte auch, dieses Gebiet ganz zu beherrschen. Zunächst hatte die japanische Regierung der Forderung Amerikas nach einer gemeinsamen Verwaltung der Südmandschurischen Eisenbahn nachgegeben, dann aber, auf den Protest des Heeres hin, seine Zustimmung zurückgezogen. Im Dezember 1905 hatte Japan China einen »die Mandschurei betreffenden Vertrag« und ein geheimes Nebenabkommen aufgezwungen. Dieses Geheimabkommen legte fest, daß im Gebiet Jilin nur von Japan eine Eisenbahnlinie gebaut werden durfte (Artikel 1); der Bau einer Parallellinie zur mandschurischen Eisenbahn oder von Nebenlinien, die deren Nutzen hätten beeinträchtigen können, wurde untersagt (Artikel 3). Die Bestimmungen für die Erschließung neuer Märkte in der Mandschurei sollten durch Absprache zwischen beiden Ländern geregelt werden (Artikel 8). Die chinesische Regierung sollte den Frieden in der Mandschurei sichern, »den Nutzen mehren, Schaden abwehren und sie gewissenhaft verwalten«, die Sicherheit des Lebens der Bevölkerung, der Ausländer und des Handels gewährleisten (Artikel 10). Der Vertrag schrieb die Herrschaft Japans über die Südmandschurei fest. Besonders der zehnte Artikel bot Japan die Handhabe, jederzeit in die Innenpolitik einzugreifen. (Viel später, als Japan 1931 den »Mandschurischen Zwischenfall« provozierte, sollte ihm dieses Geheimabkommen als Vorwand dienen.)

Besonders die amerikanische Regierung empfand die Herrschaft Japans über die Südmandschurei als »schmerzliche Enttäuschung«. Um sich für den Verlust seiner Ansprüche zu rächen, begann Amerika, die japanischen Einwanderer, die sich schon in den Bundesstaaten der amerikanischen Westküste angesiedelt hatten, auszuweisen. Im Februar 1907 erließ die amerikanische Regierung das antijapanische Einwanderungsgesetz, das die Einreise japanischer Bürger über Hawaii, Kanada und Mexiko untersagte. Als ein militärischer Konflikt nicht mehr auszuschließen war, betrieben beide Länder fremdenfeindliche Hetze. Präsident Roosevelt verlegte im März unter dem Vorwand einer der Freundschaft dienenden Weltumschiffung die amerikanische Flotte vom Atlantik in den Pazifischen Ozean, eine unmißverständliche Drohung Japan gegenüber. Ferner befahl er im Juli dem Oberbefehlshaber der auf den Philippinen stationierten amerikanischen Truppen, Vorbereitungen zu treffen, um einem Überraschungsangriff seitens Japan begegnen zu können.

Ein Krieg zwischen beiden durch den Pazifischen Ozean getrennten Ländern war angesichts der geringen Stärke ihrer Seestreitkräfte unmöglich. In Bezug auf die Einwanderungsfrage machte Japan Zugeständnisse. Im November 1908 wurde durch Verhandlungen zwischen Root und Takahira einstweilen ein Kompromiß geschlossen, indem beide Länder den Status quo in Ostasien anerkannten. Dennoch verschärfte sich Jahr für Jahr, unterbrochen von Phasen der Entspannung, die Konfrontation zwischen Japan und Amerika wegen der Aufteilung der Interessensphären in China immer mehr.

Die Macht der Militärs

Ein Berater des Tennō, der Ältere Staatsmann[1] Itō Hirobumi, berief, um weitere Konflikte mit England und Amerika zu vermeiden, eine Versammlung der Älteren Staatsmänner und der Vertreter von Regierung, Heer und Marine ein. Er wollte die Teilnehmer davon überzeugen, daß Japan, immer noch finanziell abhängig von England und Amerika, das beiden Ländern gegebene Versprechen, die Mandschurei zu öffnen und das Prinzip der Gleichberechtigung zu verwirklichen, einlösen müsse. Als Generalstabschef Kodama wiederholt die »Herrschaft über die Mandschurei« erwähnte, fragte Itō scharf, was er unter »Herrschaft« verstehe, da doch die Mandschurei nicht japanisches Territorium sei. Die Versammlung stimmte Itōs Meinung zu, die Regierung und das Heer aber ignorierten den Beschluß.

Als England 1907 mit Rußland einen Vertrag abschloß und der Konflikt zwischen Japan und Amerika sich zuspitzte, amtierte Itō als Generalgouverneur von Korea in Seoul und warnte die Regierung in einer Eingabe, daß England und Amerika die finanzielle Unterstützung einstellen könnten, wenn Japan die Mandschurei nicht öffne, und daß es in China zu einem Volksaufstand kommen werde, wenn Japan seine »eigennützige Politik« fortsetze. Ebenso könne ein neuer Krieg mit China nicht ausgeschlossen werden, der Japan isolieren würde. Die Regierung folgte dem Rat, ihre Invasionspolitik aufzugeben, jedoch nicht.

Itō hatte die weitere Entwicklung der Beziehungen zwischen Japan und Amerika sowie des Verhältnisses zu China richtig eingeschätzt. Daß die japanische Regierung seine Warnung mißachtete, hatte seine Ursache vor allem darin, daß Itō selbst bis dahin einer der Befürworter des Einfalls in Korea und China gewesen war und daß er die Entwicklung der Unabhängigkeit der Oberbefehlshaber und des Systems, das Amt des Heeres- und Marineministers mit Militärs zu besetzen, unterstützt hatte. Diese Regelung hatte nicht nur zur Folge, daß das Heer sich unabhängig machte von den Weisungen der Staatsführung, sondern daß es nach dem Russisch-Japanischen Krieg größere Macht hatte als die Regierung. Im Oktober 1906 legte Generalfeldmarschall Yamagata dem Tennō einen »Plan zur Verteidigung des Reiches« vor, der, nachdem er die vorgeschriebenen Instanzen durchlaufen hatte, auch von der

---

[1] Die Älteren Staatsmänner wurden vom Tennō ausgezeichnet. Sie nahmen an den Sitzungen des Kabinetts teil, ob sie Minister waren oder nicht, und konnten dem Tennō jederzeit ihre Meinung vortragen.

Regierung gebilligt wurde. Dieser Plan bestimmte, daß das »Ziel der Landesverteidigung im Offensivkrieg liege«. Rußland sei auch in Zukunft als Hauptfeind zu betrachten, »der Plan, die Nutzungsrechte Japans in China auszudehnen, bringe die größten Vorteile«. Das war ein eindeutiger Eingriff in die
Befugnisse der Regierung. Daß Yamagata als Vertreter des Heeres diese Ziele
zuerst dem Tennō und nicht der Regierung vortrug, bedeutete, daß das
Heer, was die Grundlinien der Staatspolitik betraf, entscheidenden Einfluß
besaß.

Die Entscheidung, den Einfall in China als wichtigstes Ziel der Außenpolitik zu werten, verlieh dem Heer noch größeres Gewicht. Da es die wichtigste
Aufgabe der japanischen Verwaltungsorgane war, den immer wieder auflebenden Widerstand des Volkes in Korea und China zu unterdrücken, und
Korea und Guandong als Vorposten für den Einfall in China auszubauen,
erhielten die Generalgouverneure dieser Gebiete, die gleichzeitig Oberbefehlshaber der dort stationierten Truppen waren, praktisch eine von der
Regierung unabhängige Funktion. Sie gab ihnen Gelegenheit, die Regierung
auszuspielen und sich in die Außenpolitik einzumischen. Das Heer betrachtete Korea und Guandong als japanisches Territorium und betrieb gegenüber
China eine selbständige Politik. Als Itō vor der weiteren Entwicklung warnte,
hatte die Regierung bereits keine Macht mehr über das Heer. Das Kabinett
versuchte mehrere Male, »die Einheit der Außenpolitik« wiederherzustellen,
konnte sich aber nicht durchsetzen. Das Heer ging sogar soweit, die »Unabhängigkeit« der Mandschurei vorzubereiten.

Wer die Politik Japans gegen China beherrschte, hatte automatisch auch
die entscheidende Stimme in der Politik gegenüber England und Amerika, da
diese eng mit einem Konflikt oder mit Kompromissen die Aufteilung Chinas
betreffend verknüpft war. Die Befürworter des Einfalls in China hatten somit
auch Einfluß auf die gesamte Innenpolitik. Nach 1910 bildete sich als Folge
dieser Entwicklung die sogenannte Militärclique, deren Einfluß den der
Regierung übertraf. Diese Clique stützte sich nicht auf die Autorität eines
einzelnen, wie z.B. die Yamagatas, sondern war ein Organ, durch das die
Institution »Militär« politische Macht beanspruchte. Der Generalstab und
die hohen Offiziere des Kriegsministeriums repräsentierten den »Gesamtwil-
len des Heeres oder der Marine« und konnten sogar auf die Entscheidungen
der Generale Einfluß nehmen. So wurde z.B. die Forderung nach der Vergrö-
ßerung des Heeres um zwei Divisionen, die die Taishō-Regierungskrise auslöste, auf die ich später noch zurückkommen werde, von höheren Offizieren
des Heeres gestellt.

Die innen- und außenpolitischen Lage nach 1905

Das Militär, die herrschende Klasse und die Revolution in China

Welche Macht das Militär hatte, zeigte sich, als 1911 in China eine Revolution ausbrach. 1905 hatte sich unter Führung von Sun Yixian (Sun Yat-sen) Tōkyō die Chinesische Liga organisiert, die alle gegen die Qing-Dynastie eingestellten Kreise zu einer Bewegung vereinte und, nach dem Scheitern mehrerer kleiner Aufstände, am 10. Oktober 1911 in Wuchang eine Revolution erfolgreich beenden konnte. Am 1. Januar 1912 erfolgte die Ausrufung der Chinesischen Republik, Sun Yixian wurde provisorischer Präsident. Yuan Shikai, der von der Regierung des Qing-Hofes beauftragt war, das Revolutionsheer zu schlagen, verhandelte jedoch mit diesem und erkannte die Republik unter der Bedingung an, daß er zum Präsidenten ernannt werde. Im Februar wurde Kaiser Puyi abgesetzt. Das bedeutete das Ende der Herrschaft der Qing-Dynastie, Yüan wurde provisorischer Präsident der Republik. (1913 gründete Sun Yixian die Chinesische Revolutionspartei, die er 1919 als Chinesische Volkspartei neu organisierte.)

Als die Revolution in Wuchang ausbrach, beschloß die japanische Regierung, den Qing-Hof zu unterstützen, und schloß sofort einen Vertrag über Waffenlieferungen ab, schlug auch England und Amerika vor, gemeinsam die chinesische Revolution zu unterdrücken. Die japanische Regierung, an ihrer Spitze der Berater des Tennō Yamagata Aritomo, wollte verhindern, daß in der Nähe von Japan eine große Republik entstehe. England und Amerika sahen aber den Sieg der Revolution voraus und lehnten eine Einmischung ab. Die chinesische Revolution hatte schnell das ganze Land erfaßt. Die politischen Pläne der japanischen Regierung scheiterten. Auch in der Regierung meldeten sich jetzt Stimmen, die für politische Verhandlungen mit den Revolutionären waren. Mitsui verkaufte Waffen sowohl an die Regierung in Peking als auch an die Revolutionäre, während Mitsubishi diesen finanzielle Unterstützung anbot, um sich Nutzungsrechte zu sichern.

Der Generalstab, die Gouverneure von Guandong und Korea schlugen dagegen vor, Prinz Su aus der Qing-Dynastie zu unterstützen, die Mandschurei und die Östliche und die Innere Mongolei zu einem »unabhängigen« Staat zu erklären und ein Heer auszuheben, das diesen beherrschen sollte. Die Südmandschurische Eisenbahngesellschaft kooperierte jedoch mit den Revolutionären; unter den Kompanieführern der in der Mandschurei stationierten japanischen Truppen gab es nicht wenige, die mit den Revolutionären sympathisierten. Der Generalkonsul protestierte gegen den Plan, die Mandschurei und die Mongolei als unabhängige Staaten anzuerkennen.

Die Militärclique um Zhang Zuolin, die mit Unterstützung des Prinzen Su in der Mandschurei einen Umsturz vorbereiten sollte, mißtraute den Absichten Japans. Der Generalstab und das Außenministerium ließen schließlich den Plan fallen, das Militär jedoch wollte noch mitten im Ersten Weltkrieg die Unabhängigkeit der Mandschurei und der Mongolei durchsetzen.

Nach dem Russisch-Japanischen Krieg waren für die herrschende Klasse Japans die Sicherung der Kolonie Korea, der Herrschaftsanspruch auf die Südmandschurei und der Ausbau beider Gebiete als Vorposten der Aggression gegen China vordringliche Ziele der Außenpolitik. Dieses Vorgehen provozierte den Widerstand des koreanischen und chinesischen Volkes und verschärfte die Konfrontation mit England und Amerika. In Japan gewann das Militär mehr Macht als die Regierung. Bis zur Niederlage im Zweiten Weltkrieg blieb diese Politik Ziel des japanischen Imperialismus.

Der Kampf der Arbeiter um bessere Arbeitsbedingungen, die Situation und der Widerstand der Bauern

Gleichzeitig bildete sich eine Bewegung gegen die von Beamten beherrschte Regierung und gegen das Militär, an der sich sowohl die Sozialisten, die die Interessen der Klasse der Arbeiter und Bauern vertraten, als auch die Gruppe der nicht privilegierten mittleren und kleineren Unternehmer beteiligten und die demokratische Reformen verlangte. Die Bewegung der Sozialisten war noch schwach, kämpfte aber wie die demokratische Bewegung gegen das absolutistische System. Sie bildete gewissermaßen deren Vorhut.

Der Kampf, der nach dem Russisch-Japanischen Krieg mit den Angriff auf die Polizeistationen der Hauptstadt begonnen hatte, der Protest der Arbeiter verschärfte sich und nahm immer größere Ausmaße an. Ende des Krieges war eine Streikwelle ausgebrochen, im August 1905 beteiligten sich 3600 Arbeiter der Salzfelder in der Präfektur Hyōgo an einem Aufstand. Im Jahr 1906 folgte in den staatlichen Rüstungsfabriken ein großer Lohnstreik nach dem anderen: im Januar wurde in der Marinewerft in Ōminata in Aomori gestreikt, im Februar in der Schiffswerft auf der Insel Ishikawa vor Tōkyō, im August im Artilleriearsenal in Tōkyō und im Arsenal der Marine in Kure und im Dezember im Artilleriearsenal in Ōsaka.

Während der Wirtschaftskrise des Jahres 1909 erreichte der Protest der Arbeiter seinen Höhepunkt, besonders im Schiffsbau, in der Rüstungsindu-

strie und im Kohle- und Erzbergbau. Der Protest der Bergleute des Kupfer-
bergwerks in Ashio im Februar mußte von drei Kompanien des Heeres unterdrückt werden. Der Anführer dieses Protests, Minami Sukematsu, war im
Kohlebergwerk Yūbari in Hokkaidō entlassen worden und mit seiner Frau
Usui Misao nach Ashio geflohen, um mit den Sozialisten weiterzukämpfen.
Der Protest in Ashio löste weitere Lohnstreiks in der Kohlengrube Horonai
in Hokkaidō und im Kupferbergwerk Besshi in Shikoku aus. In Besshi mußte
das Heer ebenfalls eingreifen.

Auch die Pachtbauern vereinigten sich in Yamanashi, Nagano, Niigata,
Toyama, Mie, Wakayama und Kyūshu zu einer Protestbewegung in dem von
Miyazaki Tamizō gegründeten »Bund zur Wiedergewinnung der Rechte an
Grund und Boden« *(Tochi Fukken Dōshikai)*. 1907 protestierten die Pachtbauern in vier Distrikten der Präfektur Hiroshima gegen das Anlegen gemeinsamer Reisfelder und andere Zwangsmaßnahmen zur »Reform der Landwirtschaft« und forderten die Herabsetzung des Pachtzinses. In allen Präfekturen
ließ die Regierung den als Pachtzins entrichteten Reis für staatliches Land
nach seiner Qualität überprüfen und in Güteklassen einteilen, um auf diesem Wege den Zins anzuheben. Diese Maßnahme stieß überall auf den Protest der Pachtbauern.

Um 1910, als die Macht der Grundbesitzer am stärksten war, wurden weit
mehr als 50 Prozent aller Reisfelder des Landes von Pachtbauern bestellt.
Etwa 28 Prozent aller Bauern waren reine Pachtbauern, 40 Prozent bestellten
zur Hälfte Pacht-, zur Hälfte eigenes Land, nur 32 Prozent waren selbständig.
Wer den Roman *Tsuchi* (Erde) (1910) von Nagatsuka Takashi liest, kann sich
ein Bild von der Not der armen Pachtbauern machen. Ihre Verarmung wurde
Ursache für den Verfall des nationalen Denkens. Sowohl die Regierung als
auch das Heer hatten Anlaß, sich um die Versorgung des Heeres mit Proviant
zu sorgen. Die Unterstützung der selbständigen Bauern war ein vordringliches Problem; weil aber die Regierung die Privilegien der Grundbesitzer
nicht anzutasten wagte, konnte sie nichts unternehmen, um die Verarmung
der Bauern aufzuhalten.

Geschichte Japans

Aufstieg und Niedergang des Sozialismus

Als der Kampf der Arbeiter immer entschiedenere Formen annahm, teilte sich die sozialistische Bewegung in eine marxistische und eine »humanistische« Fraktion. Erstere übernahm allein die Führung der Bewegung und gründete im Februar 1906 die »Sozialistische Partei Japans« (Nihon Shakaitō), deren Programm im wesentlichen Sakai Toshihiko festgelegt hatte. Zu dieser Zeit regierte das Kabinett des Premierministers Saionji Kinmochi, eines Adligen, der in seiner Jugendzeit eine Zeitung zur Verbreitung der Bürgerrechtsideen herausgegeben hatte. Sein Kabinett vertrat liberale Tendenzen und billigte die Aktionen der Sozialistischen Partei »innerhalb des Rahmens, den das Gesetz erlaubt«. Die Sozialistische Partei hatte nur 200 ordentliche Mitglieder, die Polizei schätzte die Zahl ihrer Anhänger und Sympathisanten im ganzen Land jedoch auf 205000.

Die Sozialistische Partei organisierte in Tōkyō eine Bürgerinitiative mit dem Ziel, eine Herabsetzung der Fahrpreise der Straßenbahnen zu erreichen. Sie unterstützte den Kampf der Bergwerksarbeiter in Ashio und entwickelte sich von einer Vereinigung zur Propaganda politischer Ideen zu einer Partei, die den Kampf des Volkes organisierte und führte. Nach einem Jahr, im Februar 1907, wurde sie bereits wieder verboten.

Ein Verdienst der Sozialisten war vor allem, daß sie Kontakte zu den Revolutionären Chinas unterhielten. Im Juli 1907 veranstalteten sie in Tōkyō ein »Ostasiatisches Freundschaftstreffen«, an dem Sozialisten bzw. Volksrevolutionäre aus Japan, China, Vietnam, den Philippinen und Indien teilnahmen. Gegen die Annexion Koreas protestierte am 21. Juli 1907 in Tōkyō die Versammlung der Anhänger des Sozialismus mit folgenden Worten: »Wir respektieren die Freiheit, Unabhängigkeit und die Autonomie des koreanischen Volkes und betrachten die imperialistische Politik als einen Affront gegen die Interessen der Bürger aller Länder. Deshalb fordern wir, daß die japanische Regierung ihr Wort hält und die Unabhängigkeit Koreas garantiert!« Die Bürgerrechtsbewegung hatte das japanische wie das koreanische und chinesische Volk als unterdrückte Völker betrachtet und die Solidarität Asiens vom Standpunkt der Anerkennung der nationalen Autonomie gefordert. Aber jetzt, da Japan ein imperialistisches Land geworden war und die auf die Anerkennung der Autonomie beruhenden Bedingungen für eine Solidarität Asiens nicht mehr gegeben waren, stützte sich die Idee der asiatischen Solidarität auf den proletarischen Internationalismus. Sie sah sich selbst nicht nur im Gegensatz zum Imperialismus Europas und Amerikas, sondern auch zu dem des eigenen Landes.

Die Entwicklung dieser Bewegung wurde jedoch schnell unterdrückt. Kōtoku Shūsui kehrte kurz vor dem Verbot der Sozialistischen Partei aus Amerika zurück, wo er von den Ideen des Anarchismus beeinflußt worden war. Er war davon überzeugt, daß im absolutistisch regierten Japan nur die »direkte Aktion« der Arbeiter, der Generalstreik, das geeignete Mittel sei, eine Revolution zu verwirklichen. Katayama Sen dagegen berief sich auf den Beschluß der Zweiten Internationale und kämpfte für einen auf das allgemeine Wahlrecht und den Parlamentarismus gestützten Sozialismus. In einer Zeit, in der es noch keine Arbeitergewerkschaften gab, Generalstreiks also nicht organisiert werden konnten, beruhte das Programm Kōtokus auf einer Fehleinschätzung der Realität, der mit der ideellen Revolution der Intellektuellen nicht beizukommen war. Seine Ideen wurde von der Mehrheit der Sozialisten geteilt. Ihre Bewegung nahm den Charakter eines ideellen Fanatismus an, ein Vorwand für die Regierung, sie zu unterdrücken.

Je stärker die repressiven Maßnahmen wurden, desto mehr verstärkte sich auch der Widerstand. Anarchisten wie Kanno Suga und Miyashita Taikichi forderten sogar, daß der Tennō als Urheber der Repression durch ein Attentat beseitigt werden müsse. Sie verwechselten den »Tennō-System« genannten Machtapparat mit dem Tennō, der an der Spitze dieses Machtapparats stand. Während sie noch über ein Attentat auf den Tennō diskutierten, erfuhr die Regierung von ihrer Absicht und ließ zwischen Mai und Juni 1910 Miyashita und Kanno, aber auch Kōtoku und alle Führer der sozialistischen und anarchistischen Bewegung, die sich damals noch nicht im Gefängnis befanden, verhaften. Kōtoku wurde von einem parteiischen Gerichtshof als Hauptverschwörer verurteilt. Das Gericht verhängte gegen 24 Angeklagte die Todesstrafe. Zwölf, unter ihnen Kōtoku, wurden am 24. Januar 1911 hingerichtet, die anderen Todesurteile wurden in lebenslängliche Haft umgewandelt.

Die Regierung manipulierte mit diesem Fall von »Hochverrat« die Stimmung des Volkes, erregte Furcht vor und Abscheu gegen den Sozialismus und den Anarchismus. Die Polizei verbreitete den Eindruck, die Sozialisten seien unwürdige, ehrlose Menschen, die man nicht als Japaner betrachten könne. Die Regierung nahm den Fall zum Anlaß, dem Polizeipräsidium eine Polizeisondereinheit zu unterstellen, die ausschließlich die Aufgabe hatte, die sozialistische Bewegung, die Protestbewegung der Arbeiter und Bauern, zu unterdrücken. Das Wort »Gesellschaft« im Sinne von societas, soziale

Gemeinschaft wurde verboten. Sogar der Verkauf des naturwissenschaftlichen Werks »Die Gesellschaft der Insekten« war von dem Verbot betroffen, weil es dieses Wort im Titel führte.

Der Freundschaftsverein Yūaikai

Es gelang der Regierung zwar, die sozialistische Bewegung zu unterdrücken, nicht aber den Kampf der Arbeiter um bessere Arbeitsbedingungen. Im Januar 1912 organisierten die Arbeiter der Straßenbahn in Tōkyō einen Streik, um Lohnforderungen durchzusetzen. Im August desselben Jahres gründete Suzuki Bunji, Anhänger christlich-humanistischer Ideen und engagiert für das Arbeiterproblem, den »Freundschaftsverein« *(Yūaikai)* genannten Arbeiterbund, der für eine Kooperation zwischen Arbeitern und Unternehmern eintrat. Er setzte sich zum Ziel, einerseits die Unternehmer von der Berechtigung der Forderungen der Arbeiter zu überzeugen, andererseits die soziale Stellung der Arbeiter durch Verbesserung ihrer Bildung und ihrer Manieren, durch technische Ausbildung und gegenseitige Hilfe zu heben. Obwohl in dieser Zeit die Gewerkschaften verboten waren, traten viele fortschrittlich gesinnte Facharbeiter dem Bund bei, der zuerst nur 15 Mitglieder hatte, nach vier Jahren aber bereits in allen Industriegebieten Zweigstellen unterhielt und sich zu einer 200 000 Mitglieder starken Organisation entwickelte. Diese Organisation vertrat die Interessen der Arbeiter gegenüber den Unternehmern und erfüllte die Funktion einer Gewerkschaft.

Der Mittelstand und der demokratische Reformismus

Mit der Entwicklung der kapitalistischen Wirtschaft hatten demokratische Ideen besonderen Einfluß auf den Mittelstand. Seit dem Scheitern der Bürgerrechtsbewegung unter der Herrschaft der Ideologie des Kaiserlichen Erziehungserlasses, der japanisches Denken (vornehmlich die shintōistische Ideologie) und traditionelle japanische Kultur als oberstes Ideal dem geistigen Leben aufoktroyierte, konnten sich konsequente demokratische Ideen als Kritik am Tennō-System, einige wenige Sozialisten ausgenommen, nicht entwickeln. Aber auch unter der Herrschaft des Erziehungserlasses wurden Forderungen nach Meinungsfreiheit und einer vom Parlament getragenen

Die innen- und außenpolitischen Lage nach 1905

Politik gestellt, Kritik an der Beamtenherrschaft und am patriarchalischen System geäußert, individualistisches Denken, Mitgefühl für die Armen, sowie, wenn auch nur im Ansatz, die Gleichheit aller Menschen gefordert.

Neben dem privilegierten Großkapital entwickelte sich die Klasse der selbständigen Industrieunternehmer, die von der Regierung nicht gefördert wurde, zu einer entscheidenden gesellschaftlichen Kraft. Im Jahre 1897 betrug die Zahl der Industrieunternehmen 6000. Diese erhöhte sich bis 1907 auf 10000 und bis 1910 auf 13000. Innerhalb dieses Zeitraums verdreifachte sich das Kapital der Unternehmen. Die Angestellten der Unternehmen sowie Lehrer, Ärzte und Techniker, Redakteure, Künstler, Rechtsanwälte, Beschäftigte in geistigen Berufen und Intellektuelle, die eine höhere Ausbildung genossen hatten, bildeten die neue soziale Mittelschicht.

Ihre Angehörigen stammten nicht nur aus der bürgerlichen Schicht der Städte, sondern auch aus Familien von Grundbesitzern und reichen Bauern. 1897 betrug die Zahl der Absolventen von Mittelschulen nur 2500, 1907 bereits 14000, 1912 stieg sie auf 18000 an; sie hatten einen großen Einfluß auf die öffentliche Meinung in den Landgebieten. Die Volksschulausbildung setzte sich immer mehr durch, ihr Niveau wurde angehoben. 1874, zwei Jahre nach dem Erlaß, der die Schulausbildung regelte, besuchten nur 32 Prozent der schulpflichtigen Kinder die Volksschule, 1900 waren es mehr als 70, 1910 dann 98 Prozent. Dieser Prozentsatz lag im Vergleich zu anderen Ländern ungewöhnlich hoch. 1906 wurde überdies der Pflichtschulbesuch von vier Jahre auf sechs Jahre erhöht.

Der Fortschritt der schulischen Ausbildung und das hohe Bildungsniveau waren die Bedingung dafür, daß in den Kreisen der Intellektuellen, der selbständigen Unternehmer und im neuen Mittelstand Ideen des demokratischen Reformismus Einfluß gewinnen konnten. Wortführer dieser Bewegung waren die oben erwähnten Sozialisten unterschiedlichster Couleur. Yoshino Sakuzō, seit der zweiten Hälfte des ersten Jahrzehnts dieses Jahrhunderts der geistige Führer des demokratischen Reformismus, kommentierte 1928 seinen eigenen Werdegang mit der Feststellung: »Die Wegbereiter demokratischer Ideen in den vergangenen zwei Jahrzehnten waren zweifellos die Sozialisten.« Kōtoku Shūsui schrieb im Gefängnis, kurz vor seiner Hinrichtung, einen Essay mit dem Titel »Die Ermordung Christi« — er meinte damit die Ermordung des göttlichen Tennō —, um dessen Publikation sich der Buddhist Takashima Beihō bemühte und dem der Nationalist Miyake Setsurei ein engagiertes Vorwort beifügte: ein Beispiel dafür, wie Sozialisten und demokratische Reformisten kooperierten.

Geschichte Japans

Die Ziele der demokratischen Reformisten waren allgemeines Wahlrecht für Männer, eine parlamentarische Politik und Einschränkung der Willkür des Militärs. Von 1909 bis 1911 brachten Hyūga Teruhiko, Matsumoto Kunpei, Kurahara Korehiko und andere junge Abgeordnete der Gesellschaft der Freunde konstitutioneller Regierung in jeder Legislaturperiode einen Antrag für die Einführung des allgemeinen Wahlrechts ein, der dann schließlich in der 27. Periode das Unterhaus passierte, aber vom Oberhaus einstimmig mit folgender Begründung abgelehnt wurde: »Den Armen das Wahlrecht zu geben, bedeutet Verrat gegenüber dem Staat . . . Das allgemeine Wahlrecht beruht auf der europäischen Idee der angeborenen Menschenrechte, widerspricht aber der japanischen Staatsidee.« Der Vorstand der Gesellschaft und der Konstitutionellen Volkspartei, die Mitglieder der ehemaligen Fortschrittspartei im März 1910 gegründet hatten, ließ den Gesetzesentwurf das Unterhaus passieren. Er tat dies ausschließlich zu dem Zweck, die durch die Hochverratsaffäre aufgeputschte Stimmung des Volkes zu besänftigen, hatte aber wohl von vornherein mit der Ablehnung seitens des Oberhauses gerechnet.

Auch die Kritik gegen die Vorrangstellung des Militärs wurde immer heftiger. Die Yomiuri-Zeitung kritisierte im Februar 1909 die Manipulationen des Militärs mit aller Schärfe: »Nach außen rechtschaffen und sauber, im Verborgenen korrupt und unverfroren. Beträchtliche Kommissionen einstecken für umfangreiche Rüstungseinkäufe und sich gütlich tun an diesem Bissen, das ist das eigentliche Gesicht der Führung des Heeres und der Marine.« Die Siemens-Affäre, die sich fünf Jahre später ereignete, gibt ein beredtes Zeugnis von diesen Zuständen. Im August 1911 protestierte Kapitän Ōta Sanjirō öffentlich gegen die von der Marine geforderte Truppenverstärkung. Er deckte die korrupten Praktiken der Marineführung auf und erklärte, daß »die Abschaffung des Systems, das Amt des Marineministers nur mit aktiven Offizieren zu besetzen, und die Ernennung eines Zivilbeamten für dieses Amt, wie im Ausland üblich«, der einzige Weg sei, die Macht des Militärs einzuschränken. Die »Tōkyōter Tagesnachrichten« druckte sogar seine Rede ungekürzt ab.

Schon vor dem Chinesisch-Japanischen Krieg, seit Kitamura Tōkoku, war das gemeinsame Thema der Meiji-Literatur, unabhängig von der Literaturauffassung, der Kreativität und der Gattung, die Befreiung des Individuums von der Unterdrückung durch das patriarchalische Familiensystem und durch die feudalistische Moral. Nach dem Russisch-Japanischen Krieg erkannte der sensible junge Dichter Ishikawa Takuboku scharfsinnig, wie die

Die innen- und außenpolitischen Lage nach 1905

»Zwangsherrschaft«, das Tennō-System, die japanische Jugend »ersticke«. Er meinte, daß es nicht Aufgabe der Literatur sei, sich die Genroku-Zeit zum Vorbild zu nehmen, sondern gegen diese »Zwangsherrschaft« zu kämpfen und den Weg zum »Morgen« zu öffnen. Ishikawa Takuboku hatte erkannt, daß die Hochverratsaffäre inszeniert war, und begann sich mit den Ideen des Sozialismus zu identifizieren.

Der Sturz des Saionji-Kabinetts durch das Heer

Wie oben erwähnt, wurde auch nach dem Russisch-Japanischen Krieg, unter dem Vorwand, einem Gegenschlag Rußlands vorzubeugen, die Aufrüstung für eine Intervention in China verstärkt. Die während des Krieges eingeführte Sondersteuer wurde nach dessen Beendigung nicht aufgehoben, sondern noch erhöht. Die mittleren und kleineren Unternehmer hatten die Last einer überhöhten Gewerbesteuer zu tragen und protestierten zusammen mit dem Volk gegen eine weitere Aufrüstung. Die Großunternehmer dagegen unterstützten den Militarismus des Tennō-Systems und wohl oder übel auch die Aufrüstung, die ihnen zunächst große Gewinne brachte. Aber auch sie mußten zur Mäßigung raten, denn die Last der militärischen Aufwendungen verhinderte auf weite Sicht eine gesunde Kapitalakkumulation.

Das Katsura-Kabinett, das durch die Älteren Staatsmänner, die die gemäßigte Haltung des Saionji-Kabinetts gegenüber den Sozialisten nicht tolerierten, im Juli 1908 an die Macht gekommen war, erfüllte die Erwartungen der Staatsmänner, indem es die Hochverratsaffäre inszenierte. Gegenüber der gegen das Militär aufgebrachten öffentlichen Meinung war es jedoch machtlos. Katsura mußte schließlich im August 1911 zurücktreten, weil er auch bei den Vertretern der Wirtschaft keine Unterstützung mehr fand.

Danach bildete Saionji sein zweites Kabinett, das vorwiegend aus Mitgliedern der Gesellschaft der Freunde konstitutioneller Regierung bestand. Gestärkt durch den eindeutigen Sieg, den diese Partei bei den Wahlen im Mai 1912 davontrug, versuchte die Regierung, den Etat für 1913 zu kürzen. Das Heeresministerium lehnte eine Kürzung nicht nur ab, sondern verlangte die Verstärkung des Heeres um zwei Divisionen. Hinter dieser Forderung standen Staatssekretär Tanaka Giichi und der Leiter der Abteilung für militärische Angelegenheiten Ugaki Kazushige. Premierminister Saionji wies, gestützt auf die Meinung der Unternehmer und weiter Kreise des Volkes, die

Forderung des Heeres zurück. Tanaka und Ugaki veranlaßten daraufhin den Heeresminister Uehara Yūsaku, über den Kopf des Premierministers hinweg beim Tennō direkt dessen Rücktritt zu bewirken. Sie überzeugten überdies Yamagata und andere einflußreiche Offiziere des Heeres, daß nach dem »Willen des gesamten Heeres« kein neuer Heeresminister mehr ernannt werden sollte. Im Dezember 1912 mußte das Saionji-Kabinett die Konsequenzen daraus ziehen und geschlossen zurücktreten.

Im Juli desselben Jahres war Meiji-Tennō gestorben, der Kronprinz hatte die Nachfolge angetreten. Der Äraname war von Meiji in Taishō umgeändert worden. Auch Itō Hirobumi, der Vertraute und Berater des Meiji-Tennō, war drei Jahre vorher gestorben. Der junge, politisch unerfahrere, geistig wenig begabte neue Tennō hatte keinen umsichtigen Politiker an seiner Seite, der ihn hätte beraten können. Yamagata hatte nach dem Tod von Itō keinen ebenbürtigen Gegner und baute als Primus inter pares der Älteren Staatsmänner seine Macht aus. Er entstandte den ihm ergebenen Katsura Tarō als Siegelbewahrer und Oberkammerherrn in den Palast, um durch die Autorität des Tennō den Einfluß der politischen Parteien zu unterdrücken. Als das Saionji-Kabinett zurückgetreten war, ließ er vom Siegelbewahrer einen Erlaß erwirken, der die Bildung eines neuen Kabinetts ermöglichte. Da der Siegelbewahrer ein Vorschlagsrecht hatte, konnte sich Katsura im Namen des Tennō selbst als Premierminister empfehlen.

Die Taishō-Krise

Dieses Vorgehen heizte die ohnehin gegen Katsura und das hinter ihm stehende Militär um Yamagata gerichtete Stimmung des Volkes weiter an. Die Marine entsandte keinen Marineminister in das neue Kabinett, um diese Gelegenheit zu nutzen, die Position des Heeres zu schwächen. Katsura erwirkte einen weiteren Erlaß, der es ermöglichte, daß der vorige Marineminister im Amt blieb, und konnte endlich ein vollständiges Kabinett vorstellen. Diese nur auf Erlasse des Tennō gestützte Politik brachte die Stimmung des Volkes zum Sieden und löste eine unerwartet heftige Bewegung aus, die ihren Unmut in der Parole »Schützt die Verfassung! Nieder mit der Cliquenwirtschaft!« artikultierte und in der Folge erreichte, daß auch wirklich eine Politik betrieben wurde, die die Verfassung respektierte.

Die innen- und außenpolitischen Lage nach 1905

Diese Bewegung wurde vor allem durch die Zeitungen *Yorozu Chōhō* und *Tōkyō Asahi* unterstützt. Im Parlament wurde sie von Inukai Tsuyoshi (Nationalistische Partei)[1] und Ozaki Yukio (Gesellschaft der Freunde konstitutioneller Regierung)[2] vertreten. Beide agitierten auf Veranstaltungen, für die sie Tausende von Teilnehmern mobilisieren konnten. Sie fanden außerdem Unterstützung beim Verband der Großunternehmer, der sogenannten »Vereinigung zur Förderung gesellschaftlicher Kontakte« *(Kōjunsha)*. Im Januar 1913, unmittelbar vor der neuen Sitzungsperiode des Parlaments, versammelten sich 400 Journalisten von Zeitungen und Zeitschriften aus allen Teilen des Landes. Ihre Forderung nach dem Schutz der Verfassung, den Sturz des Katsura-Kabinetts und der Beendigung der Macht außerparlamentarischer Gruppen war ein Anstoß für die Ausweitung der Bewegung. Alle Zeitungen, die sich mit ihr solidarisch erklärten, warnten davor, daß die Volksbewegung nicht von den politischen Parteien ausgenutzt werden dürfe, und beobachteten kritisch deren Reaktionen.

Angesichts dieser Entwicklung entschlossen sich Saionji, Vorstand der Gesellschaft der Freunde konstitutioneller Regierung, und das Vorstandsmitglied Hara Takashi, Schritte zum Sturz des Kabinetts zu unternehmen. Katsura hatte zu dieser Zeit die Majorität der Stimmen der Nationalistischen Partei gekauft und mit diesen Abgeordneten die Gesellschaft der Gleichgesinnten *(Dōshikai)* gegründet. Die dafür notwendigen Mittel hatte Katsura vor allem von der Mitsubishi-Gruppe erhalten. Am 5. Februar brachte Ozaki im Parlament einen Mißtrauensantrag gegen das Kabinett ein. Die Regierung verfügte eine Unterbrechung der Sitzungsperiode. Katsura intrigierte inzwischen im Palast, um zu erreichen, daß der Tennō Saionji befehle, das Kabinett zu stützen. Dem adligen Saionji war damit selbst jede Bewegungsfreiheit genommen, aber er versuchte keineswegs die Politische Union dazu zu bewegen, die Pläne zum Sturz des Kabinetts aufzugeben.

Als am 10. Februar die Sitzungsperiode wieder begann, versammelten sich Zehntausende — angeführt von den Intellektuellen des Kleinbürgertums, Angehörige der mittleren Schichten, Proletarier, Studenten — schon am frühen Morgen vor dem Parlamentsgebäude und machten den Abgeordneten Mut, die die Verfassung verteidigen wollten und zum Zeichen dieses Entschlusses eine weiße Rose an der Brust trugen. Die Regierung setzte 2500

---

1 1912 von Inukai Tsuyoshi gegründet, 1922 umbenannt in Reform-Club *(Kakushin Kurabu)*, vereinigte sich 1925 mit der Politischen Union.
2 Politische Partei, die Itō Hirobumi 1900, zusammen mit Saionji und Hara Takashi aus Mitgliedern der Verfassungspartei und Teilen der Beamtenschaft gegründet hatte.

bewaffnete Polizisten und drei Züge der Militärpolizei ein, um die Menge zu zerstreuen. Die Demonstranten ließen sich jedoch nicht einschüchtern. Als sich Premierminister Katsura schließlich entschloß, das Unterhaus aufzulösen, und diesen Entschluß dem Parlamentspräsidenten Ōoka Ikuzō mitteilte, antwortete dieser auf die Menge zeigend: »Sehen Sie sich diesen Auflauf an! Wenn wir das Unterhaus auflösen, dann will die Menge Blut sehen. Wir geben damit vielleicht Anlaß zu revolutionären Unruhen. Von Ihnen hängt es ab, ob wir einen Bürgerkrieg haben oder nicht.« Katsura, der nichts mehr fürchtete als einen Bürgerkrieg, entschloß sich zum Rücktritt. Hara Takashi teilte in seinem Tagebuch Ōokas Meinung. Er vermerkte dort, daß Katsuras Verbleiben im Amt mit Sicherheit einen revolutionären Aufstand ausgelöst hätte.

Das Volk, das sich um das Parlament versammelt hatte, zog weiter zum Hibiya-Park und teilte sich am Abend in mehrere Gruppen, die in der Stadt Zeitungsverlage wie »Yamato« und »Die Nation« besetzten, die das Katsura-Kabinett gestützt hatten, und Polizeistationen in Brand steckten. Am 11. trat das Katsura-Kabinett schließlich zurück. Diese Vorfälle werden als Taishō-Krise bezeichnet.

Der Aufruhr in der Hauptstadt griff schnell auf andere Städte über, auf Ōsaka (am 11.), Kobe (am 13. und 14.) und Hiroshima (am 16.). In Kyōto dauerte er drei Tage (17., 18. und 19.) und nahm besonders heftige Ausmaße an. Hätte zu dieser Zeit eine politische Partei das Volk organisiert und dessen Aktionen koordiniert, hätte sie dem Militär einen tödlichen Schlag versetzen und ein Parteienkabinett durchsetzen können. Hara Takashi fürchtete jedoch nichts mehr als eine Revolution, desgleichen Inukai von der Nationalistischen Partei. Deshalb endete die Taishō-Krise nur mit dem Sturz des Katsura-Kabinetts.

Diese Krise, eine von fortschrittlichen Journalisten angeführte Bewegung, in der das Volk der Hauptakteur war, bedeutete jedoch einen wichtigen Einschnitt in der japanischen Geschichte. Acht Jahre zuvor, als das Volk aus Protest gegen den Vertrag von Portsmouth Polizeistationen niedergebrannt hatte, stand es bis zu einem gewissen Grad unter dem Einfluß von Demagogen. Die Taishō-Krise aber war ein Kampf des Volkes, in dem die Massen ihren Willen sogar gegen den Erlaß, das Katsura-Kabinett zu stützen, durchsetzte. Da es aber keine eigene Interessenvertretung hatte, wurde sein Protest nur von den politischen Parteien zu deren eigenem Nutzen mißbraucht.

494

Von der Siemens-Affäre bis zum Ōkuma-Kabinett

Nach Katsura bildete Yamamoto Gonbei, Führer des Marinestabs, ein neues Kabinett. Saionji, der den Erlaß, das Katsura-Kabinett zu stützen, nicht respektiert hatte, zog die Konsequenzen und legte sein Amt als Vorstand der Gesellschaft der Freunde konstitutioneller Regierung nieder. Sein Nachfolger Hara Takashi verkaufte die Gesellschaft der Freunde konstitutioneller Regierung an das Yamamoto-Kabinett, er selbst übernahm das Amt des Innenministers.

Das Yamamoto-Kabinett mußte Zugeständnisse machen, um die öffentliche Meinung für sich zu gewinnen. Es erweiterte erstens die Bestimmungen zur Ernennung des Heeres- und Marineministers und ließ nun auch Offiziere der Reserve oder der Landwehr für dieses Amt zu. Zweitens erneuerte es die Verordnungen für die Ernennung von Zivilbeamten, indem es verfügte, daß alle hohen Beamtenstellen inklusive die des Polizeipräsidenten und des Leiters für Polizeiangelegenheiten im Innenministerium frei besetzt werden könnten. Drittens setzte es Verwaltungsreformen durch und kürzte den ursprünglichen Haushaltsetat für 1913 um 13 Prozent. Weiter ging es jedoch nicht. Das geringfügige erste Zugeständnis enthielt eine Zusatzbestimmung: Als Gegenleistung für die erweiterten Bestimmungen bezüglich der Ernennung des Heeres- und Marineministers wurde die Befugnis der Mobilmachung und der Organisation des Heeres, die bisher der Heeresminister hatte, dem Generalstabschef übertragen. Diese Maßnahme verstärkte die Macht des Militärs und gab natürlich der Kritik gegen dieses neuen Auftrieb.

Das Yamamoto-Kabinett erhöhte jedoch schon im Haushaltsplan für 1914 die Mittel für den Ausbau der Marine. Es konnte deshalb die während des Russisch-Japanischen Krieges festgesetzten Sondersteuern, die Verbrauchersteuer für Textilwaren und die Verkehrssteuer nicht aufheben, wie das Volk schon lange gefordert hatte, und schaffte auch die Gewerbesteuer nicht ab, gegen die sich besonders kleinere und mittlere Handels- und Gewerbeunternehmen wehrten.

Das hatte zur Folge, daß sich im Januar 1914 eine zweite Protestbewegung gegen die Cliquenwirtschaft der Regierung entwickelte. Sie hatte eine verfassungsgemäße Politik und die »Abschaffung der ungerechten Steuern« zum Ziel. Nach dem Tode Katsuras im Oktober 1913 hatte Katō Takaaki den Vorsitz über die Gesellschaft der Gleichgesinnten übernommen und im darauffolgenden Dezember die Konstitutionelle Vereinigung der Gleichgesinnten, die spätere Verfassungspartei gegründet. Die Konstitutionelle Vereinigung

Geschichte Japans

der Gleichgesinnten war aber jetzt Oppositionspartei und rief zum Sturz der korrupten Regierung auf. Die Regierungspartei, die Gesellschaft der Freunde konstitutioneller Regierung, verhielt sich neutral. Inukai von der Nationalistischen Partei stand im Einvernehmen mit Premierminister Yamamoto. Die politischen Gruppierungen reagierten wie auch später ohne Grundsätze und Programm.

Gerade in dieser Zeit kam das eigentlich schon öffentliche Geheimnis, daß die Führung der Marine für die Bauaufträge von Kriegsschiffen und andere Rüstungseinkäufe von der deutschen Firma Siemens, von der englischen Firma Vickers und der Handelsfirma Mitsui jahrelang Kommissionen eingesteckt hatte, an den Tag (Siemens-Affäre). Die Unzufriedenheit mit der Steuerpolitik, die Forderung nach Einschränkung der Macht des Militärs, die Forderung nach dem Sturz des uneingeschränkt von Militärs und Beamten beherrschten Systems waren der Anlaß, daß sich am 10. Februar, wie ein Jahr zuvor, Zehntausende vor dem Parlament versammelten. Die Regierung konnte die Menge durch Einsatz von 4000 Polizisten und eines Bataillons des Heeres auflösen. Es gelang ihr überdies, im Unterhaus mit Hilfe der Gesellschaft der Freunde konstitutioneller Regierung, die dort über die Mehrheit verfügte, den Mißtrauensantrag gegen das Kabinett und den Antrag zur Abschaffung der Gewerbesteuer scheitern zu lassen. Abgeordnete des Oberhauses aber, die Yamagata nahestanden, griffen die Regierung an und ließen den Haushaltsplan nicht passieren, wodurch das Yamamoto-Kabinett im März zum Rücktritt gezwungen wurde.

Danach erhielt der Beamte Kiyoura Keigo aus dem Kreis um Yamagata den Befehl, ein Kabinett zu bilden, das aber wegen des Widerstandes der Marine nicht zustandekam.

Die Älteren Staatsmänner gerieten in Verlegenheit, denn angesichts der Volksbewegung, der Konfrontation zwischen Heer und Marine und zwischen den Beamten der Yamagata-Gruppe und einer Anti-Yamagata-Partei ließ sich nicht leicht ein Kandidat für das Amt des Premierministers finden. Auf Vorschlag von Inoue Kaoru wurde schließlich Graf Ōkuma Shigenobu, der als Parteivorsitzender Erfahrung hatte und auch schon einmal Premierminister gewesen war, auf die Bühne der Politik zurückgerufen. Er wurde mit der Bildung eines Kabinetts beauftragt, in dem Außenminister Katō Takaaki, Vorsitzender der Konstitutionellen Vereinigung der Gleichgesinnten und Stellvertreter des Premierministers, die eigentliche Macht innehatte.

496

33

Die allgemeine Krise des Weltkapitalismus

Der Erste Weltkrieg, die Russische Revolution und Japan

»Zeichen des Himmels für die neue Taishō-Ära«; »Der Wettkampf zwischen der Kuh und dem Frosch«

Am 4. August 1914, vier Monate nach der Bildung des Ōkuma-Kabinetts, brach der Erste Weltkrieg aus. Am 9. August schrieb Inoue Kaoru an Ōkuma und Yamagata: »Der Krieg in Europa ist für das Schicksal Japans wie ein Zeichen des Himmels für die neue Taishō-Ära. Japan muß sich zu einer von einem Geist beseelten Nation zusammenschließen und auf dieses Zeichen antworten.« Der Parteienstreit um Senkung oder Abschaffung von Steuern, der nur eigenen Interessen diene, müsse aufhören, die Staatsfinanzen müßten in Ordnung gebracht, ein Bündnis mit England, Frankreich und Rußland abgeschlossen werden. »Japan muß seine Nutzungsrechte in Ostasien sichern ... die Herrscher Chinas zähmen«, damit Japan eine internationale, den Ländern Europas und Amerika ebenbürtige Stellung gewinne. Yamagata und Ōkuma waren »höchst einverstanden«.

Vierzig Jahre zuvor waren Inoue und seine Freunde unbemittelte junge Männer gewesen, die entschlossen gegen das Bakufu gekämpft hatten. Saigō Takamori, der Führer der Bewegung gegen das Bakufu, hatte damals, angesichts der drohenden Gefahr eines Krieges zwischen Preußen und Frankreich, das das Bakufu unterstützt hatte, sowie angesichts der Befürchtung, daß diese Unterstützung eingestellt werde, spontan geäußert: »Wenn zwischen beiden Ländern ein Krieg ausbricht, dann ist das für Japan ein großes Glück«, sich dann aber sogleich korrigiert: »Gegen den Willen des Himmels ist das eine große Sünde, und es ist angesichts der schwierigen Lage unseres Landes schändlich zu wünschen, daß beide Länder einen Krieg führen.«

Zwischen dem ersten Urteil und der Aufforderung, auf den Krieg in Europa als Zeichen des Himmels unbedingt reagieren zu müssen, bestand ein gewaltiger Unterschied. Es war der Unterschied zwischen einer revolutionären Jugend, die die alte Macht stürzen und einen neuen Staat aufbauen wollte, und den reaktionären Staatsmännern, die an der Macht waren und diese um jeden Preis behalten wollten.

Die Herrschenden versuchten dem Volk einzureden, daß Japan, das mit Rußland eines der stärksten Länder der Welt besiegt hatte, bereits »eines der ersten Länder der Welt« sei, und nicht mehr ein schwaches Land, das vor kaum einer Generation noch ungerechte Verträge hatte akzeptieren müssen. Jetzt seien alle Exterritorialitätsrechte aufgehoben, 1911 habe Japan die Zollautonomie zurückgewonnen und mit Europa und Amerika gleichberechtigte Verträge geschlossen. Darüber hinaus besitze das Land Kolonien, die um 80 Prozent größer seien als das eigene Territorium, dazu die Mandschurei als Halbkolonie gleicher Größe. Kurz, Japan sei das stärkste Land in Asien und verfüge über eine Land- und Seestreitmacht, die der anderer großer Länder ebenbürtig sei. Die Industrie entwickle sich schnell, die japanischen Handelsschiffe liefen alle wichtigen Häfen der Welt an. Die sechsjährige Volksschulausbildung habe sich fast im ganzen Lande durchgesetzt, Wissenschaft und Technik Europas und Amerikas seien auch Japanern vertraut. Außer in Europa und Amerika werde nur noch in Japan der Unterricht an Höheren Schulen in der eigenen Landessprache abgehalten.

So gesehen, ließ sich Japan wohl als eine Großmacht einordnen. Ermöglicht hatte diesen Aufschwung die Vitalität des japanischen Volkes, die für die Zwecke des Tennō-Systems und des Militarismus ausgenutzt worden war. Sie diente nicht dazu, den Lebensstandard des Volkes zu heben und die Energie seiner Kultur freizusetzen. Wie sehr es dieser Großmacht an Substanz und an wirklicher Kraft mangelte, hatte bereits 1909 Natsume Sōseki, einer der bedeutendsten Autoren des modernen Japan, erkannt: »Es gibt kein Land, das so verschuldet und so von Armut geplagt ist wie Japan. Wann wird man diese Schulden zurückzahlen können? Die Auslandsanleihen werden eines Tages beglichen werden, aber das sind nicht die einzigen Schulden. Japan ist ein Land, das ohne Schulden beim Abendland nicht auf die Beine kommt. Trotzdem nennt es sich eine Großmacht und will sich überdies noch in den Kreis der anderen Großmächte einreihen. In jeder Hinsicht werden Fundamente abgetragen und nur die Großmacht an die Oberfläche gekehrt. Wie unbesonnen das geschieht, das ist das Traurigste, zu vergleichen mit dem Wettkampf zwischen der Kuh und dem Frosch. Und der Bauch platzt schon ... Geistige Ermüdung und körperliche Schwäche gehen Hand in Hand. Nicht nur das. Der Verfall der Moral ist schon erkennbar. Sehen wir uns in Japan um! Ist da irgendeine lichte Seite zu entdecken?«

Die Krise des japanischen Imperialismus

Vergleichen wir Sōsekis literarische Darstellung mit der politischen und wirtschaftlichen Wirklichkeit, mit den internationalen Beziehungen Japans. Nach dem Russisch-Japanischen Krieg hatte Japan in großem Umfange Auslandsanleihen aufgenommen und seine industrielle Produktion immer mehr erweitert. Nach der Weltwirtschaftskrise des Jahres 1907 hatte es jedoch zu einer echten Konjunktur nicht zurückgefunden. Durch die hohe Steuerlast, durch überhöhte Pachtzinsen und Niedrigstlöhne waren Bauern und Arbeiter, der größte Teil des Volkes, verarmt und der Binnenmarkt kaum expansionsfähig. Wegen der großen Rüstungsausgaben und der immensen Summen, die die Verwaltung der Kolonien verschlang, brachen die Staatsfinanzen fast zusammen. Im Jahre 1914 betrugen die Auslandsanleihen noch knapp 2 Milliarden Yen, das Sechsfache der Steuereinnahmen desselben Jahres. Selbst die Begleichung der Zinsen war nicht ohne weiteres möglich. Japan importierte außerdem mehr, als es exportierte, was die Währungsreserven von Jahr zu Jahr verringerte. Die freie Konvertierbarkeit war unter diesen Umständen schwer aufrechtzuerhalten. In der angespannten wirtschaftlichen Situation kämpfte das Volk gegen die politische Cliquenwirtschaft, protestierte gegen die Aufrüstung, verlangte die Abschaffung oder Senkung von Steuern und attackierte unaufhörlich die von Beamten und Militärs beherrschte Regierung. Die Öffentlichkeit brachte hintereinander zwei Kabinette zu Fall.

Die internationale Kräftekonstellation erlaubte es nicht länger, wie vor dem Russisch-Japanischen Krieg, innenpolitische Schwierigkeiten durch einen Einfall in ein anderes Land nach außen zu kehren. Allein dadurch, daß Japan ein imperialistisches Land geworden war — Inoue betont das in dem oben zitierten Brief —, verschärfte sich der Konflikt mit Amerika und England. Und auch die Konfrontation mit Rußland wurde offen oder versteckt immer heftiger. Darüber hinaus nahm der Kampf des koreanischen Volkes um Unabhängigkeit nach der Annexion immer entschiedenere Formen an. Um diesen Kampf zu unterdrücken, war die Verstärkung der in Korea stationierten Truppen um eine Division unerläßlich. Dies überstieg die Finanzkraft Japans und löste die Taishō-Krise aus. Der Konflikt mit den Kolonien war die Ursache für eine Eskalation des Konflikts im eigenen Lande. Das chinesische Volk hatte sich inzwischen von der despotischen Herrschaft des Qing-Hofes befreit und nutzte den Konflikt zwischen Japan, England und Amerika. China traf Maßnahmen, die die Vorherrschaft Japans brechen sollten, wie z.B. den mit englischem Kapital finanzierten Bau der Eisenbahnlinie zwischen Jinzhou und Zhaoyang in der Mandschurei.

Die Zukunft der neuen Großmacht Japan, die im internationalen Kräftespiel den Konflikt zwischen England, Amerika und Rußland ausnutzte und von England Unterstützung erhielt, weil sie diesem als Vorposten im Fernen Osten diente, sah düster aus. Wenn die Regierung auch dem Volk einredete, daß Japan eine Großmacht sei und Nationalstolz zu wecken versuchte, so wußten die Älteren Staatsmänner und die mächtigen Politiker, die seit der Meiji-Zeit durch einen gefährlichen Seiltanz die Krise herbeigeführt hatten, doch zu genau, daß es fast keinen Ausweg gab. Und eben deshalb entdeckten sie in der Tragödie des Weltkriegs ein »Zeichen des Himmels«, wie diese Krise überwunden werden könnte.

Die Teilnahme am Ersten Weltkrieg und die »21 Forderungen« an China

Die japanische Regierung nahm das Bündnis mit England zum Vorwand und entschloß sich, am Ersten Weltkrieg teilzunehmen, obwohl es damit die Pläne Englands störte. Die Zeitschrift »Ostasiatische Wirtschaftsnachrichten« — das damals wichtigste Presseorgan für Wirtschaft und Politik — kritisierte leidenschaftlich diesen Entschluß. Nach dem Erlaß des Tennō, mit dem Deutschland der Krieg erklärt wurde, kam es im Parlament zu einer heftigen Auseinandersetzung zwischen fortschrittlichen Abgeordneten und der Regierung sowie zur Ablehnung des Militärhaushalts. Daß im Parlament, nachdem der Tennō den Krieg erklärt hatte, sich Gegenstimmen meldeten, war ein Ereignis ohne Beispiel.

Die japanische Marine besetzte sofort die Inseln im Südpazifik nördlich des Äquators, die unter deutscher Verwaltung standen. Das Heer griff den deutschen Stützpunkt Qingdao in der Provinz Shandong an und übernahm die deutschen Nutzungsrechte an diesem Gebiet. Als die Alliierten daraufhin Japan aufforderten, auch Truppen nach Europa zu entsenden, weigerte sich

Die allgemeine Krise des Weltkapitalismus

die Regierung. Gegen Ende des Krieges schickte sie allerdings eine kleine Flotteneinheit ins Mittelmeer unter der Bedingung, daß nach Abschluß eines Friedensvertrags die einst Deutschland gehörenden Inseln im Südpazifik japanisches Territorium würden.

Japan zog, nachdem es die deutschen Einheiten aus Shandong vertrieben hatte, seine Truppen nicht zurück, sondern verstärkte sie. Damit verlieh es seiner Forderung nach einem 21 Artikel umfassenden Abkommen Nachdruck, die es im Januar 1915 an den Präsidenten Chinas Yuan Shikai stellte. Der erste Abschnitt des Abkommens sah vor, daß die deutschen Nutzungsrechte an der Provinz Shandong an Japan übergehen. Der zweite Abschnitt führte in sieben Artikeln aus, daß die Östliche und Innere Mongolei sowie die Mandschurei de facto als japanisches Territorium anerkannt werden sollten. Der dritte Abschnitt bestimmte, daß die Hanyeping-Gesellschaft (Chinas größte Eisenerz- und Kohlegruben) von Japan und China gemeinsam zu bewirtschaften seien. Der vierte Abschnitt verbot die Abtretung der Küstengebiete Chinas und der davor liegenden Inseln, und der fünfte Abschnitt schließlich legte in sieben Artikeln fest, daß die chinesische Regierung japanische Berater für Militär- und Finanzangelegenheiten einstellen müsse und die chinesische Polizei den Erfordernissen entsprechend mit der japanischen zusammenzuarbeiten habe. Zu diesem Zweck sollten japanische Polizisten angestellt werden. Japan sicherte sich Lieferungsrechte für mehr als die Hälfte der Waffen, die das chinesische Heer benötigte. Für gemeinsame Waffenarsenale sollte es Techniker und Material zur Verfügung stellen. Japanern wurde das Recht zugesprochen, in China Land zu besitzen oder als Missionare tätig zu sein. Nutzungsrechte an Eisenbahnlinien und Häfen rundeten den Vertrag ab.

Der erste bis vierte Abschnitt nahm China wichtige Gebiete, der fünfte Abschnitt stellte das chinesische Heer und die Polizei vollkommen unter japanische Herrschaft und nahm dem chinesischen Volk seine Souveränität. Ganz China reagierte auf diese Forderungen mit heftigem Protest. Auch Präsident Yuan, der sonst bereit war, sein Land zu verkaufen, lehnte den fünften Abschnitt ab. Er informierte England und Amerika, die ihrerseits wegen dieses Abschnitts intervenierten, so daß sich Japan gezwungen sah, diesen zurückzuziehen. Die anderen Abschnitte des Abkommens wurden unter Androhung von Waffengewalt ratifiziert (am 9. Mai). Japan war jetzt für das chinesische Volk das verhaßteste imperialistische Land.

501

Geschichte Japans

Die zweite Bewegung für die »Unabhängigkeit der Mandschurei und der Mongolei«

Im Frühling des Jahres 1916 begann der Generalstab auf eigene Faust zu handeln. Fukuda Masatarō, Leiter seiner zweiten Abteilung, hob mit Japanern, die in China ohne offiziellen Auftrag operierten, ein Heer zur »Befreiung der Mandschurei und der Mongolei« aus.[1] Zu dessen Führung wurden Oberst Doi Ichinoshin und Major Koiso Kuniaki entsandt. Dasselbe Ziel verfolgten der Außenminister und der Vizechef des Generalstabs Tanaka Giichi, allerdings auf anderem Wege, nämlich unter Einschaltung des Militärs um Zhang Zuolin in der Mandschrei. Auch das Generalgouvernement in Kuan Tung reagierte ohne Abstimmung mit der Regierung. Der Generalgouverneur nahm Partei für Zhang Zuolin, während sein Divisionschef den Plan Dois unterstützte, Zhang durch einen Bombenanschlag zu beseitigen. Unerwartet starb der chinesische Präsident Yuan Shikai, der die Kooperation mit Japan abgelehnt hatte. Auf Beschluß der Regierung und des Generalstabs wurde sein Stellvertreter Li Yuanhong als Präsident eingesetzt. Die Regierung zog es vor, diesen als Marionette für ihre politischen Ziele einzusetzen und den Plan, die »Mandschurei und die Mongolei zu befreien«, aufzugeben.

Damit scheiterte auch der zweite Invasionsversuch. Daß aber der Generalstab über den Kopf der Regierung hinweg Truppen in Bewegung setzte, daß überdies im Generalstab keine Einigkeit herrschte und sogar Ressortchefs und im Ausland stationierte Offiziere Aktionen von großer Tragweite planen konnten, dieser Zustand wiederholte sich später mit weittragenden Konsequenzen. 12 Jahre später führte er zum Bombenanschlag auf Zhang Zuolin, 15 Jahre später zum Zwischenfall in der Mandschurei.

---

1 Die »Befreiung der Mandschurei und der Mongolei« wurde von ihnen angeregt. Uchida Ryōhei, der Vertreter ihrer mächtigen Vereinigung (Vereinigung des schwarzen Drachens), richtete im Oktober 1914 ein geheimes Schreiben an die japanische Regierung, in dem er vorschlug, das System der Republik wieder umzuändern in eine konstitutionelle Monarchie, deren Regierung mit Japan ein »Verteidigungsabkommen« schließen sollte. Japan müsse in China die Militärherrschaft ergreifen, um sich dann das Herrschaftsrecht über die Mandschurei und die Mongolei zu sichern.

502

Vom Ōkuma- zum Terauchi-Kabinett

Das politische Ungeschick, das Premierminister Ōkuma und Außenminister Katō durch die 21 Forderungen bewiesen hatten, führte zum Zerwürfnis zwischen Yamagata und dem Kabinett. Katō strebte eine Zentralisierung der Außenpolitik an. Er enthielt Yamagata und den anderen Älteren Staatsmännern Informationen vor und versuchte, das Bündnis mit England zu festigen, während Yamagata gegen dieses Bündnis arbeitete und durch Verhandlungen mit Rußland Fortschritte in der Aufteilung Chinas erzielen wollte. Im August 1915 mußte Katō auf Betreiben der Älteren Staatsmänner zurücktreten. An seiner Stelle wurde Ishii Kikutarō Außenminister und schloß im Juli 1916 den vierten Japanisch-Russischen Vertrag ab. Bis zum dritten Abkommen war die Aufteilung der Mandschurei und der Mongolei Hauptgegenstand der Übereinkünfte, jetzt aber ganz China. Der vierte Vertrag war ein militärisches Geheimabkommen gegen das Vordringen Amerikas und Englands in China.

Bis zu diesem Zeitpunkt hatte Ōkuma die vom Heer geforderte zweite Division bewilligt. Der Japanisch-Russische Vertrag war abgeschlossen, was bedeutete, daß für Yamagata das Ōkuma-Kabinett seinen Dienst getan hatte. Yamagata intrigierte im Oberhaus gegen das Kabinett — im Unterhaus hatte er keinen Einfluß, denn dort hatte die Regierungspartei die absolute Mehrheit — und zwang es im Oktober 1916 zum Rücktritt. Der zu den engsten Anhängern Yamagatas gehörende Terauchi Masatake, General des Heeres, wurde Premierminister und bildete ein reines Beamten-Kabinett.

Das »21-Artikel-Abkommen« mit China und der vierte Japanisch-Russische Vertrag mußten die Spannungen zwischen Japan, England und Amerika erhöhen. Für beide Länder war der Krieg gegen Deutschland das dringlichere Problem, weshalb sie Japans Vorgehen zunächst dulden mußten. Im April 1917 beteiligte sich auch Amerika am Krieg und schloß einen einstweiligen Kompromiß mit Japan. Im August trat auch China in den Kampf ein. Der japanische Botschafter in Amerika Ishii unterzeichnete mit dem amerikanischen Verteidigungsminister Lansing im November das sogenannte »Ishii-Lansing-Abkommen«, mit dem Amerika die »Sonderrechte und -interessen« anerkannte, die Japan durch die Besetzung chinesischen Territoriums erworben hatte.

Nach dem Tode Yuans gelang es seinem Nachfolger Li Yuanhong nicht, die Autorität der Regierung wiederherzustellen. In den einzelnen Provinzen hoben die Militärs und die, die dort Macht hatten, ein Privatheer aus und machten sich als Militärclique von der Regierung unabhängig. Das Terauchi-Kabinett sah sich angesichts dieses Chaos gezwungen, den Regierungschef unter Präsident Li, Duan Qirui, finanziell zu unterstützen. Es bewilligte zwischen Juni 1917 und September 1918 ein Darlehen in Höhe von 186 Millionen Yen, das offiziell für den Bau von Eisenbahnlinien und zur Behebung von durch Überschwemmungen verursachten Schäden bestimmt war, das Tuan aber für politische und militärische Zwecke verwenden sollte. Dieses nicht durch Pfand abgesicherte Darlehen wurde von dem persönlichen Gesandten von Premierminister Terauchi, Nishihara Kamezō, ohne Einschaltung des Außenministeriums direkt mit Tuan ausgehandelt.

Die japanische Regierung hatte durch dieses Darlehen Duan in der Hand. Sie wechselte im März 1918 mit der chinesischen Regierung Noten, die der Vorbereitung der gemeinsamen Verteidigung dienten und erzwang im Mai sowohl für das Heer als auch für die Marine das »Militärabkommen zur gemeinsamen Verteidigung zwischen Japan und China«. Dieses bestimmte, daß beide Länder, was »Stellung und Interessen betrifft, als gleich zu betrachten« seien. Beide Länder hätten den Fernen Osten gemeinsam zu verteidigen und gemeinsam zu operieren. Japan solle zu diesem Zweck »Kontaktoffiziere« für das chinesische Heer entsenden. Außerdem sollten auf dem chinesischen Territorium gemeinsame Truppenstützpunkte gebaut und unterhalten werden. Dieses Abkommen provozierte eine Protestbewegung der chinesischen Studenten, Kaufleute und Arbeiter.

Der wirtschaftliche Aufschwung und die Stabilisierung des Industriekapitalismus

Der Weltkrieg gab der japanischen Regierung nicht nur die Möglichkeit, ihre Aggressionspolitik gegen China zu verstärken, sondern war Anlaß für einen beispiellosen wirtschaftlichen Aufschwung. Unmittelbar nach Ausbruch des Krieges blieb Japan von den Auswirkungen des Abbruchs oder der Behinderungen des Handelsverkehrs nicht verschont, aber schon seit der zweiten Hälfte des Jahres 1915 konnte es einen Exportzuwachs verzeichnen. Die Industrie erlebte einen sprunghaften Aufschwung. Neben den Einnahmen aus dem Außenhandel hatte das Land Einnahmen aus dem Seetransport und aus anderen Quellen, so daß die Münzreserven Japans von 341 Millionen Yen im Jahr 1914 auf 2,045 Milliarden Yen bis Ende des Jahres 1919 anstiegen.

Die allgemeine Krise des Weltkapitalismus

Japan, das vor dem Kriege fremdes Kapital importierte, war nun ein Land, das Kapital exportierte. Rußland dagegen mußte zu dieser Zeit in England Staatsanleihen aufnehmen. Besonders wichtig für die schnelle Entwicklung der japanischen Industrie war der Export von Industriekapital, vor allem das der Spinnereiunternehmen. Bis 1913 hatte Japan in China sechs Fabriken gebaut, die eine Kapazität von 174700 Spulen hatten und mit 2648 Webmaschinen ausgestattet waren. Während des Weltkrieges (in der Zeit von 1914 bis 1919) errichtete es dort weitere acht Fabriken, die die Kapazität um 186500 Spulen erhöhten, die Zahl der Webmaschinen stieg um 2352. Während der Wirtschaftskrise des Jahres 1920 stieg der Kapitalexport in diesem Industriebereich noch weiter an. 1923 wurde in China mehr Baumwollgarn produziert, als in Japan produziertes Garn nach China exportiert.

Die Gesamtproduktion der Land- und Forstwirtschaft, der Fischerei und des Erzbergbaus erhöhte sich im Wert zwischen 1914 und 1919 um das Dreifache, die Industrieproduktion um das Fünffache. Ihr Anteil an der Gesamtproduktion stieg von 44,4 auf 56,8 Prozent. Die landwirtschaftliche Gesamtproduktion stieg im Wert ebenfalls um das Dreifache an, ihr Anteil an der oben angeführten Gesamtproduktion fiel aber von 45,4 auf 35,1 Prozent. Ende 1914 produzierten in Japan 16858 Unternehmen mit einem Gesamteinlagekapital von 2,070 Milliarden Yen, Ende 1919 26820 Unternehmen mit einem Gesamteinlagekpital von etwa 6 Milliarden Yen. Die Unternehmen, die mehr als fünf Arbeiter beschäftigten, zählten zu Beginn dieses Zeitraums etwa 32000 mit insgesamt 984000 Beschäftigten, am Ende 44000 mit insgesamt 1,6 Millionen Beschäftigten. Die Zahl der Arbeiter im Bergbau stieg von 294000 auf 465000.

Die Produktion von Eisen und Maschinenteilen sowie der Schiffsbau hatten sich im Gegensatz zum Fertigungsmaschinenbau schnell entwickelt. Der größte Teil der Spinnmaschinen mußte noch eingeführt werden. Das Planungskapital der Industriebereiche Spinnerei und Weberei stieg während des Krieges um das 97fache, während sich die technische Ausrüstung nur verdoppelte. Japan war immer noch ein Land der Leichtindustrie.

In diesem wirtschaftlichen Aufschwung setzte sich der Industriekapitalismus durch Akkumulation und Konzentration des Großkapitals, durch die Verbindung von Industrie- und Finanzkapital, repräsentiert von den vier großen Konzernen der Geldaristokratie, durch, und gewann gleichzeitig auch Einfluß auf Politik und Gesellschaft. Im März 1917 gründeten die Großunternehmer der wichtigsten Industriezweige den »Industrie-Klub«. Bis dahin hatte es zwar eine Handelskammer gegeben, deren Mitglieder aus dem

505

Kreis der Gewerbesteuer zahlenden Unternehmer gewählt wurden und die die Interessen der mittleren und kleineren Unternehmen vertraten. Die Großunternehmer brauchten aber jetzt ihre eigene Organisation, in der die Vertreter der Konzerne Mitsui und Mitsubishi das entscheidende Wort hatten und mit der unverdächtigen Losung »Entwicklung der Wirtschaft« die Regierung, das Militär und die politischen Parteien als »Schattenregierung« beeinflußten.

Die Blütezeit des Systems der Grundbesitzer, der Wandel in der Landwirtschaft und auf den Dörfern

Mit dem Aufschwung der Industrie und dem Bevölkerungszuwachs der Städte veränderten sich die Landwirtschaft und das Leben in den Dörfern grundlegend. Zwischen 1914 und 1919 vergrößerte sich die Anbaufläche um 4,4 Prozent, die Produktion von Seidenkokons stieg im Wert von 175 Millionen Yen auf 771 Millionen Yen und bildete die Hauptursache für die Hochkonjunktur in der Landwirtschaft. Die landwirtschaftliche Gesamtanbaufläche Japans war im Jahre 1921 am größten. Sie betrug mehr als 6 Millionen *chō*[1], was 15,8 Prozent der Gesamtfläche des Landes ausmachte, Hokkaidō und Okinawa eingeschlossen. Ab 1922 verringerte sich die Anbaufläche wieder, weil die Erschließung von Agrarland nicht mithalten konnte mit der Nutzung von Land, das für den Bau von Industrieanlagen, Wohnsiedlungen, militärischen Anlagen, Straßen und Eisenbahnlinien gebraucht wurde.

Die Zahl der Bauern, die weniger als ein *chō*, vor allem weniger als fünf *tan*[2] bestellten, nahm ab, während landwirtschaftliche Betriebe mit einer Fläche zwischen ein und zwei *chō* zunahmen, ebenso in der Phase der Hochkonjunktur die Zahl der Großbetriebe mit einer Fläche von mehr als zwei *chō*. Besonders die Bauern, die Seidenraupen- und Viehzucht betrieben oder Gemüse anbauten, gelangten zu Wohlstand. In der Reisproduktion wurden immer mehr pedalbetriebene Maschinen zur Enthülsung eingesetzt, die alten Werkzeuge allmählich durch Dreschmaschinen ersetzt. Chemischer Dünger verdrängte die natürlichen Düngemittel.

---

[1] 1 *chō* = 99,18 a.
[2] 1 *tan* = 991,7 qm.

Im Reisanbau dagegen, dem wichtigsten Bereich der japanischen Landwirtschaft, war die Produktionserweiterung minimal. Die mittleren Bauern konnten nicht so leicht ihren Landbesitz vergrößern. Das System der Grundbesitzer war zu stark, die Bodenpreise hoch. Land zu pachten, war wegen der hohen Pachtzinsen nicht rentabel.

Im Vergleich zu der Zahl der mittleren landwirtschaftlichen Betriebe, die etwas anstieg, verminderte sich die Zahl der Besitzer von Ackerland zwischen fünf *tan* bis zehn *chō*. Einer der Gründe dafür war wohl, daß immer mehr Bauern ihr Land verkauften und sich mit dem Erlös eine andere Existenz aufbauten. Häufig wurde ihr Land von den Großgrundbesitzern aufgekauft. Gerade während des Krieges stieg die Zahl der Großgrundbesitzer mit Ländereien zwischen zehn und 50 *chō* und die der Großgrundbesitzer mit einem Besitz von über 50 *chō* enorm, letztere um 42 Prozent (4226 Familien), erstere um 13 Prozent (45978 Familien). Das System der »parasitären« Grundbesitzer erreichte seinen Höhepunkt.

Aber auch die durch den Krieg ausgelöste Hochkonjunktur veränderte im Grunde nicht die halbfeudalistische Struktur der Landwirtschaft, das System der Selbstversorgung allerdings brach in dieser Zeit zusammen. Handgewebte Kleidung trugen auch die Bauern der entlegensten Dörfer nicht mehr. Auf den Bergstraßen, auf denen einst Menschen ihre Wagen gezogen hatten, fuhren jetzt Pferdewagen; die Eisenbahnlinien reichten bis in die Nähe der Dörfer, das Leben der Dorfbewohner begann sich der neuen Zeit anzupassen. Das kapitalistische System beeinflußte das Leben der Landbevölkerung immer mehr, traditionelle Bräuche und Überlieferung gerieten in Vergessenheit.

Die Russische Revolution, das Ende des Ersten Weltkrieges und der Versailler Vertrag

Der Erste Weltkrieg, den die Herrschenden in Japan als »Zeichen des Himmels« begeistert begrüßt hatten, war die Ursache dafür, daß nicht nur in Japan, sondern auch in anderen Ländern die arbeitende Bevölkerung große Opfer auf sich nehmen mußte. Die darauf folgende Krise erschütterte die ganze kapitalistische Welt. Im zaristischen Rußland, in dem alle Widersprüche des imperialistischen Systems offen zu Tage traten, dem schwächsten Glied dieses Machtblocks, erhob sich am 8. März 1917 das Volk für Frieden,

Brot und Ackerland. Die bürgerlich-demokratische Revolution stürzte das Zarensystem. Am 7. November desselben Jahres rissen die Bolschewiki unter der Führung Lenins die Herrschaft an sich. Einen Tag nach Erringung der Macht rief der Sowjet als neues Regierungsorgan alle kriegführenden Länder auf, Frieden zu schließen.

Das Friedensangebot der Sowjetregierung wurde von den Alliierten abgelehnt, im März 1918 kam wenigstens ein Friedensvertrag mit Deutschland zustande.

Die Russische Revolution übte auf die Soldaten und Arbeiter der kriegführenden Länder einen tiefen, ständig wachsenden Einfluß aus und förderte die Friedensbewegung der deutschen und österreichischen Arbeiter und den Unabhängigkeitskampf der unterdrückten Völker. Das Scheitern der großen Offensive des deutschen Heeres an der Westfront verschärfte die revolutionären Bewegungen in Deutschland und den mit ihm verbündeten Ländern, die nacheinander ab September kapitulierten. Im November erreichte die im Kriegshafen von Kiel ausgebrochene Revolution Berlin. Am 10. November floh der deutsche Kaiser ins Ausland, am 11. kapitulierte schließlich auch Deutschland. Der Weltkrieg, der vier Jahre und drei Monate gedauert hatte, war zu Ende.

Im Rahmen der Friedensverhandlungen verlangte die chinesische Republik, einer der Siegerstaaten, daß die ehemaligen deutschen Nutzungsrechte an der Provinz Shandong zurückgegeben werden sollten, aber England, Frankreich und natürlich auch Amerika schlossen einen Kompromiß mit Japan und beließen diesem seine Rechte. Japan erhielt außerdem die einst von den Deutschen besetzten Inseln im Südpazifik als »Mandatsgebiet«.

Auf Anregung des Präsidenten Wilson wurde als Organisation zur »friedlichen Regelung internationaler Konflikte« der Völkerbund gegründet. Deutschland und die Sowjetunion durften diesem Bund nicht beitreten, und auch der amerikanische Kongreß stimmte gegen die Mitgliedschaft in dem vom eigenen Präsidenten vorgeschlagenen Bund. Japan wurde eines der ersten, den Vorstand führenden Mitgliedsstaaten und war stolz darauf, neben England, Amerika, Frankreich, Italien zu den »Großen Fünf« zu zählen.

Die Einmischung in die Russische Revolution und die Landung japanischer Truppen in Sibirien

Der Friedensvertrag von Versailles sicherte England und Frankreich die Herrschaft über Europa und diente gleichzeitig dazu, die Einmischung der Westmächte in die russische Innenpolitik zu rechtfertigen. Die Alliierten wollten schon vorher, unabhängig vom Verlauf der Revolution, verhindern, daß Rußland den Krieg mit Deutschland beendete, und hatten Vorbereitungen zu einer militärischen Intervention getroffen. Im Januar 1918 waren japanische und englische Kriegsschiffe in den Hafen Wladiwostok eingedrungen, im Februar und im März englische und amerikanische Truppen in Murmansk gelandet, um von dort aus nach Petersburg vorzustoßen.

Tschechoslowakische Soldaten der österreichischen Armee, die vor Ausbruch der Revolution in Gefangenschaft des zaristischen Heeres geraten waren, wurden nach Verhandlungen mit der Sowjetregierung, die ihrem Wunsch, auf der Seite der Alliierten zu kämpfen, stattgab, nach Wladiwostok transportiert, damit sie von dort aus mit dem Schiff nach Frankreich fahren konnten. Im Mai, auf dem Weg von Westrußland nach Wladiwostok, wurden die Transporte in Sibirien von englischem und französischem Militär gestoppt, und die Soldaten begannen, entgegen ihres Versprechens, gegen die Sowjetregierung zu kämpfen und besetzten Gebiete Sibiriens. Im Juni landeten zu ihrer Unterstützung japanische und englische Truppen in Wladiwostok.

Das deutsche Heer drang nach Südrußland vor und wartete auf die Gelegenheit, Ostrußland erneut anzugreifen. Inzwischen hatten Japan, England, Frankreich und Amerika ein Expeditionskorps nach Sibirien entsandt, um in den Bürgerkrieg einzugreifen.

Die herrschende Klasse Japans glaubte zu diesem Zeitpunkt nicht an den Sieg der Russischen Revolution. Sie verfolgte das Ziel, Ostsibirien zu besetzen oder dort eine Marionettenregierung zu bilden. Dadurch wären die Nordmandschurei und die Mongolei automatisch unter die Herrschaft Japans geraten und die Beherrschung ganz Chinas möglich geworden. Die japanische Regierung meinte, ein erneutes Vordringen der Westmächte nach Beendigung des Weltkrieges auf diese Weise leicht abwehren zu können. Amerika durchschaute die Absichten Japans und versuchte, dessen Einfall in Sibirien zu verhindern. Als Japan aber ohne Absprache Truppen dort landete, entschloß sich Amerika zu einem gemeinsamen Vorgehen. Es entsandte 7 000, England und Frankreich zusammen 5 800 und Japan 12 000 Soldaten.

Am 2. August gab Japan die Entsendung der Truppen nach Sibirien bekannt. Die öffentliche Meinung, besonders die Zeitschrift »Ostasiatische Wirtschaftsnachrichten« und die Ōsaka Asahi Shinbun protestierten dagegen. Nur wenige, wie auch später während der sogenannten »Reis-Aufstände«, gaben den ausrückenden Truppen das Geleit. Japan entsandte zunächst 12 000 Soldaten, doch nach drei Monaten hatte es bereits drei Divisionen in Sibirien stationiert, und bald darauf erreichte seine Truppenstärke 75 000 Mann.

Nach dem Ende des Weltkriegs, als der Vorwand entfiel, Rußlands einseitigen Friedensabschluß mit Deutschland zu verhindern, verstärkten die Alliierten ihren Druck auf Rußland und unterstützten mit allen Mitteln die konterrevolutionäre Armee. Das englische und französische Heer drangen in Südrußland ein, nachdem sich die geschlagenen deutschen Truppen von dort zurückgezogen hatten.

England, Frankreich, Japan, Amerika und weitere neun Länder bedrängten von allen Seiten das junge, im Umsturz begriffene Rußland, das nach der Schreckensherrschaft des Zarismus und nach vier Kriegsjahren unter dem Mangel an Nahrungsmitteln, Kleidung und Brennstoff litt.

Im Januar 1920 beendeten England, Frankreich und Italien die Blockade Rußlands, das amerikanische Heer zog sich aus Sibirien zurück. Der vom polnischen Heer im April 1920 unternommene Einfall in die Sowjetunion endete im Oktober mit einer vernichtenden Niederlage. Die Sowjetunion hatte sich gegen jede Einmsichung behauptet und schließlich auch die Gegner im eigenen Lande besiegt.

Nur das japanische Heer setzte unter nicht überzeugendem Vorwand seine Einmischungspolitik fort. Je weiter es vordrang, desto mehr Niederlagen mußte es einstecken. Schließlich folgte unter beschämenden Umständen im Juni 1922 der Rückzug aus Sibirien, 1925 auch der Abtransport der nach Nordsachalin entsandten Truppen. Das imperialistische Japan hatte seinen ersten Krieg verloren.

Der Erste Weltkrieg veränderte das Kräfteverhältnis der imperialistischen Welt. Deutschland und Österreich, die den Krieg verloren hatten, konnten für eine Zeitlang am Konkurrenzkampf nicht teilnehmen. Die Siegerländer England und Frankreich brauchten Jahre, um sich von den Folgen des Krieges zu erholen. Nur Amerika und Japan erlebten einen wirtschaftlichen Aufschwung. Amerika wurde das Finanzzentrum der Welt. Der Mittelpunkt der kapitalistischen Weltwirtschaft war nicht mehr London, sondern New York.

Diese Verlagerung führte zu einer neuen Konfrontation der imperialistischen Länder. Das Verhältnis zwischen Deutschland, England und Frankreich verhinderte eine Normalisierung der Beziehungen in Europa. Auch zwischen Japan, Amerika und England kam es wegen China und der Beherrschung des Pazifischen Ozeans zu Auseinandersetzungen. Soziale Auseinandersetzungen und die Unabhängigkeitsbestrebungen der Kolonien erhielten Auftrieb durch den während des Krieges nachlassenden Druck der unter sich uneinigen kapitalistischen Länder.

34
Die Demokratie, die Reis-Unruhen und das Hara-Kabinett
Annäherung an den Bonapartismus

Die bürgerliche Kultur vor dem Ersten Weltkrieg

Während des Ersten Weltkriegs hatte sich in Japan der Industriekapitalismus endgültig durchgesetzt. Das Land erlebte wie Amerika einen schnellen Aufstieg. In dieser Periode war auch für das Industriekapital eine Hochkonjunktur zu verzeichnen. Es entstanden in Konkurrenz zur Geldaristokratie die nicht privilegierte Klasse der Industrieunternehmer und der moderne Mittelstand. Durch die bürgerliche Gesellschaft fanden nach dem Russisch-Japanischen Krieg die Ideen des Individualismus, des Liberalismus und der Demokratie Verbreitung und bestimmten das politische Denken.

Der durch Kunikida Doppo und Shimazaki Tōson vertretene Naturalismus, der nach dem Russisch-Japanischen Krieg zunächst die literarische Bühne beherrschte, verfolgte dieselben Ziele wie die Literatur vor diesem Krieg. Er tat dies aber mit anderen Mitteln, mit der Kritik am patriarchalischen Familiensystem und an der feudalistischen Moral. Er engagierte sich für die innere Freiheit des Individuums, jedoch nicht im Sinne einer sozialen und nationalen Aufgabe, sondern nur für die private Freiheit. Auch Natsume Sōseki, ein Gegner des Naturalismus, suchte nach der Selbstverwirklichung des Individuums, für ihn das grundlegende Problem des »Beginns der Moderne« in Japan. Er kritisierte den Mangel an Substanz der zeitgenössischen Kultur, die sklavisch das Abendland imitiere und sich mit dem Anspruch »eine Großmacht zu sein«, zufrieden gebe, ebenso die Unaufrichtigkeit der Intellektuellen und der Politiker. Natsume Sōseki forderte eine neue Kultur auf einer wirklich nationalen Basis. Der »große Sieg« im Russisch-Japanischen Krieg war für ihn nicht Anlaß zu nationalem Stolz, sondern zur Kritik an der Unmenschlichkeit des Krieges überhaupt. Trotz seiner heftigen Kritik an der Zivilisation fand er nicht den Weg, die passive Haltung gegenüber der Kultur in eine aktive umzusetzen, auch stellte er sich nicht gegen den Imperialismus. Sein Individualismus blieb innerhalb der Grenzen der Ordnung des Tennō-Systems und letzten Endes fixiert auf den halbreligiösen Zustand, der Befolgung der Ordnung des Kosmos und der Selbstaufgabe.

Der geniale Dichter Ishikawa Takuboku distanzierte sich vom Naturalismus und dessen beschränkten Ausdrucksmöglichkeiten. Er wollte durch den Kampf gegen die »Allmacht«, die Despotie, die die Jugend lähmten, das »Morgen«, die Zukunft vorbereiten. In seinen Aufsätzen forderte er eine Literatur, die eng verbunden sein müsse mit dem Leben des Volkes. Mit seiner Gedichtsammlung beschritt er den Weg zu einer engagierten Volksliteratur.

1910 gründeten Mushanokōji Saneatsu, Arishima Takeo und andere junge Dichter, zumeist Absolventen der Gakushūin-Universität, die Zeitschrift »Die Birke«, die in literarischen Kreisen Aufsehen erregte und der das Verdienst zugesprochen wurde, »ein neues Dachfenster geöffnet« zu haben. Die Vertreter dieser Gruppe betonten, daß es dem Wesen des Menschen entspreche, sich selbst gegenüber treu zu sein, und setzten sich über Tradition und Sitte hinweg. Untertanentreue und Vaterlandsliebe waren für sie zweit- oder drittrangige Tugenden. Ihr Individualismus war aber im Humanismus und im Idealismus verwurzelt, so daß ihnen »die Trauer über die entblößte Realität«, die dem Naturalismus eigen war, fehlte. Ihre Bewegung war charakterisiert vom schnell verbrauchten Elan einer Jugend aus den oberen Kreisen der Gesellschaft. Sie hatten nicht wirklich Untertanentreue und Vaterlandsliebe überwunden, sie verhielten sich nur neutral diesen Tugenden gegenüber. Nach dem Ausbruch der Russischen Revolution und den Reis-Unruhen, von denen ich später berichten werde, mußte die bürgerliche Gesellschaft die wachsende Macht der besitzlosen Klasse immer mehr fürchten. »Die Birke« verstummte.

Auch aus dem Mittelstand stammende Schriftstellerinnen kämpften gegen die feudalistische Ordnung und Moral. Die 1911 von Hiratsuka Raichō gegründete Blaustrumpfgesellschaft *Seitōsha* erinnerte daran, daß in der primitiven Gesellschaft die Frauen die Autorität der Sonne gehabt hätten, jetzt aber von anderen lebten, durch andere leuchteten. Sie seien nur noch ein Abglanz wie der blasse Mond, müßten aber wieder wie die Sonne werden: »Die modernen Frauen müssen die nur für die Männer gemachte überlieferte Moral, das auf deren Vorteil bedachte Gesetz bekämpfen« – und sie handelten danach. Die Blaustrumpfgesellschaft wurde jedoch von den Behörden unterdrückt. Die Vereinigung war nicht so organisiert, daß sie sich gegen die Kritik der konventionellen öffentlichen Meinung hätte behaupten können, und mußte sich 1916 auflösen.

Demokratie und Sozialismus

Die bürgerliche Literatur vermied zwar die Kritik am Tennō-System und am Imperialismus, aber durch sie wurden in den Kreisen der Intellektuellen die Ideen des Individualismus und des Liberalismus bekannt. Diese sozial ausgerichtete Bewegung stellte nach der Taishō-Krise die Forderung nach einer vom Parlament bestimmten Politik und nach dem System des Parteienkabinetts. Minobe Tatsukichi interpretierte die Verfassung des japanischen Reiches dahingehend, daß die Souveränität nicht beim Tennō liege, sondern beim Staat, und daß der Tennō nur das höchste Organ des Staates sei. Diese Interpretation wurde nach heftigen Auseinandersetzungen mit der These von Uesugi Shinkichi, der an der Souveränität des Tennō festhielt, von der öffentlichen Meinung positiv aufgenommen. Der Politologe Yoshino Sakuzō, wie Minobe Professor an der Kaiserlichen Universität Tōkyō, nahm in der Januarnummer der Zeitschrift Chūō Kōron Partei für die Demokratie. Er verfaßte einen Artikel mit dem Titel: »Über die wahre Bedeutung der Verfassungspolitik und den Weg, diese optimal zu verwirklichen«.

Der Begriff *minponshugi* wurde von einem Teil der politischen Journalisten in der Bedeutung von »Demokratie« gebraucht, Yoshino interpretierte diesen Begriff jedoch anders. Er meinte, das Wort *minshushugi* (Demokratie) suggeriere die Idee, daß die Souveränität beim Volke liege, und sei nicht geeignet für die japanische Monarchie. Er zog den Begriff *minponshugi* in der Bedeutung eines Systems vor, »das politisch die Meinung des Volkes respektiere, keine Unterschiede mache zwischen Adel und Arbeiter, Oben und Unten und allgemein gestützt werde, ohne daß danach gefragt wird, ob es sich nun um eine Monarchie oder eine Republik handle«. Konkret bedeutete das für ihn die durch das Unterhaus gestützte Politik eines Parteienkabinetts. Für ihn war die Meinung des Volkes nicht absolut. Diese werde praktisch von »Weisen« gemacht, das Volk bilde unter der Anleitung der »Weisen« seine Meinung, die dann vom Volk »formal festgelegt« werde. Demzufolge wider-

514

spreche die neue Politik der »absoluten Demokratie«. Diese politische Auffassung fand ihre Anhänger besonders im Mittelstand. Die Alliierten rechtfertigten ihre Politik damit, daß die Demokratie vor dem deutschen Militarismus geschützt werden müsse. Daß Japan zu den Alliierten gehörte, war also ein vorteilhafter Umstand für die Demokratie. Die Zeitschriften Chūō Kōron (Ostasiatische Wirtschaftsnachrichten) und die Asahi-Zeitung von Ōsaka verteidigten die Demokratie. Und auch die von Miyake Setsurei geleitete Zeitschrift »Japan und die Japaner« forderte eine vom Parlament bestimmte Politik und kritisierte ein System, in dem das Amt des Kriegsministers mit aktiven Offizieren besetzt wurde, und auch die Unabhängigkeit des Oberkommandos über die Streitkräfte, das in den Händen des Tennō lag und frei von jeglicher ziviler Kontrolle war.

Die fortschrittlichen Kreise der bürgerlichen Gesellschaft kämpften für Freiheit und Selbstverwirklichung, konnten sich aber gegen die Repression seitens der Staatsmacht nicht behaupten. Der Anarchist Ōsugi Sakae gab angesichts dieses Dilemmas zusammen mit Arahata Kanson im Oktober 1912 die Zeitschrift für Kunst und Literatur »Modernes Denken« heraus. Er diskutierte mit der Birke-Gruppe über das wahre Gesicht der »Unterdrückung von allen Seiten«, die diese polemisch demaskieren wollte, und versuchte erfolglos, mit dieser Gruppe eine gemeinsame Aktionsfront aufzubauen. Im September 1914 wurde die Zeitschrift »Modernes Denken« verboten. Aber schon im folgenden Monat gründete Ōsugi die Monatsschrift »Volkszeitung«, die die Tradition der ehemaligen Zeitung gleichen Namens fortsetzen und sich besonders an die Arbeiter wenden sollte. Auch diese Zeitschrift wurde nach kaum einem Jahr verboten, aber Ōsugi kämpfte unbeirrt weiter für die Interessen der Arbeiter, indem er erneut die Zeitschrift »Modernes Denken«, dann »Zivilisationskritik« und die »Arbeiterzeitung« herausgab. Der Sozialist Sakai Toshihiko, weniger aggressiv als Ōsugi und auf die »Gelegenheit nach dem Sturm« wartend, wie er sagte, wagte mit der Zeitschrift »Neue Gesellschaft« einen Neubeginn. Yamakawa Hitoshi unterstützte im folgenden Jahr dieses Unternehmen. Für die Parlamentswahlen des Jahres 1917 wurde Sakai als Kandidat für Tōkyō aufgestellt. Da der Wahlkampf mit allen Mitteln unterdrückt wurde, konnte er nur 25 Stimmen gewinnen. Daß er überhaupt kandidierte, war ein Zeichen dafür, daß die Sozialisten wieder begannen, öffentlich aktiv zu werden – wie folgende Übersicht zeigt.

Jahr	Anzahl der Streiks	Zahl der Teilnehmer	Gewerkschafts-gründungen
1914	50	7 904	6
1915	64	7 852	4
1916	109	8 413	13
1917	398	57 309	14
1918	417	66 457	11
1919	497	63 147	71

Die Ursache für die erneute Aktivität der Sozialisten lag in den zunehmenden Kämpfen der Arbeiter und Bauern um ihre Rechte und Interessen, besonders seit dem Jahr 1919. Daß sich immer mehr Arbeiter an den Streiks beteiligten und neue Gewerkschaften gründeten, beweist, wie schnell die Arbeiter ein Klassenbewußtsein entwickelten. Die Gewerkschaft Freundschaftsbund erreichte in diesem Jahr eine Mitgliederzahl von 30000. Auch die Streiks der Pachtbauern nahmen zu. Für das Jahr 1917 registrierte die Polizei 85, für 1918 256, für 1919 326 Streiks. Zwischen 1913 und 1917 gründeten die Pachtbauern insgesamt 88 Gewerkschaften, die jedoch meistens nur Kampforganisationen für einen bestimmten Streik waren.

Auch Bewohner der Ghettos, die diskriminiert und als unterste Schicht der Gesellschaft verachtet wurden, kamen durch die Entwicklung des Kapitalismus notwendigerweise mit allen Schichten der Gesellschaft in Berührung und wehrten sich gegen die Diskriminierung unter Berufung auf die Menschenrechte. Die schlechte Behandlung im Heer, in den Schulen und durch Zeitungsartikel führte 1916 in Hakata zu einer Protestbewegung, die mit einer Brandstiftung in der Filiale der Mainichi Shinbun begann. Das Presseorgan des »Reichsbundes für Gerechtigkeit«, der dem Innenministerium nahestand und sich für eine Lösung des Problems einsetzte, warnte 1916 in seiner Juli-Nummer: »Hört die Stimme der Arbeiter, die das Kapital verfluchen! Seht in den Gesichtern der Pächter den Haß gegen die Grundbesitzer! ... Durch Erziehung und durch den Einfluß der Umwelt werden sie sich ihrer Rechte bewußt. Bis wann werden sie es dulden, daß sie von den Unternehmern und Grundbesitzern wie Arbeitsvieh behandelt werden? Sie werden sich in naher Zukunft ein Beispiel an Europa nehmen, sich zusammenschließen und den Kampf beginnen, um zu zeigen, daß die Kraft des lebenden Körpers stärker ist als die Kraft des toten Goldes!«

Die Reis-Unruhen

Die Russische Revolution gab den japanischen Sozialisten neuen Mut und wurde auch von den Anhängern der Demokratie-Bewegung aufmerksam verfolgt. Letztere nahmen zur Herbstrevolution nicht unbedingt positiv Stellung, verlangten aber, daß das »Rußland der Arbeiter und Bauern« anerkannt werde und kritisierten die Einmischung in seine inneren Angelegenheiten.

Im Mai 1918 hatte Premierminister Terauchi auf einer Versammlung der Gouverneure die Befürchtung geäußert, daß das japanische Volk, weil es immer mehr Not leide und »die Kluft zwischen Unternehmern und Arbeitern immer größer« werde, unter dem Einfluß der Ereignisse im Ausland Ideen aufgenommen habe, »die sich nicht mit der Staatsauffassung vereinbaren« ließen. Er hatte recht. Nach zwei Monaten brachen im ganzen Lande die sogenannten Reis-Unruhen aus.

Wie Terauchi selbst zugab, hatte die ungewöhnliche Konjunktur während des Weltkrieges auf der einen Seite den Unternehmern erhebliche Profite eingebracht, auf der anderen Seite die werktätige Bevölkerung durch Verteuerung der lebensnotwendigen Güter und durch beträchtliche Lohnkürzungen in ernsthafte Existenznot gebracht. Seit Frühjahr 1918 stiegen die Preise, besonders für Reis. Im März kostete ein *shō* (1,8 l) noch 20 *sen*, im Juli schon 40 bzw. 45 *sen*, Anfang August mehr als 50 *sen*.

Die Ursache der Reisverteuerung war vor allem in dem Widerspruch zu suchen, daß unter dem halbfeudalistischen Grundbesitzersystem die Produktion von Reis mit dem Anwachsen der nicht in der Landwirtschaft tätigen Bevölkerung, verursacht durch die Entwicklung der Industrie, nicht Schritt halten konnte. Die Regierung verbot überdies den unverzollten freien Import von ausländischem Reis, um den Profit der Grundbesitzer zu sichern. Sie unternahm auch nichts gegen die Großgrundbesitzer, deren Zahl während des Krieges gestiegen war und die in Voraussicht der Reisverteuerung ihre Vorräte zurückhielten. Sie lehnte die von den Industrieunternehmern geforderten Maßnahmen gegen die Inflation und die Senkung der Frachtgebühren ab und förderte, da die Entsendung von Truppen nach Sibirien für das Frühjahr 1918 vorgesehen war, die Spekulation. Die Unzufriedenheit des besitzlosen, durch die Reisverteuerung Not leidenden Volkes entlud sich in den Reis-Aufständen.

Am 13. Juli versuchten Hafenarbeiterinnen der Gemeinde Uotsu (Bezirk Shimo-Niikawa, Präfektur Toyama), während ihre Männer zum Fischfang ausgefahren waren, den Abtransport von Reis, der in ihrer Provinz geerntet worden war, zu verhindern. Ihr Protest löste in den Gemeinden und Dörfern der Umgebung eine Bewegung aus, der hauptsächlich Frauen angehörten und die von den Gemeindeämtern und reichen Bauern forderte, daß Reis billiger verkauft und daß den Armen geholfen werden müsse. Nach dem 3. August kam es in den Gemeinden West-Mizuhashi, Ost-Mizuhashi und Namerikawa zu Auseinandersetzungen mit der Polizei. Die lokalen Zeitungen berichteten über den Verlauf der Ereignisse und nahmen Partei für das Volk. Nach dem 5. August informierten die Zeitungen Ōsakas das ganze Land ausführlich über den »Aufstand der Frauen von Etchū«.

Eine Zeitung vermutete, daß die Polizei »mit bestimmter Absicht« die Aufstände provoziert habe. Ein mit »Das Signal ist gegeben« überschriebener Leitartikel derselben Zeitung erklärte am 7. August: »Die Revolution Rußlands begann am Herd. Der deutsche Militarismus wird neuerdings im eigenen Land vom Herd aus verflucht. Der Aufstand der Armen in West- und Ost-Niikawa und Namerikawa hat der Gesellschaft ein beängstigendes Signal gegeben. Es ist leicht, ihn mit Hilfe der Polizei mit Gewalt zu unterdrücken, wie steht es aber mit der Unterdrückung der Ideen, die ihrer Verzweiflung recht geben?« Viele Zeitungen Japans vertraten damals denselben Standpunkt. Die Journalisten, die sich für die Demokratie-Bewegung engagierten, griffen massiv das Terauchi-Kabinett wegen seiner die Verfassung ignorierenden Politik an und nahmen in ihren Berichten Partei für das Volk. Sie gaben der Regierung die Schuld für die Aufstände.

Der Charakter der Reis-Unruhen

Am 9. August versammelten sich die Bürger von Kyōto und Nagoya zu einer Protestkundgebung, am gleichen Tag auch die diskriminierten Bewohner des Yanagihara-Viertels in Kyōto. Den Aufstand in Kyōto und dessen Umgebung konnte das Heer erst nach vier Tagen niederschlagen. Die Aufstände zwischen dem 23. Juli und dem 8. August fallen in die erste Periode der Reis-Unruhen, die zwischen dem 9. und 15. August in die zweite Periode. Sie waren dadurch gekennzeichnet, daß in fast allen Großstädten (ausgenommen drei Provinzen Tōhokus und der Südteil Kyūshūs) Massenaufstände ausbrachen. In der dritten Periode kam es auch in kleinen Gemeinden und Dörfern zu Aufständen, zu besonders heftigen in den Kohlebergwerken in Ube (Präfektur Yamaguchi) und in Nordkyūshū. In der vierten Periode, etwa

Die Demokratie, die Reis-Unruhen und das Hara-Kabinett

ab Ende August, normalisierte sich die Situation allmählich. Diese Periode dauerte bis zum 12. September, bis zur Protestaktion im Bergwerk Miike. Danach kam es nur noch vereinzelt zu Aktionen, in denen das Volk die Herabsetzung der Reispreise forderte.

Von gewalttätigen Aktionen waren Hokkaidō, zehn Präfekturen, 38 Städte, 153 Orte und 177 Dörfer (insgesamt 368 Gemeinden) betroffen. Zählt man die Aktionen dazu, in denen keine Gewalt angewendet wurde, zu denen sich das Volk nur versammelte, um zu protestieren, waren es insgesamt 436 Gemeinden. Als das Heer eingesetzt wurde, um die Ordnung wiederherzustellen, waren in 43 Städten, 49 Orten und 24 Dörfern, insgesamt in 107 Gemeinden Reisaufstände ausgebrochen. Auf dem Höhepunkt der Reis-Unruhen wurden mehr als 22 000 Soldaten in die einzelnen Gebiete entsandt, insgesamt waren es mehr als 50 000. 8 253 Bürger wurden verhaftet und verhört, 7 776 davon angeklagt; bis Ende des Jahres 1918 wurden 2 645 zu Gefängnisstrafen verurteilt, sieben davon zu lebenslänglicher Haft. Zwei Bürger wurden vom Reichsgericht zum Tode verurteilt. Bei dem Aufstand im Kohlebergwerk Ube wurden 13 Bergleute vom Militär erschossen, 16 schwer verwundet. In Kure kam es nachts in der unbeleuchteten Stadt hauptsächlich zwischen Arbeitern des Marinearsenals und Matrosen zu einer Auseinandersetzung, die mehrere Stunden dauerte und bei der vier Bürger getötet wurden.

Die Reis-Unruhen hatten spontanen Charakter, sie waren nicht geplant und organisiert. An ihnen beteiligten sich vor allem Zwangsarbeiter, Handwerker, Handelsreisende sowie Bürger verschiedenster Berufe mit unsicherem Einkommen. Mit Ausnahme der Stadt Kobe (Schiffsbau) und der Marinearsenale Kure und Maizuru waren wenig Fabrikarbeiter unter ihnen. Die Fabrikarbeiter protestierten nicht an ihrem Arbeitsplatz, sondern am Abend, zusammen mit anderen Bürgern.

Ein weißer Regenbogen, der sich durch die Sonne zieht

Da die Aufstände spontan ausbrachen, ohne Vorbereitung und Organisation, fehlte ihnen die politische Orientierung. Nur vereinzelt wurden Stimmen laut, die nach dem Sturz des Terauchi-Kabinetts riefen oder von den Gouverneuren und Bürgermeistern Abhilfe, von den Unternehmern Lohnerhöhungen forderten, wie es bei den Aktionen in Nagoya geschah. In der

Geschichte Japans

Stadt Fukui stürmten die Bürger den Amtssitz des Gouverneurs. Diese Beispiele zeigen, daß ein Teil des Volkes die Reisverteuerung als politisches Problem verstand.

Die Anhänger der Demokratie-Bewegung machten die Verantwortlichen namhaft und begannen eine Kampagne gegen das Terauchi-Kabinett und für eine ausschließlich vom Parlament vertretene Politik. Je mehr die Regierung Berichte über die Aufstände unterdrückte, desto heftiger wurde die Kritik der Zeitungen, besonders gegen den Einsatz des Heeres. Auch der Unterstützungsfonds, den der Tennō für karitative Zwecke einrichtete, wurde angeprangert: »Daß der Kaiser Geld zur Verfügung stellt, ist zu begrüßen ... Das japanische Volk hat aber das Recht zu verlangen, daß eine Politik betrieben wird, die die Grundlagen seiner Existenz sichert. Es ist nicht notwendig, daß es Reis als Geschenk empfängt und dafür aus Dank in Tränen ausbricht.« (»Nächtliche Gespräche eines unbekannten Einsiedlers«, 1918 in der September-Nummer der Zeitschrift »Die Sonne«). Andernorts hieß es: »Wie großzügig die Stiftung von drei Millionen Yen aus der Sommerfrische!«[1]

Die Journalisten von 84 Zeitungen, die sich am 25. August in Ōsaka versammelten, verlangten den Rücktritt des Kabinetts, die Garantie der Meinungsfreiheit und Verwirklichung einer verfassungsgemäßen Politik. Die »Ōsaka-Zeitung«, die über die Versammlung berichtete, kommentierte sie im Sinne eines altchinesischen Wortes als einen »Weißen Regenbogen, der die Sonne durchzieht« und wertete sie als »Letztes Gericht über das unverletzliche Großjapanische Reich«. »Ein weißer Regenbogen durchzieht die Sonne« galt als Vorzeichen für einen bewaffneten Aufstand zum Sturz des Despoten, das die Verfasser des Artikels als Gleichnis für eine Revolution verwendeten. Die Ausgabe der Zeitung wurde verboten, die Verantwortlichen zu Gefängnisstrafen verurteilt. Der Herausgeber mußte zurücktreten, die Chefredakteure Torii Sosen, Ōyama Ikuo und der gesamte Redaktionsstab wurden entlassen.

Während der Reis-Unruhen erlebte das Volk, auf welcher Seite das Heer und die Polizei standen, und wurde sich seiner eigenen Kraft bewußt. Der Wirtschaftswissenschaftler Fukuda Tokuzō bejahte das Recht der Armen, das Gesetz zu mißachten, wenn es um die Erhaltung des nackten Lebens gehe, und betrachtete die Reis-Unruhen als Verwirklichung dieses Rechts. Diese Auffassung vertraten nicht wenige. Es war das erste Mal, daß in Japan dem Recht zu leben Vorrang gegeben wurde vor dem Recht auf Eigentum.

---

1 Der Tennō befand sich zu dieser Zeit in seiner Sommerresidenz.

Die Erfahrungen des Volkes während der Aufstände schufen die Voraussetzung für das richtige Verständnis der Russischen Revolution und deren politische Bedingungen. Hara Takashi, der nach den Unruhen das Amt des Premierministers übernahm, schrieb am 3. November 1918 in sein Tagebuch: »Das Volk wird unvermeidlich von den Ereignissen des Auslands angesteckt . . . Die Übernahme sozialistischer Ideen ist nach den jetzigen Gegebenheiten nicht mehr aufzuhalten.« Die Reis-Aufstände wurden tatsächlich Ausgangspunkt neuer sozialer und sozialistischer Bewegungen.

Die Entwicklung sozialer Bewegungen und die Gründung der Kommunistischen Partei

Die Protestaktionen der Arbeiter nahmen seit diesem Jahr um ein Vielfaches zu. Sie wurden besser vorbereitet und geplant und führten zu Streiks einzelner Industriebereiche. Die Arbeiter entwickelten solidarisches Bewußtsein. Der Grund dafür ist nicht nur darin zu suchen, daß während des Ersten Weltkrieges die Zahl der Arbeiter insgesamt schnell anstieg, wichtiger war, daß — anders als im Falle der Arbeiterinnen der Spinnereien, die meistens wieder in einen landwirtschaftlichen Betrieb zurückkehrten — besonders die Zahl der männlichen Arbeiter der Schwerindustrie, die mit ihrer Arbeit ihre Familie ernährten, zunahm, daß sich also die soziale Struktur der Arbeiterschaft zu verändern begann. Aus der Gewerkschaft *Yūaikai* entstand 1919 der Bund aller Arbeiter Großjapans *(Dainihon Rōdō Sōdōmei Yūaikai)* als Dachverband aller Fachgewerkschaften, der zwei Jahre später in Gesamtverband der Arbeiter Japans *(Nihon Rōdō Sōdōmei)* umbenannt wurde.

Während der Wirtschaftskrise des Jahres 1920 trafen Regierung und Wirtschaft restriktive Maßnahmen. Die Zahl der Protestaktionen verringerte sich, dafür wurden sie aggressiver. Der Anarcho-Syndikalismus des Ōsugi Sakae gewann an Einfluß und provozierte Richtungskämpfe mit den Sympathisanten des Bolschewismus. Am 2. Mai dieses Jahres wurde zum ersten Mal in Japan in Tōkyō eine Mai-Kundgebung veranstaltet, gegen Ende dieses Jahres der Sozialistische Bund Japans *(Nihon Shakaishugi Dōmei)* gegründet, der 2 000 Mitglieder zählte. Unter ihnen waren Anarchisten, Bolschewisten, Sozialreformer und andere, die kein bestimmtes politisches Programm vertraten. Der Sozialismus, einst eine geistige Bewegung der Intellektuellen, nahm den Charakter einer Arbeiterbewegung an, ein Übergang von historischer Bedeutung. (Im folgenden Jahr, vor der zweiten Jahresversammlung, wurde der Bund verboten.) Als die Arbeitergewerkschaften mit den Sozialisten zu kooperieren begannen und sich eine politische Bewegung formierte, wurde die Forderung nach der Unabhängigkeit der Gewerkschaften immer lauter, die Auseinandersetzung zwischen Anarchisten und Bolschewisten heftiger. Als keine Einheit des Arbeitskampfes erreicht werden konnte und die Anarchisten aus den Gewerkschaften ausgeschlossen wurden, kam es zu Flügelkämpfen zwischen linken und rechten Gruppen und der Mitte. 1925 bildete der aus dem Bund hervorgegangene linke Flügel die »Konferenz der Arbeitergewerkschaften Japans« *(Nihon Rōdō Kumiai Hyōgikai).*

Auch die Bauernbewegung, vor allem die Protestaktionen der Pächter, verschärften sich zwischen 1920 und 1927. Im April 1922 wurde eine für das ganze Land zuständige Bauerngewerkschaft gegründet. Die selbständige Befreiungsbewegung der diskriminierten Bürger *(burakumin)* führte im März desselben Jahres zur Gründung der »Gesamtjapanischen Vereinigung zur Abschaffung der Klassenunterschiede« *(Zenkoku Suiheisha).*

1920 organisierte Hiratsuka Raichō die »Neue Vereinigung der Frauen« *(Shin Fujin Kyōkai),* die das Ziel verfolgte, den fünften Artikel des Gesetzes zur Aufrechterhaltung der öffentlichen Ordnung (das Verbot politischer Betätigung für Frauen) aufzuheben. Die Revision dieses Artikels war ein politisches Ziel, das im Gegensatz stand zu dem früheren, nur auf die Befreiung des Individuums gerichteten Engagement. 1921 bildete sich in der christlichen Frauenbewegung zur Reform der Sitten ein Kreis, der das Recht der Frauen, an der Regierung teilzunehmen, erkämpfen wollte und seit Dezember 1924 als »Vereinigung zur Durchsetzung des Rechts der Frauen, sich an der Regierung zu beteiligen« öffentlich aktiv wurde. Die Organisation kam dadurch zustande, daß die Zahl der sogenannten »berufstätigen Frauen«, die einer geistigen Arbeit nachgingen oder in der privaten Verwaltung tätig waren, zugenommen hatte. Neben der bürgerlichen wurde auch eine sozialistische Frauenbewegung aktiv, ebenso die sozialistische Studentenbewegung, aus deren Reihen viele Führer der Arbeiter- und Bauerngewerkschaften hervorgingen.

Im Juli 1922 gründeten Yamakawa Hitoshi, Sakai Toshihiko, Arahata Kanson, Tokuda Kyūichi, Takase Kiyoshi und Katayama Sen, der sich in Moskau aufgehalten hatte, als Filiale des Komintern illegal die Japanische Kommunistische Partei, der auch Ichikawa Shōichi, Watanabe Masanosuke und Nosaka Sanzō beitraten. In den führenden kapitalistischen Ländern hatte sich eine kommunistische Partei erst dann gebildet, als die Arbeitergewerkschaf-

Die Demokratie, die Reis-Unruhen und das Hara-Kabinett

Die Arbeiterbewegung zwischen 1917 und 1927

	Streiks- und Arbeitskämpfe	Teilnehmer	Zahl der Gewerkschaften	Zahl der Mitglieder
1917	398	57309	—	—
1918	417	66457	107	—
1919	497	63137	187	—
1920	282	36372	273	—
1921	246	58225	300	103412
1922	250	41503	387	137381
1923	270	36259	432	125551
1924	333	54562	469	228278
1925	293	40742	457	254262
1926	495	67234	488	384739
1927	383	46672	505	309493

Die Bauernbewegung zwischen 1917 und 1927

	Protestaktionen der Pachtbauern	Teilnehmer	Zahl der Gewerkschaften	Mitglieder
1917	85	—	—	—
1918	256	—	88	—
1919	326	—	84	—
1920	408	34605	352	—
1921	1680	—	681	—
1922	1578	125750	1114	—
1923	1917	134503	1530	163931
1924	1532	110920	2337	232125
1925	2206	134646	3496	307106
1926	2751	151061	3926	346693
1927	2053	91336	4582	365332

ten und eine sozialdemokratische Partei sich durchgesetzt hatten, und zwar aus dem linken Flügel letzterer. In Japan dagegen hatte gerade erst die Gewerkschaftsbewegung begonnen. Genauere Angaben existieren für das Jahr 1924, in dem nur 5,3 Prozent der Arbeiter organisiert waren (für 1931 liegt eine Schätzung von 7,9 Prozent vor). Der »Sozialistische Bund« konnte nicht offiziell operieren. Hauptsächlich die Intellektuellen unterhielten Beziehungen zur Komintern, auf ihre Anregung hin hatte sich die Kommunistische Partei gebildet. Die Intellektuellen hatten aber kaum Verbindung zur Arbeiterbewegung, sie vertraten revolutionäre Ideen, die sich auf die Situation der arbeitenden Bevölkerung nicht anwenden ließen. So begingen sie z.B. den großen Fehler, die Forderung nach allgemeinen Wahlen als bürgerliches Relikt zu verurteilen. Als sie endlich auf breiterer Basis zu agitieren begannen, wurden fast alle Mitglieder der Partei verhaftet (1923). Im März des folgenden Jahres wurde die Auflösung der Partei angeordnet. Die Komintern kritisierte diesen Beschluß und forderte im Januar 1925 die Wiedergründung der Kommunistischen Partei. So schwach diese Partei auch war: Die Tatsache, daß sie sich gebildet hatte und im Untergrund fortbestand, verunsicherte die herrschende Klasse Japans.

Die Forderung nach allgemeinen Wahlen und das Hara-Kabinett

Die Reis-Aufstände gaben den sozialen Bewegungen eine neue Wendung und waren die treibende Kraft für die Reaktivierung der Demokratie-Bewegung, die vor allem gestützt wurde von den Gewerkschaften und fortschrittlichen Studenten, vor allem von Intellektuellen wie Yoshino Sakuzō und Imai Yoshiyuki. Die Forderung nach allgemeinen Wahlen hatte schon vor dem Ersten Weltkrieg die Bürgerrechtsbewegung zur Verteidigung der angeborenen Menschenrechte, zur Sicherung der politischen Rechte sowie der Interessen der Arbeiter gestellt. Damals lag der Akzent auf den Menschenrechten, jetzt auf den politischen Rechten. Das Volk repräsentierte nicht mehr ausschließlich die arbeitende Bevölkerung der Städte, sondern in überwiegendem Maße die moderne Arbeiterschaft (die Fabrikarbeiter) und die Bauern.

Die Führung der Bewegung für allgemeine Wahlen lag jedoch noch immer in den Händen der fortschrittlichen Kreise des Mittelstandes, wenn sie auch unter der Jugend des ganzen Landes viele Anhänger gefunden hatte. Ozaki Yukio, Shimada Saburō und der Vorstand der Verfassungspartei nutzten sie, um den Einfluß ihrer Partei zu vergrößern und zu verhindern, daß der Kampf dieser Bewegung außerhalb des Parlaments ausgetragen wurde. Hara Takashi vermerkte in seinem Tagebuch (am 20. Februar 1919), daß Shimada bei der Hofkanzlei Geld beantragt habe, um »unter den Arbeitern die Treue gegen den Monarchen zu fördern«.

Hara, Vorsitzender der Gesellschaft der Freunde konstitutioneller Regierung, hatte nach dem anläßlich der Reis-Unruhen erfolgten Rücktritt des Terauchi-Kabinetts die Führung der Regierung übernommen. Sein Kabinett bestand, mit Ausnahme des Heeres- und Marineministers, nur aus Mitgliedern oder Anhängern seiner Partei. Nach einem ungeschriebenen Gesetz war es damals üblich, daß der Premierminister einen Adelstitel haben mußte.

Hara gehörte jedoch nicht zum Adel, sondern konnte dieses Amt als Vorsitzender der stärksten Partei des Unterhauses beanspruchen; insofern wurde sein Kabinett als erstes Parteien-Kabinett Japans von den Anhängern der Demokratie-Bewegung begrüßt. Auch Yamagata, Gegner jeder Parteienherrschaft, blieb keine andere Wahl, als den Einfluß einer Partei hinzunehmen, die in ihrer Organisation mit breiten Schichten des Volkes verbunden war.

Das Hara-Kabinett unterstützte keineswegs die Bestrebungen der Demokratie-Bewegung. Hara befürchtete, daß sich daraus eine »exzentrische, gegen die herrschende Ordnung gerichtete Bewegung« entwickeln könnte. Er hatte zunächst kein Verständnis für die Ursachen der Russischen Revolution. Als er aber Premierminister geworden war, begann er, deren Hintergründe zu begreifen und traf alle Vorbereitungen, um ihren Einfluß einzudämmen. Er wußte nur zu gut, daß das Wahlrecht eines Tages erweitert werden mußte, wollte diese Erweiterung aber nur als »Gnade« von oben schrittweise verwirklicht sehen. Als Recht, das das Volk sich erkämpft hatte, lehnte er sie ab.

Hara reagierte in einer Parlamentsdebatte im Februar 1920, als Shimada Saburō den Wahlgesetzentwurf eines gleichgesinnten Abgeordneten mit den Worten kommentierte, daß dadurch »das Klassensystem zerstört« werde[1], äußerst scharf, indem er bemerkte, daß er die Verletzung der Ordnung nicht dulde, und das Parlament auflöste. Für die darauf folgenden Neuwahlen hatte er das Wahlgesetz, das ihn an die Macht gebracht hatte, dahingehend abgeändert, daß er einer großen Zahl von selbständigen Bauern das Wahlrecht gab, indem er die Bemessung der Steuerklasse, die zur Wahl berechtigte, um drei Yen senkte. Durch das von der Gesellschaft der Freunde konstitutioneller Regierung zu eigenem Vorteil eingeführte System der kleinen Wahlkreise, durch Bestechung und Manipulation gewann seine Partei die Mehrheit.

Das Hara-Kabinett konnte so eine »Politik der Stärke« demonstrieren und im Juli in einer Interimssitzung des Parlaments den von der Opposition eingebrachten Wahlgesetzentwurf scheitern lassen. Die Führer der Arbeiterbewegung distanzierten sich überdies von den Anarchisten, Bolschewisten und den bürgerlichen Demokraten, der Kampf der Arbeiter um ein allgemeines Wahlrecht scheiterte, die Bewegung blieb ein Zwischenspiel.

---

1 »Klassensystem« bedeutete dabei den vagen Unterschied der Rechte von Arm und Reich, Vornehm und Gemein.

Die Annäherung an den Bonapartismus

Hara, der diese Bewegung geschickt zum Scheitern gebracht hatte, schüchterte die Älteren Staatsmänner und den Geheimen Staatsrat mit dem »radikalen Denken« des Volkes ein. Er drohte ihnen, daß er das Volk mobilisieren werde, wenn sie seine Politik nicht unterstützten, und versuchte außerdem, das System, das Heeres- und Marineministerium mit aktiven Offizieren zu besetzen, abzuschaffen. Als der Marineminister sich im Oktober 1921 auf einer Auslandsreise befand, übernahm Hara, der Zivilbeamter war, persönlich die Überwachung dieses Ressorts und setzte keinen Offizier als Stellvertreter ein. Das Heer protestierte dagegen, aber Hara dämpfte diesen Protest, indem er auf die gegen das Militär gerichtete öffentliche Meinung und auf die allgemeine Friedenstendenz in der Welt verwies. Takahashi Korekiyo, der Finanzminister seines Kabinetts, ging sogar soweit zu fordern, den Generalstab, abgesichert durch die Unzufriedenheit des Volkes, unverzüglich aufzulösen. Hara sympathisierte mit diesem Plan, wagte aber den Schritt zu diesem Zeitpunkt nicht.

Die Unterdrückung der Arbeiterklasse, die Verwendung dieser Klasse als Druckmittel gegen das Zentrum des Absolutismus, gegen die Älteren Staatsmänner, den Geheimen Staatsrat und das Militär machte einen Kompromiß notwendig. Hara, mit einem seltenen Wirklichkeitssinn begabt, betrieb angesichts der gesellschaftlichen Veränderungen, die sich nach dem Ersten Weltkrieg, der Russischen Revolution und den Reis-Unruhen in Japan vollzogen hatten, den Übergang vom Absolutismus des Tennō-Systems zum Bonapartismus.

Bei allen politischen Maßnahmen, die das Hara-Kabinett traf, wurde diese Tendenz deutlich. Die vier wichtigsten Punkte des Regierungsprogramms hießen »Ausbau der Landesverteidigung«, »Förderung der Industrie«, »Verbesserung der Erziehung« und »Ausbau der öffentlichen Verkehrsmittel«. Mit den während des Ersten Weltkriegs erzielten Riesenprofiten wurden Heer und Marine verstärkt (1920 stiegen die Ausgaben für Heer und Marine auf 46, im folgenden Jahr auf 49 Prozent des Etats), wodurch gleichzeitig sowohl die Aufrüstung als auch die Stärkung des Industriekapitals verwirklicht werden konnten. Der dritte Programmpunkt schuf die materiellen und ideologischen Voraussetzungen für den »Ausbau der Landesverteidigung«, der vierte setzte Prioritäten: Die Bedürfnisse der Wirtschaft hatten Vorrang vor allem, die Interessen der Grundsitzer wurden diesen untergeordnet.

Die Demokratie, die Reis-Unruhen und das Hara-Kabinett

Während der Wirtschaftskrise des Jahres 1920 und durch die Maßnahmen zu ihrer Behebung gewann das Industriekapital immer mehr Macht, während das System der Grundbesitzer allmählich seine wirtschaftliche Bedeutung verlor. Das zeigte sich daran, daß die Zahl der Grundbesitzer und die Fläche des Pachtlandes abnahmen und daß die Preise für Ackerland, nachdem sie 1919 ihren Höhepunkt erreicht hatten, ständig sanken. Das Gleichgewicht zwischem dem Bürgertum und der Grundbesitzerklasse, Bedingung für das Entstehen und den Fortbestand des Absolutismus, begann sich zu verlagern. Die Grundbesitzer gehörten nach wie vor zur herrschenden Klasse, aber ihre Stellung wurde schwächer, während das Bürgertum sich Vorrechte erwerben konnte.

Diese Entwicklung läßt sich auch am Reis-Gesetz des Jahres 1921 ablesen, mit dem die Regierung durch Sondermittel die Stabilisierung der Reispreise durchsetzte. Dieses Gesetz verhinderte einerseits, daß durch einen Preissturz die Grundbesitzer und die obere Schicht der Bauern Verluste erlitten und die Kleinbauern sich radikalen Bewegungen anschlossen, andererseits aber, daß durch Preisanstiege die Niedriglöhne nicht mehr gehalten werden konnten. Das Stadium, in dem Grundbesitzersystem und Kapitalismus, abhängig von hohen Pachtzinsen und niedrigen Löhnen, aufeinander angewiesen waren, wurde damit überwunden. Damit wurde der Weg einer Politik für die Grundbesitzer verlassen, die die Preise nach Möglichkeit in die Höhe trieb, und eine Richtung der »Stabilität« der Niedrigpreise und Niedriglöhne eingeschlagen.

Die Vertreter des Industriekapitals stützten bis zu einem gewissen Grade die Klasse der Grundbesitzter, um das System der Landverteilung als Bollwerk der reaktionären Ordnung zu erhalten. Die Staatsmacht schützte die Interessen der besitzenden Klasse vor den Ansprüchen der Arbeiterklasse, vertrat also eine Politik des Bonapartismus. Sowohl das Hara-Kabinett als auch die folgenden Regierungen bis 1932 distanzierten sich, gleichviel ob sie von einem Beamten- oder einem Parteienkabinett gestützt wurden, vom Absolutismus des Tennō-Systems und tendierten zum Bonapartismus. In diesem Prozeß repräsentierten die Parteienkabinette zwischen 1924 und 1932 äußerlich die Regierungsform einer konstitutionellen Monarchie.

Die »Politik der Stärke« des Hara-Kabinetts provozierte einen Anschlag auf den Premierminister. Im November 1921 wurde Hara von einem jungen Eisenbahnarbeiter ermordet. Zum ersten Mal stammte ein Täter, der einen politischen Mord verübte, aus der Arbeiterklasse.

527

35
Die Krise des japanischen Imperialismus
Die Entwicklung der vier großen Widersprüche

Die vier großen Widersprüche des Imperialismus

Gegen Ende der Regierungsperiode des Hara-Kabinetts war der während des Ersten Weltkriegs erzielte Gewinn verbraucht. Das Bargeld wurde knapp, die Wirtschaft litt unter einer chronischen Krise, die vorübergehend durch Inflation und umfangreiche Subventionen gebremst werden konnte. Maßnahmen zum Ausbau des Heeres mußten abgebrochen werden, die Politik des Kabinetts scheiterte, die Unzufriedenheit innerhalb der Partei wuchs. Nach Hara wurde Takahashi Korekiyo Premierminister und Vorsitzender der Gesellschaft der Freunde konstitutioneller Regierung. Er versuchte eine Neuorientierung der Politik, verfügte aber nicht über die Führungsqualitäten Haras, so daß sein Kabinett bereits nach sieben Monaten zusammenbrach und die Partei in rivalisierende Fraktionen zerfiel. Das folgende Kabinett war »überparteiisch«. Hier waren die Admirale Katō Tomosaburō und Yamamoto Gonbei, der von Yamagata abhängige Beamte Kiyoura Keigo, Angehörige des Militärs, der Beamtenschaft und des Adels vertreten, die zu keiner politischen Partei gehörten. Dieses Kabinett konnte sich bis zum Juni 1924 halten. Die drei politischen Parteien bekämpften sich gegenseitig und kooperierten, um keiner anderen Partei die Regierung zu überlassen, ohne Bedenken mit Militärs und Beamten.

In dieser Zeit verschärften sich die Widersprüche des japanischen Imperialismus in seinen Beziehungen zum Ausland. Es entwickelten sich auf internationaler Ebene 1. die Konfrontation zwischen der Arbeiterklasse und dem Industriekapital im Inland, 2. die Unabhängigkeitsbewegungen der Kolonien und der unterdrückten Länder, 3. Interessenkonflikte zwischen den imperialistischen Ländern und 4. — nach der Russischen Revolution — die Konfrontation mit der sozialistischen Sowjetunion. Alle

Die Krise des japanischen Imperialismus

Widersprüche wirkten aufeinander ein und nahmen so noch schärfere Formen an.

Auch der japanische Imperialismus war mit diesen Widersprüchen konfrontiert. Die Reis-Unruhen waren ein massiver Ausdruck des ersten Widerspruchs, standen aber auch mit den anderen Konflikten in engem Zusammenhang.

Der Aufstand vom 1. März 1919 und die 4. Mai-Bewegung

Unmittelbar nach dem Ersten Weltkrieg brach der Konflikt zwischen Japan und seinen Kolonien Korea, Taiwan und dem halbkolonialisierten China offen aus. Am 1. März 1919, ein halbes Jahr, nachdem das Gouvernement in Korea unter dem Vorwand der »Neuvermessung« Land konfisziert und die Vorbereitungen zur Erweiterung einer halbfeudalistischen Grundherrschaft der dort lebenden Japaner und privilegierter Koreaner abgeschlossen hatte, erhob sich das fast unbewaffnete koreanische Volk zu einem Befreiungskampf, der das ganze Land erfaßte. Nach dem Bericht des Gouvernements wurden in 618 Orten bei 847 Zusammenstößen 7909 Freiheitskämpfer getötet. Das japanische Heer konnte den Befreiungskampf nach drei Monaten niederschlagen, doch das koreanische Volk kämpfte vom Baekdu-Gebirge aus, von Stützpunkten in der Süd- und Ostmandschurei, in Guerillaaktionen weiter, unterstützt von den Freiheitskämpfern, die nach Sibirien oder nach Shanghai geflohen waren.

Die japanische Regierung gestand zu, daß das Amt des Generalgouverneurs mit einem Zivilbeamten besetzt wurde und trennte das koreanische Heer vom Kommando des Generalgouverments. Sie tauschte die Militärpolizei gegen einfache Polizei aus, ließ Bewässerungsanlagen ausbauen und die Bodenqualität verbessern. Allerdings bedeutete dies nicht die Lockerung der Herrschaft über Korea, im Gegenteil: Die Einheiten der Polizei wurden vergrößert, die Ausgaben für die Besatzungstruppen verdoppelt. Die Verbesserung der Bodenqualität sollte die durch die Reis-Aufstände offenbar gewordene Nahrungsmittelkrise beheben, die Koreaner sollten mehr Reis für Japan produzieren. Die »Politik der Angleichung«, die die »Militärherrschaft« ersetzen sollte, zerstörte durch das Programm »Vereinheitlichung Koreas« die Kultur dieses Volkes. Sie unterdrückte die Landessprache, zwang den Einwohnern Japanisch als offizielle Sprache auf und nahm der Bevölkerung ihre nationale Eigenständigkeit.

Auch die Taiwanesen forderten seit 1921 die Einrichtung eines Parlaments. 1924 organisierte sich, ermutigt durch die Revolution im festländischen China, eine Volksbewegung gegen Japan, desgleichen der Widerstand der Arbeiter und der Pachtbauern.

Nach den 21 Forderungen war Japan für die Chinesen der Feind Nummer eins unter den imperialistischen Ländern. Der am 4. Mai 1919 ausgebrochene Protest gegen die Mißachtung der Forderungen Chinas beim Abschluß des Versailler Vertrags und die Abtretung der ehemaligen deutschen Nutzungsrechte in Shandong an Japan eskalierte zu einer revolutionären Bewegung. Die Revolution der bürgerlichen Demokratie hatte sich zu einer gegen den Imperialismus und den Feudalismus gerichteten sozialistischen Revolution ausgeweitet. Die Avantgarde dieser Revolution bildete die chinesische Kommunistische Partei, die 1921 gegründet worden war und, anders als in Japan, die revolutionären Intellektuellen, Arbeiter und Bauern zu mobilisieren verstand.

Die Washingtoner Konferenz und die Strategie nach zwei Seiten

Der Konflikt zwischen Japan und den anderen imperialistischen Ländern, besonders Amerika und England, trat, kaum daß der Erste Weltkrieg beendet war, in ein neues Stadium. Seit 1920 verfolgte Amerika eine strenge Einwanderungspolitik gegen japanische Siedler, Anlaß für Gerüchte, daß es zu einem japanisch-amerikanischen Krieg kommen werde. Im Juli 1924 verbot die amerikanische Regierung generell die Einwanderung japanischer Bürger. England hatte bereits im Mai 1921 die japanische Regierung wissen lassen, daß es nicht die Absicht habe, das Japanisch-Englische Bündnis über dessen Geltungsdauer hinaus zu verlängern.

Vom Ende dieses Jahres bis zum Februar 1922 fand auf Vorschlag des amerikanischen Präsidenten in Washington eine Konferenz statt, an der England, Frankreich, Italien, Belgien, Holland, Portugal, China und Japan teilnahmen und die das Ziel hatte, eine Übereinkunft über die Reduzierung der Seestreitkräfte zu erzielen und das Ostasienproblem zu lösen. Nach den Beschlüssen dieser Konferenz wurde die Reduzierung der Seestreitkräfte von Amerika, England und Japan nach dem Verhältnis fünf, fünf, drei festgesetzt. Dieses Verhältnis brachte, selbst wenn es zu einem Krieg zwischen Japan und Amerika gekommen wäre und Japan nicht die Absicht gehabt hätte, in Amerika zu landen, keine wesentlichen Nachteile. Die japanische Regierung konnte immerhin ihren Nationalstolz befriedigen, indem sie behauptete, Japan habe Frankreich und Italien überholt und sei schon das drittstärkste Land der Welt.

Das »Neun-Länder-Abkommen betreffend China«, das während der Washingtoner Konferenz ausgehandelt wurde, war für Japan ein harter Schlag, denn es erkannte nicht mehr seine »Sonderrechte« gegenüber China und seine Monopolstellung an, sondern gab die ehemaligen Nutzungsrechte Deutschlands an der Provinz Shandong an China zurück. Unter dem Motto »Öffnung des Landes« kam es, was die Ausbeutung Chinas betrifft, zu einem Konkurrenzkampf zwischen Amerika, England, Japan und anderen westlichen Ländern. Das Ishii-Lansing-Abkommen und das Japanisch-Englische Bündnis waren damit offiziell außer Kraft gesetzt, Japan wurde in eine Außenseiterposition gedrängt.

Die Konfrontation mit Sowjetrußland scheiterte auf japanischer Seite schon, wie vorstehend berichtet, während der Einmischung in die Revolutionskämpfe und der Landung in Sibirien. Das japanische Heer, dessen Hauptfeind einst das zaristische Rußland war, übertrug diese Rolle auf Sowjetrußland, während die Marine sich auf Amerika als wichtigsten Gegner konzentrierte. Sich die zwei größten Länder der Welt gleichzeitig als Gegner zu wählen, war eine Strategie, die bei weitem die wirtschaftliche Kraft Japans überstieg und letztlich mit einer Katastrophe enden mußte.

Das Scheitern der Demokratie-Bewegung

Die Verschärfung der allgemeinen Situation stellte die Vertreter der Demokratie-Bewegung vor die Entscheidung, entweder progressiver zu reagieren und sich auf die Seite der Arbeiterklasse zu stellen oder vor dem Monopolkapital und dem Tennō-System zu kapitulieren. Die Idealisten der Gruppe »Die Birke« standen ebenfalls an einem Scheideweg. Arishima Takeo versuchte für die Sache der Arbeiterschaft zu kämpfen, scheiterte und beging Selbstmord. Mushanokōji Saneatsu suchte jenseits der Klassenkonflikte eine »Welt der Harmonie« von Arbeit und Kunst, er träumte von der Errichtung eines »Neuen Dorfes« (1919/1920). Die Begabtesten aus der Schule Sōsekis verleugneten das Ziel ihres Lehrers, eine nationale, moderne Kultur zu schaffen, und beschieden sich mit einer individuellen »Bildungsmission« und mit der Aufgabe der »Charakterbildung«. Nur wenigen gelang es, sich wirklich mit der Arbeiterklasse zu solidarisieren, so dem Gelehrten Kawakami Hajime, dem Kritiker Ōyama Ikuo und dem Schriftsteller Akita Ujaku. Aus dem Kreis der Arbeiterschaft ging eine eigene literarische Bewegung hervor.

Die »Ōsaka-Asahi-Zeitung«, die nach 1910 innerhalb der demokratisch engagierten Presse wortführend war, resignierte, nachdem sie wegen des im August 1918 veröffentlichten Artikels »Ein weißer Regenbogen durchzieht die Sonne« Gegenstand polizeilicher Repressalien geworden war. Sie brachte in der Ausgabe vom 1.12.1918 eine neue Gesinnung zum Ausdruck: »Wir geben zu, daß unser Verlag in den letzten Jahren zu extrem und einseitig berichtete. Hinfort werden wir uns um Loyalität und Neutralität bemühen.«

Das Hara-Kabinett hatte den von der Opposition eingebrachten Gesetzesentwurf für allgemeine Wahlen zweimal hintereinander scheitern lassen. Nach 1922 wurde diese Forderung wieder akut, gestützt vor allem vom Mittelstand und den jungen Intellektuellen. Früher wurden die allgemeinen Wahlen verhindert, weil sie angeblich die Gesellschaftsordnung zerstörten. Jetzt, in der Erklärung des gemeinsamen Entwurfs der Oppositionsparteien in der Parlamentssitzung vom Februar 1922, sollten die allgemeinen Wahlen dazu dienen, »den Klassenkampf zu unterdrücken«. Der Vorstand der Verfassungspartei gab Weisung an seine Parteimitglieder, dem Entwurf nicht zuzustimmen. Die Volksbewegung werde sich, seien die Wahlen erst einmal eingeführt, zu einer revolutionären Bewegung entwickeln. So sehr fürchtete er das Volk.

Im November 1922 löste sich die Nationalistische Partei auf. Ihre fortschrittlich gesinnten Mitglieder bildeten mit Inukai Tsuyoshi eine Reformclub genannte Reformpartei und propagierten ein demokratisches Programm (»Wir wollen Hand in Hand mit dem Volk im ganzen Land die politischen Verhältnisse verändern.«). Inukai hatte aber keineswegs die Absicht, sich mit dem Volk zu verbünden. Die Ideen von Hoshijima Jirō und Kiyose Ichirō, führende Theoretiker des Vorstands, repräsentierten zwar eine neue Tendenz, aber beide wollten sich ebenfalls nicht mit dem »Volk«, d.h. mit der Arbeiterklasse solidarisieren. Im Februar 1923 bildete während des Chaos, das auf das Kantō-Erdbeben folgte, Yamamoto Gonbei, der anläßlich der Siemens-Affäre demissionierte Führer der Marineoffiziere, sein Kabinett, und Inukai übernahm, um seinem alten Freund Yamamoto zu helfen, ohne Skrupel das Amt des Verkehrs- und Kultusministers, unter dem Vorwand, im Kabinett die allgemeinen Wahlen durchzusetzen.

Die Krise des japanischen Imperialismus

Die Lynchjustiz an Koreanern nach dem Kantō-Erdbeben

Am Abend des 1. September, dem Tag des Kantō-Erdbebens, wurden Gerüchte verbreitet, denen zufolge die in Tōkyō ansässigen Koreaner die Panik nach dem Unglück zu gewalttätigen Ausschreitungen genutzt hätten. Sie hätten Gift in die Brunnen geschüttet, um die Bevölkerung zu töten. Kaum war das Yamamoto-Kabinett zusammengetreten, verhängte es den Ausnahmezustand. Sowohl die Regierung als auch der zuständige Kommandostab wußten genau, daß diese Gerüchte jeder Grundlage entbehrten. Dennoch sorgten sie dafür, daß die Verdächtigungen nicht verstummten und sahen zu, wie die Polizei, das Heer und die Bürgermiliz die Koreaner widerrechtlich verhafteten und ermordeten. Erst am 5. September ermahnte die Regierung das Volk zur Mäßigung, aber nur aus Frucht vor der Kritik des Auslands. In ihrem Aufruf wurden die Gerüchte über die Ausschreitungen nicht eindeutig als falsch bezeichnet.

Am selben Tag traten die Vertreter des Heeres, des Innenministeriums, des Polizeipräsidiums und des für den Ausnahmezustand zuständigen Kommandostabs zu einer Beratung zusammen und erklärten: »Tatsache ist, daß (den Koreanern) kein besonders großer Schaden zugefügt wurde, daß die Gerüchte (über Ausschreitungen) überprüft werden, ... diese als Tatsache möglichst nachgewiesen werden sollen ... und in den Nachrichten dem Ausland gegenüber besonders hervorzuheben ist, daß vom Bolschewismus beeinflußte Japaner und Koreaner die Auschreitungen angestiftet haben.« Diese Lügen sollten als »Wahrheit verbreitet und auch in Zukunft als Wahrheit ausgegeben werden«. »Demzufolge haben auch alle Beamten die Aufgabe, diese Wahrheit zu vertreten und sie in dieser Form der Presse als Ergebnis der Nachforschungen darzustellen.«

Die Anhänger der Demokratie-Bewegung und die Sozialisten kritisierten scharf, daß nach dem Erdbeben von Heer und Polizei japanische Revolutionäre wie Kawai Yoshitora, von der Militärpolizei nicht nur Ōsugi Sakae und Itō Noe, sondern auch junge Männer, die diese begleiteten, ermordet worden waren. Stimmen aber, die gegen den Mord an 7000 Koreanern im Kantō-Gebiet durch Heer, Polizei und die dieser unterstellten Volksmiliz protestierten, gab es — ausgenommen die von Yoshino Sakuzō — nur wenige. Im Unterhaus verlangten Tabuchi Toyokichi und Nagai Ryūtarō von der Regierung, daß sie über die tatsächlichen Vorgänge berichte und sich bei den betroffenen koreanischen Familien entschuldige. Es gelang ihnen aber nicht, die Regierung zur Rechenschaft zu ziehen. Diese Tatsache beweist die

Schwäche der damaligen Demokratie-Bewegung und der Sozialisten. Die Ereignisse nach dem Kantō-Erdbeben können noch heute dem japanischen Volk zur Warnung dienen, wie tief eine vom Imperialismus beherrschte Nation sinken kann.

Das Kabinett der drei die Verfassung verteidigenden Parteien und die Demokratie-Bewegung

Der Demokratie-Bewegung hatte nicht ernsthaft die Absicht, sich mit der Arbeiterschaft zu verbünden. Die Führer der Arbeiterbewegung ihrerseits verstanden nicht die historische, fortschrittliche Bedeutung dieser demokratischen Bewegung und suchten folglich keine Kooperation mit ihr. Darum konnte die Macht der Bewegung von den politischen Parteien, deren Vorstände die Interessen der Unternehmer und der Großgrundbesitzer vertraten (die Verfassungspartei die der Mitsubishi-Gruppe, die Gesellschaft der Freunde konstitutioneller Regierung die der Mitsui-Gruppe), schließlich dazu ausgenutzt werden, in den Machtapparat des Tennō-Systems vorzudringen. Aus Protest gegen das Kiyoura-Kabinett des Jahres 1924, das nur aus Beamten und Angehörigen des Oberhauses bestand und in ständigem Konflikt mit dem Unterhaus lag, bildeten die drei Parteien die zweite Bewegung zum Schutz der Verfassung mit den Programmpunkten »Verwirklichung allgemeiner Wahlen«, »Reform des Oberhauses« und »Verwaltungs- und Finanzreform«. Diese Bewegung versuchte, dem wegen seiner offenen Verteidigung der Interessen der privilegierten Klassen gegen das Kiyoura-Kabinett gerichteten Protest des Volkes und dem Ausbruch einer demokratischen Bewegung zuvorzukommen. Der Vorstand der Verfassungspartei und der Gesellschaft der Freunde konstitutioneller Regierung schlossen zu diesem Zweck ein Geheimabkommen zur Verwirklichung einer »wirklichen Politik, die nicht um die Meinung des Volkes und der Presse buhlt«. Sie hatten zunächst die Absicht, den Reformclub auszuschließen, sahen aber ein, daß ohne das Volk und die Presse das »Beamten- und Adligenkabinett« nicht zu stürzen war, so daß der Reformclub aus strategischen Gründen in das Bündnis aufgenommen werden mußte. Der Reformclub tat dies nicht, um die Reform der Politik zu unterstützen, sondern nur mit dem Ziel, nach dem Sturz des Kiyoura-Kabinetts politischen Einfluß zu gewinnen.

Die drei Parteien stürzten im Juni das Kiyoura-Kabinett, und Katō Takaaki, Vorsitzender der Verfassungspartei, der stärksten Partei des Unterhauses, bildete ein Koalitionskabinett. Es hatte mit dem vorhergehenden nur die Gemeinsamkeit, daß es das Kriegsministerium mit einem aktiven Offizier besetzte, also kein reines Parteienkabinett war. Aber es war immerhin das erste Mal, daß die politischen Parteien die Regierung frontal angegriffen hatten und ohne Hilfe der Älteren Staatsmänner die politische Macht ergriffen. Bis zum Mai 1932 behielt die Mehrheitspartei des Unterhauses die Macht, wenn es auch wiederholt vorkam, daß ein Kabinett vom Militär oder dem Geheimen Staatsrat zu Fall gebracht wurde. Durch ein Mißtrauensvotum wurde nach der Verfassung des Großjapanischen Reiches nur ein Kabinett gestürzt, das von Kiyoura.

Das Koalitionskabinett und die Regierungsparteien erfüllten ihr Versprechen und verabschiedeten ein Gesetz, das allgemeine Wahlen ermöglichte. Sie legten auch ein neues Gesetz zur Aufrechterhaltung der öffentlichen Ordnung vor, das ihnen dazu diente, nicht nur die kommunistische Bewegung, sondern alle sozialen Bewegungen zu unterdrücken. Dieses Gesetz entstand nicht auf Anregung des Kabinetts selbst, sondern auf Vorschlag des Geheimen Staatsrats, der befürchtete, daß durch das allgemeine Wahlgesetz die politische Macht der Arbeiterklasse wüchse und — da damals die Wiederherstellung diplomatischer Beziehungen zwischen Japan und Sowjetrußland nicht zu umgehen war — mit Hilfe der Komintern die japanischen Sozialisten und Kommunisten Einfluß gewännen. Dieses Gesetz wurde also in gewisser Weise der Regierung vom Staatsrat zur Auflage gemacht. Im Unterhaus stimmten, die Mitglieder des Reformclub eingeschlossen, insgesamt 18 Abgeordnete gegen den Entwurf, im Oberhaus fand er nur eine Gegenstimme.

Das Problem der Reform des Oberhauses

Das zweite Versprechen des Koalitionskabinetts der drei Parteien, die Reform des Oberhauses, war nur ein Slogan. Es mußte nicht eingelöst werden, denn das Oberhaus hatte schon zur Zeit des Hara-Kabinetts kaum noch Einfluß auf die Politik und danach kaum noch die Macht, sich gegen das Unterhaus zu stellen. Die Macht des Oberhauses beruhte darauf, daß es mit dem Hof kooperierte und durch Vermittlung des Hofes seine Entscheidungen mit den von Yamagata Aritomo repräsentierten Beamten-Politikern abstimmte. Wie aber Yamagata das Hara-Kabinett anerkennen mußte, so auch der Hof ein Kabinett, das ein nicht adliger Premierminister gebildet hatte. Ein Oberhaus, das nur vom Hof seine Macht bezog, mußte seine dominierende Stellung einbüßen. Itō Hirobumi und Yamagata Aritomo erhielten Sonderzuwendungen vom Hof, die politischen Parteien aber noch mehr von der Wirtschaft. Mit diesen Mitteln konnten sie die Wahl der wichtigsten Mitglieder des Oberhauses, der Grafen, der Vicomtes und der Barone steuern.

Yamagata Aritomo hatte sich überdies 1921, als das Problem der Wahl einer Frau für den Kronprinzen akut wurde[1], übernommen, seine Macht im Palast eingebüßt und war im folgenden Jahr gestorben.

Graf Kiyoura, der Wortführer der Beamten aus der Anhängerschaft Yamagatas, hatte mit Mitgliedern des Oberhauses, die den Rang eines Grafen, Vicomtes oder Barons hatten, und den aus der Beamtenschaft direkt gewählten Mitgliedern eine »Fraktion« gebildet. Mit ihr konnte er gegen die politischen Parteien kämpfen, und – unter Ausnutzung der Uneinigkeit der Parteien – im Januar 1924 sein Adels- und Beamtenkabinett bilden. Im Unterhaus hielt nur die von Tokonami Takejirō geführte Partei, als Mehrheit aus der Spaltung der Gesellschaft der Freunde konstitutioneller Regierung hervorgegangen, zur Regierung. Aus Protest gegen dieses Kabinett hatten die »die Verfassung verteidigenden Parteien« eine Koalition gebildet und das Kiyoura-Kabinett gestürzt. Die oben erwähnte »Fraktion« verlor jeden Einfluß, das Oberhaus konnte sich gegen ein Kabinett, das aus Mitgliedern des Unterhauses bestand, nicht mehr behaupten. Für die drei Koalitionsparteien bestand keine Notwendigkeit mehr, das Oberhaus, das ohnehin jede Macht verloren hatte, zu reformieren. Eine entsprechende Aktion hätte nur unnötige Unruhe verursacht, das Volk gegen das Standessystem aufgebracht und die Standesordnung des Tennō-Systems gefährdet.

---

1 1921 wurde Prinzessin Kuninomiya Yoshiko als Frau für den Kronprinzen Hirohito vorgeschlagen, deren Mutter aus dem ehemaligen Satsuma-Clan, der Shimazu-Familie stammte. Innenminister war zu dieser Zeit Matsukata Masayoshi, ebenfalls zum Satsuma-Clan gehörend. Die Mitglieder des Hofes aus dem ehemaligen Chōshū befürchteten, ihre Macht einzubüßen und stimmten, an ihrer Spitze Yamagata, unter dem Vorwand, sie sei farbenblind, gegen die Prinzessin, allerdings erfolglos.

Die mit der Reduzierung des Heeres verbundenen Pläne der Militärs

Das Koalitionskabinett und das ihm folgende, nur von der Verfassungspartei gebildete Einparteien-Kabinett unternahmen fast nichts zur Verwirklichung des dritten Wahlversprechens, der Reform der Verwaltung der Finanzpolitik. Die Stärke des Heeres betrug damals, die Gardedivision inbegriffen, 25 Divisionen (nicht gerechnet die in Taiwan und Shandong stationierten Truppen). Die Reduzierung um vier Divisionen wurde vom Heeresminister Ugaki Kazushige durchgesetzt. Nach der Washingtoner Konferenz hatte das Kabinett von Katō Tomosaburō die Truppen bereits um mehr als 63 000 Mann verringert. Die Reduzierung erfolgte mit Rücksicht auf die internationale Friedensbewegung und um die Erwartungen des japanischen Volkes nicht zu enttäuschen, oder, laut Heeresminister Ugaki, um »die öffentliche Meinung zu beruhigen und zu dem Zwecke, die Verteidigung zu verbessern«. Die Heeresführung wußte daraus ihren Vorteil zu ziehen. Sie verringerte zwar die Truppenstärke und die Zahl der Pferde, verbesserte aber dafür die Ausrüstung technisch und strebte eine stärkere Kooperation mit der Schwerindustrie an.

Die Reduzierung der Truppen entsprach der nach dem Ersten Weltkrieg im militärischen Denken überall vorherrschenden Idee des totalen Krieges. Die Zahl der aktiv dienenden Soldaten wurde reduziert, die dadurch eingesparten Mittel wurden in die Rüstung investiert. Die Reduzierung machte die Modernisierung der Ausrüstung möglich. Gleichzeitig setzte Ugaki durch, daß alle Schüler von der Mittelschule aufwärts durch aktive Offiziere eine militärische Ausbildung erhielten und für die Jugend der Gemeinden Übungsplätze eingerichtet wurden. Die Schüler und Jugendlichen, die diese militärische Ausbildung absolviert hatten, mußten statt zwei Jahre nur noch eineinhalb Jahre Dienst leisten. Die Zahl der aktiven Soldaten wurde also reduziert, dafür aber die Zahl der Reservisten, die im Ernstfall sofort mobilisiert werden konnten, um ein Vielfaches erhöht.

Diese Maßnahme verschaffte dem Heer natürlich auch größeren politischen Einfluß. Heeresminister Ugaki vermerkte am 30. Dezember 1925 in seinem Tagebuch, das Heer müsse über »mehr als« 200 000 aktive Soldaten, drei Millionen Reservisten, 600 000 Mittel- und Oberschüler, 800 000 junge Männer »verfügen können«, nicht nur in Friedenszeiten, vor allem im Ernstfall müsse das Heer seiner Majestät dem Kaiser dienen. Solange das Parteienkabinett an der Regierung sei, sei nur das Heer in der Lage, »die Führung zu übernehmen«, um das Volk »unter einem Geist zu einigen«, und dazu diene die militärische Ausbildung der Schüler und Jugendlichen. Die Eintragung des folgenden Tages definierte die Oberherrschaft des Tennō wie folgt: »Sollte der Staat in Not geraten, dann bedeutet sie nicht nur Führung des Heeres, sondern die Herrschaft über das ganze Volk, die Oberherrschaft für den Ernstfall. Wenn wir angesichts der jetzigen Verhältnisse an diese oberste Autorität denken, dann darf das Heer nicht wie bisher innerhalb seiner Befugnisse agieren. Es muß Sorge für die Zukunft des Staates tragen und sich seiner Verantwortung bewußt werden.« Kaum daß ein »konstitutionelles« Parteienkabinett sich gebildet hatte, die Demokratie ihr Ziel erreicht zu haben schien, hatte die Heeresführung bereits ein System geschaffen, mit dem sie das ganze Volk unter ihre Herrschaft bringen konnte. In der Phase der Abrüstung nach der Washingtoner Konferenz schien es, als ob die Militärs sich mit einer untergeordneten Rolle beschieden, als ob die Heeresführung ihren politischen Einfluß eingebüßt hätte, doch dies entsprach keineswegs der Wirklichkeit. Die politischen Parteien und ihr Kabinett unterstützten überdies die Maßnahmen des Heeres, durch die militärische Ausbildung und die Dienstregelung das Volk auf den Krieg vorzubereiten. Die »jetzigen Verhältnisse«, die Ugaki so fürchtete, d.h. die Verschärfung der inneren Konflikte des japanischen Imperialismus, die sich sowohl im Lande als auch in den Beziehungen zum Ausland abzeichnete, ließ dieses System — unter dem Vorwand der Gefahr eines »totalen Kriegs« — als unvermeidlich erscheinen.

Die Entstehung proletarischer Parteien und die Spaltung der Aktionsfront

In dieser Zeit wurde die Arbeiter- und Bauernbewegung wieder aktiv. Der Gesamtverband der Arbeiter Japans war zwar die größte Arbeitergewerkschaft, weit effektiver operierte jedoch die Konferenz der Arbeitergewerkschaften Japans, die geführt wurde von Mitgliedern der verbotenen Kommunistischen Partei. Sowohl der Japanische Bauernverband als auch die Gesamtjapanische Vereinigung zur Abschaffung der Klassenunterschiede wurden in ihren Aktionen entscheidend bestimmt von ihrem linken, der Kommunistischen Partei nahestehenden Flügel. Der rechte Flügel des Japanischen Bauernverbandes trennte sich im März 1926 auf dem fünften Gewerkschaftstag von dieser Gewerkschaft und bildete den Gesamtjapanischen Bauerngewerkschaftsverband. Nach 1922 hatten sich in Tōkyō, Kyōto, an Universitäten, Oberschulen und Fachschulen die Studiengemein-

Die Krise des japanischen Imperialismus

schaften für »Sozialwissenschaft« (d.h. für den Marxismus) zum Studenten-
bund zusammengeschlossen, der 1925 in der Handelsoberschule Otaru und
dann in allen Oberschulen und Universitäten des Landes eine Protestaktion
gegen die militärische Ausbildung organisierte. Sie entwickelte sich, unterstützt durch die Arbeiter- und Bauerngewerkschaften, zu einer allgemeinen
Bewegung gegen den Militarismus. Die Regierung versuchte, diese Bewegung, die »Bolschewisierung der Universitäten und Höheren Lehranstalten«,
im Keim zu ersticken, indem sie seit dem Dezember 1925 die Führer des
»Studentenbundes« im ganzen Land verhaftete. 38 von ihnen wurden wegen
Verletzung des Gesetzes zur Aufrechterhaltung der öffentlichen Ordnung
angeklagt.

Die Frauenbewegung, die sich für politisches Mitspracherecht einsetzte,
hatte, wie schon erwähnt, im Dezember 1924 durch die Gründung des Frau-
enverein für den Kampf um das politische Mitspracherecht, später »Frauenbund zur Erlangung des Wahlrechts« die bürgerlichen Frauenbewegungen
geeint. Zwischen dieser und der sozialistischen Frauenbewegung kam keine
Kooperation zustande. Die Schuld lag freilich bei letzterer, denn die Führer
des linken Flügels gingen damals sogar soweit, die Forderungen der weiblichen Mitglieder der Arbeitergewerkschaften nach gleichem Lohn und Mut-
terfürsorge als »bürgerlich«, als den Zielen der wahren proletarischen Revolution widersprechend abzulehnen. Die Theoretiker aus den Kreisen der Intelligenz kannten die Wirklichkeit des Lebens der Arbeiter nicht, hatten aber
die Führungsgremien der Gewerkschaften und politischen Parteien besetzt.

Das allgemeine Wahlgesetz ermöglichte den Arbeitern und Bauern das
politische Mitspracherecht und bildete die Voraussetzung dafür, daß sich ab
1925 legale Parteien bilden konnten. Im Juli 1925 wurde mit Unterstützung
der Arbeiter- und Bauernverbände ein Komitee gegründet, das die Aufgabe
hatte, die Bildung einer proletarischen Partei vorzubereiten. Führungskämpfe zwischen linken und rechten Gruppen, repräsentiert von der Konferenz
der Arbeitergewerkschaften und dem Gesamtverband der Arbeiter, bewirkten die Spaltung der Bewegung, so daß sich ohne Mitwirkung beider
Gewerkschaften zunächst die »Bauern- und Arbeiterpartei« *(Nōmin Rōdōtō)*
formierte, die aber bereits zwei Stunden später als »Vortrupp der Kommunistischen Partei« von der Regierung verboten wurde (am 1. Dezember 1925).

Auch danach hörten die Flügelkämpfe zwischen Links und Rechts nicht
auf. Ende des Jahres 1926 bekämpften sich die linke »Arbeiter- und Bauernpartei« *(Rōdō Nōmintō)*, die gemäßigte »Japanische Arbeiter- und Bauernpartei« *(Nihon Rōnōtō)* und die rechte »Sozialdemokratische Partei« *(Shakai*

Minshutō). Diese Konfrontation wirkte sich aus auf die Arbeiter- und Bauerngewerkschaften, Frauen- und Kulturvereine, auf alle Massenverbände der
Arbeiterklasse, mit dem Resultat, daß diese Bewegungen sich endgültig spalteten. Der Hauptgrund dafür war, daß die drei politischen Parteien versuchten, die Massenbewegungen für ihre Zwecke zu mobilisieren. Die Spaltung
schwächte die Position der Arbeiter- und Bauernklasse. Im Hinblick auf die
Mitgliederzahl ihrer Organisationen, auf die Vielfalt und Intensität ihrer
Aktionen war im Vergleich zu der Zeit vor 1926 aber ein deutlicher Fortschritt zu verzeichnen.

Die chinesische Revolution und die Außenpolitik Shideharas

Der japanische Imperialismus, der im eigenen Lande alle Mühe hatte, die
Bewegung der Arbeiterklasse zu unterdrücken, wurde zur gleichen Zeit mit
neuen Schwierigkeiten auf dem chinesischen Markt konfrontiert. Die japanische Wirtschaft hatte nach der Wirtschaftskrise von 1920 und dem Erdbeben von 1923 weitere schwere Krisen überstehen müssen. In China, dem
wichtigsten Absatzmarkt, hatte sich durch das Volkskapital eine Leichtindustrie entwickeln können. Der Konkurrenzkampf mit England und Amerika,
der während des Ersten Weltkriegs geruht hatte, brach danach von neuem
aus. Der Exportanteil nach China, der 1920 noch 524 Millionen Yen betragen hatte, sank im Jahr 1921 auf 365 Millionen, stagnierte bis 1924, erhöhte
sich 1925 für kurze Zeit und hielt sich dann auf gleicher Höhe. 1919 hatte der
japanische Anteil am chinesischen Import seinen höchsten Stand erreicht,
nämlich 36,34 Prozent. Dieser fiel 1923 auf 22,25 %, stieg 1925 auf 31,06 %
und betrug im Jahr 1930 schließlich nur noch 24,63 %.

Auch nach der Krise des Jahres 1920 erlebte die japanische Wirtschaft
einen schnellen Aufstieg durch Maßnahmen gegen die Inflation, Hilfsfonds,
durch Investitionen der Regierung in den Eisenbahnbau, in Hoch- und Tief-
bauarbeiten großen Ausmaßes, in die Eisen- und Rüstungsindustrie und den
Ausbau des Telegraphen- und Telfonnetzes; die Produktionskraft stieg weiter
an, aber der Absatzmarkt konnte nicht expandieren. Die Profitrate begann
nach dem Jahre 1925 zu fallen. In der Landwirtschaft wurden seit dem Jahre
1920 Krisen chronisch.

Im Januar 1925 hatten sich in China die Volkspartei und die Kommunistische Partei zu einer gemeinsamen Aktionsfront zusammengeschlossen. Zwi-

schen Februar und Mai kam es zu mehreren Streiks in den Spinnereien von Qingdao und Shanghai, die mit japanischem Kapital betrieben wurden. Während dieser Streiks wurden chinesische Arbeiter erschossen. Am 30. Mai protestierten Arbeiter und Studenten in Shanghai gegen diesen Übergriff. Die von Engländern angeführte Zollpolizei schoß auf die Demonstranten, von denen mehrere getötet oder verletzt wurden. Dieser Vorfall war Anlaß für eine neue antiimperialistische Bewegung in China. Überdies kam es zu Auseinandersetzungen zwischen den Militärcliquen, die Nordchina beherrschten. Die Macht des von Japan als Werkzeug benutzten Zhang Zuolin, des Führers der Militärclique in Nordostchina, war nicht mehr stabil.

Der japanische Imperialismus stand vor der Wahl, seinen Einfluß in China durch Entsendung von Truppen zu verstärken oder sich mit der wirtschaftlichen Expansion zu begnügen. Das Kabinett von Katō, Wakatsuki und Außenminister Shidehara Kijūrō vermieden eine direkte Einmischung in die Innenpolitik Chinas. Sie entschieden sich für die wirtschaftliche Expansion. Nach der Washingtoner Konferenz, nachdem Japan dem Neun-Länder-Abkommen hatte zustimmen müssen, war die Entscheidung Shideharas klug. Während in der kapitalistischen Welt die revolutionären Bewegungen scheiterten und eine Zeit der Stabilisierung, des Pazifismus anbrach, richtete sich der Kampf des chinesischen Volkes vor allem gegen England. Die japanische Haltung wurde honoriert auf der Konferenz, die ab Ende 1925 in Peking stattfand und in der mit den Westmächten Zollfragen verhandelt wurden. England und Amerika lehnten die Zollsouveränität Chinas ab, während Japan diese Forderung prinzipiell akzeptierte, um sich günstige Zollsätze zu sichern. Das Drei-Parteien-Kabinett setzte auch, gegen den Widerstand des Geheimen Staatsrats, die Wiederaufnahme diplomatischer Beziehungen zur Sowjetunion durch.

Die Außenpolitik Shideharas hatte aber auch aggressiven Charakter. Im Herbst 1925 unterlag Zhang Zuolin der auf der Seite und unter Führung Englands kämpfenden Militärclique, wurde in Peking vom Heer des Yu Xiangjun angegriffen. Als dann Guo Songling, einer seiner Anhänger, zum Feind überlief, forderte das Heer die Entsendung von Truppen, um Zhang Zuolin zu unterstützen. Shidehara kam dieser Forderung sofort nach. Ende dieses Jahres schlugen japanische Truppen das Heer von Guo. Im März 1926 wurde eine Flotteneinheit nach Taigu entsandt, um das Heer von Yu Xiangjun anzugreifen.

Im Juli 1926 mobilisierte die Aktionsfront der Volkspartei und der Kommunistischen Partei in Guandong ein Heer gegen die Militärclique in Nordchina. Im Oktober hatte dieses Heer bereits Wuhan besetzt. Shidehara und das Wakatsuki-Kabinett versuchten noch vor England und Amerika, seinen Kommandeur Jiang Jieshi (Chiang Kai-Shek) durch Bestechung zum Verrat an der Revolution zu bewegen. Diese Einmischung war aber nicht so konsequent wie die Englands, weshalb der Mitsui-Konzern, der seinen Einfluß schon bis Shanghai und Nanjing ausgedehnt hatte, und die Gesellschaft der Freunde konstitutioneller Regierung heftig gegen eine derart »weiche Außenpolitik« protestierten.

Die Finanzkrise und das Tanaka-Kabinett

Gerade in dieser Zeit wurde die japanische Wirtschaft, kaum daß sie sich erholt hatte, erneut von schweren Krisen heimgesucht. Im Februar 1927 meldeten zahlreiche kleine Banken in den Landgebieten Konkurs an, im März mußte in Tōkyō die Watanabe-Bank schließen. Im April machte Suzuki, während des Weltkriegs nach der Mitsui-Handelgesellschaft das zweitgrößte Unternehmen dieser Branche, Bankrott. Die Taiwan-Bank, die riesige Summen ohne Sicherheiten an Suzuki geliehen hatte, geriet in Zahlungsschwierigkeiten. Das Wakatsuki-Kabinett legte dem Geheimen Staatsrat ein Notprogramm zur Sanierung der Taiwan-Bank vor, das dieser aber ablehnte mit der Begründung, es verstoße gegen die Verfassung. Die Absicht, die hinter der Ablehnung stand, war jedoch, das Wakatsuki-Kabinett wegen seiner »weichen Außenpolitik« zu Fall zu bringen, und von der Gesellschaft der Freunde konstitutioneller Regierung, deren Vorstand General Tanaka Giichi war, ein neues Kabinett bilden zu lassen, um so die Voraussetzung für eine effektivere Intervention in China zu schaffen. Das Wakatsuki-Kabinett trat daraufhin zurück. Am folgenden Tag schloß die Taiwan-Bank ihre Tore. Fünfzehn Banken in Tōkyō und zahlreiche andere größere und kleinere Banken und Unternehmen brachen kurz darauf zusammen, was eine Finanzkrise von unvorstellbarem Ausmaß auslöste.

Wie vorgesehen bildete General Tanaka ein neues Kabinett, übernahm gleichzeitig auch das Außenministerium und ernannte Mori Kaku zum Staatssekretär für politische und auswärtige Angelegenheiten. Mori stammte aus einer dem Mitsui-Konzern liierten Unternehmerfamilie, die in China wirtschaftlich engagiert war. Er gehörte zu einer Gruppe, die schon vorher mit den Militärs kollaboriert hatte und für eine aggressive Politik gegenüber

Die Krise des japanischen Imperialismus

China plädierte. Das Tanaka-Kabinett verfügte als Maßnahme gegen die Finanzkrise ein zweiwöchiges Moratorium und vergab fast 2,2 Milliarden Yen Hilfsgelder. Als die Krise beigelegt war, änderte es das Bankengesetz, indem es nur noch Banken zuließ, die über mehr als eine Million Yen Kapital verfügten. Durch diese Maßnahme wurde die führende Stellung der fünf Großbanken Yasuda, Mitsui, Mitsubishi, Sumitomo und Daiichi Kangyō gesichert (siehe Tabelle); zur Suzuki-Gruppe gehörende und andere Unternehmen gerieten unter die Herrschaft dieser Banken. Die Industriezweige Kohleabbau, Eisen- und Kupferhütten, Erdölraffinerie, Produktion von Ammoniumsulfat, Kunstseide, Zucker und die Spinnereien wurden von zwei bis sechs Unternehmen beherrscht, die vier Großbanken gehörten und einen Produktionsanteil von 50 bis 95 Prozent hielten.

Der Anteil der fünf Großbanken am Einlagekapital und an den Krediten aller Banken Japans in Prozenten

	1923	1925	1926	1927	1928	1929	1930	1931	1932
Einlagekapital	19,5	24,2	23,7	30,6	32,8	33,9	35,7	38,2	40,4
Kredite	17,2	21,3	21,6	25,6	26,2	28,2	31,1	32,6	35,8

Die Einmischung in die chinesische Revolution und das Bombenattentat auf Zhang Zuolin

Im Juni 1927, als die Maßnahmen gegen die Krise Wirkung zeigten, versammelte die Regierung Militärs, leitende Beamte des Außenministeriums und der Mandschurischen Eisenbahngesellschaft in Tōkyō zu einer zehntägigen »Ostasienkonferenz«, um den künftigen Kurs der Politik gegenüber China festzulegen. Die Konferenz überprüfte, welche Methode am effektivsten sei: die »innere«, das Vordringen in China ohne Anwendung militärischer Gewalt, oder die »äußere«, die militärische Aggression. Sie kam in ihren »Richtlinien für die Politik gegenüber China« zu dem Schluß, das »Mandschurei und Mongolei nicht zum chinesischen Territorium gehören«. Der Nordosten Chinas sei unter japanische Herrschaft zu bringen, zu diesem Zweck müsse die Konfrontation zwischen den Militärcliquen gefördert werden, um eine Einigung Chinas zu verhindern. Ferner kam die Konferenz überein, daß für den Fall der Verletzung japanischer »Interessen«, der Bedrohung von Leben und Vermögen der in China lebenden Japaner »durchgreifende Maßnahmen zur Selbstverteidigung getroffen« werden sollten. Dies galt auch für die »Sonderstellung« Japans in der Mandschurei und in der Mongolei.

Damit wurde die Einmischung in die chinesische Revolution und die Kolonialisierung des Nordostens von China durch Waffengewalt beschlossen. Bemerkenswert ist, daß diese Politik nicht von der Militärführung, auch nicht von den jungen, in China stationierten Offizieren gefordert wurde, sondern mit Bedacht von den verantwortlichen Vertretern öffentlicher Organe. Weder die Finanzkreise noch die herrschende Klasse äußerten grundsätzliche Bedenken dagegen.

Bereits vor dieser Konferenz hatte das Tanaka-Kabinett im Juni, unter dem Vorwand, »japanische Siedler zu schützen«, Truppen nach Shandong entsandt, um den Vormarsch des gegen die Militärclique des Nordens ausgesandten Heeres zu behindern (= erste Truppenentsendung nach Shandong). Kurz zuvor hatte Jiang Jieshi das revolutionäre Lager verraten und konzentrierte sich auf den Sturz der chinesischen Kommunistischen Partei. Der Marsch nach Norden wurde zunächst abgebrochen, was die japanische Regierung veranlaßte, im August die Truppen aus Shandong zurückzuziehen. Als im April 1928 die Truppenbewegungen fortgesetzt wurden, entsandte die Regierung ein zweites Mal ein Expeditionskorps nach Jinan in Shandong, die noch vor den chinesischen Einheiten das Schloß Jinan besetzten. Außerdem verstärkte die Regierung ihre Truppen um eine Division und eine Brigade (= dritte Truppenentsendung nach Shandong). Bis zum August 1945, dem Tag der Niederlage des Großjapanischen Reiches, blieb Japan der Hauptfeind Chinas. Die Entsendung von Truppen nach Shan Tung und die Besetzung von Jinan verschärfte auch die Konfrontation zwischen Japan, England und Amerika, die nach einer Phase der Beruhigung nach der Washingtoner Konferenz nun einen neuen Höhepunkt erreichte.

Zhang Zuolin, der Führer der Militärclique in Fengtian, durchschaute die ehrgeizigen Pläne Japans und folgte nicht mehr bedingungslos dessen Weisungen. Kōmoto Taisaku, Oberst und Stabsoffizier und ihm ergebene Offiziere des in Kuan Tung stationierten Heeres ließen daraufhin im Juni 1928 in der Nähe von Fengtian einen Zug in die Luft sprengen, in dem sich Zhang befand. Kōmoto hatte die Absicht, nach diesem Attentat die ganze Mandschurei zu besetzen, wurde aber von der Führung der Guandong-Armee zurückgehalten. Die Heeresführung erklärte dem Ausland gegenüber, daß das zur Vernichtung der Militärclique des Nordens ausgesandte chinesische Heer die Verantwortung für das Attentat trage, die Wahrheit wurde aber schnell in der ganzen Welt bekannt, nur nicht in Japan. Als die führenden politischen Kreise Japans davon erfuhren, klärten sie das Volk nicht auf und versuchten auch nicht, die Übergriffe des Heeres zu verhindern. Sie benutzen »einen gewissen Vorfall in der Mandschurei« nur als Mittel, den Sturz des Kabinetts herbeizuführen. Die Heeresführung suspendierte Kōmoto, der aber bald darauf zum Vorstand der Südmandschurischen Eisenbahn avancierte: ein Präzedenzfall dafür, daß Personen, die für die Kolonialisierung der Mandschurei kämpften, egal auf welche Weise, nicht bestraft wurden. Daß die Heeresführung über den Kopf der Regierung hinweg handelte und in die Mandschurei eindrang, dafür hatte es schon nach dem Russisch-Japanischen Krieg Beispiele gegeben. Auch dafür, daß das in der Mandschurei stationierte Heer oder die Offiziere des Generalstabs die »Unabhängigkeit der Mandschurei« durchsetzen wollten, gab es nach 1911 zwei Beispiele – je mehr sich die Krise des japanischen Imperialismus zuspitzte, desto selbständiger handelte das Heer.

Die Entwicklung der proletarischen Bewegung

Gegen die von der Regierung und der Heeresführung beschlossene Einmischung in die chinesische Revolution, gegen den Einfall in China protestierten Anfang 1929 nur die wieder erstarkte Kommunistische Partei und die ihr nahestehende »Arbeiter- und Bauernpartei« sowie die Gewerkschaften und die Gesamtjapanische Vereinigung zur Abschaffung der Klassenunterschiede. Als Jiang Jieshi in Nanjing seine eigene Regierung bildete, unterstützte die »Arbeiter- und Bauernpartei« die Regierung in Wuhan, die »Japanische Arbeiter- und Bauernpartei« keine von beiden, während die »Sozialdemokratische Partei« die Regierung in Nanjing anerkannte und damit praktisch auch die Entsendung des Heeres nach Shandong.

Das Tanaka-Kabinett unterdrückte die proletarische Bewegung mit allen Mitteln. Aus diesem Grunde verringerte sich im Vergleich zum Jahr 1926 in den Jahren 1927 und 1928 die Zahl der Streiks, der Streikenden und der Mitglieder der Arbeitergewerkschaften. Dafür dauerten die Streiks länger. Durch das »Gesetz zur Regulierung der Pachtbedingungen« konnten die Behörden Streiks mit Gewalt beilegen, so daß deren Zahl erheblich sank. Die

Forderungen der Bauern richteten sich aber nicht mehr nur auf die Senkung der Pachtgebühren, sie konzentrierten sich immer mehr auf das Bebauungsrecht und nahmen qualitativ einen anderen Charakter an als zuvor. Die Kommunistische Partei hatte einen großen Einfluß auf alle sozialen Bewegungen, auch auf einen großen Teil der Intelligenz. Zwischen 1927 und 1933 beherrschten — das mag zum Teil Mode, nicht Engagement gewesen sein — Schriften über den Marxismus die Literatur, die sich an diese Schicht wandte.

Im Februar 1929 kam bei der Wahl der Abgeordneten des Unterhauses das allgemeine Wahlgesetz für Männer zur Anwendung. Die Gesellschaft der Freunde konstitutioneller Regierung gewann 219 Sitze und war damit die stärkste Partei, erreichte aber nicht die Mehrheit (234 Sitze). Die Demokratische Partei (hervorgegangen aus der Verfassungspartei) gewann 217 Sitze, die proletarischen Parteien nur acht Sitze, gewählt mit 471 000 Stimmen. Zwei Sitze davon entfielen auf die ultralinke »Arbeiter- und Bauernpartei«, gewählt mit 187 000 Stimmen. Am Wahlkampf für die »Arbeiter- und Bauernpartei« nahmen die Mitglieder der Kommunistischen Partei öffentlich teil; die Wahlveranstaltungen wurden sofort aufgelöst, die Wahlredner verhaftet. Daß diese Partei trotz dieser Repressalien im Unterhaus vertreten war, war ein Schock für die herrschende Klasse. Die Regierung ließ am 15. März in Hokkaidō, in den Präfekturen Tōkyō, Ōsaka und Kyōto und in 27 Präfekturen mehr als tausend Mitglieder der Kommunistischen Partei und Sympathisanten verhaften. Die drei linken Organisationen »Arbeiter- und Bauernpartei«, die Konferenz der Arbeitergewerkschaften und der »Verband der proletarischen Jugend Japans« *(Zen-Nihon Musan Seinen Dōmei)* wurden aufgelöst. In Hokkaidō und in allen Präfekturen verstärkte man die Sonderabteilungen der Polizei, die gemäß einer Notverordnung zum Gesetz zur Aufrechterhaltung der öffentlichen Sicherheit das Recht erhielten, Todesstrafen ohne Gerichtsurteil zu vollstrecken. Diese repressiven Maßnahmen richteten sich nicht nur gegen die Kommunistische Partei, sondern gegen alle liberalen, demokratischen und pazifistischen Ideen und Bewegungen. Der Verfassungsrechtler Minobe Tatsukichi stellte angesichts dieser Entwicklung resigniert fest: »Es sind finstere Zeiten in der Politik angebrochen!«

Die Krise des japanischen Imperialismus

Arbeiterbewegungen zwischen 1927 und 1937

	Zahl der Streiks und Arbeitskämpfe	Teilnehmer	Zahl der Arbeitergewerkschaften	Mitglieder
1927	383	46 672	505	309 493
1928	393	43 337	501	308 900
1929	571	77 281	630	330 985
1930	901	79 824	712	354 312
1931	984	63 305	818	368 975
1932	870	53 338	932	377 625
1933	598	46 787	942	384 613
1934	623	49 478	965	387 964
1935	584	37 650	998	408 662
1936	546	30 857	973	420 589
1937	628	123 730	837	359 290

Bauernbewegungen zwischen 1927 und 1937

	Zahl der Protestaktionen der Pächter	Teilnehmer	Zahl der Gewerkschaften	Mitglieder
1927	2 053	91 336	4 582	365 332
1928	1 866	75 136	4 353	330 406
1929	2 434	81 998	4 156	315 771
1930	2 478	58 565	4 208	301 436
1931	3 419	81 135	4 414	306 301
1932	3 414	61 499	4 650	296 839
1933	4 000	48 073	4 810	302 736
1934	5 828	121 031	4 390	276 146
1935	6 824	113 164	4 011	242 422
1936	6 804	77 187	3 915	229 209
1937	6 170	63 246	3 879	226 919

Das Hamaguchi-Kabinett und die große Wirtschaftskrise

Als die Kritik am Scheitern der Einmischung in die chinesische Revolution und an der repressiven Politik immer lauter wurde und der Tennō seinen Unwillen darüber äußerte, daß er vom Premierminister nicht über den wahren Sachverhalt des Anschlags auf Zhang Zuolin informiert worden war, sah sich das Tanaka-Kabinett gezwungen, im Juli 1929 zurückzutreten. Hamaguchi Osachi bildete mit Abgeordneten der Demokratischen Partei ein neues Kabinett, Shidehara übernahm wieder das Außenministerium. Inoue Junnosuke, der ehemalige Präsident der »Japanischen Bank«, wurde Finanzminister. Die Sanierung der mittleren und kleinen Unternehmen, die Entlassung von Arbeitern, die Lohnsenkung, die Verschärfung der Arbeitsbedingungen, die Herabsetzung der Preise, die Stärkung der Exportkraft, die Aufhebung des Goldausfuhrverbots als Mittel zur Belebung des Außenhandels, die Stabilisierung der Devisenbörse, die Erleichterung des Kapitalexports, die Konsolidierung des Industriekapitals, Einsparungsmaßnahmen und die Rationalisierung der Produktion — dies waren die wesentlichen Punkte des Regierungprogramms des Hamaguchi-Kabinetts. Die Aufhebung des Goldausfuhrverbots, auf die das Finanzkapital schon lange gewartet hatte, die aber wegen des Protests des Industriekapitals und der Grundbesitzer — wegen der damit notwendigerweise verbundenen Deflation — verschoben worden war, wurde vom Hamaguchi-Kabinett im Januar 1930 endlich verwirklicht.

Wie vorherzusehen war, trat eine Konjunkturkrise ein, die zu Entlassungen und Lohnsenkungen führte. Die amerikanische Wirtschaftskrise, die im Herbst 1929 ihren Höhepunkt erreicht hatte, brachte auch die japanische Wirtschaft in eine schwere Depression. Die Industrieproduktion erreichte einen Tiefpunkt und sank um 30 bis 70 %. Die Exportrate fiel um 37 %, die Importrate um 40 %, der Preisindex von 174,5 auf 120,4. Besonders für Seide und Reis war ein starker Preissturz zu verzeichnen. Die Zahl der Arbeitslosen wurde — die in die Landwirtschaft zurückgekehrten Arbeiter mitgerechnet — auf mehr als drei Millionen geschätzt. Die Ernte des Jahres 1930 brachte Rekorderträge, bewirkte aber, daß die Reispreise um mehr als die Hälfte fielen und viele Bauern in wirtschaftliche Not gerieten. Im folgenden Jahr kam es in Hokkaidō und Nordjapan infolge Kälteschäden zu einer Mißernte. Die Not der Bauern war so groß, daß viele Eltern mit ihren Kindern Selbstmord begingen oder ihre Töchter verkauften. Viele Schulkinder litten an Unterernährung.

Die Folgen der Wirtschaftskrise führten nicht nur zu einer Intensivierung des Kampfes der Arbeiter und Bauern in Japan, sondern gaben auch den Volksbewegungen in Taiwan und Korea Auftrieb. Der Aufstand der Studenten und Arbeiter im November 1929 in Korea, ausgelöst durch Beleidigung koreanischer Studenten durch Japaner, die bewaffneten Aufstände gegen Japan im Grenzgebiet von Korea und der Mandschurei seit Mai 1930, die Unruhen der Bevölkerung von Wushe in Taiwan im Oktober des Jahres 1930 legen hiervon beredtes Zeugnis ab.

Durch die Wirtschaftskrise erwarb das Finanzkapital noch mehr Macht, durch das »Gesetz zur Kontrolle der Schwerindustrie« und das »Gesetz für

Exportgesellschaften« wurde die Koalition von Staat und Industriekapital noch enger. Dies bedeutete den Beginn der Entwicklung zum Staatsmono- polkapitalismus, eine Politik, die gleichzeitig dem Ausbau der Produktions- kapazität für den »totalen Krieg« diente. Das Tanaka-Kabinett hatte bereits im Innenministerium eine Abteilung gebildet, die zuständig war für die Ver- waltung der für einen »totalen Krieg« benötigten Mittel. Diese Abteilung nahm zur Zeit des Hamaguchi-Kabinetts ihre Arbeit auf, daneben wurde die Rüstungsindustrie verstärkt und die Produktion und der Transport von Kriegsmaterial bei Luftangriffen geübt. Den Sparmaßnahmen fielen bis zu einem gewissen Grad auch die Ausgaben für Heer und Marine zum Opfer; diese Ausgaben stiegen jedoch im Etat im Verhältnis zu den anderen Ausga- ben. Die Schwerindustrie für den Bau von Panzerwagen, Kriegsschiffen und Flugzeugen erhielt besondere Unterstützung. Im Frühjahr 1931 wurde der erste in Japan gebaute Bomber fertiggestellt und eine modernisierte Einheit gebildet, die ausgerüstet war mit Panzerwagen japanischer Produktion.

Die Reaktion der Militärs

Das Hamaguchi-Kabinett vernachlässigte keineswegs die Aufrüstung, aber es gab der Entwicklung des Monopolkapitals den Vorrang, was die Unzufrie- denheit der Miltärs provozierte. Shidehara gab nicht nur die Politik des Tana- ka-Kabinetts gegenüber China, die Pläne zur militärischen Einmischung in die Revolution, auf. Er ging — und das empörte die Heeres- und Marinefüh- rung noch mehr — darüberhinaus auf der 1930 in London eröffneten Abrü- stungskonferenz zwischen England, Amerika, Frankreich, Italien und Japan mit Amerika und England einen Kompromiß ein, indem er versprach, daß Japan die Zahl der schweren Kreuzer im Verhältnis zu Amerika von den zunächst geforderten 70 % auf 60 % reduzieren werde. Die Militärs kritisier- ten die Regierung, weil sie nicht das Recht habe, die Truppenstärke zu ver- ringern. Das sei ein Eingriff in die Befugnisse des Tennō als Oberstem Kriegs- herrn. Auch der Geheime Staatsrat teilte diese Ansicht. Die Regierung, unter- stützt durch die Meinung des Volkes und die Finanzkreise, setzte trotz des Protests der Militärs und des Geheimen Staatsrats das Abkommen in Kraft. Dafür, daß eine Regierung die Reduzierung von Truppen selbständig bestimmt, gab es zuvor und auch später kein Beispiel. Das vom Finanzkapital gestützte Kabinett hatte für kurze Zeit die Macht, die Militärs, das Bollwerk des Tennō-Systems, auszuspielen. Weder die Marine noch das Heer aber hatten die Absicht, die Vorherrschaft der politischen Parteien hinzunehmen. Im November 1930 wurde auf Premierminister Hamaguchi von einem rechtsextremistischen Jugendlichen, den die Militärs angestiftet hatten, ein Attentat verübt. Hamaguchi erlag den schweren Verletzungen. Dieser Vorfall war das Zeichen für den Generalangriff der Militärs auf die politischen Parteien und die Parteienkabinette, das Vorzeichen auch für einen neuen Einfall in China.

36
Der Einfall in China
Der Zusammenbruch des Großjapanischen Reiches (I)

Die fingierte »Krise in der Mandschurei und in der Mongolei«

Die Krise von 1929/30 versetzte die Regierung, die Militärführung, die politischen Parteien und die Finanzkreise in Panik. Die Entwicklung der Unabhängigkeitsbewegungen in Korea und China bedrohte die Zukunft des japanischen Imperialismus. Besonders die Lage in der Mandschurei entwickelte sich so, daß die Interessen Japans nicht mehr geschützt waren.

Der größte Teil der japanischen Auslandsinvestitionen war in die Mandschurei geflossen, 70 % des dort investierten ausländischen Geldes war japanisches Kapital. Abgesehen von der sowjetischen Eisenbahn und den damit verbundenen Investitionen, war die Mandschurei fast ausschließlich ein von diesem Kapital beherrschter Markt. Die Mandschurische Eisenbahn stellte eine »Dollarquelle« für die japanische Wirtschaft dar. Zhang Xueliang, Sohn des ermordeten Zhang Zuolin, rächte sich für den Mord an seinem Vater, indem er gegen die Interessen Japans arbeitete. Er verbündetete sich ab 1929 mit der Regierung der Volkspartei und kämpfte unter ihrer Fahne. Er baute mit englischem und amerikanischem Kapital eine Eisenbahnlinie und Häfen, um das japanische Monopol zu brechen.

Die Kommunistische Partei Chinas, von der Regierung der Volkspartei als illegal bekämpft, baute in den Provinzen Hunan, Hubei und Jiangxi unter der Führung von Mao Zedong und Shu De ihre Machtposition aus. Sie verwirklichte dort die Bodenreform, bildete die Rote Arbeiter- und Bauernarmee, die das von Jiang Jieshi geführte, zu ihrer Unterdrückung ausgesandte Heer in die Flucht schlug und ihre politische und ideologische Macht über das chinesische Volk immer mehr ausdehnen konnte.

Angesichts dieser Entwicklung beschlossen das Hamaguchi-Kabinett und die der hinter ihm stehenden Finanzkreise, zunächst mit allen Mitteln für eine Stärkung der japanischen Wirtschaft zu sorgen. Die Beziehungen zu England und Amerika sollten normalisiert werden, um Kapitalhilfe zu erhalten. China gegenüber waren militärische Aktionen möglichst zu vermeiden, die Probleme mit politischen Mitteln zu lösen. Diese pragmatische Politik stieß bei der Führung des Heeres und der Marine auf Widerstand. Ihr Protest gegen das Londoner Flottenabkommen bedeutete nicht nur, daß sie den Oberbefehl über Heer und Marine vom Einfluß der Regierung abkoppeln wollte, er war auch ein eindeutiger Ausdruck dafür, daß sie die Grundlinien der oben beschriebenen Politik ablehnte. Das Herresministerium, der Generalstab und das Offizierskorps der Guandong-Armee hielten es für notwendig, die Mandschurei so schnell wie möglich ganz zu einer japanischen Kolonie zu machen und von dort aus die Sowjetunion, die sie als »Brutstätte des Kommunismus« betrachteten, massiv anzugreifen, um — das sei der einzige Weg — die Krise Japans zu überwinden.

Um diesen Plan zu verwirklichen, gründeten sie eine Kirschblütenbund genannte Gruppe, die es sich zur Aufgabe machte, das Herrschaftssystem des Landes grundlegend zu reformieren. Sie verbündeten sich mit Ōkawa Shūmei, dem Führer der nationalistischen Vereinigung, und planten für März 1931 einen Coup d'Etat, um eine Militärregierung zu errichten. Heeresminister Ugaki, anfangs zentrale Figur dieser Gruppe, distanzierte sich jedoch von diesem Vorhaben, so daß der Staatsstreich mißlang. Die Verantwortlichen wurden nicht vor Gericht gestellt, der Vorfall geheim gehalten. So konnte die Gruppe unbehelligt ihre Ziele weiter verfolgen, die darauf hinausliefen, zuerst einen Krieg zu provozieren und dann unter Ausnutzung des Notstandes im eigenen Lande die Regierung zu übernehmen.

Im Juli 1931 gab das Heeresministerium einen Reformplan bekannt, der auch eine Truppenverstärkung in Korea vorsah, ließ die Guandong-Armee neue Stellungen beziehen und ordnete Kampfbereitschaft an. Im selben Monat provozierte es einen Zusammenstoß von koreanischen und chinesischen Bauern in Wanbaoshan in der Südmandschurei. Die Liquidierung des Militärspions Hauptmann Nakamura — am 17. August vom Heeresministerium bekanntgegeben —, die dem Heer des Zhang Xueliang angelastet wurde, diente den Militärs und der Regierung als Vorwand, eine »Krise in der Mandschurei und der Mongolei« zu proklamieren, die »den Lebensnerv Japans« treffe, und eine chauvinistische Hetze zu betreiben. Am 4. August hatte Heeresminister Minami auf einer Konferenz der Divisionskommandeure und anderer höherer Offiziere bereits angedeutet, daß das »mandschurische und mongolische Problem« nur mit Waffengewalt zu lösen sei.

552

Der »Mandschurei-Zwischenfall«, die Regierung und die politischen Parteien

Weder die Regierung noch die politischen Parteien unternahmen etwas, um dem Ehrgeiz des Militärs Einhalt zu gebieten. Das Volk hatte nichts von dem Plan des Coup d'Etats erfahren, die Regierung jedoch mit Sicherheit. Außenminister Shidehara warnte auf einer Kabinettssitzung Heeresminister Minami, es sei nicht ratsam, seine Instruktionen Nichtbeteiligten bekannt zu machen, aber er protestierte keineswegs gegen deren Inhalt. Shidehara, der für eine Nichteinmischung in die chinesischen Angelegenheiten eingetreten war, hatte selbst im Dezember 1930 gefordert, daß »alle erforderlichen Maßnahmen« getroffen werden müßten, falls China versuche, durch den Bau von Eisenbahnlinien das Monopol der Mandschurischen Eisenbahn zu brechen.

Premierminister Wakatsuki bat das Kabinett, dem Inhalt seiner Rede, die er im August auf dem Parteitag der Demokratischen Partei halten wollte und in der er für die Vorbereitung des Krieges eintrat, zuzustimmen: »Sollte China ungerechtfertigte, gesetzeswidrige Mittel ergreifen, dann müssen wir, um das Überleben unseres Staates zu sichern, entschlossen darauf antworten, welche Opfer das auch fordern mag.« In dem Bericht, den Mori Kaku und die Untersuchungskommission für die Mandschurei und die Mongolei am 31. August dem Vorstand der Gesellschaft der Freunde konstitutioneller Regierung vorlegten, hieß es: »Der Ausbruch des Krieges steht praktisch unmittelbar bevor ... Um die Beziehungen zwischen Japan und China wieder auf eine vernünftige Basis zu stellen, ist, dessen sind wir sicher, die Aufbietung aller Kräfte des Landes notwendig.« Der Vorstand hatte dagegen nichts einzuwenden.

Das heißt, Außenminister Shidehara, die Regierung und die Regierungspartei waren wie die Militärführung und die Gesellschaft der Freunde konstitutioneller Regierung überzeugt, daß ein Einfall in die Mandschurei unvermeidlich sei. Sie trafen alle Vorbereitungen dafür und versuchten, auch das Volk für diesen Krieg zu begeistern.

Am 18. September 1931 ließen der Generalstab und ein Teil der Offiziere der Guandong-Armee die Mandschurische Eisenbahnlinie bei Liutiaogou in der Nähe von Fengtian sprengen, gaben diesen Vorfall als Angriff des chinesischen Heeres aus und starteten ohne Kriegserklärung den verharmlosend als »Mandschurei-Zwischenfall« bezeichneten Einfall, um den Nordosten Chinas zu besetzen. Nicht einmal der Kommandeur der Guandong-Armee war in den Plan eingeweiht worden. Drei Jahre zuvor, als Stabsoffiziere um Kōmoto Zhang Zuolin ermordeten und die Eroberung der ganzen Mandschurei planten, hatte die Führung der Guandong-Armee eingegriffen, diesmal aber rechtfertigte sie uneingeschränkt die Provokation des Krieges. Die Heeresführung in Korea organisierte auf Anforderung der Guandong-Armee den Nachschub für Munition und zog Einheiten zusammen, die am 21. September mit einer Stärke von 4000 Mann die Grenze überschritten und in die Mandschurei eindrangen. Das Wakatsuki-Kabinett reagierte auf diesen eklatanten Mißbrauch der Befehlsgewalt mit der Bewilligung der für die Aggression benötigten Mittel. Die Regierung versicherte zwar immer wieder, sie werde dafür sorgen, daß sich der Krieg nicht ausweite, konnte aber nicht verhindern, daß bald in der ganzen Mandschurei gekämpft wurde. Im Januar 1932 griffen Heer und Marine Shanghai an und lenkten damit die Aufmerksamkeit von England, Amerika und Frankreich, die dort ihre Interessen bedroht sahen, von den Kämpfen in der Mandschurei ab. Am 1. März wurde die Gründung des Marionettenstaates der »Mandschukuo« bekanntgegeben.

Es mag dahin gestellt bleiben, ob die Regierung nicht über die Kriegspläne des Heeres informiert war oder ob sie zu diesem Zeitpunkt nicht die Absicht hatte, einen Krieg dieses Ausmaßes zu führen. Nicht zu leugnen ist, daß sie dem Krieg den Weg geebnet hat, daß sie nach dem mißlungenen Coup d'Etat die offenkundigen Kriegsvorbereitungen der Militärs nicht unterband und daß sie schließlich, nachdem der Krieg einmal ausgebrochen war, keine grundsätzlichen Einwände vorzubringen hatte.

Es heißt zwar, daß Außenminister Shidehara, da ein offener Protest bei den Militärs keinen Erfolg gehabt hätte, sich zunächst mit dem Heer arrangierte, um es dann zur Mäßigung zu bewegen. Wie kann aber ein Minister, der hinnimmt, daß das Heer die Regierung mißachtet und aus eigenem Entschluß einen Krieg beginnt, einen »Amoklauf« des Militärs noch bremsen? Was Shidehara tatsächlich tat, war lediglich, daß er den heftigen Protest des Auslands gegen die Verletzung des Neun-Länder-Abkommens und gegen die Verletzung des 1928 abgeschlossenen Pariser Abkommens zur Ächtung des Krieges seitens Japan mit einer dürftigen Rechtfertigung beantwortete und die Militärs in Schutz nahm.

Amerika intervenierte mit scharfen Worten, ihm waren aber wegen der Maßnahmen gegen die Wirtschaftskrise so sehr die Hände gebunden, daß es keine wirkungsvollen Sanktionen gegen Japan verhängen konnte. Der Bericht der von dem Engländer Lytton geführten Untersuchungskommis-

sion des Völkerbundes erkannte das Vorgehen Japans nicht als Selbstverteidigung an, betonte aber die Gefahr der »Bolschewisierung« der Mandschurei
und schlug eine gemeinsame Verwaltung des Gebiets durch die großen Länder vor. Die aus diesem Vorschlag hervorgegangene Resolution wurde auf
der Vollversammlung des Völkerbundes mit 24 Stimmen gegen eine (die
Japans) angenommen, weshalb Japan im März 1933 aus dem Völkerbund
austrat. Diesen Austritt und die diesem vorausgegangene Gründung des
Staates Mandschukuo hatten die Demokratische Partei und die Gesellschaft
der Freunde konstitutioneller Regierung schon, bevor die Regierung sich
dazu entschloß, gefordert.

Die Reaktion des Volkes

Als die japanischen Truppen in die Mandschurei einfielen, war die Begeisterung des Volkes gedämpft. Agitatoren der »Jugendbund für die Mandschurei« genannten militaristischen Gruppe wurden auf einer Veranstaltung in
Sendai, dem Heimatstandort der zweiten Division der Guandong-Armee,
niedergeschrieen. Yanaibara Tadao, Professor für Kolonialpolitik an der Universität Tōkyō, kritiserte — wie einst sein Lehrer Uchimura Kanzō den Russisch-Japanischen Krieg — in einem ausführlichen wissenschaftlichen Bericht
die Intervention in der Mandschurei. Sein Bericht fand sehr viele Leser.
Auch in den Kreisen der Intelligenz wurde Kritik laut. Das damals einzige
überregionale Massenmedium, das Radio, wurde von der Regierung kontrolliert, die Zeitungen und Zeitschriften unterlagen einer strengen Zensur. Es
gab also kaum einen Weg, kritische Stellungnahmen zum Krieg zu veröffent-
lichen und dem ganzen Volk bekannt zu machen.

Die illegale Kommunistische Partei und die Gruppen, die mit ihr sympathisierten, protestierten offen gegen den Krieg. Von 1931 bis 1932 gewannen
diese Partei und der von ihr geführte »Gesamtjapanische Rat der Arbeitergewerkschaften« (Zenkyō) immer mehr Einfluß. Als Mitglieder des Rates waren
1931 zehntausend Arbeiter eingeschrieben, mehr als 50 000 identifizierten
sich mit ihren Zielen. Es gelang den Mitgliedern der Kommunistischen Partei, Handzettel mit Antikriegsparolen in Kasernen und auf Kriegsschiffe zu
schmuggeln. Sie verunsicherten aber mit Parolen wie »Statt des imperialistischen Krieges Bürgerkrieg zum Sturz der Bougeoisie, der Grundbesitzer, des
Tennō-Systems!« oder »Schützt die Sowjetunion, die Heimat der Arbeiter

und Bauern!« eher das Volk und disqualifizierten jeden Pazifismus, der nicht zugleich den Schutz der Sowjetunion und den Sturz des Tennō-Systems forderte, als generelle Parteinahme für den Imperialismus. Mit dieser Taktik konnten sie natürlich das Volk, dem der Friede am wichtigsten war, nicht auf ihre Seite bringen.

Die Massenpartei der Arbeiter *(Rōdō Taishūtō)*, eine legale proletarische Partei, hervorgegangen aus der mittleren Fraktion der Japanischen Arbeiterpartei, protestierte anfangs ebenfalls gegen den Krieg, verhielt sich dann aber indifferent, während die Sozialdemokratische Partei und der Gesamtverband ohne Vorbehalt den Krieg unterstützten.

Als Japan schließlich aus dem Völkerbund austrat, war die Mehrheit des Volkes für den Krieg. Zu dieser Zeit waren viele Soldaten aus allen Teilen des Landes im Feld. Ihre Angehörigen und Freunde wünschten ihre unversehrte Heimkehr aus dem Krieg; zugleich redeten sie sich ein, daß dieser Krieg ein gerechter Krieg sei. Nach dem Austritt aus dem Völkerbund war Japan international isoliert, die Zukunft war ungewiß. Die Regierung verstand es, die Angst des Volkes zu nutzen: Sie betonte die Notwendigkeit, schon jetzt vorbereitende Maßnahmen für die »Krise von 1935/36« zu treffen. Mit Kriegsbeginn konzentrierten sich die bisherigen Sparmaßnahmen nur auf die Bekämpfung der Inflation. Die Industrie, vor allem die Rüstungsindustrie, erlebte einen raschen Aufschwung. 1933 konnte Japan bereits eine Hochkonjunktur verzeichnen. Die Erfolge bewirkten eine positive Einstellung zum Krieg.

Die Friedensbewegung und der Marxismus wurden mit allen Mitteln unterdrückt. Die Kommunistische Partei versuchte im Herbst 1932, mit einem neuen Programm ihren Einfluß zu erweitern, ihr gesamter Vorstand wurde jedoch sofort verhaftet. Im Juni 1933 trennten sich die inhaftierten Parteivorsitzenden Sano Manabu und Nabeyama Sadachika von der Komintern und vollzogen eine »ideologische Konversion«, die ein Bekenntnis zum Tennō-System und zum Nationalismus beinhaltete. Dies hatte zur Folge, daß auch viele nicht inhaftierte Marxisten diese Wendung vollzogen. Im Frühjahr 1935 war die Organisation der Kommunistischen Partei zusammengebrochen, es gab keine Zeitungen mehr, die wie vorher, wenigstens eine Zeitlang, marxistische Ideen verbreiteten. Auch der Liberalismus und demokratische Ideen wurden unterdrückt. Im Frühjahr 1933 war Takigawa Kōshin, Professor an der Juristischen Fakultät der Universität Kyōto, der mit Kollegen und Studenten für die Freiheit der Forschung eintrat, entlassen worden. 1935 wurde die von Professor Minobe Tatsukichi aufgestellte These, daß der Tennō zwar oberstes Organ des Staates sei, die Souveränität aber beim Volke liege (die sogenannte »Organtheorie«), verboten und die Verehrung des Tennō als absolute Autorität als »Inbegriff des Staates« befohlen.

Der Putsch vom 15. Mai und der Februarputsch

Im Oktober 1931, einen Monat nach Kriegsbeginn, planten die Offiziere, die an der März-Affäre beteiligt gewesen waren, einen neuen Coup d'Etat, der wegen Meinungsverschiedenheiten in den eigenen Reihen und der Vorbehalte der Heeresführung wieder nicht zur Ausführung kam. Dieser Plan brachte aber immerhin im Dezember das Wakatsuki-Kabinett zum Sturz. Unter Inukai Tsuyoshi entstand ein neues Kabinett aus Mitgliedern der Gesellschaft der Freunde konstitutioneller Regierung. Am Tag seines Zusammentretens verbot es die Goldausfuhr und nahm positiv Stellung zur Fortsetzung des Krieges. Die Rechtsextremisten waren jedoch mit diesem Kabinett nicht zufrieden. Im Februar 1932 wurden der ehemalige Finanzminister Inoue Junnosuke, im März Dan Takuma, einer der Leiter des Mitsui-Konzerns, von einer rechtsextremistischen Gruppe, die mit dem aus jungen Offizieren bestehenden »Blutbund« kollaborierte, ermordet. Am 15. Mai erschoß eine Gruppe, die aus Offizieren der Marine und des Heeres bestand, am hellichten Tage Premierminister Inukai in seinem Amtssitz. Danach gab es keine »Parteienkabinette« mehr. Das Amt des Premierministers wurde mit einem Militär, einem Beamten oder einem Adligen besetzt. Es kam zwar vor, daß ein Mitglied einer politischen Partei als Minister in ein Kabinett berufen wurde, aber nur um diesem den Anschein zu geben, es »repräsentiere das ganze Volk«.

Die Offiziere gaben ihre Pläne für einen Coup d'Etat nicht auf. Nach der Oktober-Affäre kam es unter den Militärs zu heftigen Auseinandersetzungen, und zwar zwischen der Fraktion des kaiserlichen Weges *Kōdōha* und der Kontroll-Faktion *Tōseiha*. Erstere verbündete sich hauptsächlich mit der neuen, schnell zur wirtschaftlichen Macht avancierten Rüstungsindustrie, in der Absicht, eine Militärdiktatur zu errichten. Die Kontrollfraktion, geführt von Nagada Tessan, einem Abteilungsleiter des Heeresministeriums, kooperierte mit der alteingesessenen Geldaristokratie, den Konzernen Mitsui und Mitsubishi, um den »totalen Krieg« vorzubereiten. Die Kaiserliche-Weg-Fraktion schlug zuerst zu. Im August 1935 ermordeten Offiziere dieser Grup-

Geschichte Japans

pe Nagada in seinem Büro. Am 26. Februar 1936, am Tage nach der Bekanntgabe dieses Mordes, organisierten Offiziere der Kaiserlichen-Weg-Fraktion, die zu einer in Tōkyō stationierten Division gehörten, eine Meuterei. Sie töteten Finanzminister Takahashi Korekiyo, Innenminister Saitō Minoru, Generalinspekteur Watanabe Jōtarō, verletzten den Oberkammerherrn Suzuki Kantarō schwer und wollten auch Premierminister Okada Keisuke beseitigen, der aber wegen einer Verwechslung verschont blieb. Der Geheime Staatsrat Fürst Saionji und der ehemalige Innenminister Makino Shinken konnten sich rechtzeitig in Sicherheit bringen.

Die meuternden Offiziere hatten, wie auch die Terroristen nach dem Anschlag des »Blutbundes«, Mitleid mit den Not leidenden Bauern. Sie verachteten die Finanzaristokratie, versuchten aber trotzdem nicht, das System des Industriekapitalismus zu verändern. Kita Ikki, Theoretiker ihrer Aktionen, erhielt seinen Lebensunterhalt von Ikeda Shigeaki, dem Geschäftsführer des Mitsui-Konzerns. In seinen »Grundlinien für einen Gesetzentwurf zur Erneuerung Japans« schlägt er vor, daß das Privatvermögen einer Familie nicht mehr als eine Million Yen, das Kapital eines privaten Unternehmens nicht mehr als zehn Millionen Yen betragen dürfe, und daß alles diese Grenze übersteigende Privatvermögen dem Staat zufallen und von diesem verwaltet werden müsse. Damals gab es nur wenige Millionäre, ein Kapital von zehn Millionen Yen besaßen nur einige Großunternehmen. Die Begrenzung des Privatvermögens sollte nicht dem Zweck dienen, das private Großkapital abzuschaffen, sondern Staat und Großkapital zu verschmelzen. Dieser Gesetzentwurf rechtfertigt die Existenz mittlerer und kleinerer Grundbesitzer, will aber auch »den Klassenkampf einschränken« und sieht vor, daß die Verwaltung in den Händen der in den Landgebieten stationierten Militärräte und der Beamten des Tennō liegen solle, und fordert dazu auf, daß Japan alle Anstrengungen unternehmen müsse, »der stärkste Staat zu werden, der über alle großen und kleinen Staaten der Welt herrscht«. Dies entspricht ganz dem später propagierten Konzept der angestrebten »Weltherrschaft«.

558

Das erste Konzept für den Pazifischen Krieg

Die Meuterei wurde nach vier Tagen unterdrückt, die Militärherrschaft jedoch von der Kontroll-Fraktion verwirklicht. Hirota Kōki, ehemals Außenminister, übernahm mit Zustimmung des Heeres das Amt des Premierministers, die anderen Minister wurden nach den Vorschlägen des Heeres bestellt. Die Regelung, das Heeres- und Marineministerium nur mit aktiven Offizieren zu besetzen, wurde erneut eingeführt. Die Konferenz der fünf Minister (Premier-, Heeres-, Marine-, Finanz- und Außenminister) legte ein »staatspolitisches Programm« vor, dessen wichtigster Punkt vorsah, »die Stellung des Reiches in Ostasien zu behaupten und gleichzeitig seinen Einfluß auf den Südpazifik auszudehnen ... der Bedrohung aus dem Norden durch die Sowjetunion zu begegnen und zugleich mit der Mandschurei und China ein geheimes Bündnis gegen England und Amerika zu schließen, Vorkehrungen zu treffen für die nationale und wirtschaftliche Expansion in den Südpazifik, besonders in den äußeren Südpazifik«. Dieses Konzept, das einen Pazifischen Krieg auslösen mußte, wurde als »Staatspolitik« ausgegeben! Um es zu verwirklichen, warb die Regierung mit Slogans wie »Erweiterung der Landesverteidigung« und »Erneuerung der Politik«. Die Wirtschaft, die Finanzpolitik, das Leben des Volkes waren nur noch auf ein Ziel ausgerichtet, auf den Militarismus. Der 1. Mai durfte nicht mehr gefeiert werden. Außerdem verabschiedete die Regierung das »Kontrollgesetz zum Schutze gegen geistige Verbrechen«, aufgrund dessen die Bürger, die wegen Teilnahme an linken Bewegungen vorbestraft worden waren, von der Polizei »schutzbeobachtet« werden konnten.

Daß die Konferenz der fünf Minister die wirtschaftliche Expansion in den Südpazifik beschloß und damit eine Zuspitzung der Konfrontation mit England und Amerika in Kauf nahm, entsprach nicht reiner militärischer Aggressionslust, sondern war eine notwendige Reaktion auf die wirtschaftliche Situation Japans nach dem Einfall in die Mandschurei. Die Militärführung versuchte zunächst, das Vordringen der Finanzaristokratie in die Mandschurei und Mongolei zu verhindern, konnte aber ohne die Hilfe des Industriekapitalismus keinen Nutzen aus der Besetzung dieser Gebiete ziehen, und sah sich schließlich gezwungen, das Vordringen des Großkapitals zu fördern. Sie baute die Mandschurei als Stützpunkt aus und ließ Rüstungsindustrie zu, in der Chinesen wie Sklaven arbeiten mußten. Das hatte zur Folge, daß die Finanzaristokratie große Profite machte, die Mandschurei industriell nicht erschlossen wurde und sich auch nicht zum Exportmarkt für Japan entwickeln konnte. Überdies nahmen die gegen Japan gerichteten Guerillaaktio-

Geschichte Japans

nen, organisiert von der chinesischen Kommunistischen Partei, immer mehr zu, so daß die Guandong-Armee vollauf damit beschäftigt war, die »Banditen« in Schach zu halten.

Die Militärführung und die Regierung ließen, um die Stützpunkte der Guerilla-Gruppen zu besetzen, Truppen in Nordchina einrücken. In den Provinzen Hebei und Chakhar setzten sie eine Marionettenregierung ein. Die Besetzung Nordchinas bedeutete wirschaftlich nur eine Vermehrung der Kriegskosten und erforderte zusätzliche Ausgaben zur Unterhaltung der Marionettenregierung.

In Japan hatte sich parallel zur Rüstungsindustrie schnell die chemische Großindustrie entwickelt, die 1935 an der gesamten Industrieproduktion bereits einen Anteil von 52,7 Prozent hatte. Zu dieser Zeit hielt auch die Industrie für maschinengefertigte Produkte einen großen Anteil. Der Bedarf an Rohstoffen nahm zu, deren Import durch den Export von Baumwollgarn und Baumwollstoffen zu Dumping-Preisen ausgeglichen werden sollte. Die europäischen Länder hatten dagegen Zollschranken errichtet, so daß ab 1935 der Export stockte und der Importüberschuß schnell zunahm. Die Ausweitung des Krieges erhöhte den Bedarf an Rüstungsmaterial und führte zu einem Mangel an für den Krieg notwendigen Rohstoffen wie Eisen, Kohle, Erdöl, Gummi und Zinn. Der Beschluß der Konferenz der fünf Minister des Hirota-Kabinetts diente in erster Linie dazu, durch die »nationale und wirtschaftliche Expansion« in den Südpazifik, besonders in den äußeren Südpazifik, den Rohstoffbedarf zu decken.

Die Achse Japan-Deutschland-Italien und das faschistische Tennō-System

Das Vordringen in den Südpazifik mußte Auseinandersetzungen mit England, Frankreich, Holland und Amerika provozieren, die dort Kolonien besaßen, der Rat der fünf Minister mußte sich »gegen England und Amerika« entscheiden. Die japanische Regierung betrachtete außerdem die Sowjetunion als ihren Erzfeind. Die Gründung des Staates Mandschukuo hatte den Zweck, dieses Gebiet für einen Angriff auf die Sowjetunion auszubauen. Die Sowjetunion trat, um einem Angriff Japans auszuweichen, im Januar 1935 die Nordmandschurische Eisenbahn an den Staat Mandschukuo ab, vermied jede Provokation und baute ihre Grenzverteidigung aus.

560

Im November 1936 schlossen das Hirota-Kabinett und die Militärführung, von der Isolierung bedroht, mit Nazi-Deutschland den Antikominternpakt ab, der offiziell gegen die revolutionären Bewegungen der Komintern gerichtet, in Wirklichkeit aber ein Geheimabkommen für den Angriff
auf die Sowjetunion war.

In Deutschland hatte 1933 die Nationalsozialistische Partei Hitlers die
Macht ergriffen. Entgegen den Bestimmungen des Versailler Vertrags war
mit der Wiederaufrüstung begonnen worden, die deutsche Forderung nach
Neuaufteilung der Kolonien provozierte England, Frankreich und Amerika.
Das Dritte Reich betrieb eine aggressive antisowjetische, antikommunisti-
sche und antisemitische Politik.

Einen Monat vor dem Zustandekommen des Antikominternpaktes war
zwischen Deutschland und den italienischen Faschisten unter der Führung
Mussolinis ein die »Achse Berlin-Rom« genanntes politisches Bündnis
zustande gekommen. Einen Monat nach dem Antikominternpakt schlossen
Japan und Italien ebenfalls ein Bündnis, mit dem Italien Mandschukuo und
Japan die Herrschaft Italiens über Äthiopien anerkannte, das im Oktober
1935 besetzt und im Mai 1936 annektiert worden war. So kam das politische
Bündnis zwischen Japan, Deutschland und Italien, die Achse Tōkyō-Berlin-
Rom zustande, die sich gegen die Sowjetunion, gegen England, Amerika und
Frankreich richtete.

Die Faschisten und die Nationalsozialisten gelten als Gegner des Kapitalismus, als Demagogen eines Staatssozialismus. Ihre Herrschaft war aber nichts
anderes als eine Diktatur des sich in der Krise befindenden Industriekapitalismus. Auch die Verfechter einer Militärdiktatur in Japan, sowohl der »Blutbund« als auch die meuternden Offiziere des 26. Februar, stellten sich gegen
die Finanzaristokratie und verübten gegen deren Repräsentanten Anschläge.
Ihr Ziel war aber letzten Endes die Verschmelzung von Industriekapital und
Staat, eine Diktatur des Militärs als Organ des absolutistischen Tennō-
Systems zur Überwindung der Krise des japanischen Imperialismus. Dieses
System bezeichnen wir als faschistisches Tennō-System. Erste Stufe dieser
Entwicklung war die Beseitigung des Parteien-Kabinetts nach dem Putsch
vom 15. Mai, zweite Stufe der »Ausbau der Verteidigung« und die »Erneue-
rung der Politik« durch das Hirota-Kabinett nach dem Februarputsch und
dem Abschluß des Antikominternpaktes, die dritte der im Juli 1937 eröffnete
Krieg gegen China und das nach Kriegsbeginn erlassene Gesetz der Generalmobilmachung. Ihre Vollendung fand diese Politik durch das vor dem Krieg
mit Amerika vom zweiten Konoe-Kabinett realisierte »neue System«, *taisei*

yokusan genannt – Regierung nach dem Willen des Tennō – und den Dreimächtepakt.

Der Widerstand gegen die Militärführung

Europa war konfrontiert mit der Möglichkeit eines vom Faschismus provozierten Krieges. Um Demokratie und Frieden zu verteidigen, formierte sich
nach dem Aufruf der siebten Versammlung der Komintern (1935) die »anti-
faschistische Volksfront«, für die sich neben Arbeitern und Bauern auch
Angestellte und ein Teil der Unternehmer engagierten. Ihren ersten Erfolg
verbuchte die Volksfront in Frankreich (März 1936) und Spanien. In Spanien wurde im Februar desselben Jahres eine Volksfront-Regierung gebildet,
gegen die der faschistische General Franco einen Putsch organisierte und
damit das Land in einen Bürgerkrieg stürzte. Frankreich, Italien, die Sowjetunion und die antifaschistischen Bewegungen in der ganzen Welt unterstützten die spanische Regierung. England und Frankreich forderten dann
aber zur Nichteinmischung in den Bürgerkrieg auf. Die Regierungen Nazi-
deutschlands und des faschistischen Italien leisteten dem Heer Francos militärischen Beistand, so daß die Volksfront nach einem zweieinhalb Jahre dauernden Kampf zusammenbrach.

In Japan waren die Bedingungen für das Entstehen einer Volksfront nicht
gegeben. Die Kommunistische Partei hatte sich fast aufgelöst, die Organisationen der Arbeiter hatten keine Macht. Vor und nach dem Putsch vom 26.
Februar herrschte im Volk allgemein eine antimilitaristische, antifaschisti-
sche Stimmung. Das zeigte sich bei den Gesamtwahlen, die eine Woche vor
dieser Affäre abgehalten wurden. Rechtsradikale Gruppen, die dem Heer
nahestanden, hatten zahlreiche Kandidaten aufgestellt. Sie erhielten aber
nur zwei Prozent der Stimmen, also sechs Sitze. Die Sozialistische Massenpartei *Shakai Taishūtō*, eine proletarische Partei, hervorgegangen aus dem
rechten Flügel der Sozialdemokratischen Partei, konnte dagegen sechs Prozent der Stimmen für sich verbuchen und erhielt, statt wie bisher fünf, 18
Sitze. Der Februarputsch und die darauf folgende Stärkung der Militärherrschaft vermehrte die Unzufriedenheit des Volkes, das nun die wirtschaftlichen Widersprüche der »Kriegsbereitschaft« zu spüren bekam: Die mittleren
und kleineren Unternehmen, die für den Zivilbedarf produzierten, gerieten
an den Rand des Ruins, die Löhne der Arbeiter wurden praktisch durch die

Der Einfall in China

Einführung der Akkordarbeit oder durch Kurzarbeit gesenkt. Die Landwirtschaft litt, je mehr der Krieg eskalierte, an Arbeitskräftemangel. Düngemittel wurden Mangelware, die Inflation nahm größere Ausmaße an, das Volk hatte mehr als je zuvor Not zu leiden. Dies ist der Grund dafür, daß — wie die Tabelle auf Seite 557 zeigt — von 1936 bis Anfang 1937 die Zahl der Arbeiter, die sich an Streiks beteiligten, am größten war.

Auch im Parlament meldeten sich kritische Stimmen gegen die Militärführung. In der Sitzung vom Januar 1937 protestierte Hamada Kunimatsu, Abgeordneter der Gesellschaft der Freunde konstitutioneller Regierung, gegen die Einmischung des Militärs in politische Angelegenheiten. Die Militärführung verlangte daraufhin die sofortige Auflösung des Parlaments. Das Hirota-Kabinett kam dieser Forderung nicht nach, sondern trat zurück. Als Nachfolger für das Amt des Premierministers wurde General Ugaki Kazushige vorgeschlagen, Älterer Staatsmann und verdienter Beamter, der schon einmal Regierungschef gewesen war. Dieser Vorschlag war Ausdruck eines eindeutigen Protests des Parlaments und der politischen Führungsschicht gegen das Militär. Ugaki konnte jedoch kein Kabinett bilden, weil die Militärs keinen Heeresminister benannten.

Auf Vorschlag des Militärs wurde General Hayashi Senjūrō mit der Bildung einer neuen Regierung beauftragt, die, kaum daß der Haushalt für das kommende Jahr verabschiedet war, das Parlament auflöste, um ein Einparteiensystem zu schaffen. Bei den Gesamtwahlen im April erlitten die Regierungsparteien schwere Verluste, die Gesellschaft der Freunde konstitutioneller Regierung und die Demokratische Partei dagegen konnten ihre Mehrheit behaupten. Die Sozialistische Massenpartei erwarb 37 Sitze, und die Japanische Proletarische Partei *Nihon Musantō* — Anfang Januar von Mitgliedern der »Sozialen Volkspartei« gegründet, die mit dem Programm dieser Partei unzufrieden waren — konnte einen Abgeordneten ins Parlament entsenden, der von allen gewählten Deputierten die meisten Stimmen für sich verbuchen konnte. Die Militärs versagten dem Hayashi-Kabinett jede weitere Unterstützung, um ihre eigene Position nicht zu schwächen, woraufhin auch dieses gezwungen war, sich aufzulösen.

Im Juni bildete der 45jährige »junge« Fürst Konoe Fumimaro ein neues Kabinett. Er stammte aus einer der Familien des Hochadels und besaß das Vertrauen des Militärs und der politischen Parteien. Er hatte den Sumitomo-Konzern hinter sich, und auch das Volk setzte seine Hoffnung in seine »Jugend« und seine intellektuellen Fähigkeiten. Dem Konoe-Kabinett fiel die Aufgabe zu, unter Ausnutzung des Vertrauens und der Erwartungen aller

Interessengruppen und Volksschichten, ein »von einem Geist beseeltes«, auf den Krieg ausgerichtetes System zu schaffen.

Der Kampf der chinesischen Volksfront gegen Japan

Bis zu diesem Zeitpunkt hatte sich in China bereits eine starke Abwehrfront gegen die japanische Herrschaft gebildet. Die chinesische Kommunistische Partei und die Rote Armee, die in der Provinz Jiangxi ihre Operationsbasis ausgebaut hatten, waren fünfmal den gegen sie gerichteten Angriffen durch das Heer des Jiang Jieshi nach Norden ausgewichen und hatten im Oktober 1934 Jiangxi verlassen, um eine einheitliche Front gegen Japan zu bilden. Nach dem 10000-Kilometer-Marsch, der durch ständige Kämpfe mit dem Heer Jiangs behindert worden war, hatten sie in der Provinz Shanxi eine neue feste Stellung bezogen. Während des langen Marschs hatte Mao Zedong die Führung übernommen. Am 1. August 1935 hatte die Kommunistische Partei das »1. August-Manifest« verkündet, in dem sie den Zusammenschluß des chinesischen Volkes zum Kampf gegen Japan und die Einstellung des Bürgerkrieges forderte.

Zhang Xueliang, der ein Heer anführte, das die Basis der Kommunistischen Partei in Shanxi angreifen sollte, versuchte im Dezember 1936, Jiang Jieshi, der zu einer Inspektion nach Xian gekommen war, davon zu überzeugen, daß der Bürgerkrieg beendet werden müsse zugunsten des Kampfes gegen Japan. Als Jiang ablehnte, nahm Zhang ihn gefangen. Zhou Enlai begab sich daraufhin nach Xian, um einen Kompromiß zu schließen. Als Jiang versprach, den Bürgerkrieg einzustellen und sich für die Einigung des Volkes und den Kampf gegen Japan einzusetzen, wurde er freigelassen. Die »Xian-Affäre« hatte zur Folge, daß sich im chinesischen Volk schnell eine Einheitsfront bildete.

Die Voraussetzung dafür, daß Japan in China seine imperialistische Politik unbehindert fortsetzen konnte, war die Tatsache, daß das chinesische Volk noch nicht geeint war, und daß die Aktionen Japans von England und Amerika unterstützt wurden. Nach der Washingtoner Konferenz war diese Bedingung nicht mehr gegeben. England blieb neutral, weil es die Herrschaft der Kommunisten in China fürchtete. Amerika war noch nicht so stark, um dem Vorgehen Japans Einhalt zu gebieten. Japan konnte nach dem »Mandschurei-Zwischenfall« ungehindert in China einfallen. Jetzt aber war das chinesische Volk stark genug, um gegen die Expansion zu kämpfen. Als sich das Konoe-Kabinett gebildet hatte, forderte der Stabschef der Guandong-Armee, Tōjō Hideki, die Regierung auf, sofort zu handeln: »Wenn wir die gegenwärtige Lage in China unter dem Gesichtspunkt unserer Vorbereitungen für den Krieg gegen die Sowjetunion betrachten, dann müssen wir jetzt der Volksregierung einen Schlag versetzen.«

Die Eskalation des Krieges zwischen Japan und China

Das japanische Heer zwang China den Krieg unter dem Vorwand auf, chinesische Truppen hätten am 7.7.1937 japanische Einheiten, die in der Umgebung von Peking, bei Lugouqiao, ein Nachtmanöver abhielten, angegriffen. Das war der Anfang des sogenannten »China-Zwischenfalls« (auch »Zwischenfall an der Marco-Polo-Brücke« genannt). Song Zheyuan, Führer der 29. Division des chinesischen Heeres in Nordchina, ergab sich und schloß am 11. Juli mit Japan einen Friedensvertrag. Am selben Tag jedoch beschloß in Tōkyō das Konoe-Kabinett in Übereinstimmung mit dem Generalstab, zwei weitere Divisionen in Nordchina zu stationieren. Premierminister Konoe brachte vor Politikern, Vertretern der Wirtschaft und der Presse die »entschlossene Haltung« der Regierung zum Ausdruck und forderte die unbedingte Unterstützung des ganzen Volkes. Der Rundfunk und die Zeitungen starteten eine Propagandakampagne, um das Volk für den Krieg zu gewinnen. Sowohl die Regierung als auch die Militärführung täuschten sich in der Einschätzung der Lage. Sie waren überzeugt, daß China sich ergeben werde, wenn Japan eine »entschlossene Haltung« zeige.

Am 28. Juli, als die zwei Divisionen in Nordchina eintrafen, griff das japanische Heer die Gebiete um Peking und Tianjin an und besetzte sie am folgenden Tag. Am 13. August beschoß die japanische Marine Shanghai. Am 15. August verkündete die Regierung »eine grausame Vergeltung gegen das chinesische Heer« und entsandte auch nach Mittelchina ein Expeditionskorps. Bis Ende des Jahres hatte Japan sechs Divisionen, also zwei Drittel seiner Landstreitkräfte eingesetzt und die strategisch wichtigen Punkte in Nordchina, Shanghai, Hangzhou und Nanjing eingenommen. Beim Einmarsch in Nanjing ermordete das japanische Heer mehr als 200 000 Männer und Frauen.

Mit demonstrierter »entschlossener Haltung«, mit »der Versetzung eines harten Schlages«, wie die Regierung und die Militärs glaubten, war jedoch der

Widerstand Chinas nicht zu brechen. Als Nanjing besetzt war, verlegte die Volksregierung ihren Sitz nach Wuhan und setzte von dort aus den Kampf fort. Im Oktober 1938 konnte das japanische Heer auch Wuhan und Guangzhou, die wichtigste Stadt Südchinas, besetzen. Damit gerieten die fruchtbarsten Gebiete in Nord-, Mittel- und Südchina unter die Herrschaft Japans. Die Volksregierung wich daraufhin nach Chongqing aus.

Bis zur Einnahme von Wuhan und Guangzhou kämpfte das japanische Heer offensiv, das chinesische dagegen wich dem frontalen Kampf aus. Danach änderte sich die Situation, der Kampf wurde auf beiden Seiten offensiv. Auch in diesem Stadium gelang es dem japanischen Heer, Städte und Eisenbahnlinien unter seine Kontrolle zu bringen. Gegen die 600 Millionen Chinesen, die um die Freiheit ihres Landes kämpften, hätte das japanische Heer, das über eine Million Mann verfügte, sich letzten Endes nicht behaupten können. Es konzentrierte sich darauf, Punkte und Linien anzugreifen. Hauptgegener des japanischen Heeres waren die Truppen der Kommunisten, in Nordchina die achte, in Mittelchina die vierte Revolutionsarmee und ihre Guerilla-Einheiten, die in die vom japanischen Heer besetzten Gebiete einbrachen und »Freizonen« schufen. Ende des Jahres 1938 flüchtete Wang Zhaoming, nach Jiang Jieshi zweitwichtigster Repräsentant der Volksregierung, aus Chongquing und bildete nach Verhandlungen mit japanischen Behörden im März 1940 in Nanjing eine »antirepublikanische Volksregierung«. Der Kampfgeist des chinesischen Volkes aber blieb ungebrochen.

Weder die Regierung, die Militärs, die politischen Parteien und die Unternehmer noch die diesen nahe stehenden Gelehrten und Journalisten schätzten das seiner Kraft bewußt gewordene chinesisiche Volk richtig ein. Kein einziger der Herrschenden erkannte, daß die nach der Revolution ausgebrochenen Auseinandersetzungen der Militärcliquen, ihre Machtkämpfe für China einen Leidensweg darstellten, der zur Geburt eines neuen Staates führen mußte. Sie deuteten die Unruhe nur als Vorzeichen für den Untergang dieses Landes. Keiner von ihnen erkannte die historische Bedeutung der Tatsache, daß sich 600 Millionen Chinesen zum ersten Mal in der Geschichte ihres Volkes geschlossen gegen ihre Feinde erhoben. Dieser Krieg war ein Krieg gegen das ganze Volk, nicht gegen die Regierung des Jiang Jieshi. Wang Zhaoming hatte sich ergeben, Jiang Jieshi verlor an Macht, das chinesische Volk aber verfolgte unbeirrt sein Ziel. Der Chinesisch-Japanische Krieg, der Russisch-Japanische Krieg, der Krieg mit Deutschland waren Kriege gegen Regierungen. Sobald das feindliche Heer geschlagen war, verzichtete die

Regierung des Gegners auf die Weiterführung des Krieges. Japan hatte, als es sich in die Russische Revolution einmischte, in Sibirien erfahren, daß man einen Krieg nicht wirklich gewinnen kann, wenn man ein Volk zum Gegner hat und es nicht gelingt, dessen Kampfgeist zu brechen. Die japanischen Militaristen hatten aus dieser schmerzlichen Erfahrung nichts gelernt. Sie gerieten von Tag zu Tag in eine immer ausweglosere Situation.

37
Der Pazifische Krieg
Der Zusammenbruch des Großjapanischen Reiches (II)

Der Krieg in Europa und das militärische Bündnis zwischen Japan,
Deutschland und Italien

Mit Beginn des Chinesisch-Japanischen Krieges wurden alle sozialen Bewegungen entweder für den Krieg mobilisiert oder verboten. Das Parlament und die politischen Parteien hatten nur noch die Aufgabe, dem Heer zu applaudieren.

Der 73. Reichstag verabschiedete im März 1938 das »Gesetz zur nationalen Generalmobilmachung«, das die Regierung ermächtigte, Vermögen einzuziehen und Bürger nach Belieben einzuberufen, die Produktion und den Finanzverkehr zu dirigieren und das Leben des Volkes ganz zu beherrschen. Damit begann das zweite Stadium des faschistischen Tennō-Systems. Bei der Beratung des Gesetzentwurfs trug Oberstleutnant Satō Yoshinori, der Sprecher des Heeresministeriums, dem Unterhaus seine persönlichen Ansichten vor. Sie betrafen Verfahrensfragen und überschritten weit seine Befugnisse. Kritische Einwände der Abgeordneten überging er mit einem »Halten Sie den Mund!« Das Parlament hatte nicht mehr die Macht, sich gegen solche Beleidigungen zu verwahren. Als zwei Jahre später im 75. Reichstag der Abgeordnete Saitō Takao die Militärführung kritisierte, mußte er auf Beschluß der Mehrheit sein Mandat niederlegen. Das Parlament war praktisch nur noch eine Fassade.

Die Militärführung verfolgte den Plan, durch die Provokation des Krieges in Nordchina den Widerstand des chinesischen Volkes zu brechen und dann die Sowjetunion anzugreifen. Der Widerstand des chinesischen Volkes war jedoch so stark, daß sie ihre Truppen in China konzentrieren mußte. Trotzdem suchten die Militärs nach einer Gelegenheit, die Sowjetunion in einen Krieg zu verwickeln. Im Juli 1938 fielen japanische Truppen bei Zhanggufeng in sowjetisches Gebiet ein, wurden aber zurückgeschlagen. Im Mai 1939 begann die Militärführung in Nomonhan, im Grenzgebiet zwischen der Mandschurei und der Äußeren Mongolei, einen Krieg, für den sie ihre Elitetruppen einsetzte. Der Angriff wurde nach mehr als drei Monaten von einem alliierten Heer der Sowjetunion und der Mongolei abgewehrt. Fürs erste verzichtete die Militärführung darauf, die Sowjetunion weiter zu provozieren.

Im November 1938 hatte Deutschland Japan ein gegen die Sowjetunion, England und Frankreich gerichtetes Militärbündnis vorgeschlagen. Die Verhandlungen darüber wurden zuerst vom Konoe-Kabinett, und als dieses im Januar 1939 zurücktrat, vom Hiranuma-Kabinett geführt. Die Heeresführung, die Deutschland blind verehrte, stimmte dem Bündnis ohne Einschränkung zu, während die Marine und das Außenministerium sich nur auf ein Bündnis gegen die Sowjetunion festlegen wollten. Nach mehr als 40 Beratungen lag eine Einigung immer noch in weiter Ferne. Am 23. August 1939, als japanische Truppen noch in Nomonhan kämpften, schloß Deutschland mit der Sowjetunion einen Nichtangriffspakt und fiel damit Japan in den Rücken. Premierminister Hiranumas Politik war gescheitert und zwang ihn zum Rücktritt.

Eine Woche später, am 1. September, begann Deutschland seinen Blitzkrieg gegen Polen. Am 3. September erklärten England und Frankreich Deutschland den Krieg. Die deutschen Truppen hatten binnen kurzem Polen besetzt, fielen dann in Dänemark und Norwegen ein und eröffneten im Mai 1940 den Krieg an der Westfront. Innerhalb eines Monats zwangen sie Holland, Belgien und Frankreich zur Kapitulation. Danach konzentrierte Deutschland seine Truppen an der Meerenge von Dover, um eine Invasion in England vorzubereiten.

Durch die nach dem »Mandschurei-Zwischenfall« 1931 eingeleitete Invasion in China, durch die Eroberung Äthiopiens durch Italien im Jahre 1935 und durch die deutsche Verletzung des Versailler Vertrags im selben Jahr wurden die Abkommen über die Verteilung der Interessenbereiche der imperialistischen Länder, ein Resultat des Ersten Weltkriegs, mit Waffengewalt gebrochen. Damit begann die erste Phase des Zweiten Weltkriegs, die Teilung der Welt. Mit dem Krieg in Europa begann sein zweites Stadium.

Die wirtschaftliche Lage Japans hatte sich verschlechtert. Es herrschte nicht nur Mangel an wichtigen Rohstoffen, die Produktion der Landwirtschaft ging zurück, weil viele Bauern zum Kriegsdienst eingezogen worden waren und Düngemittel nicht in ausreichendem Maße zur Verfügung standen. Um den Ernteausfall auszugleichen, mußte aus Taiwan und Korea Reis in großen Mengen importiert werden, was in diesen Ländern eine Nahrungs-mittelkrise auslöste und, trotz schärfster Unterdrückung, den Widerstand gegen Japan schürte.

Je größere Ausmaße die Wirtschaftskrise annahm, desto mehr fand der Plan Unterstützung, in den Südpazifik vorzudringen, um dort Länder zu besetzen, die wichtige Rohstoffe wie Erdöl und Gummi liefern konnten. Nachdem im Mai 1940 Holland, im Juni Frankreich kapituliert hatten und England die Hände gebunden waren, seine Interessen in Ostasien zu vertei-digen, zwang Japan die französischen Behörden in Indochina, der Stationie-rung japanischer Truppen im Norden des Landes zuzustimmen. Je mehr Japan seinen Herrschaftsbereich nach Süden ausdehnte, desto entschiedener wurde Amerikas antijapanische Haltung. Schon im Januar 1940, als der Japa-nisch-Amerikanische Handelsvertrag auslief, hatte Amerika dessen Verlänge-rung verweigert. Im Juli desselben Jahres verhängte es Exportbeschränkun-gen für wichtige Rohstoffe und Rüstungsgüter.

Das zweite Konoe-Kabinett, das sich im Juli gebildet hatte, brachte nach zähen Verhandlungen mit Deutschland den gegen Amerika gerichteten Dreimächtepakt.

Die Weichenstellung für den Pazifischen Krieg

Konoe beriet sich, bevor er sein Kabinett bildete, mit Tōjō Hideki, Yoshida Zengo und Matsuoka Yōsuke, die für die Übernahme des Heeres-, Marine- und Außenministeriums vorgesehen waren, und legte mit ihnen die Grundli-nien der neuen Politik fest: 1. Intensivierung der Kriegswirtschaft, 2. Stär-kung der Dreierachse, 3. Abschluß eines Nichtangriffspakts mit der Sowjet-union, gleichzeitig Aufrüstung, um die Sowjetunion besiegen zu können, 4. »positive Maßnahmen«, um die Kolonien Englands, Frankreichs, Hollands und Portugals in Südostasien unter eine »neue ostasiatische Ordnung« zu bringen, 5. »Demonstration des festen Willens, jede militärische Einmi-schung seitens Amerika abzuwehren«, 6. endgültige Unterwerfung und Blockade Chinas, und 7. »die Errichtung eines neuen politischen Systems, das das ganze Volke eint« zwecks Festigung der Staatsideologie. Dieses Pro-gramm fand vier Tage nach der Kabinettsbildung auf dessen erster Sitzung und am folgenden Tag auf einer Konferenz zwischen Regierung und dem

Tennō-Hauptquartier als »Programm der Reaktion auf die veränderte Weltlage« einhellige Zustimmung.

Das Programm stellte die Weichen für den »Großen Ostasiatischen Krieg«. Es muß festgehalten werden, daß es nicht auf Druck der Militärführung zustande gekommen war und auch nicht auf Anregung des Außenministers Matsuoka. Konoe selbst, der Rückendeckung hatte von hohen Beamten, den politischen Parteien und der Wirtschaft, konzipierte es noch vor der Kabinettsbildung und nachdem er sich der einmütigen Zustimmung der Militärs und der herrschenden Klasse versichert hatte. Er bildete sein Kabinett, um dieses Programm zu verwirklichen. Die Verantwortung für den Pazifischen Krieg nur den Militärs oder Außenminister Matsuoka zuzuschieben und zu behaupten, daß Konoe gegen den Krieg gewesen sei, ist eine Verkehrung der Tatsachen. Konoe hat den Zug auf die Schienen gesetzt und ihn wissentlich abfahren lassen. Wie konnte er erwarten, daß der Zug seinen Zielbahnhof nicht erreichen würde?

Der zweite Punkt des Programms führte zum bereits erwähnten Dreimächtepakt zwischen Japan, Deutschland und Italien. Außenminister Matsuoka, der danach Europa bereist hatte, machte auf dem Rückweg im April 1941 in Moskau Station und schloß das »Japanisch-Sowjetische Neutralitätsabkommen« ab. Damit war der dritte Punkt des Programms erfüllt. Das Militärbündnis der drei Länder richtete sich offiziell gegen Amerika, war aber auch ein Bündnis gegen die Sowjetunion, wie Matsuoka und der deutsche Außenminister Ribbentrop vereinbart hatten. Matsuoka hatte das »Japanisch-Sowjetische Neutralitätsabkommen« nur abgeschlossen, um Zeit zu gewinnen für die Verstärkung der Rüstung und für den Angriff auf die Sowjetunion.

Die Stationierung japanischer Truppen im Norden Indochinas im Juli 1941 bedeutete den ersten Schritt der »positiven Maßnahmen« für eine »neue Ordnung in Ostasien«. Einen Monat zuvor hatte die Regierung bekanntgegeben, daß die Verhandlungen mit den holländischen Behörden in Ostindien über den Ankauf von Erdöl gescheitert seien. In Wirklichkeit waren die Gespräche schon so weit gediehen, daß die Holländer Zugeständnisse gemacht hatten unter der Bedingung, daß Japan sich lediglich auf das Erdölmonopol beschränke. Sie scheiterten jedoch in dem Augenblick, in dem eine Kommission, unter dem Vorwand, die Erdölvorkommen zu prüfen, die unter militärischen Gesichtspunkten vorgenommene Inspektion abgeschlossen hatte. Hinterher wurde behauptet, Ostindien wolle Japan kein Öl liefern, um das Land wirtschaftlich zu ruinieren. Die Regierung und die

Geschichte Japans

Militärführung machten dem Volk weis, daß »die Einschließung Japans durch Amerika, England, China und Holland« von Tag zu Tag bedrohlicher werde, um es auf den bevorstehenden Krieg vorzubereiten.

Unbedingt notwendig für diesen Krieg war die Verwirklichung der Punkte eins und sieben des Programms, »Verstärkung der Kriegswirtschaft« und das »neue politische System«. Unter »Verstärkung der Kriegswirtschaft« verstand die Regierung »Vorrang des Volksinteresses« — ein von den Nazis übernommener Begriff —, den Zusammenschluß von Heer, Beamtenschaft und Industriekapital, die Bildung von »Planungsstäben« und »Volksvereinen« in jedem Industriebereich sowie die Beherrschung der ganzen Wirtschaft durch Heer und Monopolkapital.

Das neue politische System wurde in der Form realisiert, daß ein Patronatsverein zur Unterstützung der Regierung, dessen Präsidentschaft der Premierminister übernahm und als dessen regionale Vertreter die Präfekten eingesetzt wurden, gegründet wurde. Ihm zur Seite standen ein zentraler und regionaler »Patronatsrat zur Unterstützung der Regierung«, dessen Mitglieder der Präsident und die regionalen Vertreter bestimmten, die »Nachbarschaftsgruppe« (ähnlich der »Fünfergruppe« der Tokugawa-Zeit), ein »patriotischer Industrieverein« für die Arbeiter, eine »patriotische Vereinigung der Landwirtschaft« für die Bauern, ein »patriotischer Presseverein« für die Schriftsteller und andere Vereine für die einzelnen Berufsgruppen. Die unverheiratete Jugend wurde zwangsweise im Großjapanischen Jugendbund zusammengefaßt, die verheirateten Frauen im Frauenbund zur Verteidigung des Landes und im patriotischen Frauenbund (beide später vereinigt zum Großjapanischen Frauenbund), die Männer im »Nationalen Männerbund«. Das System erfaßte jeden Einzelnen, ob in seinem Hause oder an seinem Arbeitsplatz, und setzte ihn rücksichtslos für den Krieg ein.

Konoe hatte vor der Bildung seines Kabinetts bekanntgegeben, daß er eine neue Partei gründen wolle, dann diesen Plan aber mit der Begründung aufgegeben, diese Partei wäre ein »dem Bakufu ähnliches Relikt« und verstoße »gegen die Staatsidee«. Er schuf an ihrer Stelle den Patronatsverein als Organ, um »den Willen von oben nach unten durchzusetzen«, und den Patronatsrat als Instrument, »die Meinung von unten nach oben weiterzugeben«. Um aber »den Zug nicht zu verpassen«, hatten sich vorher die Sozialistische Massenpartei, in der Folge die Gesellschaft der Freunde konstitutioneller Regierung und die Demokratische Partei aufgelöst. Da aber eine neue Partei nicht zustande kam, gab es in Japan keine einzige politische Vereinigung mehr.

Der Krieg zwischen Japan und den USA

Am 22. Juni 1941 griff die deutsche Wehrmacht die Sowjetunion an und stieß in einem Blitzkrieg weit in deren Territorium vor. Das japanische Heer und Außenminister Matsuoka plädierten sofort für einen Einfall in Sibirien, während die Marine und Konoe zur Umsicht rieten. Am 2. Juli beschloß die Kaiserliche Konferenz in Gegenwart des Tennō, »den Krieg Deutschlands gegen die Sowjetunion aufgrund des Geistes der Dreierachse zu rechtfertigen, aber zunächst nicht einzugreifen, sondern den Krieg gegen die Sowjetunion insgeheim vorzubereiten und dann selbständig zu handeln. Sollte der Krieg Deutschlands gegen die Sowjetunion einen günstigen Verlauf nehmen, dann sollte mit Waffengewalt das Problem im Norden gelöst und die Sicherheit in dieser Region hergestellt werden«. Unter dem Vorwand, ein Manöver der Guandong-Armee abzuhalten, wurden zur Vorbereitung des Krieges gegen die Sowjetunion Truppen und Material in einem in der Geschichte des Heeres einmaligen Ausmaß nach China transportiert. Die Guandong-Armee erreichte eine Stärke von 700 000 Mann. Das Japanisch-Sowjetische Neutralitätsabkommen war damit nur noch totes Papier.

Die Stationierung japanischer Truppen im Norden Indochinas bestärkte Amerikas Entschluß, sich auf einen Krieg gegen Japan vorzubereiten. Schon seit Ende 1940 hatten Verhandlungen stattgefunden, um die Beziehungen zwischen beiden Ländern zu normalisieren. Für beide Länder dienten diese Verhandlungen jedoch nur dazu, Zeit für die Vorbereitung des Krieges zu gewinnen. Am 6. September 1941 beschlossen Regierung und Militärführung in der Kaiserlichen Konferenz, daß »der Krieg gegen Amerika und England unverzüglich zu eröffnen sei, falls bis Ende Oktober keine Aussicht besteht, daß unsere Forderungen akzeptiert werden«. Als Anfang Oktober die Verhandlungen zwischen Japan und Amerika immer noch kein Resultat zeigten, forderte Heeresminister Tōjō Hideki den Beginn des Krieges, während Premierminister Konoe auf der Fortsetzung der Verhandlungen bestand. Konoe informierte den Tennō über diese Meinungsverschiedenheit und reichte seinen Rücktritt ein.

Der Tennō ernannte am 18. Oktober auf Rat seines Siegelbewahrers Kido Kōichi Tōjō zum Premierminister. Sowohl der Tennō als auch Kido erwarteten angeblich, daß es Tōjō gelingen werde, den größten Teil der Offiziere des Heeres, die den Krieg sofort beginnen wollten, zur Umsicht zu bewegen. Am 29. November befragte der Tennō die ihm ergebenen Beamten nach ihrer Meinung über die Chancen, den Krieg gegen die USA zu gewinnen. Nicht ein einziger nahm deutlich Stellung oder riet davon ab. Sogar Premier- und Heeresminister Tōjō, eifrigster Verfechter des Krieges, war sich des Erfolges nicht sicher. Er sagte nur, daß im Leben eines jeden Menschen einmal der Entschluß notwendig sei, mit Stolz von der Plattform des Kiyomizu-Tempels[1] springen, und verwechselte dabei Erfolg oder Scheitern eines Individuums mit dem Fortbestehen oder dem Tod einer Nation. Der Stabschef der Marine verglich Japan mit einem Kranken, den Krieg mit einer Operation und meinte, daß der Kranke ohne Behandlung sterben werde, eine große Operation aber vielleicht sein Leben retten könne. Daß die Marine sich eines Sieges nicht sicher war, erfuhr der Tennō von Prinz Takamatsu, der selbst Marineoffizier war. Er befahl daraufhin den Marineminister und den Stabschef zu sich. Als er von ihnen wissen wollte, ob sie an einen Sieg glaubten, antworteten beide »mit ziemlicher Sicherheit«. Der Tennō ließ daraufhin durch Kido Premierminister Tōjō übermitteln, daß »wie vorgesehen vorgegangen werden« solle (dies vermerkt Kido in seinem Tagebuch). Am folgenden Tag, am 1. Dezember, um zwei Uhr befahl der Tennō in einer Sitzung der Kaiserlichen Konferenz die Eröffnung des Krieges gegen die Vereinigten Staaten. Am 8. Dezember griff Japan ohne Kriegserklärung Pearl Harbour an und eröffnete damit den Krieg gegen die Vereinigten Staaten und England. Diesen Krieg nannte die Regierung den »Großen Ostasiatischen Krieg«.

Der Charakter des Pazifischen Krieges

Mit dem Beginn des Deutsch-Sowjetischen Krieges im Juni und des Japanisch-Amerikanischen Krieges im Dezember trat der Zweite Weltkrieg in sein drittes Stadium. Dieser Krieg, der buchstäblich die ganze Welt erfaßte, war ein Komplex von vier unterschiedlichen Konfrontationen.

Zuerst war er ein imperialistischer Invasionskrieg, den Deutschland, Italien und Japan, zunächst jedes Land für sich, dann mit gegenseitiger Unterstützung, gegen die ihnen benachbarten schwachen Länder und Völker führten. Aus der Sicht der angegriffenen Länder war es ein Verteidigungs- und Befreiungskrieg. Der »Mandschurei-Zwischenfall« und der »China-Zwi-

---

1 Die Plattform des Kiyomizu-Tempels in Kyōto wird auch als »Selbstmörderbühne« bezeichnet, da viele Menschen hier den Freitod suchen.

schenfall« gehören dazu, ebenso, nach der Ausweitung des »Großen Ostasiatischen Krieges« der Krieg in Südostasien und Ozeanien.

Daneben führten die Industrieländer untereinander Krieg — Amerika, England und Frankreich gegen Japan, Deutschland und Italien. Dieser Krieg begann als Verteidigungskrieg gegen die Aggression der Achsenmächte, er wurde jedoch im Prinzip ausgetragen zwecks Neuverteilung der Kolonien und der Interessenbereiche, und es stand nicht zur Debatte, welche Seite im Recht oder im Unrecht war. Seit dem Russisch-Japanischen Krieg hatte sich der Kampf um Interessen in China und dem Pazifischen Ozean zwischen Japan, Amerika und England von Jahr zu Jahr zugespitzt und sich schließlich im Japanisch-Amerikanischen Krieg entladen. Japan hatte die Kriegshandlungen eröffnet, aber die amerikanische Regierung hatte dafür geschickt gesorgt. Die Vertreter der amerikanischen Regierung hatten sichere Informationen darüber erhalten, daß die japanische Marine einen Angriff auf Pearl Harbor plante, diese Informationen aber nicht an den Stabschef der Marine in Pearl Harbor weitergegeben. Daß die amerikanische Regierung für das Gelingen des Überraschungsangriffs selbst gesorgt hat, behauptet der Stabschef an Hand zahlreichen Beweismaterials. Der Präsident habe diesen schmerzlichen Schlag akzeptiert, um das amerikanische Volk von der Notwendigkeit des Kriegs gegen Japan zu überzeugen. Diese Version ist nicht so leicht von der Hand zu weisen.

Der Zweite Weltkrieg war gleichzeitig eine Aggression Deutschlands und Italiens gegen die Sowjetunion und ein Verteidigungskrieg letzterer.

Als Deutschland in die Sowjetunion einfiel, verbündeten sich England, Frankreich und Amerika mit der Sowjetunion, ebenso mit China und anderen besetzten Ländern. Der Zweite Weltkrieg war also auch ein Krieg gegen die drei faschistischen Länder Japan, Deutschland und Italien. Nach dem Beginn des Deutsch-Sowjetischen und des Japanisch-Amerikanischen Kriegs war der Kampf gegen den Faschismus das wichtigste Ziel.

Auch der Krieg Japans gegen Amerika im Pazifischen Raum war repräsentativ für die oben aufgeführten vier Charakteristika. Der Japanisch-Sowjetische Krieg war dagegen ein Krieg gegen den Faschismus. Der Einfall in China und die Expansion in Südostasien waren im Prinzip Invasionskriege, aus denen sich dann Konflikte der zweiten und vierten Art entwickelten.

Die Niederlage der Achsenmächte

Das japanische Heer besiegte nach einem gut vorbereiteten Plan innerhalb kurzer Zeit die zahlenmäßig schwachen Kolonialtruppen Amerikas, Englands und Hollands. Bis zum Mai 1942 beherrschte es ein riesiges Gebiet von den Bismarck-Inseln bis nach Mittelburma. Amerika hatte sich dank seiner starken Wirtschaft schnell von dem Angriff auf Pearl Harbor erholt und griff im Juni 1942 die Midway-Inseln an. Die dort stationierte japanische Flotteneinheit wurde versenkt und von nun an bestimmte Amerika das Kriegsgeschen im Pazifik.

Nachdem im Februar 1942 das südlichste von japanischen Truppen beherrschte Gebiet, die Insel Guadalcanal, von den Amerikanern erobert worden war, begann der schrittweise Rückzug des japanischen Heeres. Im Juli 1944 besetzte Amerika die zur Marianen-Gruppe gehörende Insel Saipan, von wo es ab November desselben Jahres seine Luftangriffe gegen Japan startete. In der Nacht zum 10. März 1945 wurde der Südteil Tōkyōs bombardiert und in eine Steinwüste verwandelt, danach andere große und kleine Städte. Die japanische Marine hatte fast alle ihre Schiffe verloren. Im Juni 1945 fiel Okinawa in die Hände der amerikanischen Streitkräfte. Die japanischen Truppen in Burma waren zu diesem Zeitpunkt schon vernichtend geschlagen. An der Front in China kämpfte das japanische Heer auch nach Beginn des Pazifischen Krieges mit seiner Hauptmacht, zwischen 1941/42 konnte es einige befreite Gebiete zurückerobern. Ab Sommer 1943 begann die Befreiungsarmee, das japanische Heer aus vielen Gebieten zu vertreiben, ab Frühjahr 1945 geriet es endgültig in die Defensive.

Je mehr Niederlagen die japanische Armee erlitt, desto größer wurden auch die Probleme in Südostasien. Nachdem 1941 japanische Truppen auch den Süden von Indochina besetzt hatten, wurde der Widerstand des Volkes, das sich mit der von Ho Chi Min geführten Kommunistischen Partei zu einer Befreiungsfront (Vietmin) zusammenschloß, immer heftiger; in allen Teilen des Landes mußten sich die japanischen Truppen gegen Partisanenangriffe wehren. Als die japanischen Truppen im März 1944 in Burma den Angriff auf Imphal eröffneten, vereinten sich dort alle Befreiungskämpfer zu einer antifaschistischen Front. Auch die Gruppen, die, unter Ausnutzung der Konfrontation zwischen Japan und England, sich mit Japan verbündet hatten, um die Unabhängigkeit ihres Landes zu erreichen, eröffneten, nachdem die japanischen Truppen bei dieser Operation eine schwere Niederlage erlitten hatten, mit der Nationalen Armee den Angriff gegen Japan. In Malaya, auf den Philippinen und in Indochina verschäften sich gleichzeitig die Guerilla-Aktionen.

Nach der Schlacht bei Stalingrad, in der im Februar 1943 eine 300000 Mann starke deutsche Armee vernichtet wurde, trat eine entscheidende Wende für das Kriegsgeschehen ein. In den von Deutschland besetzten Ländern Frankreich, Holland, Belgien, Polen, in der Tschechoslowaki, in Jugoslawien und Albanien bildete sich eine antideutsche Resistance. In Italien organisierte die Kommunistische Partei eine Untergrundbewegung, die die Krise der Regierung nach der Landung alliierter Truppen in Sizilien im Juli 1943 nutzte, um Mussolini zu stürzen. Die neue Regierung Badoglio kapitulierte im September bedingungslos.

Zwei Monate später trafen sich Churchill, Roosevelt und Jiang Jieshi in Kairo und beschlossen, daß England, Amerika und China bis zur Kapitulation Japans kämpfen würden. Alle pazifischen Inseln, die Japan seit 1914 besetzt hatte, sollten nicht mehr als japanisches Territorium anerkannt werden, die Mandschurei, Taiwan und alle anderen Gebiete an China zurückfallen. Korea sollte seine Unabhängigkeit zurückerhalten.

Im Juni 1944 landeten amerikanische und englische Truppen in der Normandie, befreiten Frankreich und eröffneten den Angriff auf Deutschland, das im Osten von der Sowjetunion hart bedrängt wurde. Auf der Konferenz von Jalta im Februar 1945 berieten Stalin, Churchill und Roosevelt strategische und politische Maßnahmen gegen Deutschland und Japan. Roosevelt forderte Stalin auf, sich am Krieg gegen Japan zu beteiligen, und bot ihm dafür den Süden von Sachalin an, das das zaristische Rußland nach dem Russisch-Japanischen Krieg an Japan abgetreten hatte. Daneben stellte er das Pachtrecht an den chinesischen Gebieten Port Arthur und Dalian und die Chishima-Inselkette in Aussicht. Stalin nahm dieses Angebot an und versprach, drei Monate nach der Kapitulation Deutschlands in den Krieg gegen Japan einzugreifen. Daß auf dieser Konferenz kein Vertreter Chinas anwesend war und die zum chinesischen Territorium gehörenden Gebiete Port Arthur und Dalian zum Gegenstand der Verhandlungen zwischen der Sowjetunion und Amerika gemacht wurden, war beschämend für die gegen den Faschismus kämpfenden Alliierten.

Der Zusammenbruch des Großjapanischen Reiches

Anfang Mai wurde Berlin von sowjetischen, amerikanischen, englischen und französischen Truppen eingeschlossen, Hitler beging Selbstmord. Am 8. Mai kapitulierte Deutschland bedingungslos. Der Zusammenbruch Japans war nur noch eine Frage der Zeit. Bereits im Februar dieses Jahres wußte Konoe Fumimaro, daß der Krieg verloren war. Er hatte in einem geheimen Schreiben dem Tennō nahegelegt, Amerika und England gegenüber zu kapitulieren, um den Staat zu retten, da sonst die Gefahr bestehe, daß mit der Niederlage eine kommunistische Revolution ausbreche, was noch schlimmer sei als ein verlorener Krieg. Nach der Kapitulation Deutschlands bemühten sich Konoe, hohe Beamte und ein Teil der Marineoffiziere intensiv um Friedensverhandlungen. Der Tennō bemerkte am 25. Juli zu der Behauptung der Militärführung, eine »Entscheidungsschlacht im Lande« werde dem Krieg eine Wendung geben: »Daran kann ich nach den bisherigen Erfahrungen nicht so schnell glauben.« Er fürchtete, daß die Fallschirmtruppen des Feindes den Stab seines Hauptquartiers gefangennehmen würden und daß die drei göttlichen Insignien nicht mehr geschützt werden könnten, und sagte deshalb zu Kido: »Ich glaube, es ist die dringlichste Pflicht, Schritte für Friedensverhandlungen einzuleiten.« Das waren jedoch äußerst geheime Verhandlungen. Das Volk wurde weiter in den »heiligen Krieg« getrieben.

Während des Kriegs herrschte großer Mangel an Nahrungsmitteln sowie an Kleidung. Eine Million Familien verloren durch die Luftangriffe ihre Bleibe, durch die »Nachbarschaftsgruppen« und »patriotischen Vereine« wurde jeder Einzelne bespitzelt, zur Arbeit angetrieben — die Not des Volkes war mit Worten nicht mehr zu beschreiben. Ganz Japan glich einem riesigen Militärgefängnis. Das Volk war des Krieges überdrüssig, antimilitaristische Ideen verbreiteten sich immer mehr. In Japan gab es aber nicht, wie in Italien, einen nationalen Widerstand, oder wie in Deutschland antinationalistische Organisationen. In China, in den von der Kommunistischen Partei befreiten Gebieten, forderte Nosaka Sanzō die japanischen Soldaten auf, den Krieg zu beenden. Er warb in den Gefangenenlagern Mitglieder für seinen »Japanischen Antimilitaristischen Bund« und versuchte, die japanischen Soldaten zur Aufgabe des Kampfes zu überreden.

Konoe fürchtete, daß, je nach Art der Niederlage Japans, die Bewegung um Nosaka sich mit dem Unabhängigkeitskampf der japanischen Kolonie Korea verbinden, oder daß das Volk, das die Regierung haßte, gemeinsam mit den untergetauchten Kommunisten eine Revolution vorbereiten könnte. In

Der Pazifische Krieg

Japan war diese Kraft gewiß latent vorhanden, sie konnte aber erst nach dem Krieg ihre soziale und politische Energie entfalten.

Im Juli berieten sich die Regierungschefs von Amerika, England und China in Potsdam. Sie gaben am 26. dieses Monats ihre gegen Japan gefaßten Beschlüsse bekannt und warnten dieses, daß die Alliierten das Land zerstören würden, falls Japan nicht sofort kapituliere. Die Alliierten stellten sieben Friedensbedingungen: die Beseitigung des militaristischen Systems, die Bestrafung der Kriegsverbrecher, die Forderung nach Unterstützung demokratischer Bewegungen, die Verwirklichung der Kairoer Beschlüsse sowie die Reduzierung des japanischen Territoriums auf Hokkaidō, die Hauptinsel Honshū, Shikoku, Kyūshū und kleinere Inseln, die von den Alliierten bestimmt werden sollten. Sie versprachen den sofortigen Rückzug der alliierten Besatzungstruppen, sobald die Entmilitarisierung und Demokratisierung Japans verwirklicht sei und sich eine durch den freien Willen des Volkes gewählte Regierung gebildet habe.

In der Regierung und Militärführung kam es, die Annahme der Potsdamer Erklärung und die Kapitulation betreffend, zu heftigen Auseinandersetzungen. Die Regierung verschwieg dem Volk jedoch diese Erklärung und forderte es auf, bis zum Endsieg zu kämpfen. Im August sollte, wovon Japan keine Kenntnis hatte, die Sowjetunion in den Krieg gegen Japan eingreifen. Amerika ließ, noch bevor sich dieser Tag näherte, am 6. August eine von den zwei Atombomben, über die es verfügte, über Hiroshima abwerfen. Das Ziel war nicht nur, Japan einen tödlichen Schlag zu versetzen, sondern auch gegenüber der Sowjetunion, zu der die Beziehungen sich immer mehr abgekühlt hatten, je näher der Sieg der Alliierten rückte, Stärke zu demonstrieren. Die Atombombe tötete mehr als 200 000 Menschen und hinterließ eine Verwüstung grausamsten Ausmaßes, wie sie die Menschheit bis dahin noch nicht erlebt hatte. Die Männer in der Regierung und die Militärführung, die für den Kampf bis zum letzten Mann eingetreten waren, verloren ihren Einfluß. Am Morgen des 9. August griff die Sowjetunion in den Krieg ein und drang mit einer Armee in die Mandschurei vor. Amerika warf am selben Tag seine zweite Atombombe auf Nagasaki. Auch die Kriegsfanatiker, die der Meinung waren, daß in der Mandschurei weitergekämpft werden müsse, selbst wenn Japan in die Hände der Feinde fiele, gaben jetzt auf. In der Kaiserlichen Konferenz am Mittag des 14. August, an der die Kabinettsmitglieder und die Militärführung teilnahmen, setzte sich der Tennō gegen die durch, die den Krieg fortsetzen wollten, und beschloß die Annahme der Potsdamer Erklärung und die Kapitulation.

Am Mittag des 15. August teilte der Kaiser im Rundfunk dem Volk seinen Entschluß mit. Der Krieg war zu Ende. Am 2. September wurde auf dem amerikanischen Kriegsschiff »Missouri« die Kapitulationsurkunde unterzeichnet. Japan ergab sich Amerika, England, China, der Sowjetunion und den anderen alliierten Ländern.

Das Großjapanische Reich, das Ende des 19. Jahrhunderts in Asien wie ein Komet aufgestiegen und außerhalb Europas und Amerikas der einzige moderne imperialistische Staat gewesen war, verglühte ein halbes Jahrhundert, nachdem es 1895 Taiwan zu seiner Kolonie gemacht hatte. Das japanische Territorium war nun kleiner als vor dem Krieg mit China und der Konsolidierung des modernen Tennō-Systems. Das Land wurde von einer ausländischen Macht besetzt, eine Erfahrung, die das japansiche Volk in seiner Geschichte nicht ein einziges Mal gemacht hatte. Der Souveränitätsverlust war das Ende des Großjapanischen Reiches, das sich durch die Überfälle auf seine Nachbarländer zur »führenden Macht Ostasiens«, zu »einem der ersten Länder der Welt« entwickelt hatte.

38

Japan und die Welt nach dem Zweiten Weltkrieg

Zwei Wege des japanischen Wiederaufbaus

Die Maßnahmen der amerikanischen Besatzungsmacht

Nach der Kapitulation geriet Japan unter die Herrschaft der Alliierten, im September wurde das ganze Land von deren Truppen besetzt. Die Insel Amamiōshima und die südwestlich davon gelegenen Inseln wie Okinawa, die Inselgruppe Ogasawara und die Insel Iōgashima, vorher japanisches Territorium, wurden von Amerika allein besetzt und verwaltet. Die Inselgruppe Chishima, ebenfalls japanisches Territorium, kam unter die Herrschaft der Sowjetunion. (Die Inselgruppe Amamōshima wurde Ende 1953 an Japan zurückgegeben, die Ogasawara-Gruppe und die Insel Iōgashima im Juni 1968, die Okinawa-Gruppe im Mai 1972.)

Japan behielt nur noch Hokkaidō, Honshū, Shikoku, Kyūshū und kleinere Inseln in unmittelbarer Nähe, die praktisch allein unter amerikanischer Besatzung standen. Zwar nahmen kleine Einheiten Englands an der Besatzung teil, das Hauptquartier der Besatzungstruppen (GHQ), der Oberbefehlshaber der alliierten Truppen (Supreme Commander for the Allied Powers, SCAP) und alle diesen untergeordnete Ämter aber waren ausschließlich mit Amerikanern besetzt. Der Entscheidung über alle Besatzungsmaßnahmen lag bis Ende 1945 ausschließlich in den Händen der Vereinigten Staaten. Auf Beschluß der Außenminister von Amerika, England und der Sowjetunion wurde als Entscheidungsorgan für Besatzungsangelegenheiten eine Ostasienkommission (Far Eastern Commission) in Washington eingerichtet, in der 11 der alliierten Länder vertreten waren. SCAP wurde weiter beraten durch eine Japankommission (Allied Councel for Japan) in Tōkyō, der Vertreter Amerikas, Englands, der Sowjetunion und Chinas angehörten. Die erste Kommission nahm am 26. Februar 1946 offiziell ihre Tätigkeit auf, die zweite traf sich am 5. April 1946 zu ihrer ersten Tagung. Die Führung beider Organe lag in den Händen der Vertreter Amerikas, die von der Ostasienkommission beschlossenen Maßnahmen waren, wenn sie nicht von der amerikanischen Regierung gebilligt wurden, für SCAP nicht bindend. Außerdem hatte die amerikanische Regierung das Recht, SCAP direkt Weisungen zu geben, ausgenommen bei Angelegenheiten, die die Erneuerung der Verfassung und andere wichtige Maßnahmen betrafen. Die Ostasienkommission und die Japankommission hatten nur das Recht, die von der amerikanischen Regierung beschlossenen Maßnahmen bis zu einem gewissen Grad einzuschränken.

Was waren nun die wichtigsten Ziele der praktisch einzigen Besatzungsmacht Amerika? Die am 22. September 1945 bekanntgegebenen »Grundlegenden Maßnahmen der Vereinigten Staaten für die erste Zeit der Besatzung« gaben als »dringlichste Ziele« an:

»(A) Die Garantie, daß Japan nicht wieder eine Bedrohung für Amerika wird und nicht mehr die Sicherheit und den Frieden der Welt gefährdet.

(B) Die Bildung einer friedlichen, verantwortlichen Regierung, die die Rechte anderer Länder respektiert, wie es die Ideen und Prinzipien der Charta der Vereinten Nationen vorschreiben, und die Ziele Amerikas unterstützt.«

Hier kommt sehr deutlich zum Ausdruck, daß Amerika, das nach 40jähriger Konfrontation seinen Erzfeind Japan geschlagen hatte, nun das Wiedererstarken antiamerikanischer Bestrebungen unterdrücken und Japan in ein treuergebenes, »die Ziele Amerikas unterstützendes« Land umwandeln wollte.

Der Pazifische Krieg war aber nicht nur ein Krieg zwischen Japan und Amerika, sondern ein Krieg der Alliierten gegen den Faschismus. Amerika konnte die Potsdamer Beschlüsse, die das gemeinsame Programm der antifaschistischen Allianz repräsentierten und die Bedingungen für die Kapitulation Japans festlegten, nicht einfach ignorieren. Die amerikanische Regierung versuchte deshalb, die Potsdamer Erklärung dazu zu nutzen, sich Japan unterzuordnen. Für sie bedeutete eine Entmilitarisierung die Ausschaltung eines Konkurrenten, die Demokratisierung bedeutete Mobilisierung des Volkes, soweit dies notwendig war, um die Macht der Herrschenden in Japan zu schwächen. Unmittelbar nach dem Krieg verfolgte Amerika eine Politik, die darauf abzielte, die Regierung Jiang Jieshi zu unterstützen, um die chinesische Kommunistische Partei und die von dieser geführte Revolution scheitern zu lassen. Mit Hilfe der Regierung Jiang Jieshi sollte ganz China beherrscht und als Angriffsbasis gegen die Sowjetunion ausgebaut werden. Angesichts dieser Pläne war es von Vorteil, Japan zu schwächen und unschädlich zu machen.

Japan und die Welt nach dem Zweiten Weltkrieg

Der Befehl zur Reform und das wachsende politische Selbstbewußtsein des Volkes

Nach der Kapitulation bis etwa zum April 1946 hatte es den Anschein, als ob das GHQ die Potsdamer Erklärung, die Entmilitarisierung und Demokratisierung Japans, konsequent realisieren wollte. Die Auflösung des militärischen Apparats, die Verhaftung mutmaßlicher Kriegsverbrecher, die Befreiung politischer Gefangener, die Aufhebung des Gesetzes zur Aufrechterhaltung der öffentlichen Ordnung, des Polizeigesetzes und anderer Gesetze, die die Meinungs-, Religions- und Pressefreiheit, die Verlags-, die Versammlungs- und die Demonstrationsfreiheit einschränkten, erfolgten bis Ende 1945. In diesem Zeitraum verwirklicht wurden auch das Recht der Arbeiter, sich zu organisieren, das Streik- und Verhandlungsrecht unter Verbänden und die Liberalisisierung der Erziehung. Das Kapital der Finanzaristokratie wurde eingefroren und ihre Hauptgesellschaft aufgelöst, das Vermögen des Tennō gesperrt. Es folgte eine erste Agrarreform, die Trennung von Shintōismus und Staat und das Verbot der Vergöttlichung des Tennō.

Am 1. Januar 1946 wurde verkündet, das der Tennō kein Gott sei, am 4. Januar verloren die Repräsentanten des Militarismus, die ehemaligen Berufsoffiziere, ihren Beamtenstatus. Die Welle der Demokratisierung schien sogar die Entmachtung der herrschenden Klasse herbeizuführen. Die Entlassung aus öffentlichen Ämtern wurde während des Jahres 1946 auch auf die Vorstände der patriotischen Vereine und des patriotischen Männerbunds in den Gemeinden ausgedehnt. Insgesamt wurden 86 000 Personen entlassen, die in Politik, Wirtschaft, Erziehung, Presse und den Arbeiter- und Frauenverbänden tätig gewesen waren, außerdem etwa 120 000 Berufsoffiziere.

Die Ausführung dieser Maßnahmen lag aber in den Händen der einst herrschenden Klasse, die sich leicht wieder vereinigen und ihre Macht über die staatlichen Organe zurückgewinnen konnte. Das Volk, das während des Krieges über keine Organisation verfügte, um gegen den Faschismus zu kämpfen, hatte nach dem Krieg keine Gelegenheit, eine Regierung zu bilden, die im Interesse des Volkes die Potsdamer Beschlüsse verwirklichen konnte, es konnte nicht einmal eine Massenbewegung zur sofortigen Freilassung der politischen Häftlinge auf die Beine stellen.

Am Tage der Kapitulation bildete Prinz Higashikuni als Premierminister sein Kabinett. Er konnte als Angehöriger der Kaiserfamilie die Empörung des Volkes gegen die Herrschenden – die die Kapitulation der dem Tennō treu ergebenen Führung des Heeres und der Marine reibungslos hatten über die

Bühne gehen lassen, obwohl sie vorher das Volk getäuscht und zu einem ungerechten Krieg aufgehetzt und die Niederlage so hingestellt hatten, als wäre sie ein Sieg – unterdrücken und machte sich zur Aufgabe, die herrschende Klasse möglichst zu schonen. Sein Kabinett protestierte gegen den Befehl, das Gesetz zum Schutz der öffentlichen Sicherheit aufzuheben und die politischen Gefangenen, von denen die meisten Kommunisten waren, freizulassen, und trat aus Protest geschlossen zurück. Shidehara Kijūrō, der einst für eine Versöhnungspolitik mit England und Amerika eingetreten war, bildete ein neues Kabinett und ließ alle oben genannten Reformen ausführen.

Im Oktober 1945 wurden alle politischen Gefangenen freigelassen. Die Kommunistische Partei, geführt von Tokuda Kyūichi, der 18 Jahre inhaftiert gewesen war, eröffnete eine leidenschaftliche Kampagne mit dem Ziel, das Tennō-System zu beseitigen und eine Volksrepublik zu errichten. Sie mobilisierte Arbeiter und Bauern. Japan befand sich an einem historischen Scheideweg. Ein großer Teil des Volkes hatte jetzt die Freiheit, zu politischen Problemen Stellung zu nehmen. Die Mitglieder der Kommunistischen Partei machten in ihrer Agitation in vielen Fällen den Unterschied zwischen Tennō-System und Tennō nicht deutlich, so daß der Slogan »Stürzt das Tennō-System!« bei der Mehrheit des Volkes ohne Wirkung blieb.

Die japanischen Parteien, die Ende Oktober wieder aktiv wurden, die Libeale Partei Japans *(Nihon Jiyūtō)*, die Gemeinschaftspartei Japans *(Nihon Kyōdōtō)* und auch die Sozialistische Partei Japans *(Nihon Shakaitō)*, der sich alle Gruppen der Proletarischen Partei der Vorkriegszeit angegliedert hatten, forderten den Schutz des Tennō-Systems. Allein die Tatsache, daß die Diskussion für oder gegen das Tennō-System – ein Wort, das sonst für viele tabu war – in den Mittelpunkt politischer Auseinandersetzung geriet, zeigt, daß sich in der japanischen Geschichte ein einschneidender Wandel vollzogen hatte. Die Fassade der göttlichen Unverletzlichkeit des alten despotischen Tennō-Systems war zusammengebrochen.

Das Scheitern einer einheitlichen demokratischen Bewegung

Der schlagartige Abbau der Rüstungsindustrie bewirkte einen extremen Abfall der Industrieproduktion. Bis Ende 1945 betrug das Produktionsvolumen der Industrie und des Bergbaus 13 % des Kriegsstandes, so viel wie das der Jahre 1935 bis 1937, der Zeit vor dem Krieg. Im April 1946 waren es nicht mehr als 20 %. Die Wirtschaftskrise, die Demobilisierung und die Auflösung der im Ausland stationierten Truppen waren Ursache für eine große Arbeitslosigkeit. Im Frühjahr 1946 wurden sechs Millionen Arbeitslose gezählt, zusammen mit denen, die eine Teilarbeit hatten, mehr als zehn Millionen. Die Inflation machte sich von Tag zu Tag immer verheerender bemerkbar, die Preise stiegen unaufhaltsam, der Reallohn der Arbeiter sank im Vergleich zur Vorkriegszeit um 75 bis 80 Prozent. Die Reisernte, die die Regierung im Herbst 1945 erfaßte, betrug nur noch 3,9 Millionen *koku*, kaum mehr als 60 Prozent der Ernte der Vorkriegszeit. Das machte eine Rationierung der Hauptnahrungsmittel notwendig. In Reis umgerechnet erhielt die Bevölkerung 300 Gramm pro Kopf und pro Tag. Diese Ration wurde jedoch nur in wenigen Fällen in Form von Reis oder anderem Getreide ausgegeben; statt dessen wurde Kartoffel- oder Maismehl verteilt, das mit Bohnenrückständen gestreckt war. Die Zuteilung dieser Nahrungsmittel war aber ebenfalls nicht gesichert, was zur Folge hatte, daß die Mehrzahl der Bevölkerung unterernährt war. Zwischen Frühjahr und Sommer 1946 verhungerten viele Menschen. Das Volk litt große Not, es sammelte Lumpen, fand Zuflucht in den Ruinen vor Regen und Kälte. Viele Familien lebten in Zimmern, die eine Größe von 3 oder 4 1/2 Matten hatten.[1]

Die Not war noch schlimmer als in der letzten Phase des Krieges, aber es gab nicht mehr die Angst vor den Repressalien der Militärpolizei und Polizei. Zwar war die Freiheit durch die absolute Herrschaft der Besatzungsmacht eingeschränkt, doch schien deren Hauptziel bis zum Frühjahr 1946 zu sein, die Kraft des japanischen Volkes zu nutzen, um die Macht der herrschenden Klasse und das ehemalige Herrschaftssystem weitgehend zu schwächen. Das Volk schöpfte aus den amerikanischen Demokratisierungsbemühungen Mut und die Hoffnung, ein friedliches, demokratisches Japan verwirklichen zu können. Diese Hoffnung machte die miserablen materiellen Lebensbedingungen erträglich.

Die Kommunistische und die Sozialistische Partei gewannen schnell Anhänger, die Arbeiter und Bauern gründeten Gewerkschaften, die Bürger, die Frauen, die Jugend demokratische Verbände. Wäre es gelungen, diese demokratische Bewegung zu einer einheitlichen Volksfront zusammenzufassen, dann wäre es möglich gewesen, die politische Führung der Gesellschaft zu übernehmen. Leider fanden die Kommunistische und die Soziali-

---

1 Die Größe einer Reisstrohmatte, japanisch *tatami,* beträgt 1,75 x 87,5 cm.

stische Partei keine gemeinsame Aktionsplattform. Ihnen ging es nur darum, die Gewerkschaften und die Massenverbände unter ihren Einfluß zu bringen.

Der Versuch, die Massenverbände unter den Einfluß einer bestimmten Partei zu bringen, war schon vor dem Kriege der illegalen Kommunistischen Partei und der legalen Proletarischen Partei mißlungen. Sowohl die Gewerkschaften als auch die politischen Parteien hatten dadurch erheblich an Macht eingebüßt, aber keine Partei zog nach dem Krieg daraus eine Lehre. Deshalb spalteten sich die Gewerkschaften. Die einen hatten Verbindung zur Kommunistischen, andere zur Sozialistischen Partei oder zu keiner von beiden. Auch die Japanische Bauerngewerkschaft, die sich zu einer Organisation aller Bauern Japans entwickelt hatte, war gespalten durch Richtungskämpfe. Jeder sprach von der Notwendigkeit einer demokratischen Bewegung, aber keiner sorgte dafür, daß diese zustande kam.

Die demokratische Bewegung sprengt die von der Besatzungsmacht gesetzten Grenzen

Am 10. April 1946 fanden die ersten Wahlen nach dem Kriege statt, die letzten nach der Verfassung des Großjapanischen Reiches. Die Ostasienkommission hatte dem GHQ geraten, die Wahlen solange hinauszuschieben, bis die alten Eliten, die verantwortlich waren für den japanischen Militarismus, noch mehr geschwächt seien. Das GHQ mißachtete jedoch diese Warnung, weil es erstens den schnell zunehmenden Einfluß der Sozialistischen und der Kommunistischen Partei bremsen und den konservativen Parteien die Regierung übertragen wollte, und weil es zweitens ohne Absprache mit der Ostasienkommission die Verfassung nach eigenen Vorstellungen abändern wollte und dafür bereits einen Entwurf ausgearbeitet hatte. Man brauchte ein neues Parlament, das nach außen »den frei zum Ausdruck gebrachten Willen des Volkes« repräsentierte und den Verfassungsentwurf beraten konnte.

Die Wahlen wurden nach dem im Vorjahr geänderten Wahlgesetz durchgeführt. Männer und Frauen waren als Wähler und Kandidaten gleichberechtigt. In den neu festgelegten Großwahlbezirken durften nicht mehr als zwei Kandidaten auf dem Stimmzettel markiert werden. Die Wahlen, die bisher durch Stimmkauf und großangelegte Korruption seitens der Regierung abgehalten worden waren, verliefen ohne nennenswerte illegale Eingriffe.

Die Liberale Partei gewann 139 Sitze und wurde damit stärkste Partei. Ihr folgten die Fortschrittspartei mit 93 und die Sozialistische Partei mit 92 Sitzen. Daß die Sozialistische Partei drittstärkste Partei geworden war und die Kommunistische Partei, nach ihrem Aufruf zum Sturz des Tennō-Systems von allen anderen politischen Parteien angegriffen, 3,8 Prozent der gültigen Stimmen für sich verbuchen konnte und sechs Sitze erhielt, war beachtlich.

Aufgrund des Resultats der Neuwahlen hätte ein neues Kabinett gebildet werden müssen. Premierminister Shidehara berief sich aber darauf, daß er vom Tennō eingesetzt und nur auf den Befehl des Tennō hin zurücktreten könne und machte die Fortschrittspartei zur Regierungspartei. Auf Vorschlag der Sozialistischen Partei bildete sich ein »Vier-Parteien-Komitee zum Sturz des Shidehara-Kabinetts«, dem auch die Liberale, die Gemeinschaftliche und die Kommunistische Partei angehörten, die zusammen mit dem außerparlamentarischen »Exekutivkomitee zum Sturz des Kabinetts« der Arbeiter- und Bauerngewerkschaften und der Bürgerverbände eine Kampagne starteten. Diese gemeinsame Aktion blieb ein einmaliges Ereignis in der Geschichte der Japanischen Parteien. Gegen diesen Affront konnte sich Shidehara mit seiner Rechtfertigung durch die »Oberste Gewalt des Tennō« nicht halten. Am 22. April trat sein Kabinett zurück. Danach verbündete sich sofort der rechte Flügel der Sozialistischen Partei mit den Liberaldemokraten, um die Kommunistische Partei aus dem »Vier-Parteien-Komitee« auszuschließen.

Im selben Jahr wurde zum ersten Mal nach dem Krieg der 1. Mai gefeiert. In Tōkyō versammelten sich auf dem »Volksplatz«, dem Platz vor dem Kaiserpalast, 500 000, im ganzen Land zwei Millionen Menschen, um für die Stabilisierung der Lebensbedingungen und eine demokratische Regierung zu demonstrieren.

Die Bewegung überschritt bei weitem den Rahmen der Demokratisierung, den das GHQ gesteckt hatte. Es stellte sich auf die Seite der konservativen Kräfte und sorgte für den Ausschluß der Kommunistischen Partei aus dem »Vier-Parteien-Komitee«. Gleichzeitig verlor die Sozialistische Partei immer mehr das Mitspracherecht in diesem Komitee. Mit der Führung der folgenden Regierung wurde Hatoyama Ichirō, der Vorsitzende der Liberalen Partei, beauftragt. Die Liberale, die Gemeinschaftliche und die Fortschrittspartei bildeten eine Koalition. Hatoyama wurde aber gerade zu diesem Zeitpunkt durch eine Sonderverfügung des GHQ seiner Rechte als Beamter enthoben. Yoshida Shigeru, Außenminister unter Shidehara, übernahm den Vorsitz der Liberalen Partei und die Aufgabe, ein neues Kabinett zu bilden.

Das Volk, das eine demokratische Regierung forderte, versammelte sich am 19. Mai erneut vor dem Palast des Kaisers zu einer »Volksversammlung zur Lösung der Nahrungsmittelkrise«, an der 250 000 Arbieter und Bürger teilnahmen. Sie organisierten danach einen Demonstrationszug zum Amtssitz des Premierministers, belagerten den Amtssitz und forderten Yoshida auf, auf die Bildung des Kabinetts zu verzichten. Yoshida wollte schon nachgeben, als das GHQ eingriff und die demonstrierende Menge unter Einsatz von Panzerwagen auflöste. Am Abend veröffentlichte General MacArthur, der Chef des GHQ, ein Verbot von »Demonstrationen und Übergriffen der die Ordnung störenden Bürger«. Er schüchterte das Volk damit ein, daß er die notwendigen Maßnahmen gegen jede Bewegung treffen werde, die sich gegen die Politik der Besatzungsmacht richte. Yoshida entschloß sich daraufhin, bis zum 22. sein Kabinett zu bilden.

Es war deutlich geworden, daß die Besatzungsmacht Beschützer der herrschenden Klasse war und nicht auf der Seite des eine demokratische Revolution anstrebenden Volkes stand.

Das Ende der Reformperiode

Das GHQ, das die herrschende Klasse gegen fortschrittliche Kräfte ausspielte, um Japan von Amerika abhängig zu machen, hatte, ohne die von der Ostasienkommission geforderte Durchführung der Potsdamer Beschlüsse konsequent abzuschließen, die Reform Japans beendet.

Die erste Periode der Reform dauerte von der Kapitulation bis zum 1. Mai 1946. Über ihre konkreten Ziele habe ich schon oben berichtet. Genau genommen wurden nur in dieser Zeit einschneidende Reformen verwirklicht, wenn auch Amerika die von der Ostasienkommission geforderte Demokratisierung Japans mit der reaktionären Absicht bremste, die alten Eliten vor der demokratischen Bewegung zu schützen.

Die zweite Periode der Reform dauerte vom 1. Mai 1946 bis zum 31. Januar 1947. Die neue japanische Verfassung wurde verabschiedet (sie wurde im November 1946 verkündet), und die Gesetze der zweiten Bodenreform wurden erlassen, die das System der Grundbesitzer abschaffen sollten (im Oktober 1946). Eine Kommission zur Reform des Erziehungswesens sollte ein neues, auf den Prinzipien demokratischer Erziehungsideen beruhendes Schulsystem aufbauen (August 1946). Der Plan der Poley-Delegation, alle der

Japan und die Welt nach dem Zweiten Weltkrieg

Rüstungsindustrie dienenden Industrieanlagen zu beschlagnahmen, wurde veröffentlicht (Juni 1946), die Maßnahmen zur Entlassung von Beamten wurden erweitert (Januar 1947). Diese Reformen dienten zweifellos der Demokratisierung und der Entmilitarisierung, aber die Besatzungsmacht machte deutlich, daß es den Willen des Volkes unterdrücken würde zugunsten der alten Herrschaft. Das GHQ erließ schon früh ein Strafgesetz gegen Handlungen, die den Zielen der Besatzungsmacht widersprachen (Juni 1946), so die Verfügung zur Aufrechterhaltung der gesellschaftlichen Ordnung (Juni 1946) und ein Gesetz zur Regelung der Arbeitsverhältnisse, das das Streikrecht der Arbeiter in gemeinnützigen Unternehmen einschränkte (Oktober 1946). Neue Gesetze unterdrückten die demokratische Bewegung. Zur Stabilisierung der Wirtschaft wurde ein Gremium eingeführt (August 1946), ebenso ein Gesetz zur Restauration öffentlicher Anleihen (Oktober 1946). Die Konzentration auf die Grundindustrie (Bergbau-, Eisen-, Düngemittelindustrie, Dezember 1946), kam den Interessen des Industriekapitals entgegen.

Der Protest gegen die Politik des GHQ und des Yoshida-Kabinetts, organisiert von der Arbeiter- und Bauerngewerkschaft, verschiedenen Bürgerverbänden, der Sozialistischen und der Kommunistischen Partei, der Kampf für Bürgerrechte und eine demokratische Regierung konnten allerdings durch diese Reformen nicht unterdrückt werden. Die Arbeiter riefen für den 1. Februar 1947 zu einem Generalstreik aller Industriezweige auf, den MacArthur durch einen Sonderbefehl vom 31. Januar 1947 verhinderte.

Die Periode bis Ende 1947 gilt als die Zeit, in der die Reformen abgeschlossen wurden. Die zweite Bodenreform wurde durchgeführt (März), die Richtlinien für die Erziehung und die schulische Ausbildung wurden erlassen (März, April). Im Mai 1947 trat die neue Verfassung in Kraft, ein Arbeitsministerium wurde eingerichtet (September), das Strafgesetz abgeändert durch Aufhebung der Paragraphen für Majestätsbeleidigung und Vergewaltigung (Oktober), das Zivilrecht zuungunsten des patriarchalischen Familiensystems revidiert (Dezember). Der zentralistisch organisierte Polizeiapparat wurde aufgelöst und ein neues Polizeigesetz verabschiedet, das die Polizeigewalt unter die regionale Kontrolle der Bürger stellte (Dezember). Das Innenministerium wurde abgeschafft. Es handelte sich dabei aber weniger um neue Reformen, sondern um die Ausführung und Anwendung der vorher bereits beschlossenen Verfassung und Gesetze. Lediglich solche Reformen wurden realisiert, die zu diesen in unmittelbarer Beziehung standen. Weder die Regierung noch das GHQ waren vom Geist der Demokratisierung und der

Entmilitarisierung beseelt. Das zeigte sich zum Teil darin, daß das Wahlgesetz, das auf der neuen Verfassung beruhte, nach der Wahl im April 1946 eingeschränkt wurde und daß die Bodenreform gegen den Protest der Bauern, oft nur durch blutige Auseinandersetzungen, abgeschlossen werden konnte.

Die Wahlen im April 1947 brachten die Sozialistische Partei an die Macht, die mit der Demokratischen Partei *(Minshutō)* und der Volksgemeinschaftspartei *(Kokumin Kyōdōtō)* ein Koalitionskabinett bildete, das MacArthurs Zustimmung fand. Die Ernennung der Kabinetts-Mitglieder beruhigte die Bewegung der Arbeiter, Bauern und Bürger, die auch nach dem gescheiterten Generalstreik an Entschlossenheit nicht verloren hatten, durch den Anschein, daß nun eine »sozialistische«, »gemäßigt-kapitalistische« Regierung an die Macht gekommen sei. Die Kommunistische Partei verlor ihren Einfluß in dieser Bewegung, der Aufbau der Grundindustrie, den das vorhergehende Kabinett beschlosssen hatte, wurde verstärkt. Durch ein neues Lohn- und Preissystem wurden die Löhne und die Reispreise niedrig gehalten, das Industriekapital bevorzugt mit Rohstoffen und Subventionen versorgt, die Verschmelzung von Industriekapital und Staat weiter betrieben. In diesem Stadium gab es kein Engagement mehr für die Demokratisierung. Amerika verfolgte zwar immer noch die Abrüstung, und Reste des Reformwillens waren vorhanden. Aber bereits 1948 verzichtete die amerikanische Regierung öffentlich auf die Entmilitarisierung Japans.

Die Beseitigung altertümlicher und feudalistischer Relikte

Die Besatzungsmacht und die von der alten herrschenden Klasse bestimmte Regierung brachten die Reformen nicht konsequent zum Abschluß, denn hinter ihnen verbargen sich reaktionäre Tendenzen. Unter einer Besatzung, die die Souveränität des Volkes nicht anerkannte, konnte eine wirkliche Demokratisierung auch nicht stattfinden. Die Niederlage im Krieg, die Kapitulation und die darauffolgenden Reformen sind dennoch als der größte Einschnitt in der japanischen Geschichte zu werten.

Die Besetzung des Landes allein bedeutete schon einen Bruch in der Geschichte des japanischen Volkes. Fukuzawa Yukichi, einer der bedeutendsten Denker der Meiji-Zeit, hatte schon im ersten Jahr dieser Ära das »Nationalwesen« *(kokutai)* im Sinne der uneingeschränkten Souveränität des Volkes interpretiert und in diesem Zusammenhang die »Erbfolge«

des Tennō behandelt. Er erklärte, daß das »Nationalwesen« sich auch bei Unterbrechung der »Erbfolge« nicht ändere, daß aber — auch wenn die »Erbfolge« gewahrt bleibe — »ein Volk sein Land nicht mehr einen Staat nennen könne, wenn es sein politisches Recht verliere und unter die Herrschaft eines anderen Landes gerate«. Er machte dies deutlich anhand der Herrschaft Englands in Ostasien, wo England Herrscherhäuser hatte bestehen lassen, den Staat aber aufgelöst hatte (Abriß einer Theorie der Zivilisation, 1875). Japan hatte sich nach dem Zweiten Weltkrieg wie die indischen Fürstentümer unterworfen, die »Erbfolge« seines Herscherhauses war erhalten geblieben, sein »Staatswesen« und die Souveränität des Volkes wurden ihm aber genommen.

Der Tennō verlor seine absolute Macht, seine Autorität wurde erheblich geschwächt. Im Altertum war der Tennō der absolute, mit göttlicher Autorität ausgestattete Herrscher gewesen. Seine Macht ging im feudalistischen Mittelalter auf den Shōgun und die anderen Feudalherren über, seine Autorität bestand weiter und diente dazu, dem Shōgun Amt und Würden zu verleihen und seine Macht zu rechtfertigen. In der Meiji-Zeit erhielt der Tennō absolute Macht und göttliche Autorität zurück, verlor aber beide nach der Kapitulation. Er galt nur noch als »Symbol Japans«, als »Symbol der Einheit des japanischen Volkes«. Dies war in der 1100-jährigen Geschichte des japanischen Staates ein entscheidender Wendepunkt.

Die Meiji-Verfassung und der Kaiserliche Erziehungserlaß hatten den Tennō zum Nachkommen der Götter erklärt, die auch das Inselreich geschaffen hätten. Ihre Nachkommen sollten — für »10 000 Generationen eine Linie« — Japan ewig beherrschen. Der Tennō galt als göttliche »Verkörperung des Staats«. Nach dem Zweiten Weltkrieg geriet Japan — und damit das in diesem Sinn interpretierte Nationalwesen — unter den Oberbefehl des Kommandierenden der Alliierten Truppen. Die Autorität des Tennō war vorher dadurch gestützt worden, daß Japan seit der Meiji-Zeit über andere Länder gesiegt hatte. Das Land war seit dem Altertum nie von einem anderen Land beherrscht worden. Der Glaube, daß der Tennō unbesiegbar sei, verlor nach der Niederlage Japans seine Grundlage.

Nicht nur das despotische Tennō-System, das halbfeudalistische Grundbesitzersystem, das patriarchalische Familiensystem und das Erziehungssystem, das diese gestützt hatte, wurden abgeschafft, sondern auch die feudalistischen Relikte, die sich in Politik, Wirtschaft, Gesellschaft und Kultur noch erhalten hatten.

Die Reform Japans wurde zwar auf Befehl der Besatzungsmacht ausgeführt, aber die historischen Bedingungen dafür waren bereits vorhanden gewesen. Die Entwicklung der Geschichte des modernen Japan hatte die Voraussetzungen für die Beseitigung der feudalistischen Relikte geschaffen. Die Reformen gaben dieser historischen Tendenz den entscheidenden Impuls. Typische Beispiele dafür sind die Verabschiedung der Verfassung als Ausdruck der Demokratisierung und der Verlauf der Bodenreform.

Die Kräfte, die zur neuen Verfassung führten

Die gegen das despotische Tennō-System gerichtete Idee der Volkssouveränität wurde zwischen 1870 und 1880 schon von der Bürgerrechtsbewegung vertreten. Die zwischen 1910 und 1920 dominierende Demokratie-Bewegung konnte die Souveränität des Volkes nicht öffentlich fordern. Diese Idee blieb latent und war auf eine Umwandlung des Tennō-Systems in eine konstitutionelle Monarchie gerichtet. In dieser Zeit teilte kaum ein Bürger die irrationale Vorstellung, der Tennō sei ein Nachkomme der Götter. Gleichzeitig gewannen die Ideen des frontal gegen das Tennō-System kämpfenden Sozialismus und Kommunismus, obwohl als illegal unterdrückt, immer mehr Einfluß. In Kriegszeiten betonte die Regierung durch die Erklärung, der Tennō sei die »Verkörperung des Staats«, seine absolute Macht und Autorität. Jede Unterdrückung, jede unmenschliche undemokratische Maßnahme wurde im Namen des Tennō »geheiligt«. Dies war ein Grund dafür, daß das Volk sich erst recht immer mehr vom Tennō und vom Tennō-System distanzierte.

Unter diesen historischen Bedingungen wurde die neue Verfassung, die den Tennō zu einem bloßen Symbol machte, begeistert begrüßt. Diese Verfassung war zwar der herrschenden Klasse »aufgezwungen« worden, nicht aber dem Volk. Am 13. Februar 1946 hatte das GHQ den von der Regierung vorgelegten Revisionsentwurf der Verfassung des Großjapanischen Reiches in jedem Punkte abgelehnt. Es legte einen Gegenentwurf vor, der vorsah, daß die Souveränität beim Volke liege und der Tennō nur noch als Symbol fungiere. Gleichzeitig wurde in dem Entwurf der Verzicht auf Krieg und Aufrüstung gefordert, seien diese auch nur zum Zwecke der Selbstverteidigung. Die Regierung akzeptierte nach zehntägigen Beratungen den amerikanischen Vorschlag aus zwei Gründen: Hätte sie dem Entwurf des GHQ nicht zuge-

Japan und die Welt nach dem Zweiten Weltkrieg

stimmt, hätte die Ostasienkommission zweifellos darauf bestanden, daß Japan eine Republik wird — und diesem Schritt mußte unbedingt vorgebeugt werden. Der zweite Grund war: MacArthur hätte im Falle einer Ablehnung die Grundlinien des Entwurfs dem Volk bekanntgemacht und sich dessen Unterstützung versichert. Dies hätte zur Sorge Anlaß gegeben, daß »die Regierung unseres Landes nach links tendiert«. Die Kräfte, die dem Shidehara-Kabinett und der herrschenden Klasse den Entwurf des GHQ aufzwangen, waren die durch die Ostasienkommission vertretenen demokratischen Länder und das japanische Volk.

Am 6. März veröffentlichte die Regierung die »Grundlinien für einen Revisionsentwurf der Verfassung«, die sich auf den Entwurf des GHQ stützten, von der Regierung aber als eigener Entwurf hingestellt wurden. In der englischen Fassung des Entwurfs kam deutlich zum Ausdruck, daß die Souveränität beim Volke liege. Dieser Punkt war in der japanischen Version der Grundlinien nicht so eindeutig formuliert, desgleichen der Verzicht auf Krieg und Aufrüstung, auch für den Fall der Selbstverteidigung. Das im Grundentwurf vorgesehene Einkammerparlament wurde in ein Zweikammernparlament umgeändert, der Artikel über die Verstaatlichung des Landes eliminiert und andere einschneidende Revisionen vorgenommen. Die Mehrheit des Volkes unterstützte diese Grundpositionen. An der Konzeption der Verfassung konnte sich das Volk zum ersten Mal, wenn auch beschränkt, beteiligen.

Die Meiji-Verfassung hatte der Bürgerrechtsbewegung jede Aktionsmöglichkeit genommen. Nur wenige Beamte hatten den Entwurf angefertigt, ohne das Volk zu befragen, und ihm die Verfassung im Namen des Tennō aufgezwungen. Nun wurden zuerst »Grundlinien«, dann ein offizieller »Entwurf« veröffentlicht und der Beurteilung des Volkes überlassen. Dieser wurde in dem durch Neuwahlen entstandenen Parlament ausführlich beraten. In diesem Prozeß verlangte das Volk, daß die in den Grundlinien und im Entwurf enthaltenen Formulierungen »Der gesamte Wille des Volkes ist ausschlaggebend«, »der höchste Gesamtwille des Volkes« umgeändert werden in »Die Souveränität liegt beim Volk«, »Der Wille des Volkes, bei dem die Souveränität liegt«. Es ist Aufgabe jeder Verfassung, zu formulieren, wer die Souveränität besitzt. Die Regierung hatte diesen Punkt undeutlich gefaßt, das GHQ diese Täuschung geduldet. Dem Volk gelang es jedoch, seine Forderung nach Souveränität durchzusetzen. Auch die sofortige Aufhebung des Adelssystems, die Festschreibung des Gleichheitsprinzips sowie die Abfassung der Verfassung in Silbenschrift und Umgangssprache geschahen nicht auf Initiative des GHQ oder der Regierung, sondern entsprachen dem Willen des japanischen Volkes.

Die Bauern spielen eine entscheidende Rolle bei der Bodenreform

Ohne Zweifel waren es die Bauern selbst, die die Regierung und das GHQ zwangen, die Bodenreform durchzusetzen, welche das parasitäre Grundbesitzersystem und die Klasse der Grundbesitzer beseitigen sollte. Auch für den japanischen Kapitalismus war dieses halbfeudalistische System ein wirtschaftliches Hindernis. Während des Zweiten Weltkriegs hatte der Staat, um die Nahrungsmittelproduktion zu sichern und zu kontrollieren, die Produkte der selbstwirtschaftenden Bauern und Pächter aufgekauft. Der Pachtzins, den die Pächter dem Grundbesitzer zu entrichten hatten, wurde vom Staat in entsprechender Höhe in Bargeld direkt an den Grundbesitzer gezahlt. Es bestand zwischen Pächter und Grundbesitzer keine direkte Beziehung mehr, die Regierung erkannte außerdem die Nutzungsrechte der Pächter weitgehend an. Zudem zahlte die Regierung dem Grundbesitzer weniger als dem Pächter, sie senkte also praktisch den Pachtzins. Das Grundbesitzersystem geriet dadurch in eine schwere Krise und mußte nach dem Kriege infolge des Widerstandes der Bauern abgeschafft werden.

Noch bevor das GHQ den Befehl zur ersten Bodenreform gab, brachte die Regierung im November 1945 einen entsprechenden Entwurf ein. Sie mußte dem damaligen Landwirtschaftsminister Matsumura Kenzō recht geben, der erklärte, daß es angesichts des Widerstandes der Pächter gegen das Grundbesitzersystem und den Staat kein anderes Mittel gebe, als ihnen durch eine Bodenreform mehr Land zuzuteilen, um sie zu einer intensiveren Produktion und zur Abgabe der Produkte an die Regierung zu veranlassen.

Diese Reform wurde aber nicht konsequent durchgeführt, das »parasitäre« Grundbesitzersystem nicht beseitigt. Die Regierung sorgte sogar dafür, daß die Grundbesitzer sich noch mehr Land aneignen konnten. Jeden Monat wurden mehr als 30.000 Protestaktionen verzeichnet, die Forderungen der Bauern wurden immer entschiedener. Der sowjetische Vertreter der Japankommission schlug im Mai 1946 vor, daß alles Pachtland ohne Entschädigung oder zu einem durch Gesetz festzulegenden Preis vom Staat eingezogen und dann an Bauern, die kein oder nur wenig Land besaßen, zur Hälfte der Entschädigungssumme bevorzugt veräußert werde. Der amerikanische Vertreter lehnte diesen Plan ab, weil er gegen die Grundsätze des privaten Eigentums verstoße. Um aber der wachsenden Unzufriedenheit der Bauern zu begegnen, gab es keinen anderen Weg als eine Reform, die ihnen Land zusprach. Dem GHQ blieb keine andere Wahl, als dem Vorschlag des englischen Vertreters der Japankommission zu folgen und die zweite Bodenreform einzuleiten. Die treibende Kraft für diese Reform war also die Masse der Bauern.

Die Macht des Industriekapitals und die Unterordnung Japans

Die seit dem Altertum tradierten und die halbfeudalistischen Relikte wurden zwar beseitigt, dafür aber wurde die Macht des modernen Kapitalismus dominierend in der japanischen Nachkriegsgesellschaft. Nachdem das despotische Tennō-System und die Grundherrschaft abgeschafft worden waren, übernahmen die Unternehmer, besonders die Vertreter des Industriekapitals, sowohl wirtschaftlich als auch politisch eine führende Rolle — und der »Tennō als Symbol« fungierte als Emblem ihrer Herrschaft. Die Liquidierung der Geldaristokratie bedeutete nicht die Auflösung des Industriekapitals, nur der halbfeudalistischen Form der Herrschaft der Familien der Geldaristokratie. Auf diese Weise wurden die Bedingungen für die freie Entwicklung des Industriekapitals geschaffen. Durch die Bodenreform erhielt das Industriekapital die Möglichkeit, die Bauern direkt auszubeuten, und die Voraussetzungen für eine Erweiterung des Inlandsmarktes zu schaffen. Die Beseitigung des patriarchalischen Familiensystems hatte den Vorteil, daß das Kapital den Erfordernissen entsprechend auch weibliche Arbeitskräfte einsetzen konnte.

Unmittelbar nach der Kapitulation stand auch das Industriekapital vor einer Krise. Solange das GHQ seine Maßnahmen zur Entmilitarisierung nicht aufgab, mußte es befürchten, daß die Industrieanlagen als Reparation demontiert würden. Aber auch in dieser Zeit unterdrückte das GHQ das Volk, unternahm alles, um den politischen Einfluß des Industriekapitals zu erweitern und die »soziale Ordnung« zu erhalten. Es erlaubte der Regierung, durch Inflationspolitik das Volk auszubeuten und durch Regierungsanleihen das Industriekapital zu protegieren. Außerdem kam die Hilfe der »GARIOA« (Gouvernement Appropriation for Relief in Occupied Areas), die Amerika organisierte, um die revolutionäre Bewegung des hungernden Volkes zu verhindern, als Wirtschaftshilfe auch dem Industriekapital zugute. So nahm das Industriekapital durch die politische Protektion und die wirtschaftliche Förderung durch die Besatzungsmacht einen erneuten Aufschwung, mußte sich jedoch dem amerikanischen Imperialismus unterwerfen.

Zwei Wege des Wiederaufbaus

Gleichzeitig aber gewann die arbeitende Bevölkerung immer mehr Einfluß auf den Lauf der Geschichte. Entgegen der Politik der Besatzungsmacht waren die politischen Ziele des Volkes und seine Energie, durch die Reformen der ersten Periode freigesetzt, nicht mehr auf den Vorkriegszustand zurückzudrängen, so sehr die Besatzungsmacht und die Regierung sich darum auch bemühten. Hierin liegt die größte Bedeutung der Reformen der Nachkriegszeit. Die arbeitende Bevölkerung war schon immer die Triebkraft der Geschichte, in der japanischen Geschichte aber geschah es zum ersten Mal, daß das Volk sich auf der politischen Bühne gegen die Herrschenden zur Wehr setzte und dort eine Hauptrolle übernahm.

Während der Taishō-Zeit (und zwar 1912/13) war es einer Protestbewegung des Volkes zum ersten Mal gelungen, ein Kabinett zu Fall zu bringen. Das Volk wurde damals von fortschrittlichen Kreisen des Bürgertums mobilisiert und zur Verwirklichung bürgerlicher Interessen ausgenutzt. Die Reisaufstände des Jahres 1918 hatten dazu geführt, daß die Arbeiter und Bauern sich als Klasse organisierten. Es entstand eine Emanzipationsbewegung der Frauen und eine Bewegung zur Beendigung der Diskriminierung der Paria. Die Arbeiterklasse spielte in diesen Bewegungen eine entscheidende Rolle. Sie ließ sich nicht mehr von der bürgerlichen Klasse für deren Ziele mobilisieren, sondern begann für ihre eigenen Ziele zu kämpfen. Keine Regierung konnte es sich mehr leisten, den Einfluß der nach 1926 reorganisierten Kommunistischen Partei und der Proletarischen Partei zu unterschätzen. Der Kampf der Arbeiterklasse hatte noch nicht das Ziel, die Regierung zu übernehmen. Er konnte schließlich durch das faschistische Tennō-System vollständig unterdrückt werden.

Die Arbeiterklasse, die immerhin diese Vorgeschichte aufzuweisen hatte, wurde nach dem Krieg neben den Bauern und den anderen Werktätigen zur treibenden Kraft für die Demokratisierung und Entmilitarisierung Japans. Bereits im April 1946 kämpfte sie um die politische Macht. Ihr Ziel der Verwirklichung einer demokratischen Regierung ging weit über die Grenzen hinaus, die das GHQ gesteckt hatte. Der für den 1. Februar 1947 ausgerufene Generalstreik führte zu einer offenen Konfrontation mit der Besatzungsmacht. Arbeiterklasse und Volk waren gezwungen, ihre Aktivität einzuschränken. Sie widerstanden jedoch den immer stärker werdenden Repressionen, sammelten politische Erfahrungen, gaben die Illusion der ersten Jahre, die Besatzungstruppen seien als Befreiungsarmee zu betrachten, auf und verfolgten weiter ihre Ziele: die Unabhängigkeit des Volkes, Demokratie und die Verbesserung der Lebensbedingungen.

Daß die Frauen in der Volksbewegung eine wichtige Rolle zu spielen begannen, ist ein wesentliches Charakteristikum der japanischen Nachkriegsgeschichte. Nach dem Krieg wurden sie von den Fesseln des halbfeudalistischen Familiensystems befreit, und viele von ihnen wurden sich ihrer politischen Verantwortung bewußt. Sie bekamen die Ausbeutung und Unterdrückung stärker zu spüren als die Männer. Sie schützten Familie und Kinder, beanspruchten ihre demokratischen Rechte, forderten Unabhängigkeit und kämpften, in der nationalen Friedensbewegung den Männern ebenbürtig, oft noch entschlossener.

Die Besatzung durch amerikanische Truppen und die durch diese eingeleiteten Reformen veränderten die politischen, wirtschaftlichen und sozialen Verhältnisse Japans grundlegend und brachten neue nationale sowie gesellschaftspolitische Aufgaben mit sich. Wie sollten diese Aufgaben gelöst werden? Die an diesem Punkt beginnende Nachkriegsgeschichte Japans war die Geschichte der Auseinandersetzung darüber, welcher Weg in der Zukunft eingeschlagen werden sollte. Es ging um die Alternative »Wiederaufbau eines vom Industriekapital beherrschten, von Amerika abhängigen Staates« oder »Aufbau eines unabhängigen, demokratischen, friedlichen Japan unter der politischen Führung des Volkes«.

Die Wende in der amerikanischen Japanpolitik

Im März 1947 erklärte Präsident Truman in einer Rede vor dem amerikanischen Kongreß: »Die freien Staaten der Welt werden direkt oder indirekt durch die Aggression des Totalitarismus bedroht. Die Sicherheit Amerikas ist in Gefahr. Amerika muß diese direkte oder indirekte Aggression in der ganzen Welt bekämpfen.« Damit machte er deutlich, daß Amerika »überall in der Welt« unnachgiebig gegen sozialistische Staaten, gegen die Befreiungsbewegungen in Kolonien und abhängigen Ländern kämpfen werde. Er erklärte offiziell den sogenannten »Kalten Krieg«.

Die Politik Amerikas gegenüber Japan änderte sich mit dem Beginn des Kalten Krieges. Wie schon erwähnt, hatte Japan für Amerika keinen besonderen Wert, solange die Aussicht bestand, daß sich in China die Herrschaft Jiang Jieshi werde durchsetzen können. Amerika behandelte Japan wie ein kleines, abhängiges Land und betrieb, soweit als nötig, dessen Entmilitarisierung und Demokratisierung. Als aber in Japan die Macht des Volkes so groß geworden war, daß es zu einem Generalstreik aufrufen konnte, und als in China der Sieg der Befreiungsarmee nur noch eine Frage der Zeit und abzusehen war, daß der Plan, durch Jiang Jieshi ganz China zu beherrschen, scheitern würde, änderte Amerika auch seine Politik gegenüber Japan.

Am 6. Januar 1948 begründete der amerikanische Staatssekretär für Heeresangelegenheiten Royal in einer Rede diese Wende: »Zwischen der ursprünglichen Politik, Japan weitmöglichst zu entmilitarisieren, und dem neuen Plan, einen selbständigen Staat aufzubauen, besteht ein Widerspruch.« Doch wenn das Rüstungspotential der japanischen Industrie zerstört werde, werde »auch das Friedenspotential gefährdet«. Aus diesem Grunde sei eine Änderung der Politik notwendig, Japan müsse als »Fabrik des Fernen Ostens« für Amerika wiederaufgebaut werden. »Ziel der Besatzungspolitik ist die Heranbildung einer starken japanischen Regierung, ein selbständiges Japan und der Aufbau einer Demokratie (eines antikommunistischen Systems), die stark und stabil und in der Lage ist, die Rolle eines Bollwerks gegen eine eventuelle neue Bedrohung des Totalitarismus zu spielen.«

Amerika begann diese neue Politik, indem es den »Wiederaufbau« des japanischen Industriekapitals mit allen Kräften unterstützte. Zur selben Zeit unterstützte es den wirtschaftlichen Wiederaufbau der Länder Europas durch den Marshall-Plan, der darauf abzielte, ganz Europa zu einer antikommunistischen Front zu einen. Auch auf die Reparationen, die das Rüstungspotential der japanischen Industrie zerstören sollten, verzichtete Amerika. Ende 1948, als die chinesische Befreiungsarmee definitiv gesiegt hatte, leitete die amerikansiche Heeresführung sofort Untersuchungen ein, wie die japanische Wiederaufrüstung zu realisieren sei.

Die alten Eliten Japans erkannten in dieser neuen Politik den einzigen Weg zur Wiederherstellung ihrer Macht. Der Ausbau Japans als wirtschaftlichen, politischen und militärischen Stützpunkt zur Unterdrückung der Befreiungsbewegungen in Asien, der Wiederaufbau eines von Amerika

Japan und die Welt nach dem Zweiten Weltkrieg

abhängigen Industriekapitals wurden schnell verwirklicht. Gleichzeitig unterdrückte man die Arbeiterklasse, die für ein unabhängiges, demokratisches und friedliches Japan kämpfte, noch schärfer. Den Arbeitern staatlicher Eisenbahn- und Verkehrsunternehmen und Beamten wurden das Streikrecht und das Recht gewerkschaftlicher Verhandlungen abgesprochen (im Juli 1948), die »Neun Prinzipien der wirtschaftlichen Stabilität« wurden mit Gewalt durchgesetzt (ab Ende 1948), die Shimoyama-, die Mitaka- und die Matsukawa-Affäre[1] der Kommunistischen Partei angelastet, die Behörden und die Privatindustrie zur »Jagd auf die Roten« angesetzt.

Einseitige Friedensverhandlungen und der Japanisch-Amerikanische Sicherheitsvertrag

Im Zuge der Auseinandersetzungen um Korea wurde auch der Ausbau Japans als Stützpunkt ab Herbst 1949 immer dringlicher. Ein einseitiger Friedensvertrag zwischen Japan und den Ländern, die zum Einflußbereich Amerikas gehörten, mußte beschleunigt werden.

Dagegen entwickelte sich eine nationale Protestbewegung, deren Wortführer die organisierten Arbeiter und die Intellektuellen waren, die gegen den Ausbau Japans als Stützpunkt, gegen die Wiederaufrüstung und den einseitigen Friedensvertrag protestierten. Sie forderten einen Friedensvertrag auch mit der Sowjetunion, mit China und den anderen Ländern, mit denen Japan Krieg geführt hatte. Im Juni 1950 begann der Korea-Krieg. Amerika nahm unter dem Vorwand des Aufbaus einer »Nationalen Polizeireserve« die Wiederaufrüstung Japans in Angriff und legte den Plan eines Sicherheitsvertrags vor, der auch nach Abschluß der einseitigen Friedensverhandlungen die

---

1 *Shimoyama-Affäre:* Die Leiche des Präsidenten der Staatlichen Eisenbahn Shimoyama Sadanori wurde im Juli 1949 in der Nähe des Bahnhofs Ayase der Tokiwa-Linie aufgefunden. Der Todesfall ereignete sich während der vom Yoshida-Kabinett veranlaßten Massenentlassungen von Eisenbahnarbeitern. Es ist bis heute nicht geklärt, ob es sich um Mord oder Selbstmord handelte. *Mitaka-Affäre:* Am Abend des 15. Juli 1949 setzte sich ein im Depot des Bahnhofs Mitaka stehender Zug in Fahrt und tötete viele Menschen. Die Tat wurde als Protest der Kommunistischen Partei gegen die Entlassungen ausgegeben. Es stellte sich aber heraus, daß ein parteiloser Arbeiter für die Tat verantwortlich war. *Matsukawa-Affäre:* Am 17. August 1949 entgleiste in der Nähe des Bahnhofs Matsukawa (Tōhoku-Linie) ein Zug. Mitglieder der Kommunistischen Partei wurden in erster und zweiter Instanz als Verantwortliche verurteilt, erst 1963 wegen Mangels an Beweisen vom Obersten Gerichtshof freigesprochen.

Herrschaft Amerikas über Japan sichern sollte. Dieser Plan gab trotz massiver Repressionen seitens der Besatzungstruppen der nationalen Protestbewegung Auftrieb, die für ein neutrales, an keine militärische Allianz gebundenes Japan eintrat. Im September 1951 wurden in San Francisco der einseitige Friedensvertrag und der Japanisch-Amerikanische Sicherheitsvertrag unterzeichnet und ab Ende April 1952 in Kraft gesetzt. Amerika und das japanische Industriekapital hatten damit den Kampf um die Zukunft Japans für sich entschieden.

Durch die Versorgung der in Korea kämpfenden amerikanischen Truppen erreichte die japanische Industrie während des Jahres 1951 das Produktionsvolumen der Vorkriegszeit. 1955 betrug das japanische Bruttosozialprodukt im Vergleich zur Vorkriegszeit fast das Doppelte, die Wirtschaft nahm danach einen beachtlich schnellen Aufschwung. 1960 hatte sich die Industrieproduktion, besonders in den Bereichen Schwerindustrie und Chemie, im Vergleich zu 1955 mehr als verdoppelt, Japan wurde nach Amerika, Westdeutschland und England die viertstärkste Industrienation. Auch die Landwirtschaft erlebte einen Aufschwung. Ab 1955 betrug die jährliche Reisernte etwa 80 Millionen *koku* (= 14,4 Milliarden Liter), während vor dem Krieg bei guten Ernten etwa 60 Millionen *koku* erzielt wurden. Japan verfügte nach dem Aufbau seiner »Selbstverteidigungsstreitkräfte« im Juli 1954 bald über moderne Land-, See- und Luftstreitkräfte und setzte seinen Ehrgeiz darauf, das bestgerüstete Land Asiens zu sein. Das Niveau der Erziehung stand keinem Industrieland nach. Japan hatte eine Bevölkerung von fast 100 Millionen. Alle Schulpflichtigen erhielten eine neunjährige Ausbildung, 70 Prozent der Absolventen eine höhere Ausbildung.

Angesichts dieser Fortschritte konnten die Politiker sich natürlich damit brüsten, daß Japan wieder ein »großes Land« geworden sei. Sie bauten eine zentral organisierte Polizei auf. Die Erziehung wurde ebenfalls vereinheitlicht, der Militarismus gewann an Boden. 1956 wurden diplomatische Beziehungen zur Sowjetunion aufgenommen, Japan wurde als Mitglied der Vereinten Nationen anerkannt.

Aber auch nach dem Abschluß des Friedensvertrags blieb Japan politisch durch den Japanisch-Amerikanischen Sicherheitsvertrag nach wie vor abhängig, die japanischen Inseln Stützpunkt der amerikanischen Armee. Okinawa und die Inselgruppe Ogasawara wurden von Amerika verwaltet, Chishima — den Vereinbarungen des Friedensvertrags gemäß — offiziell abgetreten, d.h. Japan hatte seine Souveränität noch nicht vollständig zurückgewonnen. Die »Selbstverteidigungsstreitkräfte« standen praktisch unter amerikanischer Führung, sie wurden nach amerikanischem Vorbild ausgerüstet, organisiert und ausgebildet. In der internationalen Politik konnte Japan nicht selbständig handeln. Auch nachdem Japan Mitglied der Vereinten Nationen geworden war, entschied es nicht ein einziges Mal ohne Abstimmung mit Amerika. Auch wirtschaftlich gesehen blieb Japan — obwohl es im Vergleich zur Vorkriegszeit sein Bruttosozialprodukt vervielfacht hatte — von Amerika abhängig. Die sieben Jahre Besatzung hatten seinen Außenhandel auf Amerika ausgerichtet, und in den Grundindustrien wie Erdölverarbeitung, Elektrizitätserzeugung und in der Eisen- und Stahlindustrie war es zum größten Teil auf amerikanisches Kapital angewiesen.

1960 wurde trotz des entschiedenen Protests des Volkes der Japanisch-Amerikanische Sicherheitsvertrag erneuert. Dem Text nach war Japan gleichberechtigter Partner Amerikas, aber Amerika besaß das Recht, ohne Einschränkung Truppen in Japan zu stationieren, und benutzte wie zuvor Japan als Stützpunkt für seine Angriffe auf den Sozialismus und die Befreiungsbewegungen in Asien.

Die Volksbewegung, die den Aufbau eines unabhängigen, demokratischen und friedlichen Japan forderte, erreichte zwischen 1959/60 ihren Höhepunkt. Der Protest gegen die Verlängerung des Japanisch-Amerikanischen Sicherheitsvertrags war eine solidarische Aktion des ganzen Volkes und führte zur größten Auseinandersetzung zwischen Volk und Regierung in der japanischen Geschichte.

Schlußbemerkung

I.

Der schnelle wirtschaftliche Aufschwung Japans nach 1955, besonders während der 60er und 70er Jahre, ist jedem bekannt. 1960 war Japan noch das viertstärkste kapitalistische Land, 1965 hatte es bereits England und die Bundesrepublik überholt und den zweiten Platz erreicht. In den Industriebereichen Schiffsbau, Eisen- und Stahlproduktion, in der Automobilindustrie, in der Produktion von elektrischen Haushaltsgeräten, synthetischen Textilien und chemischem Dünger kämpfte die japanische Wirtschaft um den ersten Platz. Japan lag 1960, was das Bruttosozialprodukt betrifft, unter den kapitalistischen Ländern an fünfter Stelle, 1970 vor Frankreich, England und der BRD an zweiter Stelle hinter Amerika.

Der wirtschaftliche Aufschwung hatte notwendigerweise einen starken Anstieg des Außenhandels zur Folge. 1960 exportierte Japan bereits Produkte im Werte von 4 Milliarden Dollar. Im Jahre 1970 erhöhte sich der Export um das Fünffache auf 20 Milliarden, 1980 wiederum, im Verhältnis zu 1970, um mehr als das Sechsfache auf 130 Milliarden Dollar. Bis 1960 war die Importrate höher als die Exportrate, nach 1965 konnte die japanische Wirtschaft einen Exportüberschuß verzeichnen, der von Jahr zu Jahr sprunghaft anstieg, parallel zum Warenexport auch der Kapitalexport. In den 50er Jahren war die japanische Wirtschaft auf den Kapitalimport angewiesen, nach 1960 begann sie, allerdings noch in geringem Umfange, Kapital zu exportieren. Nach 1965 überstieg der Kapitalexport den Kapitalimport. Wenn es auch Jahre gab, in denen letzterer weit über ersterem lag, so hatte sich Japan, rechnet man die Differenz zwischen Ex- und Import auf, zu einem der führenden Kapitalexportländer entwickelt. Die Feststellung, daß Japan in der Grundindustrie (in den Industriebereichen Erdöl, Elektrizität, Eisen- und Stahlindustrie) zum

Schlußbemerkung

größten Teil auf amerikanisches Kapital angewiesen war, gilt nur für die Zeit bis Anfang der 60er Jahre.

Der japanische Kapitalexport in die hochentwickelten Industrieländer konzentrierte sich mehr auf die Einrichtung von Handelsgesellschaften, weniger auf die Anlage von Produktionskapital (eine Tendenz, die in den letzten Jahren immer mehr zunimmt).

Der Kapitalexport nach Südkorea, nach Südostasien, in die Länder, die auf dem Wege waren, sich zu industrialisieren, konzentrierte sich dagegen auf Investitionen in die Erschließung von Rohstoffvorkommen, in den Aufbau von Industrie und Verkehrs- und Transportwegen. Das japanische Kapital zog daraus enorme Profite, gewann das Monopol über die Rohstoffvorkommen, verfolgte also eine neokolonialistische Politik, indem es versuchte, die Wirtschaft dieser Länder zu beherrschen.

Als im Herbst 1973 Israel mit Unterstützung der USA in Ägypten und Syrien einfiel, reduzierten die arabischen Länder — die OPEC beherrschte mehr als die Hälfte der Erdölproduktion der Welt — aus Protest den Erdölexport und beschloß, die Preise um das Vierfache anzuheben. Diese Maßnahmen verursachten in allen kapitalistischen Ländern die größte Wirtschaftskrise der Nachkriegszeit. Seit Ende der 50er Jahre war Erdöl für die japanische Wirtschaft die wichtigste Energiequelle, mehr als 99 Prozent mußten eingeführt werden. Die Erdölpolitik der OPEC traf die japanische Wirtschaft besonders hart, die Widersprüche, die sich in allen kapitalistischen Ländern angehäuft hatten, wurden offenbar. Aus diesem Grunde konnte die japanische Wirtschaft das Wachstum des Bruttosozialprodukts, das jedes Jahr etwa 10 Prozent betrug, nicht mehr erreichen. Trotzdem erholte sich Japan von allen kapitalistischen Ländern am schnellsten von dieser Krise, seine wirtschaftliche Macht ist gegenwärtig stärker als je zuvor.

Japans Wirtschaft hatte sich auf neue Produktionszweige konzentriert. Auf dem Gebiet der Schwerindustrie, der chemischen Industrie und der Produktion von elektrischen Geräten auf technisch höchstem Niveau ist Japan zu einer führenden Wirtschaftsmacht geworden, in den letzten Jahren besonders auf dem Gebiet der elektronischen Technologie. Die Produktion von Baumwolle und Baumwollstoffen, von Seide und Seidenstoffen, vor dem Kriege die Hauptindustrie Japans, hat keine wirtschaftliche Bedeutung mehr.

1955 hatte die landwirtschaftliche Produktion noch einen Anteil von 17,4 Prozent an der Gesamtproduktion, 1960 10,2 %, 1970 5,3 %, 1974 5 %. Im gleichen Zeitraum fiel die Zahl der in der Landwirtschaft Beschäftigten von

33,8 % (aller Beschäftigten) auf 11,3 %, 1980 auf 9,6 %. Japan war nicht mehr in der Lage, sich mit Nahrungsmitteln selbst zu versorgen. 1960 konnte es seinen Bedarf an landwirtschaftlichen Erzeugnissen noch zu 90 % selbst dekken, 1980 nur noch zu 70 %, den Bedarf an Getreide nur noch zu 40 %.

Heute ist Japan nach Amerika die zweitstärkste Wirtschaftsmacht, die Nahrungsmittel, Rohstoffe für die Industrieproduktion und Energiegewinnung importiert, hauptsächlich Produkte der Schwer- und der chemischen Industrie und riesige Summen an Kapital exportiert. In diesem Entwicklungsprozeß zur Wirtschaftsmacht gewannen die Großunternehmen und Banken eine dominierende Stellung im Wirtschaftsleben.

In den 60er Jahren fusionierten viele Großunternehmen, es bildeten sich wieder die Trusts, die die Besatzungsmacht aufgelöst hatte, oder es entstanden neue Trusts und Kartelle. Auch Banken fusionierten oder bildeten Gruppen. In den Industriebereichen Energie, Eisen- und Aluminiumfertigungsteile, Werkzeugmaschinenbau, in allen Bereichen der Grundstoffindustrie, in der Produktion von Massengebrauchsgütern wie Nahrungsmittel, langlebige Konsumgüter und Textilien beherrschen seit Ende der 60er Jahre kaum zehn Großunternehmen 80 bis 100 % der Gesamtproduktion. Auch den Außenhandel beherrschten wenige »Vereinigte Handelsfirmen« genannte Großhandelsgesellschaften fast vollkommen.

Diese Großunternehmen verbanden sich mit den Großbanken, die früher zur sogenannten Finanzaristokratie gehörten, mit den Banken Fuji (ehemals Yasuda), Mitsubishi, Mitsui, Sanwa, Sumitomo, Daiichikangyō (Erste Hypothekenbank), nicht nur in Bezug auf das Kapital, sondern auch auf die Besetzung des Verwaltungsrats, zu einer neuen industriekapitalistischen Macht. Sie beherrschen direkt und indirekt die gesamte Wirtschaft, die Landwirtschaft eingeschlossen, sie bestimmen die Grundlagen der heutigen japanischen Politik.

Mit dem Wachstum der Volkswirtschaft erhöhte sich der Lebensstandard. Im Vergleich zu Europa und Amerika sind die Häuser oder Wohnungen der arbeitenden Bevölkerung eng, von geringerer Qualität, die Zahl der Arbeitsstunden pro Woche und der Arbeitstage pro Jahr ist größer. Gemessen an den Arbeits- und Lebensbedingungen der Vorkriegszeit aber ist eine deutliche Verbesserung eingetreten. Japan hat zudem kaum Arbeitslose. Während des starken wirtschaftlichen Wachstums herrschte Vollbeschäftigung, und seit den 70er Jahren, unter den Bedingungen eines langsamen Wachstums, beträgt die Zahl der Arbeitslosen nur 2 bis 3 Prozent. Der Stundenlohn der Fabrikarbeiter betrug 1979 etwa die Hälfte des Lohns der deutschen Arbeiter, war aber höher als der der englischen und ein wenig niedriger als der der französischen Arbeiter. 95 bis 99 % aller Haushalte besaß 1981 elektrische Haushaltsgeräte wie Kühlschrank und Farbfernseher, 81 % aller landwirtschaftlichen und 60 % der übrigen Haushalte Kraftfahrzeuge. Auch das allgemeine Bildungsniveau wurde entscheidend angehoben. Dazu eine statistische Angabe neueren Datums: im Jahre 1980 besuchten 95 % der Mittelschulabgänger die Oberschule, und die Zahl der Studenten und der Schüler der Höheren Fachschulen betrug ein Drittel aller Jugendlichen desselben Jahrgangs, eine Tendenz, die anhalten wird.

II.

Dieser Lebensstandard und dieses Bildungsniveau waren für das einfache Volk im Vergleich der Vorkriegszeit oder zu den 50er Jahren ein enormer Fortschritt. Nach einer Erhebung der Regierung aus dem Jahre 1959 beurteilten 70 Prozent, nach 1970 90 Prozent der Befragten ihr Leben als durchschnittlich, dem Mittelstand entsprechend. Die Bewertung »durchschnittlich« beruht nicht auf einem objektivem Maßstab, sondern auf einer subjektiven Wertung, läßt aber darauf schließen, daß die Mehrheit der Bevölkerung mit ihrer gegenwärtigen wirtschaftlichen Lage zufrieden war.

Je mehr sich diese Überzeugung ausbreitete, desto schwächer wurde der mit den wirtschaftlichen und politischen Forderungen nach Veränderung des Systems verbundene Kampf des Volkes. Auch die Japanische Kommunistische Partei, vor dem Krieg ausgerichtet auf eine revolutionäre Veränderung der Gesellschaft, entschloß sich nach 1955 innerhalb des Rahmens der Verfassung und auf parlamentarischem Wege demokratische Reformen durchzusetzen.

Ich habe im 38. Kapitel den Protest gegen die Erneuerung des Japanisch-Amerikanischen Sicherheitsvertrags im Jahre 1960 als »die größte politische Auseinandersetzung in der japanischen Geschichte« charakterisiert. Das Prädikat »größte« ist jedoch nicht zutreffend. Während dieser Protestbewegung wurden im ganzen Land zwar großangelegte Demonstrationen und Kundgebungen veranstaltet, aber es kam nicht zu einem politischen Streik der Mehrheit der Bevölkerung. Kaum daß der revidierte Vertrag unterzeichnet worden war, hörte die Protestbewegung schlagartig auf. In den darauffolgenden Parlamentswahlen siegte die Regierungspartei mit deutlichem Vorsprung.

Auch 1965 fanden im ganzen Land Demonstrationen und Kundgebungen gegen den Vertrag mit Südkorea statt, allerdings nicht im Ausmaß der Protestbewegung des Jahres 1960. In der Folge ereigneten sich keine nennenswerten politischen Auseinandersetzungen außerhalb des Parlaments.

Das Engagement der sogenannten »fortschrittlichen« Kräfte, vertreten durch die Sozialistische und Kommunistische Partei, führte zu vereinzelten Aktionen, betrachtet man beide Parteien getrennt, generell aber erfüllten sie nach 1955 nicht die Aufgabe einer echten Opposition. Solidarität, eine gemeinsame Politik kam zwischen den Parteien nicht zustande.

Die konservativen Kräfte dagegen bildeten, wenn es um grundlegende Interessen des politischen Systems ging, eine einheitliche Front, trotz der heftigen Auseinandersetzungen in den eigenen Reihen. Um den Einfluß der fortschrittlichen Parteien weitgehend zu unterdrücken, bildeten 1955 die zwei großen konservativen Parteien, die Japanische Demokratische Partei *Nihon Minshutō* und die Liberale Partei *Jiyūtō* die Liberaldemokratische Partei *Jiyū Minshutō* abgekürzt (*Jimintō*), die seitdem Regierungspartei ist.

Während der Regierungszeit der Liberaldemokratischen Partei wurde die Wiederaufrüstung Japans planmäßig verwirklicht, mit Unterstützung und auf Druck der amerikanischen Regierung. Die japanische Verfassung legt fest, daß Japan weder Land-, See-, Luft- noch andere Streitkräfte besitze, und verweigert der Nation das Recht, Krieg zu führen. Die Regierungspartei, die Wirtschaft »interpretiert« diesen Artikel aber so, daß Wiederaufrüstung zum Zwecke der Selbstverteidigung, Krieg zur Selbstverteidigung nach der Verfassung erlaubt seien. Japans Ausgaben für die Verteidigung waren 1983 so hoch, daß es unter den entwickelten Ländern den siebenten Platz einnahm. Mit Ausnahme Amerikas, der Sowjetunion, Englands, Frankreichs und Chinas, Länder, die Atomwaffen besitzen, ist Japan nach der Bundesrepublik das technisch am besten gerüstete Land.

Japan besitzt selbst keine Atomwaffen, steht aber nach dem Japanisch-Amerikanischen Sicherheitsvertrag unter dem amerikanischen »Atomschirm«. Die Regierung beteuert immer wieder, daß Japan kein Atomstützpunkt Amerikas sei, daß keine Atomwaffen nach Japan gebracht würden. Nachträglich hat sich wiederholt das Gegenteil herausgestellt.

Die japanische Regierung betont, daß die Aufrüstung nur dem Zweck diene, einen Angriff auf Japan abzuwehren, daß die Verfassung die Entsendung von Truppen ins Ausland verbiete, das Recht der kollektiven Selbstverteidigung nicht bestehe, Japan auch keine Waffen besitzen dürfe, die ausschließlich zum Angriff dienten. Die Selbstverteidigungsstreitkräfte, so erklärte sie

Schlußbemerkung

anfangs, würden nur Feinde angreifen, die japanisches Territorium, japanischen Luft- und Seeraum verletzten. Im Februar 1970 bemerkte der Außenminister vor dem Parlament: »Kommt es auf der koreanischen Halbinsel zu einer militärischen Auseinandersetzung und kann die UNO nicht schnell geeignete Maßnahmen treffen, dann ist es durchaus erlaubt, als ein Akt der Selbstverteidigung, in diese Auseinandersetzung einzugreifen.« Im März desselben Jahres war sich die Regierung darin einig, daß »die Ausübung des Selbstverteidigungsrechts nicht nur auf die Abwehr eines bewaffneten Angriffs beschränkt« sei. Der »Vierte Fünfjahresplan für den Ausbau der Verteidigungskräfte«, der ab 1972 verwirklicht wurde, hatte das Ziel, eine Marine und Luftwaffe zu schaffen, die die See- und Luftherrschaft über die »Umgebung Japans« sichern und »den Schutz der Schiffahrtswege« gewährleisten konnte.

Im Mai 1981 bestätigte Premierminister Suzuki in einer Unterredung mit Präsident Reagan das Japanisch-Amerikanische Bündnis und gab in einer Pressekonferenz bekannt, daß Japan eine Zone von mehreren hundert Seemeilen um Japan, das Gebiet von Tōkyō bis Guam (1000 Seemeilen), von Ōsaka bis Taiwan (1000 Seemeilen), die darin verlaufenden Schiffahrtstraßen (Sealines of Communication — SLOC) schützen werde. Premierminister Nakasone bestätigte anläßlich seines Besuches in Washington erneut diesen Entschluß und versicherte, daß Japan die vier Meerengen vom Japanischen Meer zum Pazifischen Ozean blockieren werde, wenn das der Notfall erfordere (um die sowjetische Ostasienflotte im Japanischen Meer einzuschließen).

Diese offiziellen Erklärungen zeigen — was auch immer die Regierung erklären mag —, daß die Wiederaufrüstung Japans von Anfang an in die amerikanische Asienpolitik einbezogen war und mit amerikanischer Unterstützung und Beratung, auf Betreiben Amerikas und mit dem Ehrgeiz der herrschenden Schicht Japans, aus der Wirtschaftsmacht auch eine politische und militärische Macht zu machen, verwirklicht wurde. Japan veranstaltet Manöver gemeinsam mit Amerika, es nimmt teil an den von Amerika geleiteten Marinemanövern der an den Pazifik grenzenden Länder, es unterstützt immer mehr die amerikanisch-südkoreanischen Manöver.

Konkret dient die Aufrüstung Japans dem Ziel, gemeinsam mit den in Japan und Südkorea stationierten amerikanischen Truppen die Regierung Südkoreas bei der Unterdrückung des für ein demokratisches System kämpfenden südkoreanischen Volkes zu unterstützen, und einzugreifen, falls ein Krieg zwischen Süd- und Nordkorea ausbrechen sollte, denn es stehen japanische Interessen auf dem Spiel. Seit dem Abschluß des Japanisch-Südkorea-nischen Abkommens im Jahre 1965 ist Südkorea für Japan der wichtigste Markt, das Land, in das es am meisten investiert. Die Verbindung zwischen den politischen und wirtschaftlichen Kreisen Japans und der südkoreani-schen Militärregierung sind sehr eng. Südkorea hat für die herrschende Schicht Japans die Bedeutung einer »Lebenslinie« gewonnen.

Schon im Jahre 1963 hatten die Stabsoffiziere der Selbstverteidigungs-streitkräfte ohne Wissen der Regierung in ihrem »Plan einer Drei-Pfeil-Stra-tegie« untersucht, wie — im Falle eines Krieges zwischen Süd- und Nordkorea — Japan mit den amerikanischen Truppen kooperieren soll, wie das Rechtssy-stem geändert werden sollte, um diese Kooperation zu rechtfertigen, wie die Generalmobilmachung wieder eingeführt und die Streitkräfte als eine Abtei-lung der »UNO-Truppen« in Südkorea stationiert werden könnten. Es handel-te sich dabei zunächst nur um Überlegungen der Stabsoffiziere, aber 1978 wur-den in Beratungen zwischen der japanischen und amerikanischen Regierung die »Richtlinien für die gemeinsame Verteidigung Japans und Amerikas« fest-gelegt und bis ins Detail überprüft, wie die militärische Kooperation zu realisie-ren sei. Besondere Bedeutung hatte dabei der mögliche Krieg zwischen Süd- und Nordkorea. Das Resultat dieser Überprüfung wurde nicht veröffentlicht.

Die Selbstverteidigungsstreitkräfte sind auch ein Instrument zur »Herstel-lung der öffentlichen Ruhe«, zur Unterdrückung gegen das politische System gerichteter Bewegungen in Japan. Als der Protest gegen den Japanisch-Ameri-kanischen Sicherheitsvertrag des Jahres 1960 seinen Höhepunkt erreichte, hatte die Regierung Vorbereitungen getroffen, die Armee einzusetzen, falls der Einsatz der Polizei nicht genüge. Die Selbstverteidigungsstreitkräfte ver-anstalten heute regelmäßig Übungen für »Aktionen zur Herstellung der öffentlichen Ruhe«.

III.

Im Verlaufe der Wiederaufrüstung traf die Regierung Maßnahmen, ihre kon-servative Politik ideologisch zu rechtfertigen. Die zentralen Ideen der Erzie-hung waren die untrennbaren Begriffe »Verehrung des Tennō« und die soge-nannte »Vaterlandsliebe«. 1952, als die bis dahin »Polizeireservetruppe« genannte Miliz zu einer Sicherheitstruppe, zur »Basis einer neuen nationalen Armee« umgewandelt wurde, forderte Premierminister Yoshida: »Es ist jetzt notwendig, auf dem Gebiet der Erziehung durch die Tatsache, daß unsere Geschichte die größte Geschichte aller Länder ist, durch die Idee der Geschichte unseres schönen Landes, im Geschichtsunterricht Vaterlandsliebe zu wecken, die die Grundlage ist für die Aufrüstung.« Das bedeutete die Restauration eines Geschichtsbildes, das die ideologische Stütze des Großjapanischen Reiches war, des Geschichtsbildes, das besagt, daß der Tennō als Abkomme der Götter, die Japan geschaffen haben, schon immer über Japan geherrscht habe und immer herrschen werde, weshalb die japanische Geschichte erhabener sei als die Geschichte jeden anderen Landes.

Die Sicherheitstruppe wurde 1954 unter amerikanischer militärischer Beratung und Hilfe zu den »Selbstverteidigungsstreitkräften« ausgebaut, der eigentliche Beginn der Wiederaufrüstung. Bei den Verhandlungen über die Annahme der Hilfe riet die amerikanische Seite: »Es ist die vordringlichste Aufgabe, durch Erziehung und in den Massenmedien im japanischen Volk Vaterlandsliebe zu wecken und den Wunsch, das eigene Land zu verteidigen.« Die japanische Vertretung stimmte dieser Ansicht zu. Unmittelbar danach begann die japanische Regierung, die Schulerziehung in diesem Sinn zu vereinheitlichen, die Meinungsfreiheit der Lehrer einzuschränken, die Lehrbücher, die im Geist des Pazifismus abgefaßt waren und demokratische Gesinnung vertraten, zu redigieren im Sinne einer »ablenkenden Erziehung«. Die Überprüfung, richtiger die Zensur der Lehrbücher der Volks-, Mittel- und Oberschulen seitens des Erziehungsministeriums wurde immer strenger. In den Geschichtsbüchern wurde nach 1955 der Einfall Japans in Korea und China, der Angriff auf den südostasiatischen Raum als »Vordringen« verharmlost, die Verantwortung für die Aggression abgeschwächt, in vielen Fällen dem Gegner angelastet.[1]

1965 legte der zentrale Ausschuß für Erziehungsfragen, das beratende Organ des Kultusministeriums, die Grundlinien für die Erziehung der Jugend fest und behauptete, daß die Verehrung des Tennō gleichbedeutend sei mit der Liebe zu Japan und deshalb die Erziehung darauf ausgerichtet werden müsse, eine Neuauflage der in dem Begriff »Treue gegenüber dem Herrscher und Liebe zum Vaterland« enthaltenen Ideologie des Großjapanischen Reiches.

---

1 Im Sommer 1982 protestierten die chinesische und die südkoreanische Regierung gegen diese Geschichtsfälschung mit der Begründung, es handle sich hierbei nicht nur um ein Problem der Geschichtsschreibung, sondern diese Fälschung sei ein Anzeichen dafür, daß die japanische Regierung sich wieder zum Militarismus bekenne. Die Länder Südostasiens meldeten ebenfalls Protest an. Die japanische Regierung versprach daraufhin China und Südkorea eine »Revision« der Geschichtsbücher, die jedoch bis heute (Juni 1983) noch nicht vorgenommen wurde.

Zur Verbreitung dieser Ideologie traf die Regierung auch außerhalb der schulischen Erziehung Maßnahmen, die das Ziel verfolgten, die göttliche Autorität des Tennō wiederherzustellen. Zuerst führte sie den Feiertag *Kigensetsu* (Fest des Beginns der japanischen Zeitrechnung, des Tages, an dem der mythische Herrscher Jinmu Amt und Würde des Tennō übernahm) unter dem Namen »Tag zur Feier der Staatsgründung« als Volksfeiertag wieder ein (1967). Gleichzeitig wurden die Mythen, die zur Rechtfertigung des Tennō-Systems des Altertums erfunden worden waren, wieder in die Geschichtsbücher aufgenommen.

Der Yasukuni-Schrein in Tōkyō, in dem die für den Tennō gefallenen Militärs als Götter verehrt werden, Symbol des japanischen Militarismus und Staatsshintōismus, wurde bis zur Niederlage im 2. Weltkrieg vom Staat unterhalten. Der Tennō besuchte diesen Schrein jedes Jahr in seiner Eigenschaft als Oberbefehlshaber. Die Verbindung von Militarismus und Shintōismus wurde nach dem Krieg entsprechend des Prinzips der Trennung von Politik und Religion aufgehoben. Die Liberaldemokratische Partei und reaktionäre Gruppen versuchen jedoch von Jahr zu Jahr immer entschiedener, Politik und Religion wieder zu koppeln. Der heftige Protest antimilitaristischer Bewegungen und religiöser Gemeinschaften, die die Freiheit des Glaubens verteidigen, hat bis jetzt die Liberaldemokratische Partei gehindert, dieser Verkoppelung eine rechtliche Form zu geben. Beim jährlichen Hauptfest des Yasukuni-Schreins fahren die Wagen des Premierministers und der Mitglieder seines Kabinetts vor, die Regierung demonstriert damit praktisch, daß für sie Politik und Shintōismus noch eine Einheit sind. Sogar der Tennō nahm an einem Ritual dieses Schreins teil.

Das System der Einteilung der Geschichte in Herrschaftsperioden und deren Benennung, seit dem 7. Jahrhundert in Japan praktiziert, beruht auf der alten chinesischen Ideolgoie des Despotismus, derzufolge der Kaiser auch über die Zeit herrscht. Dieses System verlor nach dem 2. Weltkrieg durch die neue Verfassung und andere Reformen seine rechtliche Grundlage. 1979 konnte die Regierung das Äranamengesetz durchsetzen, das die Bürger verpflichtet, den neuen Äranamen zu gebrauchen, der festgesetzt wird, sobald der Kronprinz Tennō wird.

Das Lied *Kimi ga yo*, eigentlich eine Eloge auf den Tennō und keine Staatshymne, wurde allein durch eine Verfügung des Erziehungsministeriums zur offiziellen Staatshymne erklärt, die in den Schulen bei allen feierlichen Anlässen gesungen werden muß. Sie ertönt auch, wenn der Japanische Rundfunk (NHK) sein Radio- und Fernsehprogramm beschließt.

Schlußbemerkung

Diese Maßnahmen zur Restauration der göttlichen Autorität, die der Tennō einst besaß, haben wohl kaum starken Einfluß auf die junge Generation, aber sie schaffen immerhin einen Nährboden, auf dem sich diese Ideologie wieder entwickeln kann. In Verbindung mit dem »Selbstvertrauen« und genährt vom Stolz auf die hochentwickelte Industrie und den technologischen Fortschritt – es verbreitet sich immer mehr die Überzeugung, daß Japan vom Ausland nichts mehr zu lernen habe –, könnte die Idee, Japan besitze »die erhabenste Geschichte aller Länder«, einem neuen Nationalismus den Weg bereiten.

IV.

In den drei vorhergehenden Abschnitten habe ich über die wirtschaftlichen, politischen, militärischen und ideologischen Probleme der japanischen Gesellschaft zwischen 1966, dem Jahr, in dem ich das letzte Kapitel dieses Buches schrieb, und heute (1983) ergänzend berichtet und, wo es notwendig erschien, meine Ansichten korrigiert. Im folgenden möchte ich die internationalen Beziehungen Japans während dieses Zeitraums behandeln.

Ich habe auf Seite 600 behauptet: »Japan hatte seine Souveränität noch nicht vollständig zurückgewonnen.« Das ist ein Irrtum, sowohl von der heutigen, als auch von der Situation des Jahres 1966 her gesehen. Damals war Japan zweifellos politisch wie militärisch von Amerika abhängig – und ist es auch noch heute. Japan hatte jedoch schon 1952 mit dem Inkrafttreten des Friedensvertrages zur Hälfte, 1960 durch die Erneuerung des Japanisch-Amerikanischen Sicherheitsvertrags seine Souveränität ganz zurückgewonnen. Danach hatte die ehemalige herrschende Klasse des japanischen Volkes wieder die Führung des Staats übernommen. Sie entschied von sich aus, daß Japan durch den amerikanischen Atomschirm geschützt werden soll, sie machte sich aus eigenem Entschluß politisch und militärisch von Amerika abhängig.

Die Selbstverteidigungsstreitkräfte wurden nach ihrer Gründung mit amerikanischen Waffen ausgestattet, von amerikanischen Instrukteuren ausgebildet. Sie standen praktisch unter amerikanischer Kontrolle. Das gilt allerdings nur bis 1967, bis zur Ausführung des »2. Plans für den Ausbau der Verteidigungskräfte«. Danach erhielt Japan keine Hilfe mehr und die Instrukteure wurden zurückbeordert. Seitdem ist Japan, das über eine unabhängige

Armee verfügt, durch den Japanisch-Amerikanischen Sicherheitsvertrag Bündnispartner Amerikas. In diesem Bündnis hat das starke Amerika die Vorrangstellung, Japan muß sich mit einer passiven Rolle bescheiden.

Dadurch, daß Japan sich unter den Schutz des amerikanischen Atomschirms begab, wurden seine militärischen Lasten verringert. Die so eingesparten Gelder investierte es in das wirtschaftliche Wachstum. Anfang der 70er Jahre war es in Südkorea, Taiwan und Südostasien bereits wirtschaftlich stärker vertreten als Amerika. Auch auf dem amerikanischen Markt verursachte der Import japanischer Produkte wie Textilien, Stahl, Kraftfahrzeuge und elektrische Haushaltsgeräte einen heftigen Konkurrenzkampf. Japan öffnete sich auch den europäischen Markt. Die wirtschaftliche Konkurrenz zwischen Japan und Amerika, zwischen Japan und Europa verschärft sich von Jahr zu Jahr.

Während Japan und die europäischen Länder einen raschen wirtschaftlichen Aufschwung erlebten, erholte sich auch die Wirtschaft der Sowjetunion. Amerika war nach wie vor das wirtschaftlich stärkste Land der Welt, seine Macht hatte aber relativ abgenommen. Das gilt, obwohl Amerika immer noch eine Supermacht ist, politisch und militärisch für sein Prestige. Es unterdrückte anstelle der einstigen Kolonialmächte Japan, England, Frankreich, Deutschland und Italien allein die Befreiungsbewegungen der vormaligen kolonialisierten oder halbkolonialisierten Länder in aller Welt und versuchte, diese Länder zu beherrschen. Im Falle Chinas, Koreas, Vietnams und Indochinas scheiterte dieser Versuch, und auch in allen anderen Ländern war ihm kein dauerhafter Erfolg beschieden.

Besonders daß Amerika, nachdem sich die Kolonialmacht Frankreich aus Vietnam und Indochina zurückgezogen hatte, zwischen 1964 und 1973 den Krieg dort fortsetzte, und zwar mit größerem Aufwand als im 2. Weltkrieg, eine schwere Niederlage einstecken mußte, dieser lange imperialistische Krieg und sein Scheitern schwächten die Kraft Amerikas und schadeten seinem Ansehen.

Während dieser Zeit war die Sowjetunion, was die konventionelle Rüstung betrifft, stärker geworden als Amerika und die NATO und begann auch, als Atommacht Amerika einzuholen.

Die Niederlage in Vietnam zwang Amerika, sich militärisch aus Ostasien zurückzuziehen. Im Juli 1969 erklärte Präsident Nixon in Guam, die asiatischen Länder dürften sich nicht nur auf Amerika verlassen, sondern müßten alle Anstrengungen unternehmen, um sich selbst verteidigen zu können, was bedeutete, daß Amerika sich militärisch in Asien nicht mehr einmischen wollte. Stattdessen setzte es große Erwartungen in seinen asiatischen Bündnispartner Japan. Die japanische Regierung, die Regierungspartei und die Wirtschaftskreise enttäuschten diese Erwartungen nicht.

Im November 1969, kaum zwei Monate nach der Guam-Erklärung Nixons, besuchte Premierminister Satō Washington. Nixon und Satō lobten in einem Kommuniqué die konsequente Kooperation zwischen Amerika und Japan, und Satō präzisierte, daß die »Sicherheit Südkoreas« (die Sicherheit der Militärregierung von Park Chung-Hee) »unabdingbar für die Sicherheit Japans selbst« sei, daß »die Aufrechterhaltung von Frieden und Sicherheit in Taiwan . . . für die Sicherheit Japans große Bedeutung« habe und Japan den wirksamsten Weg finden werde, den amerikanischen Krieg in Indochina zu unterstützen. Das bedeutete, daß Japan die Vereinigung von Nord- und Südkorea, die Befreiung Taiwans durch China verhindern, die Regierung Jiang Jieshi stützen und im Vietnamkrieg weitmöglichst kooperieren werde. Der Japanisch-Amerikanische Sicherheitsvertrag erhielt so die Bedeutung eines Bündnisses zur Sicherung des gemeinsamen Machtbereichs Südkorea, Taiwan und Vietnam.

Zwei Jahre später, im Februar 1972, besuchte Präsident Nixon China. Das Kommuniqué beider Regierungen versetzte die Welt in Erstaunen. Darin hieß es, daß weder Amerika noch China die Herrschaft in Asien und im pazifischen Raum anstrebten und nicht zulassen würden, daß ein drittes Land dies tue. Über Beweggründe und Ziele der Annäherung beider Länder lassen sich viele Vermutungen anstellen, die ich hier nicht behandeln kann.

Vor der Annäherung hatte Amerika mit allen Mitteln zu verhindern versucht, daß die Volksrepublik China als Mitgliedstaat in die Vereinten Nationen aufgenommen wird. Die Mitgliedstaaten, die Chinas Aufnahme befürworteten, besonders die Länder der Dritten Welt, setzten auf der Generalversammlung im Herbst 1971 die Aufnahme Chinas und den Ausschluß Taiwans durch. Damit war Amerika die Möglichkeit genommen, China weiter als Feind zu betrachten.

Hinter der Wende der amerikanischen Politik gegenüber China stand natürlich auch die Abkühlung der Beziehung zwischen China und der Sowjetunion. Beide sozialistischen Staaten waren seit 1950 eng verbündet. Nach dem Tod Stalins (1953) kam es zwischen den kommunistischen Parteien beider Länder zu ideologischen Differenzen. Seit 1959 nahm die Sowjetunion gegenüber China eine aggressive Haltung ein, die zu einer offenen Konfrontation führte. Im August 1968 folgte die Kommunistische Partei und die Regierung der Tschechoslowakei nicht mehr den Direktiven Mos-

Geschichte Japans

kaus, sondern versuchte, ihren eigenen Weg zu gehen, worauf die Sowjet-union mit einer starken Armee in die Tschechoslowakei einfiel und die Füh-rer der Partei und der Regierung auswechselte. China kritisierte die Sowjet-union, sie habe sich in einen sozialimperialistischen Staat verwandelt, in einen Staat, der in der Theorie den Sozialismus, in der Praxis den Imperialis-mus vertrete. Im März 1969 provozierte die Sowjetunion die Grenzzwi-schenfälle am Ussuri.

Die Verschlechterung der Beziehungen zwischen China und der Sowjet-union waren eine wichtige Voraussetzung dafür, daß Amerika mit China Beziehungen aufnehmen konnte zum eigenen Vorteil. Dasselbe gilt für China. In der gemeinsamen Erklärung beider Regierungen ist im Ab-schnitt über die Hegemonie mit dem »dritten Land« eindeutig die Sowjet-union gemeint.

Die Verschlechterung der Beziehungen zwischen China und der Sowjet-union machte auch den Zusammenschluß der sozialistischen Länder und der kommunistischen Parteien in der ganzen Welt unmöglich. Sogar zwi-schen der chinesischen Kommunistischen Partei und der Vietnamesischen Arbeiterpartei, die während des Krieges gegen Frankreich und gegen Amerika freundschaftlich verbunden waren, kam es zu Differenzen. Nach dem Sieg über Amerika verbündete sich Vietnam mit der Sowjetunion und betrachtete China als Feind. Im Februar 1979 kam es zwischen Vietnam und China zu heftigen Grenzgefechten. Im Januar 1979 griff Vietnam Kambodscha an, das ein Verbündeter im Kampf gegen Amerika gewesen war, und brachte dort die Regierung der »Kambodschanischen Volksrepublik« an die Macht. Auch hier hatte die Konfrontation China-Sowjetunion wesentlichen Ein-fluß.

V.

Nachdem China in die Vereinten Nationen aufgenommen worden und Amerika gezwungen war, dieser Tatsache Rechnung zu tragen und Beziehun-gen mit China aufzunehmen, sah sich auch die Regierung Japans veranlaßt, China nicht länger als feindliches Land zu betrachten. Dafür gab es nach dem 2. Weltkrieg für Japan weder wirtschaftliche noch politische und mili-tärische Gründe. Im Gegenteil, China, durch eine eintägige Überfahrt von Japan getrennt, besaß eine Bevölkerung von fast einer Milliarde und reiche

614

Rohstoffvorkommen, war im Begriff, seine Wirtschaft aufzubauen, für das japanische Kapital geradezu ein idealer Markt. Deshalb wünschten nicht wenige Mitglieder der Liberaldemokratischen Partei und Führer der Wirtschaftskreise, die weiter blickten, eine Normalisierung der Beziehungen zu China. Die Majorität der herrschenden Partei hatte jedoch das sozialistische China, dem amerikanischen Beispiel folgend, aus ideologischen Gründen abgelehnt. Jetzt mußte sie ihre Haltung korrigieren. Sieben Monate nach dem Nixon-Besuch, im September 1972 fuhr Premierminister Tanaka nach Peking, um diplomatische Beziehungen zwischen China und Japan herzustellen. Gleichzeitig wurden die Beziehungen zu Taiwan abgebrochen. In der gemeinsamen Erklärung betonte die japanische Seite, daß in der Vergangenheit Japan während des Krieges dem chinesischen Volk großen Schaden zugefügt habe, »die Verantwortung dafür schmerzlich trage und das Geschehene zutiefst bedaure«. Die Erklärung enthielt denselben Abschnitt über die Ablehnung der Hegemonie wie die amerikanisch-chinesische Erklärung.

Zwischen der chinesischen und japanischen Regierung, zwischen beiden Völkern entwickelten sich freundschaftliche und wirtschaftliche Beziehungen. Ein Teil der herrschenden Schicht Japans versuchte trotzdem aus antikommunistischem Ressentiment, die diplomatischen Beziehungen zum Regime des Jiang Jieshi aufrechtzuerhalten, weshalb der Japanisch-Chinesische Friedensvertrag erst im August 1978 zustande kam.

Die Normalisierung der Beziehungen zu China, der Abschluß des Friedensvertrags bedeuteten eine Wende, die Beendigung der mehr als 100 Jahre, seit der Meiji-Zeit bis nach dem 2. Weltkrieg vertretenen aggressiven Politik gegenüber China und den Beginn friedlicher, freundschaftlicher Beziehungen. Diese Wende geschah aber im Kielwasser Amerikas, und die Wahrscheinlichkeit ist groß, daß diese Beziehungen, falls Amerika seine Politik gegenüber China wieder ändert, sich abkühlen. Die japanische Regierung unterhält zwar keine offiziellen Beziehungen zur Regierung Taiwans, es bestehen aber zwischen der Regierungspartei, den Wirtschaftskreisen und Taiwan enge Verbindungen. Es ist nicht anzunehmen, daß die herrschende Klasse Japans ihren Standpunkt, der im Taiwan-Abschnitt der Satō-Nixon-Erklärung aus dem Jahre 1969 enthalten ist, wirklich aufgegeben hat.

Die Herstellung freundschaftlicher, friedlicher Beziehungen zwischen Japan und China war ein wichtiger Beitrag zum Frieden in Ostasien. Heute ist jedoch der Frieden in Ostasien nicht mehr vom Frieden in der Welt zu trennen. Die Großmächte Amerika und Sowjetunion sind militärisch annähernd gleich stark. Sie haben ein unaufhaltsames Atomwettrüsten begonnen und die ganze Welt in Furcht versetzt vor einem Atomkrieg. Japan ist in Ostasien der treueste, nützlichste Bündnispartner Amerikas. In Japan haben Heer, Luftwaffe und Marine Amerikas ihre Stützpunkte. Japan ist, um die Worte von Premierminister Nakasone zu wiederholen, für die Luftwaffe der Sowjetunion ein »unsinkbarer Flugzeugträger«.

Von der Sowjetunion aus gesehen, ist Japan der Vorposten Amerikas für einen Angriff (für einen Atomangriff) auf die Sowjetunion, im Falle eines Krieges der Gegner, der zuerst vernichtet werden muß.

Das Risiko des Krieges, mit dem Japan konfrontiert ist, hat seine Ursache nicht nur im Bündnis mit Amerika, sondern auch in der engen Verbindung zum Militärregime Südkoreas, das in Wirklichkeit ein politisches, militärisches Bündnis ist. Wie ich schon berichtet habe, hatte die japanische Militärführung bereits 1963 den »Plan einer Drei-Pfeil-Strategie« überprüft, die Möglichkeit einer Kooperation mit Amerika und Südkorea in einer militärischen Auseinandersetzung gegen Nordkorea und die Sowjetunion und China, die Nordkorea — so wurde angenommen — unterstützen würden.

Der Japanisch-Südkoreanische Grundlagenvertrag, der 1965 die diplomatischen Beziehungen zwischen beiden Ländern herstellte, enthält zwar keinen Abschnitt, der eindeutig militärische Fragen berührt, der südkoreanische Außenminister erklärte aber vor dem Parlament, das dieser Vertrag praktisch ein militärisches Bündnis herstelle. In diesem Vertrag erkennt Japan Südkorea als »die einzige legitime Regierung der koreanischen Halbinsel« an (demzufolge die nordkoreanische demokratische Volksrepublilk als illegal). Von dieser Anerkennung her gesehen ist dieser Vertrag ein Bündnis zwischen Japan und Südkorea gegen die »illegale« Regierung Nordkoreas.

Die 1978 herausgegebenen »Grundlinien der gemeinsamen Verteidigung Amerikas und Japans« legen eine neue, dem »Plan einer Drei-Pfeil-Strategie« verwandte »Überprüfung« nahe. Die japanische Regierung und die zuständigen militärischen Behörden beschwören unisono mit der südkoreanischen Regierung die Gefahr einer Aggression Nordkoreas herauf — objektiv gesehen besteht die Gefahr, daß das südkoreanische Militärregime die immer stärker werdende politische und wirtschaftliche Krise im eigenen Land durch einen Krieg gegen Nordkorea zu überwinden versucht.

Die Welt ist gegenwärtig in heftiger Bewegung. Es hat den Anschein, daß die kapitalistische Welt ihre wirtschaftliche Krise nicht grundlegend lösen kann. Überdies verschärft sich die wirtschaftliche Konfrontation der entwickelten kapitalistischen Länder, die, was die Politik gegen die Sowjetunion betrifft, auch zur politischen Konfrontation führt. (Amerikas Vormachtstellung in der kapitalistischen Welt wird jedoch durch die wirtschaftliche Konfrontation unter den Industrieländern allein nicht erschüttert.)

Auch die Sowjetunion ist kein stabiles Land. Sie leidet seit Jahren unter einer wirtschaftlichen Krise. Der Einfall in Afghanistan entwickelt sich wegen des Widerstandes des afghanischen Volkes zu einem Dauerkrieg, den die Sowjetunion nicht gewinnen kann. Der Freiheitskampf des polnischen Volkes schwächt den sowjetischen Machtblock. Die Konfrontation zwischen China und der Sowjetunion wird seit dem Tode von Mao Zedong (1976) schwächer, es ist nicht abzusehen, wie diese Entwicklung verläuft. Die Konfrontation zwischen China und Vietnam nimmt entschiedenere Formen an.

Die Beziehungen zwischen Amerika, der Sowjetunion und China stehen in einem kausalen Zusammenhang. Verschärft sich die Konfrontation zwischen China und der Sowjetunion, dann hat das Folgen für die Konfrontation zwischen Amerika und der Sowjetunion. Verschlechtern sich die Beziehungen zwischen China und Amerika, dann führt das zu einer Annäherung zwischen der Sowjetunion und China. In diesem Mechanismus ist die »Japanisch-Amerikanische-Südkoreanische Schicksalsgemeinschaft« einbezogen.

Geschrieben 1983

Nachwort zur deutschen Ausgabe

Ich habe die letzte Seite meiner *Geschichte Japans* im Jahre 1966 geschrieben, also vor 26 Jahren. In dieser Zeit hat die japanische Geschichtswissenschaft bemerkenswerte Fortschritte gemacht. Die einschneidenden Veränderungen der politischen Kräfteverhältnisse in der Welt und der damit verbundene Strukturwandel legen eine Überprüfung auch der japanischen Geschichtsschreibung nahe. Ich glaube jedoch, daß meine Darstellung auch noch heute dem ausländischen Leser Kenntnisse vermitteln kann, die dem Verständnis der japanischen Geschichte dienen. Zwei ergänzende Bemerkungen sind, meine ich, erforderlich. Eine betrifft die Geschichte des japanischen Altertums, die andere die Nachkriegsgeschichte und die Zukunft Japans.

Zahlreiche archäologische Funde der letzten Jahre und die ethnologische Forschung ermöglichten eine neue Interpretation der uns bereits bekannten Epigraphen und der Aufzeichnungen in den Geschichtswerken *Kojiki* und *Nihongi*, mit dem Resultat, daß die Einwanderer aus Korea bei der Entstehung der japanischen Kultur und des Staates der Inselkette eine weit größere Rolle spielten, als wir angenommen haben. Es ist wohl weit richtiger zu sagen, daß die Entstehung der Kultur und des Staates des japanischen Altertums erst durch die Einwanderer aus Korea möglich war, statt nur deren großen Einfluß zu betonen. Immer mehr Forscher sind der Überzeugung, daß die Herrscher dieses Staats, der Tennō inbegriffen, aus Korea eingewandert sind. Diese neue These ist noch nicht systematisch abgesichert, sie wird sich aber wohl bald durchsetzen und hätte dann für die Wissenschaft und für die Ideengeschichte eine weitreichende Bedeutung.

Am Ende des 38. Kapitels habe ich den Protest des japanischen Volkes gegen die 1960 von der japanischen Regierung beschlossene Erneuerung des Japanisch-Amerikanischen Sicherheitsvertrags erwähnt. Eine zweite Protestbewegung wesentlich geringeren Ausmasses entstand 1965 anläßlich der

Nachwort zur deutschen Ausgabe

Ratifizierung des Japanisch-Koreanischen Vertrages. Japan stand damals vor der Alternative, ein neutrales unabhängiges Land zu bleiben oder sich den Vereinigten Staaten unterzuordnen und sich für dessen Machtpolitik in Asien einspannen zu lassen. Daß Japan letzteren Weg gewählt hat, ist bekannt. Ich habe in meiner Schlußbemerkung darüber berichtet.

Als 1991 unter der Führung der USA eine internationale Armee gegen den Irak kämpfte, beteiligte sich Japan mit etwa 13 Milliarden Dollar an den Kriegskosten und entsandte nach Beendigung des Krieges Minensuchboote, die unter der Flagge der Marine des Kaiserreiches ausliefen, in den Persischen Golf. Im Juni 1992 hat die japanische Regierung beschlossen, einen Teil ihres Heeres nach Kambodscha zu entsenden, zur »Unterstützung des Friedensprozesses«. Die Stärke der entsandten Truppen ist zwar nicht groß, entscheidend ist aber, daß japanische Truppen wieder im Ausland stationiert sind, daß Japan wieder ein Staat ist, der sich möglicherweise an Kriegshandlungen beteiligt. In ganz Japan hat sich dagegen eine Protestbewegung entwickelt, die aber noch nicht stark genug ist, um Druck auf die Regierung ausüben zu können.

Als Premierminister Nakasone 1982 in Amerika erklärte, daß die Beziehungen zwischen Japan und den USA die einer Schicksalsgemeinschaft seien, galt als Feind Nr. 1 noch die Sowjetunion. Ende 1991 brach jedoch die Sowjetunion auseinander, die Kommunistische Partei löste sich auf. Zuvor hatten bereits die »sozialistischen Länder« Osteuropas und die Mongolische Volksrepublik das ihnen von der Sowjetunion aufgezwungene sozialistische Wirtschaftssystem aufgegeben und die Diktatur der Kommunistischen Partei abgeschafft. Gegenwärtig gibt es nur noch vier von einer Einheitspartei beherrschte Länder, die sich als »sozialistisch« begreifen: China, Vietnam, Nordkorea und Kuba. Aber auch diese Länder übernehmen Elemente der kapitalistischen Wirtschaftsweise, um ihr System zu erhalten.

Ich habe bis vor kurzem nicht geglaubt, daß sich die internationale Kräftekonstellation in dieser Weise verändern wird. Ich war immer der Überzeugung, daß der Sozialimperialismus der Sowjetunion durch ein wirklich sozialistisches System zu Fall gebracht werden kann. Ich habe mich geirrt. Deshalb sind Korrekturen meiner Darstellungen notwendig, die die internationale Entwicklung und die Zukunft Japans betreffen.

Nach dem Zusammenbruch der Sowjetunion hat die japanisch-amerikanische Schicksalsgemeinschaft keinen Sinn mehr, aber es ist nicht zu erwarten, daß sich das Bündnis lockert oder gar auflöst. Amerika betrachtet sich nach wie vor als Weltordnungsmacht und seinen Bündnispartner Japan als wichtigen Faktor seiner Politik. Auch wenn die Wirtschaftskonkurrenz zwischen beiden Ländern noch härtere Formen annimmt, wird es zu keiner politischen Konfrontation kommen, denn Japan ist durch die Unterstützung Amerikas das politisch stärkste Land Asiens und das japanische Kapital ist unentbehrlich für den amerikanischen Markt.

Japan wird dieses Bündnis nicht ewig aufrechterhalten können. Der Widerstand der Länder Asiens, Afrikas und Lateinamerikas gegen die Vorherrschaft der Industrieländer — noch von reaktionären Regimes unterdrückt — wird sich eines Tages durchsetzen. Japan sollte sich seiner historischen Erfahrungen von Erfolg und Scheitern bewußt werden und besonders den Kampf der asiatischen Völker um ihre Unabhängigkeit, für ihre Demokratisierung und für Frieden unterstützen. Das ist die wichtigste Aufgabe Japans in der Zukunft. Ich habe diese Meinung bereits 1966 geäußert und vertrete sie noch heute.

Dezember 1992   *Inoue Kiyoshi*

Anhang

Glossar

Bakufu
: Bezeichnung für die militärische Regierung unter Führung eines Shōgun, im Unterschied zur zivilen Regierung des Kaisers und des Hofadels. Man unterscheidet das Kamakura-Bakufu (1192-1333), das Muromachi- oder Ashikaga-Bakufu (1338-1573) und das Tokugawa-Bakufu (1603-1867).

Bakuhan-System
: Abkürzung für Bakufu-Han (Lehensgebiet)-System. Bezeichnung für das politische, gesellschaftliche und wirtschaftliche System der Edo-Zeit.

Bumin
: Bezeichnung für handwerkliche, militärische und kultische Gruppen, die mächtigen Clans oder dem Großkönig unterstanden.

Daimyō
: Bezeichnung für größere Territorialherren aus dem Schwertadel, die sich aus den Kommissariaten *shugo* der Kamakura- und Muromachi-Zeit entwickelten.

Fudai-Daimyō
: Bezeichnung für die Daimyō, die schon vor der Schlacht von Sekigahara 1600 auf Seiten der Tokugawa kämpften. Sie nahmen alle wichtigen Posten in der Verwaltung des Bakufu wahr, obwohl sie in der Regel über kleinere Lehensgebiete verfügten.

Ritsuryō-System
: Bezeichnung für das zentralistische Herrschaftssystem (Entstehung Ende 7. Jh.) über Land und Leute auf der Grundlage von gesetzlichen Regelungen.

Samurai
: Bezeichnung für Angehörige des Schwertadels, der vom 12. bis zum 19. Jahrhundert die herrschende Klasse bildete.

Sengoku-Daimyō
: Bezeichnung für die Territorialherren der Sengoku-Zeit (1467-1568).

Shōgun
: Abkürzung für *seii tai shōgun*, das gewöhnlich mit »Barbarenvertreibender Generalissimus« übersetzt wird. Faktisch waren Shōgune Militärdiktatoren, die durch ihre Regierungen (Bakufu) die japanische Politik vom 12. bis zum 19. Jahrhundert dominierten.

Shugo-Daimyō	Bezeichnung für die Territorialherren der frühen Murumachi-Zeit, in Abgrenzung zu den Kommissaren *shugo* der Kamakura-Zeit und den Sengoku-Daimyō.
Sonnō-Jōi	Wörtlich übersetzt bedeutet es »Verehrt den Kaiser, vertreibt die Barbaren!« Die Idee, daß Japan unter kaiserlicher Herrschaft geeint werden und die Ausländer vertrieben werden sollten, entstand gegen Ende der Tokugawa-Zeit und trug wesentlich zum Sturz des Bakufu bei.
Tennō	Bezeichnung für den Kaiser von Japan.
Tozama-Daimyō	Die sogenannten außenstehenden Fürsten, eine Bezeichnung für die Territorialherren, die ehemals gegen die Tokugawa gekämpft und verloren hatten. Sie wurden streng kontrolliert und hatten keine Möglichkeit an der Regierung teilzunehmen.

Maße und Gewichte

chō	Längenmaß, 1 chō = 109 m; Flächenmaß, 1 chō = 0,992 ha
kan	Gewichtsmaß, 1 kan = 3,75 kg
koku	Hohlmaß, 1 koku = 180 l
shaku	Längenmaß, 1 shaku = 30,3 cm
shō	Hohlmaß, 1 shō = 1,8 l
tan	Flächenmaß, 1 tan = 993 qm

Einteilung der Geschichte Japans

Allgemeine Gliederung	Zeitangabe	Politische Gliederung	Marxistische Gliederung	
Prähistorische Zeit (bis etwa 50 n. Chr.)	ca. 7000 − 300 v. Chr.	Jōmon-Kultur	Urgesellschaft	
Altertum (ab etwa 50 n. Chr.)	ca. 300 v. Chr. − 300 n. Chr.	Yayoi-Kultur		
	ca. 300 − 645	Yamato-Zeit	Sklavenhalter-gesellschaft	Blutsverwandt-schaftliches Fiktivsklaven-haltersystem
	Ende des 6. Jhdts. − 710	Asuka-Zeit		Nationales Skla-venhaltersystem (ab ca. 625)
	710 − 794	Nara-Zeit		
	794 − 1185	Heian-Zeit		
	866 − 1160	Fujiwara-Zeit		Patriarchalisches Sklavenhalter-system
	1086 − 1156	Insei-Zeit		
Mittelalter	1185 − 1333	Kamakura-Zeit	Feudalgesell-schaft	Formative Phase
	1336 − 1392	Zeit des Nord- und Südhofes		
	1338 − 1573	Muromachi-Zeit		Entwicklungs-phase
	1477 − 1573	Sengoku-Zeit		
Neuzeit	1573 − 1600	Azuchi-Momo-yama-Zeit		Vollendungsphase
	1603 − 1867	Edo-Zeit		
				Auflösungsphase (ab ca. 1760)
Moderne	1868 − 1912	Meiji-Zeit	Kapitalistische Gesellschaft	
	1912 − 1926	Taishō-Zeit		Monopolkapita-lismus
	1926 − 1989	Shōwa-Zeit		
Gegenwart	1945 − 1952	Besatzungszeit		
	ab 1989	Heisei-Zeit		

Zeittafel zur japanischen Geschichte

57 König von Na in Wa leistet dem Hof der Späteren Han-Dynastie Tribut und erhält ein goldenes Siegel.

107 Suishō, König von Wa, sendet dem Hof der Späteren Han-Dynastie Sklaven als Tribut.

239 Himeko, Königin von Yamatai, leistet dem Hof der Wei-Dynastie Tribut, erhält den Titel »Mit Wei befreundete Königin von Wa«.

372 Shi, König von Wa, erhält von Paekche ein eisernes Schwert.

421 San, König von Wa, leistet dem Hof der Sung-Dynastie Tribut, nach ihm auch fünf weitere Könige von Wa.

479 Aufstand der Ezo-Soldaten während des Heerzuges gegen Silla.

538 Der Buddhismus kommt um diese Zeit über Paekche nach Japan.

562 Inna (jap. Mimana) wird von Silla unterworfen.

593 Beginn der Herrschaft von Shōtoku Taishi und der Soga-Familie, Errichtung des Shitennōji-Tempel.

604 Kodifizierung der »Siebzehn-Artikel-Verfassung«.

607 Ono no Imoko wird an den Hof der Sui entsandt, Bau des Tempels Hōryūji.

626 Mißernte infolge starker Regenfälle, Hungersnot, soziale Unruhen im ganzen Land.

645 Untergang der Soga, Beginn der Taika-Reform, das Tennō-System des Altertums setzt sich durch.

663 Das japanische Heer wird bei Hakusuinoe geschlagen, Japan verliert seinen Einfluß in Korea.

672 Jinshin-Aufstand.

701 Erlaß des Taihō-Kodex (718 revidiert als Yōrō-Kodex).

710 Nara wird Hauptstadt.

712 Kompilation des *Kojiki*, 720 Kompilation des *Nihongi*.

723 Das Gesetz, das den Besitz von Pro-Kopf-Feldern für drei Generationen anerkennt, tritt in Kraft (743 wird Privateigentum an Pro-Kopf-Feldern anerkannt).

730 Auf dem Wakakusa-Berg bei Nara versammelt sich das Volk mehrere Tage, um die Lehre des Mönchs Gyōki zu hören.

741 Einrichtung eines Zweigtempels des Tōdaiji in jeder Provinz, 752 Fertigstellung des Tōdaiji und des Großen Buddha.

754 Der Mönch Ganjin kommt mit einer Gesandtschaft, die den Tang-Hof besucht hatte, nach Japan.

Zeittafeln

766 Der Mönch Dōkyō wird oberster Priester und strebt drei Jahre später nach Würde und Amt des Tennō.

780 Abschaffung der Wehrpflicht für »ordentliche« Bürger. 792 Auflösung der Truppen der Provinzen.

794 Die Hauptstadt wird nach Kyōto verlegt.

805 Der Mönch Saichō bringt aus Tang-China die Lehre der Tendai-Sekte nach Japan, im folgenden Jahr Kūkai die Lehre der Shingon-Sekte.

858 Fujiwara no Yoshifusa wird Regent. Es ist das erste Mal, daß ein Adliger, der nicht zur Kaiserfamilie gehört, dieses Amt übernimmt.

894 Die Gesandtschaften an den Tang-Hof werden eingestellt.

902 Eine Verordnung zur Regelung der Grundherrschaft wird erlassen, die letzte Regelung des Systems der Pro-Kopf-Felder scheitert.

936 Aufstand des Fujiwara no Sumitomo (941 unterdrückt).

939 Aufstand des Taira no Masakado (im folgenden Jahr unterdrückt), Verfall des Tennō-Systems.

988 Distriktbeamte und Bauern der Provinz Owari empören sich gegen den Gouverneur.

1016 Fujiwara no Michinaga wird Regent, die Macht der Fujiwara erreicht ihren Höhepunkt.

1062 Abschluß der Unterwerfung der nördlichen Provinzen, die Minamoto erweitern ihre Macht in den Ostprovinzen.

1086 Beginn der Herrschaft der Exkaiser *insei*, Aufstand in den nördlichen Provinzen.

1156 Aufstand der Hōgen-Ära. Drei Jahre später Aufstand der Heiji-Ära.

1167 Taira no Kiyomori wird Großkanzler, die Taira übernehmen die politische Herrschaft.

1180 Minamoto no Yoritomo hebt in Izu ein Heer aus, um gegen die Taira zu kämpfen. Der folgende Krieg breitet sich über viele Teile des Landes aus.

1185 Die Taira werden vernichtend geschlagen. Minamoto no Yoritomo setzt zur Kontrolle der Grundherrschaft und der staatlichen Güter in den Provinzen Kommissare und Verwalter ein. Die Herrschaft der Samurai-Klasse setzt sich durch.

1192 Minamoto no Yoritomo wird zum Shōgun ernannt und errichtet in Kamakura die Zentrale seiner Regierung.

1219 Ermordung des Shōgun Sanetomo, die Hōjō übernehmen das Bakufu.

1221 Aufstand der Shōkyū-Ära, die Herrschaft der Samurai setzt sich endgültig gegen das Tennō-System durch.

1224 Shinran, der Begründer der Jōdō-Shin-Sekte, veröffentlicht »Die Lehre, ihre Befolgung, der Glaube an ihre Wirkung und der daraus resultierende Beweis«.

1231 Eine Hungersnot fordert im ganzen Lande viele Opfer. Auch in den folgenden Jahren wiederholen sich Mißernten.

1232 Erlaß des Jōei-Kodex.

1252 Das Bakufu verbietet den Handel mit Reiswein, in Kamakura werden mehr als 37000 Krüge zerschlagen.

Geschichte Japans

1253 Nichiren verbreitet in Kamakura die Lehre der Lotus-Sekte.

1274 Einfall der Mongolen, sieben Jahre später 2. Einfall.

1275 Massenflucht der Bauern der Grundherrschaft Ayukawa im Kii-Gebiet

1297 Verordnung zur Rückgabe verpfändeten Landes, besonders des Landes der Samurai.

1324 Go-Daigo-Tennō plant den Sturz des Bakufu.

1333 Verfall des Kamakura-Bakufu, Go-Daigo-Tennō übernimmt die Regierung.

1335 Ashikaga Takauji hebt ein Heer aus, um die politische Macht zurückzugewinnen.

1336 Ashikaga Takauji errichtet sein Bakufu in Kyōto, Konfrontation von Nord- und Südhof.

1364 In Sakai wird das »*Rongo shikkai*« (Kommentar zu den Gesprächen des Konfuzius) gedruckt. Beginn der Publikation konfuzianischer Schriften.

1392 Auflösung des Südhofes, die Thronfolge geht auf den Nordhof über.

1397 Der Shōgun Yoshimitsu läßt in Kyōto den Kinkaku-ji (den Goldenen Pavillon) bauen, Blütezeit des Muromachi-Bakufu.

1404 Beginn des Handels zwischen dem Muromachi-Bakufu und China.

1428 Ausbruch eines lokalen Aufstandes im Kinki-Gebiet, in den folgenden 50 Jahren weitere Aufstände auch in anderen Gebieten.

1458 Die Inschrift einer Glocke im Palast des Königs der Ryūkyū bezeichnet die Beziehung zwischen den Inseln und Japan als eine zwischen »Lippe und Zahn«.

1467 Beginn des Ōnin-Krieges (bis 1477) und der Sengoku-Zeit.

1485 Ausbruch des Aufstandes in der Provinz Yamashiro, Beginn der Selbstverwaltung der Provinz (bis 1493).

1488 Aufstand der Ikkō-Sekte in der Provinz Kaga, diese beherrscht die Provinz für ein Jahrhundert.

1543 Portugiesen landen auf der Insel Tanegashima, verkaufen Feuerwaffen.

1549 Der Jesuit Francisco de Xavier beginnt seine Missionstätigkeit in Japan.

1568 Oda Nobunaga bringt das Kinki-Gebiet unter seine Herrschaft, nimmt im folgenden Jahr der Stadt Sakai das Selbstverwaltungsrecht.

1573 Oda Nobunaga stürzt das Muromachi-Bakufu.

1582 Oda Nobunaga wird im Tempel Honnōji ermordet. Toyotomi Hideyoshi übernimmt die Einigung des Landes. Er läßt die Provinz Yamashiro vermessen.

1587 Toyotomi Hideyoshi bringt Kyūshū unter seine Herrschaft. Die christlichen Missionare werden vertrieben.

1588 Toyotomi Hideyoshi läßt »Schwerter einziehen«, d.h. außer den Samurai darf niemand mehr Waffen besitzen. Das Ständesystem wird eingeführt. Die vier Stände sind *shi* (Samurai), *nō* (Bauern), *kō* (Handwerker) und *shō* (Kaufleute, Händler). Zwei Jahre später eint Toyotomi Hideyoshi das Land.

1592 Toyotomi Hideyoshi versucht Korea zu unterwerfen, 5 Jahre später wiederholt er den Versuch, beide Male ohne Erfolg.

1600 Schlacht bei Sekigahara, Tokugawa Ieyasu kommt an die Macht.

1603 Tokugawa Ieyasu wird zum Shōgun ernannt und errichtet in Edo sein Bakufu.

1609 Satsuma unterwirft das Königreich Ryūkyū.

Zeittafeln

1613 Hasekura Tsunenaga überquert mit einem japanischen Schiff den Pazifischen Ozean. Verbot der Verbreitung der christlichen Lehre.

1615 Der Sommerfeldzug gegen Ōsaka. Erlaß von Gesetzen für den Kaiserhof, die Daimyō und die Tempel und Schreine.

1635 Verbot, das Land zu verlassen oder wieder einzureisen. Alternierende Anwesenheit der Daimyō am Hof des Shōgun.

1637 Aufstände in Shimabara und Amakusa (bis 1638).

1639 Vertreibung der Portugiesen, Verstärkung der Christenverfolgung.

1641 Die in Hirado lebenden Holländer werden auf Deshima interniert. Vollendung der Abschließung des Landes.

1649 Verordnung zur Vermessung des Landes, Bekanntmachung der Pflichten der Bauern, das vom Bakufu eingerichtete Lehenssystem setzt sich durch.

1693 Der Schriftsteller Ihara Saikaku stirbt (im Alter von 51 Jahren).

1694 Der Haiku-Dichter Matsuo Bashō stirbt (im Alter von 50 Jahren).

1707 Der revolutionäre Denker Andō Shōeki wird geboren (Todesjahr unbekannt).

1708 Der Mathematiker Seki Takakazu stirbt (im Alter von 66 Jahren).

1716 Kyōhō-Reformen. Tokugawa Yoshimune versucht das Bakuhan-System zu stärken.

1721 Verbot, daß Bauern sich organisieren; Verbot, Schriften über Handel und Gewerbe, wissenschaftliche Fachliteratur neu aufzulegen (Verschärfung der Widersprüche des Bakuhan-Systems).

1722 Edo hat in diesem Jahr bereits eine Bevölkerung von 520000 Menschen, Ōsaka etwa 400000.

1733 Die Bürger von Edo plündern zum ersten Mal die Speicher von Reishändlern. Von Jahr zu Jahr mehren sich die Bauernaufstände.

1767 Tanuma Okitsugu übernimmt die Regierungsgeschäfte des Bakufu (bis 1786). Kritiker der Regierung werden streng bestraft. Yamagata Daini wird hingerichtet, Takeuchi Shikibu verbannt.

1771 Wiederholt Mißernten, Hungersnot. Die soziale Unruhe wächst.

1774 Sugita Genpaku und Maeno Ryōtaku übersetzen die »Neue Anatomie« aus dem Holländischen.

1783 Große Hungersnot, ebenfalls 1784 und 1787. Die Zahl der Aufstände und Plünderungen in Edo, Ōsaka und vielen Provinzen steigt sprunghaft an.

1789 Matsudaira Sadanobu setzt die Kansei-Reformen durch. Von der offiziellen konfuzianischen Lehre abweichende Lehren werden verboten.

1792 Der russische Gesandte Laxmann landet in Nemuro und bietet Handelsbeziehungen an. Hayashi Shihei wird wegen seiner Schriften über die Verteidigung des Landes (und seiner Forderung nach einem Nationalstaat) vom Bakufu verfolgt.

1798 Motoori Nobunaga vollendet seinen Kommentar zum *kojiki*, das *Kojikiden*, Blütezeit der nationalen Schule.

1804 Der russische Gesandte Rezanov kommt nach Nagasaki und bietet Handelsbeziehungen an.

1814 Inō Tadataka schließt seine Arbeit an der ersten, auf präzisen Vermessungen beruhenden Karte Japans ab.

Geschichte Japans

1825 Das Bakufu erläßt den Befehl, alle ausländischen Schiffe, sobald sie sich der Küste nähern, zu vertreiben.

1836 Große Hungersnot, die besonders viele Opfer fordert. Im folgenden Jahr der Aufstand des Ōshio, Konfrontation zwischen dem Bakufu und den Lehensgebieten.

1839 Das Bakufu verfolgt Takano Chūei und andere Gelehrte der holländischen Schule.

1841 Beginn der Tenpō-Reformen: Mito, Satsuma, Chōshū, Hizen, Tosa und andere Lehensgebiete reformieren ihr Herrschaftssystem.

1842 Befehl, ausländische Schiffe mit Holz und Wasser zu versorgen (Einfluß des Opiumkrieges).

1853 Der amerikanische Gesandte Perry fordert in Uraga die Herstellung friedlicher Handelsbeziehungen.

1854 Unterzeichnung des Freundschaftsvertrags zwischen Japan und Amerika, Beendigung der Abschließung des Landes.

1858 Unterzeichnung des Handelsvertrages mit Amerika, Rußland, Holland, Frankreich und England, der im folgenden Jahr in Kraft tritt. Das Bakufu unterdrückt den Widerstand fortschrittlich gesinnter Lehensgebiete.

1860 Attentat am Sakurada-Tor, die Sonnō-Jōi-Partei gewinnt Einfluß auf die Regierung.

1861 Die russische Marine besetzt einen Teil der Insel Tsushima, die Bewohner der Insel leisten heftigen Widerstand.

1862 Anschlag am Sakashita-Tor, die Sonnō-Jōi-Partei beschließt den Sturz des Bakufu, das Attentat auf englische Händler im Dorf Namamugi bei Yokohama.

1863 Chōshū beschießt ausländische Schiffe, kriegerische Auseinandersetzung zwischen Satsuma und den Engländern, die Jōi-Partei wird aus Kyōto vertrieben. Reform der Bakufu-Regierung.

1864 Die Schlacht vor dem Hamaguri-Tor in Kyōto, englische, amerikanische, französische und holländische Schiffe beschießen Shimonoseki.

1866 Satsuma und Chōshū verbünden sich gegen das Bakufu, Aufstände und Plünderungen in Edo, in Osaka und vielen Provinzen des Landes. Die politischen Gruppen, die den Sturz des Bakufu vorbereiten, werden immer stärker.

1868 Erklärung der Restauration der Monarchie, an die Stelle der Herrschaft des Bakufu tritt die des absolutistischen Tennō-Systems.

1868 Die kaiserliche Regierung siegt im Bürgerkrieg und wird international anerkannt.

1869 Tōkyō (bis zum Vorjahr Edo genannt) wird Hauptstadt Japans. Die Daimyō verlieren ihre Rechte als Feudalherren.

1871 Auflösung der Lehensgebiete, Einrichtung der Präfekturen, Entstehung eines absolutistischen Staates.

1872 Einführung der Wehrpflicht und der Schulpflicht, Eröffnung der Eisenbahnlinie Tōkyō-Yokohama. Fukuzawa Yukichis »Ermutigung zur Wissenschaft« erscheint.

1873 Gesetz zur Revision der Bodensteuer, Scheitern der Regierungsvertreter, die einen Einfall in Korea fordern. Die Alleinherrschaft der Beamten, Verschärfung der Volksaufstände.

Zeittafeln

1874 Itagaki Taisukes Eingabe für die Errichtung eines vom Volke gewählten Parlaments, Einfall in Taiwan, Saga-Aufstand.

1875 Der Vertrag über den Tausch Sachalins gegen Chishima, Festlegung des japanischen Territoriums (Ryūkyū ausgenommen). Japanische Kriegsschiffe beschießen die koreanische Batteriestellung auf der Insel Ganhoa.

1876 Korea wird ein Freundschafts- und Handelsvertrag aufgezwungen, Aufstand der Samurai gegen die Neuregelung ihrer Entlohnung, Aufstand zur Herabsetzung der Bodensteuer.

1877 Satsuma-Aufstand.

1878 Meuterei des 1. Kanonierbatallions der Palastwache.

1879 Ryūkyū wird zur Präfektur Okinawa, Auseinandersetzung mit China um Territorialrechte.

1880 Gründung der »Vereinigung zur Errichtung eines Parlaments« als Gesamtorganisation der Bürgerrechtsbewegung.

1881 Erlaß zur Errichtung eines Parlaments, Gründung der Liberalen Partei.

1882 Gründung der Fortschrittspartei, gegen Japan gerichteter Aufstand des Volkes und der Soldaten in Seoul.

1884 Auflösung der Liberalen Partei, Aufstand in Chichibu, der japanische Gesandte inszeniert mit japan-freundlichen koreanischen Gruppen einen Coup d'Etat, der scheitert.

1885 Einführung des Kabinettssystems.

1887 Die patriotischen Kräfte lassen den Revisionsentwurf von Außenminister Inoue scheitern. Eine Einheitsfront der Bürgerrechtsbewegung kommt wegen des »Gesetzes zur Aufrechterhaltung der öffentlichen Ordnung« nicht zustande. Veröffentlichung der »Gespräche dreier Betrunkener« von Nakae Chōmin.

1889 Bekanntmachung der Verfassung des Großjapanischen Reiches, Einrichtung der Gemeindeordnung.

1890 Erste Sitzungsperiode des Reichstags, Kaiserlicher Erziehungserlaß, erste kapitalistische Krise.

1894 Die Exterritorialrechte werden aufgehoben durch den Japanisch-Englischen Handels- und Schiffahrtsvertrag (tritt 5 Jahre später in Kraft).

1894 Beginn des Krieges gegen China (bis 1895).

1895 Unterzeichnung des Friedensvertrages zwischen Japan und China in Shimonoseki, Triple-Intervention.

1897 Einführung der Goldwährung, Vereinigung zur Gründung von Arbeitergewerkschaften, Stabilisierung des Kapitalismus, die vier Gruppen der Finanzaristokratie.

1898 Die Verfassungspartei von Ōkuma und Itagaki bildet das erste Parteien-Kabinett.

1900 Inkrafttreten des Gesetzes zur Einrichtung der Friedenspolizei, Gründung der Gesellschaft der Freunde konstitutioneller Regierung. Japan stellt bei der Unterdrückung des Boxeraufstands den größten Teil der Truppen des imperialistischen alliierten Heeres.

1901 Gründung der Sozialdemokratischen Partei, Verbot am selben Tag. Inbetriebnahme der Eisenhütte Yahata.

Geschichte Japans

1902 Erstes Bündnis mit England.

1904 Beginn des Japanisch-Russischen Krieges, Widerstand gegen den Krieg, geführt vom »Volksverlag« des Kōtoku Shūsui, Sitzung der Zweiten Internationale, auf der Katayama Sen und Plechanov zur Solidarität auffordern.

1905 Zweites Bündnis mit England, Geheimabkommen zwischen Katsura und Taft, Japanisch-Russischer Friedensvertrag. Das mit dem Vertrag unzufriedene Volk stürmt Polizeistationen in Tōkyō, Beginn der Konfrontation zwischen dem japanischen und amerikanischen Imperialismus.

1906 Verstaatlichung der Eisenbahn, Gründung der Südmandschurischen Eisenbahngesellschaft.

1907 Wirtschaftskrise, Erstarkung des modernen Monopolkapitalismus.

1910 Die Hochverrats-Affäre; Annexion Koreas, Widerstand des koreanischen Volkes.

1911 Drittes Bündnis mit England, Rückgabe der Zollsouveränität, »Bund der Blaustrümpfe«.

1912 Gründung des »Freundschaftsverein«, erste Bewegung zum Schutze der Verfassung.

1913 Taishō-Krise; Gründung der »Konstitutionellen Vereinigung politisch Gleichgesinnter«, die spätere »Verfassungspartei«.

1914 Siemens-Affäre; Teilnahme am 1. Weltkrieg.

1915 Forderung an China, dem 21-Artikel-Abkommen zuzustimmen.

1918 Reis-Aufstände, Entsendung von Truppen nach Sibirien zwecks Einmischung in die russische Revolution (bis 1922); Bildung eines Kabinetts durch die Rikken Seiyūkai.

1919 Aufstand des koreanischen Volkes für seine Unabhängigkeit; Vertrag von Versailles; Bildung der »Neuen Vereinigung der Frauen«.

1920 Wirtschaftskrise nach dem Krieg; erste Kundgebung zum 1. Mai. Der Freundschaftsverein organisiert sich zum Japanischen Arbeiterbund; Stabilisierung des Monopolkapitalismus.

1922 Washingtoner Flottenabkommen; Gründung des Gesamtjapanischen Vereins zur Abschaffung der Klassenunterschiede, des Japanischen Bauernverbandes, der Japanischen Kommunistischen Partei.

1923 Kantō-Erdbeben, Ermordung von Koreanern und Sozialisten.

1924 Kabinett der drei die Verfassung schützenden Parteien, Beginn der von politischen Parteien gebildeten Kabinette.

1925 Verabschiedung des allgemeinen Wahlrechts für Männer, Inkrafttreten des Gesetzes zur Aufrechterhaltung der öffentlichen Ordnung; Beginn von Radiosendungen; Spaltung des Gesamtverbandes der Arbeiter Japans, die Gründung der »Konferenz der Arbeitergewerkschaften Japans«.

1926 Es kommt keine einheitliche proletarische Partei zustande, die einzelnen Parteien bekämpfen sich.

1927 Finanzkrise; Entsendung von Truppen nach Shandong zwecks Einmischung in die chinesische Revolution; Ostasienkonferenz (Tanaka-Memorandum).

1928 Erste Gesamtwahlen nach dem allgemeinen Wahlgesetz; Verhaftung aller Mitglieder der Kommunistischen Partei (die Affäre vom 1. März); die Guandong-Armee ermordet durch ein Bombenattentat Zhang Zuolin.

632

Zeittafeln

1929 Große Wirtschaftskrise der kapitalistischen Länder.

1930 Aufhebung des Verbots Gold zu exportieren, Verschärfung der Krise; die Regierung stimmt gegen den Protest der Militärführung dem Londoner Flottenvertrag zu; Attentat auf Hamaguchi.

1931 Zwischenfall in der Mandschurei.

1932 Shanghai-Zwischenfall; Gründung des »Staates Mandschukuo«, der Putsch vom 15. Mai; Ende der Parteienkabinette.

1933 Austritt Japans aus dem Völkerbund; Takigawa-Affäre an der Universität Kyōto.

1935 Verbot der Auffassung, der Tennō sei nur ein Organ des Staates.

1936 Februar-Putsch; Abschluß des Anti-Komintern-Pakts.

1937 Beginn des Krieges mit China an allen Fronten.

1938 Verabschiedung des Gesetzes zur Generalmobilmachung; Schlacht zwischen dem japanischen und sowjetischen Heer bei Changgufeng.

1939 Nomonhan-Zwischenfall; Beginn des Krieges in Europa.

1940 Abschluß des Dreimächtepaktes; Gründung des »Patronatsvereins zur Unterstützung der Regierung«; Vollendung des faschistischen Tennō-Systems.

1941 Neutralitätsabkommen zwischen Japan und der Sowjetunion; Beginn des Pazifischen Krieges.

1944 Die amerikanische Luftwaffe beginnt Japan zu bombardieren.

1945 Die amerikanische Luftwaffe wirft Atombomben über Hiroshima und Nagasaki ab; die Sowjetunion erklärt Japan den Krieg; Annahme der Potsdamer Erklärung und Kapitulation. Unter praktisch alleiniger Besetzung durch amerikanische Truppen werden das faschistische Tennō-System abgeschafft, Maßnahmen zur Entmilitarisierung und Demokratisierung getroffen. Politische Parteien wie die Kommunistische, Sozialistische, Liberale und Fortschrittspartei werden wieder aktiv. Krise der Industrie, Inflation.

1946 Bekanntmachung der neuen japanischen Verfassung (tritt im folgenden Jahr in Kraft); Durchführung der Bodenreform. Arbeiter- und Bauernbewegung beteiligen sich an der Demokratisierung.

1947 Das GHQ unterbindet einen Generalstreik; erste Gesamtwahlen für das Parlament; die Sozialistische Partei bildet das Kabinett.

1948 Die amerikanische Regierung trifft Maßnahmen, um Japan zu einem antikommunistischen Bollwerk auszubauen, und nimmt den Beamten das Streikrecht und den Gewerkschaften das Verhandlungsrecht.

1949 Die Besatzungsmacht zwingt Japan die »Neun Prinzipien zur Stabilisierung der Wirtschaft« auf und unterstützt die Restauration des Staatsmonopolkapitalismus, um diesen von Amerika abhängig zu machen; Mitaka- und die Matsukawa-Affäre.

1950 Das amerikanische Heer eröffnet von seinen Stützpunkten in Japan aus den Korea-Krieg. Die Kommunistische Partei wird halb illegal, die »Jagd auf die Roten« beginnt.

1951 Abschluß des Friedensvertrags in San Franzisko und des Japanisch-Amerikanischen Sicherheitsvertrags; Beginn des wirtschaftlichen Aufschwungs.

1952 Der Friedensvertrag und der Japanisch-Amerikanische Sicherheitsvertrag tre-

Geschichte Japans

ten in Kraft; Generalstreik gegen das Gesetz zur Verhinderung von Ausschreitungen (das Gesetz wird dennoch verabschiedet).

1953 Das Fernsehen beginnt erste Sendungen; Proteste in ganz Japan gegen die Errichtung des militärischen Stützpunktes Uchinada.

1954 Der japanische Fischfänger Fukuryūmaru Nr. 5 gerät in den radioaktiven Aschenregen, der von den amerikanischen Versuchen mit Wasserstoffbomben verursacht wurde. Japan erhält Hilfe im Sinne des »Mutual Security Act«; Gründung der Selbstverteidigungsstreitkräfte, Zentralisierung des Polizeiapparats, Verabschiedung zweier Gesetze zur Reform des Erziehungswesens.

1955 Erste Versammlung japanischer Mütter. Weltkonferenz für das Verbot von Wasserstoffbomben (danach jährlich abgehalten).

1956 Gesetz zur Einrichtung einer Kommission für die Überprüfung der Verfassung (d.h. zur Vorbereitung einer Verfassungsrevision). Die Mitglieder der Erziehungskommission, bisher öffentlich gewählt, werden nun berufen. Wiederherstellung diplomatischer Beziehungen zur Sowjetunion, Japan tritt wieder den Vereinten Nationen bei.

1957 Premierminister Kishi ermuntert Jiang Jieshi, die Volksrepublik China anzugreifen. Der Premierminister besucht Amerika und erklärt dort, »eine neue Ära zwischen Japan und Amerika« sei angebrochen.

1958 Der Protest läßt den Gesetzentwurf zur Revision der Amtsbefugnisse der Polizisten scheitern. Das Gesetz zur Verhinderung der Prostitution tritt in Kraft.

1959 Gründung einer nationalen Versammlung zur Verhinderung der Revision des Japanisch-Amerikanischen Sicherheitsvertrags.

1960 Der Protest gegen den Japanisch-Amerikanischen Sicherheitsvertrag entwickelt sich zu einem alle Schichten des Volkes erfassenden Kampf. Er verhindert den Japanbesuch Eisenhowers. Der Japanisch-Amerikanische Sicherheitsvertrag wird ohne Zustimmung des Oberhauses erneuert. Das Kishi-Kabinett tritt zurück. Ikeda bildet ein neues Kabinett.

1963 (Januar) Die amerikanische Regierung fordert, daß Atom-U-Boote japanische Häfen anlaufen dürfen.

1964 (April) Das gesetzgebende Organ von Okinawa beschließt, daß die Exekutive an Japan zurückgegeben werden soll. Japan tritt der OECD bei.

1965 (April) Unterzeichnung des Grundlagenvertrages zwischen Japan und Südkorea.

1968 (April) Ratifizierung des Vertrages zur Rückgabe der Ogasawara-Inseln an Japan. In diesem Jahr protestieren an 116 Universitäten die Studenten gegen die autoritäre Struktur des Erziehungssystems und gegen den Vietnam-Krieg, ein Protest, der sich im folgenden Jahr in strategischen Kontroversen des linken Flügels erschöpft.

1969 Das Bruttosozialprodukt steigt in diesem Jahr so, daß Japan an die 2. Stelle der führenden Industrieländer aufrückt.

1971 (Juni) Ratifizierung des Vertrages zur Rückgabe Okinawas an Japan.

1972 (September) Premierminister Tanaka besucht China. Normalisierung der Beziehungen zwischen beiden Ländern.

Zeittafeln

1974 (November) Premierminister Tanaka tritt wegen der Lockheed-Affäre zurück. (Dezember) Premierminister Miki bildet ein neues Kabinett. Neuorientierung der Wirtschaftspolitik (Stabilität statt Wachstum um jeden Preis).

1976 (Oktober) Die japanische Regierung verabschiedet neue Richtlinien zur Verteidigung, die Landstreitkräfte werden auf 180000 Mann reduziert.

1978 (August) Ratifizierung des Japanisch-Chinesischen Friedensvertrages.

1981 Bildung einer provisorischen Kommission für die Planung einer von Steuererhöhungen unabhängigen Verwaltungsreform.

1988 Verabschiedung von sechs Gesetzen zur Steuerreform. Einführung der Verbrauchersteuer.

1989 Am 7. Januar stirbt Kaiser Hirohito, Kronprinz Akihito wird sein Nachfolger, gleichzeitig wird der Äraname geändert in »Heisei«.

1989 (Juli) Bei der Wahl für das Oberhaus gewinnen die Oppositionsparteien zum ersten Mal die Mehrheit der Sitze.

1993 (Juli) Die Liberaldemokratische Partei Japans verliert erstmalig seit ihrer Gründung 1955 die absolute Mehrheit im Unterhaus und muß die Regierungsgewalt an eine Mehrparteienkoalition abgeben.

Geschichte Japans

Karte 1
Die Provinzen im Altertum
(Nara-Zeit)

1. Michinoku (Mutsu)	8. Musashi	15. Shinano
2. Dewa	9. Kōzuke	16. Kai
3. Shimotsuke	10. Sado-Inseln	17. Sagami
4. Hitachi	11. Echigo	18. Izu
5. Shimōsa	12. Etchū	19. Suruga
6. Kazusa	13. Hida	20. Tōtōmi
7. Awa (1)	14. Mino	21. Mikawa

Karten

22. Owari	38. Tajima	54. Awa (2)
23. Noto	39. Harima	55. Tosa
24. Kaga	40. Awaji-Inseln	56. Iyo
25. Echizen	41. Inaba	57. Tsushima-Inseln
26. Ōmi	42. Mimasaka	58. Iki-Inseln
27. Yamashiro	43. Hōki	59. Buzen
28. Iga	44. Bizen	60. Bungo
29. Ise	45. Bitchū	61. Chikuzen
30. Shima	46. Bingo	62. Chikugo
31. Yamato	47. Oki-Inseln	63. Hizen
32. Kii	48. Izumo	64. Higo
33. Wakasa	49. Iwami	65. Hyūga
34. Tango	50. Aki	66. Ōsumi
35. Tamba	51. Suō	67. Satsuma
36. Settsu	52. Nagato	
37. Kawachi	53. Sanuki	

Aki 49	Iki-Inseln 58	Ōsumi 65
Awa (1) 7	Inaba 41	Owari 22
Awa (2) 54	Ise 29	Sado-Inseln 10
Awaji-Inseln 40	Iwami 49	Sagami 17
Bingo 45	Iyo 55	Sanuki 52
Bitchū	Izu 18	Satsuma 66
Bizen	Izumo 47	Settsu 36
Bungo 59	Kaga 24	Shima 30
Buzen 58	Kai 16	Shimōsa 5
Chikugo 61	Kawachi 37	Shimotsuke 3
Chikuzen 60	Kazusa 6	Shinano 15
Dewa 2	Kii 32	Suō 50
Echigo 11	Kōzuke 9	Suruga 19
Echizen 25	Michinoku (Mutsu) 1	Tajima 38
Etchū 12	Mikawa 21	Tamba 35
Harima 39	Mimasaka 42	Tango 34
Hida 13	Mino 14	Tosa 54
Higo 63	Musashi 8	Tōtōmi 20
Hitachi 4	Mutsu, siehe Michinoku	Tsushima-Inseln 56
Hizen 62	Nagato 51	Wakasa 33
Hōki 43	Noto 23	Yamashiro 27
Hyūga 65	Oki 46	Yamato 31
Iga 28	Ōmi 26	

Geschichte Japans

Karte 2
Die Provinzen von der Heian- bis zur Edo-Zeit

Karten

1. Mutsu (Michinoku)
2. Dewa
3. Shimotsuke
4. Hitachi
5. Shimōsa
6. Kazusa
7. Awa (1)
8. Musashi
9. Kōzuke
10. Sado-Inseln
11. Echigo
12. Etchū
13. Hida
14. Mino
15. Shinano
16. Kai
17. Sagami
18. Izu
19. Suruga
20. Tōtōmi
21. Mikawa
22. Owari
23. Noto

24. Kaga
25. Echizen
26. Ōmi
27. Yamashiro
28. Iga
29. Ise
30. Shima
31. Yamato
32. Kii
33. Wakasa
34. Tango
35. Tamba
36. Settsu
37. Kawachi
38. Tajima
39. Harima
40. Awaji
41. Izumi
42. Inaba
43. Mimasaka
44. Bizen
45. Bitchū
46. Bingo

47. Hōki
48. Izumo
49. Iwami
50. Aki
51. Suō
52. Nagato
53. Sanuki
54. Awa (2)
55. Tosa
56. Iyo
57. Tsushima-Inseln
58. Iki-Inseln
59. Buzen
60. Bungo
61. Chikuzen
62. Chikugo
63. Hizen
64. Higo
65. Hyūga
66. Ōsumi
67. Satsuma
68. Oki-Inseln

Aki 50
Awa (1) 7
Awa (2) 54
Awaji-Inseln 40
Bingo 46
Bitchū 45
Bizen 44
Bungo 60
Buzen 59
Chikugo 62
Chikuzen 61
Dewa 2
Echigo 11
Echizen 25
Etchū 12
Harima 39
Hida 13
Higo 64
Hitachi 4
Hizen 63
Hōki 47
Hyūga 65
Iga 28

Iki-Inseln 58
Inaba 42
Ise 29
Iwami 48
Iyo 56
Izu 18
Izumi 41
Izumo 48
Kaga 24
Kai 16
Kawachi 37
Kazusa 36
Kii 32
Kōzuke 9
Michinoku, siehe Mutsu
Mikawa 21
Mimasaka 43
Mino 14
Musashi 8
Mutsu (Michinoku) 1
Nagato 52
Noto 23
Oki-Inseln 68

Ōmi 26
Ōsumi 66
Owari 22
Sado-Inseln 10
Sagami 17
Sanuki 53
Satsuma 67
Settsu 36
Shima 30
Shimōsa 5
Shimotsuke 3
Shinano 15
Suō 51
Suruga 19
Tajima 38
Tamba 35
Tango 34
Tosa 55
Tōtōmi 20
Tsushima-Inseln 57
Wakasa 33
Yamashiro 27
Yamato 31

Karte 3
Die alten Provinzen Japans
bis zur Gliederung in Präfekturen zwischen 1869 und 1871

I. Saikaidō

1 Ōsumi
2 Satsuma
3 Hyūga
4 Higo
5 Hizen
6 Chikugo
7 Bungo
8 Tsushima
9 Iki
10 Chikuzen
11 Buzen

II. Nankaidō

12 Iyo
13 Tosa
14 Awa
15 Sanuki
16 Awaji
17 Kii

III. San'yōdō

18 Nagato
19 Suō
20 Aki
21 Bingo
22 Bitchū
23 Bizen
24 Mimasaka
25 Harima

IV. San'indō

26 Iwami
27 Izumo
28 Oki
29 Hōki
30 Inaba
31 Tajima
32 Tamba
33 Tango

V. Kinai

34 Izumi
35 Kawachi
36 Yamato
37 Settsu
38 Yamashiro

VI. Tōkaidō

39 Iga
40 Ise
41 Shima
42 Owari
43 Mikawa
44 Tōtōmi
45 Suruga
46 Kai
47 Izu
48 Sagami
49 Musashi
50 Awa
51 Kazusa
52 Shimōsa
53 Hitachi

VII. Tōsandō

54 Ōmi
55 Mino
56 Shinano
57 Hida
58 Kōzuke
59 Shimotsuke

VIII. Hokurikudō

60 Wakasa
61 Echizen
62 Kaga
63 Noto
64 Etchū
65 Echigo
66 Sado

IX. Das frühere Mutsu

(1869 in Provinzen aufge-
teilt)
67 Iwaki
68 Iwashiro
69 Rikuzen
70 Rikuchū
71 Mutsu

X. Das frühere Dewa

(1869 in Provinzen aufge-
teilt)
72 Uzen
73 Ugo

Geschichte Japans

Karte 4
Die modernen Präfekturen

Karten

1. Hokkaidō

Tōhoku
2. Aomori
3. Iwate
4. Miyagi
5. Akita
6. Yamagata
7. Fukushima

Kantō
8. Ibaragi
9. Tochigi
10. Gumma
11. Saitama
12. Tōkyō
13. Kanagawa
14. Chiba

Chūbu
15. Niigata
16. Toyama

17. Ishikawa
18. Fukui
19. Yamanashi
20. Nagano
21. Gifu
22. Shizuoka
23. Aichi

Kinki
24. Mie
25. Shiga
26. Kyōto
27. Ōsaka
28. Hyōgo
29. Nara
30. Wakayama

Chūgoku
31. Okayama
32. Yamaguchi
33. Tottori

34. Shimane
35. Hiroshima

Shikoku
36. Kagawa
37. Ehime
38. Tokushima
39. Kōchi

Kyūshū
40. Fukuaoka
41. Saga
42. Nagasaki
43. Kumamoto
44. Miyazaki
45. Ōita
46. Kagoshima

47. Okinawa

Aichi 23
Akita 5
Aomori 2
Chiba 14
Ehime 37
Fukui 18
Fukuoka 40
Fukushima 7
Gifu 21
Gumma 10
Hiroshima 35
Hokkaidō 1
Hyōgo 28
Ibaragi 8
Ishikawa 17
Iwate 3

Kagawa 36
Kagoshima 46
Kanagawa 13
Kōchi 39
Kumamoto 43
Kyōto 26
Mie 24
Miyagi 4
Miyazaki 44
Nagano 20
Nagasaki 42
Nara 29
Niigata 15
Ōita 45
Okayama 31
Okinawa 47

Ōsaka 27
Saga 41
Saitama 11
Shiga 25
Shimane 34
Shizuoka 22
Tochigi 9
Tokushima 38
Tōkyō 12
Tottori 33
Toyama 16
Wakayama 30
Yamagata 6
Yamaguchi 32
Yamanashi 19

Karte 5
Der japanische Machtbereich im Zweiten Weltkrieg

Aus *Fischer Weltgeschichte: Das Japanische Kaiserreich*, hrsg. v. John Whitney Hall, Band 20 (Frankfurt am Main 1968)

Ausführliches Inhaltsverzeichnis

Einleitung: Der Gang der japanischen Geschichte und die
Einteilung der Epochen 13

1 Der primitive Kultur Japans: Die Besonderheiten japanischer
   Entwicklung

Die japanische Geschichte als Teil der Menschheitsgeschichte 20
Das Entstehen der japanischen Inselkette und die Jōmon-Kultur . . . 21
Das primitive Kollektiv und das matriarchalische Familien-System . . 23
Die japanische Rasse und die Ursprungsform der japanischen
Sprache 24
Die Yayoi-Kultur, die Einführung von Techniken des Ackerbaus
und der Herstellung von Metallwerkzeugen 25
Die Vielschichtigkeit der Kultur und ihre uneinheitliche Entwicklung. 27
Der Beginn der Klassendifferenzierung 28

2 Der Staat der Großkönige und die Bumin: Das Sklavensystem
   und der Prozeß der Staatsbildung

Das Anwachsen der Einzelarbeit und die Veränderung des Familien-
systems 30
Das Reich Yamato und die Entstehung des japanischen Staates. 32
Die fünf Könige von Wa und der Staat der Großkönige von Yamato 34
Die Struktur der königlichen Herrschaft und das Uji-Kabane-System. 37
Die staatlichen Reisfelder und das Bumin-System 39
Der Klassencharakter des Bumin-Systems 41

3 Die Taika-Reform: Vom Clan-System zum »Rechtsstaat«

Das Scheitern des Korea-Feldzuges und der Iwai-Aufstand 43
Das Aufkommen der Familie Soga und die Veränderung des
Herrschaftssystems 44
Die Regierung von Shōtoku Taishi und Soga no Umako 46
Die Verschärfung der sozialen Unruhe und der Coup d'Etat
von 645 49
Die Taika-Reform und die Unruhen der Jinshin-Ära 52

4 Das Tennō-System des Altertums: Die Nachahmung der Tang-Dynastie und der Kaiser als sichtbar gegenwärtige Gottheit

Die Festigung des Tennō-Systems im Altertum 55
Hauptstadt und Herrschaftsgebiet Japans 58
Eine Stadt ohne Bürger 59
Stand, Familie und Feldverteilungssystem 60
Fast neunzig Prozent der Bevölkerung leben unter dem Existenz-
minimum 62
Der Klassencharakter der Bürger und die historische Bedeutung
des Ritsuryō-Systems 64
Die Blüte der Kultur des Altertums 65
Der internationale und nationale Charakter der Nara-Kultur 67

5 Die Landgüter und die Bauern: Der Zerfall des Ritsuryō-Systems und das Aufkommen des Schwertadels

Der Kampf des Volkes und die Auflösung des Feldverteilungs- und
Aushebungssystems 70
Die Krisen der Nara-Regierung und die Verlegung der Hauptstadt
nach Kyōto 72
Der Zerfall des Feldverteilungssystems und die Entwicklung der
Landgüter 75
Öffentliches Land, die Landgüter und die lokalen Grundbesitzer . . . 77
Die Anfänge des Hörigen-Systems 78
Das Entstehen der Klasse der Samurai 79

Ausführliches Inhaltsverzeichnis

6 Politik und Kultur des Adels: Von der Herrschaft des Kaisers zur Herrschaft des Adels

Die Aufstände von Taira no Masakado und Fujiwara no Sumitomo . 82
Die Alleinherrschaft der Fujiwara und das Ende ihrer Politik 83
Die Macht der Minamoto und Taira und die kriegerischen Mönche . 85
Die Insei-Regierung und die Unruhen der Hōgen- und Heiji-Ära ... 86
Die Besonderheit der Heian-Kultur (I): Von der Herrschaft des
Kaisers zur Herrschaft des Adels 88
Die Besonderheit der Heian-Kultur (II): Von der chinesischen zur
japanischen Kultur 90
»Japanisierte« Kultur und »nationale« Kultur 93
Die Besonderheit der Heian-Kultur (III): Die Entwicklung einer
Volkskultur 95

7 Die »Reichsgründung« durch den Schwertadel: Die Rokuhara-Regierung und das Kamakura-Bakufu

Reaktionäre und fortschrittliche Tendenzen der Taira-Regierung ... 98
Der Krieg zwischen den Minamoto und den Taira 99
Die Errichtung des Bakufu durch Minamoto no Yoritomo und
dessen Verhältnis zum Kaiserhof 101
Die Hōjō übernehmen die Herrschaft 103
Die Unruhen der Jōkyū-Ära 105
Die Alleinherrschaft des Kamakura-Bakufu — der Jōei-Kodex 106
Das Entstehen des feudalistischen Staates 108

8 Die Besonderheiten der frühen Feudalgesellschaft: Die Entwicklung des Hörigen-Systems und das Entstehen einer Volkskultur

Die Struktur der Dörfer und die Klassenunterschiede 110
Leben und Kampf der Bauern und das Anwachsen der Produktions-
kraft 112
Märkte, Handelsviertel und Gilden 114
Der Handel mit China und die japanischen Piraten 116
Der Gegensatz zwischen der Kultur des untergehenden Hofadels
und des aufkommenden Schwertadels 116

Der neue Buddhismus und der neue Shintō-Glaube des Volkes 119
Schöpferische Impulse in Kunst und Handwerk 122

9   Der Untergang des Kamakura-Bakufu: Die Ausbreitung unabhängiger
    Samurai und Bauern, Einfall der Mongolen

Das Kamakura-Bakufu findet keine sichere Grundlage 124
Der Einfall der Mongolen wird zurückgeschlagen 126
Die Bedingungen des Sieges und die Auswirkungen des Krieges 127
Der Ausbau des Hörigen-Systems, die Auflösung des Paterfamilias-
Systems 129
Die unabhängigen Feudalherren und die »Aufrührer« 130
Der Niedergang des Kamakura-Bakufu 132

10 Die Zerschlagung veralteter Institutionen: Die Entwicklung eigenstän-
    diger Dörfer und die Widersprüche des Muromachi-Bakufu

Die restaurative Politik des Go-Daigo-Tennō und ihr Scheitern 134
Die Gründung des Bakufu durch Ashikaga Takauji und der Krieg
zwischen dem Nord- und dem Südhof 136
Die Auffassung vom Kaisertum unter den fortschrittlicheren Samurai. 137
Die auf ihren Ländereien lebenden Samurai, die Shugo-Daimyō
und das Bakufu 139
Die neuen Regierungsorgane des Bakufu und der Untergang des
Südhofes 140
Shōgun Yoshimitsu hofft auf den Ehrentitel eines abgedankten
Kaisers, wird aber nur König von Japan 142
Die Ausbeutung des Volkes durch das Bakufu 142
Die Entwicklung der Dorfgemeinschaften und die regionalen
Aufstände 144

11 Die Niederen besiegen die Höheren, Unruhen und Kämpfe im ganzen
    Land: Die lokalen Aufstände, die Provinz-Aufstände und die Sengoku-
    Daimyō

Die Unruhen der Ōnin- und Bunmei-Ära 147
Der Aufstand in der Provinz Yamashiro und der Aufstand der Jōdō-
Shin-Sekte (Ikkō-Sekte) in der Provinz Kaga 150

Die Verarmung der Kaiserfamilie durch die Abschaffung der
Landgüter 152
Die lokale Herrschaft der Sengoku-Daimyō 153
Charakteristika der neuen Herrschaft 156

12 Das Entstehen freier Städte: Die Entwicklung von Industrie, Handel und
    Überseehandel

Die selbstwirtschaftenden Bauern und die Entwicklung von
Landwirtschaft und Fischerei 158
Bergbau, Hüttentechnik und die Entwicklung des Handwerks 159
Die neuen Handelsstädte 161
Der lizensierte Außenhandel und die japanischen Piraten 162
Die Beziehungen zwischen Japan und dem Königreich Ryūkū 164
Freie Städte entstehen 165
Aufstieg und Untergang der Stadt Sakai 166

13 Kultur und Produktivität des Volkes: Die Popularisierung der Kultur und
    die Begegnung mit der abendländischen Zivilisation

Die unproduktive Kultur des Hofadels 169
Der volkstümliche Charakter der Muromachi-Kultur 171
Die neue Kultur der Landgebiete 174
Die Grundlagen des bis zur Moderne vorherrschenden japanischen
Lebensstils entstehen 175
Die Einführung von Gewehren, das Vordringen der Japaner nach
Südostasien 177
Die Aufnahme der christlichen Religion und ihr Einfluß auf die
Feudalherren 178

14 Die Wiederherstellung von Ordnung und Autorität: Die Einigung des
    Landes durch Oda Nobunaga und Toyotomi Hideyoshi

Oda Nobunaga schafft die Grundlagen für die Einigung des Landes . 181
Die drei großen Feinde von Nobunaga 182
Der Bau der Burg von Azuchi, die Ermordung Nobunagas 184

Geschichte Japans

Hideyoshi beherrscht das ganze Land 185
Die Neuordnung des feudalistischen Systems und die Wiederher-
stellung der Autorität des Tennō 188
Die Landvermessung, die Dörfer, die Schwertjagd, das Stände-
system 189
Der Beginn der Kontrolle von Innen- und Außenhandel 191
Die Fujufuse-Sekte und die Unterdrückung der Christen 192
Das Scheitern des Korea-Feldzuges 194
Tokuyawa Ieyasu stürzt die Herrschaft der Toyotomi und errichtet
sein Bakufu 195

15 Samurai - Bauer - Handwerker - Kaufmann - Paria: Das System der per-
    fekt organisierten Feudalherrschaft

Ieyasu vernichtet die Familie Toyotomi 196
Die Kontrolle über Daimyō, Kaiserhof, Tempel und Schreine, der
Ausbau der Stadt Edo, die Vergöttlichung Ieyasus 197
Die wirtschaftliche und militärische Macht des Bakufu 199
Das Verhältnis von Daimyō und Bakufu 200
Das Bakuhan-System 201
»Sie sollen Abgaben machen, daß sie weder leben noch sterben
können!« 204
Das Ständesystem und die patriarchalische Herrschaft als Mittel zur
Unterdrückung 206

16 Die Abschließung des Landes und der Feudalismus: Die Unter-
    drückung der freien wirtschaftlichen und kulturellen Entwicklung
    der Gesellschaft

Die Blütezeit des Außenhandels 208
Japanische Kolonialisten, die Überquerung des Pazifiks 210
Die Christen und das Leben des Volkes 211
Vom Verbot des Christentums bis zur Abschließung des Landes ... 212
Der Aufstand von Shimabara und Amakusa 214
Die Vollendung der Abschließung des Landes 216
Der große Schaden, den die Abschließung des Landes verursachte .. 218

17 Der wachsende Einfluß der Bauern und Bürger: Die letzte Stufe der Feudalgesellschaft

Die höchste Entwicklungsstufe der Feudalgesellschaft 221
Das Wachstum der landwirtschaftlichen Produktivkräfte 222
Handeltreibende Agrarwirtschaft und die Erweiterung des
Handwerks 223
Die Ausdehnung der Burgstädte und die Entwicklung des Handels . 225
Der Ausbau der Verkehrswege 227
Die wirtschaftliche Macht der Bürger und ihre soziale Emanzipation 228
Die neue Einteilung der Klasse der Bauern 230
Das Anwachsen des bäuerlichen Widerstandes 232
Die Verbindung von Handel und feudalistischer Ausbeutung 233
Städte ohne Selbstverwaltung und das Leben ihrer Bürger 234

18 Die Entwicklung einer bürgerlichen Kultur: Die schöpferischen Elemente der Volkskultur

Die Bürger als Träger kulturellen Schaffens 236
Theater, Musik und die schönen Künste als neue Ausdrucksmittel . . 237
Die Befreiung der Kultur von der Religion und die Verbreitung des
Konfuzianismus 239
Ansätze zu historischem und soziologischem Denken 241
Kritische Erforschung der Geschichte und der Literatur des
Altertums 244
Die Entwicklung von Naturkunde, Agrarwissenschaft, Kalender-
kunde, Mathematik und Medizin 246
Das Entstehen einer Volkskultur 248
Zwei unterschiedliche kulturelle Entwicklungstendenzen 250

19 Die Verschärfung der Widersprüche des feudalistischen Systems: Politik und Gesellschaft der Kyōhō- und Tenmei-Ära

Der Beginn der Bürokratie, der Verwaltung durch Zivilbeamte 251
Die Verschärfung der Widersprüche 253
Die Kyōhō-Reformen (I): Der Ausbau der Bürokratie und die
Einschränkung der geistigen Freiheit 255

Die Kyōhō-Reformen (II): Die Ausbeutung der Bauern durch ein
neues Gesetz 257
Die Kontrolle von Bürgern und Handel, die Bedeutung der Kyōhō-
Reformen 259
Die Große Hungersnot, das Töten von Neugeborenen, der Wider-
stand der Bauern in allen Lehensgebieten 261
Die Verbindung von Bauernaufständen und Plünderungen der
Bürger 262
Der revolutionäre Denker Andō Shōeki 264
Die Zwischenfälle der Hōreki- und Meiwa-Ära als Vorzeichen einer
revolutionären Bewegung zur Veränderung des Systems 265

20 Möglichkeiten einer Reform: Die Widersprüche zwischen Revolution und Reform, die Vorbedingungen für die Moderne

Die Politik von Tanuma Okitsugu und die Kansei-Reformen 266
Das Entstehen von Manufakturen 268
Die Entstehung eines nationalen Marktes und der heimliche
Außenhandel 269
Stagnation und neue Wege in Kunst und Wissenschaft 270
Die nationale Schule und die holländische Schule 272
Das Vordringen der Westmächte nach Asien und die Expeditionen
nach Chishima und Sachalin 274
Hayashi Shihei, Honda Toshiaki, Satō Nobuhiro und ihre
absolutistischen Reformideen 276
Der Befehl, ausländische Schiffe unnachsichtig zu vertreiben 277
Der Aufstand von Ōshio Heihachirō und andere Erhebungen 279
Die Unterdrückung der holländischen Schule 281
Die Tenpō-Reformen 282

21 Die Öffnung des Landes: Die Krise des feudalistischen Systems und des Volkes

Machtkämpfe innerhalb der herrschenden Klasse 285
Die Weltherrschaft des Kapitalismus und die Lage Japans 286
Der mit Waffengewalt erzwungene Vertrag von Kanagawa 287
Der Zusammenbruch der Alleinherrschaft des Bakufu 289

Die Unterzeichnung des Handelsvertrages mit den USA und die
Ansei-Säuberung 291
Die Öffnung der Häfen und die Auswirkungen auf den Außen-
handel 293
Die Krise des feudalistischen Systems und des japanischen Volkes . . 294
»Verehrt den Kaiser, vertreibt die Barbaren!« 296
Von »Vertreibt die Barbaren!« zum Sturz des Bakufu 299

22 Der Sturz des Bakufu: Die Flucht aus der Krise

Der Kampf am Hamaguri-Tor und die Besetzung von Shimonoseki
durch die Engländer, Franzosen, Holländer und Amerikaner 302
Das Volk unterstützt den Sturz des Bakufu 304
Die großen Aufstände während der Keiō-Ära und der Sturz des
Bakufu 309
Der Coup d'Etat zur Wiederherstellung kaiserlicher Herrschaft 310
Die Übergabe der Burg von Edo, die Auflösung des Bakufu 313
Bürgerkrieg im ganzen Land 314
Die Überwindung der nationalen Krise 315
Die Solidarität der asiatischen Völker 317

23 Die Meiji-Restauration (I): Revolution und Konterrevolution

Die Eides-Charta und die fünfteilige öffentliche Bekanntmachung . . 318
Ausnutzung und Unterdrückung des Volkes auch durch die neue
Regierung 319
Die Rückgabe der Lehensgebiete an den Kaiser 320
Die wirtschaftliche Grundlage der zentralistischen Macht 321
Der Kampf des Volkes gegen den Feudalismus und der Widerstand
der Samurai 322
Die Auflösung der Lehensgebiete und die Einrichtung der
Präfekturen 324
Das zentralistische Beamtensystem und die Gleichheit der Stände . . 325
Das moderne Tennō-System und der Absolutismus 326
Die Ziele der Meiji-Regierung 327
Die Einführung der Wehrpflicht und der Aufbau eines stehenden
Heeres 329

Die geistige Unterdrückung des Volkes und das Schulpflichtsystem . 331
»Die Erneuerung«, die Meiji-Restauration 332

24 Die Meiji-Restauration (II): Die Modernisierung von oben

Die Wiedererlangung der nationalen Rechte 334
Die territorialen Ansprüche auf die Inselgruppen Ogasawara,
Chijima und Sachalin 335
Das Problem der territorialen Zugehörigkeit der Ryūkyū-Inseln 337
Die Bedeutung der Auseinandersetzung um den Einfall in Korea . . . 339
Der Feldzug nach Taiwan und die Errichtung der Präfektur Okinawa. 341
Der erzwungene Freundschaftsvertrag zwischen Japan und Korea . . . 342
Die Unterordnung unter die europäischen Länder und Amerika
und der Militarismus 342
Die Alleinherrschaft der Beamten und die Neuregelung der
Entlohnung 343
Die Revision der Grundsteuer 345
Der Aufbau der kapitalistischen Industrie 348
Die Modernisierung von oben 350

25 Der Kampf um die Bürgerrechte: Die Vereinigung von Revolution des Volkes und Solidarität mit Ostasien

Die Modernisierung von oben und die verschiedenen Klassen der
Gesellschaft 352
Die Debatte um ein vom Volk gewähltes Parlament 353
Von der konfuzianischen Theorie der Revolution zur neuen
Theorie der Menschenrechte 355
Politische Zeitungen und die Verteidigung revolutionärer Ideen 356
Die Aufstände in Ise und Satsuma 357
Der Aufstand der Artillerie der Palastwache 359
Die Union zur Errichtung eines Parlaments 361
Die Gründung der »Liberalen Partei« (Jiyūtō) und der »Fortschritts-
partei« (Kaishintō) 362
Die Radikalisierung der Bürgerrechtsbewegung 364
Revolutionäre Ideen und der Streit um die Souveränität 366
Die Idee von der Solidarität Asiens und die Bewegung für den
Weltfrieden 368

Ausführliches Inhaltsverzeichnis

26 Das Scheitern der Bürgerrechtsbewegung: Empörung, Einheitsfront, Rückzug

Die Konfrontation zwischen der Liberalen Partei und der Fort-
schrittspartei 371
Die Deflationspolitik und der wirtschaftliche Ruin mittlerer und
kleiner Bauern 373
Die Aufstände in Gunma und am Kaba-Berg, die Auflösung der
Liberalen Partei 375
Die Aufstände in Chichibu und die Iida-Affäre 377
Bedeutung und Charakter der Aufstände 379
Das Ende der Bürgerrechtsbewegung und der Plan, Korea zu
»reformieren« 379
Die Kaiserfamilie, der Adel, das Kabinettssystem und die Reform
des Bildungswesen 382
Der Widerstand gegen die von Außenminister Inoue geplante
Revision der ungleichen Verträge 384
Die letzte Schlacht der Bürgerrechtsbewegung 386

27 Die Vollendung des Tennō-Systems: Die Verbindung von Altertum und Moderne und ihre Widersprüche

Die Proklamation der Verfassung des Großjapanischen Reiches 390
Reform der Armee und der Polizei, die Einrichtung der Gemeinden . 392
Der Kaiserliche Erziehungserlaß und die Freiheit von Wissenschaft
und Religion 395
Das patriarchalische Familiensystem 397
Das Tennō-System und das halbfeudalistische Agrarsystem 398
Das Tennō-System und der Kapitalismus 400
Die Lage der Arbeiter 401
Die Vollendung des Tennō-Systems 403

28 Der erste Reichstag und die politischen Parteien: Von der Herrschaft des Volkes zur Herrschaft des Staates

Die Proklamation der Verfassung und die demokratischen Bewegungen. 406
Der wachsende Einfluß der Staatsgewalt 408

Der Revisionsentwurf von Außenminister Ōkuma 410
Der Sieg der Staatssouveränität 411
Die ersten Wahlen und das Gesetz über Versammlungen und
politische Vereinigungen 413
Der erste Reichstag und die »Volkspartei« (Mintō) 415
»Die Versammlung blutleerer Insekten« und die Beeinflussung der
Wahlen 417
Die Probleme der Bauern und Arbeiter 418
Das Gespenst einer sozialistischen Partei 419
Der vierte Reichstag und die Niederlage der politischen Parteien . . . 421

29 Die Revision der ungleichen Verträge und der Chinesisch-Japanische
   Krieg: Japan entwickelt sich von einem unterdrückten Land zu einem
   Land, das andere unterdrückt

Die »territoriale Sphäre« und die »Interessensphäre« 422
Zwei Theorien: die »Krise Ostasiens« und die »Übervölkerung Japans« 424
Die Vorbereitung des Krieges gegen China und die »sechs harten
Parteien« 426
Die nationalistische Bewegung zwingt die Regierung zum Handeln . 427
Der Bau der Transsibirischen Eisenbahn und die Verhandlungen
mit England 429
Die Krise der Meiji-Regierung und der Bauernkrieg in Korea 430
Der Krieg zwischen Japan und China 431
Der Krieg gegen China und der Vertrag mit England 433
Der Krieg gegen China und die Friedensverhandlungen in
Shimonoseki 434
Japan entwickelt sich von einem unterdrückten Land zu einem
Land, das andere Länder unterdrückt 437

30 Die Entwicklung des Kapitalismus: Die Bürokratie, die Unternehmer,
   die Grundbesitzer, das Volk

Die Entwicklung des kapitalistischen Wirtschaftssystems 440
Die Besonderheiten des japanischen Kapitalismus dieser Zeit 442
Die Entwicklung der Landwirtschaft und das Leben der Bauern 445
Der Kapitalismus und das System der Grundbesitzer 447

Die Anfänge der Arbeiterbewegung 449
Der Kampf der Bauern und die Gewerkschaft der Pächter 450
Die Bedeutung der Sozialdemokratischen Partei 452
Der politische Einfluß der Unternehmerklasse 454
Die Stärkung der Alleinherrschaft der Beamten und die Politik, das
Amt des Heeres- und Marineministers nur mit Militärs zu besetzen . 455
Die Allianz zwischen dem Tennō-System, den Grundbesitzern
und den Unternehmern 456

31 Der Weg zum Imperialismus: Der Russisch-Japanische Krieg und die
Annexion Koreas

Japans Eingriffe in die Innenpolitik Koreas und die Konfrontation
mit Rußland 459
Der Kampf um die Aufteilung Chinas 461
Der japanische Kapitalismus in China und Korea 462
Japan entsendet ein Heer zur Unterdrückung des Boxeraufstandes;
das Bündnis mit England 464
Der Russisch-Japanische Krieg 465
Der Charakter des Russisch-Japanischen Krieges 467
Der Verlauf des Krieges und die Konfrontation zwischen Regierung
und Volk 468
Der Frieden zwischen Japan und Rußland und das Problem der
Befreiung Asiens 470
Die Erstürmung von Polizeistationen in ganz Tōkyō 472
Die Annexion Koreas 474
Die Besonderheiten des japanischen Imperialismus 475

32 Die innen- und außenpolitische Lage nach dem Russisch-Japanischen
Krieg: Die Politik des imperialistischen Japans

Die Konfrontation mit England und Amerika wegen China 479
Die Macht der Militärs 481
Das Militär, die herrschende Klasse und die Revolution in China . . 483
Der Kampf der Arbeiter um bessere Arbeitsbedingungen, die
Situation und der Widerstand der Bauern 484
Aufstieg und Niedergang des Sozialismus 486

Der Freundschaftsverein Yūaikai 488
Der Mittelstand und der demokratische Reformismus 488
Der Sturz des Saionji-Kabinetts durch das Heer 491
Die Taishō-Krise 492
Von der Siemens-Affäre bis zum Ōkuma-Kabinett 495

33 Die allgemeine Krise des Weltkapitalismus: Der Erste Weltkrieg, die
    Russische Revolution und Japan

»Zeichen des Himmels für die neue Taishō-Ära«; »Der Wettkampf
zwischen der Kuh und dem Frosch« 497
Die Krise des japanischen Imperialismus 499
Die Teilnahme am Ersten Weltkrieg und die »21 Forderungen« an China. 500
Die zweite Bewegung für die »Unabhängigkeit der Mandschurei
und der Mongolei« 502
Vom Ōkuma- zum Terauchi-Kabinett 503
Der wirtschaftliche Aufschwung und die Stabilisierung des Industrie-
kapitalismus 504
Die Blütezeit des Systems der Grundbesitzer, der Wandel in der
Landwirtschaft und auf den Dörfern 506
Die Russische Revolution, das Ende des Ersten Weltkrieges und der
Versailler Vertrag 507
Die Einmischung in die Russische Revolution und die Landung
japanischer Truppen in Sibirien 509

34 Die Demokratie, die Reis-Unruhen und das Hara-Kabinett: Annäherung
    an den Bonapartismus

Die bürgerliche Kultur vor dem Ersten Weltkrieg 512
Demokratie und Sozialismus 514
Die Reis-Unruhen 517
Der Charakter der Reis-Unruhen 518
Ein weißer Regenbogen, der sich durch die Sonne zieht 519
Die Entwicklung sozialer Bewegungen und die Gründung der
Kommunistischen Partei 521
Die Forderung nach allgemeinen Wahlen und das Hara-Kabinett . . . 524
Die Annäherung an den Bonapartismus 526

35 Die Krise des japanischen Imperialismus: Die Entwicklung der vier großen Widersprüche

Die vier großen Widersprüche des Imperialismus 528
Der Aufstand vom 1. März 1919 und die 4. Mai-Bewegung 529
Die Washingtoner Konferenz und die Strategie nach zwei Seiten ... 530
Das Scheitern der Demokratie-Bewegung 531
Die Lynchjustiz an Koreanern nach dem Kantō-Erdbeben 533
Das Kabinett der drei die Verfassung verteidigenden Parteien und
die Demokratie-Bewegung 534
Das Problem der Reform des Oberhauses 535
Die mit der Reduzierung des Heeres verbundenen Pläne der
Militärs 537
Die Entstehung proletarischer Parteien und die Spaltung der
Aktionsfront 538
Die chinesische Revolution und die Außenpolitik Shideharas 540
Die Finanzkrise und das Tanaka-Kabinett 542
Die Einmischung in die chinesische Revolution und das Bomben-
attentat auf Zhang Zuolin 543
Die Entwicklung der proletarischen Bewegung 545
Das Hamaguchi-Kabinett und die große Wirtschaftskrise 547
Die Reaktion der Militärs 549

36 Der Einfall in China: Der Zusammenbruch des Großjapanischen Reiches (I)

Die fingierte »Krise in der Mandschurei und in der Mongolei« 551
Der »Mandschurei-Zwischenfall«, die Regierung und die politischen
Parteien 553
Die Reaktion des Volkes 555
Der Putsch vom 15. Mai und der Februarputsch 557
Das erste Konzept für den Pazifischen Krieg 559
Die Achse Japan-Deutschland-Italien und das faschistische Tennō-
System 560
Der Widerstand gegen die Militärführung 562
Der Kampf der chinesischen Volksfront gegen Japan 564
Die Eskalation des Krieges zwischen Japan und China 565

37 Der Pazifische Krieg: Der Zusammenbruch des Großjapanischen Reiches (II)

Der Krieg in Europa und das militärische Bündnis zwischen Japan,
Deutschland und Italien 568
Die Weichenstellung für den Pazifischen Krieg 570
Der Krieg zwischen Japan und den USA 573
Der Charakter des Pazifischen Krieges 574
Die Niederlage der Achsenmächte 576
Der Zusammenbruch des Großjapanischen Reiches 578

38 Japan und die Welt nach dem Zweiten Weltkrieg: Zwei Wege des japanischen Wiederaufbaus

Die Maßnahmen der amerikanischen Besatzungsmacht 581
Der Befehl zur Reform und das wachsende politische Selbst-
bewußtsein des Volkes 583
Das Scheitern einer einheitlichen demokratischen Bewegung 584
Die demokratische Bewegung sprengt die von der Besatzungsmacht
gesetzten Grenzen 586
Das Ende der Reformperiode 588
Die Beseitigung altertümlicher und feudalistischer Relikte 590
Die Kräfte, die zur neuen Verfassung führten 592
Die Bauern spielen eine entscheidende Rolle bei der Bodenreform . . 594
Die Macht des Industriekapitals und die Unterordnung Japans 595
Zwei Wege des Wiederaufbaus 596
Die Wende in der amerikanischen Japanpolitik 597
Einseitige Friedensverhandlungen und der Japanisch-Amerikanische
Sicherheitsvertrag 599

Schlußbemerkung (1983) 602

Nachwort zur deutschen Ausgabe (1992) 618